U0552764

國家古籍整理出版專項經費資助項目

中國古代城池基礎資料彙編
第一輯
第五册

地方志廟學資料彙編
（上）

成一農　編

中國社會科學出版社

圖書在版編目（CIP）數據

地方志廟學資料彙編·上／成一農編 . —北京：中國社會科學出版社，2016.10

（中國古代城池基礎資料彙編 . 第一輯；第五冊）

ISBN 978-7-5161-9001-2

Ⅰ. ①地… Ⅱ. ①成… Ⅲ. ①孔廟—史料—彙編—中國 Ⅳ. ①K928.75

中國版本圖書館 CIP 數據核字（2016）第 237865 號

出 版 人	趙劍英
選題策劃	郭沂紋
責任編輯	劉　芳
責任校對	董曉月
責任印製	李寡寡

出　　版	中國社會科學出版社
社　　址	北京鼓樓西大街甲 158 號
郵　　編	100720
網　　址	http：//www.csspw.cn
發 行 部	010-84083685
門 市 部	010-84029450
經　　銷	新華書店及其他書店

印刷裝訂	北京君昇印刷有限公司
版　　次	2016 年 10 月第 1 版
印　　次	2016 年 10 月第 1 次印刷

開　　本	710×1000　1/16
印　　張	40.5
字　　數	684 千字
定　　價	148.00 圓

凡購買中國社會科學出版社圖書，如有質量問題請與本社營銷中心聯繫調換
電話：010-84083683
版權所有　侵權必究

前　言

一

　　本資料集原是中國社會科學院重點項目和社科基金青年項目"中國古代城市地理信息系統"的基礎資料。作爲個人項目，"中國古代城市地理信息系統"的構架顯然過於宏大了，在實際執行中，受到技術能力和條件的限制，這兩個項目所建立的地理信息系統最終祇能用於解決本人感興趣的一些問題，缺乏拓展性，因此未對外公佈。

　　本人最初並未有將用於構建"中國古代城市地理信息系統"的基礎資料進行出版的構想，但在中國社會科學出版社郭沂紋老師的鼓勵下，思量再三，感覺出版紙本資料在目前依然有其一定的學術意義，因此才有了目前這一套資料集。那麼在現在歷史文獻大量數字化的情況下，這種紙本專題資料集的意義何在呢？其實這一問題可以更爲尖銳地表達爲，在數字化的時代，紙本專題資料集還有出版價值嗎？

　　要回答這一問題，還需要回到學術研究本身。誠然，當前歷史文獻的數字化極大地便利了學術研究，以往學者可能花費數年、數十年進行的資料搜集、整理的工作，現在可能數小時或者短短幾天就可完成。就這一角度而言，紙本專題資料集確實已經失去意義。但問題在於，使用數字化資源進行檢索的前提是需要研究者有着明確的"問題"，即祇有形成了"問題"，才能利用數字化的文獻資料進行檢索。那麼"問題"是如何形成的呢？其中一個途徑就是對原始資料的大量閱讀，這就是紙本專題資料集學術價值所在，而這也是數字化文獻所無法替代的。誠然，目前通過數字化文獻以及其提供的便利的檢索方式推進了對一些史學問題的認識，但這些被解決的問題中又有多少是通過對數字化文獻的檢索提出來的呢？基本是沒有的，甚至很多通過檢索數字化文獻進行的研究，其基本思路也是傳統的。

　　本人最初關於中國古代城市的研究就來源於對文本文獻的閱讀。攻讀博士期間，我在導師李孝聰教授的指導下開始系統翻閱《天一閣藏明代方志選刊》及《續刊》，並整理其中與城牆有關的資料。在閱讀中發現，這些方志中關於宋元時期和明代前期城牆修築的記載非常少，這似乎不符合城牆是中國古代城市的標志的傳統觀點；此外，傳統認爲的唐宋之際城市革命的重要體現之一坊牆的倒塌，在這些地方志中也沒有任何痕迹可循，而上述這兩點來自史料閱讀的疑問構成了我後來博士論文和第一本著作的主體内容，這些問題不是簡單的史料檢索可以發現的。

　　不僅如此，在整理中國古代城市資料的過程中我還曾注意到了一些問題，祇是隨着興趣點的轉移這些問題已經沒有時間去深入研究了。如從地方志的記載來看，各地文廟的初建雖然存在地域差異，但幾乎很少有早於宋代的，這不同於目前通常認爲的文廟普遍興建於唐代的觀點①。又如，宋代的廟學，無論是建築布局還是建築的名稱並不統一，明清時期，兩者都逐漸規範化，尤其是明嘉靖和清雍正時期廟學建築的名稱以及建築布局都發生了一些重要的變化，而這兩個時期也都發生了一些重要的歷史事件，如嘉靖時期的大禮議、雍正時期的文字獄，這些與廟學建築的變化是否存在聯繫？此外，如果大量閱讀廟學的修建碑刻（碑刻資料會在本資料集的後續各輯中出版），就會發現在某些時期和地區，碑刻的撰寫有着相似的内容結構：一般通常會先描述廟學的破敗，然後再叙述現任地方長官到任之初傷感於廟學的破敗，不過其並未立刻着手廟學的修建，祇是等到經過一段時間的治理，地方民風淳樸、經濟發展之後，才向地方官吏和士紳提出修理廟學的建議，而這一建議立刻得到了積極的回應。不過，廟學的修建並未驚動一般百姓，資金大都來源於地方長官、官吏和士紳的集資，甚至直到廟學修建完成之後，地方百姓才得以知曉，也就是説此舉並未勞民傷財。最後，感慨於地方長官的善政和地方官吏、士紳的義舉，地方上公推碑文的作者來撰寫碑文以示紀念。但碑文的作者以自己才疏學淺一再謙讓，祇是最終在認識到如果自己不寫碑文，這些善政和義舉將會被

---

　　① 對此，本人曾經簡單地撰寫過一篇小文，參見《宋、遼、金、元時期廟學制度的形成及普及》，《十至十三世紀中國文化的碰撞與融合》，上海人民出版社2006年版。

後人忘記之後才不得不下筆。如果將廟學認爲是中國地方城市中一類非常特殊的建築，在這些碑刻之中，我們是否可以看到各種利益的彙集、國家與社會的互動？

總體來説，在如今數字化的時代，"查詢"祇是解答史學問題的方式之一，而不是提出"問題"的方法。

二

本資料集原來的名稱爲"中國古代城市基礎資料"，但後來改爲"中國古代城池基礎資料彙編"，主要有着以下考慮。

中國古代即有"城市"一詞，而且産生的時間較早，在電子版《四庫全書》中以"城市"一詞進行檢索，總共命中 3423 條[1]。關於這些"城市邑""城市"，有些學者認爲表達的即是現代"城市"的含義，當然這也與"城市"概念的界定有關，如馬正林在《中國城市歷史地理》一書中提出的"城市"概念是"也就是説，中國古代的城是以防守爲基本功能。城市則不然，它必須有集中的居民和固定的市場，二者缺一都不能稱爲城市。根據中國歷史的特殊情況，當在城中或城的附近設市，把城和市連爲一體的時候，就産生了城市"[2]，並由此推斷中國古代城市出現的時代應該是西周，即"夏商的都城是否設市，既無文獻上的依據，也没有考古上的證明，祇有西周的都城豐鎬設市，有《周禮·考工記》爲證"[3]，並由此認爲文獻中出現的"城市邑"和"城市"即是現代意義的"城市"概念。他提出的這一對城市概念的界定，即"城（城墻）"＋"市"＝"城市"，在中國古代城市研究中具有一定的代表性[4]，雖然不能説馬正林提出的認識是錯誤的，畢竟關於"城市"的概念至今也没有達成一致的意見，但這並不能説明古代文獻中出現的"城市"一詞具有

---

[1] 其中有很多並不是作爲"城市"這個詞彙出現，或是城和市兩個概念的合稱或是偏重於"市"，因此實際上出現的次數要遠遠少於 3423 條。

[2] 馬正林：《中國城市歷史地理》，山東教育出版社 1998 年版，第 18 頁。

[3] 同上書，第 19 頁。

[4] 董鑒泓：《中國城市建設史》，中國建築工業出版社 1989 年版，第 5 頁。

了現代"城市"的含義①。當然，我們可以用現代的"城市"概念來界定古代的聚落，但無論近現代"城市"的概念如何界定，實際上都是從本質上（主要是經濟、社會結構）將一組特殊的聚落與鄉村區分開來，那麼我們首先需要考慮的是中國古代是否曾將某些聚落認為是一種特殊的實體，如果存在這種認識，那麼這些特殊的聚落是否與近現代"城市"概念存在關聯。下面先對這一問題進行分析：

除了遼、金、元三個少數民族政權之外，在中國古代的行政體系中，並不存在單獨的現代意義的建制城市。韓光輝在《元代中國的建制城市》②《中國元代不同等級規模的建制城市研究》③《宋遼金元建制城市的出現與城市體系的形成》④ 等論著中對遼、金、元時期，尤其是元代建制城市的出現和發展過程進行了叙述。根據韓光輝的分析，設置建制城市（也就是錄事司）的標準，並不是現在通常用來界定"城市"的經濟、人口等數據，而主要依據的是城市的行政等級，即"錄事司，秩正八品。凡路府所治，置一司，以掌城中户民之事。中統二年，詔驗民户，定為員數。二千户以上，設錄事、司候、判官各一員；二千户以下，省判官不置。至元二十年，置達魯花赤一員，省司候，以判官兼捕盜之事，典史一員。若城市民少，則不置司，歸之倚郭縣。在兩京，則為警巡院"⑤，從這一文獻來看，界定"建制城市"的標準首先是行政等級，然後才是人

---

① 總體來看，馬正林所提概念涵蓋的範圍過於寬泛了，有"市"和一定的居民即可以為城市，且不說其中的市是否是固定市還是集市，人口要到多少才算是達標，如果按照這一概念，不僅中國古代大多數行政城市，以及眾多的鄉鎮聚落都可以作為城市，而且世界古代的大多數聚落似乎也可以界定為城市了。對於這種定義，李孝聰在《歷史城市地理》一書中批評道"而且，城市作為人類社會物質文明與精神文化最重要的載體，僅僅用城牆和市場這兩個具體而狹隘的標準來衡量也是缺乏說服力的"，山東教育出版社2007年版，第4頁。此外，由於"城市"一詞具有的誤導性，讓人容易理解為"城"+"市"，因此有學者認為應當放棄對這一詞彙的使用，參見王妙發、鬱越祖《關於"都市（城市）"概念的地理學定義考察》，《歷史地理》第10輯，上海人民出版社1992年版，第133頁。而且"城市"一詞在古代可能僅僅表示"城"的含義，這點參見後文分析。
② 韓光輝：《元代中國的建制城市》，《地理學報》1995年第4期，第324頁。
③ 韓光輝、劉旭、劉業成：《中國元代不同等級規模的建制城市研究》，《地理學報》2010年第12期，第1476頁。
④ 韓光輝、林玉軍、王長鬆：《宋遼金元建制城市的出現與城市體系的形成》，《歷史研究》2007年第4期，第42頁。
⑤ 《元史》卷九十一《百官志》，中華書局1976年版，第2317頁。

口,如果行政等級不高,人口再多也不能設置錄事司;同時,文獻中對於"若城市民少,則不置司"中的"民少"並沒有具體的規定,另外不設判官的標準爲兩千户以下,並且没有規定下限,則更説明"民少"的標準是模糊的。不僅如此,雖然我們不能確定元代"城市"發展的水平,但明清時期"城市"的發展應當不會低於元代,但這種建制城市却在元代滅亡後即被取消。從這點來看,"建制城市"的出現並不能代表中國"城市"的發展水平,而且也没有確定一種傳統,可能只是中國歷史發展中的偶然現象。總體來看,就行政建制方面而言,中國古代缺乏現代意義的"城市"的劃分標準,"城"通常由管轄周邊郊區的附郭縣(府州及其以上行政層級)或者縣管轄,"城"與其周邊地區的區分在行政層面上並不重要。

不僅如此,在漫長的歷史中,除了元代之外,清末之前幾乎没有用來確定某類特殊聚落地位的標準。在各種文獻中提到的"城",通常是那些地方行政治所和一些修築有城牆的聚落,因此如果要尋找劃分標準,那就是"地方行政治所"和"城牆",但這兩者又不完全統一。一方面,至少從魏晉至明代中期,很多地方行政治所並没有修築城牆①;另一方面大量修築有城牆的聚落又不是地方行政治所。因此,中國古代文獻中的"城",其實包含兩方面的含義,一方面是地方行政治所(不一定修築有城牆);另一方面是有牆聚落。兩者之中,都涵蓋了各色各等差異極大的聚落,有牆聚落中既有規模居於全國首位的都城,也有周長不超過3里圍繞一個小村落修建的小城堡。即使行政治所,規模差異也很大②。因此文獻中"城"和"城池"這類的概念實際上表示的是一種地理空間,而並不具有太多的其他意義。

中國古代編纂的各種志書中,在涉及地方的部分基本上很少將與城有關的内容單獨列出。如現存最早的地理總志《元和郡縣圖志》,其中所記政區沿革、古迹、山川河流都没有區分城内城外,而且也極少記録城郭的情况。《元和郡縣圖志》之後的地理總志,雖然記述的内容更爲豐富,但

---

① 參見成一農《中國古代地方城市築城簡史》,《古代城市形態研究方法新探》,社會科學文獻出版社2009年版,第160頁。

② 參見成一農《清代的城市規模與城市行政等級》,《古代城市形態研究方法新探》,社會科學文獻出版社2009年版,第126頁。

也大致遵循這一方式，即沒有強調"城"的特殊性。地理總志以外的其他志書也基本如此，如《十通》，在記述各種經濟數據（如人口、稅收等）、山川、衙署等內容時，並不將城的部分單獨列出。宋代之後保存至今的地方志中雖然通常有"城池"一節，但主要記錄的是城牆和城濠的修築情況；"坊市"中雖然主要記載的是城內的坊（或牌坊）和市的分佈，並與城外的鄉村（或者廂、隅、都等）區分開來，但這可能是受到行政建置（城內與鄉村的行政建置存在差异）的影響；在其他關於地理的章節（如橋樑、寺廟）、關於經濟的章節（如食貨、戶口）等中基本看不到對城的強調。因此，可以認爲在這些志書的編纂者看來，作爲行政治所的"城"並沒有太大的特殊性，或者說他們心目中並沒有歐洲中世紀那些具有特殊地位的"城市"。

此外，雖然中國古代早已有"城市"一詞，但其含義與近現代的概念並不相同，如清代編纂的關於北京的《日下舊聞考》中有以"城市"命名的章節，記載城內的街巷、寺廟、景物等，但該書主要是分區域記述的，與"城市"對應的章節分別爲"皇城""郊坰"和"京畿"等，因此"城市"一詞在這裏很可能只是一種空間分區，表示的是城牆以內皇城以外的範圍，類似於"城"或者"城池"。另如《後漢書·西羌傳》記"東犯趙、魏之郊，南入漢、蜀之鄙。塞湟中，斷隴道，燒陵園，剽城市，傷敗踵係，羽書日聞"①；又如《北齊書·陽州公永樂傳》"永樂弟長弼，小名阿伽。性粗武，出入城市，好毆擊行路，時人皆呼爲阿伽郎君"②，這些文獻中的"城市"一詞同樣並不一定表示的是現代意義的"城市"，很可能只是"城"或"城池"的同義詞，而且文獻中這類的用法還有很多。總體來看，中國古代文獻中的"城市"一詞很可能並不表示現代或者西方與文化、文明、公民等概念有關的含義。

不僅文獻如此，在流傳至今的古代輿圖中，極少出現現代意義的"城市圖"，大部分表示"城"的輿圖往往將城與其周邊區域繪製在一起。當然方志中的"城池圖"是例外情況，其表現的是整個政區的組成部分之一，在明清時期的很多方志之中，除了"城池圖"之外，還有着大量表示鄉村的疆里圖，因此這種"城池圖"表現的實際上是一種地理單位，

---

① 《後漢書》卷八七《西羌傳》，中華書局1965年版，第2900頁。
② 《北齊書》卷一四《陽州公永樂傳》，中華書局1972年版，第182頁。

重點並不在於強調城的特殊性。另外宋代保存下來的幾幅"城圖",都有着特殊的繪製目的,《平江圖》是在南宋紹定二年(1229)李壽朋對蘇州里坊進行了調整並重修了一些重要建築之後繪製的,是用來表示這些成果的地圖;《靜江府城圖》則是出於軍事目的大規模修建靜江府城池之後,用來記錄修城經過和花費的城圖,圖中上方題記中詳細記載了修城的經過和所修城池的長、寬、高與用工、費、料以及當時經略安撫使的姓名即是明證,從文獻來看,這樣的城圖在宋代還有一些。宋代之後直至清末之前,除了都城之外,與其他專題圖相比較(如河工圖、園林圖),以"城"爲繪製對象的輿圖較爲少見。以《美國國會圖書館藏中文古地圖叙錄》[1] 一書爲例,其中收錄有美國國會圖書館所藏中文古地圖約 300 幅,其中城圖僅有 19 幅。在這 19 幅城圖中,北京地圖有 6 幅,其餘的 13 幅地圖中繪製於同治時期的 2 幅、光緒時期的 8 幅、清後期的 1 幅(即《浙江省垣水利全圖》,李孝聰教授認爲該圖與清同治三年浙江官書局刊印的《浙江省垣城廂全圖》刊刻自同一時期或稍晚),繪製於清代中期的只有 2 幅(《萊州府昌邑縣城垣圖》[2] 和《寧郡地輿圖》)。從中國傳統輿圖來看,與今天大量出現的城市圖不同,除了方志中的"城池圖"和單幅的都城圖之外,中國古代極少將"城"作爲一種單獨的繪圖對象。

總體來看,中國古代可能存在有現代意義的"城市",但並没有突出強調某類聚落性質上的特殊性。"城""城池",甚至"城市"的劃分標準很可能祇是地理空間,而不是現代的從内涵上進行的界定,同時也没有從經濟、社會等方面對聚落進行劃分的標準,因此可以認爲中國古代並無"城市"這樣的概念。出現這種情況,並不是說明中國古代没有現代意義的城市,而是說明中國古代並没有一種我們現代認爲的"城市"的概念或者認識。

總體而言,中國古代肯定存在"城市"(具體如何界定則需要根據所使用的概念),但並無類似於近現代或者西方從經濟或社會的角度界定的"城市"的概念和劃分標準,而祇有"城"或者"城池"這樣的地理空間的劃分。大概只是到了清末,隨着與西方接觸的密切,西方"城市"的概念才逐漸進入中國,中國獨立於鄉村的"城市"的意識才逐漸明晰,

---

[1] 李孝聰:《美國國會圖書館藏中文古地圖叙錄》,文物出版社 2004 年版。

[2] 通過進一步分析,該圖實際上應該繪製於光緒年間。

也才開始注意城鄉之間的劃分。基於此，由於本資料集主要涉及的是各個時期治所城池空間範圍內（以及周邊的）地理要素，因此用"城池"來作爲書名應當更爲準確。

三

再回到本資料集的來源——歷史城市地理信息系統。由於具有較强的實用性和綜合性，因此歷史城市地理信息系統是目前國內歷史地理信息系統開發的熱點。不過，大部分可以查閱到信息的已經完成或者正在建立的城市歷史地理信息系統，目前大都未能對外公佈數據，也未能與各城市的 UGIS 或"數字城市"計劃相銜接，從而限制了這些數據的使用。如南京市城市規劃編制研究中心負責的基於 3S 技術的南京歷史空間格局數字復原研究，已於 2010 年 7 月 27 日通過項目驗收，其最終體現爲"南京市歷史文化空間格局演變應用服務系統"。在網絡上可以查到這一項目的獲獎信息，但無法找到這一系統的網站和使用方法。之所以出現上述現象，其原因很可能是因爲這些系統未能達到立項時設計的目的，無法滿足研究和使用的需要。

從理論上講，單一城市歷史地理信息系統的開發與現代城市地理信息系統的開發最爲主要的差異就是存在"時間軸"的問題，但只要引入滿志敏教授提出的地理要素生存期的概念，那麼這一問題基本可以得到解決。因此在技術層面上，開發單一城市歷史地理信息系統的難度並不大，這些系統未能滿足研究和使用需要的原因應當源於技術之外。

全國或區域性的城市歷史地理信息系統的開發，目前能見到的主要是本人的"中國歷史城市地理信息系統"，但由於技術上的問題，這一系統遠遠未能達到最初設計時的目的，其數據結構的設定只能爲某些特定問題的研究提供相應的服務。總體來看，目前開發完成和正在開發的歷史城市地理信息系統大都未對外公佈的原因，可以分爲技術方面的與技術之外的。首先分析技術方面目前存在的問題：

第一，不同於現代數據，現存的中國古代的信息數據通常缺乏量化，而且中國不同時期以及不同區域的度量衡存在差異，因此將文獻中記載的具體數據轉化爲現代度量衡單位時存在不小的困難。此外，還經常會遇到不同文獻所載數據存在差異，但無法輕易判斷其中對錯的情況。面對上述問題，歷史城市地理信息系統的建設需要在數據方面花費大量的時間，因此其開發的週期要比現代城市地理信息系統更長，也需要更大的資金投入。

第二，涵蓋區域或全國城市的歷史地理信息系統的數據結構的設計在技術上難度很大。涵蓋區域和全國城市的歷史地理信息系統，如果是關於城牆、廟學、寺廟、衙署等單一功能建築的專題性質的信息系統，數據結構的設計難度並不大。目前數據設計方面難度最大的就是，如何在涵蓋區域和全國城市的歷史地理信息系統中包含城市所有的功能建築。當然如果僅僅是專題地理信息數據整合，難度也不大，但這樣的地理信息系統並不能達成數據整合的意義，因爲城市中功能建築之間的位置關係和時間關係是具有研究價值的，其中時間關係通過生存期的概念並結合檢索技術基本可以實現，但對功能建築之間位置關係進行查詢和分析則較難實現。尤其是建立區域和全國歷史城市地理信息系統的時候，由於這一歷史地理信息系統不涉及城市內部的"面"，因此無法通過空間查詢功能來達成對全國城市某些類別功能建築之間位置關係的分析。

除了技術方面的因素之外，目前影響城市歷史地理信息系統以及其他類型歷史地理信息系統開發的主要有以下幾個因素：

第一，歷史地理信息的開發，無論是數據的考訂、分析和轉換，還是數據結構的設計、平臺的搭建，都需要投入大量的時間，而且還需要不斷投入時間進行數據和平臺的維護和更新，而這些都不是目前"論文至上"的學科評價體系所承認的研究成果，因此很少有學者願意投入大量的時間和精力來從事這方面的工作。

第二，雖然目前對於歷史地理信息系統的價值和作用在歷史地理學界中得到了廣泛的認可，但目前無論是在學術研究方面，還是在現實應用方面，歷史城市地理信息系統都未取得與其投入資金相對應的成果。而且與目前如火如荼的古籍數字化不同，歷史地理信息系統的使用需要一定的技術能力，無法短時期內就被研究者所普遍使用，難以產生立竿見影的效果。可能正是由於這一原因，使得國家、城市管理部門以及各個研究單位對於需要耗費大量資金和時間，短期內難以見到顯著成效的歷史地理信息系統的投入持保留態度。

第三，包括歷史城市地理信息系統在內的歷史地理信息系統的開發實際上需要文理科的聯合，其中人文學科的學者無法處理設計數據結構時遇到的錯綜複雜的數據關係和進行地理信息系統平臺的深入開發；而理科出身的地理信息系統的研發者很多時候無法正確處理文獻中記載的數據，或者把握模糊處理這些數據的尺度，而且很多時候也無法明瞭研究者所需要的數據關係。最近一段時期以來，雖然國家和研究院所都鼓勵跨學科的研究，但實際上取得的成果極其有限，這一問題產生的原因非常複雜，其中最爲重要的原因之一，可能在於文理科學者思維上的差异所造成的研究思路上的隔閡，而目前"碎片化"的學科體制使得文理科學者之間缺乏一種能長期對話、合作的機制，而這種機制應當從研究者的培養階段，也就是大學時期就開始建立。

總體來看，目前以歷史城市地理信息系統爲代表的歷史地理信息系統，雖然取得了一些零散的成就，但從長遠來看，依然缺乏明確的發展前景，短期內也無法取得突破和獲得重要的研究成果，因此如果歷史地理學界公認這一技術手段今後必然會極大地推動歷史地理學甚至歷史學的研究的話，那麼就應當合整個學界之力，致力於這一系統的開發。對此，本人設想應當需要採取以下措施：

第一，以某一具有廣泛影響力的研究機構爲核心，聯合國內各研究院所建立某種形式的研究機構，進行以城市歷史地理信息系統爲代表的歷史地理信息系統平臺的開發，并且說服國家或者研究基金投入大量資金扶持這一難以短期產生效益和成果的項目，但又屬於前沿性和基礎性的學術基礎數據平臺的建設。

第二，以這一機構和研究項目爲基礎，吸收青年學者參加，通過制定特殊的職稱評審體制，鼓勵研究者安心長期從事這一基礎領域的工作。

第三，在歷史地理信息系統的開發中，重視建立一種促使文理科研究者深入討論與合作的機制，通過各種方式達成雙方對對方思維方式、思路、研究目標、理念的理解。

第四，在歷史地理信息系統項目建設之初，應當投入大量的時間確定一套有着普遍適用性和擴展性的數據標準，並將這一標準公之於衆。然後，再以這一平臺和標準爲基礎，或對現有的成套、比較成熟的文本數據進行加工，或以項目的形式組織研究人員整理製作各種類別的地理信息系統數據，並鼓勵和幫助其他研究機構使用這套數據標準建立各自的數據和地理信息系統。由此才能最終建立起一套可以相互銜接、不斷擴充的數據集。

四

因爲當前本人的主要精力已經轉移到了古地圖的研究，雖然還在進行古代城市的研究工作，但投入的精力已經大不如前，不過歷史地理信息系統的建設依然是今後長期關注的重點，其原因一方面是這一研究方法今後很可能會帶動整個學科的發展，另一方面是希望通過這一方法將歷史學、地理學和現實問題結合起來，因此今後本資料集還會繼續出版。大致的安排如下：第二輯和第三輯，以地方志中的城墻資料和廟學資料爲主，也就是第一輯的續編；第四輯，主要收錄與城墻和廟學有關的碑刻材料；第五輯，爲宋元方志中的城市基礎資料彙編。

五

我非常高興能借此機會向恩師李孝聰教授表達謝意！沒有他的指引和無微不至的呵護以及在我後來的學術發展中給予的最大可能的幫助，我的學術研究無法走到今天這一步。在我學術成長中給予我各方面引導、支持和幫助的魯西奇教授、張曉虹教授、侯甬堅教授、唐曉峰教授、辛德勇教授、韓茂莉教授、華林甫教授、卜憲群研究員、王震中研究員、楊珍研究員等，在此一併表示謝意。還有中國社會科學出版社的副總編審郭沂紋老師，沒有她的鼓勵和幫助，這本資料集的出版是無法想象的。最後還要感謝具體負責本書編輯的劉芳、耿曉明，對於這本枯燥無味的資料集，她們投入大量的時間和精力來閱讀並提出了諸多寶貴意見。

目 錄

甘肅省 ……………………………………………………… (1)
  康熙《安定縣志》 ………………………………………… (1)
    安定縣 ……………………………………………………… (1)
  乾隆《成縣新志》 ………………………………………… (1)
    成縣 ………………………………………………………… (1)
  民國《崇信縣志》 ………………………………………… (2)
    崇信縣 ……………………………………………………… (2)
  乾隆《狄道州志》 ………………………………………… (3)
    狄道州 ……………………………………………………… (3)
  道光《敦煌縣志》 ………………………………………… (4)
    敦煌縣 ……………………………………………………… (4)
  乾隆《伏羌縣志》 ………………………………………… (4)
    伏羌縣 ……………………………………………………… (4)
  乾隆《甘州府志》 ………………………………………… (5)
    甘州府 ……………………………………………………… (5)
    張掖縣 ……………………………………………………… (6)
    山丹縣 ……………………………………………………… (6)
  光緒《海城縣志》 ………………………………………… (7)
    海城縣 ……………………………………………………… (7)
  乾隆《合水縣志》 ………………………………………… (7)
    合水縣 ……………………………………………………… (7)
  民國《和政縣志》 ………………………………………… (8)
    和政縣 ……………………………………………………… (8)
  民國《華亭縣志》 ………………………………………… (9)

華亭縣 …………………………………………………… （9）
嘉靖《徽郡志》 ……………………………………………… （9）
　　徽州 ……………………………………………………… （9）
嘉慶《徽縣志》 ……………………………………………… （10）
　　徽縣 ……………………………………………………… （10）
康熙《金縣志》 ……………………………………………… （11）
　　金縣 ……………………………………………………… （11）
乾隆《涇州志》 ……………………………………………… （12）
　　涇州 ……………………………………………………… （12）
道光《靖遠縣志》 …………………………………………… （12）
　　靖遠縣 …………………………………………………… （12）
乾隆《靜寧州志》 …………………………………………… （13）
　　靜寧州 …………………………………………………… （13）
道光《蘭州府志》 …………………………………………… （14）
　　蘭州府 …………………………………………………… （14）
　　皋蘭縣 …………………………………………………… （14）
　　狄道州 …………………………………………………… （15）
　　渭源縣 …………………………………………………… （15）
　　金縣 ……………………………………………………… （15）
　　河州 ……………………………………………………… （15）
　　靖遠縣 …………………………………………………… （15）
　　府州縣文廟 ……………………………………………… （15）
道光《兩當縣新志》 ………………………………………… （16）
　　兩當縣 …………………………………………………… （16）
民國《創修臨澤縣志》 ……………………………………… （16）
　　臨澤縣 …………………………………………………… （16）
康熙《隆德縣志》 …………………………………………… （17）
　　隆德縣 …………………………………………………… （17）
民國《民勤縣志》 …………………………………………… （17）
　　民勤縣 …………………………………………………… （17）
乾隆《清水縣志》 …………………………………………… （18）
　　清水縣 …………………………………………………… （18）

道光《續修山丹縣志》…………………………………………………（18）
    山丹縣 ………………………………………………………………（18）
萬曆《肅鎮華夷志》……………………………………………………（19）
    陝西行都司 …………………………………………………………（19）
    山丹衛 ………………………………………………………………（20）
    高台所 ………………………………………………………………（20）
光緒《洮州廳志》………………………………………………………（20）
    洮州廳 ………………………………………………………………（20）
光緒《通渭縣新志》……………………………………………………（21）
    通渭縣 ………………………………………………………………（21）
民國《創修渭源縣志》…………………………………………………（22）
    渭源縣 ………………………………………………………………（22）
乾隆《西和縣志》………………………………………………………（22）
    西和縣 ………………………………………………………………（22）
民國《新纂康縣縣志》…………………………………………………（23）
    康縣 …………………………………………………………………（23）
民國《永登縣志》………………………………………………………（23）
    永登縣 ………………………………………………………………（23）
乾隆《玉門縣志》………………………………………………………（24）
    玉門縣 ………………………………………………………………（24）
道光《重修鎮番縣志》…………………………………………………（24）
    鎮番縣 ………………………………………………………………（24）
民國《重修靈臺縣志》…………………………………………………（25）
    靈臺縣 ………………………………………………………………（25）
民國《重修鎮原縣志》…………………………………………………（27）
    鎮原縣 ………………………………………………………………（27）
乾隆《莊浪志略》………………………………………………………（27）
    莊浪縣 ………………………………………………………………（27）
嘉靖《秦安志》…………………………………………………………（28）
    秦安縣 ………………………………………………………………（28）
乾隆《五涼全志》………………………………………………………（29）
    涼州府 ………………………………………………………………（29）

乾隆《直隸秦州新志》……………………………………………（30）
　　秦州……………………………………………………………（30）
　　秦安縣…………………………………………………………（31）
　　清水縣…………………………………………………………（31）
　　禮縣……………………………………………………………（32）
　　徽縣……………………………………………………………（33）
　　兩當縣…………………………………………………………（33）

陝西省……………………………………………………………（34）
道光《重修略陽縣志》……………………………………………（34）
　　略陽縣…………………………………………………………（34）
嘉慶《安康縣志》…………………………………………………（35）
　　安康縣…………………………………………………………（35）
嘉慶《白河縣志》…………………………………………………（35）
　　白河縣…………………………………………………………（35）
光緒《白河縣志》…………………………………………………（36）
　　白河縣…………………………………………………………（36）
乾隆《白水縣志》…………………………………………………（36）
　　白水縣…………………………………………………………（36）
道光《褒城縣志》…………………………………………………（37）
　　褒城縣…………………………………………………………（38）
民國《寶雞縣志》…………………………………………………（38）
　　寶雞縣…………………………………………………………（38）
光緒《蒲城縣新志》………………………………………………（39）
　　蒲城縣…………………………………………………………（39）
康熙《朝邑縣後志》………………………………………………（40）
　　朝邑縣…………………………………………………………（40）
康熙《城固縣志》…………………………………………………（41）
　　城固縣…………………………………………………………（41）
《城固縣鄉土志》…………………………………………………（41）
　　城固縣…………………………………………………………（42）
民國《澄城縣附志》………………………………………………（42）

澄城縣 …………………………………………………（42）
乾隆《淳化縣志》 ………………………………………（42）
　　淳化縣 …………………………………………………（42）
民國《續修大荔縣舊志存稿》 …………………………（43）
　　大荔縣 …………………………………………………（43）
民國《大荔縣新志存稿》 ………………………………（44）
　　大荔縣 …………………………………………………（44）
光緒《定遠廳志》 ………………………………………（45）
　　定遠廳 …………………………………………………（45）
光緒《鳳縣志》 …………………………………………（45）
　　鳳縣 ……………………………………………………（45）
民國《佛坪縣志》 ………………………………………（46）
　　佛坪縣 …………………………………………………（46）
嘉慶《扶風縣志》 ………………………………………（46）
　　扶風縣 …………………………………………………（46）
光緒《扶風縣鄉土志》 …………………………………（47）
　　扶風縣 …………………………………………………（47）
乾隆《府谷縣志》 ………………………………………（48）
　　府谷縣 …………………………………………………（48）
光緒《富平縣志稿》 ……………………………………（49）
　　富平縣 …………………………………………………（49）
嘉靖《高陵縣志》 ………………………………………（50）
　　高陵縣 …………………………………………………（50）
光緒《高陵縣續志》 ……………………………………（51）
　　高陵縣 …………………………………………………（51）
乾隆《韓城縣志》 ………………………………………（52）
　　韓城縣 …………………………………………………（52）
民國《韓城縣續志》 ……………………………………（53）
　　韓城縣 …………………………………………………（53）
乾隆《郃陽縣全志》 ……………………………………（53）
　　郃陽縣 …………………………………………………（53）
民國《橫山縣志》 ………………………………………（54）

横山縣	(54)
嘉慶《葭州志》	(55)
葭州	(55)
民國《葭縣志》	(55)
葭縣	(55)
宣統《重修涇陽縣志》	(56)
涇陽縣	(56)
光緒《藍田縣志》	(57)
藍田縣	(57)
乾隆《臨潼縣志》	(58)
臨潼縣	(58)
光緒《麟游縣新志草》	(59)
麟游縣	(59)
道光《留壩廳志》	(60)
留壩廳	(60)
康熙《隴州志》	(60)
隴州	(60)
乾隆《隴州續志》	(60)
隴州	(60)
民國《洛川縣志》	(61)
洛川縣	(61)
光緒《洛南縣鄉土志》	(62)
洛南縣	(63)
宣統《郿縣志》	(63)
郿縣	(63)
光緒《沔縣志》	(64)
沔縣	(64)
光緒《寧羌州志》	(64)
寧羌州	(65)
光緒《平民縣志》	(65)
平民縣	(65)
乾隆《蒲城縣志》	(66)

蒲城縣 …………………………………………………（66）
光緒《岐山縣鄉土志》……………………………………（66）
　　岐山縣 …………………………………………………（67）
雍正《重修陝西乾州志》…………………………………（67）
　　乾　州 …………………………………………………（67）
光緒《乾州志稿》…………………………………………（68）
　　乾　州 …………………………………………………（68）
乾隆《三水縣志》…………………………………………（69）
　　三水縣 …………………………………………………（69）
光緒《三原縣新志》………………………………………（70）
　　三原縣 …………………………………………………（70）
民國《商南縣志》…………………………………………（71）
　　商南縣 …………………………………………………（71）
道光《神木縣志》…………………………………………（72）
　　神木縣 …………………………………………………（72）
《神木縣鄉土志》…………………………………………（72）
　　神木縣 …………………………………………………（73）
道光《石泉縣志》…………………………………………（73）
　　石泉縣 …………………………………………………（73）
乾隆《同官縣志》…………………………………………（73）
　　同官縣 …………………………………………………（74）
明《武功縣志》……………………………………………（75）
　　武功縣 …………………………………………………（75）
光緒《武功縣續志》………………………………………（75）
　　武功縣 …………………………………………………（76）
乾隆《西安府志》…………………………………………（76）
　　西安府 …………………………………………………（76）
　　長安縣 …………………………………………………（77）
　　咸寧縣 …………………………………………………（77）
　　咸陽縣 …………………………………………………（77）
　　興平縣 …………………………………………………（77）
　　臨潼縣 …………………………………………………（77）

高陵縣 …………………………………………………（77）
　　鄠縣 ……………………………………………………（78）
　　藍田縣 …………………………………………………（78）
　　涇陽縣 …………………………………………………（78）
　　三原縣 …………………………………………………（78）
　　盩厔縣 …………………………………………………（79）
　　渭南縣 …………………………………………………（79）
　　富平縣 …………………………………………………（79）
　　禮泉縣 …………………………………………………（79）
　　同官縣 …………………………………………………（80）
　　耀州 ……………………………………………………（80）
道光《西鄉縣志》………………………………………………（80）
　　西鄉縣 …………………………………………………（80）
光緒《孝義廳志》………………………………………………（80）
　　孝義廳 …………………………………………………（80）
光緒《新續渭南縣志》…………………………………………（81）
　　渭南縣 …………………………………………………（81）
民國《興平縣志》………………………………………………（82）
　　興平縣 …………………………………………………（82）
嘉慶《續修潼關縣志》…………………………………………（82）
　　潼關縣 …………………………………………………（82）
民國《續修禮泉縣志稿》………………………………………（83）
　　禮泉縣 …………………………………………………（83）
民國《續修南鄭縣志》…………………………………………（84）
　　南鄭縣 …………………………………………………（84）
光緒《續修平利縣志》…………………………………………（85）
　　平利縣 …………………………………………………（85）
光緒《洵陽縣志》………………………………………………（85）
　　洵陽縣 …………………………………………………（85）
乾隆《延長縣志》………………………………………………（86）
　　延長縣 …………………………………………………（86）
乾隆《鎮安縣志》………………………………………………（87）

鎮安縣……………………………………………（87）
光緒《鎮安縣鄉土志》……………………………………（88）
　　鎮安縣……………………………………………（88）
光緒《洋縣志》……………………………………………（88）
　　洋　縣……………………………………………（88）
乾隆《宜川縣志》…………………………………………（89）
　　宜川縣……………………………………………（89）
民國《宜川縣志》…………………………………………（89）
　　宜川縣……………………………………………（90）
光緒《永壽縣志》…………………………………………（91）
　　永壽縣……………………………………………（91）
光緒《鄠縣鄉土志》………………………………………（91）
　　鄠　縣……………………………………………（91）
民國《重修鄠縣志》………………………………………（92）
　　鄠　縣……………………………………………（92）
道光《陝西志輯要》………………………………………（93）
　　西安府……………………………………………（93）
　　長安縣……………………………………………（93）
　　咸寧縣……………………………………………（93）
　　咸陽縣……………………………………………（93）
　　興平縣……………………………………………（93）
　　臨潼縣……………………………………………（93）
　　高陵縣……………………………………………（93）
　　鄠　縣……………………………………………（93）
　　藍田縣……………………………………………（94）
　　涇陽縣……………………………………………（94）
　　三原縣……………………………………………（94）
　　盩厔縣……………………………………………（94）
　　渭南縣……………………………………………（94）
　　富平縣……………………………………………（94）
　　禮泉縣……………………………………………（94）
　　同官縣……………………………………………（94）

耀州 …………………………………………（94）
同州府 ………………………………………（94）
潼關廳 ………………………………………（94）
大荔縣 ………………………………………（95）
朝邑縣 ………………………………………（95）
郃陽縣 ………………………………………（95）
澄城縣 ………………………………………（95）
韓城縣 ………………………………………（95）
白水縣 ………………………………………（95）
華州 …………………………………………（95）
華陰縣 ………………………………………（95）
蒲城縣 ………………………………………（95）
鳳翔府 ………………………………………（95）
鳳翔縣 ………………………………………（95）
岐山縣 ………………………………………（96）
寶雞縣 ………………………………………（96）
扶風縣 ………………………………………（96）
郿縣 …………………………………………（96）
麟游縣 ………………………………………（96）
汧陽縣 ………………………………………（96）
隴州 …………………………………………（96）
乾州 …………………………………………（96）
武功縣 ………………………………………（96）
永壽縣 ………………………………………（96）
邠州 …………………………………………（96）
三水縣 ………………………………………（97）
淳化縣 ………………………………………（97）
長武縣 ………………………………………（97）
鄜州 …………………………………………（97）
洛川縣 ………………………………………（97）
中部縣 ………………………………………（97）
宜君縣 ………………………………………（97）

漢中府	(97)
留壩廳	(97)
定遠廳	(97)
南鄭縣	(97)
褒城縣	(98)
城固縣	(98)
洋縣	(98)
西鄉縣	(98)
鳳縣	(98)
寧羌州	(98)
沔縣	(98)
略陽縣	(98)
興安府	(98)
漢陰廳	(98)
安康縣	(98)
平利縣	(99)
洵陽縣	(99)
白河縣	(99)
紫陽縣	(99)
石泉縣	(99)
商州	(99)
鎮安縣	(99)
雒南縣	(99)
山陽縣	(99)
商南縣	(99)
延安府	(99)
膚施縣	(100)
安塞縣	(100)
甘泉縣	(100)
保安縣	(100)
安定縣	(100)
宜川縣	(100)

延長縣 ……………………………………………… (100)
　　延川縣 ……………………………………………… (100)
　　定邊縣 ……………………………………………… (100)
　　靖邊縣 ……………………………………………… (100)
　　榆林府 ……………………………………………… (100)
　　榆林縣 ……………………………………………… (101)
　　神木縣 ……………………………………………… (101)
　　府谷縣 ……………………………………………… (101)
　　葭州 ………………………………………………… (101)
　　懷遠縣 ……………………………………………… (101)
　　綏德州 ……………………………………………… (101)
　　米脂縣 ……………………………………………… (101)
　　清澗縣 ……………………………………………… (101)
　　吳堡縣 ……………………………………………… (101)
光緒《綏德州志》………………………………………… (101)
　　綏德州 ……………………………………………… (102)
乾隆《鳳翔府志》………………………………………… (102)
　　鳳翔府 ……………………………………………… (102)
　　鳳翔縣 ……………………………………………… (103)
　　岐山縣 ……………………………………………… (103)
　　寶雞縣 ……………………………………………… (104)
　　扶風縣 ……………………………………………… (105)
　　郿縣 ………………………………………………… (105)
　　麟游縣 ……………………………………………… (105)
　　汧陽縣 ……………………………………………… (106)
　　隴州 ………………………………………………… (106)
道光《清澗縣志》………………………………………… (107)
　　清澗縣 ……………………………………………… (107)
道光《安定縣志》………………………………………… (108)
　　安定縣 ……………………………………………… (108)
光緒《靖邊縣志稿》……………………………………… (110)
　　靖邊縣 ……………………………………………… (110)

嘉慶《續興安府志》……………………………………………（110）
　　興安府 ………………………………………………………（110）
康熙《延綏鎮志》………………………………………………（111）
　　榆林衛 ………………………………………………………（111）
嘉慶《重修延安府志》…………………………………………（112）
　　延安府 ………………………………………………………（112）
　　膚施縣 ………………………………………………………（112）
　　安塞縣 ………………………………………………………（113）
　　甘泉縣 ………………………………………………………（113）
　　保安縣 ………………………………………………………（114）
　　安定縣 ………………………………………………………（114）
　　宜川縣 ………………………………………………………（115）
　　延長縣 ………………………………………………………（115）
　　延川縣 ………………………………………………………（116）
　　定邊縣 ………………………………………………………（116）
　　靖邊縣 ………………………………………………………（116）
光緒《同州府續志》……………………………………………（116）
　　同州府 ………………………………………………………（116）
　　韓城縣 ………………………………………………………（117）
　　華陰縣 ………………………………………………………（117）
　　白水縣 ………………………………………………………（117）
道光《吳堡縣志》………………………………………………（117）
　　吳堡縣 ………………………………………………………（117）
雍正《宜君縣志》………………………………………………（118）
　　宜君縣 ………………………………………………………（118）
民國《磚坪縣志》………………………………………………（118）
　　磚坪縣 ………………………………………………………（118）
嘉慶《續修中部縣志》…………………………………………（119）
　　中部縣 ………………………………………………………（119）
民國《中部縣志》………………………………………………（119）
　　中部縣 ………………………………………………………（119）
民國《岐山縣志》………………………………………………（120）

岐山縣 …………………………………………（120）
　民國《盩厔縣志》 ………………………………（121）
　　盩厔縣 …………………………………………（121）
　嘉靖《耀州志》 …………………………………（122）
　　耀州 ……………………………………………（122）
　　同官縣 …………………………………………（123）
　　富平縣 …………………………………………（124）
　乾隆《續耀州志》 ………………………………（124）
　　耀州 ……………………………………………（124）

河北省 ………………………………………………（126）
　乾隆《武安縣志》 ………………………………（126）
　　武安縣 …………………………………………（126）
　乾隆《唐縣志》 …………………………………（127）
　　唐縣 ……………………………………………（127）
　民國《鹽山縣志》 ………………………………（128）
　　鹽山縣 …………………………………………（128）
　民國《新樂縣志》 ………………………………（129）
　　新樂縣 …………………………………………（129）
　嘉靖《藁城縣志》 ………………………………（130）
　　藁城縣 …………………………………………（130）
　民國《藁城縣鄉土地理》 ………………………（131）
　　藁城縣 …………………………………………（131）
　光緒《故城縣志》 ………………………………（131）
　　故城縣 …………………………………………（131）
　乾隆《東安縣志》 ………………………………（133）
　　東安縣 …………………………………………（133）
　民國《安次縣志》 ………………………………（134）
　　安次縣 …………………………………………（134）
　光緒《安國縣新志稿》 …………………………（135）
　　安國縣 …………………………………………（135）
　民國《霸縣新志》 ………………………………（136）

霸縣 …………………………………………………………（136）
民國《柏鄉縣志》 ……………………………………………（137）
　　柏鄉縣 ………………………………………………………（137）
民國《昌黎縣志》 ……………………………………………（138）
　　昌黎縣 ………………………………………………………（138）
同治《增續長垣縣志》 ………………………………………（139）
　　長垣縣 ………………………………………………………（139）
民國《增修磁縣縣志》 ………………………………………（140）
　　磁縣 …………………………………………………………（140）
民國《大名縣志》 ……………………………………………（141）
　　大名府 ………………………………………………………（141）
　　大名縣 ………………………………………………………（142）
　　元城縣 ………………………………………………………（143）
　　魏縣 …………………………………………………………（143）
乾隆《滄州志》 ………………………………………………（144）
　　滄州 …………………………………………………………（144）
民國《高邑縣志》 ……………………………………………（145）
　　高邑縣 ………………………………………………………（145）
民國《廣平縣志》 ……………………………………………（146）
　　廣平縣 ………………………………………………………（146）
民國《完縣志》 ………………………………………………（147）
　　完縣 …………………………………………………………（147）
光緒《豐潤縣志》 ……………………………………………（150）
　　豐潤縣 ………………………………………………………（150）
光緒《撫寧縣志》 ……………………………………………（151）
　　撫寧縣 ………………………………………………………（151）
雍正《阜城縣志》 ……………………………………………（152）
　　阜城縣 ………………………………………………………（152）
民國《高陽縣志》 ……………………………………………（153）
　　高陽縣 ………………………………………………………（153）
光緒《束鹿縣志》 ……………………………………………（153）
　　束鹿縣 ………………………………………………………（153）

民國《束鹿縣志》……………………………………（154）
　束鹿縣 ……………………………………………（154）
民國《廣宗縣志》……………………………………（155）
　廣宗縣 ……………………………………………（155）
民國《邯鄲縣志》……………………………………（156）
　邯鄲縣 ……………………………………………（157）
乾隆《鷄澤縣志》……………………………………（158）
　鷄澤縣 ……………………………………………（158）
民國《冀縣志》………………………………………（159）
　冀縣 ………………………………………………（159）
民國《薊縣志》………………………………………（163）
　薊縣 ………………………………………………（163）
民國《交河縣志》……………………………………（164）
　交河縣 ……………………………………………（164）
民國《晋縣鄉土志》…………………………………（166）
　晋縣 ………………………………………………（166）
民國《晋縣志料》……………………………………（166）
　晋縣 ………………………………………………（166）
雍正《井陘縣志》……………………………………（167）
　井陘縣 ……………………………………………（167）
光緒《續修井陘縣志》………………………………（168）
　井陘縣 ……………………………………………（168）
民國《井陘縣志料》…………………………………（168）
　井陘縣 ……………………………………………（168）
光緒《樂亭縣志》……………………………………（169）
　樂亭縣 ……………………………………………（169）
光緒《蠡縣志》………………………………………（171）
　蠡縣 ………………………………………………（171）
民國《臨榆縣志》……………………………………（172）
　臨榆縣 ……………………………………………（172）
康熙《靈壽縣志》……………………………………（173）
　靈壽縣 ……………………………………………（173）

乾隆《隆平縣志》…………………………………………（174）
　隆平縣 ………………………………………………………（174）
民國《盧龍縣志》…………………………………………（175）
　盧龍縣 ………………………………………………………（175）
　永平府 ………………………………………………………（176）
　舊盧龍縣 ……………………………………………………（176）
光緒《灤州志》……………………………………………（177）
　灤州 …………………………………………………………（177）
民國《滿城縣志略》………………………………………（178）
　滿城縣 ………………………………………………………（178）
民國《南宮縣志》…………………………………………（179）
　南宮縣 ………………………………………………………（180）
乾隆《南和縣志》…………………………………………（181）
　南和縣 ………………………………………………………（181）
民國《南皮縣志》…………………………………………（182）
　南皮縣 ………………………………………………………（182）
道光《內邱縣志》…………………………………………（183）
　內邱縣 ………………………………………………………（183）
光緒《祁州續志》…………………………………………（183）
　祁州 …………………………………………………………（184）
民國《清河縣志》…………………………………………（184）
　清河縣 ………………………………………………………（184）
民國《清苑縣志》…………………………………………（186）
　清苑縣 ………………………………………………………（186）
康熙《慶都縣志》…………………………………………（186）
　慶都縣 ………………………………………………………（186）
咸豐《慶雲縣志》…………………………………………（187）
　慶雲縣 ………………………………………………………（187）
乾隆《任邱縣志》…………………………………………（188）
　任邱縣 ………………………………………………………（188）
民國《任縣志》……………………………………………（189）
　任縣 …………………………………………………………（189）

光緒《容城縣志》…………………………………（190）
　　容城縣 ……………………………………（190）
光緒《唐縣志》……………………………………（191）
　　唐縣 ………………………………………（191）
民國《文安縣志》…………………………………（192）
　　文安縣 ……………………………………（192）
光緒《無極縣續志》………………………………（193）
　　無極縣 ……………………………………（193）
民國《無極縣志》…………………………………（193）
　　無極縣 ……………………………………（194）
道光《武強縣新志》………………………………（194）
　　武強縣 ……………………………………（194）
同治《武邑縣志》…………………………………（196）
　　武邑縣 ……………………………………（196）
民國《新城縣志》…………………………………（197）
　　新城縣 ……………………………………（197）
民國《新河縣志》…………………………………（197）
　　新河縣 ……………………………………（197）
光緒《邢臺縣志》…………………………………（199）
　　邢臺縣 ……………………………………（199）
光緒《雄縣鄉土志》………………………………（200）
　　雄縣 ………………………………………（200）
民國《雄縣新志》…………………………………（200）
　　雄縣 ………………………………………（200）
光緒《永年縣志》…………………………………（201）
　　永年縣 ……………………………………（201）
同治《元城縣志》…………………………………（202）
　　元城縣 ……………………………………（202）
光緒《續修贊皇縣志》……………………………（203）
　　贊皇縣 ……………………………………（203）
光緒《趙州屬邑志》………………………………（203）
　　柏鄉縣 ……………………………………（203）

隆平縣 …………………………………………………（203）
　　高邑縣 …………………………………………………（203）
　　寧晉縣 …………………………………………………（204）
民國《寧晉縣志》 …………………………………………（204）
　　寧晉縣 …………………………………………………（204）
光緒《定興縣志》 …………………………………………（206）
　　定興縣 …………………………………………………（206）
民國《定縣志》 ……………………………………………（207）
　　定縣 ……………………………………………………（208）
民國《涿縣志》 ……………………………………………（209）
　　涿縣 ……………………………………………………（209）
康熙《重修阜志》 …………………………………………（210）
　　阜城縣 …………………………………………………（210）
順治《元氏縣續志》 ………………………………………（210）
　　元氏縣 …………………………………………………（210）
咸豐《固安縣志》 …………………………………………（210）
　　固安縣 …………………………………………………（210）
光緒《鉅鹿縣志》 …………………………………………（211）
　　鉅鹿縣 …………………………………………………（212）
民國《威縣志》 ……………………………………………（213）
　　威縣 ……………………………………………………（213）
咸豐《深澤縣志》 …………………………………………（214）
　　深澤縣 …………………………………………………（214）
民國《成安縣志》 …………………………………………（215）
　　成安縣 …………………………………………………（215）
民國《望都縣志》 …………………………………………（216）
　　望都縣 …………………………………………………（216）
雍正《館陶縣志》 …………………………………………（217）
　　館陶縣 …………………………………………………（218）
《館陶縣鄉土志》 …………………………………………（219）
　　館陶縣 …………………………………………………（220）
《續修館陶縣志》 …………………………………………（220）
　　館陶縣 …………………………………………………（220）

山西省 ……（221）
乾隆《解州安邑縣志》……（221）
　　安邑縣 ……（221）
民國《安澤縣志》……（221）
　　安澤縣 ……（221）
康熙《保德州志》……（222）
　　保德州 ……（222）
雍正《定襄縣志》……（225）
　　定襄縣 ……（225）
民國《浮山縣志》……（226）
　　浮山縣 ……（226）
乾隆《廣靈縣志》……（227）
　　廣靈縣 ……（227）
民國《和順縣志》……（227）
　　和順縣 ……（227）
民國《洪洞縣志》……（228）
　　洪洞縣 ……（228）
光緒《吉州全志》……（230）
　　吉州 ……（230）
同治《稷山縣志》……（230）
　　稷山縣 ……（230）
嘉慶《介休縣志》……（232）
　　介休縣 ……（232）
民國《介休縣志》……（233）
　　介休縣 ……（233）
雍正《遼州志》……（235）
　　遼州 ……（235）
民國《臨汾縣志》……（235）
　　臨汾縣 ……（235）
乾隆《臨晉縣志》……（236）
　　臨晉縣 ……（236）

民國《臨晉縣志》……………………………………………（237）
　臨晉縣 ……………………………………………………（237）
民國《陵川縣志》……………………………………………（238）
　陵川縣 ……………………………………………………（238）
民國《馬邑縣志》……………………………………………（240）
　馬邑縣 ……………………………………………………（240）
道光《偏關志》………………………………………………（242）
　偏關縣 ……………………………………………………（242）
乾隆《平陸縣志》……………………………………………（243）
　平陸縣 ……………………………………………………（243）
民國《平陸縣續志》…………………………………………（244）
　平陸縣 ……………………………………………………（244）
乾隆《蒲縣志》………………………………………………（244）
　蒲縣 ………………………………………………………（244）
民國《沁源縣志》……………………………………………（245）
　沁源縣 ……………………………………………………（245）
光緒《榮河縣志》……………………………………………（247）
　榮河縣 ……………………………………………………（247）
雍正《朔州志》………………………………………………（248）
　朔州 ………………………………………………………（248）
乾隆《太谷縣志》……………………………………………（249）
　太谷縣 ……………………………………………………（249）
道光《太原縣志》……………………………………………（250）
　太原縣 ……………………………………………………（250）
道光《陽曲縣志》……………………………………………（251）
　陽曲縣 ……………………………………………………（252）
光緒《天鎮縣志》……………………………………………（253）
　天鎮縣 ……………………………………………………（253）
民國《萬泉縣志》……………………………………………（254）
　萬泉縣 ……………………………………………………（254）
康熙《文水縣志》……………………………………………（255）
　文水縣 ……………………………………………………（255）

乾隆《聞喜縣志》…………………………………………（256）
　　聞喜縣 ……………………………………………………（256）
民國《聞喜縣志》…………………………………………（257）
　　聞喜縣 ……………………………………………………（257）
康熙《隰州志》……………………………………………（257）
　　隰州 ………………………………………………………（258）
光緒《續修隰州志》………………………………………（258）
　　隰州 ………………………………………………………（258）
民國《襄垣縣志》…………………………………………（259）
　　襄垣縣 ……………………………………………………（259）
民國《新絳縣志》…………………………………………（259）
　　新絳縣 ……………………………………………………（260）
民國《續修昔陽縣志》……………………………………（261）
　　昔陽縣 ……………………………………………………（261）
雍正《陽高縣志》…………………………………………（262）
　　陽高縣 ……………………………………………………（262）
民國《翼城縣志》…………………………………………（262）
　　翼城縣 ……………………………………………………（262）
光緒《交城縣志》…………………………………………（264）
　　交城縣 ……………………………………………………（264）
民國《太谷縣志》…………………………………………（265）
　　太谷縣 ……………………………………………………（266）
光緒《長治縣志》…………………………………………（267）
　　長治縣 ……………………………………………………（267）
光緒《長子縣志》…………………………………………（268）
　　長子縣 ……………………………………………………（268）
雍正《猗氏縣志》…………………………………………（269）
　　猗氏縣 ……………………………………………………（269）
光緒《壽陽縣志》…………………………………………（271）
　　壽陽縣 ……………………………………………………（271）
民國《襄陵縣志》…………………………………………（273）
　　襄陵縣 ……………………………………………………（273）

同治《陽城縣志》……………………………………………………（274）
　　陽城縣 ……………………………………………………………（274）
光緒《榆社縣志》……………………………………………………（274）
　　榆社縣 ……………………………………………………………（274）

山東省 ………………………………………………………………（276）
　民國《定陶縣志》…………………………………………………（276）
　　定陶縣 ……………………………………………………………（276）
　民國《德縣志》……………………………………………………（278）
　　德縣 ………………………………………………………………（278）
　道光《博興縣志》…………………………………………………（279）
　　博興縣 ……………………………………………………………（279）
　光緒《菏澤縣鄉土志》……………………………………………（280）
　　菏澤縣 ……………………………………………………………（281）
　乾隆《昌邑縣志》…………………………………………………（281）
　　昌邑縣 ……………………………………………………………（281）
　嘉慶《長山縣志》…………………………………………………（282）
　　長山縣 ……………………………………………………………（282）
　民國《朝城縣續志》………………………………………………（283）
　　朝城縣 ……………………………………………………………（283）
　康熙《茌平縣志》…………………………………………………（283）
　　茌平縣 ……………………………………………………………（283）
　光緒《德平縣志》…………………………………………………（284）
　　德平縣 ……………………………………………………………（284）
　民國《德平縣續志》………………………………………………（285）
　　德平縣 ……………………………………………………………（285）
　康熙《鄒縣志》……………………………………………………（286）
　　鄒縣 ………………………………………………………………（286）
　光緒《鄒縣續志》…………………………………………………（286）
　　鄒縣 ………………………………………………………………（286）
　乾隆《諸城縣志》…………………………………………………（287）
　　諸城縣 ……………………………………………………………（287）

民國《增訂武城縣志續編》……………………………………（287）
　武城縣 ……………………………………………………（288）
民國《齊東縣志》……………………………………………（288）
　齊東縣 ……………………………………………………（288）
道光《長清縣志》……………………………………………（289）
　長清縣 ……………………………………………………（289）
乾隆《平原縣志》……………………………………………（290）
　平原縣 ……………………………………………………（290）
光緒《日照縣志》……………………………………………（292）
　日照縣 ……………………………………………………（292）
道光《東阿縣志》……………………………………………（293）
　東阿縣 ……………………………………………………（293）
民國《東阿縣志》……………………………………………（295）
　東阿縣 ……………………………………………………（295）
光緒《文登縣志》……………………………………………（295）
　文登縣 ……………………………………………………（295）
康熙《利津縣新志》…………………………………………（297）
　利津縣 ……………………………………………………（297）
乾隆《利津縣志補》…………………………………………（297）
　利津縣 ……………………………………………………（297）
乾隆《利津縣志續編》………………………………………（298）
　利津縣 ……………………………………………………（298）
民國《利津縣續志》…………………………………………（298）
　利津縣 ……………………………………………………（298）
乾隆《樂陵縣志》……………………………………………（298）
　樂陵縣 ……………………………………………………（299）
康熙《新城縣志》……………………………………………（299）
　新城縣 ……………………………………………………（299）
順治《招遠縣志》……………………………………………（300）
　招遠縣 ……………………………………………………（300）
光緒《章丘縣鄉土志》………………………………………（300）
　章丘縣 ……………………………………………………（300）

光緒《霑化縣志》……………………………………………（301）
　　霑化縣 ……………………………………………………（301）
民國《霑化縣志》……………………………………………（302）
　　霑化縣 ……………………………………………………（302）
康熙《益都縣志》……………………………………………（303）
　　宜都縣 ……………………………………………………（303）
乾隆《掖縣志》………………………………………………（303）
　　掖縣 ………………………………………………………（304）
民國《陽信縣志》……………………………………………（304）
　　陽信縣 ……………………………………………………（304）
光緒《陽穀縣志》……………………………………………（305）
　　陽穀縣 ……………………………………………………（305）
民國《續修歷城縣志》………………………………………（306）
　　歷城縣 ……………………………………………………（306）
民國《續修博山縣志》………………………………………（307）
　　博山縣 ……………………………………………………（307）
民國《無棣縣志》……………………………………………（308）
　　無棣縣 ……………………………………………………（308）
乾隆《濰縣志》………………………………………………（309）
　　濰縣 ………………………………………………………（309）
康熙《威海衛志》……………………………………………（311）
　　威海衛 ……………………………………………………（311）
光緒《壽張縣志》……………………………………………（312）
　　壽張縣 ……………………………………………………（312）
民國《東平縣志》……………………………………………（313）
　　東平縣 ……………………………………………………（313）
宣統《重修恩縣志》…………………………………………（313）
　　恩縣 ………………………………………………………（313）
《恩縣鄉土志》………………………………………………（314）
　　恩縣 ………………………………………………………（314）
民國《福山縣志稿》…………………………………………（314）
　　福山縣 ……………………………………………………（314）

《高唐州鄉土志》……………………………………………（316）
　　高唐州 ………………………………………………………（316）
同治《即墨縣志》……………………………………………（316）
　　即墨縣 ………………………………………………………（316）
民國《濟寧縣志》……………………………………………（318）
　　濟寧縣 ………………………………………………………（318）
乾隆《濟陽縣志》……………………………………………（318）
　　濟陽縣 ………………………………………………………（318）
道光《重修膠州志》…………………………………………（320）
　　膠州 …………………………………………………………（320）
　　靈山衛 ………………………………………………………（324）
咸豐《金鄉縣志》……………………………………………（324）
　　金鄉縣 ………………………………………………………（324）
《靖海衛志》…………………………………………………（325）
　　靖海衛 ………………………………………………………（325）
嘉慶《莒州志》………………………………………………（325）
　　莒州 …………………………………………………………（325）
《陵縣鄉土志》………………………………………………（326）
　　陵縣 …………………………………………………………（326）
民國《陵縣續志》……………………………………………（326）
　　陵縣 …………………………………………………………（326）
嘉慶《平陰縣志》……………………………………………（326）
　　平陰縣 ………………………………………………………（326）
民國《青城續修縣志》………………………………………（328）
　　青城縣 ………………………………………………………（328）
民國《續修曲阜縣志》………………………………………（329）
　　曲阜縣 ………………………………………………………（329）
道光《榮成縣志》……………………………………………（330）
　　容城縣 ………………………………………………………（330）
民國《壽光縣志》……………………………………………（330）
　　壽光縣 ………………………………………………………（330）
咸豐《濱州志》………………………………………………（332）

濱州 …………………………………………………（332）
　民國《莘縣志》 ……………………………………（333）
　　莘縣 …………………………………………………（333）
　民國《鄒平縣志》 …………………………………（334）
　　鄒平縣 ………………………………………………（334）
　民國《昌樂縣續志》 ………………………………（335）
　　昌樂縣 ………………………………………………（335）
　民國《長清縣志》 …………………………………（336）
　　長清縣 ………………………………………………（336）
　康熙《泰安州志》 …………………………………（337）
　　泰安州 ………………………………………………（337）
　民國《續修廣饒縣志》 ……………………………（338）
　　廣饒縣 ………………………………………………（338）
　乾隆《東明縣志》 …………………………………（340）
　　東明縣 ………………………………………………（340）
　宣統《東明縣續志》 ………………………………（342）
　　東明縣 ………………………………………………（342）
　民國《東明縣新志》 ………………………………（343）
　　東明縣 ………………………………………………（343）

天津市 ………………………………………………（346）
　乾隆《寶坻縣志》 …………………………………（346）
　　寶坻縣 ………………………………………………（346）
　民國《靜海縣志》 …………………………………（347）
　　靜海縣 ………………………………………………（347）
　康熙《天津衛志》 …………………………………（347）
　　天津衛 ………………………………………………（347）

寧夏回族自治區 ……………………………………（348）
　宣統《固原州志》 …………………………………（348）
　　固原州 ………………………………………………（348）
　弘治《寧夏新志》 …………………………………（349）

寧夏等衛 …………………………………（349）
　　中衛 ……………………………………（349）
　　靈州 ……………………………………（349）
　民國《朔方道志》 …………………………（349）
　　朔方道 …………………………………（349）
　　寧朔縣 …………………………………（350）
　　中衛縣 …………………………………（351）
　　平羅縣 …………………………………（351）
　　靈武縣 …………………………………（351）
　　金積縣 …………………………………（352）
　　鹽池縣 …………………………………（352）
　　鎮戎縣 …………………………………（352）
　民國《豫旺縣志》 …………………………（352）
　　豫旺縣 …………………………………（352）
　乾隆《寧夏府志》 …………………………（352）
　　寧夏府 …………………………………（353）
　　平羅縣 …………………………………（353）
　　靈州 ……………………………………（354）
　　中衛縣 …………………………………（354）
　嘉慶《靈州志》 ……………………………（355）
　　靈州 ……………………………………（355）
　乾隆《中衛縣志》 …………………………（355）
　　中衛縣 …………………………………（355）

江蘇省 ………………………………………（356）
　民國《重修金壇縣志》 ……………………（356）
　　金壇縣 …………………………………（356）
　民國《吳縣志》 ……………………………（358）
　　吳縣 ……………………………………（358）
　　長洲縣 …………………………………（360）
　　元和縣 …………………………………（362）
　　蘇州府 …………………………………（363）

成化《重修毗陵志》……………………………………………（366）
　常州府 …………………………………………………………（366）
　武進縣 …………………………………………………………（368）
　無錫縣 …………………………………………………………（368）
　宜興縣 …………………………………………………………（368）
　江陰縣 …………………………………………………………（369）
　靖江縣 …………………………………………………………（369）
正德《常州府志續集》………………………………………（369）
　常州府 …………………………………………………………（370）
　武進縣 …………………………………………………………（370）
　無錫縣 …………………………………………………………（370）
　宜興縣 …………………………………………………………（370）
　江陰縣 …………………………………………………………（370）
　靖江縣 …………………………………………………………（371）
光緒《丹徒縣志》………………………………………………（371）
　丹徒縣 …………………………………………………………（371）
　鎮江府 …………………………………………………………（374）
民國《阜寧縣新志》……………………………………………（376）
　阜寧縣 …………………………………………………………（376）
道光《高郵州志》………………………………………………（378）
　高郵州 …………………………………………………………（378）
道光《續增高郵州志》…………………………………………（381）
　高郵州 …………………………………………………………（381）
民國《三續高郵州志》…………………………………………（381）
　高郵州 …………………………………………………………（381）
乾隆《淮安府志》………………………………………………（382）
　淮安府 …………………………………………………………（382）
　山陽縣 …………………………………………………………（384）
　清江浦 …………………………………………………………（385）
　鹽城縣 …………………………………………………………（386）
　阜寧縣 …………………………………………………………（387）
　清河縣 …………………………………………………………（387）

安東縣 …………………………………………………（388）

　　桃源縣 …………………………………………………（389）

光緒《淮安府志》…………………………………………（390）

　　淮安府 …………………………………………………（390）

　　山陽縣 …………………………………………………（391）

　　鹽城縣 …………………………………………………（392）

　　阜寧縣 …………………………………………………（392）

　　清河縣 …………………………………………………（392）

　　安東縣 …………………………………………………（393）

　　桃源縣 …………………………………………………（393）

同治《重修山陽縣志》……………………………………（394）

　　淮安府、山陽縣 ………………………………………（394）

宣統《續纂山陽縣志》……………………………………（396）

　　山陽縣（淮安府）………………………………………（396）

道光《江陰縣志》…………………………………………（397）

　　江陰縣 …………………………………………………（397）

光緒《江陰縣志》…………………………………………（401）

　　江陰縣 …………………………………………………（401）

光緒《靖江縣志》…………………………………………（405）

　　靖江縣 …………………………………………………（405）

洪武《蘇州府志》…………………………………………（407）

　　蘇州府 …………………………………………………（407）

　　吳縣 ……………………………………………………（409）

　　長洲縣 …………………………………………………（409）

　　常熟縣 …………………………………………………（410）

　　昆山縣 …………………………………………………（410）

　　吳江縣 …………………………………………………（411）

　　嘉定縣 …………………………………………………（411）

　　崇明縣 …………………………………………………（412）

乾隆《震澤縣志》…………………………………………（412）

　　震澤縣、吳江縣 ………………………………………（412）

萬曆《重修昆山縣志》……………………………………（415）

昆山縣 …………………………………………… (415)
光緒《昆新兩縣續志合志》 ………………………… (416)
　　昆山縣、新陽縣 ………………………………… (416)
民國《昆新兩縣續補合志》 ………………………… (420)
　　昆山縣、新陽縣 ………………………………… (420)
光緒《溧水縣志》 …………………………………… (421)
　　溧水縣 …………………………………………… (421)
嘉慶《溧陽縣志》 …………………………………… (424)
　　溧陽縣 …………………………………………… (424)
光緒《溧陽縣續志》 ………………………………… (426)
　　溧陽縣 …………………………………………… (426)
光緒《清河縣志》 …………………………………… (426)
　　清河縣 …………………………………………… (426)
嘉慶《如皋縣志》 …………………………………… (429)
　　如皋縣 …………………………………………… (429)
正德《松江府志》 …………………………………… (431)
　　松江府 …………………………………………… (431)
　　華亭縣 …………………………………………… (433)
　　上海縣 …………………………………………… (434)
　　金山衛 …………………………………………… (434)
嘉慶《松江府志》 …………………………………… (434)
　　松江府 …………………………………………… (434)
　　華亭縣 …………………………………………… (437)
　　婁縣 ……………………………………………… (439)
　　奉賢縣 …………………………………………… (439)
　　金山縣 …………………………………………… (440)
　　金山衛 …………………………………………… (440)
　　上海縣 …………………………………………… (441)
　　南匯縣 …………………………………………… (442)
　　青浦縣 …………………………………………… (443)
同治《宿遷縣志》 …………………………………… (444)
　　宿遷縣 …………………………………………… (444)

民國《宿遷縣志》…………………………………………………（445）
　宿遷縣 …………………………………………………………（445）
光緒《通州直隸州志》……………………………………………（446）
　通　州 …………………………………………………………（446）
　舊海門縣 ………………………………………………………（448）
　泰興縣 …………………………………………………………（449）
　如皋縣 …………………………………………………………（450）
嘉靖《徐州志》……………………………………………………（451）
　徐　州 …………………………………………………………（451）
　蕭　縣 …………………………………………………………（452）
　沛　縣 …………………………………………………………（453）
　碭山縣 …………………………………………………………（453）
　豐　縣 …………………………………………………………（454）
嘉慶《重刊荆溪縣志》……………………………………………（454）
　荆溪縣 …………………………………………………………（454）
嘉慶《新修宜興縣志》……………………………………………（454）
　宜興縣 …………………………………………………………（454）
道光《重刊續纂宜荆縣志》………………………………………（455）
　宜興縣、荆溪縣 ………………………………………………（455）
雍正《揚州府志》…………………………………………………（455）
　揚州府 …………………………………………………………（455）
　江都縣 …………………………………………………………（456）
　甘泉縣 …………………………………………………………（457）
　儀徵縣 …………………………………………………………（457）
　高郵州 …………………………………………………………（457）
　興化縣 …………………………………………………………（458）
　寶應縣 …………………………………………………………（458）
　泰　州 …………………………………………………………（458）
民國《甘泉縣續志》………………………………………………（459）
　甘泉縣 …………………………………………………………（459）
乾隆《江都縣志》…………………………………………………（460）
　江都縣 …………………………………………………………（460）

嘉慶《江都縣續志》 …………………………………………（462）
　江都縣 ……………………………………………………（462）
民國《嘉定縣續志》 …………………………………………（462）
　嘉定縣 ……………………………………………………（462）
嘉慶《新修江寧府志》 ………………………………………（463）
　江寧府 ……………………………………………………（463）
　上元縣 ……………………………………………………（464）
　江寧縣 ……………………………………………………（464）
　句容縣 ……………………………………………………（465）
　溧水縣 ……………………………………………………（465）
　江浦縣 ……………………………………………………（466）
　六合縣 ……………………………………………………（466）
　高淳縣 ……………………………………………………（467）
光緒《續纂句容縣志》 ………………………………………（468）
　句容縣 ……………………………………………………（468）
康熙《睢寧縣舊志》 …………………………………………（470）
　睢寧縣 ……………………………………………………（470）
光緒《丹陽縣志》 ……………………………………………（471）
　丹陽縣 ……………………………………………………（471）
道光《重修寶應縣志》 ………………………………………（473）
　寶應縣 ……………………………………………………（473）

北京市 …………………………………………………（475）

光緒《昌平州志》 ……………………………………………（475）
　昌平州 ……………………………………………………（475）
光緒《順天府志》 ……………………………………………（476）
　良鄉縣 ……………………………………………………（476）
　固安縣 ……………………………………………………（476）
　永清縣 ……………………………………………………（477）
　東安縣 ……………………………………………………（477）
　香河縣 ……………………………………………………（477）
　通州 ………………………………………………………（478）

薊縣 ………………………………………………（478）
　　三河縣 ……………………………………………（478）
　　武清縣 ……………………………………………（479）
　　寶坻縣 ……………………………………………（479）
　　寧河縣 ……………………………………………（480）
　　昌平州 ……………………………………………（480）
　　順義縣 ……………………………………………（480）
　　密雲縣 ……………………………………………（481）
　　懷柔縣 ……………………………………………（481）
　　涿州 ………………………………………………（482）
　　房山縣 ……………………………………………（482）
　　霸州 ………………………………………………（482）
　　文安縣 ……………………………………………（483）
　　大城縣 ……………………………………………（483）
　　保定縣 ……………………………………………（484）
　　薊州 ………………………………………………（484）
　　平谷縣 ……………………………………………（484）

河南省 ………………………………………………（485）
　嘉慶《濬縣志》 ………………………………………（485）
　　濬縣 ………………………………………………（485）
　光緒《續濬縣志》 ……………………………………（486）
　　濬縣 ………………………………………………（486）
　民國《安陽縣志》 ……………………………………（486）
　　安陽縣 ……………………………………………（486）
　乾隆《登封縣志》 ……………………………………（488）
　　登封縣 ……………………………………………（488）
　乾隆《鄧州志》 ………………………………………（489）
　　鄧州 ………………………………………………（489）
　民國《汜水縣志》 ……………………………………（491）
　　汜水縣 ……………………………………………（491）
　光緒《扶溝縣志》 ……………………………………（492）

扶溝縣	(492)
民國《鞏縣志》	(493)
鞏縣	(493)
民國《光山縣志約稿》	(494)
光山縣	(494)
乾隆《獲嘉縣志》	(496)
獲嘉縣	(496)
民國《獲嘉縣志》	(497)
獲嘉縣	(497)
乾隆《濟源縣志》	(499)
濟源縣	(499)
道光《河內縣志》	(499)
河內縣	(499)
民國《淮陽縣志》	(501)
淮陽縣	(501)
民國《郟縣志》	(502)
郟縣	(502)
民國《孟縣志》	(502)
孟縣	(502)
民國《林縣志》	(504)
林縣	(504)
光緒《盧氏縣志》	(505)
盧氏縣	(505)
民國《洛寧縣志》	(506)
洛寧縣	(506)
乾隆《洛陽縣志》	(507)
洛陽縣	(507)
道光《泌陽縣志》	(508)
泌陽縣	(508)
康熙《孟津縣志》	(509)
孟津縣	(509)
乾隆《南召縣志》	(510)

南召縣 …………………………………………（510）
民國《確山縣志》…………………………………（510）
　　確山縣 …………………………………………（510）
康熙《汝陽縣志》…………………………………（511）
　　汝陽縣 …………………………………………（511）
民國《太康縣志》…………………………………（512）
　　太康縣 …………………………………………（512）
民國《陝縣志》……………………………………（513）
　　陝縣 ……………………………………………（513）
民國《商邱縣志》…………………………………（514）
　　商邱縣 …………………………………………（514）
乾隆《偃師縣志》…………………………………（514）
　　偃師縣 …………………………………………（514）
民國《通許縣舊志》………………………………（515）
　　通許縣 …………………………………………（515）
民國《通許縣新志》………………………………（516）
　　通許縣 …………………………………………（516）
道光《武陟縣志》…………………………………（517）
　　武陟縣 …………………………………………（517）
民國《續武陟縣志》………………………………（518）
　　武陟縣 …………………………………………（518）
民國《西平縣志》…………………………………（519）
　　西平縣 …………………………………………（519）
咸豐《淅川廳志》…………………………………（519）
　　淅川廳 …………………………………………（519）
民國《夏邑縣志》…………………………………（520）
　　夏邑縣 …………………………………………（521）
乾隆《襄城縣志》…………………………………（521）
　　襄城縣 …………………………………………（521）
民國《新安縣志》…………………………………（522）
　　新安縣 …………………………………………（522）
乾隆《新蔡縣志》…………………………………（523）

新蔡縣 …………………………………………………………（523）
乾隆《新鄉縣志》 ……………………………………………………（524）
　　新鄉縣 …………………………………………………………（524）
民國《新鄉縣續志》 …………………………………………………（525）
　　新鄉縣 …………………………………………………………（525）
民國《新修閿鄉縣志》 ………………………………………………（526）
　　閿鄉縣 …………………………………………………………（526）
乾隆《新野縣志》 ……………………………………………………（527）
　　新野縣 …………………………………………………………（527）
康熙《新鄭縣志》 ……………………………………………………（528）
　　新鄭縣 …………………………………………………………（528）
民國《許昌縣志》 ……………………………………………………（529）
　　許昌縣 …………………………………………………………（529）
民國《續滎陽縣志》 …………………………………………………（530）
　　滎陽縣 …………………………………………………………（530）
民國《鄢城縣記》 ……………………………………………………（530）
　　鄢城縣 …………………………………………………………（530）
民國《禹縣志》 ………………………………………………………（532）
　　禹縣 ……………………………………………………………（532）
民國《鄢陵縣志》 ……………………………………………………（533）
　　鄢陵縣 …………………………………………………………（533）
民國《陽武縣志》 ……………………………………………………（536）
　　陽武縣 …………………………………………………………（536）
同治《葉縣志》 ………………………………………………………（537）
　　葉縣 ……………………………………………………………（538）
道光《伊陽縣志》 ……………………………………………………（538）
　　伊陽縣 …………………………………………………………（538）
民國《儀封縣志》 ……………………………………………………（539）
　　儀封縣 …………………………………………………………（539）
光緒《宜陽縣志》 ……………………………………………………（541）
　　宜陽縣 …………………………………………………………（541）
光緒《虞城縣志》 ……………………………………………………（541）

虞城縣 …………………………………………………（541）
乾隆《裕州志》 ………………………………………（542）
　裕州 ……………………………………………………（543）
民國《長葛縣志》 ……………………………………（543）
　長葛縣 …………………………………………………（543）
民國《正陽縣志》 ……………………………………（545）
　正陽縣 …………………………………………………（545）
民國《鄭縣志》 ………………………………………（546）
　鄭縣 ……………………………………………………（546）
乾隆《嵩縣志》 ………………………………………（547）
　嵩縣 ……………………………………………………（547）
民國《修武縣志》 ……………………………………（548）
　修武縣 …………………………………………………（548）
康熙《內鄉縣志》 ……………………………………（549）
　內鄉縣 …………………………………………………（550）
光緒《光州志》 ………………………………………（551）
　光州 ……………………………………………………（551）
乾隆《杞縣志》 ………………………………………（552）
　杞縣 ……………………………………………………（552）
光緒《靈寶縣志》 ……………………………………（553）
　靈寶縣 …………………………………………………（553）
民國《考城縣志》 ……………………………………（554）
　考城縣 …………………………………………………（554）
光緒《南陽縣志》 ……………………………………（555）
　南陽縣 …………………………………………………（555）
民國《商水縣志》 ……………………………………（556）
　商水縣 …………………………………………………（556）
康熙《上蔡縣志》 ……………………………………（558）
　上蔡縣 …………………………………………………（558）
民國《重修滑縣志》 …………………………………（559）
　滑縣 ……………………………………………………（559）
民國《重修汝南縣志》 ………………………………（559）

汝南縣 ……………………………………………………………（559）
　民國《重印信陽州志》 ……………………………………………（561）
　　　信陽州 ……………………………………………………………（561）
　民國《重修信陽縣志》 ……………………………………………（562）
　　　信陽縣 ……………………………………………………………（562）
　光緒《南樂縣志》 …………………………………………………（563）
　　　南樂縣 ……………………………………………………………（563）
　光緒《開州志》 ……………………………………………………（564）
　　　開州 ………………………………………………………………（564）
　光緒《范縣鄉土志》 ………………………………………………（566）
　　　范縣 ………………………………………………………………（566）
　民國《續修范縣志》 ………………………………………………（567）
　　　范縣 ………………………………………………………………（567）

上海市 …………………………………………………………………（569）
　光緒《寶山縣志》 …………………………………………………（569）
　　　寶山縣 ……………………………………………………………（569）
　民國《寶山縣再續志》 ……………………………………………（570）
　　　寶山縣 ……………………………………………………………（570）
　《寶山縣續志附再續志、新志備稿》 ……………………………（571）
　　　寶山縣 ……………………………………………………………（571）
　民國《崇明縣志》 …………………………………………………（572）
　　　崇明縣 ……………………………………………………………（572）
　光緒《重修奉賢縣志》 ……………………………………………（574）
　　　奉賢縣 ……………………………………………………………（574）
　乾隆《金山縣志》 …………………………………………………（575）
　　　金山縣 ……………………………………………………………（575）
　咸豐《金山縣志》 …………………………………………………（577）
　　　金山縣 ……………………………………………………………（577）
　光緒《金山縣志》 …………………………………………………（578）
　　　金山縣 ……………………………………………………………（578）
　光緒《青浦縣志》 …………………………………………………（580）

青浦縣 …………………………………………………（580）
民國《青浦縣續志》 ……………………………………（581）
  青浦縣 …………………………………………………（582）
同治《上海縣志》 ………………………………………（582）
  上海縣 …………………………………………………（582）
民國《上海縣續志》 ……………………………………（586）
  上海縣 …………………………………………………（586）
乾隆《華亭縣志》 ………………………………………（587）
  華亭縣 …………………………………………………（587）
萬曆《嘉定縣志》 ………………………………………（588）
  嘉定縣 …………………………………………………（588）
光緒《南彙縣新志》 ……………………………………（589）
  南彙縣 …………………………………………………（589）
民國《南彙縣續志》 ……………………………………（591）
  南彙縣 …………………………………………………（591）

甘肃省

康熙《安定縣志》

康熙《安定縣志》，成文出版社有限公司，1970年。

安定縣

（卷二"建置·寺觀"，41）文昌祠，舊在文廟東南，景泰間建，後遷於萬壽宮左。

（卷四"學校·文廟"，55）文廟在縣治西，南向。正殿五間，兩廡各七間，庖厨、齋沐各三間，戟門外名宦、鄉賢祠各三間。順治十四年，知縣戚藩再修學宮。康熙八年，教諭郭維寧重修聖殿、兩廡，建大成坊、尊經閣。

（卷四"學校·官學"，60）儒學，在城內街西，與縣治對。後學門改對中城，自東馬道入，爲明倫堂，在聖殿後，敬一亭又在堂後，左右有博文、約禮二齋。學官廨宅三所，學倉數楹。

乾隆《成縣新志》

乾隆《成縣新志》，成文出版社有限公司，1970年。

成縣

（卷一"祀典·祠宇"，145）文廟，治西七十步。

（150）文昌祠。祠有三。一在治西五十步，乾隆五年，知縣黃泳改建，有碑記；一在上城北隅舊文廟中，雍正十一年，知縣吳浩率紳士置像；一在飛龍峽山左翼，康熙三十八年，知縣胡承福建。奎星閣二，一在東南隅城上，雍正十三年，知縣吳浩建；一在新修文昌祠儀門上，建樓閣祀奎星，乾隆五年，知縣黃泳建，祭附文昌。

（151）忠孝節義祠。在治西文昌祠前，祀邑忠臣、孝子、節婦、義夫。雍正九年，知縣張儒奉文建。

（卷一"學校·黌宫"，155）成學，在縣治西七十步，宋慶曆間建，有碑可稽。明洪武七年，知縣鮑子信重修。正德間，寇毀，惟大成殿獨存，時咸謂在天之靈，隨重建如初。明末，復毁。（156）本朝順治七年，知縣王允諧、教諭孟孔脉建於上城，北向。禮部王鐸言天下無北向文廟，知縣歐陽瑊、教諭黨丕禄又移建東北隅，南向，殿址尚存。康熙四十七年，知縣劉瑜仍建於下城故址，大成殿三楹，東西兩廡各五間，崇聖祠三間，鄉賢、名宦祠各三間，戟門三間，櫺星門三間，泮池在戟、櫺二門間，義路、禮門坊各一座，照壁一座。

（卷一"公廨·學署"，164）儒學訓署，在治西五十步。明崇正七年兵毁後，建於上城。國朝康熙五十五年，知縣曹增彬仍建舊址。明倫堂三間，公署樓三間，東西厢房各三間，西書房三間，內存敬一箴碑、成州學記碑。

民國《崇信縣志》

民國《崇信縣志》，成文出版社有限公司，1970年。

崇信縣

（卷一"建置志·衙署"，84）儒學署，在文廟崇聖祠後，屋四間，明倫堂三楹，今併作高級小學校。

（卷一"建置志·壇廟"，85）文廟，在縣城中街。明洪武四年，知縣王軫建。嘉靖元年知縣楊梅、四十一年知縣劉永康修。弘治十三年知縣劉宗浩、萬曆癸巳年知縣張好學修。清順治八年知縣武全文、十三年知縣於元煜、康熙十年知縣楊麟貴、乾隆二十七年知縣戴覲元、嘉慶十八年知縣冉輒重修。（88）光緒十年，邑人任繼尹等集資重修東西牌坊、泮池、牌樓。民國十四年，知事高鏡襄提倡募化。五年，知事王廷議以集資無多，捐廉重修大成殿、戟門、鄉賢、名宦、孝子、節婦等祠，聖域、賢關圓門二。東西廡原各五間，七年各續修二間。時閱五年，官經數任，始規模大備，煥然一新。首事以邑人□仕爲勤勞卓著云，捐資姓名見"碑記"。

（115）文昌廟，在縣城錦屏山麓。光緒二十七年，知縣陳兆康重修。

乾隆《狄道州志》

乾隆《狄道州志》，成文出版社有限公司，1970年。

狄道州

（卷一"公署"，100）儒學署，在州治東，即舊府學署。乾隆十五年，知州程鵬遠率合學紳士重修。學正署，在學宮右。訓導署，在學宮後。

（卷四"學校"，245）明倫堂五間，元時建，明因之。康熙時，署縣河州知州王兆鰲重修，其內有誠意、窮理、主敬三齋，各三間。明嘉靖時，提學龔守愚改爲興詩、立禮、成樂，今廢。祭器庫、樂器庫，各三間。外有學正宅一所，訓導宅一所，東西房各數間，俱嘉靖四十年修。甬道樹坊，扁曰"禮門""義路"。本舊府學治，今仍之。縣學廢。敬一亭，在學正署東，明嘉靖四十年建。乾隆十五年，知州程鵬遠重修。尊經閣，在大殿後，今廢。

（卷五"祠祀"，334）文廟，在州治東，即舊府學宮也。本元司徒祁安所建。明洪武時，教授劉杰重修之。繼而修者，天順時有知縣管見，萬曆時有同知唐懋德，天啓時有知府藍近任，國朝順治時有推官岳峻極，康熙二十二年有知府高錫爵，俱增修之。五十七年，知府楊宗仁復修大成殿，緒添前檐五楹。雍正六年，總督岳鍾琪征西過謁，捐修兩廡及鄉賢、名宦等祠。乾隆三年，知府宋安仁率紳衿修泮池。乾隆十六年，知府閆介年、知州程鵬遠各出俸率紳衿捐助重修。

舊縣文廟，在州判署西。明洪武五年建。崇正己卯，知縣褚泰珍重修。康熙庚辰，知縣婁玠復修。乾隆四年，改府，移州學於舊府學，縣（335）學廢。乾隆九年，改爲洮陽書院，今爲倉。

崇聖祠，在學宮內東北。文昌、奎星閣，舊在學宮之西。明萬歷時，郡守王日然建。乾隆十六年，重建學宮，生員張鵬、岳葵、黃鏞等移櫺星門左右。名宦祠，在學宮戟門左。鄉賢祠，在學宮戟門右。忠孝祠，在名宦祠前。節義祠，在學宮西。文昌閣，在岳麓山，有祭田一頃。（336）奎星閣，在岳麓山南，有祭田一頃。

道光《敦煌縣志》

道光《敦煌縣志》，成文出版社有限公司，1970年。

敦煌縣

（卷三"建置志·衙署"，130）儒學署，在城內鼓樓迤南，即都閫舊署。乾隆五十七年，知縣彭以懋詳請改建。道光六年，儒學孫殿選重修。

（卷三"建置志·廟宇"，140）文廟，在鼓樓西南。乾隆五十七年建，道光六年重修。文昌宮，在東稍門外東郊，乾隆五十八年建。

乾隆《伏羌縣志》

乾隆《伏羌縣志》，成文出版社有限公司，1976年。

伏羌縣

（卷三"建置志·學宮"，64）文廟，在縣之南街，東向。創始於元□縣令魯克得禮，教授（65）文季之記可考也。明宏治初，縣令周書遷於城北隅。庚戌，縣令王浩重修，大學士李東陽爲之記。嘉靖丁未，縣令王調元遷於東街，北向。甲寅，縣令李世相改向南，復增修之。萬曆辛卯，縣令封嘉誥又遷於北山之麓。天啓丁卯，縣令趙守成移於西郭外。崇正庚辰，縣令曾大行復遷於故址，今仍之。

崇聖祠，昔名啓聖祠，以聖父叔梁公封啓聖公，故專祀之。雍正初，追王五代，改今名。在大成殿後。東西兩廡，各五間。戟門三間，前左名宦祠，右鄉賢祠，各三間。忠孝祠三間，與戟門並。泮池，在戟門前。大成門三間，昔名欞星門，乾（66）隆三十五年，奉旨改今名。外左義路，右禮門，規制具備。雍正癸卯，知縣事何本重修。

（卷三"建置志·學署"，68）學署，居文廟之右，頭門三間，儀門三間，外左土地祠，右節烈祠，知縣周銑自報恩寺遷於此。明倫堂五間，設鐘一□，堂下左博文齋，右約禮齋，儲典籍，以時肄業。

（卷三"建置志·祀祠"，74）文昌祠，縣治東北，明邑令王調元建。魁星閣，天門山東南巽峰。順治十年，邑令王一經建。後孫令式恂、趙令繼抃相繼增修，風氣宏開。閣西南有山地一所，約計一十四畝，土人佃種，以備香火祭祀。又魁星閣，在城頭東南隅，三層，中文昌宮，下朱衣祠。乾隆三十一年，知縣殷兆燕捐貲創建。（75）忠孝祠，在文廟戟門之左。節烈祠，前令江毓玘建於報恩寺二門之外，位置失宜。乾隆三十四年，知縣周銑移於儒學二門外之右。

（卷三"建置志·坊表"，78）德配天地、道冠古今二坊，南街文廟前。雍正九年，邑學士□建豐建。

乾隆《甘州府志》

乾隆《甘州府志》，成文出版社有限公司，1976年。

甘州府

（卷五"營建·公署"，499）甘州府儒學，城東南隅，詳"學校"。教授署，明倫堂後。訓導署，城東南隅。

（卷五"營建·壇廟"，512）文廟，城東南隅。名宦、鄉賢祠，在戟門左、右，俱詳"學校"。崇聖祠，廟東南隅。明嘉靖年，都御史趙載建。我朝乾隆二十六年，知張掖縣王廷贊重修，紳士宋元郊、陳瑜等督工。（513）忠孝祠，文廟東，縣儒學前，今圮，侯重修。節義祠，舊在萬壽寺南。張掖縣杜蔭重建，後圮。乾隆三十四年，知張掖縣王廷贊移建府儒學西旁，節婦牟（514）氏之孫廩生楊珩督工。文昌祠，一在鎮遠樓，總督殷泰甘提任內塑像，紳士陳宏德等增供奎星於頂層。乾隆四十三年，紳士宋元郊、陳瑜補塑重供。一在城上，直文廟前。乾隆十二年，紳士郭昺、李昌璽、高元振、曹毓瑞、陶良臣等建。一在城西北隅佑善觀側，明太子少保李東陽碑記。我朝乾隆二年，紳士秦國英、陳宏德、高元振等募修。三十□（515）年，知張掖縣陶士麟重修小門，補塑奎星。提督法靈阿、知府鍾賡起、知縣陶士麟、陳澍俱有匾額，邑士吳纘周、馬奇才募修鐘樓、醮樓。魁星閣，一在城上，直文廟前東南角，明時建。乾隆十二年、二十七年，紳士郭昺、曹毓瑞、高元振、宋元郊、陳瑜等兩次補修。四十三年，廩生郭蔭楠等增修。一在城上文昌閣西旁鋪樓，乾隆初建。（537）忠節祠，在儒學內西南。明嘉靖十年，都御史趙載以地（538）藏寺改建。（539）今圮廢。

（卷七"學校·學校源流表"，652）至元二十四，立尚書行省學廟，在城東北隅今文廟巷。至大二十八，燬於兵。洪武二十八，改建城東南隅火神廟東，曰行都司學。正統五，都指揮楊斌建山丹衛學。十二，都御史馬昂重建行都司學。十三，都御史馬昂重修山丹衛學，副使萬安、劉廣、衛指揮彭□建山丹崇聖祠。天順三，宣城伯衛穎始置祀田仁壽驛南。成化四，都御史徐廷璋增修行都司學、山丹衛學。八，按察司胡德盛、指揮王謙重修山丹崇聖祠。宏治元，都御史羅明置樂器，教樂舞。十五，都御史劉璋置教官公廨，修山丹衛學。正德十二，巡按御史趙春題改貢例同府學，置誠意、正心、崇德、廣業凡四齋。嘉靖十一，都御史趙載增官廨，建敬一亭。十七，都御史牛天麟增講堂、號舍。三十，都御史王浩改敬一亭、明倫堂□□□□三十一，甘泉□□詳所始都御史□□□修。三十七，都御史□□購□□□□閣。（654）國朝順治五，焚於逆回米丁之亂。九，巡撫周文華、總兵張勇、分巡道李日芳創建行都司學廟於火神廟東。康熙十，副使胡悉寧始置社學。十六，提督孫思克、副使柴望等建尊經閣，甘山道董廷恩、同知李世仁建大成坊，修櫺星門，鑿泮池。十四、六，教授陳鐸等修行都司學。雍正八，甘山道岳禮建天山書院。甘山道張體□□名文□書院。乾隆元，知甘州府馮祖悅建甘泉書院於龍祠前。三，知山丹縣祁安期建山丹書院。五，知張掖縣李廷桂置社學。十六，知山丹縣李復發建刪丹書院。十二、五，知張掖縣王廷贊改建甘泉書院□龍祠東。十三，署張掖縣富斌重修學宮。十三、四，知張掖縣王廷贊改建貢院於舊□□道署。

張掖縣

（卷五"營建·公署"，501）儒學教諭署，城東南隅，詳"學校"。

山丹縣

（卷五"營建·公署"，507）儒學教諭署，城東南隅，詳"學校"。

（卷五"營建·壇廟"，543）文廟，城內南街。明建，詳"學校"。名宦祠，戟門左。鄉賢祠，戟門右。崇聖祠，文廟北，俱詳"學校"。忠孝節義祠，文廟東。雍正九年，知縣范榮建。（545）文昌廟，縣治北。

明正統十四年，指揮彭智建。（547）忠節祠，城學宮西。明嘉靖十四年，巡撫都御史趙載檄指揮鄭紀建。今圮。

光緒《海城縣志》

光緒《海城縣志》，成文出版社有限公司，1970年。

海城縣

（卷一"建置志·公署"，31）學署，居充公官房。

（卷二"疆域志·祠祀"，50）文廟，光緒三十年，知縣王秉章籌款建於城內南街。光緒戊申，知縣楊金庚遵照新章，恭修神閣、牌位、暖帳，稟報有案。文昌廟，設位於城內。

乾隆《合水縣志》

乾隆《合水縣志》，成文出版社有限公司，1970年。

合水縣

（卷上"壇廟"，46）聖廟，在縣治東。明洪武初，主簿唐貴建。成化年間，知縣張健重修，知縣楊森增修。宏治間，知縣王相重修，改置學門。天啓間，知縣張必達改建聖廟於衙舍之左。崇禎年間，城破而廢。國朝順治十四年，郡守楊藻鳳、知縣劉源澄率僚屬、紳士捐貲修復，創建大殿、兩廡、戟門、泮池、櫺星門、啓聖祠、名宦、鄉賢二祠。康熙十八年，知縣李廷樞移櫺星門於街口，知縣樊琳踵修之。三十八年，知縣佟世甸又移修焉，今櫺星門遜於街數十武，廟垣與縣署相接，雖屢經修葺，而規模不易云。大成殿，五間。（47）東廡，五間。（48）西廡，五間。（49）崇聖祠，五間。（51）文廟，爲聖哲所居歟，故志之特悉，併載姓名位次者，備遺誤也。其名宦、鄉賢、忠義祠，俱在戟門左、右，別紀崇祀之人。如神庫、神廚及尊經閣，原志有之，而今久廢，亦毋庸贅錄。餘詳"學校"。

（卷上"廨署"，57）學署，明倫堂後。堂西庫一間，後小門一座，內住房三間，東西廂房各一大間，訓導馬旭、李秉仁建。

（下卷"學校"，135）學宮，在聖廟左側。明倫堂，舊在大成殿北，今在殿東，五間，西一間爲庫，存貯祭器、樂器之所。其後即儒學訓導公署。主敬齋，舊在明倫堂左；窮理齋，舊在堂右，遺迹久湮。（136）生徒號舍，二十間，舊在兩齋南面，東西分列，今無遺址。饌堂，舊在明倫堂北，諸生會食之所。厨房，亦在堂北，今俱久廢。（137）餼糧倉，在兩齋之西，蓋貯廪餼之所，今已久廢。按原志修於順治年間，其"學校志"載"廪生"條下，每名月支糧一石，共該糧二百四十石，可見國初廪糧猶支本色云。經書庫，在明倫堂西，久無遺迹。按各處頒發書籍，俱存學署。惟合水因學中並無收貯之所，暫存縣署，遂至相沿成例，入於縣官交待矣。所見現存各書，今志其目。（138）御製敬一亭，原志在明倫堂北，廢。射圃亭，舊在東門北，原志廢。演武場，附，今在城西南河外，即教場，凡科歲試武童騎射時一蒞之。講約所，在城隍廟前。每逢朔望傳集士民，敬備龍亭鼓樂，迎請（139）聖諭供奉中央，朝服行禮，然後開讀。其司講者，或過於矜持，僅口誦一遍，人多未明。復取直解，再加細繹，親爲指說，咸乃首肯。然其地猶覺近褻，久思另爲，因其亦化導之事，故附記於此。文昌閣，城西三里，爲西郊之屏蔽。按世俗相傳，文昌主科錄，士多祀之，故亦附入"學校"。魁星樓，城東南隅，每歲春秋於明倫堂設祭，文昌居魁星之旁，與廟像位置不類。

（卷下"名宦"，167）名宦祠一所，在聖廟戟門左方。（173）鄉賢祠一所，在聖廟戟門之右。

民國《和政縣志》

民國《和政縣志》，成文出版社有限公司，1976年。

和政縣

（卷四"祠祀志"，71）文廟，廟在縣城西街，築土臺，建大殿一楹，轉角上有文昌閣。春秋致祀，羊一、豕一對。樓三間，東廂三間，厨房三間，山門三間。

民國《華亭縣志》

民國《華亭縣志》，成文出版社有限公司，1976 年。

華亭縣

（第二編"建置志·壇廟"，167）崇聖祠，明嘉靖九年，諭旨各省府縣在孔子廟後建啓聖祠，祀叔梁公。清雍正元年，封孔子先世五代王爵，更啓聖祠名爲崇聖祠。（170）文廟戟門外，附特祀四祠，忠烈祠，（172）名宦祠，（177）鄉賢祠，節孝祠。（181）文昌宮，在城內北□阜□，咸豐時，知縣黃家聲重修。（182）魁星閣，在城上東南隅，清光緒六年，知縣王南薰創建，今廢。

（第二編"建置志·廨署"，163）教育局，在城內東街之陽，文廟西後。明清爲儒學衙門，民國初年，改稱勸學所。十四年，改稱教育局，從新修治。

嘉靖《徽郡志》

嘉靖《徽郡志》，成文出版社有限公司，1970 年。

徽州

（卷二"建置志·學校"，26）學在東街鐘樓山之麓。洪武七年，知州金堅創建。永樂十二年判官孔仕通，成化七年知州孫蕃，成化二（27）十三年知州劉濟，嘉靖三年知州白松、朱純相繼修葺。中曰明倫堂，壁刻御製臥碑，左爲興詩、成樂齋，右爲立禮齋、祭器庫，趨東爲儀門，直南爲庠門。敬一箴碑亭，在明倫堂後。

（卷三"祀典志"，36）文廟，在明倫堂之前，東西有廡，前爲戟門，爲泮池，左右有碑亭，前爲靈星門。洪武初，知州金堅創。永樂十二年判官孔仕通、成化七年知州孫蕃、二十三年知州劉濟開拓。嘉靖六年，知州白松、朱純奉巡按御史段公汝礪、劉公濂檄增修，知州王時雍、舒良材相繼葺焉，大學士劉健、提學副使唐龍、修撰康海記。（37）啓聖祠，在文廟左。嘉靖十年，知州周璋奉今上皇帝建立，修撰康海記。名宦祠，在泮池左，知州孟公鵬年重建。鄉賢祠，在泮池右，知州孟公鵬年重建。

嘉慶《徽縣志》

嘉慶《徽縣志》，成文出版社有限公司，1976年。

徽縣

（卷三"建置志·城池"，165）《舊志》徽山書院，御史顧堅更名。儒學公廨，在鐘樓山麓與學宮相聯。嘉靖十三年，御史劉良卿改射圃、社學地創建講道堂五楹，厢房號舍三十楹，康海、龔守愚有記。案前明有書院，爲提（166）學校士之所，曰儒學公廨，今聖宮後隙地，嗣以射圃、社學地創建，即今慶祝宮也。

（卷三"建置志·學校"，173）至聖宮，在東街鐘樓山麓。明初創建，學廟規制迫狹。宏治元年，知州劉濟始於學西創建殿廡、門牆，劉健有記，詳"藝文"。嘉靖六年，知州朱純奉檄重修，其後知州王時雍、舒良材相繼茸焉。迨國朝知州蔡廓、知縣李兆錦重修。嘉慶七年，署知縣徐振鵬捐俸整修（兵燹之後，漸即傾圮。至是殿廡宏整）。大成殿。（174）東西兩廡。戟門。泮池（左右有碑亭）。欞星門。崇聖祠，大成殿後，即舊明倫堂。明宏治初，與殿同建。嘉靖十年，奉部議立崇聖祠，乃於明倫堂後之山坡建立，制甚卑隘。相因二百餘年。乾隆二十六年，知縣李兆錦築宮牆，圍崇聖祠於學宮之內。迨嘉慶十二年，知縣張伯魁以舊明倫堂改建崇聖祠，始符廟制。名宦祠，在泮池左。（175）鄉賢祠。忠義祠，舊崇聖祠。節孝祠，在儒學。李公祠，祀明分巡僉事李公璋，參議張潜有記，知州孟鵬年建。魁星閣，在南門外山坡上。儒學署，在文廟東。明洪武初建，隨時修築，與學宮略同。（176）明倫堂，嘉慶十三年，知縣張伯魁捐建，有移明倫堂記。尊經閣，在堂後，舊爲師儒謁見之所。教諭黨慎修整茸，以貯書籍、祭器，俾復尊經之制。儀門，有坊，左爲節孝祠，即舊訓導宅。大門，三間。齋宅，在尊經閣後。

（卷三"建置志·廟宇"，189）文昌廟，在城西隅，西向。神殿三間，大門臨池。嘉慶十三年，知縣張伯魁捐建。一在學署左。（190）案舊文昌廟在學署。明正德中，御史李公璋有捍禦功，徽人立祠以祀之，廟乃祠之舊址，相傳乾隆間改文昌廟，突毀其祠，然記石尚存，功烈如在，士君子當考諸。

康熙《金縣志》

康熙《金縣志》，成文出版社有限公司，1970年。

金縣

（卷上"學社"，25）儒學頭門一間，今塌損。二門一間。博文齋，七間，今無；約禮齋，七間。明倫堂，五間，今塌損。敬一亭，三間，在明倫堂後。（26）教諭衙舍，一所，在明倫堂左；訓導衙舍，一所，在明倫堂右。尊經閣，三間，今無。右儒學，在縣治西。元至治二年，金州判官傅夢臣建。明成化十二年，知縣李士杰重修。萬曆三十七年，知縣師兆吉重修。天啓六年，知縣趙焖重修。社學正庭，五間，東書房十間，西書房十間。二門一間，今無。頭門，一間。（27）按學社啓建，元制無考。

（卷上"廟祠"，29）文廟，在縣治西。照壁，一堵，在泮池前。德配天地坊，一間，在泮池左；道冠古今坊，一間，在泮池右。泮池，在靈星門前，上有環橋，石欄杆一道，今無。欞星門，三間。碧水長虹坊，一座，在環橋南頭，今廢。圜橋冠帶坊，一座，在環橋北頭，今廢。宰牲亭，一間，在欞星門內右，今廢。神厨，三間，在欞星門內左，今廢。（30）名宦祠，三間，在戟門外左。鄉賢祠，三間，在戟門外右。戟門三間，東角門一間，西角門一間。東廡九間，西廡九間，大成殿五間，（31）啓聖祠三間。

按文廟創始，止建正殿三間，廊廡俱缺，先師配哲俱繪像。元太定二年，金州判官傅夢臣重修，廣正殿爲五楹，創建兩廡，繪先賢、先儒像。成化十二年，知縣李士杰重修。弘治八年，知縣薛謙重修，壞先師配哲像一十（32）五位。嘉靖四十年，知縣丘嵩重修。隆慶五年，知縣李錦襄重修。萬曆三十七年，知縣師兆吉重修。天啓六年，知縣趙焖重修。康熙二十一年，知縣張□昌、典史吳國珍捐俸重修，工未告竣，庠生李遂德支領學租補葺，六載而始成功。二十五年，（33）皇上御書"萬世師表"四字，頒縣懸匾。（34）文昌閣，在縣城東角，今無。文昌宮，在玉皇廟左。康熙二十五年，典史洪大乾重修。

乾隆《涇州志》

乾隆《涇州志》，成文出版社有限公司，1970年。

涇州

（上卷"建置·公廨"，70）學署，在學宮左側。

（上卷"建置·學宮"，71）文廟，在南門內大街前。明洪武二年，詔天下郡縣立學。涇學建於洪武七年，以關隴後平故也。正德上四年，知州宋灝始新之。嘉靖二十四年，知州張髦士再新之。本朝雍正十三年，知州張儒復加修葺。大成殿，三間；東西兩廡，六間；戟門，三間；泮池。櫺星門、左義路、右禮門，以上三門，乾隆十八年，知州張延福、學正劉慶雲、訓導李廷蔚重修。宮牆，萬仞牌坊一座，臨街東向。崇聖祠，三間；明倫堂，三間；名宦祠，三間；鄉賢祠，三間。尊經閣，創自嘉靖三年。雍正十三年，重修。射圃亭基一處，在大殿西。

（上卷"建置·壇宇"，72）節義祠，在北門內。忠孝祠，在櫺星門外。

（上卷"建置·寺觀"，72）文昌閣，在南城門樓。奎星閣，在城東南隅。

道光《靖遠縣志》

道光《靖遠縣志》，成文出版社有限公司，1976年。

靖遠縣

（卷二"公署"，148）教諭署，在文廟西，明倫堂之右。

（卷二"祀典"，154）文昌宮，一在南山正峰上；一在□南，嘉慶□□知縣胡晉康建。

（卷二"學校"，157）文廟，在城東南。明正統三年，都指揮房貴創建，無記。成化己丑，兵備安岳、楊冕按臨，謁廟，以年久多廢圮，乃命指揮路昭修葺壞墜，建文昌祠。癸巳，參將趙永和重修，楊冕撰記。宏治間，守備路瑛、指揮葛隆重修，建明倫堂於大成殿之後，復建兩齋，左曰

□文、右曰奮武，無記。嘉靖二十三年乙未，巡按王公冕重修大成殿、兩廡、戟門、欞星門，增（158）□號舍、學門於文廟西。教授□□□□□□□□明倫堂東，今改立啓聖門金□□□□□□□嘉靖四十五年丁巳，陝西鎮守總兵曹世忠□□□□□□□宇傾圮，泮池未備，乃命指揮張鵬於□門□□□□橋，修飾廟貌，葺理齋舍，工完。戊午春□□□□□□□□記。隆慶四年，指揮李□增砌□□□□明倫堂、甃壁、甬道、階基，建六□六樓東西爲□□□□。國朝康熙十五年，兵糧道萬全□□□□□□□□記。康熙十三年，兵備周惟遠重修，江西學使□□□再記。康熙四十四年，守備馬文□補修正殿、兩廡，並東西齋（159）房。康熙乙酉八月，鎮綏將軍潘公育龍謁廟，以舊規狹小，遂捐俸委官，經歷王見普監修，撤去正殿，展拓臺基，從新創建大成殿。自丙戌二月起工，越丁亥至戊子季夏告成，恢宏壯麗，非復從前卑陋矣。後委協鎮蔣公宏道監修，公復捐俸給費，新創層閣、綉龕、□座、香案，刻鏤精工。康熙四十七年，千總馮□有重修名宦、鄉賢二祠，裝飾整理戟門、欞星門、照壁、墻垣，修補泮池石欄（160），東西二□□。

（176）尊經閣，原係道衙左側空樓。萬曆四十五年，生員田成等呈請道憲，移建於明倫堂後（《康熙志》）。名宦祠，在戟門外東。鄉賢祠，在戟門外西。萬曆七年，少卿□許建（《康熙志》）。魁星樓，嘉靖壬寅，總督南澗楊□□建，在學宮前南城上，題曰"大開賢路"。隆慶丙子，指揮李寵改移明倫堂後，今仍建城上（《康熙志》）。

（卷二"寺觀"，184）文昌宮，在東郭外。嘉靖二十三年建，順治十七年重修。魁星閣，在文昌宮前院，面城。嘉靖二十三年建，崇正十四年坍塌，舊址尚存。（187）魁星樓，舊建於南山之巔，後遇灾廢。乾隆十七年，邑貢生趙孟英等復建於其上，視舊制更崇隆改觀焉。

乾隆《靜寧州志》

乾隆《靜寧州志》，成文出版社有限公司，1970年。

靜寧州
（第二卷"建置志·儒學"，61）儒學，在州治東南，文廟之側。明洪武六年，知州歐陽信建。宏治五年，知州侯明修葺。嘉靖十九年，知州李時中重修明倫堂，東西爲興詩、立禮二齋，各五楹，嗣學正朱照乘易名爲傅文、約禮二齋，堂後爲敬一亭三楹。祭器庫在敬一亭西。射圃五畝，官園十畝，俱在崇聖祠東，又西方外有慕琛捐地半畝。本朝康熙三十二年，知州董守義捐貲重修。康熙五十九年，學正朱照乘補葺。學正宅，在明倫堂後；訓導宅，向在儒學，久廢，今賃民房聽事。

（第二卷"建置志·壇廟"，74）文廟，在州治東南，前抵街，後抵訓導宅，左射圃，右儒學。廟之東隅爲崇聖祠，廟左右東西廡相連戟門，戟門前泮池，池西一門通明倫堂，池東一門通崇聖宮，池前櫺星門、射圃，東有菜園十餘畝，供一州官吏。引水環廟入池，西出儒學大門。戟門左右列名宦、鄉賢祠。臺榭、坍墀皆石，門內植槐榆，門外列雁翅坊。按故志，廟學，當元時在州治西北隅，即今之紫極觀地也。明代之初，尚仍其舊。至嘉靖間，知州李必敷、李時中先後鳩工，遷於今地。本朝順治中，知州李民聖重修。康熙中，傾頹已極，知州董守義捐貲督工重修，（75）七載告成，煥然一新。初廟龕壞聖像，改遷後，圖像以祀。順治十七年，固原兵備道武全文以爲孔子如天地，然天地不可像而祀也，於是徹像祀木主。崇聖祠，在廟東。乾隆十年，知州王烜捐貲重修。忠義祠，在學宮東隅。節孝祠，在州城東街。文昌祠，在紫極觀。

道光《蘭州府志》

道光《蘭州府志》，成文出版社有限公司，1976年。

蘭州府

（卷三"建置志·公署"，193）學政行署，在府城東。

（卷三"建置志·學校"，200）蘭州府學，在府城東南，本舊州學。元至元五年，知州姚諒建。明萬曆二十九年，重修。國朝乾隆三年，改府，因爲府學。明倫堂左爲教授署，右爲訓導署。

皋蘭縣

（207）皋蘭縣學，在城內延壽巷。乾隆三年，移府治於蘭州，以州學爲府學。五年，乃創建縣學，即靖逆侯張勇故宅爲之。教諭署在東，訓導署在西。

狄道州

（209）狄道州學，在城東，本舊臨洮府學。元泰定二年，同知都總帥府事祁安建。國朝乾隆三年，改爲州學。左爲學正署，又左爲訓導署。

渭源縣

（213）渭源縣學，在縣治東，明洪武四年建。國朝康熙二十一年，知縣張宏斌、訓導張淑孔重修，右爲訓導署。

金縣

（215）金縣學，在縣治西。元至治二年，判官傅夢臣建，訓導署在明倫堂左。

河州

（216）河州學，舊在州治西南，本元人張德載家塾。延祐六年，德載孫文煥捐改儒學。國朝康熙四十五年，知州王全臣因地形湫隘，移建於州治東南。學正署，在明倫堂右；訓導，於乾隆五十年移設循化廳，署尋廢。

靖遠縣

（218）靖遠縣學，在城東南。明正統三年，都指揮房貴始建，歲久傾圮，時有補葺。國朝康熙四十四年，衛人鎮綏將軍潘育龍重建大成殿。四十七年，千總馮家有重修名宦、鄉賢祠。乾隆二（219）十八年，知縣姚棻重修兩廡及門坊。教諭署在左，訓導於乾隆三十八年改設昌吉縣，署尋廢。

府州縣文廟

（卷四"祠祀志"，245）聖廟，府州縣皆即於其學，中爲大成殿。

（247）崇聖祠，皆在學東。

名宦祠，皆在學宮戟門左；鄉賢祠皆在戟門右；忠孝祠皆在學宮內，惟渭源縣在縣治東。節義祠，蘭州府及皋蘭縣、靖遠縣皆在學宮內；狄道州、金縣在學宮外；渭源縣，在縣治東；河州，在城東。文昌祠，蘭州府在府學內；狄道州，在舊縣治，嘉慶十年，趙宜暄同州人改建；渭源縣，在城北。金縣，在城西隅；河州，在州署南；靖遠縣，（248）在東郭外。

道光《兩當縣新志》

道光《兩當縣新志》，成文出版社有限公司，1970年。

兩當縣

（卷三"建置"，48）儒學署，舊在縣東。明洪武七年，主簿廖森、訓導蔣慶同建。正德十年，知縣高騰移建縣署西，上爲明倫堂，後有尊經閣，堂西爲講堂，前有儀門，有大門。國朝順治八年，教諭李沖星重修。康熙四十四年，知縣江中楫重修。乾隆二十八年，訓導高仲重修。嘉慶十七年，訓導李佩玉重修。

（51）文廟，在西街，南向。上爲大成殿，左爲崇聖宮，臺下東西兩廡各五間，前爲戟門，門外左名宦祠，右鄉賢祠，中爲泮池，前爲櫺星門，外東西二門相對，爲德配天地、道冠古今坊，左爲節烈祠，創建朝代無考。明崇禎七年，遭寇盡圮。國朝歷任知縣郎熙化、趙志忭、蔣大震、孫兆禎、張鳳翥、（52）江中楫、三格、教諭李沖星、王恂相繼修建。乾隆二十四年，知縣本著修崇聖宮。二十七年，訓導高仲及紳士捐貲共修大成殿、月臺及兩廡。三十二年，知縣秦武域修戟門及櫺星門、照壁，稱繕完備焉。文昌宮，在訓導署西。道光四年，紳民重修。魁星閣，在文昌宮大門樓上，北向。

民國《創修臨澤縣志》

民國《創修臨澤縣志》，成文出版社有限公司，1976年。

臨澤縣

（卷二"寺觀·文昌宮"，106）在縣城東關。光緒八年，通判杜恩培率文生馬恒乾、韓國棟、李發春、鄉約（107）馬庸乾建。

康熙《隆德縣志》

康熙《隆德縣志》，成文出版社有限公司，1970年。

隆德縣

（卷二"學校"，113）文廟、文昌宮、魁星閣。按學廟舊建城內北隅。明萬曆間，遷城外東南隅，遭寇焚（114）毀。大清順治八年，知縣郭亮復移置城內舊址，工未告竣。順治十六年，知縣常星景申請各上臺捐資葺完，煥然聿新。

民國《民勤縣志》

民國《民勤縣志》，成文出版社有限公司，1970年。

民勤縣

（"建置志"，88）學校。文廟，東近城垣，西通儒學，成化十二年建。（89）崇聖祠，在大成殿東。廟門坊，康熙三十八年，邑紳衿孫克恭、李從政等以廟門卑隘，重建牌坊，即以爲門東西爲黌門，門外下馬石二，東"贊扶元化"、西"開闡文明"坊。聖訓亭，即敬一亭。康熙五十七年，衛守備王瀚捐俸倡衆建於崇聖祠之前，內立訓飭士子碑。宰牲堂，久廢，今丁祭省牲在聖訓亭之前，疑即其故址。文昌閣，疑即尊經閣，上祝文昌，在先師殿後。明崇正三年建。魁星閣，明庠廩何孔述建於東城上。康熙十一年，舉人張奇斌、庠生段嘉猷等重修，並建拜殿。康熙三十年，築甬道通文廟內。（90）名宦祠，在戟門外東。雍正九年，知縣杜蔭建。乾隆九年，知縣施良佐重修。鄉賢祠，在戟門外西。康熙初年，邑人左布政使孟良允建。祭器、樂器、舞器、書籍，五縣俱同，詳載《平番志》。

儒學，在縣治東。《涼鎮志》云，係社學改建。成化十三年，創修。康熙三年，教授張我興同紳衿孟良允、何斯美、楊垂裕、王一德、王慎修等捐資重修明倫堂、博文、約禮齋、教官公署一處並文廟前後。乾隆八年，建貯樂器、祭器樓於明倫堂西側，閤學捐資。（93）節孝祠，城東街儒學右。

乾隆《清水縣志》

乾隆《清水縣志》，成文出版社有限公司，1970 年。

清水縣

（卷三"建置"，42）儒學署，在文廟東。上爲明倫堂，下左右爲博文、約禮齋各五間。前爲儀門，又東西有角門。西角門外爲儒學官住宅，乾隆二十四年，教諭管訓導事馬世經新建，外爲大門。

（44）文廟，在東街，北向。大成殿五間，殿左爲尊經閣。前爲露臺，左右爲東西廡，前爲戟門，左右（45）有角門。戟門前爲泮池，池左右爲碑亭，前爲欞星門。外左右爲德配天地、道貫古今坊。初，宋紹興十四年，建於西關故城北。元末毀於兵。明洪武四年，知縣劉德建於縣治北，南向。嘉靖十九年，因地窪，諸生郭廉、雍鎬等請於巡按顧堅，卜地安國寺基，知縣鄧鏜改在縣治南，北向，知縣朱文綉續成之。萬曆二十三年，知縣辛金修。國朝順治十四年，知縣劉漸生修。乾隆六十年，知縣朱超修。（46）崇聖祠，左角門外西首。前有院門，邑諸生張尚魁等重修。名宦祠、鄉賢祠，在左右角門外。忠義祠、節孝祠，在泮池兩旁。文昌閣，在學宮左。明知縣董盡倫創修，生員雍從孔施地。魁星閣，舊在北城，對學宮前。明知縣文重質創建。康熙中，知縣劉俊聲重修。乾隆二十六年，知縣李承弼改建東門樓上，其舊閣仍改祀文昌。

道光《續修山丹縣志》

道光《續修山丹縣志》，成文出版社有限公司，1970 年。

山丹縣

（卷四"營建·壇廟"，114）文廟，城內南街，明建，詳"學校"。（115）名宦祠，戟門左，今改修。鄉賢祠，戟門右。崇聖祠，文廟北，俱詳"學校"。忠孝節義祠，文廟東。雍正九年，知縣范榮建，今改修。（117）文昌廟，縣治北。明正統十四年，指揮彭智建，今移建。（119）

忠節祠，城學宮西。明嘉靖十四年，巡撫都御史趙載檄指揮鄭紀建，簽事張問行碑記。傾圮，今重修。

（卷四"營建·公署"，128）教諭署，城東南隅，詳"學校"。

（卷六"學校"，195）甘郡自漢晉以來，學校之制，半消毀於風霜兵燹之餘。明則代有建置，如正統五年建山丹衛學，尋改行都司學。學校之制，由此漸興，而尚多缺略。至我朝文教覃敷，澤及西疆。甘涼二郡所轄，俱得宏建學校，重修（196）文廟，名宦、鄉賢等祠依次增修。至乾隆三年後，漸次添建書院、義學，文治日興，弦歌遍起，學校之規日拓，而士林之氣日振。孰非聖天子立學之盛典，作人之雅化所致哉！

（卷六"學校源流表"，203）正統十二年，都御史馬昂重建行都司學。十三年，都御史馬昂重修山丹衛學，副使萬安、劉廣、衛指揮彭智建山丹崇聖祠。成化四年，都御史徐廷璋增修行都司學、山丹衛學。八年，按察司胡德盛、指揮王謙重修山丹崇聖祠。宏治十五年，都御史劉璋置教官公廨，修山丹衛學。乾隆三年，知山丹縣祁安期建山丹書院。十六年，知山丹縣李復發建仙堤書院，親課士。五十年，知山丹縣明福建龍峰書院。道光元年，知山丹縣顏廷彥移修。

萬曆《肅鎮華夷志》

萬曆《肅鎮華夷志》，成文出版社有限公司，1970年。

陝西行都司

（卷二"建置志·學校"，40）陝西行都司學，舊在城東北隅。元季爲亂兵所燹。明洪武二十八年間，設東南隅。正統中，都御史馬昂重建。天順中，總兵宣城伯衛隸於仁壽驛南，開伯五頃，歲入佃糧百石餘，以供祀事。成化初，都御史徐廷璋重修。弘治初，都御史羅明增置樂器，教習樂舞，及都御史劉璋創立教官公廨二區。正德十二年，巡按御史趙春奏改府學貢例，增置二齋，共四。齋四，誠意、正心、崇德、廣業。嘉靖十年，都御史趙載又增官廨一區。十七年，都御史牛天麟又俯講堂、號舍，學士曾屬爲焉，昂撰建學記。敬一亭，嘉靖十一年，都御史趙載建在戟門前神路之中。二十年，都御史王誥以規制非置，改建於明倫堂前，與文廟並峙，樹門繚垣，各全其尊。尊經閣，舊在明倫堂後。三學官公署在文廟後。嘉靖三十年，都御史王詁以從非其類，乃改建經閣於文廟之後，左右冀以齋舍，其公署撤於堂後，斯人神各得其所。泮池，在欞星門內。

（卷二"建置志·壇壝"，44）陝西行都司宣聖廟，儒學左。洪武二十八年建，正統中都御史馬神重修。啓聖祠，宣聖殿後，都御史趙載奉制建。忠節祠，儒學內西南。嘉靖十年，都御史趙載以舊地藏寺改建。（47）文昌祠，儒學南，泮池之東。

山丹衛

（卷二"建置志·學校"，40）山丹衛學，城東南隅。正統五年，都指揮楊斌建。於七年，都御史馬昂重修。成化中都御史徐廷璋，弘治中都御史劉璋、僉事李克勤相繼修大成殿及兩廡、齋舍，副使劉廣衡、胡盛各有記，文多不載。敬一亭，戟門前，指揮鄭紀建。

（卷二"建置志·壇壝"，52）山丹衛宣聖廟，明倫堂前。啓聖祠，文廟東。忠節祠，嘉靖十四年，都御史趙載檄指揮鄭紀建。文昌祠，真武廟西。正統十四年，指揮彭智建。

高台所

（卷二"建置志·學校"，40）高台所學，所治東。先是生徒寄甘肅學，往往家貧路遠，廢荒者多。嘉靖三十三年，巡按御史朱微奏以社學改立，併以鎮夷所諸生內附，行巡撫都御史傅鳳翱覆勘，議社學逼隘不便，乃別卜地建學，取本所寄學諸生充補。二十五年，乃降印鈐官，教事始備。

（卷二"建置志·壇壝"，52）高台所宣聖廟，城東南隅。啓聖祠，儒學左。忠節祠，本所社學西。

光緒《洮州廳志》

光緒《洮州廳志》，成文出版社有限公司，1970年。

洮州廳

（卷三"建置·公署"，233）儒學署，在廳治之西。明永樂十七年，鎮守都司李達建。成化十三年，鎮守徐升重修。同治五年，毀。十三年，同知李乾、教授魏敬賢增修。

（卷三"建置·寺觀樓臺附"，244）起文樓，在舊城北街，高三層。上層文昌，中層藥王，下層瘟神，建於明天啓乙丑。國朝康熙六十一年，重修，有"起文樓"三字匾額，字逾五尺，書法遒勁。

（卷三"建置·壇廟"，249）文廟，東西哲廡，先賢儒、名宦、鄉賢。（250）崇聖祠、魁星閣、文昌閣、節孝祠。文昌宮有二，一在本城隍廟頂，南向，倚鳳山第一峰。同治癸亥毀。光緒二年，邑人重修。一在舊城北街，明天啓乙丑年建，國朝康熙六十一年重修。

（卷七"學校"，416）文廟，在廳治西永寧坊。同治五年，因回匪變亂，毀於兵。光緒七年，同知喻光容重建。八年同知德彬重修東西牌坊，大門二座，泮地圜橋一道，櫺星門三間，名宦祠三間，節孝祠三間，鄉賢祠三間，大成門三間。東西奎星樓一座，高二層，西面文昌樓一座，高二層。東西樂器房六間，大成殿三間，傍崇經閣一座，高三層，崇經祠三間，通計自崇聖祠後壁至櫺星門長三十六丈四尺，自廟門左至廟門右（缺）。（423）廟後建祠，曰崇聖。

光緒《通渭縣新志》

光緒《通渭縣新志》，成文出版社有限公司，1970年。

通渭縣

（卷三"地域"，95）文廟大成殿五楹，後爲崇聖祠三楹，上建尊經閣三楹，東爲文昌宮三楹，西爲奎星閣三楹，東西廡各五楹，前爲戟門三楹，左右角門各一，門前泮池，東名宦祠，西鄉賢祠三楹，前爲櫺星門三楹，東爲更衣所，東角門曰"義路"，西角門曰"禮門"，照牆闊七丈。乾隆三十一年，知縣金洪創建。三十六年，知縣陳光鰲續修。嘉慶二十五年知縣繆庭槐、咸豐九年訓導張文林、光緒間知縣夏金聲、葉祖沆、閔同文先後禀請籌款重修。（96）文昌宮，初爲金公祠，後改近聖書院。同治間毀。十三年，知縣呂鑒煌移建書院於養濟院南。光緒三年，知縣夏金聲代祭於壽名書院。光緒十九年，知縣高蔚霞新建後殿三楹。（99）節孝祠，正庭三楹，門一楹。道光五年，知縣李國軒建。光緒十九年，知縣高蔚霞捐廉修葺。（103）學署入德門一楹，東西齋房各三楹，明倫堂三楹，後爲宅門，上庭三楹，東西書房各三楹。洪武初，主簿徐復觀創建。後歷經知縣趙信、劉世綸、李永昌、顧竟成重建。乾隆十三年，知縣蔡理可因地震覓舊址創建。三十年，知縣金洪重建。道光九年知縣李國軒、訓導趙延祿，光緒元年知縣夏金聲補修。

民國《創修渭源縣志》

民國《創修渭源縣志》，成文出版社有限公司，1970 年。

渭源縣

（卷三"建置志·公署"，104）學署，在縣治東，洪武四年建，歷來繕修不一，自逆變後傾圮過半。康熙時，知縣張宏斌、訓導張淑孔率闔邑紳衿重建，規模較前倍廣。同治亂後，屢毀屢修。民國，學官取消，因將學署變賣民間，歸學校經費。

（卷四"祠祀志·文廟"，123）文廟，在縣治北，明洪武四年建，毀於同治三年回匪之亂。光緒二十八年，知縣寶金聲倡捐，仍舊址興修。（124）東西廡、戟門、櫺星門、臺墀、甬道亦皆重起，煥然一新。崇聖祠居後。明倫堂五楹，櫺壁間御製臥碑。左博文齋、右約禮齋。祭品庫，書庫，敬一亭，（130）名宦祠，（131）先賢祠。文昌廟，在縣治北。（132）奎星閣，向在老子廟前，近移山左，邑者勒捐重建，序載"藝文"。

乾隆《西和縣志》

乾隆《西和縣志》，成文出版社有限公司，1970 年。

西和縣

（卷一"衙署"，76）儒學署，在今城南門。

（卷一"祀典"，82）文廟，在縣南城門外，東即舊縣署址。考宋時，州治在崆峒山下，知縣楊嗣昌建於上城。明洪武年遷縣治後，改建於城西北，知縣楊英改建。康熙二十三年，知縣董貞始移今處，有徙建碑記，見下"藝文"。雍正八年，知縣馬履忠重修。崇聖祠，在大成殿圍墻後。乾隆二十八年，知縣吳憲青改建，邑貢生（83）周文蔚捐木料。名宦祠，在欞星門內東。鄉賢祠，在欞星門內西。忠孝祠，在欞星門外東。（84）文昌祠，在城南門外。乾隆二十八年，知縣吳憲青建。奎星閣，在城南門外東。乾隆三十一年，知縣王鳴珂建。（85）忠孝祠、節烈祠在北城門外。

（卷二"學校"，197）文廟，大成殿、兩廡及名宦祠、鄉賢祠、泮池、欞星門間架，前已繪圖，茲不具錄。

民國《新纂康縣縣志》

民國《新纂康縣縣志》，成文出版社有限公司，1976年。

康縣

（卷七"教育·學宮"，105）學宮。康屬階州直隸州州判，向無學宮。自民國十八年，改爲縣治，遵即供大成至聖先師孔子木牌一座於大北街（106）武廟東忠義祠內。春秋奉祀，數年以來天灾匪患，無歲無之，是以擬修不果。今春，縣志□□先□□□學宮，經大會議決，容民力稍抒，以忠義祠如制建置。

（卷七"教育·學校"，113）舊學校，在縣署東，係前清州判時設義倉，剝落不堪。宣統元年，別駕曹步雲改修學堂，坐北向南，講堂三間，東西學舍各二間，過庭三間，前一小院門，向南開，規模湫隘，現高小校移住縣署西新建學校。

民國《永登縣志》

民國《永登縣志》，成文出版社有限公司，1970年。

永登縣

（卷二"建置志·學校"，30）文廟，明洪武十年，詔天下府州縣衛皆建學校，改蒙太監宅爲廟。嘉靖八年，移東北隅舊基，今改爲茶司。國朝順治八年，少參馮士標移建倉儲之左。康熙三十九年，少參陳子威改建於衛署。聖殿三楹，東西廡，前爲戟門，門之前爲欞星門，爲泮池，爲圜橋，為照壁。崇聖祠，三楹，在正殿右。文昌宮，三楹，在正殿左。明倫堂，五楹。東西齋房各三楹，在正殿後。鄉賢祠，三楹，在戟門左側。名宦祠，尚未建。（31）忠烈祠，城東文昌宮左側。節孝祠，城東文昌宮右側。學署，城東，大門三楹，二門三楹，東南角門一，西角門一，大堂五楹，二堂三楹，東西廂房各三，三堂三楹，東西廂房對列同前。

（卷二"建置志·寺觀"，38）魁星閣，在城東角上。文昌宮，城東。

乾隆《玉門縣志》

乾隆《玉門縣志》，成文出版社有限公司，1970年。

玉門縣

（"壇廟"，21）文廟，在舊城大十字西。

道光《重修鎮番縣志》

道光《重修鎮番縣志》，成文出版社有限公司，1970年。

鎮番縣

（卷二"建置圖考·廟祠"，123）文昌閣，在文廟內，大殿北。文星閣，在南郭土門上，道光三年建，有記。（127）魁星樓，在文廟內東城敵樓上。（147）名宦祠，在文廟戟門東。（148）鄉賢祠，在文廟戟門西。（150）忠烈祠，在城東南隅。前明嘉靖年，都御史趙載建。（152）節孝祀在學署西。

（卷五"學校圖考·廟制"，245）文廟，在縣治東，東近城垣，西通學署。前明成化十三年，衛訓導周琮申請都御史王明遠創建，總兵趙英經營木料。康熙三十八年，邑人孫克恭、李從政等建坊一。五十七年，衛守備王瀚重修，教授薛乙甲、千總李如弼重修兩廡。雍正七年，知縣王聯槐、教諭任席珍重修兩廡、戟門並臺階磚瓦。九年，知縣杜蔭建名宦（246）祠。康熙中，邑人孟良允建鄉賢祠。廟制：南向，大殿三楹，前為露臺，臺下東西兩廡各七楹，戟門三楹，欞星門三楹，門南泮池，東西角門各一，中建坊舊鐫"德澤汪洋"，今南題"萬仞宮墻"，北題"魚龍變化",左右下馬牌各一,東角門爲贊扶元化坊,西角門爲開闢文明坊。崇聖祠,在大成殿東。祠南爲敬一亭,後改爲聖訓亭,又南爲忠義祠,皆康熙年建。宰牲堂久廢,今省牲所在聖訓亭前,疑即故址。魁星樓在東城敵樓上,前明崇正時,邑人何孔述建。康熙十一年,邑人張(247)奇斌、段嘉猷重修拜殿,築甬道通文廟內。文昌閣,在大殿北,舊名尊經閣,崇正三年建,後祀文昌,易今名。閣東爲文昌三代祠,嘉慶十二年邑令齊正訓同邑人馬起鳳、李鳳儀、謝集梧、曹秀彥等創建。十八年,邑人謝集成暨闔學紳士馬仲、李霦、謝履緇、甘太和、何培魯、任擴學、馬起鳳、李鳳儀、曹秀彥、路彩雲等募修殿宇宮墻等所,添建宮門外東西木欄接連照壁,有記。

（卷五"學校圖考·儒學",251）儒學在文廟西側,舊爲社學廢址。明成化十一年,巡撫朱英奏設。十三年,訓導周琮建文廟時同修。(252)康熙三年,教授張我興同邑人孟良允、何斯美、楊垂裕、王一德、王慎修等捐貲重修明倫堂三楹,博文、約禮齋各七間。教諭署一所,在明倫堂後。乾隆三年建貯樂器、祭器閣於明倫堂西。十一年,重修禮門二。嘉慶八年,知縣張若采、教諭張景彥同闔學紳耆重修,大門外東西建房各二。

民國《重修靈臺縣志》

民國《重修靈臺縣志》,成文出版社有限公司,1976年。

靈臺縣

（卷一"公署",102）教諭署,舊在今縣署西,明末被毀,移建於城外南關文廟之東,後移文廟西節孝祠故址。前有垂角門樓一座,內有學書門,斗房東西各一間。北有明倫堂三間,後有上廳房三間,東西廂房各三間。民國初,教諭裁缺,即改作奉祀官住宅。十五年,奉祀官裁,又改爲勸學所,繼復改爲教育局。至於訓導署,清初猶移建於縣署之右。嗣不知何年裁缺,其署亦廢,茲併叙錄,以備參考。

據《張志》云:儒學署,明洪武初年創建於舊城東南隅,嗣因河患移修街北,即今文廟東,內修明倫堂五間,敬一亭五間,博文、約禮齋各五間,外豎儲材坊一座,庠門三間,禮門一座,俱知縣孔閱道建修。教諭宅,在博文齋後,共房五間。訓導宅,在敬一(104)亭後,共房五間。

天啓間，知縣李文蛟重修學宮，廟貌規模頗備。嗣遭兵火，僅存正殿、明倫堂數瓦數椽及古柏琉璃而已。據《黃志》云：崇禎末，知縣敖宏貞因移縣城、廟宇、衙署，特議建教諭、訓導二宅於新縣治之右。以時當末季，財力爲艱，事未果行。旋於清順治丙申間，經知縣黃居中依舊議地建教諭宅一所，內房共十三間。又於丁酉年，依前議復建訓導宅一所，內房共十間。師於斯土者，始各有寧處矣。另有碑記，見"藝文"。

教育局，在大城外南關文廟之西，即舊儒學教諭署所改。

（卷一"學校"，109）按黌宮，先在舊治東南隅，即今南關外孔廟之前。清乾隆四十七年，因河患而移建今地。屢朝增修，俱有碑記，見"藝文"。現在大成殿七間，係五轉七，北爲崇聖祠三間，大成殿前謁臺下東西廡各五間，前有戟門三間，左爲名宦，右爲鄉賢祠，各一間。又左爲更衣室一間，又右爲碑室一間，接兩室，左右各有圓門一座，前階下東爲昭忠祠，西爲節孝祠，各一大間。前院中有泮池，上作虹橋，周用磚砌。再前爲欞星門坊三楹，東爲禮門，西爲義路，均有垂角門樓各一座。門外路南，有磚修透花宮墻一座，清光緒二十二年，知縣王堯儒因重修學宮而創修焉。民國十年十月十七日，因隴東巡防炮隊駐扎大成殿內，一時不慎，頓遭回祿，椽瓦、木料、牌匾、神龕俱爲灰燼。次年春二月（110），當經隴東鎮守使張兆鉀飭行知縣熊遠猷及繼任王棣兩知事，協同副官李得寅並地方紳學同人等，就地創建，煥然復新，另有碑記，見"藝文"。

據《黃志》云：先師舊正殿五間，東西廡各十間，戟門三間，啓聖祠三間，宰牲房三間，俱知縣郭之屏建。欞星門坊三間，外橋一座附泮池，角門二座，係知縣賈應昌建。兵火後傾頹殆盡，清初，復備修葺，兼修明倫堂，規模粗具。

謹案：黌宮於清初修補俱備，嗣於乾隆四十七年，因河水沖沒宮墻、欞星門及戟門等，復經知縣顧汝衡移修今地，并經護印知縣郭之屏接成其工。道光元年，知縣蘇履吉重修。同治十三年，知縣彭光煉補修。光緒二十二年，知縣王堯儒復修。俱有碑記，載"藝文"。

文廟。正殿，即大成殿，現改爲孔子廟。

民國《重修鎮原縣志》

民國《重修鎮原縣志》，成文出版社有限公司，1976 年。

鎮原縣

（卷三"建置志·廨署"，365）教育局，清光緒三十三年，設勸學所於尊經閣。民國八年，遷於西街昭忠祠。二十一年，在黨教亙換，復移於文廟後舊儒學衙署，□有上房三間，東西廂房各三間，二門一座，大門三間，為清教諭藍鴻莢捐建。

（卷三"建置志·壇廟"，372）文廟在縣治東。《李志》，洪武初，邑丞鄭旺建於舊基，侯蔣泰重修。成化時，提學婁公橃徐侯鏞新之。案，長沙李東陽有記，載"藝文"。《張志》，萬歷時，陳侯遇文、李侯榮重修。清初，邑侯宗書、江雯、錢志彤重葺。（《張氏紀聞》）乾隆十三年，侯程光鑒募葺。三十六年，侯易文基捐俸補葺。（《輯志》）嘉慶七年，侯陳珙繁任內，士人共捐銀二千七百兩，一切重新，時進士張元鼎、生員慕佑信、張光祖、張應、張石麟、席叙猷、舉人賀步元、副貢段士鰲等二十人管工，俱皆勤廉，人人家食，即茶水之微不取給於公。凡閱四年以至於成，故登以勵來者。（374）計開新舊廟式：大成殿，南向，七間。木料圍牆依故外，添上頂，東北角木料、椽瓦全換，內添大柱、鋪地磚塊，內外全裝，朱紅油漆。（387）文昌宮，牆垣坍塌，僅宮及獻殿存。（389）魁星閣，民國九年，地震東南隅。十年，邑宰傅金榮補修。（397）昭忠祠，今為黨部。節孝祠，《補志》在北察院，祀邑孝子節婦者，久廢。於道光八年重建。

乾隆《莊浪志略》

乾隆《莊浪志略》，成文出版社有限公司，1970 年。

莊浪縣

（卷五"城池倉署附"，94）儒學，在縣治東舊址。本縣治在西，正德年間，知縣劉潮移遷於茲。嘉靖間，張國寶改為。順治九年，重修；袞重修，各有碑記。明倫堂，三間，儒學劉臨春重修；內宅房，五間，劉臨春捐修。（95）學署，在明倫堂後，即前敬一亭、教諭宅舊址。正堂三間，左右廂房各二間。大門一座。典史署，廢。

（卷六"壇廟"，113）魁星樓，前令邵陸建。五十四年分縣，耿光文捐修於城上東南隅。文昌閣，在城東杏花崗。乾隆五十五年分縣，耿光文捐俸創建，以培文風。

（卷十二"學校"，159）學宫，在縣治東。按《舊志》，原在城西南，即舊縣治址。明正（160）德辛巳六年，六房灾，知縣劉潮狃於浮議，遷學宫於縣址，遷縣治於學地。嘉靖三十三年，張國寶改爲之。國朝順治九年，知縣董朱裦修。雍正九年，知縣胡廣昌重修，各有碑記。殿廡：大成殿，五間。嘉靖年間，知縣張國寶修建。康熙三年，王令鍾鳴以廟無泮池，又櫺星門外地促，遂與諸生賈萬鎰、萬補天購附近地修，廣各二丈五尺，式廓增焉。（161）東西廡，各五間；櫺星門，三間；戟門，三間；啓聖祠，三間；名宦祠，三間；鄉賢祠，三間；忠義祠，三間；雍正九年，知縣王熙泰奉敕建蓋。明倫堂。省牲所，一間。文昌宫，前三間，後閣三間，有神像。萬曆四十三年，署在靜寧州判王文霖建。魁星樓，舊在東城上。乾隆三十四年，縣令邵陸因修城工竣，改於東北城隅，新行修建。

嘉靖《秦安志》

嘉靖《秦安志》，成文出版社有限公司，1976年。

秦安縣

（卷五"禮制志"，132）孔廟，在學前，中爲殿，東西爲廡，前爲戟門、爲泮池、爲櫺星門。（133）名宦祠，嘉靖間知縣繼先誤建於孔廟戟門前之西，今當改建。（134）鄉賢祠，知縣繼先誤與名宦祠同建，今當改建。

（卷五"學校志"，138）學在縣東南，前爲孔廟，中爲敬一亭，爲明倫堂三楹，東爲窮理齋三楹，楹西□□敬齋三楹。齋之前東西爲學舍十間，□□□（139）東爲儀門，儀門之東舊亦爲學舍，今爲訓導宅，齋之西舊爲教諭宅，其南爲射圃，今爲啓聖公祠。儀門之前爲門，明倫堂之後舊爲講堂、爲饌堂，今俱闕。東爲風化坊，西爲彝倫坊。學北抵街，南抵城，東舊抵街，今抵民家，西抵李知縣、周縣丞家，廣二十有一丈有二尺，長三十有四丈。

學建於元大德元年，建者知縣宗也。修於（140）國朝洪武初年，修者知縣昭也。成化間，知縣珍加修焉。弘治間，知縣森又加修焉。正德初，知縣威又加修焉。嘉靖壬辰，知縣世英又將加修，乃先自櫺星門始。

乾隆《五凉全志》

乾隆《五凉全志》，成文出版社有限公司，1976年。

凉州府

（"建置志·學校"，55）文廟，在城東南隅，照壁一、泮池一，有橋，櫺星門三楹，東名宦祠三楹，西鄉賢祠三楹，戟門三楹，東禮門、西義路。大成殿五楹，兩廡各七，東西碑亭各一，燎鼎一，尊經閣五楹，下即崇聖祠，甬道中碑亭一，碑鐫聖祖仁皇帝訓飭士子文。廟外忠烈祠三楹、節孝祠三楹。（56）學宮，自明正統中職方右司馬□□□□□，成化中都御史徐廷璋重建。我朝順治甲午秋，觀察蘇□以廟宇宮墻又圮，集議捐俸，設法勸輸，拓地興辦，增殿廡以及櫺星、儀門、泮池、金聲玉振、各亭、名宦、鄉賢各祠。經始於丙申三月，迄丁酉六月乃成，規模較舊逾數倍，巡撫周文煒、巡按聶玠、總戎劉友元、副總戎孫加印皆與焉。康熙三十八年，觀察武建适□加繕葺，廟貌復新。

凉州府儒學，在文廟西，大門三楹，土地祠一處，二門三楹，東西角門各一。明倫堂五楹，東西齋房各五。敬一亭二楹，東西廂各三。三堂樓五楹，東西廂各三。副堂署在大堂東二院，共房廿。

武威縣儒學，在城東北，舊北府署復半書院前，□設儒學大門三楹，二門三楹，東角門一。明倫堂五楹，東西齋房各五。敬一亭三楹。西（57）北隅內室五楹，□右房各五。

（"建置志·寺觀"，59）文昌宮，文廟東；魁星閣，城上東南隅；文昌閣，西郭門。

乾隆《直隸秦州新志》

乾隆《直隸秦州新志》，成文出版社有限公司，1976年。

秦州

（卷三"建置"，220）學正署，在文廟東，上爲明倫堂，後有尊經閣，（221）迤東爲內宅，堂下左右爲齋房，爲講堂，爲學舍（乾隆三年知州李鋐新增，二十八年重修）。前有儀門，有大門。（222）訓導署，在文廟西，《舊志》併及取士額與學田租賦，今以取士入"選舉"，以學田入"食貨"。學使試院在州治西城中街。明初爲布政分司。成化初，知州黃夢麒修，後改巡按察院。國朝裁巡按，乃改爲學使署，最後正廳五楹（西小院，乾隆十八年，知州劉斯和新建小亭一）。左右各三楹，前爲川堂，左右爲胥吏舍，前爲大堂，堂下左右爲號房，各十二間，前爲泰山北斗坊，又前爲儀門，又前爲大門，門外左右有鼓吹樓，又前爲左右轅門。

（230）文廟，在城內西南隅。上爲大成殿，□爲崇聖宮，臺下東西兩廡各九間，前爲戟門，門外左名宦祠，右鄉賢祠，中爲泮池，前爲欞星門，外東西二門相對，門外爲（231）德配天地、道貫古今坊。相傳元大德六年，教諭梁公弼始創。明洪武四年加修。宣德九年，知州李亨重修。嘉靖中又重修。國朝康熙十四等年，知州王之鯨、趙世德相繼重修。三十四年，署州事知隴西縣楊本植捐俸重修。乾隆四年，知州李鋐重修。又乾隆二十三、四等年，知州劉斯和、費廷珍相繼捐俸，咸委州士人胡端督工修葺。忠義、節孝祠，俱在東瓮城。

（232）文昌祠，一在城南街學宮之東，有閣，奉神於上，舊爲春秋官祭之所。一在東關，雍正中，知州魯璵建。乾隆二十六年，知州費廷珍既築堤禦藉河，因復南湖故迹，開池種藕，即於池北創建新祠，爲正殿三楹，享殿三楹，最前爲大門三楹，面山臨水，地敞景清，旁爲僧房，招僧守之，移朔望春秋之禮於此。

魁星閣三，其一即南街文昌閣，閣上東西有門，文昌東向，魁星西向。其一，在東七里，順治中，知州姜光胤（233）建，題曰"雲章閣"。乾隆三年，知州李鋐重修。二十七年，知州費廷珍大加改修，稱繕完焉。其一，在城南文峰之巔，凡三層，爲最高。乾隆十八年，知州劉斯和建。

秦安縣

（247）儒學署，在文廟東，上為明倫堂，《舊志》堂後有敬一亭，今無。堂上設鐘鼓。堂之右為內宅，舊宅圮盡，乾隆二十八年，知縣諸為霖改設，向北，重建房舍一十二間，有碑記。甬道左右舊為齋房十楹，今俱無，東面尚餘數間，亦傾壞將盡。中迤南為鳳凰池，坊為明胡都憲（積宗）立，都憲廷試以三甲第一人與臚傳故也，乾隆五年，其裔孫公綽重修。前為儀門，又前為大門，規制宏敞而皆黯然將敝焉。《舊縣志》大門內東有學倉三間，亦久廢矣。

（251）文廟，在城內東南，後抵東街，前抵南城，最後為尊經閣，《州志》載，閣上藏書，有權文公等集，今俱無。現在所貯經史等與州同。其臺高三層，有院門。前為崇聖祠三楹，有院門。中為大成殿，有先師、四配、十哲塑像。明嘉靖時，以地僻未毀。殿前露臺上有古柏二株，扶疏聳翠，《縣志》所云"黌宮柏蓋"也。左右為東西廡，為祭器、樂器庫，前為戟（252）門，中泮池，左右為名宦、鄉賢祠，前為櫺星門，左右為德配天地、道貫古今坊，坊外各有下馬碑，再迤東西左右街口各綽楔三楹，榜曰"杏壇根本""洙泗源流"。櫺星門前照壁迫城於城，上建坊，榜曰"雲路"。《縣志》元大德元年，知縣楊宗創建。明洪武、成化、弘治、正德、嘉靖中，累加重修，後無考。國朝康熙五十七年，地震，殿宇傾圮。雍正初，知縣於鯨重修，三載始畢工，制復備焉。忠義祠，三楹。乾隆三年，知縣牛運震建，因無地，借建於學署明倫堂下之東。節孝祠，在學宮外東（253）南，西向。

文昌祠三，一在文廟西，自門至殿頗深，神殿三楹，享殿三楹，為春秋官祭之所；一在城西南前街，亦南向，神殿三楹，享殿三楹，儀門三楹，外有屏門，地不深廣，而竹樹清幽，儀門左右舊有齋房，自明及國朝，紳士多讀書其中，其西即縣署，之前有大池，旁（254）皆種柳，號柳林池，乾隆十六、七年間，里紳士重修焉。一在南郭門，上為文昌閣。

魁星閣，城東南隅，北向，舊有玄武閣，久圮。雍正十年，故舉人周士罩，今孝廉方正張必升募改建焉，為春秋官祭之所。

清水縣

（261）儒學署，在文廟東，上為明倫堂。《縣志》有敬一亭，今無。

堂下左右爲博文、約禮齋，各五間。前爲儀門，又東西有角門，西角門外爲儒學官住宅。乾隆二十四年，教諭管訓導事馮世經新建，外爲大門。

（263）文廟，在東街，北向。最後爲崇聖祠。前有院門，前爲大成殿五間。《縣志》前有獻殿三間，今無。殿左爲尊經閣。《縣志》載閣上藏書，有明朝四書五經、各大全、性理通鑒、小學、五倫書、孝順事、實錄、爲善陰隲錄等書之名目。其新貯經史等與州同。前爲露臺，左右爲東西廡，前爲戟門，左右有角門，門外爲名宦、鄉賢祠，戟門前爲泮池，池左右爲碑亭，前爲櫺星門，外左右爲德配天地、道貫古今坊。初，宋紹興十四年，建於西關故城北。元末毀於兵。明洪武四年，知縣劉德建於縣治北，南向。嘉靖十九年，因地湮，（264）諸生郭廉、雍鎬等請於巡按顧堅，卜地安國寺基，知縣鄧鏗改在縣治南，北向，知縣朱文綉繼成之。萬曆二十三年，知縣辛金重修。國朝順治十四年，知縣劉漸生重修。《縣志》於此下云："康熙二十六年，知縣劉俊聲方議修葺。"則其未及修可知，而以後修者不及志。忠義祠、節孝祠，皆在南街。文昌閣，在學宮左，明知縣董盡倫創修，生員雍從孔施地。魁星閣，舊在北城，對學宮前。明知縣文重質創建。康熙中，知縣劉俊聲重修。乾隆二十六年，知縣（265）李承弼改建東門樓上，其舊閣仍改祀文昌。

禮縣

（269）儒學署，《鞏昌志》云，在城東鳳凰山下。《秦州志》云，在西南街，皆當時舊址。以後屢有修葺，而教官僅免露處耳。後爲宅，前爲明倫堂。《州志》，堂後有敬一亭；堂前左庫右倉，蓋舊制也，今《縣志》俱無。堂下左右齋房各三間，前爲儀門，爲大門。《州志》言，成化十五年，知縣張源建。嘉靖間，判官樊安仁重修者，皆舊學署也。其今學署，蓋又後所增修者，非復前之舊也。

（271）文廟，舊在縣東錦屏山下。《鞏昌志》云，在鳳凰山下。《秦州志》云，在縣治東南，今皆非其舊處。國朝順治十三年，署知縣歐陽珹遷於舊所城中。乾隆四年，知縣程鵬遠重修。後爲啓聖祠，前大成殿三間，左右東西廡各五間，前爲大成門即戟門，外爲泮池，左名宦祠三楹，迤南忠義祠三間。節孝祠，在縣治西；右鄉賢祠三間。前櫺星門，門外左右坊門如各縣。文昌閣，在穿城門之上。又文昌祠，在縣東十五里高坡山上。魁星樓，在學宮之東。

徽縣

（277）儒學署，在文廟東，中明倫堂，堂西爲忠義祠，堂後爲尊經閣，舊貯書無存，新貯者與州同。後爲教諭宅，西偏爲訓導宅，今改修節孝祠，前有坊，有大門三間。

（279）文廟，在東街鐘樓山下。明洪武七年，知州金堅創建。嘉靖中重修，以後遞修。至乾隆二十六年，知縣李兆錦大加修葺，圍崇聖祠於垣內，引泉水入泮池，左角門（280）外爲名宦祠，右角門外爲鄉賢祠。前櫺星門，門外二坊，其殿廡、戟門規制俱如式。文昌祠，在儒學署東，神殿、獻殿各三間。魁星閣，在南門外山坡上。

兩當縣

（284）儒學署，舊在縣東。洪武間，主簿廖森建。正德十年，知縣高騰移建縣署西古驛舊址，相傳古黃□□也，又有謂驛在城隍廟側者，（285）亦祇數武耳。

（286）文廟，在儒學署東，其規制與各縣同。乾隆二十七年，訓導高仲及紳士等捐資，共修大成殿、臺基及兩廡。文昌祠，《鞏昌志》在文廟內，《縣志》無。魁星閣，《郡縣志》俱無。

陝西省

道光《重修略陽縣志》

道光《重修略陽縣志》，成文出版社有限公司，1970年。

略陽縣

（卷二"建置部·衙署"，131）儒學訓導衙署一座，計房十三間。（132）以上衙署俱在新城。

（卷二"建置部·學校"，139）略陽縣儒學舊治在舊城縣治之西北隅鳳山之麓，係前宋慶曆中所建。元至元十年，縣令李舜臣徙建於舊城。之後以兵燹半歸零落。明洪武四年，知縣常輔重建於鳳麓故址。至正統十三年，江漲湮沒，教諭譚志學即舊基修理。及成化四年，又經水患，知縣李鑒、知事金坡乃移建於舊城之□□□時，掘地得碑，即前元李舜臣徙學故址也。宣（140）德間，改建於舊城之北關。正德十四年，知縣杜介改置舊城縣治之西。萬曆九年，知縣王之臣曾監工修理焉。三十七年，知縣申如塤復改建於鳳山之麓。天啓元年，知縣周延申因水漲復改建於舊城之北。明末，教諭王廷弼又改察院爲儒學，或云王良弼，字當屬傳聞之訛，未知孰是。國朝順治初，殘毀，游擊梁加琦修葺。是時，儒學仍屬教諭。至康熙二十四年，乃改訓導，知縣施有光重修衙署。嗣是，叠經水患，而隨時補葺，尚不至大傾圮。道光七年，水災城圮，學署蕩然，邑令郭熊飛遷建新城。九年，并各衙署一齊落（141）成，計房一十三間。

（卷二"建置部·壇壝"，168）文廟，昔在舊城縣治西，今移建新城縣治東。啓聖祠，昔在舊城文廟後，今移建新城文廟左側。名宦祠，昔在舊城文廟靈星門東，今移建新文廟泮池東。鄉賢祠，昔在舊城文廟靈星門右，今移建新文廟泮池西。（169）忠孝祠，昔在舊城縣治北學宮之左。

節義祠，昔在舊城縣治前高臺之上。忠烈祠，昔在舊城縣治東一里許。魁星閣，昔在舊城縣治北象山之前，雍正五年縣令范昉遷建於高臺。道光二十二年，文昌宮培修既成，乃遷建於鐘鼓樓之左。文昌宮，昔在舊城縣治前高臺上，今仍舊址增修，詳"藝文部"碑記。

嘉慶《安康縣志》

嘉慶《安康縣志》，成文出版社有限公司，1970 年。

安康縣

（卷十"建置考下"，235）文廟舊在崇道街，元知州唐天驥建。明永樂十四年、成化八年、萬曆十一年、國朝康熙三十二年屢被水災，隨加修治。四十五年，漢水又溢，乃遷新城，並置名宦、鄉賢、忠義孝弟、節孝祠於廟側。府學署在舊學宮西，明倫堂在新學宮西。縣學在縣治西。（236）文昌廟，舊在學政行署後，嘉慶十五年知縣王森文改建府城隍廟南。

嘉慶《白河縣志》

嘉慶《白河縣志》，成文出版社有限公司，1976 年。

白河縣

（卷三"建置志·公署"，117）儒學署，明倫堂三間，內房三間，廂房各二間，大門一座，俱係瓦屋，在縣署左。
（卷四"學校志"，119）學校為起化之地，白河於建置之始，文治光昭，棫樸菁莪，於此極盛，以後於明季歷遭兵燹，百年以來文教寢微，未登科第，今志"學校"一卷，"風俗"附焉，誠以士習民風相為表裏，惟望後之官是土者，仰體作人之化而加之意也。《通志》小學在縣治左。明成化十二年，知縣曾暉建。（120）本朝康熙四十七年，知縣徐雲宏、趙宏烈重修。乾隆四十二年，知縣李宗信又修。文廟，在縣城內。乾隆四十二年，知縣李宗信請帑重修，大成殿三間，東廡三間，西廡三間，戟門三間，崇聖祠三間，忠孝祠三間，節義祠三間，名宦、鄉賢各一間，欞星門、牌坊各一座。

光緒《白河縣志》

光緒《白河縣志》，成文出版社有限公司，1969 年。

白河縣

（卷四"建置·衙署"，79）學署，明倫堂三間，內房三間，廂房各二間，大門一座，在縣署左。

（卷五"學校"，93）儒學在縣治左，明成化十二年，知縣曾暉建。國朝康熙四十七年，知縣徐雲宏、趙宏烈修。乾隆四十二年，知縣李宗信請帑重修。大成殿三間、東廡三間、西廡三間、戟門三間、（94）崇聖祠三間、忠孝祠三間、節義祠三間，名宦、鄉賢各一間，欞星門、牌坊各一座。

乾隆《白水縣志》

乾隆《白水縣志》，成文出版社有限公司，1976 年。

白水縣

（卷二"建置志·學校"，108）儒學，在文廟左，肇建於知縣張三同，嗣修於蓋□、韓睿、胡山、王商、劉夢陽。大門三□，□於風雨。乾隆十九年，知縣梁善長重建，門以內爲聚奎坊，坊前爲二門，東西各有廊。順治五年，爲賊所毀，今止存科貢兩題名斷碑耳。碑前爲甬、爲露臺，（109）由臺而升爲明倫堂五楹。雍正六年，署縣事張輅修，中置朱子熹《太極圖說》石刻，堂之東北築臺構亭，貯肅皇帝敬一箴及宋儒諸箴石刻。嘉靖辛卯，署縣事典史劉準修，今倒塌。西北儘垣爲射圃，圃有亭，知縣莊璹建，久廢。堂階下東西故有齋各五楹，次於東齋爲祭庫，次於西齋爲神厨，各二楹，東西各有洞門，東通教諭宅，西則所□以達文廟者，俱久廢。儒學地一十四畝一分五釐，文廟地五畝八分五釐。文昌閣，在儒學南紫微廢署，即布政分司署，知縣劉夢陽建，刑部郎中同州馬樸有記，見"藝文志"。雍正八年，知縣郭楚白移建於把總營門右，舊文昌閣，地二畝，碑存。（110）魁星樓，在儒學東南，知縣毛應詩建，劉夢陽修。乾隆八年，署縣事劉士夫移建於東南城隅，知縣鍾朝朗繼成之，邑進士董獲麟有記。

（卷二"建置志·廟祠"，118）先師孔子廟，在縣署東五十步許。洪武六年，知縣張三同建，自爲碑記，見"藝文志"。宣德十年，知縣張節重修，有教諭田澍碑記。自是而後，繼修者蓋瑗、韓睿、胡山（僉事侯自明撰記，見"藝文志"）、王簡（教諭冀爲珩譔記，見"藝文志"），至劉夢陽而規模備美矣（吏部郎中同州張養才撰記，見"藝文志"）。正室五楹，棟柱皆以柏爲之。順治初，經寇亂就圮。十一年，知縣喻崇修重修。十二年，告成，蔣如瑤爲之立碑，教諭門四闢撰記，見"藝文志"。室下東西爲兩廡各七楹。東廡，康熙十五年，知縣楊奇斌修。西廡，二十四年，知縣劉令貽修。廡前爲廟門（嘉靖九年，詔改稱大成殿爲先師廟，不稱殿。戟門亦曰廟門）三楹，再前爲欞星門三楹。凡廟中匾額、龕幔、檐櫳、窗槅及崇臺、回闌、石橋、泮池、墻垣、屏坊瓴（119）甓、階戺，乾隆十八年，知縣梁善長修飾如制，神主飾以金碧，題曰："大成至聖先師孔子。"

（139）崇聖祠（室有兩廂曰廟，無兩廂曰祠），舊名啓聖祠，三楹，在儒學明倫堂右。嘉靖九年建，專祀孔子父叔梁公（宋真宗時封，□明因之），知縣劉夢陽修。本朝雍正二年，知縣王世爵又修。雍正元年，詔封孔子五（140）代王爵，改啓聖祠爲崇聖祠。名宦祠，在廟門外東，知縣劉夢陽建，劉令貽修，歲春秋丁祭日祀，陳獻如兩廡。（141）鄉賢祠，在廟門外西，劉夢陽建。（142）忠義孝弟祠，在明倫堂階下之東。雍正七年建。節孝祠，在崇聖祠後，雍正七年建。

（卷二"建置志·衙署"，104）教諭署，在明倫堂東，康熙三年員裁廢（□□□入儒學地內）。訓導署，在明倫堂東北，正廳三楹，後宅一所（地畝□入儒學地內）。

道光《褒城縣志》

道光《褒城縣志》，成文出版社有限公司，1969年。

襃城縣

（卷六"城署志"，217）文廟舊處山塢，宋慶曆四年，知縣竇充擇山河堰右得官地一廛，徙建，有碑記。崇寧中，知縣張克獲移於縣署西，有眉山蘇時碑記。乾道中何澳之、慶元中知縣陳彪相繼修理，益宏麗矣，見提舉四川書局艮記。元季，頹廢。明洪武三年，知縣段勉移置城西南隅，教諭居廟後，訓導居廟左。繼是，訓導李均佐及成化初知縣李瓚相繼緝修。歲久復弊。宏治十一年，知縣張表重修，有大學士楊廷和碑記。嘉靖十二年，知縣嚴霜建啓聖祠於明倫（218）堂舊址，移明倫堂於射圃後，未成而去。教諭胡喬請於當道，乃立堂五間，博文、約禮二齋，建尊經閣，浚泮池，工未竣。三十三年，知縣張庚措置木材，選邑人李曉、歐才華、張世勳督工，並修兩廡、名宦、鄉賢祠及戟門，規模煥然。其後，有府照磨馬天馴、知縣萬世謨相嗣修葺。崇禎中，被寇毀。國朝康熙二十四年，知縣雷鬬捐俸重建，有碑記。四十八年，知縣蔣爾庸創建明倫堂。五十七年，訓導李世景復增東西舍屋。乾隆五十年，訓導王巘捐修西書房三間。嘉慶十六年，知縣傅承緗詳請修理。（219）文昌宮，在治南。乾隆二十五年，知縣曹良建。名宦祠、鄉賢祠、忠義祠、節孝祠，（220）右四祠，並在文廟戟門外，左右對列。

民國《寶雞縣志》

民國《寶雞縣志》，成文出版社有限公司，1969年。

寶雞縣

（卷四"學校·學宮"，131）文廟，在治西街宮墻內，櫺星門三楹、戟門三楹、大成殿五楹，殿前東西廡各五楹。建自元泰定四年教諭陳履謙。明洪武九年，縣丞吳彝、訓導郭誠重建。宏治四年，知縣丁瑄重修，邑人吳獻有碑。天啓四年，署令李治重修，邑人楊必達有碑。前清康熙八年，知縣陳肇昌重修，邑人韓煋有碑。乾隆二十一年，知縣董霂重修。光緒十六年，知縣董筆宏重修，於宮墻東西建禮門、義路二坊。（138）崇聖宮三楹，在大成殿後，邑令喬光烈捐買民地創修，邑令董霂、教諭張其泰、訓導王用中重修。（143）第一高等小學校，在城內。民國元年，就儒學廢署改建，大門一座，二門一座，講堂三座，教員室正間，校舍三十五間，操場一所。

（卷七"祠祀"，227）名宦祠，在戟門東。（228）鄉賢祠，在戟門西。（229）忠孝祠，在治西。節孝祠，在治東。（232）文昌祠，在學宮西。一在風匣城；一在閣子底，有碑。（238）奎宿樓二，（239）一在學宮東，先建於明邑令熊汝廉，後建於署令王之佐，教諭李長芳有記；一在城上東南隅，邑令喬光烈建。

光緒《蒲城縣新志》

光緒《蒲城縣新志》，成文出版社有限公司，1970年。

蒲城縣

（卷四"學校志"，159）學宮，在縣署東，見後"聖廟"。教諭署，在縣治東，文廟西偏。訓導署，在縣治南稍西。

（卷五"祠祀志"，169）文廟，在縣治東。唐貞觀時建，舊傳今戟門即正殿，規制狹隘。後周廣順三年，廟與學分，始稍擴之。歷宋元祐、政和、金承安、元至（170）正間，相繼增修。（171）明初，主簿曹則、教諭劉矩重修之。正德七年，令張鎡拓其地，創正殿、戟門、兩廡，甚壯麗，又葺兩掖。嘉靖三年，令楊仲瓊繼之，建明倫堂，刻朱子書易繫辭於壁，置東西齋房及講堂，時教諭宅即在堂西，建號房東西各十間，令李全又建敬一亭於後，藏明世宗所頒敬一箴及程子四箴，重飭講堂、倉庫、宰牲、神廚，制益宏闊，今俱失。萬曆四十六年，令徐吉重修，磚甃廟垣，鑿泮池，設戟門，欞星門外竪翠屏，左右竪石坊，邑人樊東謨建。坊內竪石蹲踞二，邑人李應策建，有記。國朝康熙三年令鄧永芳，四十年令張瀾，乾隆三年令郭芝，道光癸末令光朝奎，光緒癸末令李士愷均重修，各有記。統計周圍宮牆長二百一十六丈，前門琉璃翠屏一座，東西角門各一，欞星門牌坊三楹，戟門（172）三間，大成門三間即戟門，門內東西廡各十二楹，大成殿五楹，明倫堂五間三楹，東西齋房五間，尊經閣二重，上樓房三楹即敬一亭，咸豐時重修。崇聖祠，明嘉靖九年建，名啓聖祠。國朝雍正元年，以向係專祀叔梁公，今合祀五代，易曰崇聖。（174）文昌宮，在縣治西南。嘉慶九年，令曹之升建，外有牌坊、圍牆，大門三間，內奎星樓一座，桂香殿三楹，寢殿三楹。後有聖父聖母（175）祠，規制壯麗，甃砌鞏固。（176）光緒己亥，令楊孝寬集資重修，有記。（178）名宦祠，在文廟大成門左。（179）鄉賢祠，在文廟大成門右。忠孝祠，在縣署東偏稍南。乾隆中，令興泰捐修。（180）節義祠，在縣治南。乾隆中，令沈元煇捐建。

康熙《朝邑縣後志》

康熙《朝邑縣後志》，成文出版社有限公司，1969年。

朝邑縣

（卷二"建置·學校"，99）文廟，在縣治南，始於西漢，歷代因之。先後增葺，詳前志。大殿五間；東西廡各十三間；戟門三間，在大殿前；櫺星門三間，在戟門前；泮池，在櫺星門外。明萬曆間，知縣郭實開創。國朝順治十年，知縣王承庚從形家言，謂納污弗吉，改門內。康熙二十一年，知縣陳昌言以狹隘，仍改門外，制頗闊大。南緣城起蹬道，立螭頭，雙表曰"雲路"，象丹梯云。德配天地坊，道冠古今坊，列東西衢，舊依宮牆，僅橫板額，無以聳觀。康熙五十年，知縣王兆鰲捐俸鼎建。啓聖祠三間，在大殿東北；名宦祠，在戟門外西向；鄉賢祠，在戟門外東向；尊經閣，當東西通衢，砌磚為洞以便行人，而上架以閣；明倫堂五間，在尊經閣前，歲久剝落。康熙四十八年，知縣王兆鰲捐俸重修，並鐫御製訓飭士子文碑，竪諸堂左；博文、約禮二齋，在明（100）倫堂左右，今圮；敬一亭，三間，在啓聖祠前，貯明肅皇及先儒諸箴石刻；射圃、觀德亭，在戟門東，久廢。儒學，在文廟西，大門三門，西向。教諭署在儒學門內；訓導署在教諭署西，俱南向。

（卷二"建置·祠廟"，103）文昌閣，在城東南里許。康熙二十七年六月，遭回祿，焦土可憐。至四十六年，知縣王兆鰲重建，規制巍煥，更倍於前，有記。（104）魁星樓，在邑東南隅城上，舊有□，康熙五十年知縣王兆鰲易以樓。

康熙《城固縣志》

康熙《城固縣志》，成文出版社有限公司，1969年。

城固縣

（卷一"輿地·學宮"，79）先師廟，舊稱大成殿，在縣治東。儒學，宋崇寧二年，改昔在巽方者建於東之南，廣九十步，袤一百二十步，中爲大成殿，前列兩廡，前戟門外名宦、鄉賢二祠，中爲泮池。又外，東禮門，西義路。其（80）南向係民居。明嘉靖初，以生員夏正請開道，通大東街，從之，立黌宮正路坊，廟之西爲舊學巷口，有學舍十一間，碑載本府儀門。嘉靖四十五年，令楊守正力爲整飭。萬曆癸酉、乙酉，令喬起鳳、劉克義相繼修理，後遭寇圮毀。本朝康熙戊辰，令胡一俊經營完美。康熙丙申，署令王穆復建。啓聖祠，在文廟北，明嘉靖中奉旨新建。四十三年，令楊永茂以其逼□，改移三十步，工未竟。次年，令楊守正成之，增祭器房六間於祠前之左、右。（81）尊經閣，向在文廟後，久廢。明萬曆中，邑紳趙名弼重修，又廢。本朝順治六年，推官衣璟如署事重修。康熙二十四年，學宮門毀，縣令胡一俊修葺文廟，棧板悉易以磚，朽敗得堅固矣。明倫堂三間，在文廟西。（100）啓聖公祠，在文廟東北。嘉靖九年，詔天下並祀啓聖公叔梁紇，舊王爵，今稱公。（102）文昌祠，向在文廟東。嘉靖四十五年，令楊守正移西南十五步。萬曆乙酉冬，令劉克義重建。本朝康熙十年，邑紳李可喬捐修獻殿。魁星樓，向在文廟東南隅。明崇禎六年，令梁州杰移建東城上。（103）名宦祠，在文廟東。鄉賢祠，在文廟西。

（卷一"輿地·公署"，69）射圃，在文廟東。嘉靖四十五年，令楊守正築建層臺爲射圃，立觀德亭，今爲文昌祠。（70）儒學教諭、訓導兩署，俱廢，賃民房而居。

《城固縣鄉土志》

《城固縣鄉土志》，成文出版社有限公司，1969年。

城固縣

（"地理"，41）魁星樓，向在文廟東南隅。明崇禎六年，令梁州杰移建於東城上，毀於同治之亂，後經修葺如前。

民國《澄城縣附志》

民國《澄城縣附志》，成文出版社有限公司，1969年。

澄城縣

（卷二"建置·祠廟"，54）文廟，在城東北隅，北門內街左側。計大成殿五楹，東西廡各七楹，戟門三楹，柱以石為之。欞星門三楹，泮池在戟門前。清道光二十九年，知縣金玉麟勸邑中書連江重修孝子祠、名宦祠三楹於學宮泮池左，節婦祠、鄉賢祠三楹於泮池右。啓聖祠三楹，在文廟後東側。魁星樓，在東南隅城上，民國十四年重修。文昌閣，在城隍廟西，舊學宮廢址。明萬曆四十八年建。明忠烈祠附文昌廟左。

乾隆《淳化縣志》

乾隆《淳化縣志》，成文出版社有限公司，1976年。

淳化縣

（卷十一"學校志"，209）宋淳化縣學，《舊志》儒學有宋大觀二年八行八刑碑。元淳化縣學，《縣冊》元儒學在縣南。明淳化縣學，《舊志》明洪武二十年，遷儒學於縣東南，面城。嘉靖三年，按察司副使何天衢行縣，以逼南城下，命署縣事縣丞畢經復移（210）置今地，有碑記。

大成殿。明《州志》先師廟有兩廡、戟門、欞星門。《舊志》文廟大成殿，明萬曆中，知縣李朝忠修。本朝康熙十一年，知縣文秉濂重修，有碑記。啓聖祠，《舊志》在文廟西北，康熙十一年，知縣文秉濂修。四十年，知縣張如錦重修，有記。名宦祠，明《州志》在欞星門外，東向，享祀五位，漢雲陽令王吉、宋知淳（211）化縣張安祖、金淳化令梁襄、明淳化縣知縣劉玉、縣丞畢經。《舊志》明隆慶四年，署縣事布政司理問童思善創建。國朝康熙二十五年，知縣張綸重修，增祀唐雲陽縣丞王播、雲陽縣尉韓皋元、縣令艾元老、明知縣郭儒、歐陽煖、教諭耿文璿、潘天民。亮吉按，明《州志》名宦祠有縣丞畢經，蓋因嘉靖三年移建儒學之績，今《縣册》及《舊志》皆無之，或明萬曆後及國朝所撤去也。鄉賢祠，明《州志》在欞星門外，東向，享祀五位，漢丞相黃霸、明金華府同知張景芳、刑科給事中趙信、交趾當道知縣第五寧、絳州（212）同知賈貫。《舊志》均隆慶四年童思善創建。國朝康熙二十五年，知縣張綸重修，增祀漢大司徒宣秉、明知州羅楫、知縣關貴、袁譚、布政使司賈克忠。按明《邠州志》鄉賢有明同知張景芳、給事中趙信、知縣第五寧、同知賈貫，無漢司徒宣秉，今所祀考係明崇正中更定。如名宦中唐王播、元艾元老，鄉賢中漢宣秉皆須考正。明畢、張、趙、賈、第五諸君撤去，未知何據。又國朝名宦如趙賓、文秉濂，先後請豁荒糧有功地方，鄉賢如明羅廷綉創修志乘，國朝姚開先殉節蜀中，久宜從祀，皆尚有待。（213）明倫堂，《舊志》明萬曆中，知縣李朝忠修，署縣事西安府通判白鋐重修，皆有碑記。本朝康熙二十五年，知縣張綸重修，堂上有遷學碑記、宸瀚碑記。乾隆三十五年，學博荀宏德同諸生捐貲重修東西廡、戟門、欞星門。《舊志》康熙二十五年，知縣張綸重修，有碑記。祭器庫、（214）書籍庫、（218）桂林坊。《舊志》臨街，面東。按明萬曆中，知縣歐陽煖、教諭孫友以大門庫下，風脈不利，特命工築高數倍。魁星樓，《舊志》在大門外。教諭公廨，《舊志》文廟後，見存房舍十餘楹，今分前後二院，爲教諭、訓導（219）衙署。訓導公廨，《縣册》在教諭公廨後。

（卷九"祠廟志"，151）文昌閣，《舊志》在城東南角，因山爲臺而立。明萬曆中，知縣歐陽煖以山城形勝，巽位卑遜，創建以補風脈，有碑記僕地，文斷滅莫辨。國朝順治十二年，知縣張邦佐重修。

民國《續修大荔縣舊志存稿》

民國《續修大荔縣舊志存稿》，成文出版社有限公司，1970年。

大荔縣

（卷六"祠祀志"，93）文廟，光緒三十一年，大成殿忽毀於火，榱桷檐楹盡成灰燼。三十二年，府縣官暨邑紳會議，勸富室趙劉氏慨捐白金八千兩，大啟規模，較舊造倍增崇煥。工竣，知府英琦爲文，勒碑記其事。崇聖祠，光緒三十二年，因年久牆屋坍毀，官紳於修大成殿外，勸富室趙劉氏續捐千金，葺補完好。名宦祠，光緒三十二年官紳於修大成殿款內撥用重修。鄉賢祠，光緒三十二年官紳與（94）大成殿一例重修，《周志》於舊祀名宦三十三人外，鄉賢舊祀二十一人外，擬各補遺漏，繼起諸賢，各著其實德，惜迄未實舉，此回重修，方擬增位補祀，而世變日亟，匆匆未遑。文昌祠，亦於光緒三十二年官紳重修。忠孝孝悌祠，在學宮西。《周志》記，同治八年重修。

民國《大荔縣新志存稿》

民國《大荔縣新志存稿》，成文出版社有限公司，1970 年。

大荔縣

（卷七"祠祀志"，519）文廟，在府治東南，歷代修葺。清光緒三十二年，因火災，富室趙捐金八千兩重修，培增崇煥。不數年，兵事作，軍人取其閎敞，累駐於中，祠宇、木主均遭破壞。民國二十年九月，陝西省主席楊佈告，禁軍人占駐孔廟，倘故違禁令，立予嚴懲。二十一年六月，國府電令各省嚴禁軍隊駐扎孔廟，加意珍護。大荔爲左輔首區，已藉兩廡設孔廟小學，雖祀典未墜，而聖賢木主全無建置，古迹俱廢，諸生何以爲仰企感發恢復道德之本。謹詳志典制，以待將來云。（523）建設規模：廟南向，泮池最南，池上圍以玲瓏甓牆，池北宮牆全紅色，左右門，東額題德配天地、西額道貫古今，門外各立下馬石牌。次欞星門三間，中高大，冠以牌樓，大書金色"文廟"二字。次戟門三間，東西又（524）各房七間。內一間，門東三間，祀名宦；西三間，祀鄉賢，餘東神廚、西神庫。次兩廡，東西各十一間，祀先賢、先儒。次正中樂臺，三面石欄，南中陛禁地，臺左右階，致祭由之，臺下甬道東燎爐一。上爲大成殿七間，規模閎壯，清末升孔爲大祀，瓦制例改黃色，同州尚仍綠。後兩偏門，東曰禮門，西曰義路。次明倫堂五間，兩翼各房三間。次碑亭三間，最後尊經閣五間，樓高與大成殿埒。（525）崇聖祠，在孔廟左，祀孔子先五代，追封王爵，今爲瓦礫場。文昌祠，在崇聖祠左，軍興破壞。

（卷四"土地志·衙署"，466）教育局，地址係舊府縣四儒學署。民國初年，名學務局，旋改爲勸學所。至十三年，復改爲教育局，今仍之。局內附有教育會。建設局，民國十七年，奉令成立，在東街節孝祠內。二十二年，裁局併科，僅設助理員一人。

光緒《定遠廳志》

光緒《定遠廳志》，成文出版社有限公司，1969 年。

定遠廳

（卷九"學校志·學宮"，360）定遠廳學，在廳治南鰲頭石左，黑虎梁右，後枕紅巖寨，前封土埡奎樓，中爲大成殿。（361）殿之兩旁爲東西廡，殿前爲月臺，爲牌樓，樓前爲戟門，門外左爲祭器庫，右爲樂器庫，又前爲欞星門，門外爲泮池、爲宮墻，左曰禮門，右曰義路，各樹下馬牌於門首，後爲崇聖祠，殿之左爲尊經閣，閣後爲名宦祠，殿之右爲文昌宮，宮前爲奎星樓，樓前爲明倫堂，堂左右樹臥碑六座，其旁爲昭忠祠，禮門前爲訓導署（道光元年，由西鄉縣分設）。

光緒《鳳縣志》

光緒《鳳縣志》，成文出版社有限公司，1969 年。

鳳縣

（卷二"建置·學校"，115）儒學署故址，在縣城東半里，元末廢。明洪武四年，知縣王畿建。正統九年，參政孫毓、副使莊觀重修。天順六年知縣馬杰、洪武十三年知縣寧浩、嘉靖十四年副使劉彭年歷爲修葺。明末毀。順治初，訓導黃御衮改修儒學署，東西皆逼民居。明倫堂在文廟東，已毀，康熙十四年，知縣高光斗移建於文廟後，原基遂爲營署占。乾隆三十三年，知縣呂兆鱉、訓導陳建賢重修。歷年傾圮，明倫堂石碑猶存，訓導借居書院。

（卷四"典祀·祠廟"，157）文廟，在縣治東。明洪武四年，知縣王畿建。崇禎末，毀於兵。國朝康熙四十三年，知縣高斗光續修，日久圮頹。乾隆二十五年，知縣王廷鈞建戟門並三祠。嘉慶十七年，邑紳重加修葺。同治十二年，知縣郭建本重修。內正中大成殿，兩旁東西廡，前爲戟門，門之東爲名宦祠，西爲鄉賢祠，前爲泮池，又前欞（158）星門，周圍宮墻，左禮門、右義路，其外立"文武官員至此下馬石"。（168）忠孝祠，前附儒學署內。節義祠，東月城內。雍正七年建，今廢，現移太白廟內。（170）文昌宮，在治城東門內道南，始建無考，正殿三間，獻殿三間，後殿三間。（172）魁星閣，在治南山城上。光緒十四年，知縣朱子春重修。魁星樓，在治外巽方。光緒三年，旱荒，爲鄉人圻毀。

民國《佛坪縣志》

民國《佛坪縣志》，成文出版社有限公司，1969 年。

佛坪縣

（卷上"建置志"，24）訓導署，在迎秀書院西，咸豐二年建，時同知李夢愚始請設學也。（26）文廟，舊在城東南隅，同知景梁曾建，後傾圮。道光十八年，署同知潘政舉改建城東北隅，工未竣，罷去。至道光二十六年，署同知朱念祖始□成，有記。（28）文昌祠，在迎秀書院內。道光二十九年，同知李孟愚建。光緒九年，同知劉煥重修。

嘉慶《扶風縣志》

嘉慶《扶風縣志》，成文出版社有限公司，1970 年。

扶風縣

（卷五"城廨"，100）儒學，在聖廟東，爲大門，爲二門，爲明倫堂，東爲博文齋（久廢），西爲約禮齋（久廢），並明洪武四年，主簿張一初建。厥後，知縣盧恕、張誧、張京續有修葺。崇禎間，知縣宋之杰重建明倫堂。國朝順治三年，賀寇盡毀，訓導馮明世重建大門、二門，教諭李永茂重建明倫堂，舊有尊經閣、社圃、膳堂、東西號房（並久廢）。又有敬一亭，在教諭宅後，亦圮（有明嘉靖間敬一箴碑尚存）。今嘉慶十二年，教諭石常泰重建尊經閣於宅堂後（有碑記存）。教諭宅在明倫堂後，訓導宅在聖廟西（即舊布政司，後併入鳳泉驛，故址也。舊宅在明倫堂東，今併入教諭宅。有康熙四十六年知縣毛士儲建碑，乾隆二十六年知縣王世寵重修碑）。

（卷六"祠祀"，109）聖廟，在東街北，爲大門，爲欞星門，爲戟門，爲大成殿，爲兩廡。《舊志》云，建廟年代無考。唐大曆二年，尉袁弁修，尚書駕部郎中程浩有記。（110）宋皇祐元年，知縣王宗元修。元延祐五年，知縣張廷祐重修。明知縣宋□、（111）盧恕、孫昌、楊洞、王祈禎相繼重修。嘉靖十一年，知縣楊瞻建啓聖祠於廟西。萬曆四十三年，知縣楊策移建廟後。萬曆四十一年，知縣馬政和始建泮池，廟故有神厨、神庫、祭器、籩豆，明季並爲寇毀。國朝，知縣史起貞、毛士儲、唐宣文並重修，增建木坊於泮池上。（114）名宦祠，舊在飛鳳山，在戟門左。鄉賢祠，舊在飛鳳山，在戟門右。（115）文昌廟，在聖廟東，舊楊公祠址也。乾隆三十四年，知縣劉思（116）問改建，仍建楊公祠、忠孝祠焉。後即其前楹爲賓館，俗稱二公館。嘉慶二十年，宋世犖倡議，勸紳士移賓館於察院（即大公館）之西，建文昌、啓聖祠於廟後，附忠孝祠於前殿之東，附曹大家祠於前殿之西，又建前一層三楹、兩廊十四楹爲義學，建魁星閣於大門樓上。舊文昌閣，在城東南隅敵樓上，上爲魁星樓（舊在飛鳳山，順治十三年，知縣金文舉修，有碑。康熙五十六年，知縣丁腹松重修。嘉慶十五年，邑人劉世瑞等重修）。（122）忠孝祠，舊在聖廟後，今移附文昌廟前楹。節義祠，在縣西街北，《舊志》與忠孝祠並云雍正九年知縣張夔度修。

光緒《扶風縣鄉土志》

光緒《扶風縣鄉土志》，成文出版社有限公司，1969年。

扶風縣

（卷三"祠廟篇"，106）聖廟在東街北，《舊志》云，建廟年代無考。唐大曆二年，尉袁弁修，尚書駕部郎中程浩有記。（107）宋皇祐元年，知縣王宗元修。元延祐五年，知縣張廷祐重修，明知縣宋端、盧恕、孫昌、楊洞、王祈禎相繼重修。嘉靖十一年，知縣楊瞻建啓聖祠於廟西。萬曆四十三年，知縣楊策移建廟後。萬曆四十一年，知縣馬政和始建泮池。廟故有神厨、神庫、祭器、籩豆，明季並爲寇毀。國朝知縣史貞、毛士儲、唐宣文並重修，增建木坊於泮池上。（109）明宣德六年知縣宋端、萬曆辛巳邑人孫代、國朝順治三年知縣崔永祉、康熙十年知縣張寅恭等、二十七年知縣史起貞、四十六年知縣毛士儲、乾隆二十一年知縣唐宣文、五十九年知縣王□、嘉慶二十一年知縣宋世犖歷經重修，各碑在戟門外及文昌宮。

名宦祠，舊在飛鳳山，在戟門左。（110）鄉賢祠，舊在飛鳳山，在戟門右。（111）文昌廟，在聖廟東，舊楊公祠址也。乾隆三十四年，知縣劉思問改建，仍建楊公祠、忠孝祠焉，後即其前楹爲賓館，俗稱二公館。嘉慶二十年，宋世犖倡議，勸紳士移賓館於察院（即大公館）之西，建文昌啓聖祠於廟後，附忠孝祠於前殿之東，附曹大家祠於前殿之西，又建前一層三楹、兩廊十四楹爲義學，建魁星閣於大門樓上。（112）舊文昌閣，在城南南隅敵樓上，上爲魁星樓，舊在飛鳳山，順治十三年，知縣金文舉修，有碑。康熙五十六年，知縣丁腹松重修。嘉慶十五年，邑人劉世瑞等重修。（116）忠孝祠，舊在聖廟後，今移附文昌廟前楹。節義祠，在縣西街北。

乾隆《府谷縣志》

乾隆《府谷縣志》，成文出版社有限公司，1970年。

府谷縣

（卷一"學校"，37）明倫堂，在文廟後。

（卷一"祠祀"，41）文廟，在縣治南，正殿五間，東西廡各五間，前爲戟門，門前爲泮池，跨以石橋，橋前爲欞星門，門上爲大牌樓，東西角門各一。明洪武十四年，知縣齊翔建。天順五年知縣秦絃、成化十二年知縣賀昭修，訓導都仲良記。十六年知縣田璋、嘉靖十九年知縣柳聯芳、萬曆十四年知縣范學顏相繼修。本朝順治八年知縣魏震、十四年知縣龔榮遇創修，舉人劉無邪記。康熙五年知縣楊許玉、二十四年知縣徐（42）恒繼修（《省志》）。乾隆三年，知縣劉度昭領帑銀一千二百兩，殿廡、門墻更新，崇聖祠、廡及明倫堂、齋舍俱創建，共四十二楹。乾隆三十四年，兩廡傾圮甚，有黃甫武生鄧志敏者慨然獨任，呈請拆修，煥然一新。四十七年，知縣麟書令新進文武生員捐修，金粧大成殿萬世師表之額，彩畫廊檐、油飾格扇與新修魁星樓媲美焉。崇聖祠，三間。東西廡各一間，在明倫東。名宦祠，一間，在戟門外東偏，祀明知縣秦紘、劉源（43），本朝知縣王緝修。忠孝祠，二間，在戟門外，鄉賢祠西。乾隆七年，劉孔昭建，祀宋麟府路都監張岊、朱昭明、知縣在籍靖節蘇萬九、生員靖節高運馨、高運熙（二祠內所遺尚多，現□詳入）、明楊繼禮、徐光祚、本朝孝子蘇藩，俱有傳。鄉賢祠，一間，在戟門外西偏。祀明長史李夢桂、成都經歷劉塘、黔江知縣李公翰。節孝祠，三間，在明倫堂西偏。雍正六年，周會賢建。（44）文昌祠，三間，在明倫堂西偏。乾隆五年，知縣劉度昭建。魁星樓，在城隍廟南。乾隆四十七年，知縣麟書令新進文武生員捐資修建，移造於文廟東南，取諸秀起東南之意耳。明倫堂五間，東西兩齋舍各五間。

（卷一"公署"，34）教諭訓導，舊無公廨□□倫堂，東西齋舍□□□。五年，知縣鄭居中勸捐，將大成殿墻東更衣所改拆，建正房三間，書房二間，門斗房一間，爲訓導宅。

光緒《富平縣志稿》

光緒《富平縣志稿》，成文出版社有限公司，1969年。

富平縣

（卷二"建置志·壇廟"，177）文廟，在治署左，面中街，屏儒學。明洪武三年，主簿陳忠信創建，暨九年縣丞芮弼、天順三年知縣王杰、宏治五年陳潤、正德六年劉藻所增修者，均圮於嘉靖乙卯。迨隆慶七年，知縣史燦、縣丞李果始重建。萬曆八年，知縣劉兌、邑鴻臚李盡心更正殿五楹，壁以磚，增兩廡楹各九，戟、星各三，有邑恭介孫（178）公二記。(181)崇禎十年，知縣賈太初新之。十二年，訓導姜輝、邑中丞朱國棟重構正殿，創泮池。國朝順治十八年知縣鄭昆璧，康熙十九年郭傳芳，五十二年（182）楊勤皆仍舊址重修，田時震有記云。（183）乾隆元年，知縣喬履信補築月臺、泮池、石欄。十一年，程永言增葺殿廡（184），生員翟機任築宮墻。及咸豐建元，歲久就圮，知縣李煒復修如法。同治十二年，知縣宋烷葺堊焉。崇聖祠，在廟北尊經閣後。明嘉靖九年建，名啓聖祠，專祀叔梁公。國朝雍正元年，更定合祀五代，易曰"崇聖"，與文廟同時致祭。桂林坊三楹，在文廟正殿後。乾隆二年，知縣喬履信重修。明倫堂五楹，在桂林坊內，知縣楊勤重修。左右齋房各五間（185），明成化中，知縣張本創修。尊經閣三楹，在明倫堂後，嘉靖中知縣胡山建。康熙三十九年，知縣劉燦重修。乾隆二十三年，訓導王宰重修。魁星樓，在文廟後，明知縣劉兌增修。本朝康熙元年，知縣鄭昆璧重修。名宦祠，在戟門左，祀明巡撫崔應麟、學政葉映榴、知縣劉兌、焦承光、侯來詔、王正志、宋日就、縣丞芮弼、邑孝廉劉士龍，有邑侯劉、焦、王三公崇祀名宦祠記云。（187）鄉賢祠，在戟門右。（188）忠孝祠，在泮池東側。雍正元年建，祀本地忠臣、義士、孝子、悌弟、順孫。（189）節孝祠，在文廟東，鐘樓北，祀節孝婦女。雍正元年創建，在治署北。乾隆十八年，知縣李世垣移建於此。《會典》：文廟左右建名宦、鄉賢、忠義孝弟、節孝四祠。（193）文昌廟，舊在明倫堂奎星樓前。嘉慶十三年，知縣胡晉康就北街王公正志廢祠改建。光緒元年，知縣宋犺重修，按部頒祀期，以春秋仲月及二月三日通禮同日祭，後殿行禮，與關帝廟同。

嘉靖《高陵縣志》

嘉靖《高陵縣志》，成文出版社有限公司，1976年。

高陵縣

（卷一"建置志"，59）儒學，在東街西偏，南面。漢唐之制不詳。宋哲宗紹聖元年，縣令革創建，縣尉柔嘉撰記。（60）崇寧四年，縣令棟奉詔重修，棟自撰記。大觀三年五月，知縣瓛奉敕建御製八行八刑條碑。（63）然廟毀於金兵。元中統二年，權縣丞張鼎更建。明興，建文間，詔罷北方，學校遂廢。永樂間始復之。至景泰後，歷知縣錦、琦、杰皆增修之略備。弘治初，知縣讓重修，知縣安爲撰記。（64）敬一亭三楹，在明倫堂之後，南面。嘉靖十年，知縣剛建。明倫堂五楹，二齋皆五楹，儀門三楹，爲教諭高先生僑所建。大門直達東街，然止一楹，其西有坊，曰"育賢"，今廢。訓導之第，在儀門之外東，西面。教諭第，在堂後，南面。內號在其後，迤東外號及饌堂，在文廟神廚之東，射圃在神廚東北，東面。學庫在東齋之南，司吏無房借之以居。於是，禮器典囗（65）多散逸，至學倉則又借東廡之南餘（即折屬戟門處）。嘉靖四年，知縣興仁以學門卑狹，乃買民地，令醫官郝九皋督工築，崇其基，建門三楹，又移明倫堂於西北丈餘，及兩齋皆改建之，名宦、鄉賢則南移三丈，共六楹一門；乃遷北向、西向之號舍十有二間於東北，即射圃地，以遠民舍。又建進士題名石於明倫堂側，提學副使蘭溪唐龍撰記。

（卷二"祠廟志"，73）文廟，在儒學之左，南面。宋紹聖元年，縣令革創建。崇寧四年，縣令棟奉詔重修，然皆毀於金兵。元中統二年，權縣丞鼎罄產更建，宜川王處厚撰記，鼎亦自為之記。（74）明興，歷知縣錦、琦、杰、讓增拓文飾則略具矣。大成殿五楹，戟門三楹，東西廡皆七楹，序袤四十步，櫺星門直達東街。琦建廟時，前禮部侍郎林學士東魯邵彬撰記。（75）弘治六年，知縣舟改建櫺星門，壯麗倍昔，神庫仍借西廡之南餘，神廚在東序之東南，北向；宰牲房在其北，後廢，多借宰於觀德堂，至知縣興仁皆重釐改修，兩序之基皆用磚甃。（76）啟聖祠，在東廡之東，南面，三楹，嘉靖十年建。（80）名宦、鄉賢祠，在文廟之東，南面。弘治間，知縣璜以提學王先生雲鳳學規改梓潼君祠為鄉賢祠，然止一楹，而梓潼君像猶存焉。正德十三年，知縣清乃合文昌、名宦、鄉賢為一宇三室，建於舊祠東北，中文昌星石主，東名宦祠，（81）西鄉賢祠。至知縣興仁又移二祠於南三丈，共六楹。

光緒《高陵縣續志》

光緒《高陵縣續志》，成文出版社有限公司，1969年。

高陵縣

（卷二"祠廟志"，87）文廟，在儒學左，南面，始建見《呂志》。明萬曆四十一年，知縣趙天賜重修，三原韓文煥撰記，碑剝蝕不完。崇貞三年，知縣劉恕新之，邑人楊維新撰記。九年，知縣陳道蘊重修。國朝順治十年，知縣王元捷重修大成殿七間。十八年，署知縣滕元鼎、知縣劉顯修諸祠閣，並建號（88）齋，邑人李原茂捐貲，董事魚飛漢撰記。（89）康熙十九年，知縣張都重修，自撰記。五十八年，知縣熊士伯重修櫺星門。同治元年，回變，廟巋然存。六年知縣陸坤，十年知縣洪敬夫均修葺。光緒七年，知縣程侯維雍補植柏株。神（90）庫、廚久廢。崇聖祠，原曰啟聖，專祀叔梁公，始建見《呂志》《樊志》。國朝順治十八年，知縣沈永令重建。雍正元年，奉旨封先師五代於祠合祀，易曰崇聖，回變毀。（94）名宦、鄉賢祠，始建見《呂志》。明萬曆三十七年，知縣宋名儒移建名宦祠於聖廟東南、鄉賢祠於聖廟西偏，各三楹。（97）文昌宮，在文廟東北，始建未詳。回變毀。同治十二年，知縣洪敬夫（98）移建於東南，後殿三楹，正殿三楹，大門一楹。忠孝祠，在明倫堂西，南面。《樊志》，雍正元年奉旨建。節義祠，在縣治東偏，南面。《樊志》，雍正元年奉旨建。節孝祠，在儒學之南，東面。

乾隆《韓城縣志》

乾隆《韓城縣志》，成文出版社有限公司，1976年。

韓城縣

（卷二"學校"，96）《舊志》明倫堂五間，東西為齋，齋亦各五間。明倫堂北為敬一亭，南為先師廟，東西為廡，廡各一十三間，前為廟門，又前為欞星門。廟之堧，東有牲舍、神厨，俱兌向，厨舍之南為名宦祠（97），則離向。環廟為路，東曰由仁，西曰行義，皆師儒日所蹈，門皆扁曰"儒學行義"，路之西為鄉賢祠，北為啟聖宮。由仁路之東為射圃亭，北為文昌祠。教諭宅一，在明倫堂左。訓導宅二，一在文昌祠東少南；一在啟聖宮西。廟學之前，東有聖域坊，西有賢關坊，南有屏壁三。學宮初參錯民居而迫隘，堪輿家嘆之。邑民楊福厚以五十金易院二區而廣西南，程愛以地五畝而擴東北，學基用是始成正大。《續志》，學宮重修於天啟甲子，為廣文黃岡王一桂。載修於順治丙戌，為廣文朗陵彭沖霄。又修於康熙己未，為邑令三韓王廷選。《通志》，學宮，在縣治東。洪武四年，知縣周吉誠重建。天順五（98）年，知縣王鼎修，河東薛瑄記。成化十八年，知縣吳雄重修，邑人王盛記。嘉靖二年，知縣鄭鉞增修，唐龍有記。萬曆十三年，知縣馬攀龍、戴章甫繼修，邑人張士佩記之。尊經閣，在明倫堂後。宏治庚戌夏，縣令陳留楊遇春建□□，泰和胡匡作上梁文。

（卷二"廨署"，92）教諭廨，在儒學敬一亭前。（93）訓導廨，在敬一亭右。

民國《韓城縣續志》

民國《韓城縣續志》，成文出版社有限公司，1976 年。

韓城縣

（卷一"圖表·學宮圖"，24）學宮，在縣治東門內，學巷街北，南爲文廟，廟東爲牲舍、神厨，舊有宅舍，今已傾圮。南爲名宦祠。環廟東西北皆通道，東有居仁坊，即居仁路；西有由義坊，即由義路。廟北爲明倫堂，其後有高閣顏曰"尊經閣"。其西倉聖、崇聖二祠，今設初級小校焉。明倫堂東即舊日教諭官廨，其後有廳事，即舊日敬一亭，入民國曾假其址設女校焉，今自治會暫設會場於其內；又東爲文昌帝君祠，祠之東爲舊訓導宅，南爲舊射圃亭，今并改設勸業所及農會焉。

乾隆《郃陽縣全志》

乾隆《郃陽縣全志》，成文出版社有限公司，1970 年。

郃陽縣

（卷一"建置"，76）教諭署，在儒學明倫堂東南。（77）訓導署，即在教諭署西，二署創建無考。乾隆三十三年，今知縣席君奉乾倡修。（83）文廟，在縣署東南。宋元祐間，知縣李百祿建，有記，見"儒學"，係時彥撰者，石刻尚存，非張價撰明矣。《新志》云，明洪武二年，知縣徐原復建，蓋元末已圮也。正德七年，張綸以其逼於民居，擴之。嘉靖時，宋奎、王納策先後相繼新之。廟之後有堊，隆慶時，葉夢熊實之。萬曆三十八年，劉應卜以門外（84）大坊相壓，左右二坊在脅，移之，邑紳范副使燧以泮池、尊經閣未修，捐宅基易地以增之。崇正元年，修泮池者，陳箴也。十年，修啓聖祠者，范志懋也。大清之初，復其舊於兵燹之餘者，莊曾明也（順治六年）。重修啓聖祠、尊經閣者，攝篆咸寧縣丞郭傳芳也（康熙七年）。櫽飾□新之，而又增置庖湢者，教諭葛秀文也（十七年）。自正德以□，俱有記。而宏治九年，知縣趙維藩鑄銅爲祭器六百二十有九，亦有記。予履任於康熙四十一年，謁先聖廟，廟貌巍然，乃前令修未久。前令者□□□（85）三十四年，經營三載，工始訖，功不在前數公下。大□□檻廣得引之半三分，其廣以爲崇，擬其崇以爲修。壿二□有三尺，兩廡各十檻，南北不及引二尺四分，引之三爲□。東西內門去壿引有一尋一尺，夾陳松柏毳毳，門外左□曹全碑，南四分引之三泮池，池從三尋有一尺，衡倍從□三尺。欄石橋石，南至櫺星門三尋，門外大坊相去五尋□一尺，東西二坊列岐旁，塗聖丹雘無損。獨啓聖祠將傾，予構而新之。祠在至聖殿東北。名宦、鄉賢二祠在外門內。隆慶時，縣丞葉夢熊建也。（88）雍正七年，修廟學者知縣朱閑聖。乾隆三十二年重修者，今知縣席君奉乾。啓聖祠，在文廟東。唐貞觀時建，重修者已詳見"文廟"。名宦祠，在文廟戟門左，古今入祠者七人。（89）鄉賢祠，在戟門右，古今入祠者十有六人。（90）卜子祠，在學宮南，即舊常平倉址也。明崇正九年，知縣范志懋建。（92）魁星樓，在城上東南隅，已見前。文昌祠，在縣治西北。明隆慶時，知縣李希松建。萬曆四十六年，知縣盧一麟修，有記，錦衣衛指揮同知楊汝堂撰。（93）國朝順治十年，知縣葉子循重修。康熙間，張太□□□邑人復修之，知縣錢萬選記。忠孝祠，在文廟西。節義祠，在城東門內，南向。雍正六年，與忠孝祠俱奉旨建。

（97）儒學在文廟北，宋元祐間，知縣李百祿建，□武時彥記。（99）□□者俱見文廟，蓋廟在前，學在後，修則俱修也。其□□□已□廟之櫺星門內，即爲學之泮池。泮之北爲戟門，□門之內爲東西廡，其正北爲大成殿，廟制止此。殿前左右旁門至殿後爲學東西齋。明倫堂建於正北，與殿直，堂後爲敬一亭。亭後爲尊經閣，閣後有折桂臺，學制止此。《新志》學統於廟，因其制耳。然廟與學异，故余仍從《舊志》分焉，而先廟後學，則又與《舊志》不同□，而於《新志》之義有合也。

民國《橫山縣志》

民國《橫山縣志》，成文出版社有限公司，1970 年。

橫山縣

（卷二"建置志·祠祀"，119）孔廟，在縣城東門內。清乾隆十年，蘇其焰建。三十年，胡紹祖重修。光緒十年，汪國勳捐修。民國十一年，劉濟南復修，均有碑記。（120）節孝祠，舊在波羅堡。道光年，移建縣城書院西旁，今傾廢。尊經閣，縣城孔廟西側，乾隆十年建。文昌宮，縣城舊儒學署東側，各堡俱祀。奎星樓，在縣城東門外，今傾，五堡俱有。

嘉慶《葭州志》

嘉慶《葭州志》，成文出版社有限公司，1969年。

葭州

（"建築志第三·壇廟"，61）文昌閣，一在城南文廟東南，康熙中知州姚孔鎧創建；一在北城揚武門上。魁星閣，在南城文廟西南。康熙中，知縣姚孔鎧建。

（"學校志地六·學校"，119）學廟，在南城西南街，北爲欞星門、爲泮池、爲戟門、爲兩廡、爲大成殿、爲崇聖祠，在明倫堂東偏；爲節婦祠，在明倫堂西偏；爲名宦祠、孝子祠，在戟門東偏；爲鄉賢祠，在戟門外西偏；爲文昌閣，在欞星門東偏；（120）爲魁星閣，在欞星門西偏。乾隆四十九年，知州金之佩重修。嘉慶十二年，知州高珣重修，歲科兩試入學文童各十二名，武童八名。《舊志》學廟，明成化中，知州劉毓由田家原移建。國朝康熙中，知州姚孔鎧增修文昌、魁星二閣，知州賀勳增修照壁及東西二房。入學原額文武童各八名。雍正中，文學增至十二名。學舍，在廟後，爲大門、爲明倫堂、爲東西齋房、爲學正宅，在堂後有石窟三空，東偏書舍，西偏廚房。《舊志》乾隆間，知州祖德宏、許聯奎重修。

民國《葭縣志》

民國《葭縣志》，成文出版社有限公司，1976年。

葭縣

（卷一"祀典志"，97）文廟，地址詳見《舊志》。光緒三十二年，升爲大祀，春秋二季由學正主之。

（卷一"建置志"，53）縣立兩級學校，由舊學署溝通文昌宮以及書院之上半院改建。自（54）習室二十楹，正磴五孔，南磴六孔，西下院枕頭窰一孔，小房兩楹，教室四座。在上校者緣明倫堂即文昌宮樂樓增修，在下校者爲書院之講堂，改文昌宮之西廊爲學生成績室，大門移至文昌宮右，坐南向北，門外爲游戲場。

宣統《重修涇陽縣志》

宣統《重修涇陽縣志》，成文出版社有限公司，1969 年。

涇陽縣

（卷一"地理上·署局"，109）學署，在城內西南隅，創始於宋元祐間。同治元年，城陷被毀，僅留敬一亭，而尊經閣亦圮其半。光緒十五年，教諭李雲蓴、訓導史家榮重修。教諭內署在明倫堂西，光緒十五年，教諭李雲蓴重修。訓導署，在教諭署前。同治十年，訓導張西銘重修。

（卷五"秩祀·大祀"，279）文廟，在縣城內西南隅，創始未詳。明嘉靖間，地震城圮，知縣鍾岱重修之，拓其址。萬曆四年知縣傅好禮，崇禎五年知縣梁士淳皆復修之。國朝乾隆二十九年知縣張炳鯤，嘉慶間知縣秦梅，道光四年知縣恒亮皆屢有修葺。同治元年，城陷被焚。四年，知縣黃傳紳籌修大成殿。光緒十一年，安吳堡吳周氏捐銀四萬兩有奇重修。（計大成殿九架七楹，殿東翼門三架一間，東西廡四架各十間，東西樂器室四架各五間，戟門五架三間，東西二門三架各一間，翼室各三架三間，名宦、鄉賢各四架三間，欞星門五架三間，月臺前後、泮池、石欄、聖域、賢關【280】門東西各三架一間）。落成後，知縣塗官俊建立碑亭，爲文以紀其事。國朝定制，直省府廳州縣歲以春秋仲月上丁釋奠。

（281）文昌宮，在儒學門東。明尚書李世達創建。康熙三十五年，知縣賈懋實重修。同治元年，正殿被毀。光緒十一年，富紳等捐修。（282）崇聖祠，在儒學右。向為啓聖祠，雍正元年改今名。明教諭鞏我閌創建，同治元年毀。光緒十一年，邑紳吳聘捐修正殿五架三楹，捲棚三架二楹，東西走廊各三間，門樓一座。魁星樓，在南城上，同治元年毀。光緒十一年，邑紳吳聘重修。魁星樓，在南城上，同治元年毀。光緒十一年，邑紳吳聘重修。（283）名宦祠，在欞星門東。光緒十一年，邑紳吳念昔捐修。鄉賢祠，在欞星門內。忠孝祠，在明倫堂東。光緒十一年邑紳柏森捐修。節義祠，在忠孝祠後。

光緒《藍田縣志》

光緒《藍田縣志》，成文出版社有限公司，1969年。

藍田縣

（卷一"圖·縣城圖"，39）魁星樓，在城東南隅。乾隆四十五年，知縣周崧曉捐俸（40）重修。道光十八年，知縣胡元煐因紳民懇請，移建迤東二十餘丈，另建魁星樓一座，以培文風，改舊樓爲角樓。同治九年，知縣呂懋勳又於西北角城上添修魁星樓一座，樓三層，高三丈三尺。

（卷一"圖·學宮圖"，120）明洪武十年，知縣樓璉建。正統八年知縣王禧，嘉靖六年知縣王科，二十八年巡撫程軏，萬曆間知縣李景登，三十年知縣王邦才繼修。本朝康熙十年，知縣蘇就大復修。乾隆六十年，知縣馬學賜率合邑士民捐修。道光九年，知縣羅定約倡捐重修，拓舊制而一新之。大成殿五間，東西廡各五間，前爲戟門，門前爲泮池，跨以石橋，前爲櫺星門，周圍繞以墻垣，東西各建門樓一座，東曰禮門、西曰義路。後爲啓聖祠，正殿五間。乾隆三十六年，知縣柴輯生率合邑士（121）民捐修。同治元年後，髮回捻各匪相繼入境，蹂躪幾及十載，難民徵勇，往往寄居廟內，殿廡、門祠多致坍塌。九年六月，知縣呂懋勳同闔邑紳耆籌款興修，崇閎壯麗，悉復舊制。殿後崇聖祠卑陋，增高數尺。又於戟門外東邊添建齋房二間，西邊添建碑房二間。又戟門左爲名宦祠，內祀晋張輔，唐李夷簡、柳宗元、崔立之、薛訥、王珣、宋王獵、皇甫穆，元荆茂，明樓璉、王科、韓瓚、呂好古、王邦才，本朝周崧曉、馬學賜。（122）又戟門右爲鄉賢祠，內祀漢李廣，唐李元通、蘇晌、盧均、柳公權，宋呂大忠、呂大防、呂大鈞、呂大臨，元張訥，明李淑芳、榮華、李廷實、榮察、李通、王旌、王之士十七人。又泮池東爲孝子祠，祀張文運、孫基昌、楊琳、李九如。雍正六年，知縣李元升奉文建修祠堂四楹，春秋致祭。又泮池西爲官廳，自知縣羅定約重修之後，規模雖仍舊制，而宏敞偉麗，一時稱壯觀焉。

（卷八"祠祀志"，422）文廟，在縣治東南，同治十三年，知縣呂懋勳重修。（426）文昌閣，在縣城內東南隅，門樓二間，卷棚三間，樓殿一座，後殿三間。道光十四年，知縣胡元焜重修。同治十三年，知縣呂懋勳重修，又因門前逼仄，拓地丈餘，建立照壁，旁開兩門出入，以崇體制。又有文昌閣，在縣城北隅，即古尊經閣故址，形家言在書院之西，爲文風所係，道光十八年，知縣胡元焜率同士民創建六角樓房一座，周圍墻垣七十丈。

（卷九"學校志"，444）儒學，在文廟西偏，漢唐宋之制未詳。明洪武十年，知縣樓璉建廟而學廨因之，舊址在縣治西北。自本朝知縣張瀓遷建文廟於東南，而學舍未移。知縣蔣文祚於乾隆十一年，始移附文廟西偏，門樓三間，二門三間，明倫堂三間。後爲教諭訓導廨，齋房共十二間。道光十八年，署訓導李祖望率闔邑士庶捐修。敬一亭，在縣治西北。嘉靖九年韓瓚建，今廢。尊經閣，在縣治西北，今廢。

乾隆《臨潼縣志》

乾隆《臨潼縣志》，成文出版社有限公司，1976年。

臨潼縣

（卷一"建置"，87）學宮，在縣署北，明洪武二年建，東抵吉祥寺，南抵北街，西抵民廬，北抵城。舊制，明倫堂在至聖廟後，堂東南爲教諭宅，西南爲訓導宅。萬曆十二年，前縣劉應聘於博文、約禮兩齋旁建號房各九間，又建尊經閣於明倫堂後，閣後築臺與城齊，上建敬一亭三間，諸生王松所捐資成者也。堂之東爲饌堂，禮門之西爲學倉，講書堂在鄉賢祠南，有外號數十餘所，諸生以時誦習其中。并射圃一區，約三畝，亭三間，在堂後。崇禎七年，邑觀察周道直倡建魁樓於堂東南，以培風氣，祭酒渭上南居仁有記。堂南有騰蛟起鳳坊。今兩齋及講書堂、各號房并（88）饌堂、學倉、射圃皆廢，教諭宅移置至聖廟左，訓導宅移明倫堂後，皆卑隘不可居。學宮乃造士地，爲人文風化所自出，而蕩廢若此，非所以重師儒、崇學校也。今將與紳士謀復之，宜亦吾人所樂從者歟。

（卷三"祠祀"，204）文廟，在縣署北，敬一亭之南，舊中街東，吉祥寺西。明洪武二年建。成化元年，前縣劉聰增修未就，前縣高恒繼成之。大成殿，邑人因渭漲獻得所浮大木以建，故極宏敞，殿左右爲兩廡，前戟門，又前泮池，引湯泉注之，橋亘其（205）上，又前櫺星門，左禮門、右義路，南宮牆抵街，街南爲教育英才坊。（217）崇聖宮，在大成殿東。（220）名宦鄉賢合祠，在文廟西。（221）□□祠，在文廟東北。（222）節烈祠，在文廟西北。橫渠祠，在文廟東北。明萬曆三十五年建，後圮。前縣趙於京因故察院地改建書院，爲樓於講堂北，祀之。（223）文昌祠，在文廟西北。魁星樓，在崇聖宮東。

光緒《麟游縣新志草》

光緒《麟游縣新志草》，成文出版社有限公司，1969 年。

麟游縣

（卷二"建置志"，108）儒學，舊在東門外聖廟側。乾隆十年，知縣朱良弼倡建明倫堂。乾隆四十九年，知縣路學宏復建。嘉慶十二年，知縣向宗幽易城中虎公祠建學，以學爲虎祠，學壁舊嵌功臣像；唐貞觀初元，命閻立本圖於凌烟閣者，御製贊詞爲褚登善書；宋游師雄得之，行部過九成，命邑令閻上功刻縣庠，師雄詩亦附焉；金元，毀於兵火。明季，尚存七人，今僅王珪、魏徵、李續、侯君集四像。

（112）聖廟，《吳志》稱，宋時建在縣西。明洪武八年，改建縣東。宏治十五年，邑令胡巽移建廟東，改廟爲學，環宮牆植柏千餘株。（114）嘉靖壬戌，邑令周誥重修。萬曆十二年，邑人何廷琦改復舊地。（116）萬曆三十六年，踵修者知縣熊文純也。國朝順治十四年，因而葺之者，知縣吳汝爲也。康熙四十九年，續修者知縣范光曦也，教諭羅魁有記，不錄。乾隆四（117）年，復修大成殿、戟門者，知縣徐爾大也，自後建者悉無記。今廟則咸豐八年，知縣程炳然建，亦無記。正中爲大成殿，凡五楹，旁爲東西廡，各五楹。西廡之次爲名宦、鄉賢二祠，前爲戟門，門前爲櫺星門石坊，坊前爲泮池。其後爲啓聖祠，凡三楹。光緒六年，知縣厲乃慶復塗丹艧，翼翼巍巍，與宮牆、古柏相掩映，稱壯觀焉。（118）啓聖祠，嘉慶七年建，貢生李發甲有記，不錄。（119）文昌宮，在東門外聖廟側，乾隆間建。嘉慶間，知縣瞿雲魁重修。（120）咸豐八年，知縣程秉然復建。同治初，毀於回，邑人何騰霄等修復之。殿後爲啓聖祠，嘉慶十五年，知縣王余晋增修也。（121）奎星樓二，俱詳見前。忠義孝悌祠，在東門外文昌宮右廂。昭忠祠，在東門外文昌宮前，光緒五年建。節孝祠，在東門外文昌宮側。道光十二年，知縣吳成烈捐資建。

道光《留壩廳志》

道光《留壩廳志》，成文出版社有限公司，1969 年。

留壩廳

（卷七"祠祀志"，239）魁星樓，在舊城上西北隅。道光十年，南關民何得祿建。（229）文昌宮，在舊城。

康熙《隴州志》

康熙《隴州志》，成文出版社有限公司，1970 年。

隴州

（卷二"建置志·學校"，118）學基，州治西南二里，舊在東故城內。宣德六年，水衝基圮，知州郭宗儀徙建於州，學正沈益記。嘉靖（119）六年，知州李遑重修，州人參議閻欽記。隆慶三年，知州楊世卿復修，平凉都御史趙時春記。順治十一年，學正蘇萬邦重修。大成殿七間，康熙二十四年，御書"萬世師表"，頒發到州，欽撙刊製金額懸大成殿。東西廡，各十間。戟門，三間。泮池。欞星門，三間。（120）神庫。宰牲房。啟聖祠。文昌閣。名宦祠。鄉賢祠。明倫堂。東西齋，今圮。儒學門。（121）學正訓導宅。魁星樓。尊經閣，今圮。敬一亭，今圮。射圃。

乾隆《隴州續志》

乾隆《隴州續志》，成文出版社有限公司，1976 年。

隴州

（卷二"建置志·學宮"，147）隴州學，在州治西南。成化間，知州遲恭、陳俊、李鏞繼修，陝西提學僉事廬陵劉安止有記。萬曆十六年，觀察劉光國重修。康熙五十年，知州宜思讓修，州同黃士璟有記（《羅志》俱失載）。乾隆二十四年，知州韓成基又修，有記。廟制，大成殿七間，殿前爲露臺，周以花墻，東西廡各十間，戟門三間，門左爲名宦祠一間，右爲鄉賢祠一間。鄉賢祠之西，爲忠孝祠三間。中爲泮池，舊坍塌，水亦枯涸。乾隆三十年，知州吳炳同學正孫梓、訓（148）導潘鸝重修，深廣加前三之一，周圍磚砌花墻，高二尺許。於池東南隅鑿渠引蓮池水入其中，復於泮池西北隅鑿渠，由大成門右引出，開城南涵洞流歸汧河。池之南爲欞星門一座，東西角門各一，門外爲面屏，屏左右爲大成門各一，前後繚以垣。大成殿之北爲崇聖祠三間，又北爲明倫堂五間，堂後爲學正署，大成門之南爲訓導署，俱詳見"公署"。節孝祠，在大成門左，屋三間，門一座。文昌閣，在西北隅城上。魁星樓，舊在南關迤東城上。乾隆七年，知州鄭大綸移於南（149）關迤西。二十九年，知州吳炳因諸生之請，仍移建舊址。（150）學宮地基，南北長一百九十六步，南闊六十三步，中闊五十八步，北闊六十三步，共地四十九畝四分。

（卷二"建置志・公署"，135）學正署，在州西南學宮明倫堂後，計大門一間，書房二間。南向內宅三間，乾隆二十八年知州吳炳捐資建；東向內宅三間，西向□室三間。訓導署，在州西南學宮欞門前，舊未建署。乾隆二十六年，諸生捐資買民房以居，計大門一間，南向房三間，北向房三間，東西厢房共五間。

民國《洛川縣志》

民國《洛川縣志》，成文出版社有限公司，1976年。

洛川縣

（卷十九"教育志"，360）縣學，亦稱"儒學"，例附於孔廟，故孔廟稱"學宮"，蓋古諸侯之學曰"泮宮"。泮者，半也，言東西門以南通水，北無水也。各縣文廟照墻內皆有泮池，上有瓮橋。今雖涸，制猶存。而立學必釋奠於先聖先師也。唐玄宗開元中，詔郡國各立學宮。宋仁宗慶曆初，詔郡邑皆建學；洛川學宮有宋元遺址，在舊治城西五十步。明洪武二年，又詔天下郡縣設學；洪武六年知縣朱炳、成化四年知縣李瓚、嘉慶二十五年知縣吉澄、四十年副使王崇古、萬曆元年知縣李廷儀、二十九年知縣蕭九成等均修建學宮，事詳"宗教祠祀志"。迨清乾隆三十三年，新治奠定，移建文廟於新治東城。例於廟西建明倫堂，堂凡三楹，庠門一座，照墻一座，嗣增修爲五楹，門樓三楹。"臥碑"刊置於堂左。（361）三十五年，教諭臧益溥復於明倫堂前拓建公所。爲士子課試及因公往來寓所，酌（362）價出賃，以資修繕。

（卷二十"宗教祠祀志"，420）洛川學宮，舊治有宋元遺址，在城西五十步，元末毀於火（元至元四年，鄜城縣已併於洛川，迄至正廿八年，即洪武元年，始建文廟，有張敏"故鄜城縣創修宣聖廟碑記"，文見"古迹古物志"）。明洪武六年，知縣朱炳改建，鄜州同知金文徵有記。（421）成化四年，知縣李瓚重修，提學副使伍福有記。（422）嘉靖二十五年，知縣吉澄大其規制；三十四年，地震圮毀；四十年，延安兵備副使王崇古重修，按察使喬世寧有記。（423）萬曆元年，知縣李廷儀重修。清乾隆三十三年，縣治西移，學宮亦建今治城東。大成殿五楹，兩廡東西各五楹，崇聖祠三楹，名宦祠三楹，鄉賢祠三楹，忠孝節義祠三楹，戟門三楹，泮池一座，櫺星門一座，宮墻一座，東西"德配天地""道冠古今"坊各一座。計群墻凡六十丈，知縣蘇燕承修，報銷銀一千二百兩有奇。其崇聖祠三楹，則十年後石令養源捐俸所建。嘉慶八年，知縣劉毓秀、署知縣謝天爵倡修增築大成殿基礎並臺階，各加高若干尺，棟宇凡加高若干尺，兩廡各增爲七楹。嗣後百餘年間，迭經修葺。近歲屢爲駐軍借住，坍漏未能砌補。三十二年，本省臨時參議會決議尊崇聖道，保護孔廟，請飭駐軍遷移，以重觀瞻；由省政府轉飭各縣加意保管，如遇軍隊占駐，即予制止，以尊孔教而順群情云。（426）名宦祠，在文廟內。鄉賢祠，在文廟內。（427）忠義孝弟祠，在文廟內。名忠孝節義祠。節孝祠，與忠義孝弟祠合設於文廟內。（433）文昌廟，嘉慶七年，知縣劉毓秀擇於學宮之東官地一區捐建正殿三楹，獻殿三楹，戟門三楹，後殿三楹，如制。（434）文昌閣，在城中券臺上，清乾隆三十三年，知縣蘇燕移建。民國十八年修街拆除。嘉慶所建之文昌廟，亦爲近年駐軍拆廢。魁星樓，在城東南隅城上。清乾隆三十三年，知縣蘇燕移建，今樓存而祀廢。

光緒《洛南縣鄉土志》

光緒《洛南縣鄉土志》，成文出版社有限公司，1969。

洛南縣

（"地理"，111）文廟，在西，後爲學校，又接常平。前即關廟。儒學在西街文廟後，廟東爲常平倉，迄今倉廒已毀，已成廢地。關帝廟即在倉前。

宣統《郿縣志》

宣統《郿縣志》，成文出版社有限公司，1969年。

郿縣

（卷四"政錄·學校"，135）文廟，在縣治西，爲戟門、爲欞星門、爲泮池、爲大成殿、爲兩廡、爲崇聖祠、爲名宦祠、爲鄉賢祠。廟立順治十四年詔頒臥碑，康熙二十四年御賜萬世師表匾額，四十一年御製訓飭士子文。

《劉志》：文廟在縣治西百餘步。元至正九年，縣令趙名時建。國初洪武、成化間重修。嘉靖九年，知縣王□鑄銅爵十九枚，知縣姚繼先實書櫃以藏書，責役守焉。啓聖祠，在敬一亭後。案：啓聖祠即崇聖祠，敬一亭今圮。《續志》：啓聖公祠。康熙八年，知縣梅遇捐俸建於文廟之西北。《張志》：文廟，順治十三年，知縣陳超祚修。康熙四十二年，知縣孫志尚重修戟門。康熙十年，知縣梅遇修兩廡。康熙五十四年，知縣李瑩捐俸六十兩，教諭焦大受監修照（136）壁左右門。康熙五十九年，教諭梁枟創修泮池、圜橋。雍正十一年，知縣張素創建，王豐川撰碑記。射圃有觀德亭，廢爲坑塹。

儒學，在文廟東，爲大門、爲戟門、爲明倫堂、爲教諭宅、爲訓導宅。《鳳翔府志》儒學公署，舊在文廟後。元至正九年，縣令趙明時建。宏治八年，提學楊一清徙建廟東。嘉靖十四年，知縣程章仍徙廟西。崇禎元年，御史強思重修，御史劉九經撰記。本朝康熙十年，知縣梅遇重修有記。《張志》：教諭署在文廟東。康熙五十五年，教諭焦大受捐俸買民莊。五十七年，教諭梁枟創修。訓導署在教諭署東，康熙二十四年，訓導文心傳捐俸買民莊。三十四年，訓導吳之凱增修。

（卷四"政錄·壇廟"，143）文廟，在縣治西，城隍廟東，東爲禮門，西爲義路。內有二泮池，欞星門後東西二（144）官廳，名宦、鄉賢、孝子、報德四祠。戟門內有東西兩廡、御碑亭。大成殿後有崇聖祠。自咸豐元年修後，於宣統元年經知縣沈錫榮重修，有碑記。節義祠，在縣治西。《張志》，四祠俱雍正八年知縣張素建。文昌閣，在東門外，後移大成殿後。《張志》，雍正十一年，知縣張素改建。魁星樓，在城西北，後移南城，今圮。

光緒《沔縣志》

光緒《沔縣志》，成文出版社有限公司，1969年。

沔縣

（卷二"學校志·學校"，125）學宮，在縣治西。教諭、訓導署各一所，在學宮東。道光十二年，裁訓導。考《舊志》俱創始於洪武四年知州王昱。成化年知縣侯信、張俊，嘉靖年知縣馬景、張賢，萬曆年知縣周天瑞、萬言策俱有重修之功。崇禎九年，突遭小紅狼之變，文廟被燼，僅存欞星門三間。十一年，知縣王際明創修正殿。我朝順治十年，教諭屈焴創修啓聖祠、東西廡、戟門。康熙（126）四十一年，知縣林鴻列重修泮池，書新祭器、籩豆、尊彝、爵斝之屬，原數一百六十。乾隆年教諭朱垣、張炎，嘉慶年教諭霍嗣揚、訓導葛德充俱重加修葺。同治二年，慘遭兵燹後，教諭韓文煜諭生徒捐修正殿、啓聖祠、戟門三處。光緒七、八年間，知縣羅桂銘復諭紳士籌修圍墻一周，禮門、義路兩座，其餘之工程俱待有心者嗣興焉。名宦祠，在欞星門東。明萬曆間，知縣孫承光建。（127）鄉賢祠，在欞星門西，亦孫承光建。射圃，在學宮西，舊有觀德亭、射圃坊，俱廢。敬一亭，在明倫堂北，久廢。

（卷二"建置志·公署"，92）教諭署，在縣治西。

（卷二"建置志·祠祀"，96）文昌宮，在城東南隅。

光緒《寧羌州志》

光緒《寧羌州志》，成文出版社有限公司，1969年。

寧羌州

（卷二"建置·公署"，106）學正署，在文廟（詳見"學校"）。

（卷二"建置·祠祀"，110）文廟，在州治西。（116）寧羌文廟，創建於明正統間指揮胡貴、楊惊，成化時指揮王瑄增建東西廡各七間。我朝嘉慶十七年，知州鄭緒章領項重修，規制宏敞。同治三年，賊擾廟毀。五年，知州楊吉雲重建大成殿五楹，欞星門一座。六、七兩年，知州汪炳煦、陳景修接修，嗣陳景修卸任，移交學正孫燕澧經理畢工。（117）崇聖祠，在文廟北，祭日與文廟同，而禮先於文廟。名宦祠，在文廟戟門左。（118）鄉賢祠，在文廟戟門右。忠義孝弟祠，在文廟禮門外。同治十一年，知州羅驥重建。節孝祠，在文廟義路門外。同治十一年，知州羅驥重建。（119）文昌廟，在文廟東，（120）嘉慶十八年庠生李天培，道光元年邑人祁功德、劉元魁等先後增葺。兵燹以來，木石殘缺。光緒七年，訓導吳正運倡捐重修，知州徐德懷捐資助之，逾年功竣，立有碑記。（123）奎星樓，一在城什字中，一在城東南隅，一在南門外，一在高寨子東鄉村，市鎮多建之以培文脉。

（卷二"建置·學校"，131）寧羌州儒學，舊在州城羊鹿坪。宋慶曆中建。明正統四年，指揮胡貴、楊惊奏設衛學，移置州治西北。成化十七年，指揮王暄修理。二十二年，改衛學為州學，東抵太原觀，南抵王所園，北抵州倉，知州方世讓、李應元、王一鳴先後增修。宏治二年，知州張簡重修，提學副使戴珊有記。萬曆二十四年，知州廬大謨建號房二十四間。學正宅，在堂東；訓導宅，在堂西，御使龔懋賢建，今俱無矣。我朝康熙二十三年，知州郭景隆改建。四十二年，知州石日（132）琮遷於城東南隅。雍正二年，署州州同張名標仍遷於羊鹿坪，知州王大士落成。嘉慶十七年，知州鄭緒章修學正署一區。

光緒《平民縣志》

光緒《平民縣志》，成文出版社有限公司，1969年。

平民縣

（卷一"建置志·祠廟"，45）魁星樓，在城外東南隅。

乾隆《蒲城縣志》

乾隆《蒲城縣志》，成文出版社有限公司，1969年。

蒲城縣

（卷四"建置·學宮"，108）在縣治東，創自唐代貞觀年間。舊傳今戟門即正殿，規制隘小。後周廣順三年，廟與學基分。歷宋元祐、政和、金承安、元至正間相繼繕修，碑志各存。明初，主簿曹秉彝（109）暨教諭劉矩重新。正德七年，張鍰拓其地，創正殿、戟門、兩廡，甚壯麗，又葺兩掖名宦、鄉賢祠，未竣，遷去。嘉靖三年，楊仲瓊繼之，置明倫堂，刻朱子書易繫辭語，置東西齋及講堂。教諭宅，在堂西，東西號房二十間。李全建敬一亭藏世宗所頒敬一箴及程子四箴、北寺塔，直後重飭講堂、倉庫、宰牲、神厨、神庫，制益宏闊（今俱無）。九年，以朝議建啓聖祠，在殿東北。萬曆四十六年，令徐吉以敝壞之極，重修之，磚甃廟垣甚固，鑿泮池戟門前，櫺星門外竪翠屏，屏左右竪石坊（巡撫樊東謨建），坊內竪石蹲踞二。後漸頹塌，康熙乙巳，知縣鄧永芳重修。乾隆（110）三年，知縣郭芝督同紳士輸資重修，周圍宮墻磚砌，通長二百一十六丈，琉璃翠壁一座，東角門鞍架房三間，西角門鞍架房三間，櫺星門牌坊一座三楹，戟門九口，轉角房五間。名宦祠，鞍架房三間；鄉賢祠，鞍架房三間。大成殿二層轉角十一檁九椽房五間，東廡四檁三椽房十二間，西廡四檁三椽十二間。啓聖祠四檁三椽房三間，明倫堂明三暗五、九檁八椽房五間，東齋四檁三椽房五間，西齋四檁三椽房五間。尊經閣樓房三間。

（卷四"建置·祠祀"，122）啓聖祠，明洪武元年創議，至嘉靖九年始定建祠。名宦祠，在戟門左。鄉賢祠，在戟門右。（123）忠孝祠，在縣署東偏，乾隆二十八年，前縣令興泰捐修。節義祠，在縣城南街，乾隆二十七年，前令沈元輝捐修。

光緒《岐山縣鄉土志》

光緒《岐山縣鄉土志》，成文出版社有限公司，1969年。

岐山縣

（卷三"祠廟"，58）文廟，在南門內學署西。崇聖祠，在文廟北。名宦祠，在文廟戟門左。（59）鄉賢祠，在文廟戟門右。忠孝祠，在學署儀門左。節義祠，在學署儀門右。文昌祠，在城內正街。

雍正《重修陝西乾州志》

雍正《重修陝西乾州志》，成文出版社有限公司，1976年。

乾州

（卷一"學校"，35）州學，在城內東街，即宋元舊址，周圍地界共□□畝□分□厘零，其基址之捐購創建之時日，在昔必有碑（36）璅詳載，歷久無稽，容當搜討補載。惟是殿後與學堂之左，地勢低下，有明萬曆年間鄉官宋子春輸地一區，以培地脉，碣記明倫堂壁，文載"藝文集"。文廟，南向，前爲櫺星門三楹。明萬曆十九年，知州賈一敬添砌土屏。萬曆四十五年，訓導李珍創建柵欄坊屏左右，門之前鑿泮池如環璧。第二進爲戟門，明天啓元年，知州周應泰重修，今仍其舊，共三間。門內中甬道磚砌高於左右，上築月臺，磐石爲基，中皆鋪以磚，周遭繚以短垣。大殿五間，高三丈五尺，闊六丈，深五丈。（37）殿前東西兩廡各十間，供聖門諸賢及漢以後諸先儒木主。萬曆二十年，知州賈一敬見大殿土壁傾圮，易以磚墙。東西廡，天啓元年，知州周應泰亦各重修焉。戟門外樹宋大觀碑一座，又前後修建各碑豎不一地，文皆彙載"藝文集"。崇禎四年，戟門被風雨損壞，知州楊殿元重修。本朝數十年來，時傾時修，皆有碑記可核。（38）啓聖祠，在戟門東，舊宇傾廢。於本朝康熙五十五年間，署州事醴泉縣江俊重建。敬一亭，在殿後。名宦祠，在戟門之左。鄉賢祠，在戟門之右。明倫堂，在文廟之右，前設大門三楹，稍進爲儀門三（39）楹，堂共五間，高三丈七尺，闊五丈，深四丈二尺，明洪武四年建修。修道齋，在明倫堂前東首，西向，亦洪武四年建，後廢。今康熙六十一年間重建。游藝齋，在明倫堂前西首，東向，亦明洪武四年建，後廢。今康熙六十一年間重建。號舍，東西各十間，在明倫堂前，明洪武四年建，今廢。學正署，在明倫堂後，共三間，兩進，亦明洪武四年建。天順四年，知州何節重修。訓導署，在明倫堂右，今廢，來者俱賃民屋而居。（40）射圃亭，在學正署右，今廢。

（卷三"樓閣"，146）文昌閣，在州治西。南文昌閣，在儒學東。北文昌閣，在北街。奎星閣，在儒學西。

光緒《乾州志稿》

光緒《乾州志稿》，成文出版社有限公司，1969年。

乾州

（卷五"土地志·建置"，213）學正署，在明倫堂內，正室僅三楹。洪武四年建，天順四年知州何節重修。訓導署，舊在明倫堂右，久圮。道光中，訓導李應熊重建於儀門偏西。

（卷七"祠祀志"，258）文廟，在城東南街，唐武德初建，宋元失考。明成化元年，知州何節市民地恢而廣之，修如制。大成殿五楹，殿後爲敬一亭，御製訓飭士子文在焉，東西廡各十間，內屬於殿，外接戟門（259），有永新劉定之撰記。戟門三楹，萬曆己卯，知州楊時行合兩廡重新之，南爲櫺星門，又南爲泮池。天啓元年，知州周應泰創修也。萬曆十九年，知州賈一敬於池之南添砌照墻。四十五年，訓導李珍建柵欄坊於左右，左曰義路、右曰禮門。國朝順治、康熙間，知州戴聖聰、佟有信、汪源澤各重修。雍正二年，學使王暮捐俸修，知州黃煒成之。乾隆四十年，知州郭愈博次第補葺，各有碑記。道光二十九年，知州常瀚撤舊更新，戟門西增齋宿房，又添修照壁，繞以花墻焉。崇聖祠，在文廟左。明萬曆三十四年，州紳宋子春輸地一區。舊宇傾廢，國朝康熙五十五年，署知州汪俊重建。向爲啓聖祠，供叔梁公。雍正元年，改今名，追贈五代。乾隆四十年知州郭愈博，道光二十九年知州常瀚重新之。（260）文昌宮，在狄梁公祠東，即文明書院故址。乾隆戊辰倡建。道光二十九年，知州常瀚重修。宮之外有文昌閣，不知建於何年，論者謂爲大成殿巽峰舊有碣記。順治十七年重修。乾隆甲辰，郡紳吳玉等募修。同治八年，學正王時敏糾社人重新之。又閣二，一在，一在治北。（261）名宦祠，在學宮左。鄉賢祠，在學宮右。忠孝祠，在學宮西。節義祠，在東街州判署左，光緒二年，知州夏與賢重修。

（卷八"學校志"，265）儒學，在文廟西，明隆慶六年，知州李維祐即宋元舊址鼎新之，中爲明倫堂，前大門、次儀門，堂五楹，高三丈七尺，闊五丈，深四丈二尺。明洪武四年建。天順四年知州何節，萬曆、天啓間知州賈一敬、周應泰修。國朝康熙五十六年，學使王暮、知州黃煒重修。咸豐元年，闔學捐修大門、儀門，有碑記。修道齋，在明倫堂東首，西向；（266）游藝齋，在明倫堂西首，東向，皆明洪武四年建，國朝康熙六十一年重修。東西號舍，在明倫堂前，各十間，明洪武四年建，今廢。射圃亭，在學正署右，今廢。

乾隆《三水縣志》

乾隆《三水縣志》，成文出版社有限公司，1970年。

三水縣

（卷三"城署關橋坊古址六"，67）明《邠州志》，儒學在縣東，成化十四年，知縣楊豫建，署縣事邠州吏目喬茂亨重建教諭署一所、訓導署一所、學倉二間。射圃在（68）文廟左，今廢。縣《舊志》，儒學明倫堂五間，教諭宅在明倫堂後，正廳三間，厢房三間。訓導宅在教諭宅右，正廳三間，西厢房三間，博文、約禮齋各三間，號房東西各七間（久廢），二門一座，甬門二座，東曰起鳳門、西曰騰蛟門。桂林坊，南街（久廢）。

（卷四"壇廟寺觀墓七"，75）明《邠州志》，三水縣先師廟，兩廡、戟門，楊豫建；欞星門、泮池，劉儀建；啓聖祠，在明倫堂後，知縣張珩建；敬一亭，在明倫堂後，劉儀建；名宦祠，在梓潼宮之後，享祀三位，魏恒州守韓褒、宋三水縣尹李沐、明知縣楊豫；鄉賢祠與名宦祠并，享祀五位，漢第五倫、（76）唐同平章事第五琦、宋丞相第五均、度支員外轉運副使范祥、賢文閣太常少卿范育榮。縣舊《志》，先師廟在明倫堂前，枕廣原而環汃水。自萬曆癸未改建，歲久傾圮。辛亥，林知縣捐俸重修，命諸生張僎登鳩工浚泮（77）池。甲寅陽至，落成先師大成殿七間，東西廡各七間，戟門三間，欞星門三座，泮池一區，太和門一座。啓聖祠在先師殿左，有敬一亭、祭庫、名宦祠、鄉賢祠，重修文廟碑在正殿之前，學宫告成題咏碑在戟門左，續修泮池碑在戟門右。

光緒《三原縣新志》

光緒《三原縣新志》，成文出版社有限公司，1976 年。

三原縣

（卷四"祠祀"，141）聖廟，在縣治右。元大德十年，邑人張德明輸財度地創建於此（王康僖《廟學闢路記》云，即希夷道院爲之），縣尹真定郭真始構大成殿三楹，後長安王天民增建戟門五楹，東西兩廡各九楹。至正十年縣尹李誠，（142）二十八年河南行省左丞陳思道，明洪熙元年知縣宋麟、縣丞樊用、主簿范敬、士夫張景皆重修，各有記。至成化十二年，知縣李景繁以宮墻未合制度，改建大成殿五楹，兩廡十餘楹，欞星門、戟門皆三楹，而殿上施琉璃脊獸、四垂碧瓦，提學伍福爲之記。正德十二年知縣鄭本公、國朝康熙二十一年知縣葉章期、三十四年知縣俞璉、四十六年權邑事西安通判張晟、雍正三年知縣呂瑚、乾隆元年知縣李昌宗亦皆有修葺。三十二年，知縣張象魏撤舊更新，兩廡各增爲三門，正殿、泮池環以石欄，惟欞星門未盡合制，生員申鵬祥以聖廟特典，屢陳當事，請遵泮宮禮樂全書爲釐正。閱歲，壬辰、南鄭令蒲州崔龍見視縣事，以典禮所在，即允其請割俸倡修，一循定制。道光十六年，知縣陸銓以歲久就圮，議重新，邑人郎中胡肇基輸資鳩工垂成，旋（143）被火，復修如制。大成殿右爲崇聖祠，明嘉靖九年建，名啟聖祠。國朝雍正元年，以向係專祀叔梁公，今合祀五代，易曰"崇聖"。乾隆三十三年，知縣張象魏重新。道光十六年，胡肇基又重新。戟門外，東曰名宦祠、西曰鄉賢祠。（147）崇聖祠，正殿三間，臺高三尺五寸，神龕高九尺三寸，神牌俱高三尺四寸，廣九寸五分，厚八尺，座高六寸五分，廣一尺四寸，硃地金書。（153）忠義祠，《張志》在聖廟南。雍正元年建，後移建儒學北。道光中，邑人李懷蔭捐資重修。節孝祠，《張志》在聖廟南。雍正元年建。乾隆三十一年，知縣張（154）象魏重新。乾隆壬子，移建忠義祠北。（159）文昌宮，即文昌廟，在縣北城東街，始建未詳。嘉慶中，邑人李潤重修治城巽方城上閣。康熙中，知縣湯爲雯建。道光中，知縣高傅薪重修，祭儀俱依《會典》，今縣城譙樓皆祀，配以奎星。

（164）學校。儒學，在縣治北，舊在大成殿後，明初以其迫隘，洪武二年，縣丞仰山即舊洪福寺創建明倫堂五楹，進德、修業二齋各五楹，講堂西號房二十二楹，前竪桂林坊。嘉靖五年，堂後建敬一亭三楹，内竪敬一箴碑。萬曆間，溫恭毅重修明倫堂，兩壁嵌石，（165）刻科貢題名記，堂上竪臥碑一、學田碑一。其後，知縣楊之璋又重建博、約二齋十楹，儀門三楹，厨房三楹，厠房一楹，堂前周垣增闊丈餘，堂後閣亭築墙四圍，有韓梅記。國朝康熙三十五年，知縣余璉重修。雍正三年，知縣吕瑚倡紳復修。尊經閣，在敬一亭後，溫恭毅建，闊可八武，高十餘尋，發書若干卷庋置其中，來復有尊經閣藏書，引《張志》。國朝乾隆十五年，邑貢生高璘、高珧、詹事主簿高璵捐資重修，有知縣鍾一元碑記。射圃，在明倫堂之南，久廢。

（卷二"建置"，75）教諭署，在縣南街桂林坊門内，南向。訓導署，在教諭署東。

民國《商南縣志》

民國《商南縣志》，成文出版社有限公司，1976年。

商南縣

（卷三"建置志·學校"，157）興起賢才，首尊學校虞庠，而後世代加隆。邑廟制創自明縣令鄭瑛，司鐸黃儼記，在治之南，經始於成化丁酉冬，竣工於己亥秋，稱極盛焉。明季火於寇。清順治初，建正殿一楹。康熙壬辰，縣令於鯨移治之西，廟制陿小缺略弗如前。年來漸次補修，尚多未逮云（即訓導署）。明倫堂，在文廟右，訓導署也，今借設爲女子小學校。（166）文昌宫，規模正大，高極雲端，宫後修正室三楹，厢房六間，移青山書院於此。

（卷四"祠祀志·廟壇"，192）文廟，在城内治西，坐北向南，正殿一。康熙五十一年，知縣於鯨建東西兩廡。大成門，乾隆四年，知縣郭堂建。乾隆十一年，捐俸鋪磚墀。十二年，設木主、各桌案門窗。十三年，立照墙，後建崇聖祠三楹。名宦祠、鄉賢祠，東西各三楹。（193）忠義孝弟祠，在文廟東，三楹，雍正七年建。節孝祠，在城内治西隅，三楹，雍正七年建。文昌閣，在城内治前東南隅，舊學宫，旋改青山書院作考院，現改爲高等小學校。奎星樓，在城東南角，上占魁，下繋鐘。乾隆十三年，重建，後圮。光（194）緒二十年，知縣余紹僑重修。

（卷三"建置志·公署"，153）訓導署，在文廟西，大門三楹，明倫堂三楹，後東西二楹。乾隆五年，訓導賀起熊建。民國元年裁。

道光《神木縣志》

道光《神木縣志》，成文出版社有限公司，1970年。

神木縣

（卷一"建置·學校"，43）學在縣治南，洪武十四年，任公奉先創。正統八年，彭公佐改建，糜公奎重修。隆慶六年，張公大石悉鼎新之，規模嚴正，頗極壯麗。迨至順治辛卯，兵（44）憲彭公有義、邑侯程公啓朱，各輪俸金及邑之士庶捐助者得銀二百餘兩，鳩工庀財，三月而告竣。大成殿五間；東廡、西廡各九間；經書庫三間，在殿東；祭器庫三間，在殿西；戟門三間，泮池在戟門前；祭厨所三間，在戟門東；宰牲所，在戟門西；名宦祠，在祭厨所北；鄉賢祠三間，在宰牲所北；櫺星坊三間；啓聖祠三間，在東廡東。後至康熙（45）六年，觀察馮公翊時捐俸重修。至康熙五十四年乙未，觀察羅公星瞻將正殿重修，加以丹雘，泮池規模從新闊展，創建啓聖祠於正殿之左，改建櫺星門於泮池之前，又創建德配天地、道冠古今三坊，左右花墻玲瓏盡致，周圍墻垣數仞難窺，凡東西廡、敬一亭、戟門、照壁以及名宦、鄉賢二祠，（46）宰牲、祭厨二所無不鼎新，較前改觀，庶幾乎一代文明之象矣。魁神樓，辛酉，兵憲王公家楨創建於文廟之前。康熙二十三年，道憲陳公光祖、邑侯劉公萬策徙東南城角。文昌祠，正殿三間，牌坊一間，東西角門各一間，大門三間，看守道士房三間。萬曆十七年，余公之楨建。（47）明倫堂五間，博文齋、約禮齋各三間，東西角門各一間，大門、二門各三間。儒學署一所，共九間，教諭閻亮改建，羅朱錦重修。康熙辛卯，趙鉅捐俸重修。

《神木縣鄉土志》

《神木縣鄉土志》，成文出版社有限公司，1970年。

神木縣

（卷一"營造"，19）儒學署，明萬曆間，建於文廟西北隅。至康熙五十五年，移建於明倫堂後。同治七年，署毀，教官現寄寓於文昌宮。

（卷一"學校"，26）神木學等舊在城南隅，明隆慶間，移於城之東門內。同治七年，回匪陷城，焚毀大成殿、東廡、鄉賢、名宦祠。前清光緒十一年，經知縣裕安、教諭張金鑒同紳士籌款興修，煥然一新。及升祀後，於民國三年，如制補修，僅將學牌改為紅色金字，其規制如左。(27) 大成殿五楹，東西廡各九間，戟門三間，名宦、鄉賢各三間，碑亭二間，祭廚、宰牲所各三間，泮池、欞星門、照壁、角門、圍墻如制。崇聖祠，在大成殿東北，正殿三間，前敬一亭三間。

（卷三"祠祀"，29）文昌祠，在學宮左邊。魁星樓三處，一在東南城角，一在虎頭山上，一在縣西高家堡東山上。

道光《石泉縣志》

道光《石泉縣志》，成文出版社有限公司，1969年。

石泉縣

（卷一"建置志·儒學"，37）儒學，在文廟之西，明洪武四年，始設教諭，後改訓導。

（卷一"建置志·城池"，36）（道光）二十八年，知縣舒鈞完工，城圍二里二百五十二步，高一丈五尺，門三，皆如舊，新設小南門一，東門上建魁星樓三層。

（卷一"祠祀志"，47）文廟，在縣署東，舊廟毀於兵燹，康熙十八年，知縣潘瑞奇創建。文昌閣，在黌宮後，閣高三丈有奇。名宦祠，在學宮戟門東，祀古今十人。鄉賢祠，在學宮戟門西，祀古今八人。忠孝祠，在學宮欞星門東。節義祠，在學宮欞星門西。

乾隆《同官縣志》

乾隆《同官縣志》，成文出版社有限公司，1969年。

同官縣

　　（卷五"學校"，216）學宮，在縣署東南大成街。明洪武八年，知縣魯俊因宋舊址建焉。宣德五年，知縣李公佐重修。清康熙年間知縣熊輿、王爾謙、武令謨、孔尚諄、黃錦心，乾隆年間知縣張爾戩、呂正音、曹世鑒、袁文觀各重修。先師廟，廟中南向。（219）兩廡，東西各五楹。（226）廟門，即戟門也，三楹。明萬曆二十六年，署任知縣李璋重修，其稱戟門者，以列戟故也。宋太祖建隆三年，詔廟門立戟十六枝。大觀四年，增為二十四枝。泮池，（227）在欞星門外。明萬曆十八年，知縣屠以欽建。三十九年，知縣梁善士圍以欞牆，中有橋。清乾隆三十年，知縣袁文觀引城西方泉水入池，改建兩翼門，東曰"聖域"、西曰"賢關"。欞星門，在泮池內，石柱三楹。崇聖祠，在聖廟東，三楹。明萬曆十八年，知縣屠以欽建。清康熙二十九年知縣黃錦心，乾隆十三年知縣呂重修。（238）學署，在文廟西北。明洪武八年，知縣魯俊建，末季傾廢，遺址無存。歷官皆僦民舍居。清乾隆三十年，知縣袁文觀創建於明倫堂之右，講堂三楹，前東西廂房各二椽，堂後居室三（239）楹，右左廂房各二椽。署前舊有儒學門三楹，萬曆十八年，知縣屠以欽建。乾隆三十年知縣袁文觀重修。明倫堂，在文廟後，五楹。明萬曆四十三年，知縣劉憲重修。清乾隆元年，毀於火，知縣張爾戩重建。乾隆三十年，知縣袁文觀重修，舊堂之東西有博文、約禮二齋，各五楹，前有樂育坊，左義路，右禮門，今俱廢。尊經閣，在明倫堂後，高臺複屋。萬曆十八年，知縣屠以欽建，久廢，壁間刻敬一諸箴碑，其臺址猶存，閣後有空地舊□之（240）東偏為教諭宅，又東為訓導宅，俱久廢。奎光樓，在崇聖祠西南，明嘉靖年間建，久廢。有光祿卿馬理碑銘，見《舊志》。時堪輿家謂東南卑弱，不利文風，知縣劉澤遠改建魁星樓於文廟東南，半附其城，重檐複屋，祀魁星之神於其上，尋亦廢。知縣張於鼎復移置於南郭東隅城上。清康熙三十四年，知縣武令謨重修。文昌祠，在崇聖祠東。明萬曆三十八年，知縣張科士創建。清康熙二十九年知縣黃錦心，乾隆二十七年知縣曾世鑒各重（241）修。舊有文昌閣，在縣城東南二里許，東山之巔。明崇禎五年，知縣顧鴻初建。十八年，拆毀，今遺址猶存。按世傳文昌主科錄，士多祀之，魁星尤世所奉為文明，主功名者必侈奉焉，故並列於學校云。名宦祠，在學宮戟門左，三楹。康熙五十九年，知縣董沾重修，列祀凡五人。

鄉賢祠，在學宮戟門右，三楹，列祀凡九人。（242）忠義孝弟祠，在學宮西南。雍正二年，敕於學宮內建忠義孝弟祠，別擇地營節孝祠，春秋致祀。七年，知縣邊汝言創建三楹，內祀凡十三人。（243）節孝祠，在忠義孝弟祠後，三楹。雍正七年，知縣邊汝言創建，內祀凡二十人。（245）射圃，（246）在文廟前，社學之東，久廢。

明《武功縣志》

明《武功縣志》，成文出版社有限公司，1976年。

武功縣

（卷一"建置·儒學"，35）儒學，在縣署東，北抵城，東西皆抵民廬，而獨堂西七丈許抵北街。洪武初，知縣祀建。正統時，知縣俊重修。宋有縣令趙茂曾碑。（36）據碑，則今之縣署乃學，不知何時改易之。豈金元兵燹之餘，草昧之際，縣廢而學存，治事者姑且居之，乃其後竟因而不返與？正德八年，知縣劉紹重建明倫堂。十三年，御史張文明行縣，以廟學頹敝，命知縣昌修理，更以渭源度頭抽分益之。昌憂去，明年，御史張欽行縣，見其益敝，乃與守巡參政畢昭、副使楊鳳謀通借咸陽行筏抽稅，屬（37）同知趙錦監抽，會都御史鄭陽橄至，嘉啓厥工，提學副使何景明、知府劉祥又通責諸知縣瑋，茲方集工舉，事未已云。倉一，在堂西南。

（卷一"祠祀"，40）文廟，在縣署東，宋知武功趙茂曾建。元世祖十五年，至元戊寅，縣令王君營復之，尋擢行臺，掾去，長安杜淵繼爲令，力成其役。宋有大觀聖作之碑，天下皆有刻，茲不載。元有李□碑。洪武初，知縣祀更建。正統中，知縣俊加葺治焉。有訓導曲新碑。（44）名宦祠，在縣署內，儀門東外。鄉賢祠，在文廟戟門西外。

光緒《武功縣續志》

光緒《武功縣續志》，成文出版社有限公司，1970年。

武功縣

（卷一"建置"，15）儒學教諭署，在什字東；訓導借寓按察分司行署。同治十三年，知縣陳修學署大門三間，葺明倫堂五間，尊經閣三間，閣東如西內宅建堂五間，左右廂客房各三間，移教諭而西居訓導焉，以按察分司地爲差徭局，兩學地基共縱十八丈一尺，橫十四丈四尺五寸。

（卷一"祠祀"，19）文廟，道光五年，邑人重修，光緒十四年，知縣張重修。文昌宮，在學門內東。同治八年，知縣湯重修於正殿前，北築臺，存敬一亭舊址。

乾隆《西安府志》

乾隆《西安府志》，成文出版社有限公司，1970年。

西安府

（卷十九"學校志"，871）宋學，《通志》在府治東南，金（872）因之。元學，《通志》至正間，行省平章廉希憲即宋學重修，（873）中有成德堂。《馬志》，府學成德堂，高敞雄壯，元末毀。明宣德中，建爲明倫堂。明學，《通志》，成化九年，巡撫馬文升即宋元學修。萬曆二十一年，長安令沈聽之、咸寧令李得中重修。本朝西安府學，《通志》，順治十年，提學田厥茂即明代舊址增修。學制，大門前有坊，內有泮池，儀門內當甬道爲魁星樓，中爲明倫堂，兩旁四齋，曰志道、據德、依仁、游藝，東西號舍（874）各三十六楹，堂後爲尊經閣，閣後神器庫，射圃亭在長安縣學右，教授、訓導廨在明倫堂後。《會典》，教授一員，復設訓導一員。

文廟，《通志》在府治東南，建自宋初。元至正間，行省平章廉希憲修。明成化間巡撫馬文升，嘉靖間巡撫王堯封，萬曆癸巳長安令沈聽之、咸寧令李得中先後增修，前有坊，內爲欞星門，次戟門，次兩廡各十七間，中大成殿。咸寧學之東，爲崇聖祠，各州縣學如制，不具載。（875）正殿後爲碑林。碑林經始於宋元祐庚午，龍圖閣學士呂大忠。明成化癸巳，中丞馬文升修。萬曆癸巳，首令沈聽之、李得中復修。本朝康熙庚子，候補令徐朱燦重加輯治。（876）乾隆壬辰，中丞畢公復鼎新焉。

長安縣

（886）縣學，《通志》舊在縣治西。明成化九年，巡撫馬文升議徙府學西。萬曆三十七年，知縣楊鶴修。本朝順治八年，知縣樊鴻、訓導張宏業重修，旁爲教諭、訓導廨。

咸寧縣

（888）縣學，《通志》舊在縣治西。明成化九年，提學副使伍福奏徙府學東，知府余子俊修。嘉靖十一年知府李文極，萬曆十三年知縣李生芳，十八年知縣李得中繼修。本朝順治十二年知縣余國柱，康熙三年知縣黃家鼎增修，旁爲教諭、訓導廨。

咸陽縣

（卷二十"學校志"，891）縣學，《通志》，在縣治西。明洪武四年，縣丞孔文郁建。天順二年知縣賈仁，正德元年知縣孟統繼修，旁爲教諭訓導廨。

興平縣

（892）縣學，《通志》，在縣治西，明洪武三年沈訥建。成化十年知縣王惊，宏治九年知縣朱瑄，正德間知縣李應陽，嘉靖間知縣郭孔完，四十年知縣朱文繼修。本朝順治十五年，知縣徐開熙重建。教諭、訓導廨俱在敬一亭後。

臨潼縣

（893）縣學，《通志》，舊在縣城北，宋咸平中，知縣趙恪改建。元至元二十九年知縣馬忙，至正十五年冬官尚書趙公諒修。明洪武二年重建。成化間，知縣劉聰、高垣繼修。嘉靖間，地震（894）學圯。萬曆十二年，知縣劉應聘增修。本朝康熙四十二年，教諭張鍾捐俸徙建於廟東。教諭、訓導廨，《通志》，俱在縣治北。

高陵縣

（896）縣學，《通志》，在縣治北，宋紹聖元年，知縣朱革建。元中統二年，（897）縣丞張鼎更建。明洪武六年修。正統間知縣張錦，天順間知縣張琦、張杰，成化二十年知縣段讓，宏治六年知縣楊舟，嘉靖四年知縣鄧興仁，十年知縣楊剛繼修。本朝順治十年知縣王元捷，十八年邑人李原茂，康熙十九年知縣張都，五十八年知縣熊士伯增修。明倫堂後爲教諭廨，教諭廨後爲訓導廨。

鄠縣

（898）縣學，《通志》，舊在縣城外。明洪武七年，教諭張紳移建縣西。永樂十二年，教諭方蕲、訓導馮翊撤而新之。正統十二年知縣徐純，嘉靖六年知縣康天爵，崇禎十一年知縣張宗（899）孟繼修。本朝順治十一年知縣魏以韓，十八年署縣駱鍾麟，康熙十七年知縣曹爾弼，二十一年知縣康如璉，三十八年知縣朱文卿增修，北爲教諭、訓導廨。

藍田縣

（900）藍田縣學，《通志》，在縣治南。明洪武十年，知縣樓璉建。正統（901）八年知縣王禧，嘉靖六年知縣王科，二十八年巡撫程軏，萬曆間知縣李景登，三十年知縣王邦才繼修。本朝順治十年，知縣蘇就大復修。旁爲教諭、訓導廨。

涇陽縣

（902）縣學，《通志》，在縣治西南，宋元祐五年建。明洪武二年，知縣（930）張師孟重建。天順元年主簿潘敏，嘉靖間知縣樊鍾岱、朱友達，萬曆三年知縣傅好禮，崇禎五年知縣梁士淳繼修。本朝順治五年，知縣張應召重修。明倫堂西爲教諭廨，又訓導廨在教諭廨南，今廢。

三原縣

（904）縣學，《通志》，在縣治西北，元大德十年，鎮人馬德明創建，縣尹郭真拓修。至正十年縣尹李誠，二十八年左丞陳思道重修。明洪武二年，縣丞仰山重建。成化十二年知縣李景繁，宏治四年知縣馬龍，萬曆間進士溫純繼修。本朝康熙二十一年知縣葉章，三十五年知縣俞璉復修。教諭廨在縣城南街，訓導廨在學旁櫺星門前。

盩厔縣

（906）縣學，《通志》，在縣治東南，元大德十一年建。至正間，知縣王淵修。明洪武四年重修。三十年按察使師存智，宏治間知縣蕭選，正德間知縣吳愚，嘉靖間知縣奴昂，四十二年知縣何起鳴，萬曆間知縣梁克順，天啓間知縣田時暢繼修。本朝順治八年，知縣張成功修。十七年，知縣駱鍾麟重建。康（907）熙十七年知縣章泰，五十六年署縣吳廷芝、教諭安其位，五十八年知縣董霑增修。旁爲教諭、訓導廨。

渭南縣

（908）縣學，《通志》，在縣治東。明洪武二年，縣丞吳雲建。成化九年，知縣周寧修。嘉靖間，以地震圮，知縣李希雒重建。知縣王宮用、趙雲程，隆慶間知縣梁許、帥祥，萬曆間知縣張棟、楊所繼修。本朝順治十年知縣尚九遷，十四年知縣陸贊奇，康熙初年（909）孫熿，四十二年知縣黃培增修。明倫堂西南爲教諭、訓導廨。

富平縣

（910）縣學，《通志》，在縣治東北，明洪武三年，主簿陳忠信建。九年，縣丞芮弼修。天順五年知縣王杰，成化十八年知縣張本，宏治五年知縣陳潤，八年知縣李良，正德六年知縣劉藻，嘉靖三十五年知縣趙桐，隆慶間知縣史燦，萬曆七年知縣劉兌繼修。本朝康熙十九年知縣郭傳芳，五十二年知縣楊勤重修。教諭廨在縣治東北，訓導廨在明倫堂西。

禮泉縣

（912）縣學，《通志》，初在舊縣治東南。宋皇祐間，殿中丞薛周建。明洪武四年，移今縣治東。宏治六年，知縣王錫修。十年，提學楊一清議徙縣治南。十六年知縣李用，嘉靖九年署縣同知劉茂賢，萬曆二十三年知縣張大美，天啓五年知縣蕭如尹繼修。本朝康熙二年知縣查蓳英，十三年知縣鄭廷秀、署縣王爾謙，十九年知縣劉名譽、教諭喬子煜、訓導陳楷，三十八年知縣裘承佩、教諭梁應辰，雍正九年署縣錢界復修。教諭（913）訓導廨，在明倫堂左右。

同官縣

（913）縣學，《通志》，在縣治東，明洪武八年，知縣魯俊因宋舊址建（914）。尊經閣東爲訓導廨。

耀州

（914）州學，《通志》，在州治北，宋嘉祐中建。明洪武三年，知縣魏必（915）興重建。成化十一年知州鄧正，宏治八年知州任奎，嘉靖三十九年知州江從春繼修。學正訓導廨，《州志》，在明倫堂左右。

道光《西鄉縣志》

道光《西鄉縣志》，成文出版社有限公司，1970年。

西鄉縣

（"祠寺"，85）文昌閣，東門城上，今併入南街大廟修祀。

光緒《孝義廳志》

光緒《孝義廳志》，成文出版社有限公司，1969年。

孝義廳

（卷六"學校志"，187）孝義設學最後，規模獨隘，學額不及中縣之半，書院、義學始則粗具，迨化久道成略有可觀，而越逆一炬，竟同秦火。廟院典籍，咸無一存。幸屢逢良守，補葺經營。雖未煥然大備，而仞墻（188）依舊，棟宇更新，誠爲不幸之大幸也。志"學校"。

文廟在東門內，居廳署正東。嘉慶二十一年，同知沈相彬建修。同治元年，毀於賊，存者無幾。五年，同知侯鳴珂勸捐補修大成殿、東西廡。光緒五年，署同知湯銘新勸捐補修禮門、義路及戟門、欞星門、名宦祠、鄉賢祠及外圍墻垣，至今煥然一新，惟祭器尚未修復。大成殿三楹，東西廡各五間，戟門三楹，更衣亭三間，執事齋三間，中爲泮池，牌樓一座，毀未修復，泮池前欞星門三楹，左義路、右禮門。（189）崇聖祠，三楹，在大成殿後。名宦祠，在戟門外東。鄉賢祠，在戟門外西。

光緒《新續渭南縣志》

光緒《新續渭南縣志》，成文出版社有限公司，1969年。

渭南縣

（卷三"建置志·學署"，252）儒學，在文廟西，門垣聯屬。洪武初吳雲造，成化中周寧拓修之，其後相繼重新。嘉靖地震，圮，李希雒重建，帥祥、張棟、楊所修俱爲增置。本朝尚九遷、陸贊奇、孫璜相繼重修。康熙四十二年，黃（253）培重葺文廟，告竣，更加修治，詳孫士杰碑記。庠門，王宮用建。儀門。明倫堂，趙雲程建。尊經閣，梁許建，參議南軒記；尚九遷重修，員外李毓英記。博文齋，在閣下堂前左（記均在"藝文志"）。約禮齋，在閣前右，俱張棟建，吳曾貫又建，今均廢。號舍六楹，在儀門內，亦張棟建，今廢。教諭署，在明倫堂左。訓導署，在明倫堂右。（254）新續：學署基址仍舊，同治元年，城池失守，署內房屋焚毀。十年，邑令黃傅紳、王珠煒相繼建修，明倫堂並忠義孝弟、節孝（255頁）等祠，暨訓導署一所。射圃，在東關街北，地震後廢爲民居。

（卷四"祠祀志·廟"，285）文廟，在縣治東，人和街北，相傳爲唐鄂國公尉遲敬德造。明嘉靖年，圮於地震，知縣李希雒重建，王宮用成之。重（286）修者明梁許、帥祥、張棟、楊所修、張希夏、本朝尚九遷、陸贊奇、黃培、岳冠華，尚有失考者。最後則嘉慶十三年，邑令奎豐率邑紳唐順祖、雷超、董生春等易垣以磚，增大大成殿、東廡、西廡、祭器庫、泮池、欞星門前後各宇，又增肅儀亭三楹於欞星門外。道光五年，邑令吳曾貫又修之。崇聖祠，在文廟戟門外，名宦祠東。名宦祠，在戟門外左。鄉賢祠，在戟門外右。忠義孝弟祠，在儒學儀門外左，嘉慶十一年修。（287）節孝祠，在儒學儀門外右，舊在引華門路北。新續：同治元年，捻回之亂，殿宇悉毀。十年，邑令黃傅紳、王珠煒相繼集捐重修大成殿、東廡、西廡、崇聖祠，暨欞星門、泮池、祭器庫、名宦祠、鄉賢祠、忠義孝弟祠、節孝祠等略備。

（289）文昌宮，在引華門內路北，嘉慶十四年建。新續：同治元年，捻回之亂，廟址全毀。十一年，邑令張國鈞籌捐建修。
（291）魁星樓，在儒學東。（292）文昌閣，在東關五指山下。

民國《興平縣志》

民國《興平縣志》，成文出版社有限公司，1969年。

興平縣

（卷二"建置"，72）奎星樓，在縣東南城上，明知縣章評建。清知縣王權修補，增高三丈有奇，詳"藝文"。

（卷二"建置·廟祠"，90）文廟，在縣治西，《舊志》未詳所始。武功、三原各志，皆謂元世祖時建，或亦建於是時。明萬曆中，知縣劉騰霄重修，爲櫺星門、泮池、儀門、左右鄉賢、名宦祠，再進爲大成殿，殿前左右爲兩廡。康熙四十六年，知縣田衷孚倡治各器，鐘鼓鉶敦琴瑟枕敔一一齊備。年久損失，存者無幾，知縣李夢愚重補之。光緒（91）二十五年，知縣楊宜瀚捐二百金，延徐懷璋補治籩鉶敦筐爵注麾旌鏞翟歌笏供棹等類。民國十一年，知事王廷珪捐廉三百金，令徐懷璋製補祭器，殘缺復完，知事李居義撥款修葺正殿。（96）崇聖祠，在文廟西北。明知縣朱文清建。名宦、鄉賢祠，在文廟內，明知縣劉賢立，朱文拓之。文昌宮，在崇聖祠之前。忠孝祠，在文昌宮西。（97）節孝祠，在忠孝祠西。上二祠，雍正四年，知縣胡蛟齡奉旨立。

嘉慶《續修潼關縣志》

嘉慶《續潼關縣志》，成文出版社有限公司，1969年。

潼關縣

（卷上"建置志第二·學校"，20）學宮，自明指揮孫璟盡捐其宅地，始宏敞，繼以歷年增設，制愈備焉。大成殿五楹，東西兩廡九楹，戟門五楹。名宦祠三楹，在戟門東；（21）鄉賢祠三楹，在戟門西。櫺星門，在泮池南。肅儀廳，在泮池東。禮門、義路坊，在大門外。崇聖祠，在大成殿東。自乾隆丁卯至嘉慶己巳，知縣王懷堂、同知汪鍾、陸維垣、朱學濂、沈相彬歷加修葺。奎星樓，在學宮東南。尊經閣，在學宮西南。乾隆十五年，同知紀虛中建，監生李訓捐資。學署，在學宮西，自明副使汪尚寧修廣後遂完美。明倫堂三楹，二門三楹，大門三楹，學舍廳三間，後房三間。敬一亭，在明倫堂後，嘉慶十五年訓導蘭鵬程重修。

（卷上"禋祀志第三·祀典"，35）忠孝節義祠，在西街。雍正六年，知縣黃憲鯤奉文建。乾隆八年，重修。嘉慶二年，重修。（37）文昌宮，嘉慶七年，同知虞友光奉文建，在學宮東，即鳳山書院故址。奎星閣，在學宮。（38）文昌宮，在北極巷。文昌閣，一在象山上，乾隆五十六年，居人張學騫創修亭子三間；一在學宮。奎星樓，一在象山上，乾隆五十六年，張學騫創建；一在麒麟山上。

民國《續修禮泉縣志稿》

民國《續修禮泉縣志稿》，成文出版社有限公司，1969年。

禮泉縣

（卷四"建置志·祠廟"，210）文廟，在縣治南，東、北俱抵民居，西抵儒學，南抵大街。大成殿五間，左右有庫房藏祭器。戟門三間，兩廡二十六間，欞星門三間。萬曆二十三年，知縣張大美重修。康熙十三年，知縣鄭廷秀繼府幕署縣事王爾謙，會同訓導（211）梁招鳳重修。其兩廡，於康熙二年，知縣查蜚英協同訓導申旨重修。舊廟泮池在欞星門內，天啓五年，知縣蕭如尹移置大門外。東有文昌閣，南有魁星樓。《舊志》云，雍正九年十一月十二日，大成殿火，知縣錢界率紳士捐修，功垂成，復火，再捐修，於十一年工竣，頗失舊制之宏麗。《前志》所載祭器并失，知縣宮耀亮製大尊一、大鼎一、中尊三、香鼎五、燭臺十七具、香爐九、籩豆簠簋各九、錫爵六十九，見《蔣志》。嘉慶七年，知縣周賡修葺。咸豐七年，知縣王澤春、教諭傅詩、訓導楊瀚藻、典史袁椿重修。光緒十五年，知縣張鳳岐、教諭羅士鑛、訓導樊楷率邑紳重修，升築大成殿地基七尺有奇、崇聖祠地基五尺有奇，東西朝房各三間，邑（212）人張毓秀撰記。

（217）崇聖祠，舊在文廟東。明嘉靖十一年，知縣張良輔建。萬曆二十九年，知縣張大美徙建大成殿東，見《蔣志》。清嘉慶七年，知縣周賡修葺。咸豐七年知縣王澤春，光緒十五年知縣張鳳岐又與文廟同時重修。（218）名宦祠，在文廟戟門外東，明陵川縣知縣苟鶴齡修，見《蔣志》。咸豐七年知縣王澤春，光緒十五年知縣張鳳岐均重修。鄉賢祠，在文廟戟門外西，三間，修葺及重修與名宦祠同時。忠義祠，在儒學大門內東，西向。雍正六年建，見《蔣志》，正殿三間，（219）捲棚三間。咸豐七年，邑人袁體乾、宋重封、袁作楷捐資修葺。光緒十五年，知縣張鳳岐率邑紳重修。（220）節孝祠，在儒學大門內西，東向，創建重修與忠義祠同。（222）文昌宮，在縣治南街，北向，屏壁圍繞，左右角門各一，正殿三間，（223）獻殿三間，東西朝房各三間，左側先代祠三間，右側奎星樓一座。清嘉慶六年，列入祀典。七年，知縣周賡創建。咸豐七年，升中祀，春秋諏吉祭並祀先代。是年，知縣王澤春重修。宣統初元，邑人宋伯魯、張時惠捐資修葺，今祀廢。文昌樓三，一在縣治新巷北口，清道光二十六年重修，有碑；一在縣治北街之西；一在北街之東，今俱廢。奎星樓二，一在縣治東南城隅，清道光間重修；一在南城，光緒初年，知縣劉開第建。今俱殘破。

（卷四"建置志·衙署"，202）教諭署，在文廟西，今廢。訓導署，在文廟西，今廢。《蔣志》云：有二署，今無考。

（卷四"建置志·局所"，202）教育局，初設教諭、訓導署。民國十七年，始移縣府東舊考院。清光緒三十二年，名勸學所。民國二年，更名學務局，尋復為勸學（203）所。十五年，改今名。二十二年，裁。

民國《續修南鄭縣志》

民國《續修南鄭縣志》，成文出版社有限公司，1969年。

南鄭縣

（卷二"建置志·壇廟"，173）文廟，在縣署南，城西南隅孝義坊。中大成殿，東西兩廡，前欞星門、戟門、泮池，後為尊經閣。明萬曆年間郡守李有實、崔應科，清（174）順治五年郡守張元初，康熙二十五年郡守滕天綬，嘉慶十六年知縣楊大坦相繼修葺。啟聖祠，在大成殿北二十步，明嘉靖十七年建。廟貌崇宏，祭器、樂器、佾舞俱備，每歲春秋仲月上丁日釋奠，同日致祭啟聖祠。名宦祠，在文廟欞星門左。（175）鄉賢祠，在文廟欞星門右。（176）忠孝節烈等祠，亦附文廟欞星門外。（177）文昌宮，舊在南門內，街西。民國八年，移修農業學校。祠前奎星閣尚存。

（卷二"建置志·官署"，171）府教授廨，舊（172）在學宮明倫堂後。訓導廨，舊在明倫堂右。同治二年，已毀無存，今明倫堂改爲勸學所教育會。

光緒《續修平利縣志》

光緒《續修平利縣志》，成文出版社有限公司，1970年。

平利縣

（卷三"建置·祠廟"，63）文廟，在城內東南隅。道光三十年，知縣鄭鑒、訓導史兆熊重修，並新修六祠。奎星祠，在欞星門外，西向。土地祠，在欞星門外，東向。忠義祠，在欞星門外，西向。名宦祠，在欞星門外，西向。鄉賢祠，在欞星門外，東向。節孝祠，在欞星門外，東向。（64）文昌宮，在城隍廟右，道光元年知縣方傳恩建。（65）奎星樓，在縣城東南角上。

（卷三"建置志·公署"，61）訓導署，在文廟右側。

光緒《洵陽縣志》

光緒《洵陽縣志》，成文出版社有限公司，1969年。

洵陽縣

（卷四"建置·公署"，99）教諭署，在明倫堂之右，原建門二閭，大堂三間，內住房三間，兩偏廂房四間。乾隆四十六年，教諭王璠捐修，外增廂（100）房四間。訓導署，在明倫堂之後，內堂二間，住房三間，廚房一間，門二閭。

（卷五"學校"，119）文廟，初在舊縣治西，洵水之滸。明洪武五年，縣令李肅建。成化八年，圮於水，知縣杜琳遷建今縣治左。十一年，知縣王延齡拓修。宏治間，知縣蔣昺續修。萬曆十五年，知縣趙嘉猷倡捐鼎新。三十三年，知縣喬木榮續修。四十五年，知（120）縣陳士龍復修。國初，未知有無修建。現今大成殿三間，乾隆二十二年知縣郭聯奎重建。東西兩廡八間，雍正十一年知縣葉時汭重修。東偏敬一廳三間，乾隆三十七年知縣盧甲午建。外大成門三閭，康熙四十三年知縣李宏勳重修。櫺星門一所，亦知縣盧甲午修，道光二年知縣康節重修。同治三年，知縣孫濰重修。

（121）崇聖祠，在學宮之右，原建殿宇三間。康熙五十二年知縣林洙修建。名宦祠，在大成門左，雍正七年知縣韓德修建。（123）鄉賢祠，在大成門右，雍正七年知縣韓德修建。（124）節孝祠，在大成門右，雍正九年知縣袁海建。乾隆四十七年，知縣鄧夢琴重修。（125）明倫堂，在學宮之左，乾隆三十四年知縣何大成重修。同治四年，知縣孫濰重修。（140）魁星樓，在縣署大堂左偏，光緒十一年知縣高偉曾建。文星塔，一建縣城東靈崖寺，一建縣城南銀杏園。光緒元年，知縣林元薌建，旋圮。光緒二十九年，知縣李丙焱改建於縣南旗杆山。

（卷六"壇廟"，154）文昌宮，在縣城東北隅，改建於嘉慶初年。嗣因廟宇傾圮，同治七年知縣孫濰重修。（156）文昌閣，在縣城北邊，有魁星像。乾隆四十五年，知縣鄧夢琴建。咸豐時，改建魁星樓，因有文昌宮，乃拆此閣，用其材。忠義祠，在縣城西門炮臺上。嘉慶六年，知縣嚴如熤建，今毀。

乾隆《延長縣志》

乾隆《延長縣志》，成文出版社有限公司，1970年。

延長縣

（卷二"建置志·公署"，50）訓導署，在學宮明倫堂後，廳事三楹，東西廂房各三間。訓導署在文廟西，創建年月失考，附近亦無碑志可查。舊建房屋，同治七年，回匪入城，付之一炬，僅遺石窰三孔，破石堆積，四壁（51）零落。同治七年後，即借今縣署二堂後倉院居住。光緒十四年，訓導強鴻烈改移民房，旋移書院，學署舊址遂成一片荒涼土。光緒末迄未舉修，駐房官歷無署，賃住民房。

（卷二"建置志·學校"，53）文廟，南向，在治東，宋崇寧初建。

明洪武十四年，知縣吳宗梅修。成化間，知縣孫逢吉重修。清康熙初八年，知縣孫芳馨重修。五十（54）五年，署知縣鄜州知州張雲鶴倡捐重修，中歷二百餘年，時加補修。至光緒三十三年，知縣余元章復倡捐重修，旋升任，繼任者陳廷杰、洪寅、賈映南、張韜四公，克贊厥成，凡歷五稔，至民國二年，厥功告竣，煥然一新。廟制：正殿九楹，兩廡各七間，外大成門五楹，門左名宦祠，右鄉賢祠，門外爲泮池，甃石橋，深一丈，外櫺星門五楹，外爲照墻。乾隆八年，知縣趙酉改八字墻爲圍墻，東西兩門出入，照墻外隙地爲萬世宗師石坊。明萬曆間，知縣王道明捐建，坊外琉璃照壁一座，今毀，外爲街道。戟門外東西有德配天地、道觀古今二石坊。康熙二十六年，邑紳薛柱斗建，並置殿內銅香鼎。殿後左爲崇聖（55）祠，右前爲倫堂。

（57）崇聖祠，在大成殿左。祠自萬曆間，知縣王嘉枬建，舊稱啟聖祠。康熙十六年，知縣孫芳馨重建。雍正元年，改崇聖王祠。（58）明倫堂，在文廟右，五間，左右成德、達村齋各三間，外大門至大門頗寫遠。尊經閣，在明倫堂後，今存遺址，俗稱官井崩。（59）忠孝祠，雍正六年建，在明倫堂二門後。節義祠，同年建，東街。學土地祠。學署舊址，在文廟左。

乾隆《鎮安縣志》

乾隆《鎮安縣志》，成文出版社有限公司，1969年。

鎮安縣

（卷五"建置"，188）文廟，在縣治西北，明景泰三年，遷治時建，日久傾圮。正德六年，知縣俞鼎爲假廟無定所，曉百姓家□之，始捐建於今地。嘉靖年間，知縣河東蘇某修。萬曆三十一年，知縣張鳳翼重修。國朝康熙八年，知縣許泗重修。乾隆三年，知縣楊華得請動項重修。崇聖祠，舊在文廟東偏。明嘉靖十四年，署縣沁州郝師（189）建，年久坍塌。國朝乾隆十四年，知縣聶燾捐資移建大成殿後。（190）文昌閣，在文廟櫺星門門左。名宦祠，在縣文廟左，雍正四年紳士捐建。鄉賢祠，在文廟右，雍正四年紳士捐建。按名宦、鄉賢二祠，宜置戟門之外，今乃在大成殿左右，與兩廡並列，甚屬桀謬，目前正在讓更。知縣聶燾捐修銀貯

庫俟修。忠孝祠，在文廟泮池右，雍正八年，署任知縣董權文、南
（191）文動項建。節義祠，在縣署右，雍正八年，署任知縣董權文奉文
動項建。訓導廨，在文廟右，向係賃居。乾隆十一年，紳士捐建，不敷，
益以學租。（192）明倫堂，在文廟右，學署之前。乾隆五年，知縣唐慶
曾祥請動項銀四十兩建。

光緒《鎮安縣鄉土志》

光緒《鎮安縣鄉土志》，成文出版社有限公司，1969 年。

鎮安縣

（卷下"地理"，96）文廟，在治城永安門內，明景泰三年遷治時建。
（97）名宦祠，在文廟欞星門左。鄉賢祠，在文廟欞星門右。節孝祠，在
西街。（98）文昌閣，在治東里許綉屏山前修。魁星樓，明萬曆十三年建。

光緒《洋縣志》

光緒《洋縣志》，成文出版社有限公司，1976 年。

洋縣

（卷三"祠祀志"，270）文廟，前制卑隘，康熙四年，知縣柯棟改
建，擴大成殿為五間。二十五年，知縣劉嗣季重修東西廡二十四間，知縣
謝景安重修泮橋；泮池、欞星門、戟門俱知縣劉嗣季同教諭張鳳翼、訓導
范希鎮修建；啓聖祠，在大殿後，知縣柯棟建，知縣李天叙重修；更衣亭
官廳在戟門左，宰牲所在戟門右，尊經閣在啓聖祠後，齋戒所在戟門前。
藍逆陷城，毀其半。光緒三年，知縣劉大炳興修。十一年，知（271）縣
陳澤春承修完竣如初，祭祀一遵典禮。文昌廟，在文廟西。（272）魁星
樓，有二，於明倫堂致祭。名宦祠，在文廟東南隅。鄉賢祠，在文廟西南
隅。（273）節義祠，在東街，知縣陳澤春重修。忠孝祠，在文昌宮東，
知縣陳澤春修。

（卷三"學校志"，277）儒學，在文廟東，學署為大門一座，明倫堂
二楹，內左右齋各一間，二堂三間。兩序，左為經義齋，右為治事齋。宅

門內（278）後堂五間，兩廈二間，俱教諭田兆岐重修。（278）《縣志》，唐天寶初始建州學於治東。宋治平中，知州蔡交遷於治之西南。元末毀廢。明初，縣丞潘謹言創建縣學（279）於城東。嘉靖間，御史方遠宜捐金，命知縣李維幾改建於城西北隅，嘉靖十年告成。清因之。基址方二十八畝八分，其署明倫堂、大門、儀門、尊經閣、敬一亭、博文齋、約禮齋、東西號房、射圃，又教諭公署、訓導公署、學倉，桂林、騰蛟、起鳳三坊。其前後修治者，明知縣王言、崔璽、宋銳、姚誠立，順治間柯棟、劉嗣季、鄒溶、謝景安，訓導常四運、教諭馮紹商等。

乾隆《宜川縣志》

乾隆《宜川縣志》，成文出版社有限公司，1970年。

宜川縣

（卷二"建置志·學校"，135）訓導廨，在縣署東南，學宮明倫堂後，廳事三楹，東書齋三間，廂房三間，西廂房五間，馬房二間，屏門一座。

（139）宜川縣學，舊在縣治西。元至元二年，知縣李宥建。至正十二年知縣劉士涇，明洪武九年知縣高以敬修。嘉靖間，徙縣治東。萬曆間，署事府同知石巍增修，給事降典史曹徵庸重修，有記。國朝順治十四年知縣王道亨，雍正三年知縣王志深又修，有記。廟制：前樹面屏一座，知縣趙時雍建，知縣王道亨易以磚屏。入爲欞星門三楹，又入爲泮池，池上架石爲橋，中爲戟門三楹，門左爲名宦祠三楹，（140）右爲鄉賢祠三楹。上爲正殿五楹，殿前爲露臺，東西翼爲兩廡，廡各七楹，廡東北角門入爲明倫堂三楹。堂東爲崇聖祠三楹，舊祠毀，知縣王道亨修。堂後爲訓導廨，詳見"公署"。廡西北角門入爲忠孝祠三楹，忠孝祠南爲節孝祠三楹，兩齋久廢，前後左右繚以垣。文昌閣，舊在七郎山麓。康熙十年，移建城東南隅。魁星樓在東城頭，今廢。

民國《宜川縣志》

民國《宜川縣志》，成文出版社有限公司，1969年。

宜川縣

（卷十九"教育志"，362）縣學，亦稱儒學，例附於孔廟，統名"學宮"，故其建置併詳於"祠祀志"。宜川學宮在縣治西，其講堂建於元至正間縣尹劉士涇，又築室以居掌教。迄明弘治間，知縣張倫擴修學宮，縣學之明倫堂及齋舍倉屋等始一新，並補購朝頒書籍，建聖謨閣以藏之。張於聖謨閣亦自撰有記，內列書目，藉可覘明代縣學之研究標準及範圍。（363）嘉靖間，與文廟同遷縣治東。清代因之。

（卷二十"宗教祠祀志"，399）宜川孔廟，金末被焚，元至元二十二年，縣尹李宥督建於縣治之西。至正十二年，縣尹劉士涇講新建堂，越三年，重修正殿及兩廡。（400）明洪武九年，知縣高以敬重修。正統間，知縣張鐸重修。弘治八年，知縣張倫擴修，并置典籍，鑄祭器，陝西提學楊一清特爲之記。（401）迨嘉靖間，邑貢生劉子誠以文廟學宮將有水患，倡議自縣治西而徙之東。後知縣賈明孝捐俸重修，並增建石柱、木欄等。（402）萬曆間，署事府同知石巍增修，給事降典史曹徵庸重修。迄清順治十四年，知縣王道亨復修葺之。雍正三年，知縣王志深又修。民國九年，增建門壁一座，書"教育宗範"四字。二十八年，敵機襲宜，炸毀廂房十餘間。近爲軍隊借住，坍塌者多。三十二年，本省臨時參議會議決"尊崇聖教，保護孔廟"，咨由本省省政府通飭各縣，加意保護，禁止軍隊駐扎。

其廟制，《吳志》就其全系統，自外而內，簡述如下：廟（403）制，前樹面屏一座，入爲欞星門三楹，又入爲泮池，池上架石爲橋，中爲戟門三楹，門左爲名宦祠三楹，右爲鄉賢祠三楹。上爲正殿五楹。殿前爲露臺，東西翼爲兩廡，廡各七楹。廡東北角門入，爲明倫堂三楹，堂東爲崇聖祠三楹，堂後爲訓導廨。廡西北角門入，爲忠孝祠三楹。忠孝祠南（404）爲節孝祠三楹。兩齋久廢，前後左右繚以垣。文昌閣，舊在七郎山麓，康熙十年，移建城東南隅。魁星樓，在東城頭，今廢。（410）文昌閣，原在七郎山麓，舊名文昌宮。清康熙十年，移建於南街。雍正年間，重修正殿、獻殿各三間，戲臺一座，東西廂房各六間。今改爲縣中山教育館。魁星樓，一在縣東門外鳳翅山；一在縣治南街，即文昌閣左側，清乾隆五十四年己酉建修，高數丈，周圍以磚砌成。中空，有梯可登，今無。上蓋挑脚式，今有損壞。

光緒《永壽縣志》

光緒《永壽縣志》，成文出版社有限公司，1970年。

永壽縣

（卷五"祀典"，207）文廟，《陝西通志》，舊在縣署西北，元延祐七年建。致和元年，縣尉宋思義重修，治中單鵠有記。明洪武三年重修。天順元年，知縣郭質重修，河東薛瑄有記。本朝康熙八年，知縣張焜創建於新縣治東。《縣册》，乾隆三十九年，邑紳士捐貲重修。是年四月十五日興工，四十一年正月工竣，正殿五楹，兩廡各三間，泮池在大門內。今學宮在縣署正北迤東，殆即邑紳捐貲重修者，當非前令張君焜創建舊址矣。

（231）忠孝祠，在文廟戟門外東西。（232）節孝祠，在文廟戟門外東西。（233）名宦祠，在學宮戟門內。鄉賢祠，在學宮戟門內。（242）明倫堂，在文廟右偏。（246）文昌閣，《張志》，閣久廢，前令李如瑾立像於南城，并新其閣。乾隆五十八年，知縣蔣基改建於縣南關。

（卷三"建置·公署"，133）訓導署，在縣署正北。

光緒《鄠縣鄉土志》

光緒《鄠縣鄉土志》，成文出版社有限公司，1969年，56頁。

鄠縣

（卷下"地理"，56）明倫堂，在文廟北門，房二楹，正堂六楹，內爲崇聖祠，樓上爲尊經閣。文廟，在東街正中，其制南向，臨街，牌坊四楹，高二丈，以內有二門，東曰賢關，西曰聖域，兩旁門東曰禮門，西曰義路，又內爲欞星門，又內爲戟門六楹，東爲名宦祠，西爲鄉賢祠，各四楹，戟門內爲東西兩廡，各八楹，兩廡北上爲大成殿，四面皆重檐。（57）節義祠，在高等小學堂西偏，即節烈祠。

民國《重修鄠縣志》

民國《重修鄠縣志》，成文出版社有限公司，1969年。

鄠縣

（卷二"官署"，152）儒學，舊在城外。明洪武初，教諭張紳移建縣署西。永樂甲午，教諭方蘄、訓導馮翊重撤而新之。共兩署，在明倫堂東者爲東學，教諭居之。清末廢兩學，立勸學所於此，民國改爲教育局。西者爲西學，訓導居之。民國三年設文廟奉祀官，十年立參事會，俱居於此。今俱廢，現爲各總約輪流辦公室。明倫堂在文廟後，（153）崇聖祠前。明嘉靖丁亥，知縣康天爵撤舊堂作新堂六楹。清順治癸巳，知縣魏似韓重修，有記，堂前東西爲博文、約禮齋，各四楹，堂後爲敬一亭。今無，民國十年立縣議會於此，現改爲財政局。泮池，在文廟櫺星門內，長三丈，闊半之，深一丈，上有橋，其學制如此。明翰林侍講楊鼎有"鄠縣重修廟學記"，見"金石"，蓋昔學與廟未分建。孫酉峰謂廟學之制不可無別，《舊志》於廟學統曰學宮，誤矣。故今列儒學於"官署"，而文廟則列於"祠廟"。（154）教育局，民國十五年，由勸學所改組，在舊儒學東署內。

（卷二"祠廟"，157）文廟，在東街縣署西，即儒學舊址也。明洪武初建。是後，修葺屢矣，可考者，正統十二年重修；萬曆二十五年丁酉，知縣王九皋重修，有記；崇禎十一年及康熙十七年，俱重修。其制：南向，前正中爲廟，壁左右有門，東曰聖域，西曰賢關，壁前建木牌樓一座，上懸金字牌，額曰"文廟"，以臨大街，門以木欄，常閉，東西砌以磚墻，虛之如櫺，其東有門曰禮門，有事於廟者所出入也。壁內爲櫺星門（舊以木爲之，康熙中。知縣吳廷芝易以石），四楹。門前左右爲泮池，中駕橋梁，而空其下以通水。櫺星門北爲戟門六楹；其東爲名宦祠，西爲鄉賢祠，各四楹；戟門內爲東西廡，各八楹；兩廡北上爲大成殿，八楹，四面皆重檐。殿後即明倫堂，六楹。堂後爲啓聖祠，清雍正元年改爲崇聖祠。祠西，即儒學訓導宅，民國初改爲參事會，今廢。（168）文昌閣有二，一在東城上東南隅巽方，清康熙中，知縣康如璉修；一在街心大觀樓，明崇禎乙亥，知縣張宗孟建，有記，邑人張提學宏襟亦有記，見

"金石"；清乾隆乙丑，知縣李文漢重修，亦有記。魁星樓，舊在文廟戟門外之巽方。康熙癸巳，知縣吳廷芝移城上東南隅，邑人豐川王氏心敬記。乾隆甲午，知縣汪以誠重修。

道光《陝西志輯要》

道光《陝西志輯要》，成文出版社有限公司，1970 年。

西安府
（卷一，45）西安府學，府治東南。

長安縣
（52）長安縣學，在城東南。

咸寧縣
（68）縣學，在縣治西。

咸陽縣
（90）縣學，在縣治西。

興平縣
（100）縣學，在縣治西。

臨潼縣
（112）縣學，在縣治北。

高陵縣
（124）縣學，在縣治北。

鄠縣
（卷二，136）縣學，在縣治西。

藍田縣

（146）縣學，在縣治南。

涇陽縣

（156）縣學，在縣治西南。

三原縣

（168）縣學，在縣治西。

盩厔縣

（182）縣學，在縣治東南。

渭南縣

（194）縣學，在縣治東。

富平縣

（208）學校，在縣治東北。

禮泉縣

（220）縣學，在縣治東。

同官縣

（228）縣學，在縣治東。

耀州

（234）州學，在州治東。

同州府

（卷三，247）府學，在府治西南。

潼關廳

（252）廳學，在治東。

大荔縣

（260）縣學，在府學內。

朝邑縣

（270）縣學，在縣治西南。

郃陽縣

（282）縣學，在縣治南。

澄城縣

（292）縣學，在縣治西。

韓城縣

（300）縣學，在縣治東。

白水縣

（310）縣學，在縣治南。

華州

（316）州學，在州山東。

華陰縣

（330）縣學，在縣治東。

蒲城縣

（342）縣學，在縣治東。

鳳翔府

（卷四，351）府學，在府治東一里。

鳳翔縣

（355）縣學，在府學西。

岐山縣

（364）縣學，在縣治東。

寶雞縣

（372）縣學，在縣治西。

扶風縣

（380）縣學，在城內東街。

郿縣

（392）縣學，在縣治西。

麟游縣

（400）縣學，在縣治東。

汧陽縣

（406）縣學，在城內中街。

隴州

（412）州學，在州治西南。

乾州

（418）州學，在城內東街。

武功縣

（426）縣學，在北街。

永壽縣

（438）縣學，在治西北。

邠州

（444）州學，在州署西。

三水縣

（452）縣學，在治東。

淳化縣

（458）縣學，在縣治東南。

長武縣

（464）縣學，在治東南。

鄜州

（470）州學，在治西南。

洛川縣

（478）縣學，在治西南。

中部縣

（484）縣學，在治東南。

宜君縣

（492）縣學，在治東。

漢中府

（卷五，499）府學，在府治西南。

留壩廳

（503）學校，未設。

定遠廳

（507）學校，未設。

南鄭縣

（512）縣學，在治東南。

襃城縣

（520）縣學，在治西。

城固縣

（526）縣學，在治東南。

洋縣

（534）縣學，在治東。

西鄉縣

（542）縣學，在治東。

鳳縣

（548）縣學，在治東。

寧羌州

（554）州學，在治西。

沔縣

（560）學校，在治西。

略陽縣

（566）學校，在治西北。

興安府

（573）府學，在府治南。

漢陰廳

（578）廳學，在治東。

安康縣

（583）縣學，在縣治東。

平利縣

（590）縣學，在治西。

洵陽縣

（594）縣學，在治西。

白河縣

（600）縣學，在治左。

紫陽縣

（604）縣學，在治西。

石泉縣

（610）縣學，在治東。

商州

（614）州學，在州治西。

鎮安縣

（622）縣學，在治西北。

雒南縣

（626）縣學，在縣治西。

山陽縣

（632）縣學，在治西北。

商南縣

（638）縣學，在治西北。

延安府

（卷六，642）府學，在府治北。

膚施縣

（648）縣學，在治東。

安塞縣

（656）縣學，在治南。

甘泉縣

（662）縣學，在治西。

保安縣

（668）縣學，在治南。

安定縣

（674）縣學，在治東。

宜川縣

（680）縣學，在治西。

延長縣

（686）縣學，在治東。

延川縣

（692）縣學，在治西。

定邊縣

（698）縣學，在治東。

靖邊縣

（702）縣學，在治東。

榆林府

（706）府學，在治西。

榆林縣

（712）縣學，附府學。

神木縣

（720）縣學，在治南。

府谷縣

（726）縣學，在治東。

葭州

（734）學校，在州治北。

懷遠縣

（740）縣學，在治西。

綏德州

（745）州學，在治東。

米脂縣

（752）縣學，在城東。

清澗縣

（758）縣學，在治西南。

吳堡縣

（764）縣學，在治西南。

光緒《綏德州志》

光緒《綏德州志》，成文出版社有限公司，1970 年。

綏德州

（卷二"建置志·壇廟"，177）文廟，在州治東，學堂□。金承安五年，承事郎判官東原高公由城西移建今所，後屢經重修。同治六年，兵燹。十（178）年，觀察成定康重建，俱有碑並詳學宮。文昌祠，一在學宮右，明正德年建，乾隆丁未知州蔣勳重修。嘉慶十八年，學正張重修。同治十二年，觀察成定康重修，俱有碑；一在巽地樓；一在保障碥，餘不具載。魁星閣，一在巽地樓，一在東門堨，一在保障碥，餘不具載。（179）節孝祠，在永樂門內。

（卷四"學校志"，279）聖廟，大成殿五楹。（282）殿前月臺，左隅建乾隆二十年御製平定準噶爾告成碑一座。月臺南爲甬道，東西建兩廡各七間，又南爲戟門，左義路，右禮門，戟門南泮池，又南欞星門，東西名宦、鄉賢二祠各三間，又東忠孝祠二間，又西陳設亭二間。（303）欞星門，正南照壁一座，左右木柵欄門，門額書"德配天地""道冠古今"各四字，外有奉旨下馬碑，碑西儒學大門，大成殿後儒學儀門，正北明倫堂五間。（304）堂下西齋房三間，堂東北爲崇聖祠。明嘉靖九年，於大成殿後立啓聖祠，祀叔梁公。國朝雍正元年，詔封孔子先世王爵，合祀五代，更啓聖祠爲崇聖祠。（306）敬一亭三間，在明倫堂後壁，亭後正北尊經閣，閣下正窑三孔。東廂窑三孔，爲學正宅；西廂房五間，爲學正書房。

乾隆《鳳翔府志》

乾隆《鳳翔府志》，成文出版社有限公司，1970年。

鳳翔府

（卷三"祠祀"，80）文廟，南街。崇聖祠，大成殿後，雍正元年，改啓聖祠爲崇聖祠，追封孔子五代王爵，各州縣同。文昌祠，南街考院東。奎星樓，文昌祠內東南隅。名宦祠，戟門東。鄉賢祠，戟門西。忠義祠，府儒學大門內東。節孝祠，東街。

（卷六"學校"，224）文廟，府東南，鳳翔縣同，創建年代未詳。明景泰初，知府扈遷重修。成化七年，參議楊璧塑兩廡賢像。十五年，知府張本濟復修。後正德、嘉靖間，知府王江、劉涇、推官李承緒先後增修。國朝乾隆八年，府通判張文秸重修，更新木主，陝西布政司帥念祖記。《舊志》云，內有柏四株，大二十圍，傳爲東坡所植，今無存。大成殿，七楹；兩廡各四十間；神庫三間，正殿西；神厨三間，東廡北；戟門三間；櫺星門三間；泮池，櫺星門外；泮宮牌坊一座，泮池前。德配天地坊，泮池東；道貫古今坊，泮池西。宰牲所，廟外街南。崇聖祠，五楹，大成殿後。名宦祠，戟門外東。鄉賢祠，戟門外西。忠孝祠，文廟西。府儒學公署，舊在府治東一里許，宋慶曆中建。金大定初兵毀，明昌元年重建。元末，徙文廟西。明洪武四年，知府周煥重修。正統間知府扈遷，成化間知府侯瓚、張本濟，正德間知府王江繼修。嘉靖四十四年，知府史官增修，郡人周易有記。明倫堂三楹，乾隆三十年，知府達靈阿重修。尊經閣，三間，明倫堂後，乾隆二十八年，教授楊本沛重修。兩角門，各一間。大門，三間。射圃，學外街南。教授宅，明倫堂後東。正宅，三間。兩翼房，各二間。書房，三間。書房及兩翼房，俱教授楊本沛重修。訓導宅，明倫堂西。正廳，三間。厢房，二間。住房，三間。宅門，□間。

鳳翔縣

（卷六"學校"，227）鳳翔縣儒學，府學西。明洪武六年，知縣趙士奇建。正德十四年，知府王江重修。萬曆三年知縣王與可又修。本朝順治十年，知府王纘聖、知縣蔣仲寶、縣丞李日芳繼修，邑人袁楷有記。明倫堂，三楹。儀門，三間。東西角門，各一間。大門，三間。教諭宅，明倫堂東。宅門，一間。住房，三間。東西厢房，各三間。客廳，三間。厦房，二間。訓導宅，舊在明倫堂後，今圮。

岐山縣

（卷三"祠祀"，81）文廟，縣治東。崇聖祠，大成殿後。文昌祠，縣治東北正街。名宦祠。鄉賢祠。忠義祠。節孝祠。

（卷六"學校"，230）文廟，縣治東。唐武德初建。宋雍熙間重修。金末，毀於兵。元至元二十八年，縣令張蕩古重建。明洪武、景泰、正德、嘉靖、萬曆間，縣丞沈以德、主簿呂通、知縣張緒宋、（231）王治、韓廷芳、於邦棟先後五修。國朝順治五年知縣趙鏡，順治十四年知縣王轂又相繼修。大成殿，五楹。東西廡，各十間。戟門，三間。神庫齋宿所，五間，戟門外東。省牲造需所，五間，戟門外西。石柱一座，上刻八景詩。欞星門，三間。崇聖祠，三楹，大成殿後。名宦祠，三間，戟門外東。鄉賢祠，三間，戟門外西。儒學公署，文廟東。唐武德四年建。金末兵燹。元至元二十八年，縣令張蕩古重建，推官文禮愷記。明洪武四年縣丞沈以德、主簿呂通，景泰六年知縣張緒宗，弘治四年知縣榮節，正德十三年署縣事教諭王治，嘉靖三十四年知縣令狐一豸、韓廷芳相繼修。國朝順治十四年，知縣王轂倡修。康熙二十四年，知縣茹儀鳳重修，有碑記。明倫堂，五楹。博文齋，五間。約禮齋，五間。儀門，三間。兩角門，各一間。大門，三間。敬一亭，三間，明倫堂後。教諭宅，敬一亭後；正宅，五間；左右廂房，各一間。訓導宅，教諭宅右；前廳，三間；後廳，三間。東西廂房，各一間。

寶雞縣

（卷三"祠祀"，82）文廟，縣署西。崇聖祠，大成殿後。文昌祠，學宮西。奎星樓，一在學宮東，一在城西南隅。名宦祠，戟門左。鄉賢祠，戟門右。忠義祠，縣治西。節孝祠，縣治東。

（卷六"學校"，232）文廟，縣治西，元大德十年，縣令邵顓建。明洪武四年，知縣胡恭修。弘治四年，知縣丁瑄復修。國朝順治間知縣薛光前，乾隆十年知縣董霖先後重修。大成殿，五楹；東西兩廡，各十楹；戟門，三楹；欞星門，三楹。東德配天地坊，西道冠古今坊。崇聖祠，舊基在大成殿後，甚湫隘，邑令喬光烈捐買民地一所，邑令董霖、教諭張其泰、訓導王用中重建。祠三楹，門樓一間。名宦祠，戟門外東。鄉賢祠，戟門外西；神厨，三間，東廡北，教諭武揮烈創建。神庫，三間，西廡北，今圮。宰牲所，西廡後。射圃，西廡後。儒學公署，文廟東。元泰定四年，教諭陳履謙建。明洪武九年，知縣吳彝、訓導郭誠重建。明倫堂，五楹；博文齋，三間，明倫堂左，今圮；約禮齋，三間，明倫堂右，今圮。敦說堂，三楹；東號房、西號房，各十間，今圮；儀門，三間；大門，三間；敬一亭，三楹，明倫堂東，址尚存。（233）教諭宅，明倫堂後。後樓三間，廂房六間，前廳三間，東書房三間，教諭張其泰捐建。訓導宅，敦說堂後。正宅三間，廂房四間。

扶風縣

（卷三"祠祀"，82）文廟，縣東街。崇聖祠，大成殿後。文昌閣，城東南隅敵臺上。奎星樓，附文昌閣內。名宦祠，戟門左。（下缺）

（卷六"學校"，236）文廟，城東街，始建年代無考。唐大曆二年，縣尉袁弁修，駕部郎中程浩記。宋皇祐元年，知縣王宗元重修。元延祐五年知縣張廷祐，明宣德元年知縣宋端，成化十三年盧恕，嘉靖二年知縣孫昌，三十三年知縣楊洞，萬曆三十四年知縣王祈正，皆相繼重修。四十一年，知縣馬政和始鑿泮池。大成殿，五楹；東西兩廡，各七間；戟門，三楹；欞星門三楹；泮池；廟門三楹。崇聖祠，三楹，大成殿後，乾隆三十年，知縣陳朝棟捐俸重修。名宦祠，戟門外東。鄉賢祠，戟門外西。儒學公署，文廟東。明洪武四年，主簿張一初建。成化十三年知縣盧恕，正德二年知縣張謂重修。明倫堂，三楹；儀門，三間；大門，三間。教諭宅，明倫堂後；正宅，三間；東西廂房，各二間；書房，三間，教諭劉若椿捐俸重修。訓導宅，文廟西；西翰堂，三間；內宅，三間；東西廂房，各二間，訓導崔映□捐俸重修。

郿縣

（卷三"祠祀"，83）文廟，縣治西。崇聖祠，大成殿後。文昌祠，縣東門外一里。奎星樓，舊在城西北隅，後移南城。名宦祠，戟門東。鄉賢祠，戟門西。忠義祠，鄉賢祠西。（84）節孝祠，縣署西。

（卷六"學校"，237）文廟，縣治西。元至正九年，縣令趙明時建。明洪武、成化間，重修御製祭器。大成殿，五楹；兩廡，共十四間，康熙五十四年，寶雞縣知縣李瑩署郿□捐俸重修。戟門，三間；欞星門，三間。崇聖祠，大成殿東北，三楹。名宦祠，三間；鄉賢祠，三間。儒學公署，舊在文廟後。元至正九年，縣令趙明時建。明弘治八年，提學楊一清徙建文廟東。嘉靖十四年，知縣程章仍徙廟西。崇禎元年，侍御強思重修，御史劉九經記。國朝康熙十年，知縣梅遇又修，有自記。明倫堂，五楹；儀門；大門；教諭宅，三間；訓導宅，三間。

麟游縣

（卷三"祠祀"，84）文廟，縣東郭。崇聖祠，大成殿後。文昌祠，文廟東。名宦祠，戟門左。鄉賢祠，戟門右。

（卷六"學校"，239）文廟，縣東門外，舊建於今儒學前。明弘治十五年，知縣胡儁改建學東，植柏千餘株，三原王恕記。嘉靖三十三年，知縣周誥重修。大成殿，五楹；東廡，五楹；西廡，五楹；戟門，三間；欞星門，三間。崇聖祠，三楹，大成殿後；名宦祠，三間，戟門外左；鄉賢祠，三間，戟門外右。儒學公署，文廟西。明弘治十五年，知縣胡儁改建。嘉靖、萬曆間，知縣周誥、邑紳何廷琦先後增修。國朝康熙四十二年，知縣范光曦、教諭羅魁、訓導藍國衡重修。（240）明倫堂，三楹；大門，一間，乾隆十一年，知縣朱良弼捐俸建修。教諭宅、訓導宅，舊在學大門西，圮，典住民房。

汧陽縣

（卷三"祠祀"，84）文廟，縣中街。（85）崇聖祠，大成殿後。文昌祠，縣北街，北山上又有文昌閣。奎星樓，縣城南角上。名宦祠、鄉賢祠。節孝祠，縣東街。

（卷六"學校"，241）文廟，舊在故城縣中街內。明嘉靖二十六年，與城俱圮於水，移置今縣中街，署令侯儒有記。大成殿，三楹；東西兩廡，各五楹；戟門，三間；欞星門，三間。東義路坊，禮門坊。崇聖祠，三楹，大成殿後；名宦祠，一間，戟門外東；鄉賢祠，一間，戟門外西。儒學公署，文廟後，明嘉靖二十六年建。明倫堂，三楹；大門，三間。教諭宅，明倫堂後；住房，三間；左右廂房，各二間。訓導無衙署，典住民房。

隴州

（卷三"祠祀"，85）文廟，州治西南。崇聖祠，大成殿後。文昌祠，州城西北隅。奎星樓，州城東南角上。名宦祠，戟門左。鄉賢祠，戟門右。忠義祠，鄉賢祠西。節孝祠，文廟左。

（卷六"學校"，242）文廟，州治西南，明正統元年，知州郭宗儀建，學正李益記。成化、嘉靖、隆慶間，知州遲恭、李暹、楊世卿先後修。國朝康熙五十年，知州宜思讓重修，州同黃士璟記。乾隆二十四年，知州韓成基又修，有記。大成殿，七楹；東西廡，各十楹；戟門，三間；泮池，戟門外，乾隆三十年，知州吳炳重修；欞星門，三間。（243）崇聖祠，三楹，大成殿北；名宦祠，一間，戟門外左；鄉賢祠，一間，戟門外右；忠義孝弟祠，三間，鄉賢祠西。儒學公署，文廟後。明正統元年，知州郭宗儀建。成化、嘉靖、隆慶間，知州遲恭、陳俊、李鏞、李遲、楊世卿相繼修。國朝順治十一年，學正蘇萬邦重修。明倫堂，五楹；大門，一間；學正宅，明倫堂後，正宅三間；書房，一間；大門，一間，乾隆二十八年，知州吳炳捐資爲建；內室，三間；從房，二間。訓導宅，文廟南，舊未建署，乾隆二十六年，諸生捐資買民房爲宅；內室，三間；外廳，三間；東西厢房，共五間；大門，一間。

道光《清澗縣志》

道光《清澗縣志》，成文出版社有限公司，1970 年。

清澗縣

（卷二"建置志·學校"，102）儒學署，在縣治西南一百步，東傍聖廟，西鄰闠闠。明洪武癸丑，知縣鄒宗彝建。明末，兵火，棄爲瓦礫場。國朝，知縣江雯重建，訓導王訓重修。明倫堂五楹，大門三楹，堂後敬一亭三間，亭後爲訓導宅；《廖志》載，博文、約禮二齋各三間，東西號房各九間，大門內儀門四楹，東西角門各一。《吳志》載，甬路上牌坊二，一曰"科甲題名"，一曰"騰蛟起鳳"，今俱廢。（103）尊經閣，在大成殿後，上樓下窑，周遭圍以重廊，乾隆癸酉建。閣即舊訓導宅遺址，今訓導宅即舊教諭宅。（104）射圃即教場，在縣東南三百步，宋种世衡教民習射之地。明永樂己丑，知縣侯華建演武亭三間，左築將臺，前築石垛。後爲（105）附近屯丁耕占。嘉靖戊午，河西副使王批查復舊，其界東山麓，南臨河岸，西接山川壇，北倚文昌臺。嘉靖丙寅，奉文建驛於此，遂改教場於射圃。舊射圃，今失考。隆慶庚午，驛沒於水，其地仍爲教場。國朝駐防兵數無多，營弁尚不摻演，惟知縣歲視武童校騎射於此。

（卷三"祠祀志·學宮"，117）聖廟，在縣治西南八十步。明洪武癸丑，知縣鄒宗彝建。洪熙乙巳、萬曆癸丑、國朝順治、康熙、乾隆等年，各重修。正殿曰大成殿，五楹；東西廡各五楹；南爲戟門三楹；門東爲名宦祠，西爲鄉賢祠，又南爲櫺星門三楹；左義路、右禮門各一座。外圍以垣，垣南數武爲泮池。《廖志》稱，舊有祭器庫，存銅器數百，兵後俱失，又稱神厨在戟門（118）內，省牲所在戟門外，俱廢。（120）崇聖宮，在大成殿東，堂三楹。名宦祠，在戟門左，堂三楹，圍以垣，門樓一。鄉賢祠，在戟門右，制如名宦。（122）忠孝祠，在崇聖宮後左偏，雍正丙午建，乾隆壬申重修，堂三楹。節義祠，在崇聖宮後右偏，創修年代同忠孝祠，堂三楹。（126）文昌祠，在縣東南五十步种公將臺上。明建文己卯，教諭田煥建。宣德戊申、正統戊午、萬曆乙巳、國朝康熙丁未、乾隆戊子各重修。祠堂三楹，獻庭如之，春秋祭祀，幸於是祠。前重樓一座，上祀魁星，下祀呂仙。乾隆壬戌，知縣王起鵬建，壬申重修。

道光《安定縣志》

道光《安定縣志》，成文出版社有限公司，1970年。

安定縣

（卷二"建置志·公廨"，72）儒學署，在文廟右，詳載"文廟"下。舊制大門牌坊三間，詳後，今俱毀。（73）今制大門一間，一石窑三孔，南向；一案房三間，東向；一二堂三間，東向。明倫堂左右窑一孔，新增。

（卷三"秩紀志·廟宇"，91）聖廟，在縣城東門內裏北，向南。舊制大成殿五楹，東西廡各五楹，戟門三楹，左右各一楹，欞星門三楹，左右義路、禮門二坊。前建照壁，今照壁移於泮池之南。大門外左德配天地坊，右道貫古今坊。泮池在大街南。尊經閣在北城上，久廢。敬一亭在廟左崇聖祠後，久廢。則圃倉廒俱廢。明（92）倫堂五間，博文、約禮二齋各五間，在明倫堂左右，今廢。崇聖祠，在廟左。雍正元年，改啟聖爲崇聖，追封孔子五代王爵。

按碑記並各志，聖廟與學宮創自元代，始基於縣治右。至元四年，知縣段允恭建。明洪武二年，主簿羅戀重修。宣德九年，知縣劉整因地址湫隘，移建於大街城東北隅，坐北向南，建大成殿五間，東西廡十間，戟門三間，學堂齋舍俱備，爰鑄鐘勒銘爲諸生勸。而神龕並欞星門三座，則縣丞馬睽所修也。正統十四年，知縣鄭淇及各爲增葺之。成化（93）十二年，知縣徐彬重修文廟，創建射圃、倉廒各一座，號房二十間，齋、堂、儒林坊亦次第告成，今俱廢。後知縣范盈出俸鑄銅祭器，今無存，年月亦不可考。嘉靖十年，知縣郭廷臣既新聖廟，又遷明倫堂於南百步許。四十三年，知縣孫橫修理城社，而廟與學亦各以次增飾焉。萬曆二十二年，知縣粘鍾巖從堪輿家言，將移廟於北山下，工未成而去。二十六年，知縣高天命至，以廟學俱遷，其費夥，分而爲兩，又不協於制，乃因故址開拓，修整廟廡門壁，俱完善，復遷敬一亭於啓聖祠之後。啓聖祠，建自嘉靖二年茅鷟爲令時，（94）至此亦煥然重新矣。舊址，敬一亭在城北，與鳳翼山正對，折而西爲明倫堂，堂東向，堂後爲學宅。亭既遷，則堂可南向，並遷學宅於廟後，因以學宅遺址作射圃，其與儒林坊鼎立者又有名宦鄉賢一祠。三十五年，知縣喬鍾秀重新學校，於北城上建尊經閣，又開泮池於廟前街南。四十六年，知縣陳應龍題其壁曰"鳳翔千仞"，意取"鳳山九級連雲"之義也。崇正六年，知縣張女耀買民地至南城下將爲儒林坊，開雲路，未及竣。兵燹後，廟學俱圮。國朝順治八年，知縣李嘉允置民房五間爲修明倫堂材料（95）計，工未興升任去。康熙二年，知縣張洪謨重修文廟，工與創建等。八年，知縣朱尚義重建明倫堂。十三年，知縣楊蘊修建兩齋，又建雲路於堂前，氣象宏敞，直接丹梯。二十七年，知縣張鼎新重修泮池。三十九年，知縣董一熏重修文廟，因門臨衢逵，塵氛囂集，創建義路、禮門二坊，屏以照壁。三十九年，膺施命郭公朝佑署縣事，重修明倫堂，並爲通庠贈匾曰"端方"。四十二年，朱尚義舉旨八名宦，而名宦、鄉賢祠久廢。公仲子時爲寧夏同知，捐俸百金，兩祠並建。四十六年，知縣廖均以啓聖祠歲久剝落，（96）舊址亦卑陋，增築之。五十二年，訓導張廸禽至。先是學署久廢，歷任廣文僦居民屋，無寧，宗公謀之，廖公均捐俸首倡，紳士亦樂從，各捐一金，創修石窖三孔，案房三間，兩齋、門房頓改舊觀。雍正二年，知縣施成澤歸自軍前，重修文廟，磚砌正殿，左右內外皆修整。乾隆十二年夏，高士超來宰定邑，甫下車，見聖廟破漏，兩廡水淤，泮池一區，短垣倒壞，爲灰上所塵積，遂慨然以捐修爲己任，廟廡乃復完整。二十四年知縣李鳳超，四十八年知縣趙宜善前後亦陸續修築。嘉慶四年，訓導王增第南移明倫，定六七丈，因資（97）用不敷，改爲三間。道光十二年，知縣唐廷鈺重修大成殿，崇聖祠、泮池、照壁各工完善。二十五年，訓導米毓璋甫蒞任，以學署多年坍塌，不可居處，乃捐資增修，內外前後煥然一新，又於戟門左右捐修名宦祠、鄉賢祠。此則廟學修建之大凡也。

　　名宦祠，在戟門左。鄉賢祠，在戟門右，今俱廢，訓導米毓移建於舊址之前數武。忠孝節義祠，在崇聖祠後，雍正七年建，今廢。（98）文昌祠，舊在東城上角樓，明萬曆年，知縣喬鍾秀建於文筆山。崇正年廢。天啓年，知縣陳應龍建行祠於山下。國朝康熙年，知縣張鼎新移建於山上，後又於山下建祠，有道光壬寅年知縣康象書匾額並碑記可考。魁星樓，在廟學前南城角上，邑令喬鍾秀建。

光緒《靖邊縣志稿》

光緒《靖邊縣志稿》，成文出版社有限公司，1970年。

靖邊縣

（卷一"建置志第二·公署"，87）儒學署，舊毀。新治署在防營，縣署東，近年廢圮，賃居民屋。光緒二十三年，知縣丁錫奎籌款移修縣署左，計明倫堂三楹，上房三楹，東西廈房各一楹，大門照墻全。

（卷一"建置志第二·廟壇"，89）文廟，舊治毀，鄉賢、名宦、忠義、節孝等祠均毀，新治在西山下，座西向東，大成殿五楹，光緒五年知縣彭會楫修。二十三年，知縣丁錫奎督築圍墻並安大門，惜地臨峻坂，土虛而水沖，礙難擴修，非特籌款支絀也。

嘉慶《續興安府志》

嘉慶《續興安府志》，成文出版社有限公司，1970年。

興安府

（卷四"學校志"，118）文廟，乾隆四十一年，知州王政義捐廉倡士民共輸二千餘金補修大殿、戟門、啓聖祠、兩廡。四十五年，知州吳六鰲詳請領項又修。嘉靖六年，恭懸御書"聖集大成"匾額。名宦祠，在戟門東。（122）嘉慶癸酉秋九月，安康令朱君紹穎請帑重修儒學。閱三月仲冬落成，時值饑饉之災、烽火之警，軒楹雖整，丹艧未塗。甲戌秋，余為捐資補之。（124）鄉賢祠，在戟門西。

（卷一"建置志·壇廟"，34）文昌宮，嘉慶九年奉（35）旨升為大祀，祭用太牢，上及三代，知府龍萬育建於考院後。十五年，知縣王森文改建於舊城南門內東隅，門外牌坊一座，大門三間，二門一間，正殿五間，啓聖祠三間，大殿前回廊二十三間，奉祠住房三間，官廳三間，廳前捲棚一間，魁樓一座。(36) 節孝祠，舊在新城。十六年，改建於舊城崇道街北。正庭三間，厢房四間，大門一間，門外立碧血如新牌坊，又正庭後另建屋三間，爲義學，藉以守祠。

康熙《延綏鎮志》

康熙《延綏鎮志》，成文出版社有限公司，1970年。

榆林衛

（卷二"建置志"，24）榆林衛儒學，在城西北隅。成化十四年，巡撫丁大容建，明倫堂五楹，左右爲志道、據德、依仁、游藝四齋，其後爲尊經閣，巡撫楊浩置。正德十年，按察司閻鐸重修，改置文會堂，閣東爲教授宅，西爲訓導宅。兵火後，唯堂齋僅存。康熙十一年，總鎮許公占魁、榆林道高公光祉、延安府知府王公廷弼、城堡同知譚吉璁重修，大門一、儀門一、泮宮門一，改博文、約禮二齋，尊經閣一，祠魁星於上，外本坊一，事在余記中。

（卷二"祠祀志"，27）文廟，在城隍廟之西北，大成殿五楹，舊設先師及四配十哲像。弘治十四年灾。十七年，巡撫文貴復創。嘉靖五年，重修，基崇三丈，陛七級，廣七丈五尺，廉遠地三尺有七寸。康熙十一年，榆林道高公光祉、城堡同知譚吉璁重修。東西兩廡凡三十六楹，北翼大成殿爲左右門，南環戟門凡三楹。康熙十一年，榆林道高公光祉、城堡同知譚吉璁重修，高三尺，陛四級。門之外，左爲名宦祠、右爲鄉賢祠，各三楹。南爲欞星門，亦三楹。泮池，舊在門內，巡撫張縉鑿，跨石橋三，西引榆河水自來安門入，經射圃東折榆林衛西墻，南注泮池，復西流出郭外，今移在欞星門外，引龍王泉水注之。(29) 增補：文廟始自成化，歷年久矣，但地處窪下，易於傾圮。自康熙十一年，榆林道廳修後，迄今二十餘載，殿宇、廊廡漸次摧毀，門坊或半委榛蕪。康熙三十四年，總鎮柯公彩、榆林道莊公搢、城堡同知張公皇輔目擊廟貌之頹，力肩振興之任，爰各捐俸共謀重修，自是美輪美奐，聖宇重新矣。

嘉慶《重修延安府志》

嘉慶《重修延安府志》，成文出版社有限公司，1970年。

延安府

（卷三十五"禮略·學校"，987）延安府學，在府治北關內，金元遺址，有碑。明洪武十一年，知府俞濟民復建。宏治八年，知府崔升徙城東。尋圮於水，知府李延壽復因舊址移城北，東向。正德中，知府王彥奇仍改南向。明末毀。國朝順治六年，知府李肇原、陳培基相繼建修。十六年，復遭大水，知府牛天宿重修。康熙九年知府王廷弼，十八年知府陳天植繼修。（988）大成殿，五楹，知府李肇源建。東西廡，各五間，知府牛天宿建。戟門，三間，知府牛天宿建。石坊、泮池仍舊。德配天地坊，在東；道貫古今坊，在西，俱知府李肇源建。啓聖祠，在殿東，知府牛天宿建。琉璃面屏，明正德中，知府王彥奇建。欞星門坊。尊經閣，在殿後，太傅趙彥建。射圃亭，在東廡旁，知府李延壽建，爲兵毀，今僅存遺址。（989）名宦祠，在戟門左，知府牛天宿建。雍正五年，知府吳瑞捐修。各縣學如制。鄉賢祠，在戟門右，知府牛天宿建，雍正五年，知府吳瑞捐修。各縣學如制。忠義孝弟祠，在學宮內，雍正元年建。各縣學如制。節孝祠，在學宮外，雍正元年建。各縣學如制。明倫堂，三間，在雲梯山下，明知府陳培基修。國朝康熙十四年，兵毀。十六年，知府陳天植重建。東西齋，東志道、據德、西依仁、游藝。儀門三間，又兩角門，知府陳培基建。

（卷三十六"禮略·祠祀"，1016）文昌閣，在鳳凰山頂，層樓一座，宋范仲淹所建，名曰"鎮西"，內繪文昌神像。國朝順治十年，知府陳培基、進士趙廷錫修，有序。康熙十八年，知府陳天植重修，其奎星閣在嘉嶺山摘星臺上，趙茂允、張維藩等建（《通志》）。

膚施縣

（卷三十五"禮略·學校"，992）膚施縣學，在縣治東。明洪武間，知縣何原華建。宏治八年，知府崔升增修。國朝順治間知縣博鞠、宋瑀，康熙二十一年知縣邵有聲，六十一年知縣於錫繁重修。雍正五年，知府吳瑞捐修，有記。大成殿，五間。東西廡。戟門。欞星門坊。（993）泮池。啓聖祠，舊毀，順治十六年，教諭萬一貫重修。名宦祠。鄉賢祠。明倫堂，明宏治中，知府李延壽建。講堂。東西齋，知府李延壽建，又置書舍三十餘間，知府王彥奇重修。騰蛟起鳳坊，明正德中，知府王彥奇以學宮近通衢，遂建是坊於學前，今毀。（994）儒學，今毀。

安塞縣

（卷三十五"禮略·學校"，994）安塞縣學，在縣治南，元大德三年，知府劉秉實、教諭蕭允中修建。明成化十四年，知縣楊璇、李瑾修，教諭邊瑢有記。正統中，知縣李恪重建。景泰二年修。萬曆八年，知縣方盡美繼修，滄州知州丑珣有記。萬曆四十六年，知縣丁允中重修，進士趙彥記。崇正元年，府同知周承思、知縣韓嘉璋繼修。國朝順治十二年知縣郭聯，康熙九年知縣張抱、訓導張灝發，十六年知縣馬震又修。三十三年，知縣張起鵬、訓導杜（995）世芳倡修，有記。四十九年知縣朱潯，雍正五年知縣尹宗吉、訓導任璠繼修。乾隆二十七年，知縣狄起冬、教諭寧魯合縣紳士大加營修，勒石以紀。大成殿，五楹。東西廡，各五楹。戟門三楹，明天啓三年，鄜州州同署縣事方堯相修。泮池，明萬曆四十四年，知縣丁允中創，甃石爲之，深一丈六尺。欞星門。啓聖祠，三楹，舊毀，（996）國朝順治十一年，教諭任基田更新。名宦祠，在戟門東偏。鄉賢祠，在戟門西偏。忠孝祠，在東廡東偏。節孝祠，舊在明倫堂南偏，知縣狄啓冬移建於今所。儒學公廨，在文廟西。明倫堂，五楹。尊經閣，在文廟後，今廢。

（卷三十六"禮略·祠祀"，1029）文昌祠，舊在天澤山崗，傾圮已久，知縣李暐更新之（《縣志》）。魁星閣，在天澤山文昌祠前（《縣志》）。

甘泉縣

（卷三十五"禮略·學校"，997）甘泉縣學，舊在縣治西南。明成化中，知縣王鳳建。宏治二年，知縣李堯重修。萬曆二十二年，知縣高桂改遷於縣治東南，尚書王圖記。明末傾圮。國朝康熙初，知縣劉汝埴重葺。雍正八年，知縣吳敦儉率衆重修。乾隆三十五年，知縣玉星燭捐資復修。大成殿，五楹，知縣玉星燭修建，並禮門、義路及禮門外石砌。東西廡，舊基各九間，後改三間，知縣吳敦儉廣爲五間。歲久，東廡傾圮。乾隆二十九年，知縣王永聰倡捐重造，并修（998）西廡。戟門，三間，知縣田啓盛修，吳敦儉重修。櫺星門。泮池，明萬曆中，知縣高桂鑿。崇聖宮，舊啓聖祠，在城上，知縣王瑄移於大成殿之左東山下，南向，三間。雍正五年，改爲崇聖宮。八年，知縣吳敦儉重新學宮，乃改遷於大成殿後，廣爲五間。奎星閣，在城上，與學宮對。明萬曆中，知縣王嘉量建。雍正八年，知縣吳敦儉重建。名宦祠，在戟門左，西向，三間。康熙四十五年，知縣姜朝勳（999）建，知縣吳敦儉重修。鄉賢祠，在戟門右，東向，三間。康熙四十五年，知縣姜朝勳建，知縣吳敦儉重修。忠孝祠，在鄉賢祠南，東向，三間。雍正八年，知縣吳敦儉建。節孝祠，在明倫堂東，南向，三間，門坊一間。雍正八年，知縣吳敦儉建。日久傾圮，訓導王默重修。明倫堂三間，在大成殿西南。乾隆二十九年，訓導劉秉毅建，門廬一座。儒學公廨，在明倫堂後，共九間，訓導王默增建三間。

（卷三十六"禮略·祠祀"，1035）文昌閣，在城東南山，明萬曆中建。後圮。國朝康熙四十六年，知縣姜朝勳校士課會，重建樓閣（《縣志》）。

保安縣

（卷三十五"禮略·學校"，1000）保安縣學，在縣南一里，元延祐三年，縣尉馮顯建，明永樂四年重修。嘉靖間，縣人大學士王大任增修。崇正末，兵毀。國朝順治十五年，知縣張嗣賢重建，進士郭指南有記。大成殿三楹，知縣張嗣賢建。東西廡，共六楹，知縣張嗣賢建。戟門三間，知縣張嗣賢建。（1001）櫺星坊三間，知縣張嗣賢建。泮池。啓聖祠。名宦祠。鄉賢祠。明倫堂。儒學公廨。

安定縣

（卷三十五"禮略·學校"，1001）安定縣學，在縣治東。元至元四年，知縣段允恭建。明洪武二年，主簿羅倫修。宣德九年，知縣劉整拓修。正統十四年（1002）知縣鄭淇，成化十二年知縣徐彬，嘉靖十年知縣郭廷仁，四十三年知縣孫黃，萬曆十七年知縣王光祖，二十六年知縣高天命，三十五年知縣喬鍾秀相繼修。國朝順治八年知縣李嘉引，康熙二年知縣張洪謨，八年知縣朱尚義，十三年知縣楊蘊，三十八年知縣董一勳繼修。雍正二年，知縣施成澤捐修，進士王鴻薦有記。大成殿，五楹。東西廡，各五間。戟門，三間。櫺星門，三間。（1003）泮池，在大街南，石刻"鳳翔千仞"四大字。崇聖祠。名宦祠，在戟門左。鄉賢祠，在戟門右。忠孝節義祠，六間，在崇聖祠後，雍正七年建。明倫堂，五間。尊經閣，在明倫堂後北城上，今廢。儒學公廨，在明倫堂西。

（卷三十六"禮略·祠祀"，1044）文昌祠，在縣治文筆山下，山上亦有文昌閣（《縣志》）。

宜川縣

（卷三十五"禮略·學校"，1004）宜川縣學，舊在縣治西。元至元二年，知縣李宥建。至正十二年知縣劉士涇，明洪武九年知縣高以敬修。嘉靖中，徙縣治東。萬曆間，府同知署縣事石巍增修，給事降典史曹微庸重修，有記。國朝順治十四年知縣王道亨，雍正三年知縣王志深又修，有碑記。（1005）大成殿，五楹。東西廡，各七楹。戟門，三楹。櫺星門，三楹。泮池。崇聖祠，三楹，舊祠毀，知縣王道亨重修。名宦祠，在戟門左。鄉賢祠，在戟門右。忠孝祠，三楹，在廡西。節孝祠，三楹，今廢。（1006）明倫堂，三楹。儒學公廨，在明倫堂後，十六間。

（卷三十六"禮略·祠祀"，1049）文昌宮，在縣南街。（1050）魁星樓，在縣東門外鳳翅山。

延長縣

（卷三十五"禮略·學校"，1007）延長縣學，在縣治東。宋崇寧初建。明洪武十四年知縣吳宗梅修，天順間知縣孫逢吉，成化間知縣宗麟繼修，教諭劉崇德有記。國朝康熙八年，知縣孫芳馨增修，提學葉映榴有記。五十五年，署知縣鄜州知州張雲鶴倡捐復修。大成殿，九楹。東西廡，各七楹。大成門，五楹。櫺星門，五楹。（1008）泮池，在大成門外，深一丈。崇聖祠，在大成殿左。名宦祠，在大成門左。鄉賢祠，在大成門右。忠孝祠，在明倫堂後，雍正六年建。節義祠，在東街，雍正六年建。明倫堂，五間，在文廟右。尊經閣，在明倫堂後，今存遺址，俗稱官井凸。敬一亭，在明倫堂後，今廢。儒學公廨，在文廟左。

（卷三十六"禮略·祠祀"，1058）文昌祠，在文廟東，一在縣城西街（《縣志》）。文昌閣，在翠屏山。

延川縣

（卷三十五"禮略·學校"，1009）延川縣學，在縣治西。元至治元年，知縣王恪建。明洪武三年，知縣張友先重修。國朝順治九年知縣錢茂秦，十五年知縣劉穀繼修。雍正三年復修。大成殿，五楹。（1010）東西廡，各七楹。戟門左右甬路，知縣王思創修。欞星門。泮池，舊無，知縣劉穀創鑿。崇聖祠，三楹。名宦祠、鄉賢祠、忠孝祠、節義祠，俱雍正八年，知縣王度重修。明倫堂五楹，舊三楹，明知縣王行仁增建二楹，兵毀。國朝順治中，知縣錢茂秦重修。敬一亭，在明倫堂後。

定邊縣

（卷三十五"禮略·學校"，1011）定邊縣學，雍正九年建。大成殿。東西廡。戟門。欞星門。泮池。崇聖祠。名宦祠，雍正九年建。（1012）鄉賢祠，雍正九年建。賢良祠，雍正九年建。節孝祠，雍正九年建。明倫堂。儒學公廨。

靖邊縣

（卷三十五"禮略·學校"，1012）靖邊縣學，在縣治西北，即舊所學，明萬曆元年建。國朝雍正八年官紳、士庶重修。大成殿、東西廡、崇聖祠、（1013）習儀亭，俱萬曆初建。國朝雍正八年重修。名宦祠。鄉賢祠。忠孝祠。節孝祠。明倫堂。儒學公廨。

光緒《同州府續志》

光緒《同州府續志》，成文出版社有限公司，1970年。

同州府

（卷八"祠祀志"，305）文廟，同治九年，邑紳李天培捐貲修。（306）節孝祠在東街，雍正二年設。節義祠在倉門左，同治八年，知府余庚陽就回部廢寺爲之。

韓城縣

（310）韓城文廟，道光乙酉重修。文昌宮，咸豐九年，知縣楊廷翰擇崇聖祠西偏隙地創建明倫堂、尊經閣暨東西齋舍。

華陰縣

（311）文廟，在衙署東。崇聖祠在大成殿東上左。文昌宮在崇聖祠東。魁星樓在東南角城上，光緒六年知縣徐一鶴重修。名宦、鄉賢二祠在櫺星門外。節孝祠在文廟西。

白水縣

（313）白水文昌宮，同治五年，知縣方延禧創修。

道光《吳堡縣志》

道光《吳堡縣志》，成文出版社有限公司，1970年。

吳堡縣

（卷二"建置部·衙署"，85）學署，舊在南街。康熙肆拾年，知縣沈宏勳改建文（86）廟戟門外，後復遷南街。嘉慶拾伍年，教諭劉諫捐修，改大門向東北（參《舊志》及《李稿》）。今大堂叁間，厢房壹間，堂後石窟叁孔。

（卷二"建置部·學校"，91）文廟，在縣治西，元至正戊午創建。明洪武叁年，主簿周琛重建。拾叁年知縣范平仰，宣德拾年知縣袁禮，天順伍年知縣郭敏，嘉靖拾玖年知縣張弛，萬曆肆拾壹年知縣盧文鴻，本朝康熙叁拾玖年知縣沈宏勳，道光貳拾貳年教諭鄭士楷各重修。正殿伍楹，東西廡各伍間，殿前為月臺，南為戟門，又南為泮池，又南為櫺星門，左明倫堂地，右名宦祠、鄉賢祠並建焉，外照壁壹座，左禮門、右義路。（92）崇聖祠，舊在戟門外左，康熙肆拾壹年，知縣沈宏勳移於正殿之後，正房叁間（以上本《舊志》）。（95）文昌宮，在南門外。雍正十年知縣詹紹德，道光十七年知縣張因培各重修。文昌閣，明萬曆四十三年，知縣盧文鴻遷建於縣治東，與城南魁星樓對峙。

雍正《宜君縣志》

雍正《宜君縣志》，成文出版社有限公司，1970年。

宜君縣

（"公署"，24）訓導宅，在學宮南。

（"學校"，25）文廟，在縣治東下城。明洪武八年，知縣金聲建，背山臨街，規模狹隘，大成殿五楹，東西兩廡各三楹。天順間，知縣范寧重修。弘治間，知縣李相增修。國朝順治初年，知縣鄭名修葺。康熙五年，知縣周之簡重修。四十四年，知縣林礦增修。雍正七年，署縣事三原縣縣丞查遴築後牆。雍正九年，知縣沈華捐置祭器五副。（26）崇聖祠，三楹，在大成殿之北，即啓聖祠改建。名宦祠，在戟門之北。鄉賢祠，在戟門之南。明倫堂，三楹，在文廟南，齋廂尚缺，堂後爲訓導宅。

（"祠祀"，68）忠孝祠，在縣學東，祠宇三楹，門樓匾額一座，石碑一座，鑴刻姓氏。雍正七年，署縣事三原縣縣丞查遴奉文建立。節義祠，在縣學東，祠宇三楹，匾額一座，節義木坊一座。雍正七年，署縣事三原縣縣丞查遴奉文建立。

民國《磚坪縣志》

民國《磚坪縣志》，成文出版社有限公司，1970年。

磚坪縣

（卷一"祠廟"，34）至聖廟在東坡，距城半里許。道光初，通判碩慶建。繼經風雨剝落，咸豐時，通判萬啓塤葺而修之。同治元、二年，復經髮逆殘毀。七年，通判傅汝修，循舊補修復如式。廟制：大成殿三楹，兩廡各六楹，中爲戟門，門東名宦祠，次忠義祠，門西鄉賢祠、節孝祠，戟門前爲泮池，池前爲欞星門。啓聖祠，光緒十六年，通判沈祖頤以規模狹小，籌款更張，旋升定遠同知，去任，事中止。二十一年，通判魯沛勳捐一千餘金，大加修葺，正殿移前數尺。啓聖祠移後數尺，月臺池橋如圖修治，廟貌始壯。（35）文昌宮，距關帝廟丈許。光緒三十二年，通判李聰集款創建。

嘉慶《續修中部縣志》

嘉慶《續修中部縣志》，成文出版社有限公司，1970年。

中部縣

（卷一"建置志·公署"，84）儒學署，在縣署西，乾隆五十六年，邑侯羅南英重修。

（卷一"建置志·學校"，85）明倫堂，在縣治西，乾隆五十六年，邑侯羅公南英重修。

（卷二"祀典志"，100）文廟，舊在坊州城。成化中，知縣劉潔移建縣署東南。萬曆中，知縣衛汝霖重修，創鑿泮池。崇禎四年，知縣姚一麟移建上城。本（101）朝康熙五十七年，始移下城。（102）名宦祠，崇禎四年，知縣姚一麟建。康熙二十八年，邑侯李暄重修。（103）鄉賢祠，嘉靖三十五年，督學副使尚維持檄縣建修。康熙三十四年，邑侯李暄重修。雍正六年，邑侯因秉彝建修。乾隆三十一年，邑侯鞏敬緒補修。四十年，邑侯董延楷重修。嘉慶二年，邑侯曹之□重修。（104）節義祠，與鄉賢祠同年重修。文昌廟，舊在儒學西，移於沮河東。萬曆二年，復遷舊址。康熙十年，移建文廟東。嘉慶六年，奉旨專祀，建廟於城東南里許印臺山。（107）魁星樓，舊在南城炮臺。乾隆三十年，邑侯鞏敬緒建。南城塌，置香火田三十八畝在南城等處。嘉慶七年，邑侯張泰寧捐項移建印臺山。魁星樓，在縣北蘭家寨，嘉慶八年創建。

民國《中部縣志》

民國《中部縣志》，成文出版社有限公司，1976年。

中部縣

（卷一"疆域建置志"，47）儒學署，在縣署西，乾隆五十六年，知縣羅南英重修。今爲省立鄜延師範校址。

（卷二十"宗教祠墓志"，316）文廟，舊在坊州城。清康熙五十七年，始移今治下城。《丁志》：舊在坊州城。成化中，知縣劉潔移建縣署東南；萬曆中，知縣衛汝霖重修，創鑿泮池；崇禎四年，知縣姚一麟移建上城；康熙五十七年，始移下城。康熙御書"萬世師表"，雍正御書"生民未有"，乾隆御書"與天地參"，嘉慶五年御書"聖集大成"各匾額。然今廟已爲工廠矣。啓聖祠，在文廟內。《丁志》：進公而王，自宋大中祥符始也。稱啓聖公，自元始也。宋時顏、曾、子思配享堂上，顏路、曾□、伯魚從祀兩廡。洪邁、姚燧以爲崇子抑父，熊術請宜別設一室祀啓聖功紀，而以三子配，程敏政主其說。嘉靖九年，遂專祠遍天下。名宦祠，在文廟內。《丁志》：崇禎四年，知縣姚一麟建。康熙二十八年，邑侯李暄重修。（317）鄉賢祠，在文廟內。《丁志》：嘉靖三十五年，督學副使尚維持檄縣建修；康熙三十四年，邑侯李暄重修；雍正六年，邑侯□丙彝建修；乾隆三十一年，邑侯鞏敬緒捐修；四十年，邑侯董延楷重修；嘉慶二年，邑侯曹之升重修。節義祠，在文廟內。《丁志》：與鄉賢祠同年重修。以上今皆爲西北製造廠借住。文昌廟，原在城內，嗣移建印臺山。《丁志》云：舊在儒學西，移於沮水東。萬曆二年，復遷舊址；康熙十年，移建文廟東；嘉慶六年，奉旨專祀，建廟於城東印臺山。（318）魁星樓，在印臺山。《丁志》：舊在南城炮臺，乾隆三十年，邑侯鞏敬緒建。□城塌，置香火田三十八畝，在南城等處。嘉慶七年，邑侯張泰寧捐款，移建印臺山。又一在縣北藍家寨。《丁志》，嘉慶八年創建。

民國《岐山縣志》

民國《岐山縣志》，成文出版社有限公司，1976年。

岐山縣

（卷一"建置志第二"，66）儒學署在城南門內，創建無考。宋雍熙間，重修。金末，毀於兵。元至元二十八年，縣尹張蕩古、教諭趙逢吉、千夫長張璽重修。明洪武四年縣丞沈以德、主簿呂通，景泰六年知縣張緒宗俱重修。宏治四年知縣榮節，正德十三年教諭王治俱重修。嘉靖三十四年，地震，堂舍傾圮。三十九年，知縣令狐一豸重修。萬曆十九年知縣於邦棟，清（67）朝順治五年知縣趙鏡，十四年知縣王穀、教諭王業隆、訓導李玉品，康熙二十二年知縣茹儀鳳、教諭劉爛、訓導劉佐明，雍正十二年知縣任懋華、教諭王承曾、訓導李國寧，乾隆四十四年知縣郭履恒、教諭蔣兆甲、訓導張庸禮俱重修。大門三楹，稍北爲泮池，儀門三楹，明倫堂三楹，堂後爲敬一亭三楹，後內爲教諭宅。明倫堂左後爲訓導宅，今廢，改爲第二桑園。

（卷一"祠祀志第三"，84）文廟在學署西，唐時建，金末毀於兵。元至元二十八年，重建，推官文禮愷有記。明洪武八年，縣丞沈以德重修。景泰六年，知縣張緒宗繼修，御史趙忠、大理少卿廖莊、教諭黎昕俱有記。正德十三年，教諭王治重修，進士王麒有記。嘉靖三十九年知縣韓廷芳，萬曆十九年知縣於邦棟，清朝順治五年知縣趙鏡，十四年知縣王（85）穀，康熙二十四年知縣茹儀鳳俱重修，儀鳳有記。乾隆五年知縣任懋華，十年知縣王世爵，二十五年知縣孟玫，四十四年知縣郭履恒俱重修。同治十年，知縣孔繁準捐廉，會同紳士勸捐重修。欞星門三楹，戟門三楹，大成殿五楹，東西廡各七楹，官廳、齋房各三楹。十二年，知縣洪敬夫修。今神牌、門窗被匪拆毀，西廡房又圮，急待修葺。崇聖祠，在大成殿北。名宦祠，在文廟戟門左；鄉賢祠，在文廟戟門右；忠孝祠，在學署儀門左，民國十年，被匪拆毀；節義祠，在學署儀門右，民國十年，被匪拆毀；（86）文昌祠，在城內正街，創建無考。乾隆四十年，知縣平世增重修。咸豐七年，知縣沈功枚重修啓聖祠，邑翰林宋金鑒有記。今被匪拆毀無遺。（90）魁星樓，一在東南隅城上，一在城南門東側，一在城隍廟東側常平倉院內，今毀。

民國《盩厔縣志》

民國《盩厔縣志》，成文出版社有限公司，1969年。

盩厔縣

（卷二"建置"，147）儒學，《舊志》，在城東南隅，文廟西。明正德十二年，知縣吳愚重修，邑進士王元凱作記。（148）嗣後，知縣程訓重建，邑紳焦蕃翰金佐之。中爲明倫堂，左爲博文齋，右爲約禮齋，堂後爲尊經閣。（149）東爲敬一亭，明知縣何起鳴建。教諭宅在明倫堂後，堂西爲訓導宅，明知縣梁克順、田時暢修。順治十七年，知縣鄒儒重建，張奎祥作記。（150）同治元年，俱毀於匪。學宮移居倉南公廨十餘年。

光緒九年，知縣劉大來重建儒學，教諭雷星愷、訓導彭齡建署宅，悉依舊制。民國初，儒學缺裁。

（179）文廟，在縣署東南。《舊志》，元大德十一年建。至正間，縣尹王淵修。明洪武四年重修。宏治間知縣蕭選，正德間知縣吳愚，嘉靖間知縣姒昂、何起鳴，萬曆間知縣梁克順，天啓間田時暢繼修。清順治年間，禮殿獨存，堂廡、齋舍俱知縣張成功、駱鍾麟重建。（180）康熙十七年知縣章泰，五十六年知縣吳廷芝、教諭安其位，五十八年知縣董霶增修，各自有記。（183）乾隆十年，教諭薛敦仁倡募補葺。十一年，知縣鄒儒竣工。四十六年春，知縣徐大文請帑金九百餘兩率合邑紳士、里民恢舊制而鼎新之。髮匪陷城，廟巋然存者一如順治年。同治七年，知縣張其蕙重建。民國五年，知縣陳鼎、屈群英先後重新之。其制南向。大成殿，五楹；殿前爲東西廡，中爲中和門，正中設而常閉，有事於廟者均由兩旁門出入。中和門外，東爲名宦祠，西爲鄉賢祠，前爲欞星門，門內爲省牲所，門外爲泮池。（184）池北有碑，題曰文明泉。《楊志》，泮池舊通永濟渠，今在泮西者，改名文明渠。池左右鑿石爲二龍首，引渠水從左龍口吐出瀉池中，滿則右龍口吸而歸諸渠，循環往復，不舍晝夜，琮琤發響，若戛球簧。近年渠水壅閉，有時池竭，知縣楊儀重爲疏浚，並責水老經理，俾永無涸患。殿左爲崇聖祠，《舊志》作宮，雍正元年，追封孔子五代王爵，各府州縣如制。《楊志》，向在大殿後，知縣姒昂移建。祠前爲文昌閣，閣前數武，拾級而上城，《舊志》名曰"登雲路"。東南隅女牆內爲奎星樓，久圮。民國十三年，籌款重建。射圃亭，《舊志》未載。（197）名宦祠，《舊志》，在文廟中和門左，明知縣王暘創建，邑紳王元正爲之記。（199）鄉賢祠，《舊志》，在文廟中和門右。

嘉靖《耀州志》

嘉靖《耀州志》，成文出版社有限公司，1976年。

耀州

（卷三"建置志、祠祀志"，89）儒學，在北城下東文廟西山壽寺。宋嘉祐時，知州史炤建。元祐中，知州王瑛重修，教授李注記。元末盡毀。有明洪武三年，知州魏必興再建。成化十一年，知州邢真始大修之，規制益閎，提學副使伍福記。弘治八年，知州任奎再修，張天瑞記。中爲明倫堂，堂後爲講堂，堂前東爲訓導齋二，西爲訓導齋一，饌堂一，各□（90）間，東西號舍四十四間，今廢且盡。倉房、吏舍共六間，今盡廢。中門有左右門，前爲大門。學正宅，在明倫堂左後。訓導宅三，一在文廟神厨後，二在學前，北向，正德中，省一訓導，學前一宅廢，後神厨與學前二宅俱廢。嘉靖二十五年，知州周廷杰以學前廢宅作官地，易□罷矣。今二訓導居東西號舍中，又傾敝無完舍。三十三年，知州李廷寶就東西號舍俱增屋三間，爲訓導宅。又於學前建射圃廳三間。嘉靖三十四年，地震，學堂齋多壞，李廷寶自以紙贖四十金，修葺兩齋。已，又以大門低，更增高大門。三十九年，知州江從春（91）始大議修舉，乃即撤故講堂改建。敬一亭後創建尊經閣，國家頒賜經史、御製諸書，與諸別購圖籍貯其上。已，乃修明倫堂與齋廡二門。已，又創作泮池，引通城渠水注之。池南又特建石坊門，左右與文廟前又各建石望柱二，堂基增數尺，閣基高與城齊，今升堂即望見南山，登閣則四望益遠。學至是始恢廓壯麗飾觀矣。又石刻科貢題名，歸復廟學前隙地，改闢學垣，改建射圃廳事，皆足啓觀望而作士氣者，其役費規劃，詳在余所著修學碑記中。

（97）文廟，宋嘉祐中，知州史焰建。元延祐中，刺史張仲重修，太常□□記。元末盡毀，獨古柏數十株存。國朝洪武五年，知州魏必興重建廟殿。九年，同知陳季鏞建（98）兩廡三十四間，欞星門、戟門、庖庫皆備，鏞蓋撤東岳祠兩廡爲之，俱常經記。宣德四年，知州胡思魯重修，學正馮宣記。成化十一年，知州鄧真大修之，殿增至七楹，崇四十尺，增兩廡各二十楹，正殿、戟門、欞星門覆瓦，獸脊皆琉璃，修故文昌祠三間，創神厨五間，自是規制益閎，提學副使伍福記。記言，鄧真肇工時，匠師方慮乏材，民來獻大木以百數計，若待用者，耀州諸修建惟此爲壯麗云。今殿與門廡日漸敝，神厨廢已十年。文昌祠，學正□謙建，今改啓聖祠。（100）鄉賢、名宦祠，舊在文廟東，祠卑隘。又二祠同所，名義未安，知州江從春改建文廟西南，各爲祠，祠各三間。

同官縣

（101）儒學，在縣東南，宋遺址。洪武八年，因建焉，中明倫堂，前東西兩齋，齋東南號舍，今廢。堂南即文廟，堂後爲敬一亭，亭東西爲教諭宅。學倉廢。（102）射圃，在文廟前東。

（103）文廟，在縣東南，廟門內東南爲奎光樓，知縣亢鴻慶建，光祿卿馬理撰銘。啓聖祠在學中。

富平縣

（106）儒學，在縣治東，洪武十五年建。明倫堂五間，堂後敬一亭三間，又後爲三教官宅，三宅止一十二間，又後爲諸生號舍六十五間，學倉在明倫堂後。

（107）文廟，在縣治東。洪武三年，主簿陳忠信創建，天順三年知縣王杰，弘治六年縣丞司珉，正德六年知縣劉藻重修。文昌祠，在文廟西。

乾隆《續耀州志》

乾隆《續耀州志》，成文出版社有限公司，1976年。

耀州

（卷二"建置志·署廨"，65）學正署，在明倫堂左。訓導署，在明倫堂右。

（卷二"建置志·學校"，67）泮宮，中爲明倫堂，左右爲教官宅，前爲儀門，外右望（68）柱二，一仆，又前爲泮池，池南石坊，州人喬世寧題。又前，東爲忠孝祠，西爲節義祠，前爲大門。明萬曆間，學正於廷采重修泮宮，創魁星樓於文廟東，南通泮池水，今大門內有王文肅撰《於公去思碑》。尊經閣，明嘉靖時，知州江從春建。萬歷時，知州李一經重修。國朝順治八年，守道余應魁、知州劉漢卿倡率紳士又修，郡人左佩玹記，今閣圮，碑存名宦祠內。康熙四十九年，三水令□天祐兼牧耀州，再修泮（69）池。先是，池水引沮水而南注，後池既殘缺，假是水於州治中之西園以灌其蔬。天祐先鳩工修池，既而命司水者仍以每月上、中、下旬日，注水於池，又寺坡二十餘家向役學宮，復除池役，使專其事。池畔更闢地爲射圃，諸生喜而書之石。乾隆三年，奉文修明倫堂及儀門門樓，工甚省。二十二年，學正衛晞駿構講堂於明倫堂西。敬一亭，明郡人左佩玹修，今圮，故址有三碑，皆半沒於土。

（卷三"祠祀志·文廟"，83）文廟，明嘉靖四十五年，知州鄭維馨重修。萬曆四十八年，知州王賓賢又修。崇正間，學生王允登修祭器，刻陳設圖，樹照壁，東西圍墻開兩門，曰賢關、曰聖域。國朝康熙三十五年，知州李銓大修之。乾隆二年，奉檄飭修，知州朱紹峒以南街順治年間裁汰順義驛丞廢署基，申請售銀三百九十兩，又自捐銀一百二十八兩修理。十八年，霪雨損壞，知（84）州田邦基以署東官地詳請，售銀一百三十五兩，又同城各官及紳士捐助銀一百四十八兩五錢，於十九年重修。崇聖祠，在文廟東。乾隆二十六年，知州汪灝重修。祠前爲文昌祠，東南爲魁星樓。（92）鄉賢祠，在學宫東。（95）名宦祠，在學宫東。（96）忠孝祠、節義祠，二祠昔在學門左右，南向，人頗褻之。乾隆二十六年，知州汪灝重修，改入學宫內，東西向。文昌祠，在學東，州人辛洸建。

河 北 省

乾隆《武安縣志》

乾隆《武安縣志》，成文出版社有限公司，1976年。

武安縣

（卷七"學校·學宮"，214）文廟，在縣治東南，金天會年建，元初爲山寇所焚。至元三年，縣尹王潤重建。八年，縣尹王長卿重修。明洪武五年，縣丞左良弼重建。成化間，知縣鍾浩重修。因規模卑隘，成化二十年，知縣□永昂拓之，加廣於舊二百餘步，袤三十餘步，自□□以至庖湢器□皆具。嘉靖二十四年，知縣□□修。萬曆年間，知縣於承慶重修，邑人宋之□□，碑記見"藝文"。萬曆四十年，知縣□□□□□。（215）國朝□□□□□□□□□□□□□□□□□□□□□□□知縣陳廷愫，四十四年□□□□□相繼重修，俱有碑記，見"藝文"。先師殿，五楹。東廡五間。（216）西廡五間。祭器庫三間，在西廡北。樂器庫三間，在東廡南。齋沐房三間，在西廡南。藏書房三間，在東廡北。戟門五間。以上兩廡、房庫，康熙三十年知縣陳□重修，有碑記，見"藝文"。康熙三十八年知縣□□□，四十四年知縣□子孝相繼重修。□□□□□□□□□□□□□□□□□□□（217）□□□□□□□□□□□□□□□□□□文廟之東，後圮，萬曆四十年□□□□□□□□重建，有記，見"藝文"。櫺星門，康熙二十四年知縣張文華、教諭劉□□修，有記。四十四年，知縣黃之孝重修。雍正八年，知縣唐繹祖重修，易木爲石，有碑記。泮池，在櫺星門外，邑人賈□修。雲路，邑人賈□修。康熙五十四年，知縣陳□□□圍墻左右各□牌坊，有碑記。（218）崇聖祠三間，舊稱啓聖祠，在敬一亭後，明□□□間知縣王顯仁建，邑人宋之韓有碑記，見"藝文"。國朝順治七年，教諭郭萬仞移建先師殿後，雍正三年改稱崇聖祠。文昌祠三間，在敬一亭前，康熙四十四年知縣□之孝修。名宦祠，久圮，康熙三十二年知縣陳灝、教諭王□改建三間，在戟門東。□□□□□□□□□□□□□（219）陳灝、教諭王□改建三間，在□□□。孝子祠三間，在儒學門內西，明萬曆年間建。忠義孝弟祠三間，在孝子祠前，雍正五年建。儒學門三間，在文廟西。道義門三間，在儒學門內，明嘉靖年間縣丞王□建，教諭陳瑋有碑記，見"藝文"。明倫堂五間，在道義門內，明萬曆四十年知縣李椿茂修。（220）國朝順治十八年知縣陳之辰，康熙三十八年知縣陳廷愫，四十四年知縣黃之孝相繼重修。順治十四年，於明倫堂內設臥碑。（227）日新齋三間，在明倫堂東廂，時習齋三間，在明倫堂西廂，明萬曆四十年知縣李椿茂重修。國朝康熙三十八年知縣陳廷愫，四十四年知縣□之孝相繼重修。省牲房，在儒學門內東。教諭署，在明倫堂後，正廳三間，對廳三間，東堂房三間，（228）東書房三間，西房一間。□□署，舊圮，康熙四十四年知縣黃之孝建，在□□堂東，大門一間，前廳五間，後廳五間，東平房三間。

（卷八"祠祀"，290）節孝祠，在學宮後，雍正六年奉□□□□□□。

乾隆《唐縣志》

乾隆《唐縣志》，成文出版社有限公司，1976年。

唐縣

（卷二"建置志·公署"，119）教諭宅，在縣署東，係千戶所舊署。順治十五年，所官奉裁併縣，知縣郭皇圖改作教諭宅。乾隆三（120）十年，知縣宋梅營建於明倫堂東，正房三間，東西廂房各五間，大堂、大門各三間，而以舊署為城守總司官署。訓導宅，舊時賃屋以居。乾隆三十年，知縣宋梅營建於明倫堂西，正房三間，東西廂房各五間，大堂、大門各三間。五十一年，訓導韓相宅於大堂後添建東書房一間。

（卷二"建置志·學宮"，122）舊建大成殿五楹，高三丈六尺，旁為兩廡，前為戟門，又前為泮池，又前為欞星門。殿後為明倫堂，東壁刻臥碑，左翼以齋爲博文，由齋而東顏曰義路，司諭、司訓三舍置焉，是爲左儒門；右翼以齋爲約禮，由齋而西，顏曰禮門，名宦、鄉賢祠、省牲所三舍置焉，是爲右儒門。並堂而左則爲敬一亭，並堂而右則爲啓聖祠。堂後爲尊經閣，閣之上藏先師遺像。萬曆間，知縣黃茂重修。明季毀於流寇。至國朝順治六年，知縣李芝英建大成殿五間，東西兩廡九間。順治十二年，知縣吳璞修戟門三楹，其前櫺星門以石豎之，頗稱壯麗，泮池在櫺星門內，□□（123）□□啓聖祠三間，在明倫堂右，知縣吳璞修。名宦祠三間，康熙六年知縣田介修。鄉賢祠三間，邑紳韓應琦修。明倫堂三間，知縣吳璞修。雍正三年，知縣周璠重修。乾隆二年，知縣汪運正率紳士兩次補葺。乾隆九年，知縣楊煐增修照壁一座，前左門、前右門，圍以花墻，較前宏敞。乾隆三十年，知縣宋梅率紳士重加修整，有記勒石。四十七年，泮池橋毀，教諭熊第重修。城外巽隅，舊有文筆峰塔，與學宮遙映，後傾頹無遺。乾隆四年，知縣汪運正捐俸爲倡，紳士樂輸，重修文筆峰一座，高七丈許，以培植文峰。（128）忠義祠，在文廟東，雍正三年知縣周璠建。節孝祠，在文廟北，雍正六年朱續建。

（卷二"建置志·壇廟"，134）文昌祠，舊在常平倉內，乾隆二十五年□□□（135）□□□建於儒學東南，規制未備。四十七年，知縣高質煐、教諭熊第暨紳士張師第捐資重建。魁星樓，一在城東南隅，一在儒學正南，乾隆三十年知縣宋梅建，五十二年知縣黃文運重修。

民國《鹽山縣志》

民國《鹽山縣志》，成文出版社有限公司，1976年。

鹽山縣

（"法制略二·建置篇·署廨"，176）教諭署，在文廟東偏，依明倫堂。咸豐三年，今學宮自嘉靖初移修，並建學黌宮墻址東。日久頹殘，教諭鹿鍾修理。訓導徐棻勸捐重修大門前照壁一座，大門三間，屏門一間，內即明倫堂三間，前有卷廈，堂前東厢二間、西厢二間，堂後署正房三間，東厢二間，東西跨屋各一間。基礎南橫五丈九尺八寸，北橫六丈一尺二寸，南北長二十丈零一尺九寸，南北□□東滴水二尺，南北長迤北滴水二尺，今黌宮東新增置耶穌□空基一所，東至城墻。（177）訓導署，在文廟西，學官鹿鍾、徐棻以訓導舊署在明倫堂東，久圮，因勸捐購地，創修大門三間，正廳、後廳各三間，內宅正房三間，東西廂各一間。基北段長三□三分，東西橫五步；中段長十九步二分七厘，橫六步七；南段長十八步，橫八步二分；道南空基南北□□步，東西七步；灣地長四十五弓。南至□□，北至□□，東至□□，西至□□。

（"法制略二·建置篇·壇廟"，180）文廟，大成殿五楹，兩廡各五間，戟門、泮池、欞星門、照壁皆如制。在東門內，基南北長卅六丈二尺，北橫九丈二尺，南橫九丈六尺九寸，中橫九丈一尺八寸，南北橫□東均有□□一尺。嘉慶七年，知縣鄧元烘移建今處，邑紳劉愙侯董修。名宦、鄉賢、忠義孝弟三祠，亦附廟內。道光三年，知縣朱希賢重修。咸豐二年，知縣王炡尹重修。舊在縣治西偏，《前志》云，洪武初吳文靖建。正統、天順、成化、宏治、正德、嘉靖、隆慶、萬曆、崇禎，諸代知縣潘恕、林惟盛、武震、劉銘喻、岳甑、仲秞、張思溫、時尚儒、蘇性愚、劉子誠、李雲程皆重修。文昌閣，在小南門內東偏，康熙四年移建。咸豐癸丑、光緒十二年皆重修，邑紳捐貲。（181）奎星閣，在東南城隅，咸豐癸丑、光緒十二年皆重修，舊在小南門上。（182）節孝祠，在大南門內西偏。乾隆乙巳移建。舊在縣治東。

（"法制略二·建置篇·壇廟附表"，189）名宦祠，在文廟戟門之左；鄉賢祠，在文廟戟門之右。

民國《新樂縣志》

民國《新樂縣志》，成文出版社有限公司，1968年。

新樂縣

（卷一"學校"，93）文廟，在縣署東南，唐末始建。五代兵毀。宋大觀中，復建。元季，又毀。明洪武三年，知縣郭養恭重建。三十年又廢。永樂十七年，知縣王瑛復建。正統九年，知縣鄧廣撤而新之。天順八年，知縣韓文重修。宏治十三年知縣劉麟，十七年知縣楊浚重修。嘉靖三十五年，知縣王言大補修。四十二年，兵備道劉伯川恢擴泮池，建橋三座。四十三年，知縣汪鎰重加修整。隆慶元年，知縣解知幾新開文路。萬曆九年，知縣鄭札移泮池於欞星門外重修。十七年，知縣呂克恭創文坊。

十九年，知縣張正蒙增修。國朝順治十六年，知縣林華皖重修。咸豐五年，知縣楊本厚重加修整。同治七年，知縣吳士銓重修大成殿、文昌宮、欞星門。光緒七年，知縣（94）張恒吉、教諭賈文炳、李銘勳、訓導李汝廉、典史劉泰重修欞星門。至聖先師殿五楹，東西廡各七楹。戟門三楹，左右角門各一楹。欞星門三座，泮池一區。芻蕘一師坊三楹，今廢。神厨一座，今廢。神器庫，今廢。宰牲所，今廢。射圃亭，今廢。尊經閣，今廢。崇聖祠，在文廟東，今改建文廟後。文昌祠，在戟門西，今改在文廟東。魁星樓，一在戟門東，明隆慶四年知縣劉鳳朝建；一在城外東南，嘉靖四十一年知縣汪鎰建，今廢。名宦祠，在崇聖祠前，今改建廟東。（95）鄉賢祠，在名宦祠右，今改建大成門外東偏。忠義祠，在文廟東，今改建大成門外西偏。節孝祠，在文廟西。敬一亭，在文廟後，舊在戟門前，今廢。儒學，在文廟右偏。明倫堂三楹，咸豐六年知縣李景沆增五楹。進德齋三楹，在堂左，今廢。修業齋三楹，在堂右，今廢。饌房三間，在堂後，今廢。東西號房各五間，今廢。左右厢房各四間，今廢。學舍三間，在堂東，今廢。教諭宅，在堂西，今改建堂後。訓導宅，一在二門外西，一在西南，今存一。

嘉靖《藁城縣志》

嘉靖《藁城縣志》，成文出版社有限公司，1968年。

藁城縣

（卷二"宮室志·學校"，52）縣學，在縣治南。洪武六年，知縣張處恭建。成化五年，知縣李興重修。正德十六年，知縣周寶增葺號舍。嘉靖十年，知縣王來問建敬一亭於中道，其他敕諭碑榜、鄉飲禮式、師生廩饌之類，俱與諸邑同，茲不復志。明倫堂三間，左榜甲科，右榜歲貢。後堂三間，教諭王禋之重修。進德齋三間，明倫堂左。（53）修業齋三間，明倫堂右。敬一亭三間，明倫堂南，東西角門各一間。居仁門一間，由義門一間，東號十七間，西號十七間，儒學門三間，教諭廨一所。訓導廨二所，並列後堂後。（56）射圃，儒學西，周遭繚以土垣。觀德亭，三間，有射圃內，前門一座。

（卷三"群祀志·文廟"，59）先師廟，宋時僻隱驛西，僅存一殿，居民侵削，基址殆盡。元祐六年，縣令祝安上遷建於今學之東。元至正八年，主簿張從先塑繪聖賢像。我朝洪武六年，知縣張處恭因舊址復建。正統七年，知縣徐榮重（60）修大成殿。景泰五年，縣丞杜寧復肖先師四配十哲像。成化五年，知縣李興重建兩廡。嘉靖十年，知縣王來問遵制去像，廟廡俱題主，其他祭期禮獻祝詞、器品一有成式，茲不復志。先師廟五間，舊名大成殿，今改題。東廡五間，西廡五間，戟門二間，欞星門五間。神樹三間，在欞星門左。（61）銅祭器，邑人知縣靳鍧鑄。宰牲房三間。

（卷三 "群祀志·祠廟"，62）啓聖祠，在先師廟東北隅，嘉靖十年知縣王來問奉制新建，每歲春秋仲月致祭。（63）文昌祠，在學前西隙地，成化五年知縣李興建。

民國《藁城縣鄉土地理》

民國《藁城縣鄉土地理》，成文出版社有限公司，1968年。

藁城縣

（"孔廟"，86）唐太宗貞觀四年，詔州縣皆設孔子廟，是爲州縣有孔廟之始。吾邑孔廟，亦始於唐。原在舊城之西，而廟貌卑陋不足壯觀瞻。宋元祐六年，始遷今地，當時之菜圃也。中有大成殿，形勢宏壯，崇祀孔子，袝以四配十二哲，殿前兩廡配以先賢、先儒，殿後爲崇聖祠，祀孔子之五代。近年縣立女學附設廟內，雖借（87）大成殿、崇聖祠爲講室，而聖位保存如故。每歲春秋二仲上丁由地方長官致祭焉。

（"文昌宮"，89）吾邑文昌宮，向在文廟之西，同治十二年因舊址狹隘，乃移建於其東。

光緒《故城縣志》

光緒《故城縣志》，成文出版社有限公司，1976年。

故城縣

（卷三 "學校"，269）《蔡志》云，儒學基址約二十餘畝，創建已無可考。但未經築城之先，已建於此，故《舊志》載在縣治東北隅，而不言東南隅也。按元大德元年，詔天下郡縣通立孔廟，迄明洪武三年，奉詔修葺，祇七十年所在當無遷改。故城偏僻，諸建置簡陋，獸學宮廟制恢宏合宜，而志乘於數百年圮葺之故，亦特（270）詳禮樂，教澤不湮，茲邑士林之幸也。惟《前志》雜錯"公署門"，非體！今別白之，以遵聖道重儒修。學宮，在縣治東南賓陽門內興文街。文廟，大成殿五間，左崇聖祠，東廡七間、西廡七間，戟門三間，左名宦祠，右鄉賢祠。泮池三橋，櫺星門一座，照壁一座，東西二坊，周以繚垣。垣東文昌宮，垣外東南文昌閣，垣西儒學街。署門一座，內壁（271）一座，育賢坊一座。明倫堂五間，堂後學署。街西忠義、節孝二祠。明洪武三年，邑令薛庸、訓導王哲奉詔修葺。靖難兵起，戎馬頻經，廟學盡壞。永樂二年，邑令王善因舊址補完。宣德間，漢庶人謀不軌，章帝自將征之，縣密邇棣州，廟學又壞。邑令戴恕再加修葺，然規制草創，僅蔽風雨而已。正統十一年，邑令李康祖拓地增飾，外建儒林、泮宮二坊，內鑿泮池一區。景泰六年，教（272）諭方貴伐石勒文，備紀其事。天順八年，邑人致仕知府馬偉範爐以□香市磁器百二十，以供祀事。成化二年，築城，學在安化門內，而櫺星門傾圮未治，邑令唐高庋以崇基，易以磚石，壯麗十倍曩昔。宏治間，邑令党俊、楊凱相繼補葺，明倫堂移於饌堂後，泮池移於大成殿後，櫺星門易磚以木，崇如飛翬，餘悉因舊地而撤新之。嘉靖二年，邑人致仕太僕卿孫緒獸捐資修，大成殿、兩廡、戟門（273）、櫺星門、明倫堂、兩齋、文昌宮、門牆、庖庫，煥然一新，既訖自紀始末，立石大成殿右。三年，奉詔創建敬一亭於明倫堂東。三十二年，學宮又圮，郡守餘姚宋公岳歷邑，捐俸屬邑，令任魯重修。隆慶元年，邑令李紹先移縣治於城中。學在縣治東南，萬曆二十九年，邑令楊光明、教諭吳遇再葺，邑人南京兵部尚書周世選撰文立石於大成殿左。四十二年，邑令李元忠、教諭沈元昌、訓導米從薦（274）以學後舊有尊經閣，年久圮廢，捐資重建，規模宏敞，巍然改觀。明末饑饉流離，兵馬絡繹，尊經閣災，廟學漸毀。歷四十年，並未修葺。大成殿徒四壁立，崇聖祠、文昌宮並櫺星、戟門、堂廡、門牆、亭坊等類，木石磚瓦，百無一存，春秋兩祀，望空祭獻。康熙六年，教諭柴應辰、邑人致仕禮部主事王開期、諸生賈潤、賈泓等創議捐修，適有閩中孝廉李光地、陳承禧等十人，阻風河下，散步學前，聞有此舉，共慨（275）助四十三金，紳士等益鼓勵倍輸，重建大成殿五間、兩廡十四間、名宦鄉賢祠各三間、欞星門一座、戟門三間、殿後左右角門各一間，欞星門外復築崇臺墻垣二百餘丈。康熙八年，又建明倫堂五間、育賢坊一座、城頭東南隅魁樓一座，較舊制更爲壯觀，吳侯友聞撰記，諸生王禧、孫勸等立石，鐫捐戶姓氏於碑陰。嗣後鄉賢秘公丕笈欲創尊經閣未遂，其子世貞承父志，康熙四十三年，特建尊經閣（276）三間，門樓、墻垣巍然可觀。自康熙九年重修後，閱百二十年，中間屢有傾圮，賴額設歲修款，時加補葺，多歷年所，迨某學博變其局，遂不可收拾。乾隆五十一年，邑令喬維鏞履任，與紳士賈炎等勸捐，凡殘缺傾圮修葺，半載藏事。又閱五十餘年，大成殿椽瓦俱無，名宦祠僅存地址。道光十五年，邑令許瀚勸捐巨貲，重修大成殿、名宦二賢祠，諸工補葺一新，所餘作義學膏火費，發商生息，三月經（277）始，七月工竣。同治五年，大成殿西南角傾，教諭王慶恩、訓導張篯補修，而戟門尤危險，廡祠門墻無不破碎，土積數尺。同治八年，教諭王堉德及軍務稍平，與訓導張篯協力興事，賴邑紳胡濟滄、賈敦慧、張鍔六七人及諸生隨勸隨修，戟門撤新，後若廡祠、若門墻經歷三年，始得培葺如故，所集費不過三千貫，樹碣紀實。（306）崇聖祠，在大成殿之左，正祠三間，門西向。（320）明倫堂五間，康熙八年建。道光二十三年，邑令黎極新重修。同治九年，教諭王堉德等隨大工又葺堂內，南向左臥碑，右石勒（321）訓飭士子文，東西對立者科舉歲例題名二碑。

乾隆《東安縣志》

乾隆《東安縣志》，成文出版社有限公司，1968年。

東安縣

（卷三"學校志"，61）廟制：大成殿五楹，中懸（62）御額。露臺，在殿下。東西兩廡，各七間。崇聖祠三間，在明倫堂後。戟門三間。泮池。屛壁一座。欞星門。牌坊二座，左爲繼往，右爲開來，嘉靖二十九年建，久廢。又東爲德侔天地，西爲道冠古今，萬曆間本道梁有年、教諭寇光裕重建，今亦廢。神庫房二間，在殿之右，久廢。明倫堂三間，在殿之後。臥碑，在明倫堂東北壁上。敬一亭，在明倫堂後，久廢。（63）傳經堂，在敬一亭後，久廢。育英門。進德、修業二齋，各三間，在明倫堂左右，久廢。孝弟忠信四號，在敬一亭左右，各五間，久廢。文昌祠，在明倫堂左。名宦祠，在戟門外東偏。鄉賢祠，在戟門外西偏。射圃亭，在廟學西，今廢。四箴併程范箴，嘉靖間知縣韓襄奉敕建，今廢，碑存。教諭宅一所、訓導宅一所，俱廢。（67）魁樓，在學之東南。萬曆間，知縣鄭崇岳建，有碑。文昌閣，在縣治東南隅，與魁樓相映。

（卷三"學校志"，72）學宮，在縣治西，唐開元間，建於耿就橋行市南。元中統四年，改縣爲州，升爲州學。至正二十三年，因渾河水患移於州治東朝正坊。至明洪武二年，復因渾河水患，隨縣治遷於今地。九年，改州爲縣，復爲縣學。宣德五年，知縣王友信重修。天順七年知縣馮珍、嘉靖二十八年知縣成印、隆慶五年知縣王邦直、萬曆三十九年知縣鄭崇岳、教諭寇光裕、國朝康熙六年教諭王夢明、十一年訓導馬元調、六十一年知縣周道裕各有修建。

（卷三"祀典志·廟祠"，78）忠義祠，在明倫堂後。（79）節孝祠，在學宮之西。雍正二年遵旨准順天府直隸各省府州縣衛分別男女每處各建二祠，一爲忠義孝弟之祠，建於學宮內，祠門內立石碑一通，將前後忠義孝弟之人刊刻姓氏於上，已故者設位於祠中；一爲節孝之祠，另擇地營建，祠門外建大坊一座，將前後節孝婦女標題姓氏於上，已故者設位於祠中，每年春秋二次致祭。

民國《安次縣志》

民國《安次縣志》，成文出版社有限公司，1969年。

安次縣

（卷一"地理志·學制"，52）學宮在縣治西，唐開元間建於耿就橋行市南。元中統四年，改縣爲州，升爲州學。至正二十三年，因渾河水患移於州治東朝正坊。至明洪武二年，復因渾河水患隨縣治遷於今地，九年改州爲縣，復爲縣學。宣德五年，知縣王友信重修。天順七年知縣馮珍、嘉靖二十八年知縣成印、隆慶五年知縣王邦直、萬曆三十九年知縣鄭崇岳、教諭寇光裕、清康熙六年教諭王夢明、十一年訓導馬元調、六十一年（53）知縣周道裕各有修建，嘉慶十八年知縣□□□重修。光緒元年，知縣劉枝彥修。三十二年，紳民捐款僅將大成殿略事修理云。大成殿五間；

露臺，在殿下；東廡，兩廡各七間；西廡，失修；戟門三間，泮池。屏壁一座，欞星門。崇聖祠三間，在明倫堂後。明倫堂三間，在殿後。牌坊二座，左爲繼往，右爲開來，嘉靖二十九年建。又東爲德侔天地，西爲道冠古今，萬曆間本道梁有年、教諭寇光裕重建，今久廢。神庫房二間，在殿右，久廢。臥碑，在明倫堂東北壁上。敬一亭，在明倫堂後，久廢。育英門。進德、修業齋各三間，在明倫堂左右，久廢。孝弟忠信四號，在敬一亭左右，各五間，廢。射圃亭，在廟學西，今廢。教諭宅、訓導宅。名宦祠，在戟門外西偏。（54）鄉賢祠，在戟門外西偏。忠義祠，在明倫堂後，雍正二年建。節孝祠，在學宮之西，雍正二年建。

光緒《安國縣新志稿》

光緒《安國縣新志稿》，成文出版社有限公司，1969 年。

安國縣

（卷一"輿図·學宮圖"，47）謹案，舊制"學宮圖"，左右有學正、訓導兩署對列，中爲明倫堂，堂前東西四齋，曰志道、曰據德、曰依仁、曰游藝，再前爲講堂，在饌室之後。明倫堂後建敬一亭。署外有忠義、節孝兩祠，忠義在學正署南，節孝在訓導署南，其祠門與明倫堂之大門埒，再西爲管河州同署，南向。學宮之後，有張子祠，講堂在其艮地，劉昆圃《朔風吟略》所稱橫渠書院者也。今明倫堂以重修而存，堂外僅有忠義、節孝兩祠巋然，餘則瓦礫縱橫，萋萋荒草而已，故不圖。圖依《續志》如左。

（卷六"經政錄"，266）清朝祁州學正署、訓導署，俱在學宮西、明倫堂後。順治九年，頒臥碑文於直省各儒學明倫堂。

（卷六"經政錄·廟學"，283）元副帥賈文備創建文廟，在州治東，地基四十三畝。大德初，知州成克敬建廟堂。皇慶間，判官王榮祖重修。明宣德五年，知州余徽建大成殿。（284）成化十一年，知州賈貞重修廟學，知州張幹繼成其事。（286）宏治十二年，知州魏廷相重修廟學。（287）正德七年，知州徐愛開廟外芹渚。（288）十三年，知州龍大有重修殿廷。嘉靖元年，知□潘恩重修兩廡。四年，置祭器。嘉靖六年，知州孔天胤重修廟學。（290）隆慶初年，通判張燭置祭器，建敬一亭、鄉賢、名宦祠。五年，知州周濟用重修廟學。（292）天啓五年，知州郭應響建廟前二坊，左額仰聖、右額興賢。（293）康熙年間，知州李肇宗捐俸重修廟殿。雍正十一年，知州王德階重修啓聖祠。乾隆七年，知州楊永吉重修兩廡。八年，重修圍墙。九年，重修櫺星門。十年，知州李鍾俾重修戟門。（294）十九年，知州羅以桂移長史村三教堂孔子及顏曾思孟偶像於大成殿。二十年五月，重修神臺圍墙。二十一年八月，署州牧羅以桂將修志餘金壹百兩交與當商每年出息貳拾兩，修補學宮闕漏，願州之紳士有心學校者矢公矢慎焉。道光二十六年，重修廟學。同治十二年，知州趙秉恒重修廟學，增建東西二門於照壁兩翼，東曰聖域、西曰賢關。（296）光緒二十年，知州惲秀孫重修廟學。

（卷六"經政錄·祀祠"，298）明正德辛未年，知州徐愛創建名宦祠於文廟外。嘉靖元年，知州陳君楊移建於廟內，名宦在戟門之左，鄉賢在戟門之右。

（299）學正署、訓導署，舊基俱在明倫堂後。謹案，學署舊基已圮無考。至清光緒初年，知州朱閏保建明倫堂於文廟之西，至是有宣講聖諭處，而兩學仍寓別館。

民國《霸縣新志》

民國《霸縣新志》，成文出版社有限公司，1968年。

霸縣

（卷一"署廨"，40）民衆教育館，在孔廟內。

（卷二"古迹"，97）學正署，在文廟西，今爲女子小學校。

（卷二"寺廟"，104）文廟，在城內鼓樓東路北。大成殿一座，東西廡各三間，前爲戟門，再前爲櫺星門，門外東西向木坊二。櫺星門內爲泮池，橋三座。戟門旁北房各三間，東爲名宦、西爲鄉賢祠，以南東西向房各二間，爲省牲所。泮池之南，東爲忠義祠，西爲節孝祠，俱各爲一院，節孝祠自開一門，在櫺星門西。儒門在櫺星門東，門內係夾道，以北爲舊日射圃。北行西折至明倫堂，五間，東西齋房各三間，堂後爲尊經閣，基高一丈八尺，下有磚洞，門重檐。以上通稱學宮。清季至今，俱爲教育機關借用，今自戟門以南爲民衆教育館及民衆學校，東西兩廡爲鄉村師範學校，大成殿以後統爲附屬小學校。

《舊志》載學宮在州治東。元初建。元貞丙申知州劉公甫、判官崔公孝恭，至大戊申（105）知州王崇道，皇慶壬子知州楊公世彬，辛卯知州郭公渥、王公從善相繼重修。明洪武庚戌，知州馬公從龍擴而大之。正統己未知州張公需；成化己丑知州李公廷訓，丁酉知州蔣公愷，丙午知州劉公永寬，宏治庚申知州劉公珩相繼重修。嘉靖丁亥，知州劉公璋建尊經閣五楹，號舍四十四楹，後俱圮。嘉靖丁未，副使周公復俊建敬一亭、崇聖祠、尊經閣。嘉靖乙未，副使陳公效古、知州袁公廷相重修。萬曆甲戌，學院傅公孟春、副使錢公藻令知州郝公汝松改建崇聖祠於尊經閣後，改敬一亭於閣前。萬曆辛卯，學正重造兩廡各祠木主並香案等器，郡人尚書王遴出粟百石，重修兩廡及明倫堂、崇聖諸祠。萬曆甲午，知州錢公達道重修欞星門、戟門及東西二坊。清順治庚寅，副使於公變龍、知州田公來鳳重修。壬辰知州王公來聘，甲午知州王公度，丁酉知州陳公萬仞、訓導王公嘉言，康熙丙午知州胡公獻瑤、學正紀公肇修相繼重修。己酉，郡人尚書郝惟訥、誥封通奉大夫崔應鳳重建鄉賢祠。辛亥，崔應鳳重建文昌祠。癸丑，知州朱公廷梅、學正趙公壁各（106）捐俸重修先師廟及明倫堂。康熙二十二年，知州王公惟琦、州判石公□、署學正石公聲宏、訓導潘公綉、吏目石公在渠暨闔郡紳董重修。乾隆二十六年，知州狄公咏篪、州判朱公崇譜、學正郭公樹人、訓導陳公宗文、吏目胡公怡暨闔郡紳董重修。道光七年，知州盧公建基暨闔郡紳董重修。同治四年，知州陳公如瑤、學正王公勳、訓導朱公世錕暨闔郡紳董重修。宣統元年，知州劉公傅祁重修。

（107）文昌閣，一在東關東後街東。

民國《柏鄉縣志》

民國《柏鄉縣志》，成文出版社有限公司，1976年。

柏鄉縣

（卷四"教育"，264）縣學，舊在城東南隅，元至正十二年壬辰，縣尹劉世英所建，癸酉主簿賀良佐重修。明洪武二年，知縣何禮遷建於城東街，即今學也。成化三年，知縣汪鉅新之。嘉靖十一年，知縣王前鑿泮

（265）池一區，廣半畝，跨石橋三空。二十五年，知縣馬寫大修之，移大成殿於稍北，增三為五，兩廡亦視舊增其一，置明倫堂於殿後，移崇聖祠置東序，名宦、鄉賢二祠置西序，堂後為敬一亭。三十四年，教諭王瓚於戟門前建欞星門三架。隆慶中，知縣劉增建崇聖祠前廈三間。萬曆四年，知縣張延庭於泮池前創建坊牌一座，榜曰"太和元氣"。十八年，知縣李大化、訓導張德鑿修泮池，為半規形，通砌以石，跨橋於上，外翼以欄。四十二年，邑人張如雨重修。清順治三年，知縣牟廷選新之。康熙五年，知縣章金牧重修。中為大成殿，兩翼為東西廡，東後為崇聖祠。殿後為明倫堂，堂之下為左右齋，殿前為戟門，東為名宦祠，西為鄉賢祠，南（266）為欞星門，為石橋、泮池，為太和元氣坊，東為奎星閣。以上《舊志》所載，後於同治十二年，知縣吳光鼎一例重修。教諭署，在明倫堂西，俗名後學，今改置工廠。訓導署，在教諭署前，俗名前學，今廢。尊經閣，在明倫堂後，今廢。射圃，在牌亭東，明嘉靖二十五年，知縣馬寫建觀德亭三間，今廢。

（卷一"疆域·區域"，63）謹按：教育局所在地為舊日之明倫堂，北房寬闊，東西兩齋（64）房亦不狹小，不惟辦公便利，即與各鄉小學教員開會時，亦覺綽有餘裕。財務局所在地為從前之崇聖祠，房屋雖不多，因辦公人員尚少，自是應有盡有，並無因陋就簡之弊。黨部所在地為前日之奎星樓，地基高爽，不受潮濕，窗戶較多，得受太陽光，空氣新鮮，於衛生有益。至於工作合式，更無問題。兩級女子小學所在地，即上年之文昌宮。是宮建築不久，屋宇尚新，去年春雖增建房屋數間，仍不敷用。

民國《昌黎縣志》

民國《昌黎縣志》，成文出版社有限公司，1968年。

昌黎縣

（卷三"地理志下·樓閣"，208）奎星樓，一在文廟東南隅，康熙年間知縣王日翼重修；一在城垣上東南隅，同治年間邑紳張勝亭等募修。

（卷三"地理志下·坊表"，207）興賢育材坊，在學宮外，東西各一，明萬曆年王漢杰建。

（卷三"地理志下·壇廟"，212）文昌宮，在城北街，康熙間知縣洪世溝、乾隆間單燽、嘉慶間何安瀾皆重修。奎星樓，在文廟東南隅，知縣石之峰創建，高三丈四尺，楊於陞重修；一在城東南角，同治三年知縣何崧泰建。（226）名宦祠，在文廟戟門左。鄉賢祠，在文廟戟門右。

（卷五"教育志"，383）儒學，在南街，治西，明倫堂三楹，敬一亭在明倫堂後。教諭宅，在文廟右，敬一亭後，裁撤教官後作爲建設局各辦公所。訓導宅，在文廟座，裁撤教官後，今改爲教育局及教育會。

（389）教育局二十一年現在之概略。一、地址：城內西花園舊縣儒學。二、改易名稱年月：民國十二年九月，改勸學所爲教育局。

（394）文廟。在縣治西，創建年月無考。元大德四年縣尹劉懋，明洪武三年知縣某，永樂十五年知縣楊禧，弘治年知縣殷㠯、張雲鳳，嘉靖年知縣閻鳳、胡溪楚、孔生，隆慶年知縣孟秋，萬曆年知縣吳應選俱重（397）修。正殿原三楹，萬曆十八年，知縣石之峰改五楹。（398）崇聖祠三楹，在大成殿後，舊在文廟左。乾隆二十二年，知縣夏文廣移建。戟門三楹，在大成殿前。泮池，在戟門前。櫺星門，三楹，在泮池前。照壁一座，在櫺星門外，圍以牆，東西便門各一，東曰"禮門"，西曰"義路"。名宦祠，二楹，在戟門左。鄉賢祠，二楹，在戟門右。神厨、宰殺亭，各三楹，在戟門東，今廢。東西側門外豎下馬牌各一。

（卷四"行政志·自治"，372）國民黨河北省直屬昌黎縣分部之概略，地址現在舊教諭署西院。

同治《增續長垣縣志》

同治《增續長垣縣志》，成文出版社有限公司，1969年。

長垣縣

（上卷"學校"，43）文廟，垣之學宮，自前明洪武初年縣丞劉彥昭創建，嗣後或以建、或改建、或重修，自前明以迄國朝屢經增修，學宮之規模於焉大備。後因年久，墻垣多□殘缺，丹漆亦多剝落，道光二十九年，知縣葛之鏞遍加□葺，廟貌煥然。同治十年，知縣陳金式重修文昌閣，并學宮內外一律俱新焉。（47）奎樓，（48）按《舊志》，書院前奎樓未詳。咸豐十年，邑人公議，院南有故墟，相傳爲奎樓，遂建修奎樓一□。

民國《增修磁縣縣志》

民國《增修磁縣縣志》，成文出版社有限公司，1968年。

磁縣

（第六章"祠祀"第一節"文廟"，83）文廟沿革：我磁文廟，最初稱儒學，在州治東北。明洪武五年，知州周敏以其地湫隘，徙建今所。至清康熙二十一年，知州任塾重修先師殿五間，又造殿前平臺、石欄及臺前甬道，又修東西兩廡各七間，東庫房六間，西酒房六間，祭器庫東西各一間，樂舞器庫東西各八間，戟門五間。門南左名宦祠三間，右鄉賢祠三間。祠南欞星門三間，舊制如他祠廟之門，知州任塾改修，一遵古制。泮池舊在欞星門內，明嘉靖中知州栗永爵改於門外，崇禎九年知州李爲珩復移門內。康熙二十六年，知州朱廷相仍改門外，上砌圜橋，圍以石欄。欞星門前東西無門，坊亦頹毀。康熙三十七年，知州蔣擢增修聖域、賢關（84）二門，重修內興賢、育才，外騰蛟、起鳳二坊。神道之南有萬世師表坊，久廢，知州任塾於其地重建德配天地、道冠古今坊，極宏麗之觀，逾街爲屏墻。康熙三十七年，殿廡、門池、坊庫盡頹壞，知州蔣擢俱重修。明倫堂五間，在先師殿後，明正德十一年知州張珂建。堂左進德齋三間，堂右修業齋三間，堂後尊經閣五間，明嘉靖三十五年知州劉竣建，康熙三十七年知州蔣擢俱重修，又增建日新、時習二齋，堂西北學正宅，堂東北訓導宅，宅東射圃，知州任塾建，康熙三十七年知州蔣擢俱重修。

先師殿東有啓聖祠三間，通稱崇聖宮，順治八年知州沈秉公改建，康熙三十七年知州蔣擢重修。嘉慶十三年，知州博爾多大興土木，殿廡、堂閣、門墻、祠宇一律新修，聿昭輪奐，嗣後隨時修整，完好如初。民國成立以來，縣立女子高小將大成殿北一段占去，聖殿以南所有房屋曾作教育局女子師範宿舍、區公所等等，直將莊嚴肅穆不可侵犯之聖地，視同等閑，絕聖棄智，莫此爲甚，國土滄桑，良有以也。事變後，廟中木主、神龕、門窗等物破壞無遺。民國二十七年，恢復高小，因高小原來校舍拆毀太甚，乃因殘就缺，於聖廟正式開課。及民國二十九年七月，知事黃希文提倡重修孔廟，由孔教會長薛明軒組織重修孔廟委員會，共策進行，鳩工庀材，大事修整，至民國三十年二月工竣落成。於是木主、神龕、堂廡、殿宇金碧輝煌，煥然一新，開事變後公共建設之先聲，兆吾邑文化復興之始基，關係世道人心，豈淺鮮哉。

（94）名宦祠，在戟門東。（95）鄉賢祠，在戟門西。

（第三章"營建"第四節"樓閣·四門及魁樓"，47）奎樓，在城上東南隅。明萬曆四十六年，知州牛維赤建。清康熙三十一年，知州陳以遠捐俸改建。民國十年，毀於火，今廢。

（第三章"營建"第四節"樓閣·文昌閣及慈雲閣"，48）文昌閣有四，一在滏陽坊，即滏陽驛門樓改建，清康熙三十七年知州將擢重修；一在東門外石橋西，即聚星樓改造；一在南關之南，康熙三十六年知州蔣擢建；一在北關外，康熙二十六年知州陳以遠建。

民國《大名縣志》

民國《大名縣志》，成文出版社有限公司，1968年。

大名府

（卷六"建置志·廨署"，267）大名府儒學署，在南門東景行街北首，分東西院，東為訓導署，西為教諭署。裁缺後，東院售與王姓，西院售與商務會。

（卷二十四"秩祀志·學宮"，1532）大名府文廟，在府署東南南順城街，正對小南門。明永樂元年，知府倪天興創建，嗣經知府顧鼎、夏忠、李輅、王正相繼修葺。成化十四年，知府沈浩鑿泮池、廊門序、建齋廡。宏治四年，知府李瓚建饌堂、備雅樂。十二年，知府韓福復加修葺。嘉靖七年，詔頒敬一箴置亭，諸州縣並如例。隆慶間，知府鄭旻、王叔杲重葺。萬曆十九年，知縣塗時相於廟庭置石欄，知府趙慎修、尹應元遞有修理，又於巽（1533）方城垣上建文峰塔。清康熙十一年，知府周邦彬重修。三十一年，兵備副使陳世安重修，又捐製祭器存學宮。雍正二年，知府曾逢聖奉文於學宮內外建忠義孝弟、節孝二祠（按忠義孝弟祠，向建學宮內，今廢。節孝祠，建學宮外東偏，亦圮，道光二十九年重修）。三年，兵備副使趙國麟、知府曾逢聖重修學宮。乾隆二十一年知府朱煐、二十八年知府李湖相繼葺理。道光九年，兵備道何俊、知府武蔚文重修。

同治七年，兵備道范梁、知府楊毓枏捐廉補葺。九年，知府陳崇砥增設樂舞。按府文廟大成殿五楹，露臺護其前，周以石欄，左右兩廡各十五楹。庭院寬敞，檜柏森森，建廟時植，數百年物也。甬道前爲戟門，門三楹，角門二，東曰"金聲"、西曰"玉振"，兩門旁爲齋宿所，各三楹，學記石刻林立院之左右。又前曰欞星門，門爲石坊三楹；東西兩坊，一"德配天地"、一"道冠古今"，前鑿泮池，池欄灣環如帶，與城上魁星閣上下相映，東瞻文峰塔，若拱立而顧者。池南爲屏壁，兩偏復開二門，左曰"聖域"、右曰"賢關"，繚以周垣，玲瓏透露。及民國軍閥擅權，往往借文廟爲軍醫院，爲兵馬場，污穢不堪言狀矣。

崇聖祠，在學宮東偏，另爲一院，祠三楹。尊經閣，在大成殿後，明倫堂之北，爲樓三楹。後壁嵌石刻文昌小像，係知府周（1534）邦彬於地中掘得知府李瓚所刻者，嵌之壁間。兩廡各三楹，東祀五賢爲唐狄梁公仁杰、宋寇萊公准、韓魏公琦、文潞公彥博、歐陽文忠公修，西祀一賢爲劉忠定公安世。名宦祠，在戟門東。鄉賢祠，在戟門西。明倫堂，在大成殿後，道北，堂五楹，露臺稱之。自明以來，科貢題名榜於兩壁。齋房共十二楹，左曰進德、曰日新；右曰修業、曰時習。民國時改爲國民模範學校，建築房舍，添置器物，形勢不無改變云。

大名縣

（卷六"建置志・廨署"，267）大名縣儒學署，在中學校西，裁缺後，地基、房舍均歸中學校。

（卷二十四"秩祀志・學宮"，1544）大名縣文廟，附郭時議省附祭，元城教諭霍正古力爭復祀，知縣秦學溥捐犧（1545）牲半壇設祭。特以廢學故宮鞠爲茂草，風雨殘碑間難陳俎豆，每逢大典，暫設位學署明倫堂，幾二十年。乾隆四十八年，知縣張維祺詳請上官，仍捐祭儀附於府廟，名宦、鄉賢並附府祠，然以首邑無文廟，實屬缺事。道光十五年，知縣陳信芳具奏，教諭王苞林邀集士紳立縣文廟於府文廟之東北隅，即在府署東偏，此後春秋二祀，不復附祭。及清末，教諭缺裁，署址盡歸中學校，文廟亦被占據，惟節孝祠尚在，另自爲一院。

大名縣舊治文廟，在舊城西南隅。明洪武三年，縣丞秦本即元季舊治創建，後知縣施誠、謝雯、原璿、任英鷺、徐士彬相繼修葺，璿與鷺之力居多。嘉靖間知縣李汝梅、隆慶間知縣李本意、萬曆間知縣鄭得書、趙一鶴、教諭郜純謙、訓導楊於廷、劉若愚各重修。清康熙三年知縣陳炓、六年知縣徐兗、四十年知縣陳天立屢經重葺。乾隆二十三年，移治附郭，而舊大名縣之學遂廢。

元城縣

（卷六"建置志‧廨署"，268）元城縣儒學署，在羊市街路北。前有照壁，大門上有魁星樓，門內迄西有劉忠定公祠，二門以內爲明倫堂，後爲教諭堂。大門內迤東，另有一院爲訓導署，署東爲崇聖祠。民國四年，改爲單級小學校，僅占西院地址。東院界連警署，因原署作爲團部，權移東院，今併崇聖祠均歸軍隊占住。

（卷二十四"秩祀志‧學宮"，1552）元城縣文廟，在本城羊市街。明永樂時，知縣趙玉自故城徙置。萬曆十八年，知縣劉三英重修。二十年，秋潦，壞廟宇、齋房、司訓宅舍，知縣李炳初至，量加修葺，次年悉大新之，一切祭器缺者增、蠹者整，瓦缶者俱易以錫。清順治十六年，知縣馮續京重修。康熙十二年，大殿、兩廡暨欞星門等處風雨復飄搖之，知縣陳偉度材庀工，從新修葺，資費浩繁，不動額設，不擾地方。雍正四年，知縣王日恭相繼修理。嘉慶間，合學重葺。道光二十三年，大名道吉年倡捐重修兩廡整齊。民國三年，縣廢，廟祀亦廢，今改爲縣立第一高級小學分校。總積文廟地基小地十二畝五分一釐二毫，東大段北活二十七步，南活同中長八十九步，積步二千四百零三步，合小地十畝零一釐二毫；西北小段北活十二步，南活同中長五十步，積步六百步，合小地二畝五分。

崇聖祠，在學宮東。名宦祠，在戟門東。（1553）鄉賢祠，在戟門西。節孝祠，在學宮東偏。道光二十三年，教諭杜清遠、訓導崔光□捐俸創建。明倫堂，在學宮東。

魏縣

（卷六"建置志‧廨署"，268）魏縣儒學署，在舊治東關文廟西偏，今廢。

（卷二十四"秩祀志‧學宮"，1558）魏縣文廟，在舊治東街，明洪武三年建。成化十八年，知縣白繩武補修。嘉靖十八年，知縣劉望之再葺。清康熙四十三年知縣蔣芾、四十七年知縣馬襄先後（1559）增修。

乾隆十一年，知縣管一清又從而新之。二十三年，漳水灌城，淹沒無存，縣併大名，教諭缺裁，改魏縣學為大名鄉學，訓導王思聰即外城東南堤上為宅，宅東易民田一段建大成殿三楹，學署西為漳河丞署，又西為魏臺，駐防居其右。二十九年，訓導竇桂於大成殿前建東西廡各三楹。三十二年，訓導米繹如建明倫堂三楹於殿西。四十七年，訓導鄧民望因大成殿湫隘不容俎豆，募資二百餘金，取尊經閣廢材而闊大之，並立戟門及周圍牆垣，而崇聖、名宦、鄉賢、忠義孝節諸祠有志未逮，春秋二祭，設位於明倫堂。嘉慶六年，訓導劉魁捐歲俸為士紳倡，積腋成裘，缺補殘新，規模大備。道光十二年，訓導顧霖再修。今廢，改為國民兩等學校。

忠義孝弟祠，在舊魏縣劉忠定公祠西，雍正四年，馬襄建，城沒祠圮。節孝祠，在舊魏縣東門內，城沒祠圮。尊經閣，在魏舊治縣署之東，與橋經堂相峙。明知縣徐元泰、李幼淑創建，城沒閣廢。

乾隆《滄州志》

乾隆《滄州志》，成文出版社有限公司，1975年。

滄州

（卷三"學校"，184）明初，州判紀惟仁擇城外大南門西、小南門東，襆頭之處申請建立學宮。宣德六年，知州劉謹、學正潘振增修。正統八年，巡按御史丁澄、知州上官儀增修。嘉靖十三年，鹽院鄧直卿、運使郭五常重修學廟，開擴街道。二十七年，知州左翌重修。萬曆中，知州李夢熊重修。丙辰，知州李騰蛟重修。我朝順治壬辰，知州庞宗周重修。丁酉，知州李進孝清理街道。辛酉，運使盧紘、運判楊胤昌、知州王世亨等重修。康熙五十年辛卯，知州王士銓、學正賈即元重修。乾隆七年，□□知州徐特作暨學正莊□（185）□□□戟門、欞星門□□又兩廡俱□先係廩生劉梅捐存廩糧所置。年久朽壞，日榮改建磚臺二座，以垂永久。

滄海文明坊，兩旁各有路□通車馬。東西下馬牌。門屏，圍以花牆。欞星門。泮池，跨以石梁。戟門。更衣亭，在戟門外東偏。（186）省牲所，在戟門外西，今廢。（214）明倫堂，在正殿後。臥碑，國朝順治十四年，廣東道監察御史朱斐題請設立臥碑，通行各學。（220）神廚所、祭器庫，以上俱在明倫堂兩旁，今廢。尊經閣，明成化元年，運使龔敦、知州武英合議創立。正德六年，流賊至滄，憑閣攻城，守者事急，□兵孫某乘夜下城毀之，賊遂失據，城保閣廢。敬一亭，明嘉靖中知州吳成禮建於明倫堂後，後改建於儒學門內迤東，今廢。觀德亭，在學東，久廢，今改建忠義節孝祠。（221）西更道，居鄰壅塞，尚俟清理。龍眼，學前東西二井相對，名曰龍眼，今被居民占據。儒學宅，原有四齋，明萬曆中知州王堯封改置，合爲一宅。今分爲二宅，後學正宅，前訓導宅。康熙五十九年，學正司直重加修整。乾隆七年，知州徐時作、學正莊日榮因修《滄志》，欲以學署爲公所，七月中捐資修造，後以房少，遂移別館。（224）名宦祠，明萬曆十二年，知州張與行建於戟門之左，後改爲更衣亭，乃別建名宦祠於儒學門內□迤東。我朝康熙□□□□□□□□□。（227）鄉賢祠，明萬曆十二年，知州張與行建於戟門之右，後改爲省牲所。四十四年，運使張雲翌別建鄉賢祠於儒學門內名宦祠西。我朝康熙四年，署學正舉人韓特執、賢裔太僕寺卿前戶部尚書戴明說、鴻臚寺少卿呂祖望、貢生王廷鋐等重建。（231）忠義祠，在儒學門外東偏，雍正十年知州曾振宗建；（236）節孝祠，在儒學門外東偏忠義祠右，雍正十年知州曾振宗建。

（卷四"祠祀"，246）文昌祠，在州治東狼臺上，明建。國朝廣東嶺南道參政張文炳重修；（256）文昌閣，在南關河岸，明建，國朝太學生張爾鏞等重建。

民國《高邑縣志》

民國《高邑縣志》，成文出版社有限公司，1968年。

高邑縣

（卷一"疆域·區域"，35）教育局，在縣治西南，就訓導廢署改設。建設局，在縣治西南忠義節孝祠內。縣黨部，在縣治南畢公祠與啓聖祠內，舊爲縣議會與參事會占用。

（37）儒學，在縣治西南，宋慶曆中建。崇寧中，知縣李佽增修。元至元間知縣宋明善，明洪武間知縣王藻，永樂初知縣羅克昌、縣丞沈義，成化間知縣李本芳、蔡慶，弘治間知縣譚綬，嘉靖間知縣鄭天行，隆慶間知縣劉邦彥，萬曆間知縣金四科、晉承命，清康熙間知縣薛所本、劉瑜，雍正間知縣鍾夢麟，乾隆間知縣江啓澄先後重修。大成殿五楹，前修月橋，甃以磚石。啓聖祠二楹，在尊經東南，前作縣議會議場，今爲縣黨部。東西廡各七間。戟門三楹，前馬泮池，中間架以石橋。欞星門三楹，門左右爲名宦、鄉賢祠。(38) 坊二座，東曰"德配天地"、西曰"道冠古今"，坊外下馬牌各一。明倫堂，在大成殿後東北隅，壁函臥碑，其上有科目題名匾。庭前有太湖石一座，蒼秀玲瓏，頗含古意。博文、約禮齋，在堂之東西兩廂，其前爲儀門，門之外左爲聚奎門，今廢。敬一亭，舊在明倫堂前。明隆慶間，知縣劉邦彥遷於西南隅，今碑刻僅存。尊經閣三楹，在明倫堂後，乾隆五十九年重修。今改作女校齋舍。教諭署，在明倫堂西，今作女學校園。訓導署，在大成殿東，今作教育局。射圃，在大成殿西南，後廢。清康熙中，知縣劉瑜重闢。

《舊志》，學基闊四十九步，深九十五步，計地共一十九畝，環以長垣，後爲居民侵占。明萬曆中，教諭韋孚獻按舊址正之。嗣又漸次侵占，清嘉慶三年，教諭董瑞麟、訓導魯鳳佩牒縣清查，始復其舊，今歸教育局保管。

(40) 文昌祠，在城上東南隅。明萬曆中，知縣晉承命建，邑人郭實爲記。清乾隆間，知縣宮書禧移於南 (41) 關外。魁星閣，即文昌祠舊址。清乾隆間，知縣江啓澄重修。名宦祠，在文廟欞星門左。鄉賢祠，在文廟欞星門右。(42) 忠孝祠，在文廟西。清乾隆四十三年，知縣江啓澄修。光緒二十年，教諭董俶捐俸重修。節孝祠，舊與忠孝祠並列，後遷於西門外。乾隆十八年，知縣李冕仍移舊處，後圮。四十三年，知縣江啓澄擇西街乾明寺地重建。光緒二十年，教諭董俶捐俸重修，仍移原址，與忠義祠並列。

民國《廣平縣志》

民國《廣平縣志》，成文出版社有限公司，1968年。

廣平縣

(卷七"建置·壇廟"，193) 文昌祠，在縣學東南。舊在北城樓上，明萬曆十七年，知縣陳鎣建。三十五年，知縣王一龍移建學宮前，後復移建今地。魁星樓，在東南隅城上。舊在文昌祠西，明萬曆三十五年知縣王一龍改建。清乾隆九年，知縣尋紹舞復移建今地。道光七年知縣王燕堂、光緒五年知縣何庚生各重修，久廢。（194）忠義祠，在縣治東，雍正六年建。節孝祠，在西關外，雍正六年建。

（卷八"教育・廟學"，215）文廟，在縣城東南隅。中爲大成殿三楹，東西廡各十六楹，前爲戟門、泮池，又前欞星門、照壁，門外左右二坊。明洪武三年，知縣高立建。永樂間知縣李昉，成化間知縣何琮，宏治間知縣吾應麒、顧璘增建。萬曆十七年，知縣陳鏧修葺。清康熙四十二年，（216）圮於水，移置新堡。五十年，知縣華士捷即舊地重建（《畿輔通志》）。嘉慶二十一年知縣董廷對、同治四年知縣楊汝爲各重修（舊《府志》）。民國十四年，縣事任傅藻重修。二十六年，縣長張漢全修葺。清順治元年，定每歲春秋仲月上丁日致祭。雍正二年，增用太牢。崇聖祠，在大成殿後。明宏治間，知縣顧璘改建（舊《縣志》）。清嘉慶間，知縣董廷對重修（舊《府志》）。（217）名宦祠，在戟門左，明宏治間知縣顧璘建（舊《縣志》）。清乾隆九年，知縣尋紹舞重建（《舊志》）。鄉賢祠，在戟門右，明宏治間知縣顧璘建（舊《府志》）。清乾隆間，知縣尋紹舞重建（舊《府志》）。（218）明倫堂，在大成殿右，堂前左右兩齋，齋前儀門，又前大門屏壁。明宏治間，知縣顧璘建（舊《府志》，參《縣志》）。按明陳鎬記略，顧璘所建，明倫堂旁有庫倉，齋前有號房、有茶房，又改舊堂爲饌堂、爲厨庫，今俱廢（《舊志》）。文廟以及儒學各祠，於民國二十五年改前院爲簡易師範學校，後院改爲縣立女子高級小學。二十八年一月，歸駐軍警備隊占用。尊經閣，在崇聖祠西，明知縣顧璘建。敬一亭，在崇聖祠東，明知縣顧璘建。射圃亭，在崇聖祠東，建同前（均《舊志》）。教諭、訓導兩宅，俱在明倫堂後，明知縣顧璘建（《舊志》）。清康熙四十二年，圮於水，今尚未建（舊《府志》）。

民國《完縣志》

民國《完縣志》，成文出版社有限公司，1968年。

完縣

（卷一"疆域・建置"，57）孔廟，坐落城內東街，背蓮池南向。《雍正志》云，大成殿十五楹，兩掖翼門各一，後通崇聖祠，祠三楹，前東西廡各五楹，戟門三楹，欞星門三楹，照壁一座，楹照之間東有禮門，西有義路，照壁之外，東一坊題"德配天地"、西一坊題"道冠古今"，逾街而南，思樂坊三楹，泮池在戟欞之間，神路在思樂之南，戟門內更有門西出，學官莅事所也。明倫堂三楹，後有敬一亭一楹，前則左進德、右修業二齋，各三楹，大門三楹，二門一楹，東西角門各一，泮池東西亦有門各一，東達文昌閣。閣後名宦祠三楹，忠義祠三楹，西達鄉賢祠三楹。自康熙十一年重修後，歷四五十年，正殿敝漏，餘亦欹傾，三坊無存，鄉賢祠、敬一亭及二齋杳無遺迹。嗣胡知縣大化修文廟正宮，左知縣文言修明倫堂，呂知縣守曾修明倫前之二門、大門，重建敬一、鄉賢，嚴知縣宗嘉整飭文昌閣，惟欞星門外之三坊、明倫堂之二齋未復。以後歷任知縣，雖經迭次重修，而歷時既久，難免風雨摧殘。迨民國肇建，忠義祠及明倫堂後之敬一亭並大門均已湮沒，其他殿宇與夫繚垣，亦俱傾圮不堪。民國十六年，劉知事樹楨（58）以奉令派銷公債之盈餘，以作修葺費用，由裘紳宜倫董其事，計將大成殿、兩披翼門、崇聖祠、東西兩廡、戟欞二門以及禮門、義路、名宦、鄉賢兩祠並圍牆均一一修繕，煥然一新。惟忠義祠、敬一亭等以款絀未遑修建。民國十七年，祀孔舊禮，經大學院蔡院長元培以院令廢止。十八年，奉令以孔子誕日為紀念日，每年國曆八月二十七日，聚集孔子廟，舉行紀念儀式，盡量演述孔子言行事迹，以志景仰。其舊有之"大成殿"三字，稍涉專制思想，改稱孔子廟，置一直匾懸挂門額，於廟之中設一龕，龕內設孔子位，其他如附祀之四配十哲及兩廡先賢、先儒等一律移入孔子廟（即大成殿）內，在孔子位龕兩旁分列二龕，分層安奉，並將崇聖祠附祀之孟皮、顏無繇、曾點、孔鯉四位移入孔子位龕內兩旁安奉。蔡元定，言行昭著足資矜式，宜附列先儒，移入孔子廟內，餘如孔子先代、周程朱張各先代暨孟孫氏等多無事迹可紀，既無專祀必要，又未便移孔子位龕之旁，將其名位取消。至名宦、鄉賢兩祠，向在兩廡之外，兩廡既經取消，兩祠亦無存在之理。惟為尊崇先哲起見，附列孔子之四配十哲、先賢先儒等，於八月二十七日紀念孔子時，一併紀念，並須於孔廟堂（59）前留相當空地，以為舉行紀念時學生及民衆聽講演之地。所有孔子廟外附屬之兩廡、崇聖、名宦、鄉賢各祠充份利用，辦理學校或圖書館、民衆學校等，此外無論任何機關、任何軍隊均不准占用。於是教育局遂移入兩廡及戟門辦公，並將名宦、鄉賢、節孝三祠改作民衆教育館。此自辛亥革命以後，近二十年來孔廟變遷之歷史也。

大成殿，十五楹。東廡五間、西廡五間。二廡原祀七十二賢及左丘明三十二人，今作教育局辦公室。《舊志》云，何知縣出光於西廡南闢一門，達於明倫堂，今仍舊貫。戟門三間，今改爲教育局職員暨夫役住室。名宦祠三間、鄉賢祠三間。二祠，今改爲民衆教育館。文昌閣，《舊志》云，在名宦祠前，明萬曆二十四年，何知縣出光創建。清雍正九年，呂知縣守曾嚴、知縣宗嘉重修。（60）忠義孝弟祠三間，《舊志》云，在學宮內名宦祠之東，立石碑一通，刊刻姓氏於其上。已故者設牌位於祠中，係陳知縣宗楷建，今無遺迹。節孝祠三間，《舊志》云，在學宮外縣治之東，立大坊一座，刊刻姓氏於其上，已故者設牌位於祠中，祠係陳知縣宗楷建，坊係呂知縣守曾建。蓋雍正元年九月十五日，欽奉恩詔，禮部議覆，行令直省分別男、女各建二坊，今各坊均無遺迹。節孝祠，由民衆教育館作爲講演所及民衆學校。田陽祠，《舊志》云，因改入鄉賢祠，故廢，今惟教育局住室。櫺星門三座。照壁一座。思樂坊三座，《舊志》云在道南，係神路，明作草廠，草廠革去，被人作場圃。劉知縣安國查歸文廟，建坊三座，已廢。按《舊志》所云，被人作場圃之地點，今改建縣立高小講室。左坊、右坊，俱廢未復。崇聖祠，《舊志》云，清雍正元年追封孔子五代。民國十七年廢止。

（卷一"疆域·建置·壇祠"，63）奎星樓，在東南城隅角臺上。康熙二十七年建，光緒二十五年文生張勘、董鑒泉監工重修。

（卷一"疆域·建置·公廨"，66）教育局，在東街路北孔廟內，係民國二十年九月由縣府東側舊址移出。清光緒三十四年，於縣立高小暫設勸學所，旋由總董高登瀛於縣府東側改建新址，民國四年遷南街縣議會舊地，十一年遷回，以不敷辦公，遂移孔廟焉。房十二間。

（67）民衆教育館，在孔廟前院，民國二十年春季成立，房十間。鄉村師範學校，在東街縣高小操場北首，係明倫堂及教諭訓導兩署舊址。清光緒三（68）十二年，改建爲自治研究所，後復改參事會，又改模範小學。民國五年，師範講習所設於此。十四年，設縣議會，嗣遷往南街，師範講習所移於此。十八年，遵令改鄉村師範學校。基址二千二百四十方步，房二十間。

光緒《豐潤縣志》

光緒《豐潤縣志》，成文出版社有限公司，1968年。

豐潤縣

（卷一"壇廟"，82）文昌閣，舊在學宮西。明崇禎間，知縣朱希龍改建於東南城隅上。順治五年知縣吳執中，康熙三十三年邑貢生唐居仁、韓范、谷楚文，雍正三年知縣張正乾修。乾隆十八年，知縣陳文言重建。道光十年重修。魁星樓，在學宮東，匾曰"東璧光騰"。順治十二年貢生唐淯心、曹斗望，康熙十九年訓導駱在中，雍正三年知縣張正乾，乾隆十八年知縣陳文言修。道光十年重修。（90）文廟，在小集東北。道光二十年，邑令劉公命生員田文學修建。

（卷一"官署"，100）教諭署，在明倫堂東。前爲門，中爲堂三間，左翼書房二間，後爲内宅二層，各三間，東廚房一間，西馬厩一間。訓導署，在明倫堂西。前爲門，中爲堂三間，右翼書房二間，後爲内宅四間，西廚房二間，東馬厩三間。

（卷一"學校"，105）儒學在縣治正南，金大定二十七年建，明洪武初重建。大成殿五間。（109）欞星門三間。泮池。（110）戟門三間。東西牌坊二座，東曰"德配天地"，西曰"道冠古今"。照壁一座，在欞星門外，周遭墻垣一帶。崇聖祠三間，在大成殿東，原爲啓聖祠，雍正二年改名。明倫堂，三間，在文廟後。（120）以上殿廡祠堂閣，元至元十二年修，明永樂十二年知縣鄧正心、正統六年知縣吳昌重修。宏治十六年，知縣靳宣又拓而新之。本朝康熙二十九年訓導駱在中，雍正十一年知縣周傳昌、教諭馬任、訓導王雍相繼重修。至修正殿，則有康熙二年邑紳曹首望等，雍正十一年生員谷昂、王奕曾、唐允恭、谷瑛、劉璵垣等。修東西兩廡，則有拔貢生曹斗望、生員張光亨、唐居仁、谷際科、康熙二十九年訓導李不伐。修戟門，則有順治六年知縣吳執忠、歲貢生谷元隆、生員張奇。重建欞星門，則有邑紳曹雲望。修泮池，則有邑紳曹永淳。修照墻、周垣，則有恩貢生曹重輝、生員魯文龍。修（121）崇聖祠，則有康熙元年教諭蔡元寧、訓導吳渠。修明倫堂，則有康熙十二年知縣尚大發、董事曹采并紳士其人焉。道光初重修。官廳二間，在戟門外西偏。齋房，各三間，在明倫堂前。東西廡，舊爲進德、修業齋，久廢。號舍，三十間，在文廟西。明宏治十六年，知縣靳宣建。隆慶三年，知縣王納言重建，久廢。培英社，三間，在文廟東，明洪武八年建，隆慶三年知縣王納言重建，匾曰"正蒙"，久廢。射圃亭，三間，在文廟東，明正德九年建，隆慶三年知縣王納言重建，匾曰"觀德"，久廢。養賢倉，三間，在明倫堂西，嘉靖二十八年知縣時鳳建，歲收糧四百石，黑鹽課銀肆拾叁兩伍錢，協濟廩俸，今廢。糧銀，俱莫可考。（123）名宦祠，在戟門東。康熙十八年，知縣陳恭錫修。乾隆十九年，知縣吳慎榜額曰"甘棠遺愛"，勒（124）姓名於石。（126）鄉賢祠，在戟門西。明嘉靖年間，知縣冉崇儒建。康熙年間，貢生曹鑛修。雍正十一年，邑紳曹永淳重修。乾隆十九年，知縣吳慎榜額曰"浿水鍾靈"，勒姓名於石。（128）忠義祠，在欞星門內左廡。雍正八年，知縣馬爾棟奉文建。乾隆十九年，知縣吳慎懸匾曰"碧血丹心"，勒姓氏於石。（129）節孝祠，在學宮西。雍正八年，知縣馬爾棟奉文建。乾隆十九年，知縣吳慎懸匾曰"飲冰茹蘗"，勒姓氏於石。

（134）重修文廟附：按文廟創自金大定二十七年，凡有修葺，必志其年分與官紳姓氏，所以褒既往而勸將來也。今接《吳志》，按次詳載並遺漏者悉補之。明萬曆十八年知縣陸楷，三十二年知縣李爲梁，本朝乾隆四十年知縣潘應椿、教諭（135）田營、生員曹孟林、谷廷茂等倡首重修，事詳碑記。至修明倫堂，則有乾隆三年知縣楊大昆。修尊經閣，則有乾隆四十四年教諭田營。統修，則有道光十五年知縣劉遵海、董事馮廣譽、沈世鑒等。光緒十五年，欞星門圮，購材重建，並砌壘泮池、花墻，而殿廡、祠廳暨照壁各廟門，悉加塗澤，少覺煥然一新焉。官紳姓氏詳碑記。

光緒《撫寧縣志》

光緒《撫寧縣志》，成文出版社有限公司，1968年。

撫寧縣

（卷五"學校"，240）聖廟，在南街路東學胡同，明洪武十一年建。其歷年增修者，成化間知縣姜鎬、（241）宏治間知縣劉玉、嘉靖間知縣葉宗蔭、通判李世相，萬曆間知縣張彝訓、徐汝孝。至我朝康熙八年，傾圮已極。知縣王文衡勸闔縣輸助，鄉紳馮泰運捐二百金，修葺大成殿五間，東西廡各五間。十一年夏，大雨，廡壞，知縣譚琳捐資補修。乾隆間知縣袁芳杏、藍嘉瑄、葛長信，嘉慶間知縣李長棣、沈惇厚，道光間知縣張煦皆重修。（242）崇聖祠，在大成門內東夾院。雍正二年，追封孔子五代王爵，改啓聖祠爲崇聖祠。

（249）學署大門三間，儀門三間，明倫堂三間。崇禎六年知縣余爵重修、順治四年知縣張懋忠重修。康熙十八年，傾圮不支，知縣劉馨、教諭辛進修捐俸重修。東西舊有進德、修業齋，俱廢。敬一亭三間，刻明世宗御書程子四箴，今爲甫化堂，後三間爲教諭公廨，乾隆十二年，知縣錢鎣重修。東角門外爲訓導公廨，康熙三年裁教諭缺，訓導移（250）駐教諭宅。十五年復設教諭，訓導宅已廢，今寓居東山書院。

（卷六"壇廟"，287）文昌宮，在文廟東。道光十八年，知縣張煦重修；一在舊縣南街；一在臺頭營大南街。（288）魁星閣，舊在西城上，以堪輿說文星宜巽方，明萬曆十六年，知縣雷應時移建於文廟東。康熙十年，知縣譚琳捐俸更建於紫荊山南峰上；一在臺頭營。（300）忠孝祠，在名宦祠南東夾院，祀明忠節三人、孝子五人、國朝孝子三人。（301）節烈祠三間，在鄉賢祠南西夾院，祀前明節烈十一人、國朝節烈七十二人。

雍正《阜城縣志》

雍正《阜城縣志》，成文出版社有限公司，1968年。

阜城縣

（卷六"學校"，84）阜城學在縣治東南，中爲文廟，廟兩翼爲東西廡，前爲戟門，門前左爲名宦祠，右爲鄉賢祠，前爲泮池，爲櫺星門，廟之後爲明倫堂，堂之兩翼爲東齋、西齋，齋前爲儀門，堂之後爲教諭宅，廟之東爲崇聖祠，祠南爲文昌閣，祠北爲訓導宅，堂之西爲敬一亭，亭南爲忠義孝悌祠、節孝祠，櫺星（85）門東爲學門。

（91）阜城縣儒學，明洪武初建，後毀於火。永樂四年，教諭袁茂宗重建。正統十一年，知縣端澄增修。成化六年，知縣劉恭撤舊更新。弘治十八年，知縣曹璽重修。正德十二年，知縣梁愷重修。嘉靖三年，知縣許廷桂重修。嘉靖二十三年，知縣王世光重修。隆慶五年，知縣鞏邦固重修大殿、兩廡、欞星門、明倫堂、敬一亭及兩齋房。萬曆二十年，知縣程禧重修。萬曆二十五年，知縣曹一潾於學東南隅築臺，建文昌閣。萬曆四十年，知縣尹應祥修建數坊。天啓元年，知縣鄭時舉於學東建射圃。天啓二（92）年，知縣王秉衡於啓聖祠前築層臺，移文昌閣於其上。國朝康熙七年，庠生多象豫、杜振祖、劉新、沈秉爵協修鄉賢祠。康熙九年，知縣曹邦重建明倫堂、啓聖祠、敬一亭、西齋房、儒學門、訓導廨。康熙四十九年，教諭張可成重建啓聖祠。雍正十二年，知縣陸福宜重修欞星門、大成門、大成殿、東西兩廡、四角門、義路、禮門、照壁、泮池、東西齋房、崇聖祠、文昌閣，更建鑾駕庫於明倫堂之後，自外至內撤建一新。

（卷五"公署"，76）儒學，在縣治東南，詳見"學校志"。

（卷七"典禮"，119）崇聖祠，在文廟東北。（121）文昌祠，在文廟東南。（122）奎樓，在文廟。名宦祠，在文廟欞星門內東。（123）鄉賢祠，在文廟欞星門內西。

民國《高陽縣志》

民國《高陽縣志》，成文出版社有限公司，1968年。

高陽縣

（卷一"地理·古迹"，95）文廟，崇祀孔子，以四配十哲配享，以七十二賢及左丘明等三十二人從祀。現廟內有遼陽柏數株，古老蒼翠，耐人玩賞，現東西廡改爲民衆教育館。

光緒《束鹿縣志》

光緒《束鹿縣志》，成文出版社有限公司，1968年。

束鹿縣

（"區域"，76）文廟，在城內縣署東南隅。文昌宮，在城內南池書院東，今移尊經閣。（77）高等學堂二所，一在城內十字街；一在文昌宮。

民國《束鹿縣志》

民國《束鹿縣志（五志合刊）》，成文出版社有限公司，1968年。

束鹿縣

（卷二"建置志·學校"，84）文廟等處地基長四十丈六尺，南闊十八丈五尺，北闊二十一丈六尺。大成殿二十五間，高四丈，長七丈；東廡七間，高一丈，長八丈；西廡七間，高一丈，長八丈；戟門六間，高二丈五尺，長三丈；啓聖祠三間，坐落聖殿後，高二丈五尺；名宦祠三間，高一丈；（85）鄉賢祠三間，高一丈；櫺星門六間，高二丈，長三丈；東西牌樓兩座，高二丈；泮池長四丈，寬一丈五尺，深九尺；泮池橋長四丈，寬一丈五尺；明倫堂三間，高二丈；抱廈三間，高一丈一尺，長三丈；敬一亭三間，高一丈五尺；東齋房三間，高一丈五尺；西齋房三間，高一丈五尺；儀門三間，高一丈；大門三間，高一丈五尺；東官舍四層，共十四間；西官舍二層，共七。

（卷二"建置志·壇廟"，97）文峰閣，在舊城東堤迤南，俗稱玉皇閣。明萬曆年間，知縣王明、趙誥、許恩、朱一化相繼創建。

（卷二"建置志·舊城建置·學校"，112）在縣治東，建立無考。元天會十四年，縣尹韓公修。至正改元，縣尹袁彥通署事重修。明洪武三年知縣李子儀，永樂、宣德、正統、天順間知縣高楫、張晟、黃子嘉、盛顒相繼增修。成化十六年，知縣周冕重修，正殿增至五間。成化二十一年，知縣胡海重建櫺星門三間。弘治六年，知縣弋福重修兩廡，各增七間。大成殿五間，東廡七間，西廡七間，戟門三間，櫺星門三間，神廚三間，宰牲所三間，文昌祠三間，明倫堂三間，志道齋三間，據德齋三間，後堂三間，東廂房三間，西廂房三間，學門二間，號房二十九間環列明倫堂左右及後，射圃亭。

（卷二"建置志·舊城建置·公署"，114）儒學倉，在本學。神廚，六間，後廢。

民國《廣宗縣志》

民國《廣宗縣志》，成文出版社有限公司，1969 年。

廣宗縣

（卷五"建置略·官署"，143）儒學舊署，在縣東南，元大德、延祐間建（此據《舊志》，《順德府志》謂係中統年建）。明倫堂四楹，明嘉靖十三年，知縣魏諒重修，國子監祭酒武城王道記其事。萬曆七年，知縣劉幹改建六楹，兵部員外郎南和朱正色碑記。堂前為齋，左進德、右修業，各六楹，東為教諭宅，西為訓導宅，又西為射圃亭，堂後為敬一亭貯敬一箴暨五箴注。齋之南為儀門，又南為大門，門外左右為橫舍一聯，亦劉幹建，隆慶二年知縣張民范重修。清康熙七年，知縣蕭興國重修明倫堂、儀門。十八年，知縣劉楣重修大門，（144）惟進德、修業兩齋未修。同治六年，教諭胡光緒捐修教諭宅。道光十六年訓導張樹德、咸豐元年訓導魏長卿重修訓導宅。民國初，教諭、訓導裁缺，今改為縣立模範小學校。

（卷五"建置略·學校"，145）縣立模範小學校，在城內東街路南，孔子廟西，原係儒學舊址。民國初，教職裁缺。教諭宅改作勸學所，訓導宅改作模範小學校，後俱為模範小學校用。二十年，復以明（146）倫堂改作小學校講堂。尊經閣，在孔子廟後。明萬曆二十三年，知縣馬協創建，閣六楹，左右各四楹，有兵部左侍郎玉林李禎碑記。清康熙十二年，知縣萬錦雯重修。乾隆五十一年，知縣陳如謙重修。嘉慶五年，知縣李師舒重修。光緒十五年，邑紳重修，今經已散失，閣尚存。

（卷五"建置略·廟祠"，148）孔子廟，在縣治東南東門內路北，舊稱文廟，正殿稱大成殿。元中統時，縣尹張震創建正殿三間。至元二十一年，縣尹王毅重修，並塑三聖像。二十六年，縣尹王仕達構堂三間，增塑十哲像。二十八年，縣尹姜泰亨創建東西兩廡，各六楹。延祐六年，縣尹徐子琪重修。明宣德間知縣王義，正德間知縣吳清、游伸，嘉靖間知縣鍾秀繼修先師殿六楹，東西廡各八楹，前為戟門、兩掖門，又靈星門。隆慶四年，知縣張民范增建神廚、神庫各四楹，甃砌泮池，跨以石梁，前樹石坊，署曰"化龍池"。萬曆二十二年，知縣馬協重修殿廡神座，增臺基、築崇墉、鑄祭器，廟制始大備。崇禎五年，知縣雷拱極重修。清康熙十六年，知縣劉楫修葺兩廡。二十七年，知縣吳存禮重修。四十四年，知縣楊懋發重修。五十三年，知縣金啓洛重修。嘉慶五年，知縣李師舒重修兩廡。道光十五年，知縣劉體舒重修。光緒十五年，知縣陶承先同邑紳重修，靈星門外增高照壁，添建東西大門，額曰"聖域""賢關"，門外樹下馬碑東西各一。廟內栽柏樹數十株，廟東北隅舊有文童楊天吉私地一段，同治十二年，天吉稟縣捐歸廟基，至是亦圈入垣內，以照整肅。知縣羅觀駿以天吉好義可嘉，准予纂入志書，並注明地之步數，周圍若干，除(149) 忠義祠滴水四尺，南北長科十六步，南橫科十步，北橫科十步，東至大路，南至忠義祠，西至文廟，北至捐主。民國改爲孔子廟，十八年，國民政府通令各縣孔子廟歸教育局保管，並以每年八月二十七日孔子誕日，縣內各機關人員在廟開會紀念。

(150) 崇聖祠，在孔子廟正殿後，四楹，明嘉靖九年建，名啓聖祠，祀孔子父叔梁公。萬曆中，知縣馬協重修。清雍正元年，詔封孔子先世王爵，合祀五代，更名崇聖祠。(151) 名宦祠，在孔子廟戟門左，四楹。鄉賢祠，在孔子廟戟門右。名宦、鄉賢兩祠始修年月未詳。清康熙中，知縣吳存禮重修。道光十五年，知縣劉體舒重修。光緒十五年，邑紳等重修。忠義祠，在孔子廟正殿東北，清雍正五年創建。光緒十年，知縣長秀重修。節孝祠，在孔子廟後常平倉西，舊在東街路北，清光緒十五年，邑人王儒林、王鴻猷捐地，張焜等捐資改建，祀本邑節孝婦女。民國十七年，拆毀，遺址無存。(153) 文昌祠，在孔子廟正殿東，四楹，南向。明萬曆中，知縣馬協修。崇禎四年知縣雷拱極、清康熙二十四年知縣吳存禮、道光二十五年知縣劉體舒均重修。魁閣，在城上東南隅，明萬曆知縣馬協建。《舊志》稱馬公以學宮之巽方，其地凹下，於形家不利，故起樓以翼文明，學宮始完美云。明季，毀於兵燹。清順治七年，知縣錢國琦重建。康熙二十七年，知縣吳存禮捐俸重修，年久失修，今已傾圮。

民國《邯鄲縣志》

民國《邯鄲縣志》，成文出版社有限公司，1969年。

邯鄲縣

（卷首"文廟圖說"，82）文廟在廟前街，南向，前爲東西二坊，東曰"德配天地"，西曰"道冠古今"，坊內正中有坊一曰"櫺星"，門內爲泮池，過池爲戟門，門之東南曰名宦祠，之西南曰鄉賢祠，戟門內正中有臺，臺上有殿，曰"大成殿"，殿前東曰東廡，西曰西廡，爲祀先儒、先賢之所，殿東西兩端各有室三楹，爲置祭器之地。殿後正中爲明倫堂，堂後爲敬一亭，今爲教育局所占用。廟東南向臨街爲宣講所，後爲崇聖宮，今爲鄉村師範學校。明倫堂東爲女子高小學校，西爲教育局外門。由此而西即建設局，內樹木蔚郁，有池有亭，爲城內清幽之地也，此地原本爲訓導舊署。民國初元，將學官裁撤，經陸友梅知事於（83）此建設縣苗圃，由前勸業所長王君銘鼎竭力經營，闢瓦礫爲畦町，培桑槐以造林，其擘畫情況，見於邑進士王君琴堂之苗圃記中，載在"金石門"內。

（卷二"疆域志·建置"，152）教育局，在縣政府西舊學宮明倫堂後。昔爲敬一亭，近又增加修葺。建設局，在教育局略南偏西。舊爲訓導署，已頹廢。民國七年，重新建置，有亭有池，池上跨小橋，亭後作假山，庭中隙地植花木甚多。（168）儒學教諭署，在明倫堂後之東，今改爲鄉村師範學校。訓導署，在明倫堂前之西。宅已頹廢，今改建爲建設局。

（卷九"教育志·舊教育·學宮"，505）學宮：黌宮，在縣治西，中爲大成殿五楹，東西廡各九楹，前戟門三楹，又前有泮池，再爲櫺星門，門外左右二坊。明洪武十年，縣丞王成由縣治東南移建今地。永樂十年，知縣鹿琇重修。正統十一年，知縣史善重修。天順四年，知縣董策重修。成化五年，知縣劉翀重修，有碑記，另入"藝文志"。正德六年，知縣張偉增修。嘉靖十年，知縣趙時吉補修。三十一年，大名兵備道（506）宋淳、知縣劉鳳重修，有碑記。清順治十四年，知縣許侃重修。雍正六年，知縣鄭方坤重修，有碑。嘉慶十一年，知縣江淑渠重修，有碑。同治七年，知縣侯國鈞重修，有碑。崇聖祠，在大成殿東，正殿五楹，儀門三楹，明嘉靖三十一年大名兵備道宋淳、知縣劉鳳建。崇禎間，訓導李培重修。清雍正六年知縣鄭方坤、同治七年知縣侯國鈞等皆曾重修。名宦祠，在戟門左，室三楹，明正德十五年，知縣劉維岳建。清雍正六年知縣鄭方坤、同治七年知縣侯國鈞等相繼重修。鄉賢祠，在戟門右，室三楹，創建與重修均與名宦祠同。（507）明倫堂，在大成殿後，堂凡五楹，堂前左右二齋，各三楹。明嘉靖三十一年，大名兵備道宋淳、知縣劉鳳修。清順治十四年知縣許侃、雍正六年知縣鄭方坤、嘉慶十一年知縣江淑渠、同治七年知縣侯國鈞相繼重修。敬一亭，在明倫堂後，室凡五楹，明嘉靖三十一年，大名兵備道宋淳、知縣劉鳳修。清嘉慶十一年知縣江淑渠、同治七年知縣侯國鈞相繼重修。祭器庫，在大成殿左右，室各三楹，清雍正六年知縣鄭方坤修，有祭器記，另入"藝文志"。

乾隆《雞澤縣志》

乾隆《雞澤縣志》，成文出版社有限公司，1969年。

雞澤縣

（卷五"學校"，72）儒學，在縣治東，金承安三年，知縣高琢建。元延祐、至元間，知縣高師顏、張崇重建。明永樂十三年，知縣宋銓重修。宏治三年，知縣倪英增修。九年，典史張本修葺。嘉靖十一年，知縣周文定繼修。四十四年，知縣常世勳復葺。隆慶四年，署縣事本府通判王之藩修理，殿廡、門垣臺砌一新。本朝順治二年，知縣吳應文重修。九年，知縣羅需再修。康熙元年，知縣袁鴻謨、常志昆踵修。六十一年，署縣事曲周知縣崔湄、喻斌相繼修葺。雍正十一年，知縣（73）景一元重修。乾隆九年，知縣李世基、教諭尤淑孝修葺。十七年，知縣王光熒再修。大成殿，明嘉靖五年，知縣張時啓增修。嘉靖十一年，知縣唐音重修，殿五楹，東西廡各十一楹，前戟門、泮池、欞星門、門外德配天地、道冠古今二坊，前照壁，俱頹廢已久。本朝乾隆三十年，知縣王錦林重修，殿基升高三尺許，餘仍舊制修葺。崇聖殿，三楹，康熙六年學院蔣超修。龕，乾隆十八年，教諭尤淑孝、訓導王賀修葺。三十年，知縣王錦林重修。（74）名宦祠，在戟門左。明嘉靖四年，邑民郭周、梁漢等二十人捐建。三十三年，知縣黃鑒改建今地。本朝乾隆三十年，知縣王錦林重修。鄉賢祠，在戟門右。明正德十五年，教諭李一寧改文昌祠建。嘉靖三十三年，知縣黃鑒改建今地。本朝乾隆三十年，知縣王錦林重修。（75）學署，在文廟西，大門三間。明崇禎十六年，知縣賈益謙建。明倫堂五楹，在大成殿右，明正德六年知縣銀鏡修。題名碑在東壁，臥碑在後壁。

萬曆三年知縣曹孔榮、天啟三年知縣曹大章、本朝康熙十二年知縣姜照、乾隆八年知縣李世基、教諭尤淑孝相繼修。堂前左右二齋，曰日新、曰時習，堂後文會堂、饌堂、東號房十一間，俱明嘉靖間知縣周文定建，知縣黃鑒重修，今廢。齋前儀門三楹，中曰："賢關"，右曰："禮門"，右曰：(76)"義路"，今改中左右各一楹。敬一亭，舊在戟門外。明嘉靖三十六年，教諭張景暘改建欞星門外東南隅，今廢。尊經閣，五楹，在明倫堂後。明崇禎元年，知縣曹大章建，置敬一碑於內。乾隆二十五年，知縣王錦林重修。文昌閣，三楹，在戟門東南。舊為帝君廟，在縣治西北。明萬曆三十年，生員郝邦楨建。本朝順治四年，生員蘇齊歐增建。康熙十年，知縣姜照重修。康熙二十八年，知縣祖法敬改建今地。乾隆八年毀，教諭尤淑孝創建今閣。閣在邑東南巽方，有文明之象，峻勢巍峨，屹然聳峙。尤淑孝有勸捐募引，編修元和沈景瀾撰記，見"藝文"。(77)奎星樓，舊在欞星門左。明萬曆十二年，知縣趙思明建。本朝康熙二十八年，知縣祖法敬移建學宮之南。乾隆十六年，教諭尤淑孝重修。文筆峰，在縣城東南隅。明天啟二年，知縣張素裕建，今廢。射圃，在文廟東，今廢。教諭宅，在明倫堂西。乾隆七年，教諭尤淑孝增建房舍十二間。訓導宅，在明倫堂東北，今廢，現在議建。

（卷六"壇祠"，94）忠義祠，在縣治東，即府行館舊址。雍正六年，知縣黃在中奉文建。節孝祠，在縣治東，即府行館舊址。雍正六年，知縣黃在中奉文建。

民國《冀縣志》

民國《冀縣志》，成文出版社有限公司，1968年。

冀縣

（卷四"建置·官廨"，274）儒學齋舍，向在文廟左右。宋以前廟學建立無文可徵。金太宗天會八年，有創建廟學之文。《范志》云：舊學在州城北隅，宋季毀於兵，是年節度使賈霆即舊觀宇改創之，立碑。世宗大定二十七年，重修廟學。《范志》云：節度使王魯重修，案路伯達碑記有"今天子設學官，聚生徒之詔"。遭元喪亂，廟學毀廢。明太祖洪武九年，始就廢址修葺之。《范志》云：知州王子章因其廢址重加修葺。（275）成祖永樂十三年，州城淪於水，廟學蕩然，權移治東，暫置廬舍。《范志》云：知州柳義移置。十九年，始行創建。《范志》云：知州吳廉始建，左學右廟。英宗正統十年，移明倫堂於廟後。《范志》云：原在文廟東，判官孫禮移置於廟後。代宗景泰七年，闢廟左隙地，建明倫後堂，顏曰"退省"。英宗天順四年，立誠意、正心、修道三齋。《范志》云：知州林思承建。（277）憲宗成化七年，知州胡瑛以學舍規制湫隘，廓其地而新之。《范志》云：時學舍多圮廢，知州胡瑛拓舊址西北，更建之，即今學地，廣大逾舊焉。（278）十六年，重修齋舍，始立學倉。《范志》云：成化十六年，知州李德美修明倫堂三間，堂左右建東西祭器庫各一間，東西三齋各三間，正心齋南建齋宿房三間，明倫堂西建諸生號舍十六間，堂東饌厨三間，儀門、大門各三間，堂西南立學倉三間，學西改置射圃并觀德廳。（279）孝宗弘治中，射圃、觀德廳復改置學後。《范志》云：射圃、觀德廳三間，舊在學北，傾頹，李德美改置於學西，今復改置於學後。世宗嘉靖二年，撤東西祭器庫，增修明倫堂五間。《范志》云：知州高自修重修。十四年，改立學正、訓導兩齋。《范志》云：十四年，知州繆宗周改建尊經堂於啓聖公祠之後，改立學正、訓導宅各十二間，俱在饌堂後，即射圃地。舊在文廟前街南。（280）二十三年，復立訓導宅於射圃之內。《范志》云：知州張敬達建訓導宅十間，在射圃內，舊在學西，先爲鄉賢祠，張敬達始改立此。《李志》云：州學博額設四員，舊宅四所，今悉拆毀，并射圃而廢之。新修宅才二所，俾假號舍民房以居，是皆紛更者爲之也。清沿明舊制，學正宅在學宫後，訓導宅在學正宅東，康熙三年重修明倫堂。《范志》云：知州楊遇春、署學正史起賢、訓導許世奇重修。厥後歲有補修，風雨摧殘，日就傾頹。道光二十八年，學正魏學詩請借俸興修，曾不數年，夷爲平地。咸豐以後，僦居（281）民宅，備員而已。

（卷五"建置·學宫"，283）學宫，在縣治之東，宋時建學於城内西南，起居舍人張耒爲之碑記。《李志》云：學在城内西南，謝介庵云"有元徙置"，遺址尚存。（284）金太宗天會八年，節度使賈霆因城北舊觀改廟宇。（285）《李志》云：學宫由城内西南，遷至城北。《范志》云：州城文廟中有金虞部郎中張億撰"冀州特興學記"碑。（289）世宗大定二十七年，重修文廟，作室五十二楹。《畿輔通志》云：大定二十七年，節度使王魯重修。（292）元大德十一年，加封孔子詔立碑。《范志》云：碑在今戟門中，今碑石損害，僅存碑（293）額，字亦不可辨。明太祖洪武九年，因兵火廢基重新廟廡。成祖永樂十三年，復毀於水。十九年，知州吳廉重行創建，宮室規模始略備焉。英宗天順二年，知州林思承建欞星門。四年，重建大成殿、東西廡，塑像，始建尊經堂，築杏壇，置神庫、神厨。《范志》云：尊經堂在大成殿後，改舊明倫堂爲之，中繪魯司寇像，左右藏頒降經書，築杏壇三級，在尊經堂前。《李志》云，廟學自金、元兵火之後，雖屢經遷建，然多簡陋未備。至林公銳意興復，復掘地獲金，遂大撤而更作之。憲宗成化七年，知州胡瑛重修寢殿堂門。十六年，知州李（294）德美增崇大成殿，修東西廡、尊經堂，築杏壇，建戟門、欞星門，葺神庫、神厨，立土神祠及文昌祠。《范志》云：大成殿，舊四楹，今廣爲六楹。修東西廡各九間，修尊經堂三間，後稱魯司寇祠，杏壇、戟門、欞星門各三間，殿東北神庫、神厨各三間，廟東立文昌祠，今改爲名宦祠，所立土神祠，今亦廢。世宗嘉靖二年，知州高自修重修欞星門。欞星門左右有石礎二，文云：大明嘉靖二年閏四月吉日，直隸真定府冀州知州高自修、州判楊季芸重建儒學，學正賀祿、訓導劉紀、曹思印、寧賓督工，典術劉玠、趙（295）冤、典科謝祄、謝禋、工房吏趙質、胡江、木匠董本、泥水匠宋清、石匠馬欽。十年，奉詔更文廟爲先師廟，重新大成殿，扁門爲"廟門"，易聖賢封號，撤塑像易以木主。十四年，知州繆宗周創建敬一閣，始鑿泮池，建啓聖公祠，改建尊經堂及文昌祠，創立名宦、鄉賢二祠。《范志》云：繆宗周創建敬一閣，即舊學正、訓導宅地，視聽言動箴石在廟前，始鑿泮池，環繞敬一閣；建啓聖公祠在廟之後，改尊經堂爲之。改建文昌祠，在魯司寇祠東；創建名宦祠，在廟東，即文昌祠地；鄉賢祠，在廟西，即舊（296）訓導宅地。十五年，知州樊臣增葺之。《雍正志》云：十五年，樊臣增葺廟學。二十二年，知州張景達定所祀名宦、鄉賢。穆宗隆慶六年，知州姚純臣倡新廟學。神宗萬曆三年，重建兩廡，移敬一亭於啓聖祠後，移名宦、鄉賢祠與敬一亭左右，皆南向。改文昌祠於學宮東，射圃亭於學宮西。創建（297）魁星閣於文昌祠前。因敬一亭舊址鑿泮池，其南築杏壇，前有永巷，列三門，扁曰"泮宮"。《范志·藝文志》載明吏部劉汀"重修先師廟記"，在隆慶六年；明監察御史陶應龍"重修先師廟學記"，在萬曆三年。蓋初創規制，繼則大加修改，同事者爲廣文李鹿、南楊龍泉、靳愛川、李安山。十一年，知州張存鉅修正殿、兩廡，東西建坊，營啓聖祠，內外堂階悉新之。廟內有傅希肇"重修儒學碑記"。（298）三十一年，知州梅守極重修廟學及魁星樓。《畿輔通志》云：知州梅守極重葺，有石九奏碑記。（300）四十七年，知州汪文偉大新文廟，開玉帶街，移建魁星閣於大殿東南，鑿泮池於廟門路南，修學道街及東西坊，立（301）下馬牌，置庭燎一對。《范志》云：汪文偉重修文廟，開玉帶街，前未有也。魁星閣，舊在大殿牆東，今移於東南玉帶街外，北向，有垣牆，甚壯麗。康熙七年六月十一日，大風倒壞。康熙六十年，貢生李伯顧等倡義改建於文昌閣前。泮池，舊在牆東，舊魁星閣前，今移於廟門路南，與大殿相對。池南一碣，勒"杏壇"字，書體甚佳。修學道街，用磚砌之，極整潔。修東西坊，廟前坊曰"文廟"，東坊曰"德配天地"、西坊曰"道冠古今"，坊下俱有柵欄，往來俱南繞，自玉帶街行。立下馬牌於學道東西二坊外。置庭燎一對，在殿前，制樣極佳，古色（302）蒼然，有饒州府通判張可大"重修文廟碑記"。（303）戟門東有進士題名碑；（306）戟門西有鄉舉題名碑；（310）明倫堂有正貢題名碑；殿前西廡下有三友柏碑。清康熙三年，知州楊遇春督學官整治。《范志》云：知州楊遇春重修文廟、明倫堂，有尚書梁清標、楊侯修學碑記。（311）十二年，知州李顯忠重建啟聖祠及尊經閣、名宦、鄉賢二祠。四十五年，知州李廷臣出俸修殿廡、戟門、櫺星、泮池。李廷臣者，顯忠猶子也。（312）廟內有陳宗彝"重修先師廟記"。乾隆二年，知州喬焞重修殿廡、門牆，改文昌殿為崇聖祠，增建兩廡。崇聖祠者，即啟聖祠。雍正四年，所改題者也。即舊啟聖祠地建尊經閣，立文昌閣於崇聖祠前。名宦、鄉賢祠舊在尊經閣左右，復於戟門外移建之。《李志》云：文廟基，舊謂宋址在城西南隅，金移城北隅，因舊觀宇改作。又有謂元時移址尚存者，明因廢址修葺，略移州治之東，即今處也。竊意在城西南隅者，以舊城視之，今之文廟非西南隅乎？金因舊觀宇改作者，謂舊觀傾圮，取其材木而修之耳，不然何北隅絕無基址之（313）迹、殘碑斷石之遺乎？元與金最近，加封詔碑，見在今廟中戟門下，則金元文廟皆在此無疑。所謂西南隅者，蓋即今處可知也。廟內有知州喬焞"重修文廟碑記"。同治九年，知州宋炳文、葉增慶、成福相繼增修。廟內有宋炳文"重修文廟碑記"。（315）《大清會典》云：文廟舉祀於二月、八月上丁日，古制也。逮至民國，建造祀典，不舉宮牆，闃如官民上下置之不顧，甚人有而殘踐者，聖道晦盲至斯極矣。

（卷六"壇廟"，325）文昌宮，《范志》云：在文廟東北隅。（336）忠孝節義祠，《范志》云，祠與社稷壇同日祭，其禮則視名宦、鄉賢。

民國《薊縣志》

民國《薊縣志》，成文出版社有限公司，1969年。

薊縣

（卷六"建置·學宮"，525）至聖先師廟，在州治西北，東至拱星街，西至尉官胡同，南至道衢，北至倉前行路。正殿五間，東西廡各五間，知州事於際清、胡國佐屢次重修。康熙四十一年，知州事陳廷柏重修。乾隆三十七年，知州事梁肯堂倡率紳士李呈顏、崔鈺、何希閔、張瑋、王之烈捐募重修。嘉慶十三年，知州事趙錫蒲倡率郡紳士王友夔、王維垣、王維祺、李增、王友甫、張占鼎、蒙國舉等捐募粘補。殿前松樹三株，蔥青蕃茂，其東南一株，枝皆側出，曲偃如虬龍，但東廡房屋被壓折，棟頗受其累，復以石柱架之，俾悉臻妥善。按《舊志》云：北至倉前路，今不但倉已無存，且其基址亦改為種植園矣，至云松樹云云，亦於民國十七年盡被砍伐無存。戟門三間，州牧胡國佐、董廷恩修。清康熙三十四年，州牧張朝琮重修。嘉慶十三年，州（526）牧趙錫蒲倡率紳士等捐募重修。泮池，石橋三座，清康熙十四年，州牧余時進修。欞星門、照壁，康熙十四年州牧余時進修。嘉慶十三年，州牧趙錫蒲倡率紳士捐募重修。名宦、鄉賢祠，舊在戟門之西，康熙十四年，州牧余時進移名宦祠於戟門之東，西仍為鄉賢祠。崇聖祠五間，清康熙十四年，州牧余時進修，乾隆六十年，學正李吉人倡率紳士崔鈺、金文基捐募重修，改作三間。忠孝祠，在大門內東偏，舊齋基之上，今廢無存。節孝祠，在舊道署之西，今無存。敬一箴亭，向在戟門之東，康熙十四年，州牧余時進重修，後改為名宦祠。《舊志》云：明倫堂西北隅有敬一箴碑，其亭又疑在是。聚奎館在明倫堂東，久廢無存。（527）尊經閣五門，在崇聖祠後，今無存。奎星樓，向在學署大門內東偏，樓北為正誼、修業、進德三齋，久廢，後改為學正宅。今齋樓俱無存。清乾隆五十年，州牧王若常移奉奎星像於城東南角樓上。明倫堂三間，在先師殿東北，係康熙十四年州牧余時進修，匾曰"明倫堂"，聯曰："道德必本彝倫，君臣、父子、夫婦、昆弟、朋友事事無慚，才能自立於天地；進修惟存擇執，博學、審問、慎思、明辨、篤行時時弗問，庶可漸希於聖賢。"清康熙二十八年，順天府丞王晋徵題，今已無存。清乾隆三十八年，學正李實生倡率紳士李呈顏、崔鈺等捐募重修。堂前左右齋房各三間，久廢無存，堂畔古槐二株，今止存其一。詩書禮樂坊一座，清康熙三十四年，州牧張朝琮重修。坊前松樹一株，老幹盤踞，色青勢古，今無存。大門，清嘉慶八年，學正李吉人、訓導劉振生倡率紳士崔鈺捐募重修。大門外之東向，有古槐一株，尤為蔥鬱，清康熙三十九年大風吹倒，今無存。（528）學正署，向在明倫堂後，久廢無存，學正魯斯蓋草房於大門東齋基之上，後來者俱居於此，嗣後又移於明倫堂後。訓導，向來無署可居，清康熙三十九年，訓導馮鎣捐資蓋茅屋數間於明倫堂北，後又移於堂之東。臥碑，清順治二年欽定曉示生員，勒石於明倫堂。（530）民國二十五年，王知事興公倡辦，將正殿、兩廡及大門等均大加修飾，煥然一新，勒石立碑，以資紀念。

（卷六"建置·壇廟祠"，533）文廟，在城西北隅，今存。東院為舊儒學，於民國二十一年縣立女子完全小學校移此。文昌廟，在文化街，嘉慶二年州牧張顏倡率紳士崔鈺、金文基捐募重修，今改為警察第一分所。（535）奎星樓，在州治東南文化街，乾隆七年州牧錢孫振建基，至乾隆十五年州牧誇喀修竣，上建重樓，為奎星像，俗名曰新鼓樓。

民國《交河縣志》

民國《交河縣志》，成文出版社有限公司，1968年。

交河縣

（卷首"交河縣城內外官地·孔廟"，130）孔廟，兼學署：南大段，東至城垣餘地；西至南頭孫姓，北頭大道中；南至城垣餘地；北至東邊劉姓、高等小學堂，西邊忠孝祠、學署。南北長闊七十七步，東西橫闊七十一步。（131）計地二十二畝七分七釐九毫一絲六忽。北小段，東至高等小學堂，西至大道中，南至大段，北至東邊學堂，西邊杜姓。南北長闊四十步，東西橫闊三十八步。計地六畝三分三釐三毫三絲三忽。共地二十九畝一分一釐二毫四絲九忽。

（134）節孝祠舊基，東至大道，西至蘇姓，南至大道，北至陳姓。（135）南北闊十七步，東西闊二十二步。計地一畝五分五釐八毫三絲三忽。

（卷一"疆域·公署"，168）教諭署，在縣治東，明倫堂後，書房三間，寢室三間，東西陪房各三間。民國二年夏，教官缺裁，改教育會公所。"明倫堂"見"學校"。訓導署，在教諭署東，書房三間，圮，南向；宅門一所，圮；寢室三間，將圮；東陪房五間，圮。民國四年春，改爲高等小學堂體操場。(171)敬一亭，在儒學西。

（卷三"學校志·學宮"，406）學宮在縣治東，明洪武十四年，知縣周以仁始建。後此知縣重修，如宣德四年林俊，天順三年張廉，成化二十一年袁紀，正德七年李泰及嘉靖丁未之崔雲鵬，萬曆間之馬中良、洪遠、崔奇（本《畿輔通志》，疑爲"溫奇"之訛）、徐光前、黨中疇均有修葺。雖經明清鼎革，士多廢學，而學宮依然在也。至康熙時，知縣王琰墻鼎圮者修之，缺者補之，煥然一新。迄今又二百餘年矣，其間雖經修葺，文獻無徵。同治、光緒間，知縣王養壽、王錫琦兩經修理，而風霜剝蝕，日久傾塌堪虞。今夏雷震牆穿，梁楹受損，再延歲月，補葺愈難，所望繼起有人，急所先務焉。大成殿，十五楹，《舊志》作五楹。舊設像，嘉靖庚寅，易以木主，四配十哲皆然。(407)東廡五楹，西廡五楹，舊志作十五楹，康熙時又增一楹，不知何處。戟門三楹，舊名大成門，明嘉靖改。按宋建隆三年，詔廟門立戟十六枝。大觀四年，增爲二十四枝。欞星門三楹。泮池一區，上有橋，在欞星門內。(408)名宦祠三楹，在戟門左，西向。鄉賢祠三楹，在戟門右，東向。東門坊書"德配天地"，西門坊書"道冠古今"。大門三間，在西坊門右，今無。殿後東西角門各一。下馬牌在東西兩坊門外，其文曰："諸王以下，文武官員、軍民人等至此下馬。"按金章宗明昌二年，詔孔子廟置下馬牌。崇聖祠三楹，在大成殿左，向南大門一。(409)文昌祠三楹，在崇聖祠左。祠前右有特駒棚一。向南大門一。按文昌祠由察院故址改建，移察院於西街路南，故舊有東、西察院之說。孟公祠，三楹，在大成殿後靠西。孔公祠，三楹，在大成殿後靠東。忠孝祠院門一，西向。明倫堂九楹，在大成殿後忠孝祠西，左右壁皆有臥碑，堂西南隅古鐘一架，即司鐸之鐸也。左存心齋、右養性齋，各三楹，在明倫堂前，迤西爲庫厨三間，今圮，現存小房二間。向南大門三楹，二門一，便門一。(410)射圃，在教諭署南照壁右，縣試武童觀射處。文泉在廟垣外東南，武泉在廟垣外西南。硯池，在廟垣照壁南，城墻北。魁樓，在城東南隅墻巔，上爲魁樓，下懸洪鐘。

按文廟至康熙四年乙巳，祇存正殿，兩廡全廢，戟門傾頹，名宦祠亦圮壞。七年戊申，知縣王公琰捐俸以圖修葺，作文勸輸，以水災暫止。至庚戌，通政司左參議蘇公銓、原任江西按察使蘇公銑，毅然身任其事，各捐二百餘金，復激勸紳衿又輸二百餘金，以生員賀廷獻、儒士蘇錫董其工，重建東西廡各十一間，戟門三間，殿東西角門二座並院牆，名宦三間。十（411）年辛亥，知縣牆公鼎復捐俸修葺，櫺星門外東西建德配天地、道冠古今二坊，並正殿重加丹艧，規模整齊，煥然改觀矣。

（卷四"經政志·祀典"，483）文昌祠，在學宮東，祠制詳"學宮"。（488）魁星樓，在東南城上，舊匾爲"奎樓"，下爲鐘樓，明萬曆三年建。後屢重葺。民國四年舊曆八月，因風倒塌，冬月重修。

民國《晉縣鄉土志》

民國《晉縣鄉土志》，成文出版社有限公司，1968年。

晉縣

（第三章"祠廟·文廟"，82）教員曰文廟在縣治西。（83）櫺星門立文廟中。名宦祠附於文廟。（84）鄉賢祠附於文廟。

民國《晉縣志料》

民國《晉縣志料》，成文出版社有限公司，1974年。

晉縣

（"疆域志·區域"，41）教育局，在縣治西，即文廟遺址。中照壁一，東西角門各一，計分二進。第一進，前院即照壁，後泮池，南爲民衆體育場，後段爲鄉師附屬小學。再進戟門三間，東西角門各一間，中築甬路，有露臺，最北爲孔子廟，先聖先賢之神主在焉。東廂十間，最南三間爲局長室；中五間，中間爲藏書室，南二間爲義務教育委員會辦公室，北二間爲黨義研究室；後二間爲庶務室。西廂十間，後二間爲文牘室；中五間，中間爲會客室，南二間、北二間均爲督學室；前三間，北二間爲炊爨室，南一間爲工友室。建設局，在縣治西，即前崇聖祠遺址，西向門一，內北房三間，東一間爲局長室，西二間爲辦公室；南房三間爲職員室；東北偏儲藏室二間，西北偏炊爨室一間。

雍正《井陘縣志》

雍正《井陘縣志》，成文出版社有限公司，1976年。

井陘縣

（卷二"建置志·學宮"，75）陘學宮，在縣治西，明倫堂東，宋熙寧間建也。明正德九年，太學生高紳率衆改學宮於前，而置明倫堂於後。後紳士張文奎等，又以術者言，仍復舊制，東西並峙。嗣是，嘉靖間知縣鮑文縉、隆慶間知縣鍾遐齡、本朝知縣洪之杰、周又煊相繼修葺。至聖先師殿三間，康熙十一年，知縣洪之杰重修。五十六年，教諭張□縉重修。殿後爲崇聖祠三間，舊名啓聖祠，教諭張□縉重修。雍正二年，追封先師五代王爵，改名崇聖。殿前兩旁，東西兩廡各五間，康熙五十二年，知縣李琛重修。直前爲戟門，康熙四十四年，知縣趙□重修。（76）再前爲萬世宗師坊，又前爲泮池、青雲路及欞星門。欞星門外東爲聖域坊，西爲賢關坊，俱教諭吳道純重修。殿西北爲尊經閣，久廢。閣前左爲名宦祠三間，右爲鄉賢祠三間，嘉靖間，知縣卜應亨建，久廢。康熙十七年，知縣陶虞□修。雍正二年，知縣鍾文英重修。直前爲敬一亭，久廢，有先賢箴銘石刻，亭前爲文昌祠三間，東西配房，歷有修葺。祠前爲拱璧門。門前爲明倫堂五間，康熙五十六年，知縣吳茂陵率通縣紳士捐資，教諭張國縉督修。堂前爲文明坊，教諭張國縉重修。坊前爲儀門。儀門東爲教諭宅，久廢；西爲訓導宅，康熙二十五年，知縣周文煊修，凡六間。又前爲儒學大門，大門外東爲騰蛟坊、西爲起鳳坊，俱久廢。（77）魁星樓，多在學宮，陘建於城東南隅，亦居巽以維文運之意。

（卷二"建置志·壇廟"，81）文昌祠，在學宮西。節義祠，在城內馬王廟東。忠孝祠，在儒學明倫堂東。二祠，俱雍正七年，知縣鍾文英欽奉恩詔發帑建。

（卷二"建置志·城池"，70）城東角有魁星樓，知縣苟文奎建。（71）本朝康熙十八年，邑進士吳廸倡闔邑同志捐貲重修。康熙六十年，知縣吳茂陵動文昌書院積穀重建。按嘉靖間知縣苟文奎視事謂：環陘皆山，而綿河從西折而東北，堪輿家所謂五馬砂，腰帶水也。茀山勢，右高左下，而水湍急有聲，安望地靈人杰。遂於城東角構樓一座，樓成，□諸生告曰：二十年必有文明之兆。至萬曆癸酉三月樓□□光旦□秋□□鵬李邦平同舉於鄉□，二十年之數其驗如此。

光緒《續修井陘縣志》

光緒《續修井陘縣志》，成文出版社有限公司，1976年。

井陘縣

（卷六"學宮"，33）聖廟，年久傾圮愈多。道光二十四年，知縣文在瀛倡闔邑紳士捐資，自崇聖祠至聖域、賢關坊，皆重新整修，於戟門外建齋堂三間。紳士十八人督工，凡周圍垣墻、門戶無不完固，費貲三千零六十千，有碑記。明倫堂，咸豐二年，知縣姚玉田倡闔邑紳士捐貲重修。按姚公明於堪輿，謂井陘綿河西來，右水倒左出，東乙辰方爲水局。舊制子山午向，犯水衝冠帶，主傷學內聰明秀才。故改立癸山丁向，合堪輿家三折祿馬上御街之法。□圍垣墻至儀門，並皆修整，費捐貲二千六百五十餘緡。紳士十五人督，有碑記。（34）教諭宅，舊在儀門東，久廢。道光四年，知縣林靖光爲捐貲買東門內成宅一所，內、外堂室十餘間，爲教諭署。訓導宅，舊在儀門西，今歷有修葺。鄉賢祠、名宦祠，在文廟西尊經閣前，緣尊經閣久廢，此處建修文昌崇聖祠。鄉賢祠、名宦祠移於文廟戟門左右。忠孝祠前在明倫堂前，後移於文昌祠左右。文廟戟門，於道光年間修文廟時補葺，至今三十餘年。□經摧折，幾於塌卸。同治十二年，知縣常善重修。

（卷七"壇廟"，35）文昌廟，在學宮西。道光二十四年，邑紳士捐貲重修，周圍垣墻堅固。

民國《井陘縣志料》

民國《井陘縣志料》，成文出版社有限公司，1968年。

井陘縣

（第二編"地理"，195）明倫堂，在城內西大街路北。清康熙五十六年，知縣吳茂陵率闔縣紳士捐貲修。咸豐二年，知縣姚玉田倡闔邑紳士捐貲重修。清末民初，改爲議參事會。民國十七年，改爲縣黨部。（196）齋堂，在文廟戟門外東。清道光二十四年，知縣文在瀛倡闔邑紳士捐貲建，今撥歸鄉村師範學校。教諭署，在舊明倫堂儀門東，以年久失修，房屋全坍塌。清道光四年，知縣林靖光捐貲買東門內民房一所，內外堂室十餘間，作爲教諭署。光緒間，知事言家駒任內，復將儀門東之舊教諭署修葺完好，而東門內之教諭署仍賣作民房。今教諭署改爲建設局。訓導宅，在舊明倫堂儀門西。清康熙二十五年，知事周文煊修，凡六間，後歷有修葺，今改爲教育局。（198）文廟，在縣政府西，金天會中建。今改爲鄉村師範校址，惟留正殿五楹，以作祭祀之用。（199）崇聖祠，在大成殿後，舊名啓聖祠，雍正二年追封先師五代王爵，改名崇聖祠。今作鄉村師範教室。（202）忠孝祠，舊在明倫堂前。雍正七年，知縣鍾文英奉詔發帑建，後移於文昌祠左右，現改爲鄉村師範校舍。文昌廟，在學宮西。清道光二十四年，邑紳捐貲重修。復緣尊經閣地址，建修文昌崇聖祠，今皆作爲縣立鄉村師範教室。（223）魁星閣，在治城上東南隅，今已破碎不可居。（224）尊經閣，在孔子廟西北，久廢。後於此處建修文昌崇聖祠。聖域坊、賢關坊，在孔子廟內欞星門前，東爲聖域坊，西爲賢關坊，現仍存在。文明坊，在明倫堂前，久廢。騰蛟坊、起鳳坊，在儒學大門外，東爲騰蛟坊，西爲起鳳坊，俱久廢。（227）戟門，在孔子廟前，清康熙四十四年知縣趙暄重修，久廢，今改爲鄉村師範校門。欞星門，在孔子廟泮池前，屢經修葺，今尚完好。泮池，在孔子廟前欞星門後，今尚完好。

光緒《樂亭縣志》

光緒《樂亭縣志》，成文出版社有限公司，1969年。

樂亭縣

（卷五"建置志中·學校"，228）學宮，在縣治西。金天會中，邑人李杭建。明昌中縣令韓昶、邑人鮮於仲權，元至元中縣尹柴本立，明洪武中知縣王文貴，正統中知縣呂淵，天順中知縣董昱、縣丞狄春，成化中知縣王弼、李瀚，宏治中知縣郝本、田登，嘉靖中知縣楊鳳陽，萬曆中知縣林景桂、於永清、杜和春、馬速、李席珍、潘敦復，天啓中知縣劉橃，國朝順治中知縣葉矯然，康熙中知縣於成龍、金星瑞、張敏、教諭王純、訓導柴育德，雍正中知縣沈繼賢、教諭郭煉、訓導趙簡，乾隆中知縣巨秉乾、陳金駿、教諭戈雲書、知縣寧城，嘉慶間知縣趙燦、呂鵬南，道光間知縣陳炳常、陸爲棟、孔昭然，同治間知縣王霂、教諭單宗張、訓導黃淑相繼重修。

大成殿五間，東西廡各十間。前爲戟門三間，東西角門各一間，又前爲泮池，池跨石橋三，又前爲大成門，舊名欞星門，門外繚以圍墻，形如玉帶，土人因名其街爲玉帶街，左右坊各一，東曰"德配天地"，西曰"道冠古今"，各置木柵，扃鑰唯謹，西坊之右有石碑，俗呼爲下馬牌，又西有坊曰"聖域"，東有坊曰"賢關"。

（263）崇聖祠，舊在正殿後東北隅，稱啓聖祠，雍正二年更今名。（270）名宦祠，在大成殿戟門東。舊在啓聖祠左，明嘉靖中知縣楊鳳陽建，萬曆中知縣潘敦復移建今地。（271）鄉賢祠，在大成殿戟門西。原修及移建與名宦同。

（272）明倫堂在大成殿東，五間，舊在大成殿後。明洪武中，知縣王文貴建。成化中，知縣李瀚移建今地，堂前二齋，東曰居仁，西曰由義，又前東爲神庫，西爲饌堂，今廢，又前爲儀門、東西角門，又前爲大門，內東有（273）號房六間，今廢。教諭宅，在明倫堂左，正房三間，東廂房三間，厨房二間，茶房二間。訓導宅，在明倫堂右，正房前、後六間，前西廂房二間。敬一亭，在明倫堂後。舊在啓聖祠前，明萬曆中，知縣潘敦復移建今地。尊經閣，舊址無存。乾隆十四年，教諭戈雲書權於崇聖宮上層庋閣置書。射圃亭，在居仁齋後，久廢。學倉，在明倫堂後。就中亭，在學宮南，北向，爲諸生會文之所。明萬曆中，知縣潘敦復建，久廢，今文昌祠即其故址。

（卷六"建置志下·壇廟"，298）文昌祠，在大成殿南，舊在城南角樓，明萬曆間，知縣李繼祖建。本朝康熙二十一年，知縣金星瑞移建今地。（300）奎光閣，在城東南隅，創建莫考。康熙十一年，知縣於成龍重建。（312）忠義、節孝祠，並在縣治東南。雍正八年，知縣黃奇璧奉文建立，有石刻。道光二十九年，知縣馬繼眉重修。

光緒《蠡縣志》

光緒《蠡縣志》，成文出版社有限公司，1969年。

蠡縣

（卷三"建置志·公署"，155）教諭署，在文廟西路西。前在文廟正北，即今尊經閣地也，明知縣王國賓以其不祥，改建今地。訓導署，在文廟東路北，前在啓聖祠東北，不知何年改建今地。

（卷三"學校志"，163）廟學在縣署東南，即古蠡州，地廣五十畝。元天曆三年，建爲儒學。皇曆二年，監州事蒙古徹里貼木兒重修。明洪武二年，詔天下立學。永樂四年，重修。正（164）統九年，知縣費恭重修，前爲欞星門，次戟門，中爲廟五楹，廟前有聖旨碑，西北折爲明倫堂，內有明高皇帝御製臥碑。景泰七年，立石，東存心齋，西養性齋，齋堂之東敬一亭，亭內有明世宗皇帝御製敬一箴及注釋五箴碑六通，亭前爲號房，東西各一楹，俱知縣張兔建。東學倉，北教諭宅二、訓導宅。學之外右育才坊，坊西十餘步爲射圃，圃地六畝，有觀德亭，左爲興賢坊，俱知縣董鵬建。嘉靖丁酉年，縣丞張遷、主簿張鸞重修，有記，入"藝文志"。隆慶三年，知縣劉伯綬重修，有記，入"藝文志"。萬曆三十二年，知縣劉豫重修，有碑記。（165）國朝順治六年，知縣祖建明修理正殿、兩廡、欞星門、戟門、儀門、明倫堂、鄉賢名宦二祠，影壁南移數尺，禮門、義路二牌坊易令南向，有記，入"藝文志"。康熙十一年，知縣劉文燦修理兩牌坊，知縣耿文岱有記，附錄。（166）康熙二十五年，知縣趙旭重修大殿、兩廡、明倫堂、文昌閣、賢宦祠，有記，入"藝文志"。康熙三十三年，知縣高蔭爵捐俸修戟門、內外左右兩坊，有碑記。（167）乾隆二十九年，知縣丁麟重修，有記，入"藝文志"。咸豐十年，知縣秦聚奎重修，有記，入"藝文志"。謹按，未修之前，鄉會罕獲雋者，既修以後，五年之內，宴鹿鳴者六，題雁塔者三，蓋昔禮門、義路規模卑狹，今拓作牌樓以疏文明之氣，騰蛟起鳳理固然也，形家言當不外是。

（卷三"祀典志"，195）名宦鄉賢祠，在戟門左右。（197）孝弟祠，祀本地孝子悌弟，祠久缺。忠義祠，知縣彭美新建於明倫堂東偏，前忠義，後節孝。節孝祠，（198）祀本地節孝婦女。（199）魁星閣，閣有二，一在城上東南隅，一在縣街鼓樓，春秋皆向城上致祭。

民國《臨榆縣志》

民國《臨榆縣志》，成文出版社有限公司，1968年。

臨榆縣

（卷九"建置編上·公署"，581）儒學署，在縣治西北，詳具"學校"。東學今改建縣立女子初高學校，西學今改建區立職業學校。

（卷九"建置編上·學校"，596）先師廟，在縣西北。明建學初，廟貌草創。正統十四年，守備王整始飭材鼎建。成化九年，主事胡瓚增築殿基，考前代名大成殿。嘉靖十年，始改今名。其歷年增修者，隆慶六年主事任天祚，萬曆二十四年主事張時顯，二十七年遵化巡撫李頤，二十九年員外郎邵可立，崇禎十三年山永巡撫朱國棟、關道范志完，清順治八年關道楊茂魁，康熙三年教授韓國龍，四十五年關廳周廷潤，五十三年關廳陳天植，乾隆十五年教諭胡坦、訓導李廷對。其廟前石壩，康熙五十二年，貢生周啓德建，以捍霖潦積水衝擊之患。（597）大成殿居中，五楹。東西兩廡，各七楹，在階下。明天順六年，指揮劉剛補構。清康熙五年，西廡壞，通判陳天植重修。前為戟門，明成化十一年，主事吳志補構。十三年，主事蘇章繼葺。門外泮池，為橋三。明成化十六年，主事熊祿浚，甃石橋一。隆慶六年，主事任天祚改甃三橋。南為欞星門，明成化七年，主事尚綱補構。（598）又南為神道，左金聲門、右玉振門，旁設下馬碑，為橋於南，曰"大成"，今無，又南照壁，又南大成坊。崇聖祠，在大成殿後。明嘉靖十年建，名啓聖公祠。清雍正元年，改今名。明萬曆二十四年主事張時顯、清乾隆十五年教諭胡坦、訓導李廷對增修。名宦祠，在戟門左。鄉賢祠，在戟門右。忠孝祠，在欞星門左。清雍正初年建。（599）節烈祠，在欞星門右。清雍正初年建。魁星樓，在名宦祠東。明萬曆三十二年，主事李本緯建。清順治十三年，通判楊生輝重修。黃公祠，在魁星樓後。舊在東月城，清乾隆四十四年，改建於此。儒學，在學宮之右，係山海衛學。明正統元年建。清乾隆二年，設縣，改為縣學，今改，見前。明倫堂凡五楹，舊在大成殿後，明都指揮王整肇建，主事熊祿重修。崇禎七年，巡撫楊嗣昌改建廟西舊射圃地。清康熙十二年管關通判安達里，乾隆十五年教諭胡坦、訓導李廷對重修，今改教育會場。前儀門，又前大門，南照壁臨衢。堂西教諭署，今改爲職業學校。東訓導署，今改爲縣立女子高級小學校。按清乾隆二十一年以後，廟學屢次增修，俱見後碑記。其《山海志》所紀東西兩齋，原名文成、武備，後改崇德、廣業。清都指揮王整建，主事尚絅修。敬一亭，舊在啓聖祠前。清巡撫朱國棟、關道范志完改建明倫堂後。尊經閣，即舊明倫堂。清巡撫朱國棟、關道范志完改建，拔各學諸生之俊者讀書其中。學官廨，在本學大門左魁星樓後，原爲生儒號舍。明嘉靖七年，主事鄔閱建。後教授、訓導二署頹圮，改爲公廨。射圃，內有亭，在啓聖祠右。明成化十九年，主事尚絅始建。今並廢。

（卷九"建置編上·城池"，529）奎光樓在城東南隅，明初建。萬曆十五年主事楊植，三十九年員外郎邵可立、副將劉孔尹修。清嘉慶十年，重修。

（卷十"建置編中·壇廟"，678）文昌宮，在文廟右，明萬曆十二年主事王邦俊建，三十二年主事李本緯，清康熙五十二年貢生周啓德修。（680）魁星樓二，一在東南隅城上，即奎光樓；一在學宮黃公祠前。

康熙《靈壽縣志》

康熙《靈壽縣志》，成文出版社有限公司，1976年。

靈壽縣

（卷二"建置志·學宮"，64）先師廟，在縣治東南。元天曆中，縣尹王可榮捐俸買鄰地，始廣其制。至元中，縣尹蕭承事、判簿張將仕同邑人宋秉善出貲增修。明成化十二年，知縣於恭重修。十七年，知縣尚濂重修。二十一年，知縣張斅重修。嘉靖五年，知縣李廷璋重修。十年，知縣沈浚重修。十五年，知縣石如鰲重修。二十四年，知縣陳士選重修。萬曆四年，知縣張照重修。天啓二年，知縣張成規重修。國朝康熙八年，知縣丁象鼎重修，訓導姬弘基以（65）祭器不備，多取給於市肆，監製竹籩一百、木豆八十八、燭臺二、爵二十七、鉶二十、簠簋四十五。康熙二十四年，教諭張墱重修兩廡及大門、二門。啓聖祠，在先師廟之西。嘉靖五年，知縣李廷璋建。隆慶五年，知縣岑諫重修。萬曆四年，知縣張照重修。康熙五年，知縣丁象鼎始增神龕。康熙二十四年，教諭張墢重修。名宦祠，在啓聖祠之北。嘉靖五年，知縣李廷璋建。隆慶五年，知縣岑諫重修。萬曆四年，知縣張照重修。康熙十一年，訓導姬弘基重修。康熙二十四年，教諭張墢重修。鄉賢祠，在名宦祠之西。嘉靖五年，知縣李廷璋建。隆慶五年，（66）知縣岑諫重修。萬曆四年，知縣張照重修。崇禎十一年，毀於火。順治十年，教諭王美、訓導杜徵麟重修。儒學明倫堂，其前爲大門，儀門左爲桃李門，改題曰"義路"，右爲芝蘭門，改題曰"禮門"。會饌堂、庫房在堂之東，書辦房在堂之西。教諭宅，在堂之後。訓導宅，在教諭宅之東。明嘉靖五年，知縣李廷璋增修。十年，知縣沈浚重修。十五年，知縣石如鰲重修。隆慶五年，知縣岑諫重修。萬曆四年，知縣張照重修，立科貢題名碑於堂左，教職題名碑於堂右。崇禎十二年，知縣曹良直重修。小學，在明倫堂之西，南有聽樂堂、書算堂、句讀堂、習禮堂，俱（67）久廢。敬一亭，在啓聖祠南。萬曆三年，知縣張照建，今廢。射圃亭，在名宦祠之西，久廢。

（卷三"祀典志"，86）文昌祀於解皁樓，在學宮之東南。（87）魁星祀於解皁樓，在文昌之前。

乾隆《隆平縣志》

乾隆《隆平縣志》，成文出版社有限公司，1969年。

隆平縣

（卷二"建置志·衙署"，100）教諭署，在學宮西隅。明崇禎二年，教諭孫克精重修。大堂三間，教諭周士俊題其額，曰"溯濂堂"。書房三間。內署五間。訓導署，在學宮東隅。明崇禎二年，訓導霍懋官重修。大堂三間，訓導□題其額曰"映奎堂"。書房三間。內署五間。

（卷二"建置志·文廟"，101）在縣治東南，原在舊城。宋大觀中，被水，遷於縣之東。宋靖康，毀於金兵。太和間，復創於此。明洪武中，知縣羅敏中改遷於今之縣治東南。成化、宏治、正德間，知縣黃友柳、紳關瑜、紀世相相繼修葺。嘉靖間，邑紳趙廷相修。先師廟及東西兩廡，萬曆乙酉，知縣林天秩修，櫺星門東西竪二坊。初櫺星外地狹甚，邑紳趙炳南拓地五丈，浚泮池，池上欄之以石。萬曆戊申，知縣仙克謹繼修之。邑紳郝佩倡議，甃以磚。天啓癸亥，（102）廡圮，邑紳張如鈺葺之，自聖殿、崇聖祠暨門廡，俱煥然矣，知縣陳三重有碑記。東廡八楹、西廡八楹。戟門三座。欞星門三楹。泮池。崇聖祠三楹，在聖殿後。明萬曆十六年，知縣林天秩葺。天啓三年，邑紳張如鈺重修。名宦祠三楹，在文廟東，凡祠共十五人。（103）鄉賢祠三楹，在文廟西，凡祠共四人。忠義祠三楹，在文廟西。節孝祠三楹，在縣南街。明倫堂五楹，在文廟西。明天啓六年，知縣陳所學重修，其臥碑文鐫於明倫堂後壁石上，又碑二座，一鄉會題名，一歲貢題名。敬一亭三間，在明倫堂後。中鐫敬一箴，後壁左有碑記，右有心箴，俱有明天啓年間敕賜也。其宋儒四箴，列亭左右。日新齋三間，在明倫堂左。時習齋三間，在明倫堂右。

（卷二"建置志·壇廟"，112）文昌閣二，一在縣城上南隅；一在北城偏東，邑紳趙炳有記；一在東關之東樓，插雲漢，下視縣治，宛然在目。明崇禎二年，知縣陳所學暨邑紳趙炳建，有記，見"藝文"。魁星樓，在城上東南隅。明萬曆年間，知縣楊學詩創基，知縣劉九元落成。

民國《盧龍縣志》

民國《盧龍縣志》，成文出版社有限公司，1968年。

盧龍縣

（卷六"廟壇祠宇"，144）文昌宮，一在北城上，久廢。一在東門內，康熙六年創建。道光十七年，知府朱壬林重修。光緒三年，知府游智開重修。（145）魁星閣，在南城上，同治十二年，知府游智開重建，今廢。（153）忠義孝弟祠，在縣治東關帝廟，今廢。節孝祠，在舊縣儒學右，今廢。

（卷九"教育志·學宮文廟"，180）文廟，在治北百五十步，即舊府文廟。正殿五間，兩廡各五間。東廡現爲縣黨部辦公處，西廡現爲第一區公所辦公處。前露臺、戟門；又前泮橋，廢；左右碑亭，廢；前欞星門；門外東西有坊，曰"禮門""義路"；又東有門，額曰"聖域賢關"，今廢；崇聖祠在廟左。名宦、鄉賢祠，在戟門左右，今祀位無存，左黨部，右區所。敬一亭，在廟西，今廢。

永平府

舊府儒學，在文廟東。明倫堂五楹，駐軍時拆毀。兩序、東西齋各五間，久廢。前爲儀門，又前爲大門，今廢，創建年月莫考。元延祐中總管達魯花赤也孫禿，至正中總管賈維貞，明正統中知府李文定，天順中知府周晟，成化中知府王璽、王問，宏治中知府吳杰，正德中知府何詔、唐夔，嘉靖中知府李遜，隆慶中兵備沈應乾、知府劉庠，萬曆中兵備宋守約、知府辛應乾、張世烈、徐準皆修葺。至清順治中副使宋琬、知府楊呈彩，康熙六年知府李興（181）元，十六年知府常文魁，三十六年知府梁世勲、郡丞彭爾年，四十八年知府張朝琮，乾隆二十八年知府七十四，三十八年知府李奉翰，嘉慶十七年通永道任烜、知府韓文倚，道光元年知府秦沆，咸豐十一年知府范梁，同治十一年知府游智開皆重修。民國七年，第四中學由廳呈准改爲植物園。十七年，縣第一高小由縣呈准改爲該校植樹園。十九年，建設局呈准改爲該局植物園。

舊府教授署，在明倫堂後，有號舍兩楹，俱廢。康熙三十二年，教授徐麟詳請借居北平書院，在文廟前，後廢學院爲學署。今廢。舊府訓導署，在明倫堂左，清初廢，借居武學右舍。康熙三十七年，訓導徐香修建。乾隆二十八年教授楊宸、訓導崔鶴儀仍改建於舊處。今廢。

舊盧龍縣

（183）舊盧龍縣學，在城內東南隅，舊縣治之前。明倫堂三間，前有捲棚，前爲儀門，又前爲大門。明洪武二年建，知縣胡昺經始。正統間巡按御史李奎、魏林、徐宣相繼捐修。景泰間，知縣胡琮重修。天順間，圮於水，教諭李倫重修。成化間，教諭徐潤等更拓之。宏治間知（184）縣李景華、吳杲、知府吳杰增建號舍，今廢。嘉靖間，府同知張守、知縣王大猷、吳道南、楊保慶，隆慶間知縣潘愚重修。萬曆十五年，又爲水圮，兵備葉夢熊、知府孫維城、推官沈之吟、知縣王袞、王象恒，天啓中孫止孝，崇正中張煊皆重修。崇正十五年，爲颶風所拔。清順治中知縣梁應元、趙汲，康熙間知縣閔峻相繼重修。十年，淫雨傾側，知縣魏師段、呂憲武、教諭朱持正、知縣衛立鼎、陳夢熊重修。四十八年，大水坍塌，知縣晏賓、教諭胡仁濟修葺。乾隆三十六年，教諭丁廷輔、訓導田雲青重修明倫堂。今俱廢。

舊縣文廟，在明倫堂前，規制卑狹。嘉靖四十五年，兵備道沈應乾遷於學左。正殿五間；東西廡各五間，廢；前戟門、泮池；又前爲櫺星門，俱廢；櫺星門之南建坊二，久廢；其東西臨街建坊各一，今俱廢。民國四年，改爲關岳廟，合祀關岳。現祀典已不舉行，廟內空地爲建設局試驗場。崇聖祠，舊在敬一亭西，後改建東北隅，今。名宦祠、鄉賢祠，在門左右，今廢。敬一亭，在廟後，今廢。（185）教諭署，在明倫堂後，今廢。訓導署，在明倫堂西，舊廢，經訓導王拱辰復建，今廢。饌廳，在堂左，廢。學倉，在堂右，廢。

（201）北平書院，在府學南，盧龍縣舊基。明隆慶六年，知府辛應乾建。清康熙十六年，知府常文魁復建，改爲教授署，今廢。

光緒《灤州志》

光緒《灤州志》，成文出版社有限公司，1969 年。

灤州

（卷十"建置志·官署"，192）學正署、訓導署，以上二署在州治西，詳"學校志"。

（卷十"建置志·壇廟"，200）文昌廟四，一在東南城上，乾隆二十五年知州王南珍建，嘉慶十五年知州吳士□重修；一在南門外，乾隆三十二年選貢生衛泰捐立，道光二十六年知州恩符重修；一在西月城，舊在紫金山，邑紳張雲衢改建；一在觀胡同元真觀內，今廢。（207）魁星閣，在學正署前。（208）忠義孝弟祠、節孝祠，同在儒學西，兩院各三間，齋房三間。嘉慶七年，知州莫暮捐廉重修。

（卷十"建置志·倉儲"，212）儒學倉，在學正廨南，今廢。

（卷十一"學校志上"，227）先師正殿，周方九楹。殿後崇聖祠五楹，舊在東南隅，嘉慶年改建。正殿前東西廡各五楹，又前爲戟門三楹，其旁左門曰"金聲"，右門曰"玉振"，左門之東爲名宦祠三楹，右門之西爲鄉賢祠三楹，戟門前爲泮池，中有石橋，翼以石欄，其南則櫺星門三楹，外左右二坊各有門，繚以周垣，南爲甬壁，左右列下馬碑各一。

案：學宮在州治西北隅，契丹道宗清寧五年始建。元至正四年，知州孫明重修。明洪武四年，知州李益謙重建。十一年，知州劉政重修。永樂、正統、天順年間，知州談輝、陶安、劉弁、鄭甭相繼重修。成化十七年，知州楊甭重修。宏治十年，知州呂鎰重修。十六年，知州汪曉重修。正德十年，知州陳溥重修。十五年，知州高堂重修，並建號房，增置饌舍。嘉靖七年，知州趙業立石題名。十一年，知州劉體元重修，並建啓聖祠。十五年，署知州曾夢祺重修。二十三年，知州張士儼重修。二十五年，知州陳士元重修。隆慶間，推官陳訓重修。萬曆八年，知州鄭珫重修，並買學宫前民舍爲通衢，榜曰"雲路"。十六年，知州張元慶重修。二十二年，知州劉從仁重修，移名宦、鄉賢二祠於戟門之兩旁。三十七年，知州林養棟重修。三十九年，知州李喬岳重修。四十四年，知州周宇修明倫堂及齋房，建魁星樓、聚奎堂並文會房。天啓七年，司理羅成功、知州段耀然重修。崇正二年，州紳高第重修聚奎堂。國朝順治間，知州朱伸暨府同知劉日永、州同史在德相繼重修。康熙元年，訓導張國猷勸募重修。五（228）年，學正王麟圖募修文廟、兩廡、啓聖祠、魁星樓。七年，又捐俸繼修文廟兩廡。九年，捐俸繼修魁星樓。十年，捐俸倡修文廟墻垣。十六年，知州馬如龍重修啓聖祠。自二十九年後，知州張勿執、學正白學曾、王子梴、訓導韓文煜等相繼重修。乾隆元年，明經李宏勳重修。十六年，舉人李士達重修。二十七年，知州王南珍重修。三十二年，知州顧學潮重修。三十八年，知州孔傳瀛重修。嘉慶七年，知州莫□重修。十五年，知州吳士鴻、學正廉至忠、訓導黃步青、吏目黃斑同州紳重修戟門、櫺星門、照壁墻、東西坊及魁星樓。道光六年，知州黃克昌倡捐重修。光緒十二年，知州郭奇中倡捐重修，自大成殿、崇聖殿、戟門、東西廡、名宦、鄉賢二祠及魁星樓、明倫堂等處工程一律興修完整，至櫺星門、照壁俱改用石座，泮橋並易之以石，後面圍墻增高二尺，展拓十餘丈。（242）魁星樓，在東南隅，明倫堂之前，每歲於春秋上丁釋奠文廟畢學官祭之。

民國《滿城縣志略》

民國《滿城縣志略》，成文出版社有限公司，1969年。

滿城縣

（卷四"建置二·廟祠"，109）孔子廟，在縣城内東南，稱曰文廟，即縣之學宮也。創始於元至元二年，由明迄清，代有修葺，而規制益以宏大，大成殿五間，周圍露臺均白玉石欄，重檐飛桷，極爲壯麗。殿前東西廡各七間，又前爲戟門五間，即大成門也，戟門東爲名宦祠，西爲鄉賢祠，（110）各三間，外爲櫺星門，南爲泮池、闢橋、雲衢坊，東偏築臺建閣，下爲文昌祠，上祀魁星。殿後崇聖宮三間，又後尊經閣，四圍名壁修砌堅固。閣西宮墻外爲明倫堂，寬敞可容數百人，即昔學官訓飭士子地也。民國十七年改革，惟大成殿、崇聖宮、尊經閣僅存，廟內外所有建築均改廢。

附文廟沿革：元至元二年，知縣劉漢臣拓地五十二畝，始建文廟，而以明倫堂置於廟右。天曆元年，知縣劉思進重修。至正十一年，縣尹完顏識理翰始置祭器。明初洪武以至宣德，代有修葺，大約仍如舊制。正統六年，知縣王義復修。成（111）化十二年，知縣李思明增修兩廡、戟門、櫺星門並修明倫堂，創建會饌堂，構諸生齋舍十二間，曰博文、曰約禮（不知廢於何年，無志可查）。十五年，修建大成殿，增砌石欄，於是宏規漸備矣。宏治十五年，知縣金山遷明倫堂於廟後，仍建尊經閣於堂後，識者病之。嘉靖間，奉制建敬一亭於儒學門內。二十八年，知縣袁欽儒復修之。四十一年，知縣辛吉繼修之。隆慶六年，知縣申九峰復建鄉賢祠、名宦祠於戟門東西，繚以墻垣，功未竟而遷，知縣張曉、齊作霖相繼修葺，於是二祠告成。萬曆二十年，知縣侯大節復遷敬一亭於櫺星門東，並建文昌祠，而教諭馮日望亦於是年開泮池。萬曆四十二年，邑紳張邦政、張調元以明倫堂前廟後閣，堂陷（112）其中，於風氣不無減損，非所以作育人才也，各捐金請於知縣冀懋中，仍遷明倫堂於廟右舊址。清順治十年知縣堵廷棻、康熙十五年知縣裴國楨均先後重修，又於泮池南建雲衢坊，臨街建育英坊。（113）四十三年知縣張煥、乾隆十七年知縣賈永宗各重修明倫堂。三十年，知縣李玉堂統加修葺。自是而後，歷嘉道迄咸同，時有補葺，然無大興作，姑置弗述。

民國《南宮縣志》

民國《南宮縣志》，成文出版社有限公司，1976年。

南宮縣

（"法制志·建置篇·壇廟表"，151）文廟，在東大街，明成化十七年創建。大成殿五楹，東西廡各九楹，前爲戟門，門前爲泮池及橋，又前櫺星門，左右二坊，左曰"金聲"、右曰"玉振"，又前爲照壁，坊外各有下馬牌。宏治元年，教諭高德進重修。嘉靖十一年，知縣种雲龍建啓聖祠。三十四年，知縣宋儒重修。四十四年，知縣王中孚重修。萬曆六年，知縣邢侗重修，東開玉帶街，以環宮墻，前鑿二井以通文脉。三十四年，知縣馬諫增修。（152）清康熙三十八年，知縣牟國龍重修。雍正九年，知縣谷確重修。十年，知縣丘性善重修。乾隆七年，知縣王霖重修。三十一年，知縣舒鴻儒重修。四十三年，知縣沈麟昌重修。嘉慶八年後，知縣朱聖哲、黃士謹、殷瑤相繼興修。道光十八年，知縣翟宮槐重修。光緒十一年，知縣李傳棣重修，張裕釗有碑記。

（151）啓聖祠之建，見《嘉靖志》。《志》又云，宏治二年，邑人郝榮捐置祭器，白磁爵盞二百，籩豆千五百，俱如式。嘉靖二十五年，知縣胡廷召鑄銅牲尊、象尊、雷尊各一，爵盞廿，磁籩豆二百。尊經閣，在大成殿北。名宦祠，在戟門東。鄉賢祠，在戟門西。忠義孝弟祠，在鄉賢祠南。（154）文昌祠二，一在學胡同北，清嘉慶十六年建，殿三楹，有垣，有門，又啓聖宮因祠（155）後地狹，邑人李大成施宅基南北四步八尺，東西六步一尺三寸。一在東陽書院，清乾隆卅八年，知縣衷炳修建於講堂前；嘉慶二十二年，知縣具承寵移建於東南隅。文昌閣，在縣署南衙前街，《舊志》云，在儒學南。乾隆二十三年，知縣姚學瑛移建。道光四年，邑人齊兆豐等捐修。魁星閣，在城西北隅，《舊志》云，在城東南隅。乾隆二十年，知縣姚學瑛移建。五十口年，邑人齊世松重修。嘉慶二十四年，邑人陳佐重修。魁星樓，在城東南隅，道光二十六年，知縣何繩武建。（157）節孝祠，門外有木坊一，在學署東。雍正二年始建，有碑。嘉慶十一年，節孝後人相繼修。咸豐六年，同上。

（"法制志·建置篇·廨署表"，144）儒學署，在東大街文廟西。明倫堂三楹，左右二齋，堂前爲儀門及左右便門，再前爲大門，門內東房二間，門外石獅二，左右八字墻，前有照壁。（145）明倫堂後教諭宅十七間，東爲訓導宅十四間。清宣統間學官裁汰，其署今改爲教育局。光緒十一年，知縣李傳棣重修明倫堂。

乾隆《南和縣志》

乾隆《南和縣志》，成文出版社有限公司，1969年。

南和縣

（卷二 "地理上·學校"，88）儒學，在縣治東南。明以前規制無考，洪武九年典史李孝源，永樂七年知縣張英各重修。宏治間，知縣門寧、陳世良增建東西齋房，知縣朱銳改建櫺星門，相繼重修。正德十六年，知縣劉璋重修，增聯號樓，開□庠門。萬曆十四年，知縣鄭懋洵增修。天啓間，邑人太常卿白儲玿（89）重修。順治七年，知縣高爾位重修。康熙二十七年，知縣欒翿吉重修。康熙四十四年，知縣李日彰重修。雍正二年，知縣趙松重修，撤舊拓新，殿廡堂齋始復舊制。大成殿，七間。東廡，五間。西廡，五間。戟門，三間。（90）櫺星門，三楹。泮池，在櫺星門內，中建石橋，周砌石欄。崇聖祠，三門，舊爲啓聖祠，在文廟東，邑人白儲玿重修。雍正二年，追封先師五代，統祠於內，易今名，知縣趙松重修。東廡、西廡。名宦祠，舊在宮墻外。萬曆間，知縣薛思霄移建於戟門外左。順治七年，知縣高爾位重修。康熙六年，知縣章兆蕙、教諭韓燁玗重修。雍正二年，知縣趙松重修，祀十九人。（92）鄉賢祠，舊在宮墻外，今建於戟門外右，建修年月與名宦祀同，祀十四人。（93）明倫堂，五間，在文廟後。進德齋，三間，在明倫堂東列。修業齋，三間，在明倫堂西列。敬一亭，舊在明倫堂後，今傾廢，有明世宗御製敬一箴及程子四箴石刻。順治七年，知縣高爾位移置文昌祀。圖書府，在文廟東南，邑人白儲玿建，今廢。神庖，二間，在進德齋後。文昌祠，舊在文廟東。萬曆十一年，邑人朱正色建。四十六年，知縣趙惟岳重修。今移崇聖祠前，建閣三間。康熙四十四年，知縣李日彰重修。雍正二年，知縣趙松重修。（94）奎樓，在文廟東南城上。萬曆十八年，邑人朱正色建。康熙六年，知縣章兆蕙、教諭韓燁玗重修。雍正二年，知縣趙松重修，今傾圮。教諭宅，舊在明倫堂後，學道街北，傾圮無存。今在明倫堂西。順治十年，訓導鄧起林重修。康熙六年，教諭韓燁玗重修。乾隆四年，教諭韓珣重修。訓導宅，舊有二宅。一在明倫堂東，一在文廟西，後奉裁，堂東之宅廢。康熙十六年，復設訓導一員，在廟西宅。康熙五十二年，訓導張國紳重修。乾隆四年，訓導梁遐年重修。左庠門，三間，在文廟東。右庠門，三間，在文廟西。騰蛟坊，在左庠門東。（95）起鳳坊，在右庠門西。射圃亭，在訓導宅西。

（卷三"地理下·壇廟"，100）忠義孝悌祠，三間，有門垣，在學宮右，庠門西。雍正四年，知縣趙松奉文建。乾隆八年，知縣周章煥。節孝祠，三間，有門垣，在西大街北。雍正年，知縣趙松奉文建。乾隆八年，知縣周章煥重修。

民國《南皮縣志》

民國《南皮縣志》，成文出版社有限公司，1968年。

南皮縣

（卷一"輿地志上·署廨"，89）學署，舊制前廟後學，廟即孔廟。明景泰二年，知縣牛增改學於廟東。明倫堂五間，民國八年勸學所長孫朝弼募資重修，東西列居仁、由義二齋。堂東爲敬一亭，今圮。前爲儀門，今圮。大門三間。堂後爲教諭宅，舊載共房十四間，二堂三間。東爲訓導宅，舊載共房十二間，大門二間。光緒間，訓導楚材捐廉重修其宅。今訓導前宅改爲建設局，後宅及教諭宅改爲教育局，明倫堂改爲鄉村師範教室。又學署內舊有射圃在孔廟西，今廢。

（卷二"輿地志下·壇廟"，95）文廟，在城內東南隅。元至元三年，監縣忽辛同縣尹司讌改建。明永樂初知縣張通，正統間知縣陳毅、江漢，景泰間知縣牛增，弘治間典史張瓘，正德間本府通判劉寶，隆慶間知縣齊塲，萬曆間知縣王允中、李正華，崇禎四年知縣藍再茂俱重（96）修。清順治十二年知縣吳之鏌，十八年教諭韓燁玗捐資勸助，各加修葺，概爲鼎新，邑人同知湯鉉撰碑，文見"金石"。道光二十九年，知縣趙士桐、教諭單維模、訓導金聯甲重修，邑人張鑅撰碑，文見"金石"。計廟基地，南北長六十一步，東西闊三十二步，共八畝一分三釐。民國十五年，教育局長單青選邀同士紳募資修葺，邑人潘昕祚撰碑，文見"金石"。大成殿五間，正中匾額，康熙二十三年御書"萬世師表"，雍正五年御書"生民未有"，乾隆二年御書"與天地參"，嘉慶三年御書"聖集大成"，道光元年御書"聖協時中"，咸豐元年御書"德齊幬載"，同治年御書

"聖神天縱",光緒年御書"斯文在茲"。東廡五間,西廡五間,大成門三間,欞星門、泮池。(97)崇聖祠三間,在大成殿後。名宦祠三間,鄉賢祠三間,忠義祠三間,節孝祠三間。文昌閣、魁星樓,舊在明倫堂東南,地甚卑隘,明萬曆間,知縣李正華改建學署門外異地,教諭趙培撰記,嗣因殘壞,鄉官湯鉉偕邑紳重修。魁星樓,久圮,基存。

道光《內邱縣志》

道光《內邱縣志》,成文出版社有限公司,1969年。

內邱縣

(卷一"學校",54)先師殿五楹,兩廡各十三楹,戟門三楹,欞星門三楹。舊在西,古柏尚存,弘治二年,知縣馮禎改於此。順治間,知縣王秉乾重修,本府知府推官王道南、翰林陳廣、邑人和羹俱有記。(55)泮池,在戟門外,嘉靖間知縣李啓鑿。明倫堂五楹,博文、約禮齋各五楹。弘治間,知縣王□建。順治間,知縣王秉乾重建,真定府推官杜潄有記。敬一亭,三楹,在明倫堂後,不詳始建。順治間,知縣王秉乾重建,推官王道南有記。啓聖祠,三楹,在文廟西北,不詳始建。順治間,知縣王秉乾重建,邑人劉光采有記。文昌祠,三楹,在文廟東北,知縣王洪灝改建。順治間,知縣王秉乾重建,邑人田一倫有記。名宦祠,三楹,在戟門左,不詳始建。順治間,知縣王秉乾重建,本府同知李鴻雷有記。鄉賢祠,三楹,在戟門右,不詳始建。順治間,知縣王秉乾重建。儒學門,舊制東西二座,後止立西門。萬曆間,知縣王洪灝改立東門。順治間,知縣王秉乾仍立東(56)西二門,堪輿家謂西門不利,常閉之。教官宅,三所,在文廟西。弘治間,知縣王愷建,今廢。射圃亭,三楹,在明倫堂西北,知縣郝學詩建,今廢。

(卷一"廟",61)忠孝祠,在南關外,嘉間知縣鄭伯興建,有記。

光緒《祁州續志》

光緒《祁州續志》,成文出版社有限公司,1969年。

祁州

（卷一"建置志·學校"，51）學宮重修於道光廿六年，漸多傾圮。同治十二年，學正張、訓導龐請趙牧伯倡捐籌款，自崇聖祠、大成殿、兩廡以及戟門、欞星門、泮池、照壁、前後甬道、圍墻一律重修。照壁內舊成通衢，茲於照壁兩翼增建兩門，東曰"聖域"，西曰"賢關"，俾風水團聚，既壯觀瞻，亦昭嚴肅，從此文風稍振。（52）文昌宮在學宮左，基址無存。同治十三年，經趙牧伯倡捐籌款，建正殿三楹，大門三楹並照壁圍墻，祁之文風遂從此益振。文昌閣，在東城上，漸就傾圮。同治十一年，趙牧伯捐廉重修。

（卷一"建置志·祠廟"，55）節孝祠，舊在明倫堂右，故址無存。同治六年，姜牧伯就舊基重修祠宇三楹。忠義節烈祠，在西月城內，即玄帝廟之舊基也。同治七年，捻匪肆擾，殉難官紳、婦女雖由前牧伯詳請旌表，未經建祠。同治十二年，趙牧伯始籌款，創建祠宇三楹並玄帝廟亦律重修。

民國《清河縣志》

民國《清河縣志》，成文出版社有限公司，1976年。

清河縣

（卷二"輿地志·建置·壇廟"，161）節孝祠，祠在南街路西，共五間。同治十年，知縣王鏞捐建。清宣統三年春，修葺該祠爲永久教育局地址。

孔廟建置，伊始莫可考。《舊志》載，金大定四年改建於縣治之東南隅。其後相繼增修者，元至元三年達魯花赤伯拗修葺，至正十七年達魯花赤脫忽思帖木爾、縣尹趙范、葛（162）義方重修，明洪武八年、十三年詔修儒學，正統十四年知縣趙文，弘治三年知縣林瑱，正德元年知縣許諫，嘉靖八年王紘，二十二年知縣盧汝翼，四十四年知縣傅延耆，萬曆五年知縣向日紅，十四年知縣張民綱，崇禎十年知縣曹亭，十五年知縣秦際皞，順治二年王世勳，康熙四年知縣胡文煥相繼增修。

大成殿。康熙十四年春，知縣盧士杰重建，五間。乾隆元年，知縣金昌世重修。嘉慶六年知縣莊允治，道光九年知縣陳師魯，同治十年知縣王鏞相繼重修。至民國十四年，教育局長莊乃珮協同知縣雷渝，邀請合邑紳耆從新建大殿十五楹。兩廡東西各五間。康熙十七年春，知縣盧士杰重建。乾隆元年，知縣金昌世重修。道光九年，知縣陳師魯重修。咸豐八年，知縣高維翰重修。民國十四年，教育局長莊乃珮邀集全縣士紳重修。（163）靈星門一座，東坊德配天地，西坊道冠古今，前爲屏壁。康熙十七年春，知縣盧士杰建。嘉慶六年，知縣莊允治重修。戟門，三間。康熙十四年夏，盧士杰重建。乾隆元年，知縣金昌世重修。道光九年，知縣陳師魯重修。同治十年，知縣王鏞重修。泮橋，康熙十六年，知縣盧士杰重修。乾隆元年，金昌世重修。泮池，萬曆十年，教諭沈永祚、訓導李守直捐修。康熙十六年，知縣盧士杰重浚。乾隆元年，知縣金昌世重浚。民國，教育局長莊乃珮等同全邑紳重浚。崇聖祠，三間，在孔廟左，後圮。崇禎十一年，知縣賀嗣隆修。康熙十四年，知縣盧士杰重修。乾隆元年，知縣金昌世重修。明倫堂，五間，在文廟後。萬曆二十五年，知縣陳緒重修。康熙十五年春，知縣盧士杰重修。乾隆元年，知縣金昌世重修。道光九年，知縣陳師魯重修。二十七年，知縣沈元文（164）重修。

按孔廟自金、元、明、清歷有修建。民國以來，因文廟、兩廡等圮頹，至十四、五年籌資重建。雖較前規模窄小，除明倫堂未建外，應有盡有，亦大費經營矣。現在爲地方保衛團所在，無復昔年肅敬莊嚴之舊規模矣。

敬一亭，三間，在明倫堂後，今廢。齋房二座，在明倫堂東西，一曰博文齋，一曰約禮齋。康熙十五年，知縣盧士杰重修，今廢。奎星閣，在德配天地坊東。初爲觀音閣，知縣向日紅改爲奎星閣，日久頹廢。萬曆十二年，教諭李承露修。康熙十七年，知縣盧士杰重修。道光十一年，知縣張學詩移城上東南隅。同治十年，知縣王鏞重修。文昌祠，在舊文廟右。康熙十四年秋，知縣盧士杰移建文廟左。乾隆元年，知縣金昌（165）世重修。道光九年，知縣陳師魯重修。同治四年，徐沛然重修。光緒九年，知縣黃汝香重修。芹宮坊，在道冠古今坊西，今廢。宰牲所，在文廟右，今廢。名宦祠，三間，在戟門左。（166）鄉賢祠，三間，在戟門右。

（卷八"教育志・廟學・學宮"，472）清河舊郡學宮在譙門之西，齊阜昌遭水患之後，齋宇蕩然無存。金大定四年，縣令劉惠、主簿張格改建於縣治之東南隅，有王堪記略，其文尚存。後經元、明兩代知縣相繼重修、增修。清自初葉至於同治增修者六次。光緒中，知縣黃汝香重修。民國十一年，縣長雷渝重修。崇聖祠在學宮左，後圮。明倫堂在後，亦圮，然學宮廟貌尚巍峨壯觀瞻云。

民國《清苑縣志》

民國《清苑縣志》，成文出版社有限公司，1968年。

清苑縣

（卷一"建置·壇廟"，95）府文廟，在南城迤東，今傾圮。（97）文昌廟，一府學東，一北關外。（101）文廟，大成殿三楹，後爲崇聖祠三楹，殿前東西兩廡各九楹，東南隅爲魁星閣，西南隅廨門達學署，再前爲戟門三楹，左掖爲名宦祠三楹，右掖爲鄉賢祠三楹，前爲泮池，跨一橋，橋南爲坊，額曰"泮宮"，前爲欞星門，左右禮門、義路二門，門外各樹下馬碑、石照壁一座，外有柵門二，與照壁平。

（卷一"建置·廨署"，90）縣學，在縣文廟西，今改建省立女師範第二小學校。（93）保定特種公安局，在貢院街，係以舊時學政署於清光緒二十八年改建，初名保定工巡總局。民國二年，改稱保定警察廳。民國十七年，又改稱保定特種公安局。

康熙《慶都縣志》

康熙《慶都縣志》，成文出版社有限公司，1969年，55頁。

慶都縣

（卷一"廟學"，55）大成殿五間，東廡五間，西廡五間，戟門三間，泮池橋一座，欞星門三楹，東角門一間，西角門一間。俎豆庫，毀。省牲所三間在廟西。啓聖祠，三間，在文廟西北；名宦祠，三間，在泮池東；鄉賢祠，三間，在泮池西；儒林坊二座，一在廟東，一在廟西；聖域坊，在欞星門東；（56）賢關坊，在欞星門西。儒學，在文廟東。大門，一座，三間；儀門，一間；禮門，一間；義路坊，一座；明倫堂五間；日新齋，五間，毀；時習齋，五間，毀；敬一亭，三間，在堂後；尊經閣，三間，在堂西北，毀；饌堂，三間，在敬一亭東，毀；庫房，三間，在饌堂前，毀；厨房，二間，在敬一亭西，毀；學倉，三間，在堂前，毀；射圃亭，在廟西，學諭秦毓琦建廳，四圍遍種荷花。教諭公署，在儀門內，全毀。（57）訓導公署，廳三間，住房六間，馬房一間。（67）文昌祠。魁神祠。

（69）廟學自戊寅火後，所存者櫺星門、戟門而已，其爲灰燼，一望瓦礫。明崇禎時，邑令段公緯重建廟堂各五間，啓聖祠三間，魁神帝君祠各三間。國朝，邑令周公士璇重建兩廡，各五間；錢公振龍重建名宦、鄉賢祠，各三間。雖代有繕葺，未經大創，修廢相仍。營州李公天璣燒築磚甓各十餘萬，木植瓦片足用，自大成殿、啓聖祠、東西兩廡及明倫堂、文昌、魁神、名宦、鄉賢諸祠、櫺星、戟門、儒林、聖域、賢（70）關、學門、儀門、禮門、義路各門坊，諸□龕王窻槅，煥然改觀。復挖浚泮池，穿通水道，又建敬一亭、省牲所、訓導廳各三間，砌墙二百三丈，甬道百二十三丈，其內隙地盡敷以磚，噫嘻！觀止矣，且又以自己養廉稻地捐學納糧收租，以飭祭器，並識之，以告後人。

（卷一"壇廟"，95）文昌祠，在戟門東。康熙十七年，邑令李天璣重修。魁神祠，舊在戟門西，今移南城上，改祠朱衣、土地二神於內。康熙十七年，邑令李天璣重修。

咸豐《慶雲縣志》

咸豐《慶雲縣志》，成文出版社有限公司，1969年。

慶雲縣

（卷一"建置志·學宮"，105）學宮，在縣治東南，爲地十五畝。明洪武六年，知縣楊思義建。正統四年，知縣王恭增修櫺星、戟門、射圃、齋房。成（106）化十二年，知縣唐瓚重修大成殿，建明倫堂、進德、修業兩齋及退省堂。宏治七年，知縣趙廷麟繪飾殿廡。嘉靖十年，知縣李世臣奉制建啓聖祠。十一年，詔立敬一亭並五箴勒石。二十八，知縣李宋更新殿廡門陛，邑人胡顯宗置籩豆二百事。隆慶元年，知縣熊杰以天宮寺高於聖廟，增崇殿基，覆以翠瓦，增拓櫺星門，改序門於戟門東。五年，訓導張綸增建角門六。萬曆四年，知縣薛居方鑿泮池。九年，知縣王三益重修明倫堂，以三教古廟中所得先師像移奉學宮。崇禎九年，知縣李扶各有（107）修葺。十年，貢生胡璜、胡瑗修葺欞星門旁兩栅門。國朝順治十六年，生員崔儲類補正殿四角。康熙五年，知縣盧元培重修正殿，補葺啓聖祠、明倫堂、尊經閣，生員賈彥俊監修，閱五年工乃竣。六年，歲貢生王祚熙等重修文昌閣、奎樓、兩廡。九年，知縣李居一重修欞星門。三十三年，重修尊經閣。五十九年，知縣蔣錫震重修奎樓。乾隆四年，知縣鄧岫重修明倫堂。十二年，知縣孫爾周新建奎樓於東南城上。二十九年，知縣汪喬年重修聖廟，知府金文淳重修文昌閣。三十一年，知縣李蔭椿重（108）修尊經閣。四十二年，邑人重修奎樓。嘉慶元年，知縣張元英易大成殿樑，兩廡、門墻各加修葺。十四年，知縣潘國詔補葺粉飾，一律完整。今考學宮之南照墻外曰"化龍池"，内爲欞星門，東西栅門，禁碑二，又内爲泮池，中跨以橋，左祠曰名宦，右祠曰鄉賢，其中爲戟門三間，入則東西廡各五間，中爲大成殿，殿東北曰崇聖祠，其前爲射圃，又迤東南曰文昌閣。殿之後爲明倫堂，左右翼以齋，東進德、西修業，尊經閣峙堂後，當學宮之北，凡五間。其左爲教諭宅，乾隆三十一年秦其昭重修；右爲訓導（109）宅，並舊傳敬一亭、退省堂，今久廢矣。

乾隆《任邱縣志》

乾隆《任邱縣志》，成文出版社有限公司，1976年。

任邱縣

（卷二"建置志·學校"，262）儒學，在育賢街北，廣四十六步，袤九十步。明洪武三十年，主簿石士賢建。永樂間，知縣毛文重修。天順間，知縣周祐重修。國朝康熙元年，知縣吳琮重修。廟門三楹，即欞星門，南向通衢，前樹十八學士登瀛洲影壁，今易以磚。戟門三楹。至聖廟，九楹。象得真傳，德容宛然。嘉靖間，通行撤象，易以木主。邑人不忍毀，藏於地室中，尋復起出。四配十哲俱有象，雍正十一年知縣錢孫振重（263）修，乾隆六年知縣朱煐、十六年知縣陳文合先後重修。東廡十楹、西廡十楹。明成化間知縣鄭德建，嘉靖間知縣陳宗武、隆慶間知縣郭汝、萬曆間知縣顧問先後重修。神厨庫三楹，在戟門左，今無。祭器庫三楹，在戟門右，祭器乃鹽運副使羅升置，今無。禮門，中、左、右三座，在文廟後。（264）明倫堂，五楹，在禮門內。明知縣孫鏞、郭汝、顧問先後重修。日新齋，三楹，在明倫堂左。時習齋，三楹，在明倫堂右。饌堂，五楹，在明倫堂後，今無。號房，東西各五楹，今無。崇聖王祠，三楹，在明倫堂西。文昌祠，三楹，在學宮東。明萬曆間，知縣胡孟清建，教諭鈕應魁有碑記。（265）魁星樓，在文昌祠東南。順治間，邑人荊州府知府王業悙重修。雍正十一年，知縣錢孫振重修加高。名宦祠，三楹，在學宮西。鄉賢祠，三楹，在名宦祠後。（266）明製臥碑，在明倫堂左。明製敬一亭碑，在崇聖祠前，今廢。教諭宅，在明倫堂後。乾隆二十三年，教諭張聯全重修。訓導宅，舊在明倫堂西北，廢。乾隆十四年，闔邑紳士捐貲，置在名宦祠西。

（卷二"建置志·壇壝"，276）文昌廟，一在文廟東，春秋致祭；一在西門外南斜街；一在鄭城北，扁鵲祠西。（280）忠烈祠，在鄉賢祠後，奉敕爲戊寅殉難士民建。忠義孝悌祠，附忠烈祠。節孝祠，附忠烈祠，邑人晉藩、高成齡重修。

民國《任縣志》

民國《任縣志》，成文出版社有限公司，1969年。

任縣

（卷二"建置·公署"，139）學署在文廟後，乾隆十七年重建，今皆就圮。宣統元年，訓導（140）陳智重修。

（卷二"建置·學宮"，144）文廟，位城內之中央，前爲太和坊，爲照壁，爲中唐，爲玉石橋，爲欞星門，爲泮池，爲戟門，爲拜墀，爲正殿，殿之前兩廡翼焉。戟門（145）之前名宦、鄉賢列焉。廟之東，爲崇聖祠，祠之前聳於東南隅者，文昌閣也。廟之西，爲忠義、節孝二祠，此今日規制也。其創建不知何時，據教諭趙維城修學記，元延祐初年猶及見大觀八行碑，則當北宋時已建於此矣。宣和而後，河朔入金，百餘年事迹無考。元初，命郡邑皆立學，尹斯邑者莫不相繼從事，而廟制之崇備則由大德十一年一修於知縣李載；延祐七年，再修於知縣王貢；明正德十二年，知縣張瓚重修；嘉靖二年，知縣陳璣又恢拓之；四十三年，署縣事教諭孫光裕重修，並鑄祭器七百餘事。萬曆八年，知縣陳復彝闢升龍池，建橋其上；天啓五年，直指宋廣師闢戟門兩翼。（146）國朝順治七年，知縣杜天成重修。自是至嘉慶初年士紳議重修，工大款鉅，屢有作輟，迄道光中葉而後，全局一新。咸豐三年，遭髮逆之亂，正殿燼焉。同治六年，重修。（151）崇聖祠，康熙七年，訓導蔣泰徵重修。嘉慶九年重修。名宦祠，道光八年重修。鄉賢祠，康熙六年，邑紳苗澄、李鳳翔重修。道光九年重修。忠義祠，雍正時建。同治十一年重修。節孝祠，道光十一年重建。同治十一年重修。（152）文昌閣，明萬曆時，攝縣篆府通判孫養霖創建，工未半而去。知縣范希滂踵成之。國朝道光五年，邑紳徐英、魏廷麟等重修。（153）明倫堂，宣統二年，知縣謝昺麟重建。按《舊志》，在文廟之西，中爲明倫堂，東爲進德齋、西爲修業齋，前爲宜門、大門，後爲敬一亭，爲饌堂。明嘉靖四十三年，知縣孫榮先重修。崇禎七年，知縣杜之喬建尊經閣，四圍爲號舍，西爲射圃。國朝順治七年，知縣杜天成重修，棟宇宏敞，阿檐華彩，共一百四十七楹。據《志》所云，則當日之規制宏矣，年久失修，盡歸傾圮。計自今以往，日遠日泯，將有並其名而弗知者，詳以志之，豈徒以存其名，正欲使後之人追維遺迹，猶想見昔年之盛也。

（卷二"建置·壇廟"，159）文昌廟，在縣治北。明嘉靖時，邑紳謝蓮洲捐建。萬曆時，謝鑒捐修。崇禎三年，知縣張書紳重修。國朝嘉慶三年，邑紳徐珆等重修。

光緒《容城縣志》

光緒《容城縣志》，成文出版社有限公司，1968 年。

容城縣

（卷二"宮室·廟祠"，252）文昌閣，在縣東城上。萬曆三十年，大尹蔣如蘋建。魁星閣，在縣東南城上。（254）忠義祠，在明倫堂東。節孝祠，在縣治東北大街路西。以上《舊志》。（255）文昌閣，建於前明萬曆三十年，至國朝嘉慶間，遺址已蕩然無存。道光二十三年，邑侯梁公即其地重新建立，規模宏壯，爲一邑之巨觀，時邑人楊永平、秦貞、胡廷龍、宋珠、辛一成、梁安、齊永安、趙太來、趙夢彬、劉鳳鳴各捐銀一（256）百六十兩，除經費外尚餘制錢六百串，邑尊詳明上憲，發商生息，爲正義書院膏火之資。節孝祠，道光二十五年重修。武生陳炳先於二十八年添設節婦牌位二百餘座。

（卷三"學校"，267）文廟，舊在縣治東南，創置無考。洪武七年，歸併雄（268）縣，積久傾圮。十四年，復設縣治，知縣唐益建於縣治東北。天順七年，知縣林璟重修。嘉靖十九年，知縣王懋元增修，有記。萬曆五年，知縣張與行重修，有記。萬曆三十年，知縣蔣如蘋重修。國朝順治十年，署教諭柴應宸重修。康熙十二年，訓導周映斗重修。乾隆十□□，教諭許式玉重修。道光二十年，知縣俞元升重修。大成殿五楹，廟中偏東。（272）東廡，五楹，從祀凡六十二人。（274）西廡，五楹，從祀凡六十一人。（277）廟門三楹，舊稱大成門，嘉靖年改爲戟門，以列戟故。宋太祖建隆三年，詔廟門立戟十六枝。大觀四年，增爲二十四枝。泮池，在欞星門外。嘉靖三十年，知縣張大經鑿修。欞星門，三楹。東西坊，左曰"德配天地"，右曰"道冠古今"。崇聖祠三楹，在聖廟東。（279）明倫堂，五楹，在大成殿後。名宦祠，三楹，在戟門左。鄉賢祠，三楹，在戟門右。教諭宅，一所，在明倫堂西。訓導宅，一所，在明倫堂西。（280）射圃亭，在城內東北角，正廳三楹，今廢。

光緒《唐縣志》

光緒《唐縣志》，成文出版社有限公司，1969年。

唐縣

（卷四"學校志"，362）文廟在縣治西，唐開元中創建。金天眷時，縣尹權某重修。泰和四年，邑人郭興孫、左松壽始爲板堂以祀。元初，縣尹馬譽撤板堂創爲殿宇，兼構兩廡、講堂、庖厨，縣令張知微修神門。泰定二年，縣令張景文以學西南隅地，民冒爲己有，給直遷之，以廣學舍。至正時，縣尹王好德復修治之。明成化三年知縣宋約，十七年知縣唐相，嘉靖三年知縣馬馴，二十六年知縣王國生，隆慶二年知縣洪濟遠先後重修。萬曆元年，知縣彭芹修欞星門，舊無泮池，始鑿池於門內，門外有石屏，嫌其逼窄，徙之街南。二十三年知縣孫希夔，三十七年知縣黃巍，崇正六年知縣向列星，各有修葺。（363）國朝順治三年，知縣周日宣重修。十一年，知縣張聞政重修欞星門。康熙十二年，知縣王政創建照壁，署知縣事吳紹琯創建左、右門坊。二十六年，知縣祝鍾俊重修。雍正六年，教諭繆徵增加禮門、義路、兩翼門。乾隆三十六年知縣郭啓泰，道光二十四年教諭王南珍相繼修。光緒三年，知縣陳咏、教諭常熙敷、訓導傅雍言重修兩廡、泮池及周圍墻垣。

大成殿五楹，正位南向。（367）東廡五楹，西廡五楹。（389）崇聖祠，在大成殿西。順治十一年，知縣張問政重修。康熙（390）四十六年，知縣林菁、教諭胡文元重修。正殿三楹。國朝雍正元年，詔封孔子先世王爵，合祀五代，更名（391）崇聖祠。唐邑限於地勢，故建祠於大成殿之西。東廡一楹，西廡一楹。（406）名宦祠，三楹，在崇聖祠南。順治三年，知縣周日宣重修。鄉賢祠，三楹，在名宦祠南。康熙六年，張暄重修。雍正十年，知縣王恪重修。（407）忠義孝悌祠，在文廟東文昌祠東北。雍正八年，知縣王恪建祠三楹，門一間，碑一座。節孝祠，在縣署東。雍正八年，知縣王恪建祠三楹，門一間，牌坊一座。（409）文昌祠，三楹，在學宮東。順治二年教諭徐曉，康熙十年署訓導紀其瑛，三十三年教諭江景瑞重修。神乘騅，舊在祠內，教諭吳翰移出，建宇西側。魁星閣，在儒學門上。明崇正九年，教諭劉顯續重修。國朝順治十年，知縣武自安改建城上東南角臺。十二年，大雨坍毀，復徙此，嗣於東南城上重建一閣。（410）敬一亭，在文昌祠後。雍正九年，知縣王恪重修。射圃亭，三楹，在明倫堂西南，今廢。《舊志》云，射圃東至崇聖祠，西至城隍廟，南至街，北至街。明倫堂，五楹，在文廟後。雍正六年，知縣楊琦、教諭繆徵重修，左曰進德齋、右曰修業齋，各三間，今廢。廩倉、號房，均久圮廢。興賢育才門，在文廟東、文昌祠西，今廢。（411）儒學門，在欞星門東，興賢育才門南。教諭宅，在明倫堂後，舊廢。康熙二十五年，教諭劉國樞建。同治元年教諭王樹堂，十三年教諭陳礽善，光緒三年教諭常熙敷先後修葺。訓導宅，在明倫堂東。同治九年，訓導龐濯重修。光緒二年，訓導傅雍言增修。

民國《文安縣志》

民國《文安縣志》，成文出版社有限公司，1968年。

文安縣

（卷二"土地部・建置志・衙署"，217）學署，在孔廟西。大門一楹。照壁一座，在大門前。教諭宅十間，在大門東北，現改爲國民女子學校。訓導宅十間，在大門西北，現改爲堤工會辦公處。明倫堂三楹，現改爲勸業所。節孝祠三楹。《舊志》，訓導宅後有敬一亭，明倫堂後有尊經閣，閣後有射圃，明倫堂（218）東有進德齋，西有修業齋，今皆廢。

（卷二"土地部·建置志·廟宇"，223）創自宋大觀八年。元慶元年，知縣楊潤、教諭董榮重修。明景泰二年，知縣何源重修。嘉靖十三年，知縣李時中重修。清康熙十二年，知縣崔啓元重修。二十七年，知縣張朝宗重修。四十一年，知縣楊朝麟重修。乾隆四十四年，知縣葉和侃重修。道光十年，知縣吳斯璧重修。同治五年，知縣曹大俊重修。迄今千有餘年，相繼修葺，宮墻美富，蔚爲大觀，詳列於左。先師殿五楹；東廡十五楹；西廡十五楹；（224）戟門三楹；泮池一區；櫺星門三楹；名宦祠三間，在泮池東，光緒二十年，知縣楊公懷震重修；鄉賢祠三間，在泮池西，光緒二十年，知縣楊公懷震重修；崇聖祠三楹，清雍正二年，奉旨追崇五代，因易啓聖爲崇聖；東西各建一坊，在櫺星門外，東曰"德配天地"，西曰"道冠古今"，清雍正十三年，縣令單鈜創建；照壁一座，在櫺星門前，先令單鈜創建；奎星樓一座，在崇聖祠前；致齋所，在廟西學署內，今廢；宰牲所，在廟西學署內，今廢。（226）文昌祠，在孔廟東，邑人紀常撰文，紀昶書額。

光緒《無極縣續志》

光緒《無極縣續志》，成文出版社有限公司，1969 年。

無極縣

（卷二"建置志·學校"，82）明倫堂，自同治七年移置文廟之右。

（卷二"建置志·祠廟"，89）文廟，自同治四年，經始倡捐重修，屢修屢止，至光緒十（90）九年報竣，碑記載"藝文"。文昌閣，知縣丁文浚重修，改爲文昌宮，碑記載"藝文"。

民國《無極縣志》

民國《無極縣志》，成文出版社有限公司，1976 年。

無極縣

（卷二"建置志·官署"，57）教諭公廨在明倫堂後，訓導公廨在學道西。（58）教育局，光緒三十二年，知縣鮑德鄰在文廟迤西建樓房三楹，東西南屋各五楹，計十八楹，作爲局址。文獻委員會，民國二十年成立，縣令設會址於文廟孝義祠，招工包修，油飾一新，計房屋三間。

（卷十二"古迹志·亭館"，464）魁樓，在縣學戟門之東，臺高三丈餘，樓二重。明隆慶元年，知縣李一鶚建，知縣楊尊記（《縣志》）。

（卷十二"古迹志·壇廟祠宇"，466）文廟，在察院東，爲北魏以來舊址。元至正間，縣尹完顏宣重建。明洪武四年，知縣邱子貞增建。天順七年，知縣石倫重修，黎淳記。弘治十七年，知縣於訓重修，石瑤記。嘉靖十六年，靈壽縣典史署縣張賓移明倫堂於文廟後。嘉靖三十九年，知縣張新移大門於學道中，前建大坊，扁曰"泮宮"，教諭謝滄有記。萬曆十二年，知縣周敬止重修，趙南星記、黎淳記，載"文徵"；石瑤等記，並載"金石"。櫺星門內爲泮池，池北有敬一亭，亭後爲廟門，上爲大成殿，東西翼以兩廡，廡之盡處轉南有書器一庫，又門內直北爲名宦、鄉賢祠，祠前有西過門，轉門而上爲明倫堂，東西翼以二齋，齋後各有號舍，由東過門而東爲啓聖祠，祠之東爲射圃（《黃志》）。清同治四年，倡捐重修，作輟不恒，至光緒十九年始報竣，有碑記（《曹志》）。民國初元，櫺星門、泮池並圮，曾略有修葺，今大成殿脊破裂，耿縣長勸捐重修，並在文獻委員會開會，均表贊同，現已（467）修理完整。（475）名宦祠。（476）鄉賢祠。（477）啓聖祠，在縣學內。文昌祠，在縣城東街社學內，久廢。文昌閣，在學宮前，教諭李鳴珂建（以上俱《黃志》）。同治九年，知縣丁文浚重修，改爲文昌宮。

道光《武强縣新志》

道光《武强縣新志》，成文出版社有限公司，1969年。

武强縣

（卷五"學校志"，254）縣學，在治東南。宋時建，金末兵毀。元至元十九年，縣尹岳德潤重建。至正中，周崇魯重修。明洪武間，縣令夏安禮、王思道，成化間施惠、吳鳳鳴，弘治間曹文通，正德間宋鋭，嘉靖間張箱、姚溏（255）、劉沛然，隆慶間劉梓，萬曆間劉卿、閻鉢先後修葺。國朝順治七年，知縣劉朝宗重修。康熙二年，知縣李道光重修。三十一年，邑紳張星法一門捐資各增修。道光十年，知縣翟慎行合邑衿民捐資落地重修，有碑。

　　（255）先師殿，五間。雍正十二年，縣令黃嘉謨重修。東西廡，各三間，欞星門三間，俱曹文通建，閻鉢、李模修，張星法重修。泮池，嘉靖年知縣楊衷建。天啓年，王九鼎重建。戟門三楹，曹文通建，閻鉢修，邑紳張星法重修。崇聖祠，三間，明倫堂西，張籍建，閻鉢、劉朝宗重修，邑紳張星法即基改建，復行坍塌。道光元年，教諭梁遵誥集紳士捐資重建。文昌祠，三楹，儒學東南，監生張準建，邑紳張星法即基改建。（256）魁樓，明韓中熻特加築葺，邑紳張星法重修。名宦、鄉賢祠，各三楹，在戟門左右，邑紳張星法重修，監生張璠復鼎建。明倫堂，三間，文廟後。知縣李道光、訓導孟仲曾率蠲重建，邑紳張星法重修。乾隆二年，縣令黃嘉謨重修。石表二，明倫堂前，左登科甲姓名，右登貢士姓名，楊衷建。進德齋三間，修業齋三間，俱邑紳張星法建。號舍，敬一亭西；觀德廳，號舍西；敬一亭三間，楊衷建明倫堂後，邑紳張星法仿制重建，今俱廢。教諭宅，在明倫堂西；訓導宅，在學廟西。文廟因年久未修，風雨侵蝕，墻垣頹圮。大成殿東楹柱斗拱，俱經朽折，甃甓毀壞。兩廡規（257）模本窄狹，而坍塌更甚。欞星、戟門俱傾欹，檐溜不存。名宦、鄉賢兩祠，舊制偏隘，蕩為瓦墟。明倫堂東山尖亦形崩裂。其荒涼難以明言，余於道光己丑之季秋，同梁劉兩廣文集邑中紳士，籌議修葺，醵金六千餘兩，而梁廣文率衆董事經理，尤為始終弗懈。庀材鳩工，通體拆卸，平定基址，卑者增高，狹者恢廓，淺加深邃，陋益清華，而於義路、禮門特加兩重閾，翩然蔚起，而廟貌由是煥然一新。自經始至蕆工，諸董事俱自備資（258）斧，運籌照料，寒暑無間，因勒石於黌宮，以彰斯役之義舉。其名備載於"藝文志"內碑記後。

　　（卷二"建置志·壇廟"，115）忠義祠，在明倫堂左。雍正九年，知縣黃嘉謨建，今廢。據《州總志》。節孝祠，在縣署東街路北。雍正九年，知縣黃嘉謨建。嘉慶二年，知縣袁惟清移入文昌宮後。

同治《武邑縣志》

同治《武邑縣志》，成文出版社有限公司，1969年。

武邑縣

（卷二"營建志·公署"，104）學署，舊在學宮左右。因地勢低窪，易至傾頹，道光十年移建西偏，教諭、訓導兩廨並列。

（卷二"營建志·壇廟"，109）文昌祠，在學宮東偏，道光九年重修。（110）魁星閣，在文昌祠前，康熙丁巳重修，知縣寧世璇記。（113）鄉賢祠、名宦祠，俱在縣治東偏，道光九年重修。昭忠祠，在縣治東，道光九年重修。（114）節孝祠，在縣治東，同治五年建修。

（卷四"學校志"，133）學宮，在縣治東北。正中爲大成殿九間，露臺前柏樹二株，碑記七，東、西兩廡各七間，戟門三楹，泮池、圜橋，柏樹三株，碑記三，又前爲欞星門三楹，東南隅爲忠義祠、名宦祠，西南（134）隅爲孝友祠、鄉賢祠，左右兩門，東曰"義路"，西曰"禮門"，前爲照壁，又前爲司文坊，東偏爲奎星閣，西爲文昌祠，照壁一座，大成殿後東崇聖祠三間，門樓一座。西明倫堂三間，前古槐一株，柏樹二株，碑記五，東、西齋屋各三間，門樓一座。最後爲尊經閣三間，古傳文石在焉。

（158）學宮，始創未詳何代。元延祐七年，縣尹李憖建，張起岩記。（159）至順壬申，縣尹朱明增修，翰林孟泌記。（160）至元六年，縣尹劉彥昭繼修。明永樂三年，知縣車貸重建。正統三年，知縣李琰重修。成化六年，知縣楊琇、主簿許慶重修，繪聖賢像，侍講學士楊守棟記。（162）成化十三年，知縣馬昭重建兩廡、欞星門。正德二年，知縣成文重修，修撰康海記。（163）嘉靖三年，知縣王紀復修。三十八年，知縣許遷重修，邑人李（164）孔陽記。（165）萬曆十八年，知縣王學易增修。三十四年重修，知縣魯仕仁記。（167）國朝康熙十七年，知縣寧世璇增修。二十七年，知縣胡瑞璧重修，自記。（168）五十六年，知縣吳像賢倡修。至道光九年，知（169）縣沈如淵重修。同治十一年，知縣彭美記。（170）尊經閣，康熙十九年重修，教諭鹿遇明記。

民國《新城縣志》

民國《新城縣志》，成文出版社有限公司，1968年。

新城縣

（"地圖篇"，65）聖廟，在縣署西北。謹案：《舊志》云，漢桓帝時新城令劉梁建。考漢無新城之名，不知何據。遼知縣馬人望，金武略將軍行新城事李彥成，元縣尹李天佑、劉泰、劉安定相繼重修。明洪武間知縣孔文，永樂間知縣鄭謙，天順間知縣殷禮，成化間知縣李循，正德間知縣楊澤，嘉靖間知縣陳璣、張仁、房韞玉相繼重修。清朝順治十一年知縣周世祿、康熙六年知縣王宜亭、九年知縣閻興邦、十一年知縣周家柱相繼重修。乾隆三十九年，知縣王時亮重修。道光八年，知縣周良卿、教諭王振鍾、典史牟燮和捐俸釀金重修。

（68）名宦祠，附聖廟。先賢祠，附聖廟。（69）忠義孝弟祠，附聖廟。（70）節孝祠，附聖廟。（71）文昌廟，在北關塔灣。（84）文昌閣，南關。（95）文會亭，在清學署明倫堂後。文會亭，一名紫泉亭，舊在西北隅城垣上。明景太四年，移學署內，亭久圮，改建尊經閣，《張志》已云。然是亭之廢，久矣。《高志》仍存之，蓋亦述古不忘之意云。

民國《新河縣志》

民國《新河縣志》，成文出版社有限公司，1968年。

新河縣

（卷三"經政考·營繕門·公署"，128）舊學官署曰教諭署，曰訓導署。教諭署在明倫堂後，正房三楹，西套房一間，又西房兩間，東房兩間，二門廢，儀門一間，在明倫堂前，大門三楹，照壁一座，日久漸多圮敗。同治十二年，知縣趙鴻鈞、訓導張喧因勸修文廟及明倫堂，遂將署外儀門、大門、照壁重新修葺，今爲縣立女子高初兩級學校所在。訓導署西連教諭宅，東接文廟墻垣，北正房五間，東房二間，西房二間，前廳五楹，廳前東房三間，大門一間，小照壁一座，訓導張喧捐俸修繕，今亦歸女子高級小學所有。

（卷三"經政考·營繕門·壇廟"，130）魁星閣，在東南城上，明聶瀛有記，以祀魁星之神也。文昌閣，舊在明倫堂西，後移置東城根。同治三年，建文昌祠於北城上。光緒九年，知縣孫錫康移置今縣立高級小學內。按《光緒通志》謂在縣北城上，同治三年，知縣褚縉建，姑存其說。內祀文昌之神。

（卷三"經政考·營繕門·廟學"，140）文廟，在南門內大街東。元至元二十七年，縣尹閻思齊就前改劉大雷興創之迹而增築者，所創建者，計大成殿五楹，東西兩廡各七楹，大成門即戟門三楹，泮池在大成門前，名宦祠三楹在池左，鄉賢祠三楹在池右，櫺星門三楹在池前，照壁一座在靈星門外。東西兩門，東曰"禮門"、西曰"義路"。崇聖祠三楹在大成殿後，明倫堂五楹在文廟之右。其後大修一次，沈□有文以記之。木坊一座，在廟西，正面曰："興賢育才"，背面曰："日月經天"。泰定三年，縣尹隗（《圖書集成》作魏）鑒修飾。明初，齊仕坤重建。其後，馮彥整飭之。永樂四年，知縣蕭智重建。成化二十年知縣馮彥，弘治十六年知縣王廷珪，正德二年蔣耀，嘉靖七年穆彤先後增修。初正德二年，知縣魏鏞增拓明倫堂址。嘉靖四十二年，知縣蔡懋昭、教諭徐應解募款重修，啟聖、文廟、兩廡、廟門、堂齋、號舍、垣屋或修補或撤而新之，又徙敬一亭於學門之左，而易以層檐，改鄉賢、名宦二祠於廟門兩旁，中鑿以泮池，復射圃之侵地，而構觀德堂於其北，南向，規制略備，二年而落成。在昔，敬一亭當於廟門，阻塞明倫堂甬路，射圃沒於勢家，習藝無所之弊除。萬曆十八年暨二十二年，知縣陳（141）士秀、徐治民先後重修。清康熙十四年，知縣王汝翰重修，新添碑坊二，魁閣一。乾隆十八年，邑令呂宏績又修，費錢三千三百餘緡。咸豐六年，知縣石光榮重修，將櫺星門用石改築。同治六年，知縣陳子端小修。十二年，知縣趙鴻鈞見多殘圮，倡捐大修，教諭齊維昌、訓導張喧、典史胡逢春皆任勞勸辦，修未畢而資罄，張喧又觸召各鄉紳士勸續捐助，工始竣。舊有進德齋、修業齋各五楹，敬一亭一座，射圃亭一座，俱久廢。文昌閣三楹，明萬曆十七年，教諭經世文等捐修。光緒六年，移置縣立高級小學內。廟學之修，大略如此。現爲財務局、建設局及其附立職業學校第一工廠所在。茲述歷代修建，記於左。

縣學，在縣治東南。元至元二十七年，縣尹閻思齊建，王構有記。至泰定二年，縣尹隗鑒重修，郭士文有記。明永樂四年，知縣蕭智重建。成化二十年，知縣馮彥增修，楊杰有記。（142）其後宏治十六年知縣王廷珪，正德二年知縣蔣鏞，嘉靖七年知縣穆彤，四十二年知縣蔡懋昭、教諭徐應廨先後修葺，明蔡懋昭有記。明倫堂，至萬曆十八年，知縣陳士秀重修。二十一年，知縣徐治民補葺（《雍正通志》）。清康熙十六年，知縣王汝翰又修，羊倚有記。四十年知縣卞之錡（見《州志》），乾隆十八年知縣呂宏績，呂宏績有記，嘉慶元年知縣沈口，咸豐六年知縣石光榮，同治六年知縣陳子端，十二年知縣趙（143）鴻鈞、教諭齊維昌、訓導張喧皆先後重修（以上雜采《光緒通志‧經政略‧學校節》）。

光緒《邢臺縣志》

光緒《邢臺縣志》，成文出版社有限公司，1969年。

邢臺縣

（卷二"建置‧學校"，191）學宮，在南門之東，面城南向，創建莫考，有太平興國五年塑像碑，則宋以前即在此矣。《舊志》以爲創自明初，蓋元末亂毀故也。景泰二年，知縣梁瑄重修。（192）天順七年，知縣邢玠請撤寺觀材修之，視舊有加。（193）正德二年，知縣康恕以地基迫狹，移廟於舊址之東，崇聖祠又在東，而以舊基爲儒學署，即今廟地是也。（194）萬曆戊寅，知縣傅作舟再修，並置祭器。（196）辛卯，知縣朱誥重修，並增名宦、鄉賢二祠，又於戟門建魁樓，闢射圃，移泮池於櫺星門外。（198）辛亥，知縣王以悟葺大成殿。（199）丁巳，知縣王大受再修。（200）崇禎二（201）年，知縣趙秉衡復修。（202）自是四十餘年，至國朝順治十七年知縣張重齡，康熙十年知縣高顯，三十年知縣馬希爵相繼修葺。（203）又四十八年，至乾隆二年知縣徐時作復修。（204）又七十年，傾圮實甚，嘉慶十三年，知縣寶景燕捐募二千餘金，合廟與學重修之，始復舊觀。道光二十九年知縣魯杰，光緒元年知縣松齡皆重修。（205）今廟廡（206）門制如舊，宮墻外爲登雲橋，砌雲路直達城上。《舊志》云，萬曆間知縣劉羽國建。東南城上爲魁樓，雍正七年，教諭莫京建並重修雲路。今之儒學，文廟舊址也，明倫堂殿基也。教諭宅舊在廟後，訓導宅在廟東西。今教諭宅在明倫堂西，訓導宅在大門內之西。（229）射圃，在儒學西，舊有隙地，四畝八分，初立社倉，尋改鄉約所。

萬（230）曆十三年，知縣郝持因修學費多，售於鄉宦王本固、殷宗虞爲業。十七年，二家以捐資助公，不敢受地，復歸於學，知縣朱誥因立觀德亭以習射。明末，關民避兵入城，禀官租居修屋爲業，今仍舊（《舊志》）。

（卷二"建置·壇廟"，242）文昌廟，在崇聖祠前。明景泰四年，知縣梁瑄建，後修葺無考。康（243）熙二十三年乙丑，重修。

光緒《雄縣鄉土志》

光緒《雄縣鄉土志》，成文出版社有限公司，1968年。

雄縣

（卷十"地理"，107）文廟在縣治之北，内有雙井，在泮池前，東西相望。前爲櫺星門，路南爲魁閣，東爲雄文書院，今改建高等小學堂；再東爲義學，今爲學堂厨舍。其東爲文昌宫。（108）文廟西爲節孝祠，西北爲訓導宅。路北爲儒學，舊學在東北，俗呼夫子窪，洪武時，知縣程九鼎移建於此。中爲明倫堂，後爲鏡堂，明教諭王齊建，用以燕會諸生者。"鏡堂嘉會"，爲縣境八景之一，今爲教諭宅。東爲崇聖祠，並明倫堂，皆光緒十七年，教諭於福澤建。

民國《雄縣新志》

民國《雄縣新志》，成文出版社有限公司，1969年。

雄縣

（"法制略二·建置篇五"，118）文廟，學坊街，明洪武八年知縣程九鼎建。（123）文昌宫，書院東，創建無考。清代縣官，春秋致祭，今爲高小校飯廳。雄文閣，小雄山，明崇禎年建，祀文昌。魁星樓，高等小學南，明代建。

光緒《永年縣志》

光緒《永年縣志》，成文出版社有限公司，1969年。

永年縣

（卷九"學校志"，172）文廟，元以前在城東北。明洪武十一年，知縣陸禮徙建縣治西，今因之。宏治八年，知縣王鐸重修。正德九年知府華津，嘉靖間署知府牛沈度、知縣沈銓、署知縣張九一、知縣朱泰相繼增修。萬曆中，知縣張鳳翔、李宜培屢修。崇禎間，知縣張毓泰又大修之。國朝順治八年知縣王報春，十四年知縣余維樞修。康熙五年，知縣王家楨修。七年知縣梁炳宸，十年知縣朱世緯修。雍正間知縣侯大可，乾隆二十一年知縣孔廣棣（173）修。道光十二年，知縣彭玉雯、陶金殿相繼大修。同治十二年，知縣王鏞補修。光緒二年，知縣夏詒銓重修。

（187）崇聖祠，舊在戟門東。明萬曆間，知縣耿鳴雷移於明倫堂後，就書樓舊址建。後圮，邑人胡鯉仍移建戟門東。康熙七年，知縣王家楨、教諭王九有重修。（190）名宦祠，在戟門左，舊有祠無主。明崇禎十二年，知縣宋祖乙申請祀裴琰之等七人。後主壞，康熙十年，知縣朱世緯、教諭魏繼枟重立。鄉賢祠，在戟門右。康熙七年，教諭楊九有重修。（191）忠義孝弟祠，在城內東大街。雍正七年春奉文建。咸豐元年，知縣韓象鼎重修。（192）節孝祠，在西關。雍正七年奉文建。道光二十二年，知府沈濤重修。（193）明倫堂，在大成殿後。明崇禎六年，知縣張毓泰修。國朝順治十八年知縣余維樞，雍正十三年知縣丁應蕙重修。乾隆六十年，知縣李景梅重修。同治十二年，知縣王鏞補修。（194）齋房堂東西各五間，東曰日新，西曰時習。尊經閣廢，敬一亭即其遺址。敬一亭，舊在戟門東，後改建於明倫堂後，增爲五間。知縣余維樞、侯可大重修。亭前舊有號房，知縣郝絅課士其中，今廢。戟門，乾隆二十一年，知縣孔廣棣修。泮池。欞星門，乾隆二十一年，知縣孔廣祿重修。道光二十八年，知縣韓象鼎重修。同治十二年，知縣王鏞重修。光緒（195）二年，知縣夏詒鈺更易榆木柱重修。德配天地、道冠古今兩坊及照壁皆知縣孔廣棣修。射圃，在儒學西，有亭三間。崇禎十一年，教諭汪光緒修。國朝康熙十年，知縣朱世緯、教諭魏繼枟重修。教諭宅，在學宮東。明崇禎十一年，教諭汪光緒重修。國朝康熙七年教諭楊九有，十年教諭魏繼枟增修。乾隆十五年，教諭張孝源增修。十八年，復大修之，後漸傾圮。道光三十年，教諭緝興重修。訓導宅，舊在明倫堂東，後缺裁宅廢。康熙十八年，復建於堂西南。乾隆十七年，訓導王堯佐重修。道光十七年，（196）訓導王大□重修。（198）忠義祠一，在府文廟東文昌閣。

（卷十"秩祀志"，209）文昌祠，在府學東。康熙十一年，知府劉光榮、知縣朱世緯重修。嘉慶五年，教授步毓岩重修。

同治《元城縣志》

同治《元城縣志》，成文出版社有限公司，1969年。

元城縣

（卷二"建置志·學校"，225）儒學，在端智門西，知縣趙玉自故城徙置。萬曆十八年，知縣劉三英重修。二十年，秋潦，壞廟宇、齋房、司訓（226）宅舍，知縣李炳初至，量加修葺，次年悉大新之，進諸生課文，月凡三試而供給之，親爲批訂，維新振作，倍於昔日，一切祭器，缺者增，蠹者整，瓦缶者俱易以錫。歷有歲時，順治十六年，知縣馮纘京重修。至康熙十二年，聖殿、兩廡暨櫺星門等處風雨復飄搖之，知縣陳偉度材庀工，從新修葺，資費浩繁，不動額設，不擾地方。雍正四年，知縣王日恭相繼修理。嘉慶間，合學重葺。道光二十三年，大名道吉年倡捐重修。（227）崇聖祠，在學宮東。奎星樓，舊在儒學西。萬曆二十年，秋潦，水深丈許兩閱月，樓垂圮，廂庖、垣牖悉蕩波臣。知縣李炳整飭如初，今移於明倫堂大門樓上。文昌祠，在南門外。康熙八年，知縣謝述度創立正殿、大門、二門，屹然可觀。（228）名宦祠，在戟門東。鄉賢祠，在戟門西。節孝祠，在學宮東偏。道光二十三年，教諭杜清遠、訓導崔光典捐俸創建。明倫堂，在學宮東。（229）教諭署，在明倫堂後。訓導署，在明倫堂東南。

（卷三"田賦志·秩祀"，308）文昌帝君祠，在書院西南。元城縣學祠，在奎星樓上。界前此有樓無祀，萬曆十八年，知縣劉三英塑像列從，上下繪風雲文曲，春秋列祀於丁祭後。

光緒《續修贊皇縣志》

光緒《續修贊皇縣志》，成文出版社有限公司，1969年。

贊皇縣

（卷五"學校"，59）大成殿五楹、兩廡左右各九楹、欞星門三楹、戟門、禮門，以上俱同治九年重修。崇聖祠、（60）名宦祠、鄉賢祠、太保祠、胡公祠，以上俱同治六年重修。明倫堂三楹，同治十一年重修。教諭宅，同治十一年重修。訓導宅，同治七年重修。魁星閣，在學宮東，同治十二年重修。（61）舊學，在城東南石臼山之陽，國初時歷次重修，今僅存大成殿三楹，餘俱廢。

（卷六"祠祀"，65）文昌閣，同治十一年重修，有碑記。（66）節孝祠，咸豐元年重修，有碑記。

光緒《趙州屬邑志》

光緒《趙州屬邑志》，成文出版社有限公司，1969年。

柏鄉縣

（卷一"建置"，69）文廟，同治十二年，知縣吳光鼎重修。魁星樓，同治十二年，知縣吳光鼎重修。文昌廟，光緒十三年，知縣郭篤、教諭李奉璋、訓導郝鳳樓、典史夏貽銘重修。（70）忠義祠，節孝祠，以上俱光緒元年知縣吳光鼎修建。

隆平縣

（71）文廟，在縣東南隅。光緒十一年，知縣沈秉鈞、教諭張錫桓、訓導李汝嶠重修。（72）文昌閣。魁星樓，在縣城上東南隅，與文昌閣同院。咸豐十一年四月，知縣鄭沂重修。

高邑縣

（77）文昌祠，在城上東南隅。道光二十五年，知縣李之華重修。

（78）魁星閣，即在文昌祠上。乾隆四十二年，知縣江啓澄重修。忠義、節孝二祠，在文廟西。光緒二十二年，教諭董俶捐貲重建。

寧晉縣

（81）文廟，康熙十五年邑候選通判王瀚，五十三年知縣劉俊重修。乾隆九年知縣吳昂、張璟，四十五年知縣王崇極相繼增修。嘉慶八年，邵安宇重修。光緒十五年，知縣余文炳倡捐重修，內外一律重新。崇聖祠，在聖廟東。康熙十五年候選通判王瀚，五十三年知縣劉俊重修。乾隆二十七年知縣張在，四十五年知縣王崇極重修。嘉慶八年，知縣邵安宇重修。道光二十八年，知縣古韵重修。光緒十五年，知縣余文炳重修。（82）名宦祠，在大成門東。光緒六年知縣夏子鎣，十五年知縣余文炳重修。鄉賢祠，在大成門西。光緒十五年，知縣余文炳重修。曹蔡二公祠，在學宮明倫堂後，中塑兩像，左明大學士曹文忠公，右明御史蔡淩濱先生。自創建迄今，屢經修葺。咸豐五年，教諭李傳書、訓導王運昌捐廉重修。光緒十五年，知縣余文炳重修。文昌祠，在學宮西。康熙間，邑人王瀚、知縣劉俊重修。乾隆（83）九年知縣張璟、嘉慶八年知縣邵安宇相繼增修。道光十一年知縣張懷湉、道光二十一年知縣周若棠屢修。光緒三年，知縣夏子鎣重修。魁星樓，在城上東南角。康熙十一年邑庠生王特晉、五十三年知縣劉俊重修。乾隆二十一年知縣孫聯捷、嘉慶八年知縣邵安宇重修。光緒十五年，知縣余文炳重修。（85）忠義祠，在文昌祠東。雍正八年，知縣張振義重修。其後邑人歲貢生高一貫、文童高永壽屢修。同治五年，典史徐坤重修。光緒三年，知縣夏子鎣重修，添建祠宇三間。節孝祠，在縣治東。同治五年，典史徐坤修。光緒二十二年，知縣羅廷煦重修。

民國《寧晉縣志》

民國《寧晉縣志》，成文出版社有限公司，1969年。

寧晉縣

（卷二"建置志·學校"，269）孔子廟，舊稱文廟。民國三年，部頒祀孔典禮，改稱今名。宋崇寧二年，縣尹齊世卿修建。元至正中，監寧晉縣大都閭重修。至正二十三年，達魯火赤字而罕忽里接續修葺。至順元年，縣尹拓理察重修。至順四年，縣尹寧從周立石於殿前以記之。明洪武三年，知縣孫毅修葺。成化七年，知縣陸愉重修。二十一年，知縣徐以貞再重修，教諭曹安撰記。（270）正德元年，知縣吳儀修葺。嘉靖二十八年，知縣陳裴重修。三十八年，邑御史蔡鑾復修，兼置贍田三千畝，以爲邑庠多士之需，光祿卿馬理撰記。清順治八年，知縣趙汝斌重修，御史高去奢撰記。康熙十五年，邑候選通判王瀚重修，給諫邑人范士髦撰記。（271）康熙五十三年，知縣劉俊重修。乾隆九年知縣吳昂、張璟，四十五年知縣王崇極相繼增修。嘉慶八年，知縣邵安宇重修。道光二十二年，知縣德亨重修。光緒十四年，知縣余文炳倡捐重修，內外一律重新。民國十四年，由闔邑士紳先後陳請兩任縣知事蘇毓琦、陳毓瑞重修，邑舉人張震科撰記。

明倫堂。明成化三年，真定府同知曾達創造，教諭陳田撰記。成化（272）五年，又重建，有碑可考。清乾隆二十七年，知縣張在重修并撰文。光緒十四年，知縣余文炳重修。崇聖祠，原名啓聖祠，在聖廟之東側。明嘉靖中建。清康熙十五年候選通判王瀚，五十三年知縣劉俊重修。雍正元年，改今名。乾隆二十七年知縣張在，四十五年知縣王崇極重修。嘉慶八年，知縣邵安宇重修。道光二十八年，知縣古韵重修。咸豐二年，知縣丁學易重修，教諭姬襄、訓導孫見會撰碑（273）記。光緒十五年，知縣余文炳重修。民國十四年，與聖廟同時重建。敬一亭，查《舊志》此亭在啓聖祠，即崇聖祠前，明嘉靖六年建，《舊志》載稱已廢。清康熙五十三年，知縣劉俊復建亭於尊經閣前，并豎敬一箴碑記於亭內。至光緒十四年，已倒塌殆盡，知縣余文炳復建。尊經閣，在明倫堂東。嘉靖二十八年，知縣陳棐創建。萬曆四十五年，知縣侯應琛重修。清康熙三年，教諭景貞運重修。（274）康熙五十三年，知縣劉俊重建。乾隆四十五年，知縣王崇極重修。光緒十四年，知縣余文炳重修。恩戴亭，在尊經閣後。嘉靖二十八年，知縣陳棐建，今廢。鑒光亭、活水亭，在廟前泮池內。嘉靖二十八年，知縣陳棐建，今廢。教諭宅，在明倫堂東，今廢。訓導宅二，一在明倫堂東，一在明倫堂西，今俱廢。射圃亭，在學宮前西南，兼有觀德堂，俱邑御史蔡鑾建，今廢。民國十四年，在縣立模範小學校之西側建築忠義祠，即觀德堂之故址。

（282）單級師範講習所，於清光緒三十二年設，向無一定校址，遷徙靡常。民國十六年，在明倫堂、教諭、訓導住宅舊址創建。（283）縣立模範初級小學校，在明倫堂西正學書院及訓導舊址。清光緒三十一年，知縣劉本清創建。民國十五年重修。

（卷二"建置志·祠廟"，289）孔子廟，在城東南隅，見"學校志"。（290）名宦祠，在孔子廟大成門東。清光緒六年知縣夏子鎏，十五年知縣余文炳相繼重修。民國十四年，兩任縣知事蘇毓琦、陳毓瑞與孔子廟同時重修。（292）鄉賢祠，在孔子廟大成門西。清光緒十五年，知縣余文炳重修。民國十四年，與名宦祠同時重修。（294）忠義祠，在文昌祠東。清雍正八年，知縣張振義重修，其後邑人歲貢生高一貫、文童高永壽屢修。同治五年，典史徐坤重修。光緒三年，知縣夏子鎏重修，添建祠宇三間。民國十四年，知縣蘇毓琦、陳毓瑞遷至孔子廟西側之觀德堂，與孔子廟同時重修。節孝祠，在縣治東。清同治五年典史徐坤，光緒二十二年知縣羅廷煦重修。民國十四年，知事蘇毓琦、陳毓瑞徙於文昌祠東之忠義祠，連貞節坊一並徙來，與忠義祠同時重修。（299）文昌祠，在學宮西，明嘉靖十七年建，舊在學宮東，即今之啓聖祠址，因遵詔建啓聖祠，乃徙置此。康熙十二年，邑候通判王瀚重修，僉事高光國撰記。乾隆九年知縣張璟、嘉慶八年知縣邵安宇相繼增修。道光十一年知縣張懷滽，二十一年知縣周若棠屢修。光緒三年，知縣夏子鎏重修。（302）文昌閣，在南門外，今廢。奎樓，在城上東南角。清順治八年，知縣趙汝斌重修。康熙十一年，邑庠生王特晉重修。五十三年，知縣劉俊重修。乾（303）隆二十一年，知縣孫聯捷重修。嘉慶八年，知縣邵安宇重修。光緒十五年，知縣文炳重修。

光緒《定興縣志》

光緒《定興縣志》，成文出版社有限公司，1969年。

定興縣

（卷二"建置志·壇廟"，84）文廟，創建於金大定，旋淪兵燹。元至元二年，縣尹孟世杰卜邑西南隅，建大殿三楹。厥後，吳、楊、謝、趙四尹修葺。洎二十二年，楊尹始塑宣聖及鄒、充二公像。泰定四年，縣尹梁羨重建，始圖兩廡七十子及許衡像四十二幅。元統元年，縣尹王居敬鑿泮池，建欞星門，制漸改觀。（85）明洪武中，知縣卞禮、熊文美先後葺修。嘉靖中，易象以主，嗣是繕修其詳莫紀。天啓六年，大水，黌宮爲壑，周垣傾圮殆盡，邑人鹿正慨肩厥事，三越月而功竣，視舊有加，爲大成殿五楹，東西（86）廡、神厨、神庫左右各十七楹，戟門三楹，欞星門亦新作之。國朝康熙間，知縣張其珍補修。乾隆七年，知縣王源泗重建。（88）二十五年，知縣劉致中重修（《乾隆志》）。道光八年知縣朱文奎，咸豐元年知縣周灝相繼重修。（89）同治十一年，知縣彭虞孫倡捐重修大成殿、東西廡、戟門、欞星門、（90）左右宮墙。

　　崇聖祠，在明倫堂後西北隅，堂三楹，知縣張文綉建。天啓六年，毀於水。崇正六年，鹿正重修（《康熙志》）。乾隆四十四年，知縣王會燕重修。同治八年，知縣趙秉恒重修。名宦祠，在戟門左，鹿正重修（《乾隆志》）。同治十一年，知縣彭虞孫重修。鄉賢祠，在戟門右，鹿正重修（《乾隆志》），又彭虞孫重修。忠義孝悌祠，在縣治東。雍正八年，知縣韓溥奉文建（《乾隆志》）。咸豐二年，知縣周灝重修。同治十三年，邑人韓禮等募捐重修。（91）節孝祠，在縣治東。雍正八年，知縣韓溥奉文建。乾隆四十三年，圮，知縣王錫瓛重修（《乾隆志》），又周灝重修。光緒元年，邑人劉宗向、王雲山等募修。文昌廟，在西門外，不知創自何年，春秋奉祀。文昌祠，在學宮南城上起樓。萬曆間，知縣李瑾建。

　　（卷二"建置志·學校"，95）學署，明倫堂在大成殿後，東有長街，門曰"儒學"，東向，西行轉北入儀門，南向，正堂三楹，左有進德，右有修業二齋，各三楹。堂壁有扁，科貢題名。元中統時，縣尹王居敬建。洪武四年，（96）知縣卞禮修。萬曆末，知縣畢自肅重修。崇正初，知縣薛蓁隆與邑人鹿正重修（《康熙志》）。國朝康熙十一年知縣張其珍，乾隆四十四年知縣王會燕，道光八年知縣朱文奎重修。咸豐元年知縣周灝，同治十一年知縣彭虞孫重修。教諭宅，在明倫堂後。訓導宅二，在堂左右，各廳事三楹，今在堂右，其左爲民房。別有號房數間，舊皆諸生弦誦之所，今但居齋夫、門斗，供師儒使令。敬一亭，在明倫堂後，知縣張文綉建。天啓六年，大雨傾壞。射圃，在儒學門西。

民國《定縣志》

　　民國《定縣志》，成文出版社有限公司，1969年。

定縣

（卷三"政典志·建置篇上·壇廟表"，170）文廟，在縣署西北西大街，今存。唐大中二年，定州帥盧簡求廢天祐佛寺創建。（171）天祐十三年，北平王兼定州刺史王處直增修之。宋皇祐二年，定帥韓琦大新殿宇，市地拓學，創建明倫堂於廟後。元元統元年，教授張從先修二配享位，州人周源助資大修。至元五年，郡倅張昉重修。大德五年，教授宋翼增修學舍十楹於明倫堂前。明洪武十三年，知州項昌銘重建明倫堂。正統九年，州牧許讓重修。天順七年，州牧丘俊增修。成化六年，州牧李諤擬大新廟貌柱礎，甫立，以遷擢去。七年，州牧韓文畢其功，增門廡，備祭器。（172）二十年，州牧裴泰以學居廟後，非制，乃市地改建明倫堂於廟之兌方，復修飭諸廨舍。正德二年，府推官署州牧邵廷瑗闢廟後路。十五年，州牧倪璣市地拓令方正，建講堂於明倫堂後，並葺諸號舍。嘉靖十三年，知州王詔復修明倫堂。四十四年，府判署州事邢化闢廟前路。四十五年，署州牧林德復建照壁。萬曆七年，州牧王祿增修聖殿及明倫堂，作泮池、砌石橋，修甬道、植槐柏。（173）二十年，州牧楊現重修。二十六年，州牧張熔建禹門奪錦坊於儀門外。三十一年，州牧張邦貴改講堂為尊經閣。三十三年，復建魁星樓及坊。四十五年，州牧宋之質增修殿廡。崇禎末，明季兵燹後，廟為灰燼。清順治二年，州牧丘萬化始修復正殿。十年，署州事陳本厚修復兩廡及戟門。康熙七年，州牧董大信修復欞星門。十一年，州牧黃開運重修東西兩坊。（174）四十一年，州牧韓逢庥修明倫堂，刊臥碑砌之堂壁。雍正八年，州牧王大年建坊於泮池南。十年，又建修崇聖祠。十一年，又大修殿廡、門牆、齋舍。乾隆三十五年，州牧秦學溥倡眾重修。五十九年，州牧郭守璞重修。道光十六年，州牧王仲槐捐廉五百緡，倡眾修補，工未竣而止。二十七年，州牧寶琳捐廉千緡，倡眾大修。自崇聖宮及魁星閣、名宦、祠賢諸祠，並殿廡、門牆皆增補完美，又新建兩門（禮門、義路），東西兩坊舊用木柱，悉易以石。泮池砌石成（175）橋，周以石欄，照壁亦改石基。民國十三年，縣紳重修。（176）文昌宮，舊在崇聖宮前，即今魁星閣。今在貢院東北隅演武廳後，詳下，今存。明宣德十年，訓導黃憲建。成化二年，州牧裴泰重修。正德九年，據顧鼎臣"蘇文忠祠碑"記云，正德九年，監察御史盧君按部至定，訪蘇公祠，眾茫然，及觀文昌祠，規制位次與韓魏公祠無异，因以爲即蘇公舊祠，命州人改祀蘇公。正德十四年，州牧王瓊改祀蘇公於棨春（177）園云。萬曆三十四年，州牧張邦貴重建文昌祠，黃汝良有碑記。清康熙十二年，州牧黃開運捐金倡修。嘉慶十七年，州牧張孔源移祀於州治之西南。道光八年，州牧黃克呂改祀於貢院東北隅演武廳後。（179）節孝祠，在文廟義路門外，今存。明天啟十六年，始建於棨春園。清順治二年，兵備道劉漢興改建於州治東。（180）道光九年，州牧黃克昌重修。二十九年，州牧寶琳移建於文廟義路門外。

（卷三"政典志·建置篇上·學校"，189）學附於廟，本庠序辟雍之遺。學正之設始於元，州曰學正、縣曰教諭，明增設訓導一員。學宮建於州治西北里許，可考之年始於唐之盧簡求。歷代有司拓建重修，詳"建置篇·壇廟表"。

（卷三"政典志·建置篇·署廨表"，169）教育局，在北街文廟崇聖祠内。

民國《涿縣志》

民國《涿縣志》，成文出版社有限公司，1968 年。

涿縣

（第二編"建置"第一卷"學宮"，74）涿之建學，肇始李唐。元、明、清迭加修葺，廟在城内東南隅。大成殿三間，東、西廡各五間，戟門三間，名宦、鄉賢各祠在戟門左右，各三間，神廚五間，祭器庫五間，在兩廡旁。泮池一，石橋三，欞星門三間。文昌祠三間，在大成殿東南。啟聖祠三間，在文昌祠後。（75）明倫堂五間，博文齋五間，約禮齋五間，均在大成殿後。尊經閣三間，在明倫堂後。敬一亭三間，在尊經閣後，内刻五箴。今閣與亭均圮。節孝祠，在大成殿東南。學正廨在明倫堂西，訓導廨在大成殿東。（93）節孝祠，清雍正五年奉文建。每年春秋二次致祭，今廢。

（第二編"建置"第一卷"舊廨"，97）學正廨，在學宮西，今廢。訓導廨，在學宮東，今廢。

（第二編"建置"第一卷"祠廟"，99）文昌祠，在文廟東。今廢。

康熙《重修阜志》

康熙《重修阜志》，成文出版社有限公司，1969年。

阜城縣

（卷一"學校"，23）阜城縣儒學，明洪武初建。後毀於火。永樂四年，教諭袁茂宗重建。正統十一年，知縣端澄增修。成化六年，知縣劉恭撤舊更新。弘治十八年，重修。正德十二年、嘉靖三年、二十三年重修。萬曆二十五年，知縣曹一（24）潾於學東南隅築臺，建文昌閣。萬曆四十年，知縣尹應祥修建數坊。天啓元年，知縣鄭時舉於學東建射圃。二年，知縣王來卿於啓聖祠前築層臺，移文昌閣於其下。國朝康熙七年，庠生杜振祖等協修鄉賢祠。康熙九年，知縣曹邦重建明倫堂、啓聖祠、敬（25）一亭、西齋房、儒學門、訓導廨。

順治《元氏縣續志》

順治《元氏縣續志》，成文出版社有限公司，1969年。

元氏縣

（卷二"廟貌"，24）文廟，正統四年重修，工浩費繁。百餘年，無復修舉，幾至傾圮。順治三年，知縣王道興捐俸五十兩，倡紳衿商民輸金重修，煥然一新，有碑立殿前，記文載後。

咸豐《固安縣志》

咸豐《固安縣志》，成文出版社有限公司，1969年。

固安縣

（卷二"建置志·壇廟"，129）文昌廟，一在學宮前，上有奎星樓。
（卷四"學校志"，218）學宮，在縣治左。明洪武三年建。八年，增修。成化九年，教諭郁珍重修，又以訓導宅去學宮遼遠，而以縣丞公廨易之。嘉靖四十四年，知縣何永慶重修，改建啓聖祠於尊經閣前，以表尊崇。隆慶二年，知縣馮子履續修，邑人蘇志皋有記。萬曆二十七年，知縣宮篆修，邑人張允濟有記。四十六年，知縣張織錦重修，郭光復有記。崇禎二年，知縣王之鼎改建啓聖祠於大成殿後，以爲自上而下，有父子次第相承之脈。三年，知縣秦士奇改浚泮池，以泮池有源乃克酌不竭，於中之深厚處創浚其井，一以爲筆底波瀾之象，一以爲五星環聚之兆，邑人蘇爾和又重修尊經閣，侯奉職（219）有記。十三年，教諭韓坦重修，曹夢麟有記。國朝康熙十六年，知縣王錫韓重修大成殿。十八年，地震，東西廡傾圮，署知縣衛既齊修。二十五年，奉憲飭，現任各官捐修學宮，其櫺星門、泮池、魁星樓、東西墻，俱經知縣武廷适修，並建泮橋。三十一年，戟門、泮橋、櫺星門、金聲，俱經署知縣張彌修。五十年，知縣鄭善述以照壁外迫民居，無道路，行者悉從內爲通衢，因捐買墻外之屋，始得改路。雍正八年，知縣倪岱奉旨建忠義孝弟之祠。九年，重建尊經閣。十一年，知縣單鋐、教諭陳光祿建置文廟祭器。乾隆四十六年，重建忠義節（220）孝祠。道光二十八年，永定河道熊守謙、知縣王仲蘭重修學宮、明倫堂，均有記。

先師正殿五間，殿後崇聖祠，殿前東西廡各五間，又前爲戟門三間，又前爲泮池，上有石橋欄。櫺星門一座，左右爲名宦、鄉賢祠，又殿前爲影門，又前爲左右二坊，門左曰"義路"、右曰"禮門"，繚以周垣，坊門外各有下馬碑，東西宰牲所三間，祭器所三間。（256）名宦祠，三間，在戟門東，向南。成化九年，教諭郁珍修。（257）鄉賢祠，三間，在戟門西，向南，亦成化九年修。（258）忠義孝悌祠，在櫺星門外。雍正八年，知縣倪岱建。（259）節孝祠，乾隆四十二年建。明倫堂，三間，在文廟右。堂東進德齋三間，西修業齋三間，二齋久圮。敬一亭三間，今亦圮。尊經閣，在儀門左，邑人蘇志皋重修。文昌祠後教諭、訓導宅各一所，一明倫堂後，一在堂東。射圃，在長真觀前，今廢。觀德亭，三間。（260）文昌祠、奎星樓，俱在泮宮之側，知縣武廷适修。

光緒《鉅鹿縣志》

光緒《鉅鹿縣志》，成文出版社有限公司，1976年。

鉅鹿縣

（卷三"學校志·學宮"，162）學宮，在縣治東南。中爲大成殿十五楹，殿後爲明倫堂十五楹，繚以周垣，門樓一座，題曰"義路禮門"。殿前爲露臺，兩翼東西廡各五間，前爲戟門三間，戟門左爲東角門，門左爲更衣所，右爲西角門，門右爲神厨。戟門前石望柱二，又前爲石坊，顏曰"太和元氣"，又前爲泮池虹橋，又前並列三坊，中爲櫺星門，左曰"金聲"，右曰"玉振"，又前爲左右門，左曰"德配天地"，右曰"道冠古今"，門外各有下馬牌，內有照壁，繚以周垣，柏樹數十株，東通聚奎門，西通大街，石獅存焉。

按鉅鹿學宮，不知始於何時。自貞祐兵毀以後，元貞元間蘇侯建。至元丙寅令尹史秉直，大德九年縣尹劉杰，明天順戊寅知縣張紀，正德十五年知縣陳宇，萬曆間知縣孔學易、王大受、何文極相繼增修。本朝順治間知縣簡上，康熙間知縣艾厥修、荊振日、陳可宗、陳堯策、郎鑒，乾隆十七年知縣鍾和梅，四十六年知縣周永年，同治十三年知縣英榮、周錫璋、張春熙俱相繼重修。

又按舊制，文廟中神厨、神庫共九間，膳堂、庖厨各（164）三間，知縣張紀建明倫堂後爲敬一亭，亭後爲尊經閣，東西號房各十間。文廟西南有儒林坊，西臨大街。文廟東有射圃亭，顏曰"觀德"，知縣孔學易建，今俱廢。

（221）崇聖祠，在文廟東北隅，三楹，重檐，露臺、照壁、門樓，繚以周垣，柏樹數株。明萬曆元年，知縣孔學易創建。國朝順治元年，知縣勞有學重修。同治十三年，知縣英榮、周錫璋、張春熙相繼重修。（237）魁星樓，舊在城上東南隅，與文昌共居一閣。乾隆三十年，知縣李逢光分而爲二，移建文昌祠於文廟東偏，移建魁星樓於文廟東南隅。同治十三年，知縣英榮、周錫璋、張春熙相繼重修。（238）魏文貞公祠，在文廟西。元泰定四年，縣尹杜忽里罕創建。明洪武十年，知縣王深源，本朝同治十三年知縣英榮、周錫璋、張春熙相繼重修。名宦祠，在戟門東，東角門左，堂三楹。明萬曆間，知縣孔學易建。本朝同治十三年，知縣英榮、周錫璋、張春熙重修。（239）鄉賢祠，在戟門西，西角門右，堂三楹。明萬曆間，知縣孔學易建。本朝同治十三年，知縣英榮、周錫璋、張春熙重修。（242）忠義孝悌祠，在魏文貞公祠西，雍正七年建，同治十三年英榮、周錫璋、張春熙重修。節孝祠，在縣署西大街路北，南向，祠三楹，門樓、照壁繚以周垣。按雍正二年，准各省府州縣衛，每處各建二祠，一爲忠義孝悌祠，一爲節孝之祠。（244）教諭宅，在明倫堂西。訓導宅，在明倫堂西。

民國《威縣志》

民國《威縣志》，成文出版社有限公司，1976年。

威縣

（卷二"輿地志上·建置"，139）文廟，在縣治東南。中爲大成殿五楹，東西廡各七楹，前戟門、泮池，戟門兩旁有便（140）門二，左爲"金聲"，右爲"玉振"，泮池前爲欞星門，門外坊二座，東一坊曰"德配天地"，西一坊曰"道冠古今"。宋元祐在雉川村，崇寧四年由雉川遷邵固村。政和三年，通直郎牛直侯重建。金正隆元年，縣丞趙居道、主簿高元移建今地。元初，移威州來治。天歷時，州尹董守思、同知蕭伯顏增修，後毀於兵。明洪武八年，知縣袁師孟重建。正統間知縣王閏，成化間知縣閻緡、王政，宏治間知縣劉鎰，正德間知縣於周均修。嘉靖間，知縣錢术、高自卑、胡容恢廣之。萬曆間，知縣張應蟾修葺。清順治十八年知縣緱酉生，康熙七年知縣陳永升，十七年□□李之棟，雍正十三年知縣張鳳光、教諭傅基孔重修。乾隆間，知縣羅宗光補修。道光八年，知縣曹瑾修葺。光緒間，知縣張聯恩、盧聘卿、戚朝卿相繼增修（碑記詳"金石門"）

崇聖祠，在大成殿北（《舊志》作在大成殿左，不詳何時改建今地）。明嘉靖間，知縣徐道存建，知縣高自卑、胡容相繼修，後圮。清康熙十一年，知縣李之棟重建。光緒間，知縣張聯恩、盧聘卿、戚朝卿相繼重修。名宦祠，在戟門左，舊在崇聖祠前。明嘉靖間，知縣錢术建，知縣高自卑修。萬曆間，宋（141）守經移建今地。清順治間，知縣緱酉生、馬思九，光緒間知縣張聯恩、盧聘卿、戚朝卿重修。鄉賢祠，在戟門右，舊在崇聖祠前。明嘉靖間，知縣錢术建，知縣高自卑重修。萬曆間，知縣宋守經移建今地。清順治間，知縣緱酉生、陳永升，光緒間知縣張聯恩、盧聘卿、戚朝卿相繼重修。敬一亭，在崇聖祠前。明嘉靖間，知縣王來問建，後廢。清康熙十三年，知縣李之棟重修，今圮。射圃亭，在學宮東南。明嘉靖間，知縣錢术建，久廢。

明倫堂，在文廟西，舊有東西齋各五間，東曰進德、西曰修業，儒學門三間，儀門三間。明知縣王政、高自卑、胡容，清康熙七年知縣陳永升各重修，知縣緱酉生又益坊表一座，扁曰"禮門義路"（坊表久圮）。

教諭宅，在明倫堂後，明嘉靖間，知縣胡作霖建。萬曆間，知縣何圖重建。清知縣李之棟、教諭劉肯武、楊芳聲各重修。宣統三年，教職裁廢，改爲勸學所。民國十二（142）年，該所改組，今爲教育局。訓導宅，在明倫堂西。明嘉靖間，知縣胡作霖重建。清訓導李應、孫允蕃增修。清末教職裁廢，改爲兩級女子小學校。

（卷二"輿地志上·壇祠"，142）文昌祠，舊在儒學內。明知縣張蒙正改建於學東南隅。清順治間，知縣王孫樞、訓導楊爲棟重修。康熙十年，知縣李之棟增建祠坊。光緒間，知縣張聯恩、盧聘卿相繼修（143）葺。民國四年，縣知事謝學霖、縣立高等小學校長荊漳以文昌閣勢將傾圮，撤之，就舊址改建講室六間、樓房一間。魁星樓，舊在儒學內。明知縣張蒙正改建於文昌祠旁，清順治間知縣張楷重修，有碑記。

咸豐《深澤縣志》

咸豐《深澤縣志》，成文出版社有限公司，1976年。

深澤縣

（卷三"建置志·壇廟"，63）至聖廟，在縣治東。宋元祐三年，縣令許安石創建。元至順三年縣令毛景謙，明洪武二十八年知縣李珪，永樂十四年知縣王源各重修。成化十八年，知縣梁驤改遷故址西南六十步重建。正德十二年知縣張廷舉，嘉靖四十五年知縣閻奉恩相繼重修。國朝康熙四十二年，知縣蔣洪澍重修，教諭芮而發、訓導董鈞率諸生修置祭器如制。雍正六年，教諭張淑祺、武舉袁維京、生員李珖□捐資重修。次年，知縣劉元暉重修明倫堂。乾隆五年，知縣謝杰倡捐大修，一律重新。道光二十四年，知縣劉衡倡捐修葺大成殿、戟門、櫺星門、名宦、鄉賢祠。二十八年，知縣衛東陽繼修東西廡、泮池、照壁。二十九年，知縣楊挺將崇聖祠改建於大成殿後，並將明倫堂一律重修，立碑廟中，紀其事。

廟制，大成殿五間，兩廡各七間，戟門三間，欞星門三間，泮池一區，左右學門各一間。崇聖祠，三間，在正殿北。名宦祠、鄉賢祠，各三間，在戟門外。明倫堂，三間，在崇聖祠後。敬一亭，在明倫堂後，今廢。（64）尊經閣，在北城上，今廢。文昌廟，在城東南隅。明萬曆間，知縣陳來朝建於城上。國朝康熙三十一年，生員劉灝等改建城東南隅，西向，俯臨碧池。五十四年，生員王椅、趙臨、袁紹祖等修築東西堤路一十四丈。道光二十九年，知縣楊挺重修。魁星塔，在東南城角，創建無考。道光二十九年，知縣楊挺重修。（65）忠義孝弟祠，在縣治東。雍正八年，奉文建。咸豐八年，知縣許忠重修。節孝祠，在忠孝祠右。雍正八年奉文建。

（卷三"建置志·公署"，60）儒學公廨，在文廟西，教諭在前，訓導在後。

民國《成安縣志》

民國《成安縣志》，成文出版社有限公司，1969年。

成安縣

（卷一"疆域·區域"，80）學宮，在縣治東南，元至正二年，知縣牛天章建。元末，毀於兵燹。（81）明洪武三年，知縣彭子潤重建。正統間，知縣張雲、韓溫相繼重修。成化四年，知縣劉堯以制狹，拓而新之。嘉靖三年知縣王齡，隆慶二年知縣王琢玉，萬曆三十年知縣劉永脉各重修。四十年，知縣李天祺同教諭王孫昌各捐俸修敬一亭，王孫昌又修教諭宅，置公座，題名匾三木對聯。四十二年，知縣李三畏建廟門左右二坊，東曰"金聲玉振"、西曰"江漢秋陽"。四十四年，知縣賈三策重修龍門坊，繕修前星門三楹，匾曰"文廟"，門左為文昌祠三楹，內為戟門三楹，戟門東為名宦祠三楹，門西為鄉賢祠三楹，戟門內為先師廟七楹。廟前東西二廡各十一楹，東中五楹祀先賢，北三楹為圖書府，南三楹為點齋堂；西中五楹祀先賢（82），北三楹為祭器庫，南三楹為更衣亭。廟後啓聖祠三楹，啓聖祠西為明倫堂五楹，王孫昌匾曰"立雪登雲"，堂前東為進德齋五楹，西為修業齋五楹。堂後守祭器亭，東為教諭宅，正廳三楹，北房三間，正房三楹，東房三間，西房三間。齋南訓導東西各一，正廳三楹，正房五楹，東房五間，西房五間，正南爲儀門三楹，最南爲大門三楹，大門前蹲踞石獅二座，是金泰定年物。南瀕城爲泮池，崇禎十三年，知縣陳熙、訓導蓋國彥於泮池周圍砌以磚，構橋三洞，起級達城，城頭東南隅爲奎光樓。自叠遭水患，漂沒殆盡，所不壞者，惟先師殿，□皆湮漫飄搖，僅蔽風雨，餘皆頹垣敗壁，廢址荒砌而已。清（83）康熙十二年，知縣王公楷慨膺以重修爲己任，與訓導要胤昌捐俸庀材爲紳士倡，首得邑人太學生溫恂遵父僉事溫如玉遺命，捐銀三百兩以襄事，筮吉，經始，殿廡、齋署行當次第落成矣。光緒十七年，邑侯戚朝卿見殿廡傾斜，捐資重修，輪煥一新。民國十八年，邑侯陳錫疇改明倫曰中山堂，內築講臺木橙三十條，今毀於兵。名宦祠、敬一亭，改爲建設局辦公室；鄉賢祠、恭慎齋，改爲學校講室，其餘大成殿、東西廡及各房舍日見傾圮，都人士曷計及之。

（卷一"疆域·區域"，76）建設局，在縣治東南城東南隅梓潼宮內，計占文廟內北屋三間，東屋三間，新建厨房一間。（79）高初級小學校，清光緒二十九年，邑侯石公之璞奉令辦學，就縣治之東南文廟之西聯暉書院及儒學舊址。

民國《望都縣志》

民國《望都縣志》，成文出版社有限公司，1968年。

望都縣

（卷三"建置志·壇廟"，163）孔廟，在邑城內迤西。大成殿五間，東西廡各五間，戟門三間，泮池橋一座，旁有古柏數株，欞星門三間，東西角門各一間，俎豆庫一間，今圮；省牲所三間，在廟西，今無。文昌祠三間，在戟門東。朱衣土地祠三間，在戟門西。崇（164）聖祠三間，在大成殿東北，今改爲財政局。名宦祠三間，泮池東。鄉賢祠三間，泮池西。儒林坊二座，一在廟東，一在廟西，俱圮。賢關坊，欞星門西；聖域坊，欞星門東。按本邑孔廟，始建無考。自元世祖詔天下建孔子廟，至正八年七月，縣尹尚恕與監縣完者帖木耳及僚屬捐俸金重修，有碑記，見"金石"。明洪武九年，北平僉事徐淑名再修。以規制卑陋，不足以容多士，成化三年，知縣譚論展修明倫堂五間，改建大成殿五間，東西廡序戟門三間，繚以周垣，飾宣聖、四配，添塑十哲像，經始於成化五年冬，落成於六年秋，有碑記，見"金石"。弘治十二年，知縣宋文重修大成殿、東西廡、神牲所、戟門、欞星門、明倫堂、齋廨、廩倉、庖厨、射圃，經始於二月，落成於五月，有碑記，見"金石"。萬曆三十二年，邑大雨，大成殿、明倫堂不蔽風雨，知縣許宗曾、縣丞鍾弘道、縣尉蘇□、博士胡來庭、曹勳重修，有碑記，見"金石"。萬曆四十二年七月，知縣（165）劉天與以大水漂沒，廟壞，重修並建奎樓、文昌祠，有碑記，見"金石"。崇禎戊寅火後，所存者欞星、戟門而已，其餘盡爲灰燼，一望瓦礫，邑令段緯重建廟堂各五間，崇聖祠三間，魁神、帝君祠各三間。清初，邑令周士璇重建兩廡各五間，邑令錢振龍重建名宦、鄉賢祠各三間。雖代有繕葺，未經大創，修廢相仍。康熙十七年，邑令李天璣燒造磚甓各十餘萬，木植瓦片足用，自大成殿、啓聖祠、東西廡、明倫堂、文昌、魁星、名宦、鄉賢諸祠，欞星、戟門、儒林、聖域、賢關、學門、儀門、禮門、義路各門坊，諸凡龕主、窗槅，煥然改觀，復挖浚泮池，穿通水道，又建敬一亭、省牲所、訓導廳各三間，砌牆二百三丈，甬道二十三丈，其內隙地盡敷以磚，又以自己養廉稻地捐學納糧，收租以飾祭器，有碑記，見"金石"。乾隆五年，邑令沈景張重建，有碑記云，左生濟獨成兩廡，趙生登庀材鳩（166）工，勤勞不倦。乾隆十五年，邑令韓時謙捐銀五十兩，囑拔貢左堂、生員周烜、趙瑾、潘養正、太學生徐鱗、顧廷玉捐助，鳩工再修，有碑，俱失所在。光緒十一年，邑令司銘三重建，有碑記，見"金石"。

（170）文昌祠，在孔子廟戟門東，今改爲區公所。魁星祠，舊在孔子廟戟門西，後移南城上，改祀朱衣、土地二神。

（卷三"建置志·署廨"，98）公安局，在孔廟東舊訓導署。財政局，在孔廟後崇聖祠。縣黨部，在孔廟泮池西鄉賢祠。（99）第一區公所，在孔廟泮池東名宦祠。

雍正《館陶縣志》

雍正《館陶縣志》，成文出版社有限公司，1968年。

館陶縣

（卷三"建置志·官署"，144）忠義祠，在學宮旁，雍正四年，知縣趙知希建。（145）節孝祠，在城隍廟側，雍正四年，知縣趙知希建，詳載"碑文"。

（卷七"學校志"，323）儒學，在縣治東南，大成殿、東西兩廡，前爲戟門，左（324）右名宦、鄉賢二祠，前欞星門，後爲明倫堂、博文、約禮二齋，規制具備。金皇統中，縣令孔淵建。元至元中縣尹劉著、大德中溫仲謙相繼重修，翰林張士觀有碑記，已圮於水。明初，縣丞歐陽源重修，尋復圮於水，繼修者則永樂間知縣邱宣、天順間知縣邢政、成化間知縣唐禎、正德間知縣孟正也。給事中傅良弼以其面城，開城一門，名文明，門外立萬仞宮墻坊。嘉靖十年，敕建敬一亭，刻御製箴如制。知縣史官又建啓聖祠於殿西南，有碑記。知縣朱（325）時叙創浚泮池。隆慶間，知縣高自新重修兩廡、名宦、鄉賢二祠。萬曆甲午，知縣趙汝弼整飭宮墻，王希龍繼之，邑人解邦相重修殿廡、齋舍，撫按表其門。天啓壬戌，知縣楊於國修，未竟，升任去。癸亥，知縣翟化儒竣其事。崇禎戊辰，知縣張腆重修，并有碑記。國朝順治十二年，教諭閻應震募修大殿；己亥，知縣孫雲錦修兩廡、戟門。庚子，署教諭舉人賈文燧修齋房。（326）大成殿五間、東西廡各十二間、戟門三間、欞星門三間。明倫堂五間，康熙十三年知縣鄭先民重修。博文、約禮二齋，今廢。敬一亭，康熙十四年知縣鄭先民重修。啓聖祠三間，名宦祠三間，鄉賢祠三間。《舊志》儒學教諭、訓導官宅三所，在殿西，前有饌堂、號房，今多傾廢，見存學宅一所，內堂房三間，東西廂房各三間，前廳三間，西房二間，學門一座。（327）射圃，在東門外，廳三間，明嘉靖間淹沒。（328）雁塔，在東南城上，明萬曆十年知縣王國弼、署縣事李秉愚建。久壞。國朝順治□年，知縣劉茂先重修。康熙三年，知縣王躬贊又重修，塔上署文昌帝君。奎樓，在雁塔後。康熙五年，知縣王躬贊建。

（卷七"學校志·續學校"，333）大成殿五間，雍正九年，教諭於光祖揭瓦，督工生監卜繹孔、郭思忠、劉師寬、戴冕、李志杜、李志樸。東西廡各十二間，雍正七、八年間，傾壞無存。雍正十年，知縣曹纕重建，墻易坯以磚，督工李志杜、李志樸。戟門三間，雍正十年，知縣曹纕重修，督工李志杜、李志樸。欞星門三間，雍正十年，知縣曹纕重修，督工李志杜、李志樸。啓聖祠三間，康熙四十二年，知縣陳冕修。名宦祠三間，雍正十年，知縣曹纕重修，俱易坯以磚。（334）鄉賢祠三間，雍正十年，知縣曹纕重修，督工李志杜、李志樸。明倫堂三間，雍正十年，知縣曹纕重修，督工李志杜、李志樸。忠義祠三間，門垣俱全，雍正四年知縣趙知希建。奎樓，康熙四十四年，知縣陳冕修，題額"筆花連夢"。雁塔，康熙四十四年，知縣陳冕修。曩有今無，尚須增修者，開列於左。博文、約禮二齋。倉房二座，見"圖考"。（335）儒林坊，見《府志》。興賢坊，見《府志》。師生號房二連三十間，見《府志》並"圖考"。饌堂三間，見《府志》。宰牲堂三間，見《府志》。萬仞宮墻坊，見"建置"。陶山書院。射圃。（336）曩無今有，見在建置者，開列於左。御碑亭、御製訓飭士子文碑、御製孔子贊碑、御製四子贊碑。敕建忠義祠，在啓聖祠後，詳"建置"，督工李志杜、李志樸。學宮內廚房一間，盆架一，木凳二，祭品桌一，雍正十年，知縣曹纕建。

　　（339）又書院，係康熙四十四年，知縣陳冕創建。四十五年，詳報爲義學，教諭呂心佐題曰"槐舍清風"，取爲陶邑八景之一。康熙四十七年，學院趙□給額，興行育才，今改爲訓導官署。

　　（卷八"祀典志·祠廟"，342）文廟，在城治東南，規制詳見"學校"。（344）啓聖祠，在廟西南隅，凡祭先師，前期行禮如制。名宦祠，在戟門左。鄉賢祠，在戟門右。

　　（卷三"建置志·城池"，133）又學門一，在城東南隅，先曰"文運"，正德間給事中傅良弼改曰"文明"，規制尚隘。嘉靖間，陰秉陽增修與四門同，門外砌石橋，橋外建坊，曰"萬仞宮墻"。崇禎戊寅，大兵南下，橋斷門塞，今仍止四門。

　　（卷三"建置志·續建置"，143）學門，康熙二十五年知縣郎國楨復開，鎖鑰啓閉與四門同。康熙三十三年，教諭呂心佐糾邑人王昌明等募修五路於門外，高七尺，闊一丈，屹然孔道，居民稱便。

《館陶縣鄉土志》

《館陶縣鄉土志》，成文出版社有限公司，1968年。

館陶縣

（卷六"地理"，151）學署，在城東南隅。（152）文廟，在城東南隅。（153）節孝祠、名宦祠、忠義祠俱在城東南隅。

（卷四"耆舊錄·旌表"，130）名宦祠，祠在文廟戟門外，泮池右，至今春秋上丁兩祠必灑掃而祭，惠澤在一時，而俎豆享千秋，豈偶然哉。（132）鄉賢祠，按鄉賢祠在文廟戟門外，泮池之右，祀本境歷代鄉賢，其事迹備載於"耆舊錄"中。（134）忠義祠，按忠義祠在戟門外，泮池西，內祀本境歷代忠義，以昭激勸。兵燹以後，付之一炬，其姓名俱無從稽考，故缺而不書。節孝祠，在城東南隅。

《續修館陶縣志》

《續修館陶縣志》，成文出版社有限公司，1976年。

館陶縣

（卷一"地理志·城池"，82）學門，在城東南隅，先曰"文運"。明正德間，給事中傅良弼改曰"文明"，規制尚隘。嘉靖間，陰秉陽增修，與四門同，門外砌石橋，橋外建坊，曰"萬仞宮墻"。崇禎十一年，清兵南下，橋斷門塞。清康熙二十五年，知縣郎國楨復開，鎖鑰啓閉與四門同。迨三十三年，教諭呂心佐糾邑人王昌明等募修五路於門外，高七尺，闊一丈，屹然孔道，甚便居民。（87）忠義祠，在學宮旁，清雍正四年，知縣趙知希建。（88）節孝祠，在城隍廟側，清雍正四年，知縣趙知希建，後移學宮旁。

（卷二"政治志·教育"，574）文廟，爲學宮，歷金元明以迄於清，累代增修，規模以擴。

山 西 省

乾隆《解州安邑縣志》

乾隆《解州安邑縣志》，成文出版社有限公司，1976年。

安邑縣

（卷三"壇廟"，85）忠義孝弟祠，在學東，雍正五年奉文建立。節孝祠，在學西，雍正五年奉文建立。

（卷四"學校"，91）學宮，在縣治東，創始無考。傳自宋蔡攸建，有碑。元至正重建。明洪武間縣令晋之用，天順間縣令楊馨，成化間縣令劉謹，正德間縣令魏瓚，萬曆間縣令羊可立、路一麟各重修。國朝乾隆二十八年，知州言如泗督同縣令呂灆闔學大修，易朽整敝，輪奐重新，邑紳葛德潤、周健等督工告竣，統計學南鐘鼓兩樓，東西興賢、（92）育才坊，中峙萬仞宮墻，左右新建兩門，次爲文廟坊、爲泮池、爲欞星門，次戟門。中爲大成殿，下列兩廡。殿後爲明倫堂，東齋曰博文、西齋曰約禮，後爲尊經閣，閣下爲敬一亭。崇聖祠，在敬一亭東南隅。名宦祠，在戟門外左。鄉賢祠，在戟門外右。教諭宅，在學東。訓導宅，在學西。學舍、學田、學倉俱廢。

民國《安澤縣志》

民國《安澤縣志》，成文出版社有限公司，1968年。

安澤縣

（卷五"學校志"，247）文廟，在縣治西。元延祐三年，知縣郭澍、主簿糜嗣祖創建。明洪武十五年知縣金銘、天順年知縣王用、成化年知縣岳讓、正德年知縣元思永、萬曆年知縣王協夢、清順治十二年知縣郭奇勳、十七年知縣袁一誠、康熙八年知縣李丕先、二十九年知縣盧振先相繼修理。咸豐二年，知縣孔廣泉修大成殿，暨東西兩廡、正殿五楹。（253）尊經閣。大成殿。（271）崇聖宮，三楹，在文廟西北霍陽書院後，舊爲啓聖祠。清雍正三年，改爲崇聖祠，追封孔子五代王爵。同治二年，知縣銀沆重修。宣統二年，改爲高等小學校講堂，後改爲縣黨部禮堂，現改爲女校講室。（274）魁星樓，在戟門右上樓祀。土地祠，在戟門右上樓祀。更衣廳，在戟門左。名宦祠，戟門外左。光緒九年，知縣楊光銓、邑紳孫念祖、宋恂、趙重章、王邦俊、王之哲、李炳蔚經理重修。（275）先賢祠，戟門外右。（276）泮池，在戟門前，廣二丈，外有石欄。（277）櫺星門，按櫺星，天田星也。張晏所謂農祥農事修，教可施矣。聖人教化之宗，王道所由成也。東腋門，正殿左。西腋門，正殿右。德配天地坊，櫺星門左。道冠古今坊，櫺星門右。坊東偏竪文武官員軍民人等至此下馬碑。

（卷五"學校志·學宮"，319）學宮在縣治西文廟後，始建自宋，歷代屢有修葺。明倫堂三楹，大成殿後，雍正七年訓導李瑗重修，左右懸挂題名匾，書歷代科名。東西齋各三間，左曰博文、右曰約禮。儀門，訓導李瑗建。禮門在儀門外右側。敬一亭，今廢。尊經閣在明倫堂後，上貯歷代頒發書籍。

（卷三"建置志·壇廟"，202）文昌祠，縣東南山。康熙二十四年，知縣趙時可重修，久廢。文昌宮，縣東屏風山。道光十五年，知縣宜麟創建，今已殘廢不堪。新文昌宮，城內學宮西。光緒二十六年，邑令張維彬創建，今改設稽徵局。

康熙《保德州志》

康熙《保德州志》，成文出版社有限公司，1976年。

保德州

（卷一"因革·學校，111）儒學，在舊城東南隅（見《通志》）。宋熙寧初，知保德軍高煥創建，後毀於兵火。金大定年，刺史高懷貞改創於州治之西。明昌年刺史王嘉言、泰和年刺史張令臣俱重修（有碑記）。元大德年知州王濟，至正年達魯花赤慎得斤、知州許仲杰俱重修（有碑記）。明知州任泰、陸鏞、朱黃裳、胡楠、李勝之、張世熙俱重修（有碑記）。國朝順治十年，知州楊士烜、學正劉衍民重修。康熙十二年，學正張鳳羽捐俸募金重修。二十年，知州高起鳳、學正衛大衡重修。三十二年，學正劉瀚捐募增修，積工數年，煥然更新。

　　先師殿，五間。兩廡，各七間。（112）戟門，三間。欞星門，三座。以上俱元皇慶元年重修。明成化十年，知州甯璇重建。國朝康熙四十三年，學正劉瀚補修。啓聖祠三間，舊在明倫堂右；敬一亭，三間，在堂左，俱明嘉靖十三年建。萬曆四十二年知州胡楠改建西齋之後，天啓元年改敬一亭於尊經閣左、啓聖祠於尊經閣右。國朝康熙四十二年，學正劉瀚重修。尊經閣，三間，在明倫堂後。明弘治間，知州周山建。萬曆間，知州胡楠重修。國朝康熙四十一年，學正劉瀚刻御製訓飭士子文豎碑其中。又四十三年，知州唐文德增前後上下門窗。（113）文昌祠，舊在東廡下。明弘治十七年，知州周山改爲名宦祠，祀文昌於尊經閣下，後廢。國朝康熙十年，學正張鳳羽於東齋之北，募建正祠三間，厰廈一間。四十二年，學正劉瀚重修，又開神路於東齋房後，建門樓化龍坊，并立屏牆一座，移蛟龍雲雨碑置其中，前豎舊龍麟石。魁星樓，舊在儒學門外，後改建於學之西。明萬曆間，知州王甲又改建於先師殿東。國朝康熙三十八年，學正劉瀚於尊經閣後接小樓一間，移魁星祀其上。又一在儒學南觀音閣；又一在南關文昌閣南，係新建。名宦祠，舊在東廡下。明弘治間，知州周山改文昌祠建，後廢；改戟門外神厨爲之。鄉賢祠，舊在西廡下。明弘治間，知州周山改致齋所建，後廢，改戟門外宰牲所爲之。萬曆四十二年，知州胡楠以兩祠南向非制，申請修改。國朝康熙十二年，學正張鳳羽改東向西、西向東，始協規制。致齋所，舊在西廡下。明弘治間，改爲鄉賢祠，遂廢。國朝康熙十二年，學正張鳳（114）羽建於鄉賢祠下。四十四年，學正劉瀚重修。祭器庫，即東齋下截地，後通名進德齋，遂廢。國朝康熙十二年，學正張鳳羽建於名宦祠下。四十四年，學正劉瀚重修。神厨三間，向在名宦祠地，久廢，今改置啓聖祠西。宰牲所三間，向在鄉賢祠地，久廢，今改置玉振坊西。泮池，明天啓元年，知州張世熙創開，有碑記。尊賢、育才二坊，在欞星門外東西兩邊。明成化間，知州塞璇重修。弘治間，知州周山改尊賢坊爲德配天地，育才坊爲道貫古今，後復廢。國朝順治七年，寇毀。十一年，諸生酬金新建，顏曰"金聲""玉振"，兩圍磚砌花墻與屏墻合抱。屏墻外大墻一面，明萬曆二十八年，知州韓朝貢建。四十二年，知州胡楠重修。天啓間，諸生呈請所兵層築溝埈，千戶楊世鄉督工修理，有碑記。相傳此墻敝前溝沖風，於庠最利。三十五年，學正劉瀚捐俸修增，並將廟西舊學宅空地周修土墻七十餘丈，斷行路往（115）來，學宮肅清。

（116）明倫堂，三間。明弘治間，知州劉淵重建，東進德、修業兩齋，西成賢齋、祭器庫。東治化、本源，西文章、淵藪二棚，俱弘治間知州周山建。萬曆間，知州王甲將明倫堂增築臺基、重修，又撤去成賢齋、祭器庫，改為東西兩齋各五間，東曰進德、西曰修業，又改東西二棚曰禮門、義路。順治間，知州楊士烜、學正劉衍民修補。康熙十二年學正張鳳羽，二十七年學正衛大衡俱重修。四十二年，學正劉瀚東栅建元魁坊，中道建治化本源文章淵藪坊一座，兩邊磚砌小墻，留小側門。儒學門三間，在文廟東。前有青雲得路坊，化龍坊樹其左。萬曆間，知州胡楠石甃水道，改而新之。國朝順治六年，寇毀。十年，學正劉衍民修葺門樓。康熙十二年，學正張鳳羽門內增甬道。三十三年，學正劉瀚增建屏墻。四十二年，又建宮墻大門一座。龍麟石，州東臥龍溝石，初置州宅，萬曆二十四年，知州朱黃裳移置明倫堂左，開建蛟龍（117）雲雨碑一通。二十八年，知州韓朝貢移置禮門外。康熙四十一年，學正劉瀚豎於蛟龍雲雨壁前。儒官門，在欞星門之西，久廢。學正宅，舊在文廟西儒官門裏，訓導宅之中，久廢不修，官止賃居。明萬曆間，知州胡楠創建於明倫堂後尊經閣兩旁。天啓間，鄉官王所用、陳嘉護、生員王邵、馬上行復建文廟西，有碑記，後毀，今仍賃居民房。訓導宅，在文廟西學正宅之兩旁，後訓導裁，久廢。號房，舊在先師殿兩旁，知州咎鳳翔改建於明倫堂兩旁，久廢。射圃，在明倫堂號房之西，長二十五丈，闊四丈，內有觀德亭三間。明知州周山建，後知州李春芳廢給民之願入城者。知州高岡鳳又移州治後，樂籍居之，殊屬非體。（119）學倉，在明倫堂西。弘治十年，知州咎鳳翔更建號房。十七年，知州周山建於訓導宅後，久廢。又萬曆庚戌，學道王公行令動學倉支剩銀買穀一百五石二斗，令減價而糶，增價而糴，為諸生荒年之需，名常平倉，今廢。

雍正《定襄縣志》

雍正《定襄縣志》，成文出版社有限公司，1976年。

定襄縣

（卷二"建置志·學校"，119）儒學宮牆，舊在縣治南城外，基址荒僻，殊非崇奉先師至聖之體。元大德十年，知縣趙德溫重建，崔允記。明洪武八年，縣丞徐思寧移於今縣治東北。正德間，知縣王卿重修，改大先師廟。嘉靖三季，知縣張榮增飾。萬曆十二年，知縣白璧重修，恢拓明倫堂。二十二年，知縣劉士麟建賢關坊於明倫堂臺之南，界以門（120）牆。儒學門，在文廟西，與欞星門平列，從未有扁。明倫堂，在聖殿後，左爲日新齋，右爲時習齋。教諭宅在堂後，訓導宅，一在日新齋後，一在敬一亭後。因增修明倫堂，改教諭宅於日新齋後，裁革舊訓導宅。四十二年，知縣王立愛大加修飾，北徙學門二丈四尺許，新懸"儒學"扁，甬路遍砌磚石，西耳門扁"龍門"，東耳門扁"鳳穴"，易賢（121）關爲天池，堂檐增爲文明。

文廟，舊爲大成殿，東西兩廡，前戟門，外東名宦祠，西鄉賢祠，中爲小泮池，前文廟牌坊一座，三架三間，東（122）西接以橫牆，街中樹屏墻，塞中門。知縣王立愛改修文廟坊，北徙一丈五尺如制，改欞星門東西橫墻作八字形，街中屏墻徙在舊坊地，屏墻東西圍以柵欄，泮池徙而上之，亦如欞星門數，更拓深廣，戟門扁"廟門"，殿改先師，殿、廡、各祠悉新如制。臺階、甬道石砌。啓聖祠，在聖殿東路，墻東側開一門，東入，統於欞星門，內配享無主並祠甚苟簡，且傾圮幾盡，知縣王立愛鼎新如制，修飾列門南出，扁"啓聖祠"，在欞（123）星門東前出一步。敬一亭，在儒學街西，訓導宅前，歲久傾頹。知縣王立愛鼎新修葺。康熙四十六年，知縣王時炯恭鐫御製訓飭士子文碑，豎立敬一亭內。其南隙地數十丈，於康熙五十一年，新建省牲房一座，三楹，有記，載"藝文"。按儒學前望蒙山，如端人正笏相對，形家善之。惟後山稍遠，故鄉紳久有建奎閣於明倫堂後之議。謀已僉同，惟是閣爲後，勁視聖殿，明倫堂必稍高出數尺，方爲合宜，而可稱巋然之雄觀也。緣大木（124）未可一時猝得，遂致稽阻，守土者屢舉而無可藉手，豈盛美將有所待耶！射圃，在啓聖祠前。省牲所，在敬一亭前。祭器，舊器無存。

（卷四"秩祀志·祠廟"，244）忠義孝弟祠，在學宮省牲所前，雍正陸年，知縣葉士寬奉文捐建。節孝祠宇，在城北街城隍廟右，雍正陸年，知縣葉士寬奉文捐建。

民國《浮山縣志》

民國《浮山縣志》，成文出版社有限公司，1976年。

浮山縣

（卷十"教育上"，247）文廟，在縣治西，元至元中建，大德間修。明洪武二年，縣丞徐秉彝增修。正統、成化間知縣李安、李鼐，嘉靖間典史何繼遠，萬曆間知縣左桐、張檢躬相繼增修。清順治間，知縣李景棟、楊名世重修。康熙五十五年，邑舉人張大統捐資重修，知縣陸（248）張烈記。雍正六年，邑宦鄂縣知縣張堯以青石鐫四配十哲、兩廡先賢、先儒并名宦、先賢事實於其上。同治十二年，知縣慶鍾重修。民國二十一年，改縣立中校。二十三年，奉令停辦，大成殿後改爲實驗小學及教育局。

大成殿，五楹。東廡，十楹，改爲學生齋室。西廡，十楹，改爲學生齋室。戟門，三楹，改爲教室。泮池，在欞星門內，左坊曰"鳶飛"；右坊曰"魚躍"。欞星門，三楹，左曰"金聲玉振"；右曰"江漢秋陽"。（249）廟前東西二坊，左曰"德配天地"；右曰"道冠古今"，今廢。崇聖祠，三楹，在敬一亭東，現改爲實驗校教室。名宦祠，三楹，欞星門內東。鄉賢祠，三楹，欞星門內西。忠義孝弟祠，三楹，欞星門內東。以上三祠，現改爲職教員室。節孝祠，三楹，在文昌閣後，現改爲圖書館。明倫堂，五楹，在大成殿後。中豎明太祖御製臥碑一通，康熙四十一年御製訓飭士子文碑一通，兩楹刊列文武甲科□監仕宦題名記，現改爲實驗小學教室。東西齋房各五楹，東曰日新，西曰時習，現改爲學生齋室。尊經閣，三楹，在明倫堂後。康熙五十六年重建，今廢。（250）敬一亭，三楹，在明倫堂後。嘉靖九年，詔建貯御製敬一箴及宋儒視聽言動心箴，現改爲教室。文昌閣，三楹，在儒學前東南隅，今廢。魁星樓，三楹，在大成殿西北，地震塌毀。射圃，在大成殿西南，舊有觀德亭三間，今改爲實驗校體育場。訓導宅，在敬一亭西，現改爲教育局。

（卷十一"教育下"，276）初級中學，文廟，民國二十一年，地方士紳以縣有公產多爲私人把持，決議創辦縣立初中，當借孔廟爲校址，改戟門爲教室，修東西先儒享堂爲齋舍，業已開課。旋以教育廳通令，凡本年公私立中學一例不准立案，遂暫停辦。

乾隆《廣靈縣志》

乾隆《廣靈縣志》，成文出版社有限公司，1976年。

廣靈縣

（卷二"營建·公署"，58）學署，在文廟左，大門三間，二門一間，東時習齋，右日新齋，明倫堂五間，堂後住宅三間。

（58）文廟，在縣城西北隅。洪武初，縣丞趙自立創建。宏治乙卯，邑令陳公觀重修。嘉靖、萬曆中，□加增葺。康熙五年，焦公恒馨重修，前爲欞星門，左德配天地坊、右道冠古今坊，門內泮池，上跨磚橋（池中□□□□），□□爲（59）戟門三間。中爲大成殿五間，東西兩齋各五間，殿後崇聖祠三間，戟門左右名宦、鄉賢、忠義祠各三間。（60）忠義祠，在戟門外右。（61）名宦祠，在戟門外左。鄉賢祠，在戟門外右。

（卷二"營建·祠廟"，63）文昌宮，在學宮右偏。雍正四年，教諭葉公澄首倡捐俸創建，正殿三間，東西官亭二間，戲樓三間，庖□三（64）間。文昌閣三，一在南城門樓，一在南門外東關門上。奎星閣二，一在城東南角樓，一在學宮前，雍正四年，教諭葉澄倡建。

民國《和順縣志》

民國《和順縣志》，成文出版社有限公司，1976年。

和順縣

（卷二"建置·學宮"，69）學宮，在縣城東北隅。先師正殿三間。（70）東西角門。東西兩廡，十間。敬一亭，三間，在大殿東，現在改設宣聖宣講堂。化帛樓，一座，在大殿西，庠生□良建。戟門，三間。更衣亭，三間。名宦祠，三間。鄉賢祠，三間。御路左右泮池。（71）欞星坊，一座。照壁，一座。東西二栅。大成坊一座。崇聖祠，三間。奎光樓一座。入德之門。忠義孝弟祠。節孝祠三間。（72）二門一座。以下現爲縣議會住占：明倫堂，五間，現作議場。進德齋，三間，現爲會客室。修業齋，三間，現爲議員室。東庫二間，現爲秘書室。西庫二間，現爲議長室。東厨二間，現爲天膳室。西厨二間，現爲差役室。西角門一道。

（卷四"祠祀"，156）忠義孝弟祠，在明倫堂右。（179）魁星樓，在文廟東城上，乾隆二十二年，移建城東南巽地。

民國《洪洞縣志》

民國《洪洞縣志》，成文出版社有限公司，1968年。

洪洞縣

（卷十"學校志"，629）聖廟，舊在縣治後，元至元三年建。大德六年，地震傾圮，知縣孫壽重建。十年，邑紳劉履、景祥增修。明洪武二年知縣楊茂，成化、正德間知縣焦舉、馬馴相繼復修。嘉靖元年，知縣浦鋐因（630）地址湫隘，偕邑紳韓文謀遷崇儒街，撤佛寺改建。萬曆十年，日漸圮毀，知縣喬因羽大加修葺。十八年知縣李炳，越數年知縣焦思忠復改修之。清順治間，知縣蘇本眉、趙三長重修。康熙間，知縣朱璘捐貲倡修，後因地震又圮，邑紳劉志、劉鎮慨然獨立興修。嗣繼修者，乾隆四十年則知縣胡贊麟，嘉道間則知縣閻紹世、劉廷璐。同治十一年，知縣艾紹濂重加修治，規模宏敞，輪奐一新。中爲先師殿五楹，舊係木主，康熙十年，奉旨塑像，並四配、十哲俱照闕里志肖形妝塑。殿前爲露臺，臺下兩旁爲東西兩廡，各十七楹，前爲戟門，左右角門二，左隅爲神庫，右隅爲神厨。戟門外，東爲名宦祠，西爲鄉賢祠，（630）祠下東西碑亭各五楹，中爲泮池，跨以石橋，翼以石欄。東南隅爲省牲所，東北隅爲便門，南爲欞星門，左題曰"金聲玉振"、右題曰"江漢秋陽"，門外列石獅二，兩旁翼以彩甓作墙，南爲大照墙，東西門二，左曰"聖域"、右曰"賢關"，周圍磚砌短墻。臨街東西豎坊二，左爲德配天地、右爲道貫古今，短墻左右嵌有下馬碑。正殿東西隅角門二，東節禮、西望道，殿後爲儀門三楹。東西建坊二，題曰"龍門""鳳藪"。門內爲明倫堂，舊去殿甚近，知縣焦思忠移後二丈許，較前開朗，而兩齋亦北徙，堂內北壁嵌有臥碑，東西列題名牌，東爲科第、西爲仕宦。堂東隅爲書辦房，西隅爲成造所，東西齋房各五楹，東曰"日新"、西曰"時習"，堂後爲尊經閣，上竪清聖祖訓飭士子文碑。閣東西回廊（632）各五楹。崇聖祠，在學宮東圍墻內，舊名啓聖祠。清世宗雍正元年，加封孔子五代均爲王，改爲崇聖祠，大門西向，與朱衣祠同一門。題曰：崇聖朱衣祠。（667）鄉賢祠，在戟門外西。（668）忠義孝弟祠，在學宮東圍墻內。祠三間，南向，門一，西向。清雍正元年，詔天下設忠義孝弟祠於學宮內。三年，知縣孫見龍建。七年，知縣余世堂置主勒石。每歲春秋二仲月上戊致祭，祭品同前。（669）金城祠，在學宮東圍墻內，崇聖祠之南。祠三間，南向，門西向。明崇禎辛未年建。（670）朱衣祠，在學宮東圍墻內。內祠三間，居崇聖祠東，與崇聖祠同一門。魁星閣，在學宮東圍墻內。閣臨街道，在忠義孝弟祠南。明萬曆間，知縣喬因羽建。清康熙中，邑紳劉志、劉鎮重修。敬一亭，在學宮東圍墻內。內亭三楹，南向，門西向，內竪敬一箴碑，旁列程范各箴。教諭署，在學宮東北圍墻內。二門外夾道百餘步，大門臨街，騰蛟坊在其外。訓導署，在學宮西北圍墻內。二門外爲射圃亭，夾道及大門與教諭署同，南爲起鳳坊。

（卷八"建置志·壇廟"，428）文昌祠，在泗洲寺後高阜上。明嘉靖間建，僅一楹。萬曆七年，增爲三楹，繞以回廊，建閣於上，四周有垣，前竪坊爲大門，題曰文昌祠。迤南爲文昌三代祠，前清康熙五十九年知縣薛墡同邑人商起、岳廣翠等捐貲重修。同治間，知縣繆炯、廩生劉啓魯、段廷璠、郭平康、南文田等復修之。光緒二年，知縣艾紹（429）濂重修三代祠。六年，邑庠生劉學書等聯社公修。（433）節孝祠，舊在縣大北門外，普濟堂北，西向，內祠三楹，門一，坊一。雍正三年，知縣孫見龍奉文建。咸豐間，知縣姚景元同邑庠生南岳等興修。之後以湫隘難容，且多傾圮，光緒七年，知縣崔長清移祀於朝賢坊東岳行宮東軍裝局，改爲節孝祠。正殿三楹，東西配房各三間，門一。歲以春秋仲月上戊日致祭，祭儀、祭品同前。

（卷八"建置志·廨署"，457）教育會在學署明倫堂東廂房。光緒三十三年八月，知縣劉（458）煥衢遵章建設。宗聖分會，在學署西廂房。民國二年，學界同人公同組織。乙種農業學校，在學宮內，以尊經閣改建講堂，極宏敞軒爽，閣下東西龍虎榜亭改建學生自修室，明倫堂西側改爲教職員室。民國三年三月，知事李炳珩創辦。

光緒《吉州全志》

光緒《吉州全志》，成文出版社有限公司，1976年。

吉州

（卷一"公署"，43）儒學宅，州署東。舊在城外，明知州黃光瑋建。

（卷二"學校"，45）文廟，州東門外，元延祐初建。明洪武間，知州許志升修。正統間，州同知羅拱宿增修。成化間，知州謝鎮重修。天祐（46）間，知州沈瑜重修。明末，兵亂，殿廡俱廢。國朝順治間，知州紀振邊、於三躍相繼修葺。康熙元年，知州葛全忠更新之。雍正間，兩廡、欞星門俱傾圮，知州甘士□創捐修葺。大成殿，五間。東西廡，各七間。崇聖祠，三間，正殿後。名宦祠，三間，戟門內東。鄉賢祠，三間，戟門內西。（47）忠義孝弟祠，三間，在鄉賢祠之次，國朝雍正間建。泮池，學門內。康熙間知州林嘉徽鑿。儒學大門，三間。明倫堂，三間。東西齋房各三間，東遜志、西敬業。明末，兵毀，知州於三躍重建。敬一亭，在崇聖祠後，今廢。射圃亭，敬業齋西，今廢。文昌閣二，一在東山上，一在西關外。魁星閣二，一在東山上，一在西南山上，俱廢。（48）文廟，道光二十三年，知州呈瑞玉重修。至同治六年，地遭兵燹，正殿及兩廡門窗、先儒、先賢位次俱爲賊所焚，且四圍墻垣頽塌，檐瓦零落，學正劉□率諸生補葺。忠義孝弟祠，道光二十三年，知州呂瑞玉於明倫堂之西南隅別構一院，壘石爲基，造祠六楹，門樓一間。魁星樓，州南水洞溝，國朝乾隆年建。學正宅，明倫堂西。咸豐八年，學正崔樹棣建。

同治《稷山縣志》

同治《稷山縣志》，成文出版社有限公司，1976年。

稷山縣

（卷二"祀典"，170）魁星樓，在儒學東南城上。明嘉靖間，縣丞安東建。順治間，教諭劉孔揚重修。（171）文昌閣四，一在儒學門東；一在城頭東南隅；一在縣北李老莊，王詔建；一在城外東南里許，康熙六年知縣孟孔脉建，邑人鄭恂記。（177）忠義祠，在學宮外東偏。節孝祠，在縣治南路東偏。

（卷二"學校"，180）文廟學宮，在縣治東南，廣袤一十五畝。唐貞元中建。金貞祐間兵毀。元初，重建。元貞間，縣尹鄭宸重修，邑人段思義記。至元間，縣尹郭思孝重修，韓祚記。明洪武間知縣茹伯賢、李均保、宣德間知縣楊春俱重修。成化十六年，知縣張諒重修題名碑，絳守言芳記。宏治間知縣彭檜、正德間知縣張延康增修，教諭郝文瑞記。嘉靖間，地震，圮。隆慶二年，知縣孫倌重修，梁綱記。萬曆四十年，知縣張思恭重修，王體復記。崇正十五年，知縣白足長重修。（181）國朝順治間，知縣畢際有重葺。康熙十九年知縣朱天爵，三十八年知縣傅宗繼修。乾隆二十六年，邑人段克猷捐貲重修，知縣韋之瑗刻石記之。嘉慶十五年，教諭武錫九重修，自記。

大成殿，五楹。兩廡，東西列各如制。殿前爲大成門三楹，左右角門各一，門外名宦、鄉賢二祠，東西向砌石爲池，引葫蘆泉水入漑，是名泮池水。久爲民占，明嘉靖十二年，知縣馮應元復之，梁格、王昱各有記。尋塞，三十八年，縣丞安東疏之，梁綱記。知（182）縣孫倌再疏復。萬曆三十一年，知縣王重光移池櫺星門外。崇正間，知縣李燧庭復移門內。康熙六年，縣丞韓應恒砌池以磚，疏渠引水。後復塞，乾隆間，知縣錢源龍復之，閻廷玠記。尋以城內土渠易塞，邑人段克猷悉甃以磚，錢源龍有記。大成門直前爲櫺星門，嘉靖五年，知縣賈憲改建，呂柟記。門外坊二，榜曰"德配天地""道貫古今"。正東北爲崇聖祠，舊三楹，雍正七年，知縣馬永圖改建五楹。廟後建明倫堂五楹。萬曆十三年知縣殷煉，順治九（183）年知縣姚延啓重修，堂東西二齋曰"進德"、曰"修業"，左右門二，曰"育才"、曰"道義"，前有攀龍附鳳坊，訓導馮惟敬建，東南爲祭器庫。元至正元年，邑人同知吳江都事孫郁輸銅器四十一事。明景泰間，邑人寧華輸銅器十五事。宏治間，僉事伍性毀銅佛爲祭器百二十有餘。十六年，增造一十有八，教諭郝文瑞記。後毀缺。康熙間，訓導馮惟敬勸輸，易銅爵以錫，瓦豆以木，今存。儒學北爲尊經閣，明宏治間，知縣彭檜創建一楹。正德間，知縣張延康增爲五（184）楹，御史李節義重修，教諭郝文瑞記。天啓間，知縣焦浴改建層樓。閣西爲教諭、訓導宅，宅前即儒學門。舊有敬一亭在尊經閣前，射圃亭在崇聖祠前，學倉在修業齋南，今並廢。又邑侯洪公修葺後，復歷六十年之久，風雨飄搖，丹青剝落。同治四年，今邑侯沈鳳翔募金重修正殿內外，創增臥碑欄杆，泮池中邊添設石屏，雲路以及祠廡、堂廨無不美輪美奐，視昔大爲壯觀焉。而重道興學之意，於茲已肇其端云。

嘉慶《介休縣志》

嘉慶《介休縣志》，成文出版社有限公司，1976 年。

介休縣

（卷三"學校"，192）文廟，在東南隅。舊在縣治東，唐咸亨三年建。元初，毀於兵。至至元元年，知縣閻梅始易東南隅民居爲奉祀所。□年，知縣梁天翔始建大成殿於前，東廡、西廡各七楹，而以故基爲講堂。未訖工，代去。三十年，主簿王益率士民踵其事。元貞元年，知縣田澤繼成之。明洪武二十八年知縣武信，天順六年知縣王澤，正德六年縣丞張敬先後修葺。十年，知縣趙睿建尊經閣於明倫堂後。隆慶三年，知縣劉旁建櫺星門、築周圍宮牆。六年，知縣高鈞重修明倫堂。萬曆十八年，知縣王一魁建金聲玉振坊於櫺星門東，以配西偏太和元（193）氣坊，此坊建之已久，不詳何代。二十五年，知縣史記事修大成殿、大成門，暨東西兩廡，較昔時高大焉，闢尊經閣後地爲通衢。四十二年，知縣孫瓚於大成殿左右各竪一樓，東曰"騰蛟"、西曰"起鳳"，建神庫兩間於東廡北、神廚兩間於西廡北，樹屏門於櫺星門外，東西各樹石欄。崇正三年，知縣何騰蛟以學前道路阻塞，捐俸市民居爲雲路，又作石梯直達南城上，建三台坊，未訖工，艱去，後任大興縣，復寄金成之。四年，生員董爾型重修文廟，子正紳踵成之。後正紳子印傳、印直重修明倫堂，侄印心重修尊經閣。國朝康熙二十五年，懸（194）御書"萬世師表"額於大成殿。二十八年，奉文舞八佾，設佾舞生六十四人。三十四年，候選郎中梁錫珩重修尊經閣。三十五年，知縣王埴重修殿廡。雍正三年，懸御書"生民未有"額。九年，國學生梁浚、梁泌復修尊經閣。乾隆三年，懸御書"與天地參"額。嘉慶五年，懸御書聖集大成額。

崇聖祠，三楹，在大成殿東北。省牲所，三楹，在大成門東。齋宿所，三楹，在大成門西。（195）明倫堂，三楹，在大成殿後。尊經閣，三楹，在明倫堂後。敬一亭，在尊經閣西，明嘉靖九年建，內樹御製敬一箴、宋儒視聽言動心五箴。泮池，在大成門外，上架石梁達欞星門。明嘉靖二十年，參政於湛穿渠引鸑鷟泉之水注之。萬曆三年，知縣康義民復疏之。天啓五年涸，知縣盧榮春重尋故道，分西河餘水，一月三次放入南城下水竇，經張仙廟後過崇壽寺而達於泮池，有"三復泮池記"。（196）文昌祠，在文廟路東。嘉慶六年，奉旨春秋祀典悉如關帝儀制。五奎樓，在文昌祠前，乾隆三年，國學生宋怡棠捐千金重修。名宦祠，在泮池東。鄉賢祠，在泮池西。二祠舊在崇聖祠前。忠義孝弟祠，在大成殿西。舊為忠孝祠、節義祠，嘉慶元年，改為忠義孝弟祠，邑人蘭州府知府張燮重修。教諭署，在大成殿東北。訓導署，在大成殿西。（197）射圃，舊在文廟東北。明萬曆間，知縣史記事建亭三楹，後廢。至康熙三十二年，易文廟東，鄉宦梁欽構地一區築之。雍正八年，知縣李壽彭重建亭三楹。歲久復為居民侵占，乾隆三十五年，知縣王謀文清出豎碑圃中，以存飲羊之意。南北長三十五丈，東西廣三丈一尺有奇。

民國《介休縣志》

民國《介休縣志》，成文出版社有限公司，1976年。

介休縣

（卷十五"營建考·廟學"，423）孔子廟，在城內東南隅，舊在縣治東。唐咸亨三年建。元初，毀於兵。至元元年，知縣閻梅始易東南隅民居為奉祀所。八年，知縣梁天翔始建大成殿於前，改故基為講堂，未訖工代去。三十年，主簿王益率士民踵其事。元貞元年，知縣田澤繼成之，有冷思賢《新文廟記》可考。（425）明洪武二十八年知縣武信、天順六年知縣王澤增修東西兩廡各七楹，齋舍各三間。正德六年，縣丞劉達、張敬先後修葺。十年，知縣趙睿建尊經閣於明倫堂後。隆慶三年，知縣劉旁建欞（426）星門，築周圍宮墙。六年，知縣高鈞重修明倫堂。天啓二年，教諭王策整修，殿廡、廚庫皆煥然。萬曆十八年，知縣王一魁建金聲玉振坊於欞星門東，以配西之太和元氣坊。此坊建年已久，不詳何代。二十五年，知縣史記事修大成殿、大成門暨東西兩廡，較昔高大，復闢尊經閣後地為通衢。四十二年，知縣孫瓚於大成殿左右各豎一樓，東曰"騰蛟"、西曰"起鳳"，建神庫兩間於西廡，比樹屏門於欞星門外，東西各樹石欄。崇禎三年，知縣何騰蛟以學前道路阻塞，捐俸市民居爲雲路，又作石梯直達南城上，建三台坊。四年，生員董爾型重修文廟，工未卒，子正紳踵成之。至清順治十四年，工始竣，知縣李如□爲文記之。（427）康熙三十四年，邑人候選郎中梁錫玠重（428）修尊經閣。三十五年，知縣王埴重修殿廡。雍正九年，國學生梁浚、梁泌復修尊經閣，知縣李壽彭爲文記之。（429）乾嘉以來，屢經修繕。其規制則大成殿三楹，天墀下東西廡各七楹，東廡北有神庫磚窯三間，西廡北有神厨磚窯三門。正南大成門三，左右角門二。大成門東有省牲所三楹，西有齋宿所。前院泮池（430），中架石梁達櫺星門。明嘉靖二十年，參政於湛穿渠引鷥鷥泉水注之。萬曆三年知縣康又民、天啓五年知縣盧榮春復疏浚之，有《三復泮池記》。櫺星門外臨街有東西牌坊，一署"德配天地"四字，一署"道冠古今"。其街爲黌宮街，街首有黌宮坊，俗名學巷。其正南爲雲路街，有太和元氣坊。南城雲路上有三台坊。大成殿後院爲明倫堂五楹，東西齋舍各三楹。宣統間自治事務所、民國初臨時縣議會均僦設焉。明倫堂，現改爲洗心設。自省堂東齋爲縣農會假設地，西齋爲圖書博物館假設地。明倫堂後爲尊經閣。閣之西曰敬一亭，明嘉靖九年建，內樹御製敬一箴、宋儒視聽言動心五箴各牌。大成殿東北爲崇聖祠三楹，前有（431）中門、正門各一。名宦祠在泮池東，鄉賢祠在泮池西，忠義孝弟祠在大成殿西，舊爲忠孝祠、節義祠，嘉慶元年改今名。邑人蘭州府知府張夑重修節孝祠於忠義孝弟祠後。儒學教諭署，在孔廟東綿山書院後，今悉爲第一高等小學校。儒學訓導署，在孔廟西。民國八年，改爲東南坊國民學校。大堂、二堂改作教室。內宅改爲教員室，東西坊作學生自習室。

（441）古射圃，在文廟東北，明萬曆二十五年知縣史記事建亭三楹，榜曰"觀德堂"。後圮。清康熙三十二年，市草市巷鄉宦梁清構地一區，築之。雍正八年，知縣李壽彭重建亭三楹，歲久爲民居侵占。乾隆三十五年，知縣王謀文拓復故觀。計南北長三十五丈，東西寬三十一丈有奇。道光八年，知縣李連夢修葺。民國二年，知事陳紹虞從士紳郭成基議，籌設女子兩等小學校，易觀德堂爲講堂，修東西並門（442）房各一間。八年，知事張賡麟復改爲女子高等小學校，增築教室三間。十年，增築第二教室三間，又市校址西偏民房一所，增爲寄宿室。

雍正《遼州志》

雍正《遼州志》，成文出版社有限公司，1976年。

遼州

（卷二"學校"，158）文廟，在城內西南。明景泰四年，知州黃鉞重建。宏治六年，知州於璧重修。十八年，知州楊惠重修。天啓七年，知州毛宗蓂重修碑亭。國朝康熙二年，知州崔偉重修。康熙十四年，知州楊天錫重修。二十五年，知州佟國宏重修廟學。雍正九年，知州徐三俊、學正葛附鳳、訓導劉紃宗重修。乾隆四十八年，知州喻積慶、寧廷璋、蔣重勳重修。嘉慶六年，知州楊應權重修。嘉慶十三年，知州承煋縻、文德重修。道光四年，知州史夢蛟重修。道光三十年，知州祥麟重修。光緒（159）五年，知州陳棟重修。

大成殿，東廡，西廡，烹飪所，在殿下東，祭品房，在殿下西，大成門，櫺星門，泮池。（167）崇聖祠，舊在大成殿東南。光緒五年，知州陳棟移建於大成殿東北。（168）國朝雍正元年，加封孔子五代祖俱王爵，春秋合饗，更名啓聖祠爲崇聖祠。（170）名宦祠，在大成門外東。（173）忠義孝弟祠，在大成門外西。（177）節孝祠，在學宮東。（178）明倫堂，在大成殿東；時習齋，在堂前東；日新宅，在堂前西。二門、大門。龍門坊，知州宋德芳建；敬一亭，在明倫堂西南；射圃亭，在文廟東南，今廢；學正宅，在明倫堂東北；訓導宅，在明倫堂東南。

（卷三"祠祀"，231）文廟，城內西。（232）崇聖祠，名宦祠，鄉賢祠，忠孝祠，節孝祠。文昌祠四，一在城北街，一在城南街，一在東鰲峰，一在西鰲峰。奎星樓二，一在南城上，一在西文昌祠前。

民國《臨汾縣志》

民國《臨汾縣志》，成文出版社有限公司，1976年。

臨汾縣

（卷二"教育略"，146）學宮，學宮原爲孔廟，內計大成殿五楹，前爲大成門，門左東廡六楹，門右西廡六楹，再前爲欞星門，其東爲名宦祠，其西爲鄉賢祠，各三楹。大成殿後爲明倫堂，凡五楹。堂東啓聖祠三楹，前東齋、西齋各三楹，爲學官課士之所。堂後爲魁星樓。（147）欞星門之右有文昌閣，魁樓後舊有敬一亭，亭後有尊經閣，爲士子藏修息游之所。廟西爲教諭、訓導宅，明初設此二職，皆所以教訓士子者也。亦謂之學宮。（151）宗聖會，會址在文廟內，經衆推選，素孚衆望，一人爲會長，會員爲定額，凡尊崇孔教者皆得爲本會會員。

（卷一"同城機關"，99）第六師範學校，在中街府文廟。軍用糧臺，在北街文廟。

乾隆《臨晋縣志》

乾隆《臨晋縣志》，成文出版社有限公司，1976 年。

臨晋縣

（卷一"上篇·學校篇"，131）乾隆癸巳暮春，予與廣文楊回川集諸生明倫堂，遍觀殿廡、齋廊、門亭、階戶，皆慨然有剝復之感。予乃出俸倡修，邑之士民率其私錢以助，奔走就事，以後爲羞，數月之間，用人之力積三千五百餘工，榱櫨瓴甓之用足四萬五千三百，於是殿廡嚴、齋廊肅、門亭階戶皆新。昔歐陽子有言，學校王政之本也！古者致治之盛衰，視其學之興廢。臨自元縣尹許榮、黨若濟始建學宮，教諭孫景爽亦與其事。在明，則有毛鳳來、丁守中、李世（132）蕃、吳崇禮、高惟崗、秦懷慶相繼修之。明洪武時，主簿葉士溫、訓導孟思顏亦有修學功。國朝孫宗元、王光皋、徐炘皆有事於學校。自是以後，宮墻圯毀，士之繩趨矩步而委蛇其中者，牧兒芻竪亦樵樹采蕕其下，瓦礫盈階，鞠草塞路。嗚呼！今世士大夫經營家室，率多雕墻峻宇，而於昔聖先賢說禮敦詩之地，漠然一無所動，於中豈不傷哉！予既落其成，乃復進諸生謂之曰：此先師殿也（五間），睹此，當志聖人志。此先賢廡也（東西各十一間），睹此當學賢人。學曰明倫堂，重倫也（堂五間，後爲二堂，凡三間。右教諭宅，凡二十一間，皆新建）；（138）曰尊經閣，藏經也（樓三層）；曰時習、日新齋，爲諸生勉也（齋東西各五間）。其他啓聖、名宦、鄉賢、忠義節孝皆有祠（啓聖祠，在欞星門左，凡三間。名宦祠，在戟門左，凡三間。

鄉賢祠，在戟門右，凡三間。忠義節孝祠，在廟西，各三間），爾諸生其於此致敬。祭器、宰牲各有所（祭器庫，在戟門右，凡二間。宰牲、蒸造所在欞星門內，東西各三間），爾諸生其於此習禮，典籍、性理、箋釋之書無不備具，爾諸生其於此取義而稱文。夫古者建國，君民教學爲先，整齊化導之權操於上，砥礪廉隅之節存乎下。昔蜀有文翁，湖有安定，予知不逮（134）矣。然願與諸生率勉淬勵，相責以遲久之功。至於禮讓興行，風俗淳美，斯學之成也。若僅作廟嵯峨飾觀外耀，豈有當於聖賢心哉。學左偏爲桑泉書院，諸生於此月試，邑令傅克欽始之（喻義堂三間，景賢堂五間，諸生學舍二十間，厨房三間）。

（卷一"下篇·群祀篇"，183）文昌廟，在縣鐘樓上，書院亦有像。

民國《臨晉縣志》

民國《臨晉縣志》，成文出版社有限公司，1976年。

臨晉縣

（卷二"城邑考·學校"，76）學宮，在典史署東，孔廟後。有明倫堂、尊經閣及時習、日新兩齋，爲昔日學官課士之所。學官署附焉。民國二年，改設女子兩等小學校。明倫堂、尊經閣一併劃入，其時習、日新兩齋則劃歸第一高小校，改建齋舍。學宮規制另見"學制略"。

（卷二"城邑考·廟宇"，79）孔子廟，原名文廟，在縣署東。元縣尹許榮始建，党若濟修。(80)越明及清，經主簿葉士溫加葺，知縣毛鳳來、丁守中、李世蕃、趙岸、吳崇禮、高惟岡、秦懷慶、孫宗元、王光皋、徐炘、王正茂、魯鴻疇歷次修建。魯任於清咸豐三年，創修工最鉅，培高大成殿址尺餘，殿前月臺增闊丈許，易磚以石。東西廡均升其地基，戟門舊三間增爲五間，去其旁祭器庫，宰牲房改作月宮門，而移宰牲房於殿後西北，移祭器庫於泮池東南。池較舊式寬深加倍。池東北有名宦祠，西有鄉賢祠、忠義祠，皆大其規模。欞星門土牆易以磚。廟外兩坊創立臺基，磚入地六七尺，出地五六尺。民國九年，知事俞家（81）驥於戟門五楹，添置門窗，設洗心社、自省堂於其中，並於欞星門外築甬道二。廟外各坊，塗以丹艧。原建規制，另見"學制略·學宮"條。崇聖祠，在高小校東，原隸文廟之東，高小校之西南。無正門，春秋時享，由西角門出入。民國十年，知事俞家驥以地處面墻，且正殿借爲高小校會食所，不足以壯觀瞻而肅祀事，倡議移於倉道巷東，建新式門，體制乃崇，自爲文記其事。（82）節孝祠，在女學校前，祀典仍舊。文昌閣，在文廟南，與鐘樓先後建築，同臺並峙。參看"廨署門·鐘樓"條。民國九年知事俞家驥改文昌閣爲鐘亭，而移帝君像於鐘樓之南，西向，有文記之。（83）文筆峰，在城外東南隅，距城里許。光緒中，知縣鄭景福建。

（卷五"學制略"，180）學宫前爲孔子廟，計大成殿五間，東西廡各十一間，祀先師、孔子及先賢、先儒之得從祀廟庭者。舊稱文廟，士子行釋褐禮於此，今易其名爲孔子廟。（181）後有明倫堂，堂前爲齋舍，東西各五間，左曰時習、右曰日新，舊爲學官課士之所。堂後爲尊經閣，又後爲敬一亭，堂西爲鼓琴堂，舊均爲士子藏修息游之所。鼓琴堂後改爲教諭宅，教諭一職始明初，終清末國家設之，以教督士子者也，亦謂之學官。凡士子入學投贄謁見，即隸其籍。（186）女子高等小學並附設國民學校，先名女子兩等小學校，成立於民國二年，初就舊學署地址改設，民國八年擴充校舍，將西鄰典史署併入，改稱今名。

民國《陵川縣志》

民國《陵川縣志》，成文出版社有限公司，1976年。

陵川縣

（卷七"營建考·衙署"，283）學署，向在城東南隅。乾隆五十八年，移建於東門外文廟西偏。嘉慶二十五年，重修。

（卷七"營建考·壇廟"，285）文廟，陵川廟學舊在城東南，金天會中，邑令魏致隆、主簿趙大允遷城外東南隅，進士趙安時等十二人同修，尚書武明甫記。元大德中，邑令安增修。明洪武初，縣丞宋從善重修，路泰有記。天順二年，邑令任通展修，薛瑄記。成化中邑令李澥、（286）嘉靖中趙令孟乾相繼重修。嘉靖四十四年，邑令孫紹先因制度湫隘，遷於東關，撤神祠更新之，嗣令馬宗孝續成，顧顯仁記。時有義民都一宏、婁繼祿等更捐地以恢廣其制。中正殿，左啓聖祠，右敬一亭，東西兩廡，悉高明宏達。戟門外東名宦祠、西鄉賢祠。欞星門外爲泮池。萬曆二十九年，邑令楊畏知於巽地創奎星樓一座。萬曆三十九年，邑令許自嚴、教諭張堯卿、訓導李養榮置明倫堂五楹，在文廟東，前有抱厦，左正誼齋、右明道齋，大門、二門各三楹，堂後爲尊經閣，廟後置教諭訓導宅。天啓七年，邑令楊如桂復遷廟學於城內東南，教諭張宏道、舉人李萃秀、生員馮奇遇、曹民悅等總理之。清順治十三年，邑（287）令黃國璨、教諭鞏璇圖以明倫堂及齋房等在殿後，連年霪雨傾頹，因率紳衿各捐資重修，提學錢受祺記。康熙十年，邑令孫必振復遷廟學於城外東南舊基，時因通邑紳士以廟學面牆氣塞，規模卑隘，人文寥落，公請遷移，孫令獨捐四百金，成正殿一座，復捐二百金，置學舍一區，訓導張其蘊倡捐二百七十金，置學基地二十畝，縣丞胡北奇、典史王揚共捐八十金創建名宦祠。雍正十二年，闔邑士庶重修。東廡九楹，貢生曹爾弼、監生曹棐、生員曹爾價、曹爾瞻、曹最良、曹榮、曹洵、曹溪、曹汸同建。西廡九楹，生員馮吉升、馮君顯、馮帝鄰、馮標、馬君輔、馮君錫、馮君（288）□、武舉馮震、監生馮肇萬同建。崇聖祠，三楹，生員楊清、監生楊奇同建。明倫堂一所，原任浙江紹興府通判曹延庚、現任江西上高縣縣丞曹延禧同建。東正誼齋五楹，生員都勳、都彝、都澤遠同建。西明道齋五楹，義民曹定一、曹潤、曹濂同建。明倫堂東西茶亭六楹，生員和□、李天棟、李天柱、王心、徐暗、武靖遠、寧景俞同建。鄉賢祠三楹，生員牛沖斗、牛沖漢、都俞、婁宏毅、劉向岐、婁觀泌、都綉、都幼、牛映斗、都施仁、石鳳翔、牛炘、都絨、焦澄同建。乾隆三（289）年，庠生焦特命同子侄重修。宮牆一百一十六丈，生員王二京、李天叙、周錦、武文郁、牛□、張猷、王者償、李仙姿、曹司衡、秦宣翰、馬佶、張恩、秦□、李汝憑、段龍圖、趙丹、段龍蟠、王逢、馮君冠、張紹、馮璜、楊爲楷、李御、張發同建。尊經閣、敬一亭、文昌祠、奎星樓、省牲所、書院、講堂五楹，東西書舍六楹，及戟門、東西角門、欞星門、泮池、東西八字牆、大影壁、東西玲瓏牆、東西牌坊、儒學牌坊、書院牌坊等通邑士民同建，孫令必振自爲遷學記。康熙四十年，平令鄡鼎重修。雍正十年，署令曹茂先詳請修學，新令林學普莅任，率紳重修大殿。乾隆元年，副榜姚壁同侄繼虞重修正誼、明道二齋。乾隆三年，（290）知縣雷正、訓導楊書升重修明倫堂、孫公祠，紳士劉堯興、王倫、牛天育、徐旗、李和、李孔懿等同修。乾隆十六年，縣令陳封舜重修魁樓。乾隆三十一年，縣令施敬勝重修，有碑記。乾隆三十八年，縣令程德炯新修文廟、樂器、舞器，樹立碑記於明倫堂。嘉慶元年，邑令高隼率紳捐資重修。咸豐元年，邑令程培禮率紳捐資重修，惟易文昌祠爲崇聖祠，崇聖祠爲純陽宮，純陽宮爲五奎樓。欞星門外拓宮牆一丈餘，餘皆仍舊址。至六年，工竣，邑令王書元爲之記。民國以來，邑紳都桓曾勸募修葺。自祭祀停而軍隊駐，舊觀遂大變矣。大成殿五楹。（299）名宦祠，三楹，在崇聖祠前。鄉賢祠，三楹，在名宦祠前。忠義孝弟祠，舊在文廟西，乾隆三十二年，施令敬勝移建鄉賢祠前。明倫堂，大殿後。東西齋，各五楹。東西茶亭，各三楹。敬一亭，明倫堂後。尊經閣，敬一亭後，舊無神位。同治年間，邑令楊光海增設倉聖神位於中，春秋二祀羊一。奎光樓，廟東南。射圃，學宮左，孫令必振建，施令敬勝重修。（300）戟門、欞星門、泮池。（301）文昌閣，在五穀山，今移東岳廟前。

（卷七"營建考·壇廟·祠祭"，303）名宦祠，學宮左。（304）鄉賢祠，學宮左。（305）忠義孝弟祠，學宮左，雍正五年署令錢文台奉文建。

民國《馬邑縣志》

民國《馬邑縣志》，成文出版社有限公司，1968年。

馬邑縣

（卷二"官師志·學校·至聖廟"，138）聖廟，在治西，創建無考。正殿三間，明弘治辛酉，冀北道陳公寬命縣令增而爲五，東西廡各五間，戟門三間即大成門，門之南十數武爲欞星門三間，外爲照牆，其泮池與省牲齋宿之所、碑箴之亭概未有也。遵制於春秋仲月上丁日祭先師、四配十哲及兩廡從祀先賢、先儒。清康熙十六年，知縣阮公振益略加修葺。康熙二十四年，頒御書"萬世師表"匾額於正殿之猶。二十九年，奉旨立下馬牌於欞星門外，東西各一。（140）康熙四十一年，知縣秦公擴以聖廟年久漸圮，捐俸倡修，訓導董公命極力贊勸之，闔縣紳士亦量有捐助，修理正殿、兩廡，戟門外而至於欞星門、照牆並經補修，於是一時煥然改觀，庶幾美富可藏焉。康熙四十四年乙酉，當大比士於鄉，知縣事秦公擴深慨邑人文不振，捐俸創建（141）泮池一座於欞星門內，鑿地深八尺，闊倍之，長四丈，以石爲成，磚砌其上，共用石百車，磚一萬有奇，經始於春二月，落成於夏四月。圓橋叠樂，風氣一開，盛舉哉！博士弟子員應知所鼓舞而憤發矣！同治十年，大雨，牆垣盡圮。邑紳霍百齡、姚璉勸捐重修，越五年而工始竣。啟聖、名宦、鄉賢三祠，規模皆大於舊，墻垣悉易以磚。啟聖祠，舊在儒學儀門東，久廢。明崇禎六年，邑人太學生霍公毓芳捐貲於正殿之後建祠三楹，周圍繚以垣，門額一座，今漸圮。避制於丁祭日教諭先時致祭。康熙四十一年，知縣秦公擴目睹塌毀不堪，修理聖殿門墻畢，物力已不繼，乃復行倡捐補修，躬親督理工料之費，雖則重修而實同創建焉。魁星樓，在櫺臺上，遵制於丁祭日致祭。文昌祠，（142）一在城上東南角樓；一在聖廟之西，正殿三間，東西翼以廊，二門一座，門外東西房各三間，大門一座，樂樓一座在大門外近南，遵制於丁祭日致祭。清順治戊戌、辛丑，園中書霍公之琯、侍郎田公喜□因禮圍得第，各有所增修。康熙二十八年，邑庠生田喜□、霍炯因聖廟西祠年久漸圮，倡捐督修，有碑記，見"藝文"中。康熙四十年，訓導董公命因聖廟西祠爲雨水所浸，損祠內廊房，并圍墻半已崩毀，公獨立捐修，復稱完美，有碑記，見"藝文"中。後移之察院。名宦祠，三間，在聖廟戟門外東，遵制於丁祭日致祭，從祀神位拜"官師"卷首。康熙四十一年，知縣秦公擴倡捐重修，因舊墻四面皆土坯壘砌，故易損塌，乃易之以磚，庶幾堅而可久。鄉賢祠，三間。在聖廟戟門外西，遵制於丁祭日致祭，從祀神位詳"人物"卷首。康熙四十一年，邑紳雷爆暨弟貢監霍焯、霍焞、侄廩生霍維域公同捐資助（143）修聖殿外，因鄉賢一祠，其父中者公於戊午年曾一修補，今復漸圮，念此祠爲鄉先達諸公血食之地，而又其家累世祖考俱在從祀之列，於是獨立認修，易土壁爲磚墻，期於堅實可久。時爆在長子學博任，於往來家書中力主其事，諸弟侄亦克有同心，而辦料監工則焯身任其勞云。

　　儒學，在縣治西聖廟之東，元至元間建。明洪武二十四年，知縣李公德重修。正統二年知縣張俊、成化八年知縣安和俱有增葺。明倫堂三間，東賢房三間曰博文，西齋房三間曰約禮。弘治辛酉，冀北道陳公寬令以東南空地兌民間址，開學門大路，創建號舍十四間，庖廩各三間。萬曆十年，知縣趙公承芳因廟學中爲民居所隔，請動贖鍰五十金，俾民他徙，買其地聯廟學於一處，重修大門三間，增東西齋房十間。敬一亭三間，在明倫堂後，藏御製四箴等碑。儀門一座，左右角門各一座，大門一間。萬曆二十二年，知縣王公日新爲砌甬道。康熙十七年，知縣阮公振益重修東西齋房，仍各五間。西齋房與廟東廡背向相（144）聯。康熙二十二年十一月，地震，大門、儀門俱坍塌不堪。

教諭宅，久廢，在明倫堂西，正房三間。康熙十七年間，教諭張公心錦改敬一亭爲住宅。康熙二十年，教諭張公體壯建書舍二間於明倫堂之西北。訓導宅，在博文齋後，正房三間，年久破損不堪樓遲。康熙三十五年，訓導董公命於學外賃屋而居。光緒五年，馬振海創建敬一亭三間，正房三間，東西配房各二間，內外整齊。民國元年，馬邑分治，縣署權駐於此。

道光《偏關志》

道光《偏關志》，成文出版社有限公司，1968年。

偏關縣

（"地理志・公署"，59）儒學公署，在城東北文廟後迤左。明弘治二年，兵憲王璇建。

（"地理志・廟祀"，62）至聖先師廟，在城東北。明弘治二年，禮部侍郎左鈺題奏創建，兵使王璇監築，規模模仿國學，頗宏麗。是年，奉旨頒古文銅祭器一百二十四事，鼎五，尊十，爵九，籩豆各五十。正德十二年，守備雍彬置正殿櫺柱二十四礎。嘉靖八年，總兵李瑾補修正殿脊獸。十八年，總兵祝雄增建名宦祠。（63）四十四年兵使王學模、萬曆二十七年兵使趙彥、崇禎十一年兵使范廷翰相繼重修，廟模悉備。文昌廟，在城西守府街，明正統十四年建。

（"地理志・祠墓"，68）名宦、鄉賢二祠，在文廟櫺星門內，名宦西向，鄉賢東向。（69）忠義祠，在文廟西，清雍正五年，知縣江楊瑁建。節孝祠，在文廟西，知縣江楊瑁建。

（"學校志"，79）偏關始未有廟學也。自明弘治元年，山西巡撫左鈺上言偏關守禦所近逼沙漠，地大人衆，請設學校，教育英才，使移易風俗，朝議方許之，而鈺移鎮陝西，繼鈺者巡撫翟瑄、山西都指揮王升相與經營，而兵使王學模力任其事，乃斥東城，平其岡阜，以其地爲廟學。舊制，大成殿、大成門各五楹，櫺星門三楹，東西廡各二十四楹，明倫堂五楹，東西齋房各十二楹，生員講習所三，共計六十楹，總共百餘楹，太原以北廟學之宏鉅，蓋未有也。經始於元年九月，蕆事於明年十月，侍郎張頤爲碑。閱正德、嘉、隆、萬曆間，兵使楊綸、守備雍彬、兵使趙彥、李從心相繼修輯，而泮池則鑿於總兵祝雄。（80）萬曆修學時，侍郎萬世德有碑，見"藝文志"。清初，所學仍舊。雍正三年，改爲偏關縣學，然規模大异於昔矣。（81）尊經閣，在關學文廟後。明正德十二年，守備雍彬建爲藏儲經籍之所。

乾隆《平陸縣志》

乾隆《平陸縣志》，成文出版社有限公司，1976年。

平陸縣

（卷三"壇廟"，110）文昌臺，明知縣魏徵於縣治東澗底築臺三層，上列文昌，中塑關聖，以振文風，後爲暴水沖嚙。國朝雍正五年，邑侍御杜濱倡建於外城之東南隅，臺上有閣，閣爲複檐，杜濱記。

（117）忠義孝弟祠，在學宮内西。雍正五年，奉文建立。乾隆二十五年，署教諭張丕都改建於戟門外東。節孝祠，（118）在學宮外西，雍正五年奉文建立。

（卷四"學校"，125）學宮，在縣治東南。宋祥符二年，縣令麻吉建。元至元十三年，縣令葛榮繼修，歲久圮。明洪武十六年，縣令孔守道、訓導王翰復建。中爲大成殿，東西兩廡，前戟門，門外左神厨、神庫，右齋宿所，南爲欞星門，名宦、鄉賢二祠列戟門左右。明倫堂在殿西，又西爲射圃。成化十（126）六年，主簿趙清移明倫堂於殿後，前列兩齋，東進德、西修業，前爲儀門，曰英萃門，左禮門、右義路，自西而南爲大門，曰"儒學"。宏治八年，縣令侯尚文建饌堂於明倫堂後，又作號舍於兩齋西，後改饌堂爲敬一亭，又改建尊經閣。嘉靖四年，御史初杲檄縣令王紳通廟學新之，呂柟記。三十三年，縣令田充國闢廣學路。四十年，縣令吳守禮繕兩齋。萬曆七年，縣令李澤重修，彭范記。二十八年、三十三年、四十八年，馬民牧、强自修、劉盈、科材相繼修。明末，兵毀。國朝順治十三年（127），縣令崔偉重修，功未竣。康熙七年，縣令陳國泰落□，又於欞星門外左右建坊，曰"河浪騰蛟"、曰"條巒起鳳"，門之南浚泮駕橋，建坊曰"聖域"，周訓成記。八年，明倫堂後重建尊經閣三穩。十八年，縣令柴應辰、教諭鄧鼎甲、訓導孫永大重修。四十七年，縣令董之燧重修，邑人杜濱記。雍正四年，縣令何廷元移建大成殿於稍北，增以檐廊。乾隆十九年，教諭李今膺重修大成殿、兩廡，增建檐廊。二十一年，邑人杜汝愚以欞星門逼進城闉，規模卑陋，移北十數武，易材另建，並改甃（128）泮池，高築左右門，東曰"聖域"、西曰"賢關"，自記。二十三年，署縣令劉嘉會改建戟門，並建外屏於南城門外，縣令陳慶記。崇聖祠，在大成殿東北隅。國朝康熙四十七年，縣令董之燧以側居偏隅，非體，移建於明倫堂後正中。文昌祠，舊在大成殿東北隅，後改建於西北隅。奎光樓，明嘉靖四十二年，縣令王發蒙建於城上之東南隅。國朝乾隆二十二年，因築修城垣，改建，視舊樓爲壯麗。（129）名宦、鄉賢二祠，舊在大成殿西北隅。嘉靖十年，縣令徐元孝修，後改建戟門左右，南向。國朝乾隆□十二年，署教諭解州學正班熙、教諭張遵道、訓導□□命改建兩廡之次，東西向。教諭署，在明倫堂西南。乾隆二十七年，馮文止重修。訓導署，在明倫堂西北。乾隆二十七年，張邦達重修。

民國《平陸縣續志》

民國《平陸縣續志》，成文出版社有限公司，1976年。

平陸縣

（卷上"營建類·學校"，46）縣學及學宮創建始末，俱詳《前志》。乾隆五十九年，知縣萬科炳重修。道光七年，知縣李澍生重修。同治四年，（47）知縣張懷坤重修，均有碑記。崇聖祠及魁光樓，名宦、鄉賢、節孝等祠，重修年分俱同文廟。文昌祠，乾隆三十六年，知縣趙中潤重修。咸豐七年正月，奉文升入中祀，並祀三代。

乾隆《蒲縣志》

乾隆《蒲縣志》，成文出版社有限公司，1976年。

蒲縣

（卷四"學校志·廟祀"，216）廟學，舊在縣治之西，元大德元年建。明洪武二十一年，知縣潘從善增修。天順間參政楊浚，萬曆間知縣毛一鳳各增修。天啓四年，知縣羅永新改建於城中察院之墟，北倚主山，南直蛾眉，而規制定焉。康熙十一年知縣胡（217）必蕃，五十一年知縣梁元捷相繼增修。乾隆十八年，知縣巫慧重建兩廡、欞星門、名宦、鄉賢二祠，增修正殿、戟門，四圍墻垣俱加修築，規模爲之一新。先師殿五楹。東廡九楹。西廡九楹。（230）崇聖宮，三楹，在大成殿後東北隅。（232）名宦祠，在戟門東外。（233）鄉賢祠，在戟門西外。戟門一座。欞星門一座。泮池，在戟門外。明倫堂，五楹，在正殿後。東西齋，各三楹，東爲博文齋、西爲約禮齋。（234）敬一亭，在正殿西北隅，今廢。儒學門一座。訓導宅，在明倫堂西。文昌祠，在文廟西南隅。奎樓，在文廟東南隅。

民國《沁源縣志》

民國《沁源縣志》，成文出版社有限公司，1976年。

沁源縣

（卷六"營建考·學宮"，672）文廟，創自元大德間，在東關東南。明洪武八年，知縣郡善修。永樂七年，主簿劉澤重修。嘉靖元年，知縣馮繼祖移學宮於聖壽寺。十二年，知縣賈德潤復建於故處。三十三年，知縣張廷槐增修。萬曆八年，知縣靳賢重修。天啓六年，知縣李樂、教諭段達、訓導郭金城遷建於北關外。查北關學宮舊建何處，今已無考。崇禎十五年，知縣齊克諧、教王心一始遷於紫金山之東，即今西城高阜處。清順治十五年，知縣袁賦誠、訓導劉湛修東廡。康熙三年，生員劉浚源、胡琦等重修先師殿、兩廡、戟門。九年，知縣汪士鵬、訓導李永耀重修欞星門、名宦、鄉賢祠，建德侔天地、道冠古今坊，繚以周垣。二十三年，知縣朱三錫創開學坡路，在文廟之東南，砌以磚石，建宮墻萬仞坊。四十七年，知縣韓（673）瑛、訓導張懷瑾重修先師殿、啓聖祠、兩廡，創建毓粹、觀德二門，重建名宦、鄉賢二祠，創建更衣所、省牲所四間。雍正六年，知縣王廷掄建孝義亭三間。道光三十年，知縣蕭敬修改建節孝祠三間。歷年創建及重修各間列次。大成殿三間、東西廡各五間、戟門三間、左右角門各一間、泮池一所、欞星門一座、崇聖祠三間、東西廊各三間、毓粹觀德門三座、名宦祠三間、鄉賢、節孝祠各三間、省牲所三間、德侔天地坊、道冠古今坊、宮墻萬仞坊、文廟坊各一座。康熙二十九年，在文廟前左右竪下馬牌，書："文武官員、軍民人等至此下馬。"乾隆十六年，訓導孟潞、知縣張可則會同邑紳募捐重修，有碑記。（674）五十四年，訓導撇孟元、知縣孟充善及闔邑紳士募捐重修，有碑記。道光八年，訓導鄧蔚文、知縣李壽春率闔邑紳士募捐重修，有碑記。同治間，邑候選訓導宋季雅捐錢三百千文，發商生息，爲修理之需。十一年，紳士韓鍾霖、王青萬、張泰等經理補修，訓導張鶴青撰碑記。以上節錄《舊志》。民國八年，知事李駿菜重修，清進士張受中同闔邑紳士等募捐經理，併撥靈空山樹價補助，勸學所長清歲貢生王之卿撰碑記。

儒學署，在文廟西，建修年月與文廟同，計有明倫堂五間，主敬齋三間，行恕齋三（675）間，儀門三間。訓導宅一所在儒學後。清順治十六年，庠生胡來賀等重修。康熙四十八年，生員高爾志任之、姚之勳、王世封等重修。雍正八年，訓導延端於儒學南建正廳三間，即行恕齋。東西齋房各三間，南門樓一間。以上載雍正《舊志》。乾隆五十四年及六十年，闔邑士紳繼續重修明倫堂內外。道光八年，闔邑紳士重修明倫堂三間，東西齋房各三間，儀門一間，大門三間。咸豐二年，訓導王賫新建廚房二間，明倫堂增圍墻丈餘。以上錄光緒《續志》。民國八年，知事李駿菜、邑清進士張受中及闔邑紳士等募捐重修，明倫堂中三間改修門一窗四，爲教室形，兩旁改作耳房，東西齋房各添修一間爲各四間，儀門一間改爲磚砌，圓門、大門、照壁仍舊補修。

（卷六"營建考·壇廟"，686）文昌樓，在縣城東關南隅。明萬曆三十三年，知縣李培聰建磚（687）臺，高一丈八尺，上造亭三楹。清順治七年，生員劉可畏等重修。康熙二十八年，生員樊彧等重修。六十一年，知縣高溥捐俸率邑紳拔貢劉瑞、舉人任官、生員鄭彥、王受封、李杜等改矮閣爲岑樓，基前建磚窰三孔，窰前廊房各五間、龍門坊一座、文昌坊一座，大門磚窰一孔，上建戲臺。雍正七年，典史邱如松丹碧聿新。乾隆三十五年，添建庭房三楹，經理陰功李提、李蕃、胡掄元等。五十三年，知縣孟充善重修，經理李蕃、胡掄元、郭攀斗等。道光二十年，邑紳郭繼汾、胡欒、張泰、李華庭等經理，重修廊坊、馬棚。同治元年，重修臺基。以上錄《舊志》。光緒十九年，知縣徐嘉言、邑紳郭汝明等募捐重修。民國五年，邑紳姚用中改修兩旁廊房爲（688）乙種農業學校教室。次年學校停辦，十九年設教育局。奎星樓，在城垣東南隅。康熙辛亥年，知縣汪士鵬捐俸創修。道光二十三年，邑紳張鴻衢、李華庭等重修。同治十一年，闔邑募捐重修。

光緒《榮河縣志》

光緒《榮河縣志》，成文出版社有限公司，1976年。

榮河縣

（卷三"學校"，123）學，建於金元之世，在縣治東南。明洪武三年，詔天下開學校，縣丞馬復禮因其故址重建焉。天順六年知縣李逢春，宏治五年知縣高騰重修。嘉靖十一年，易像爲木主。三十五年，地震，學壞，知縣侯祁復建。萬曆中，知縣王本立、梅煥先後修葺。崇禎十一年，鄉宦李嵩、郭沖霄及縣學生潘鴻志、潘遐昌、范三聘、丁錦祚、陸騰鳳、義民李成家等合修之。國朝順治十七年，知縣張錫文拓舊制，重新之，有記。康（124）熙十一年知縣陳覲聖、二十二年知縣趙國宣、三十年知縣遲惟垣、四十二年知縣梅夢紱皆修之。嘉慶八年知縣邊士培，道光十三年教諭王夢彪、訓導耿全良皆修之。先師大成殿五楹，東西廡各九楹，南爲戟門三楹，前爲泮池，東爲名宦祠、西爲鄉賢祠，南爲欞星門，東西各有坊一座。《府志》云，榮學未有泮池，始爲具其制者，則康熙四十四年教諭牛爲龍。查《舊志》又云：戟門前有泮池，順治十八年知縣張錫文移泮池於照壁南。康熙（125）十一年，知縣陳覲聖曰：池在壁南，非制也。學博覃致位另建新壁於池南，則泮池不始於牛矣。崇聖祠，在明倫堂東南，三楹。明倫堂，在大成殿後，五楹。明萬曆二十三年重建。崇禎十一年，生員白我志重修，堂下建東西齋房各五楹，後廢。國朝順治十七年，知縣張錫文重建。文昌閣，在明倫堂後，三楹。（126）《舊志》嘉靖五年，知縣張讓建敬一亭於明倫堂後。十年，改爲啓聖祠，後移啓聖祠於東，而空其地，知縣梅煥於舊基砌磚臺一座，建尊經閣於其上。崇禎末廢。國朝順治十七年，知縣張錫文重建。康熙元年，奉文昌帝君於尊經閣。雍正十二年，知縣李維榛重修。文昌先代祠，在文昌閣東。道光二十五年，知縣吳楚謙及邑紳尋步月等創建，正殿三楹，門樓一座。魁星閣，（127）在欞星門東前，明萬曆間知縣梅煥建。名宦祠，在戟門東，三楹。鄉賢祠，在戟門西，三楹。忠孝祠，在文廟東。節孝祠，舊在縣署東。國朝同治十二年，知縣戴儒珍移建於文廟東，三楹。（128）教諭署，在明倫堂西南。訓導署，在明倫堂西。向者，教諭宅一所，左右訓導宅各一所。後裁訓導一員，廢其宅。宅前內號舍十二楹，吏房一所，號舍二十二楹。明末，盡廢。司鐸者咸賃民屋居之。國朝順治十六年，教諭朱萬壽、同知縣張錫文創建署宅於舊址，有記。射圃，（129）在學東，知縣高騰建，今廢。臥碑，在明倫堂後。孔子祠典碑，在大殿東。

學宮基地，《舊志》載學宮方面南北共計一百四步，東西共計一百六十步。同治十二年，知縣戴儒珍修築學西隙地建考院一所，廣十四步有奇，袤與學等。

雍正《朔州志》

雍正《朔州志》，成文出版社有限公司，1976 年。

朔州

（卷四"建置志·學校"，243）廟制，在城西北雲路街。明洪武十年，知州鄂約創建。正統十年，兵毀。成化十三年，知州呂文重修。嘉靖十四年，知州畢鑾建敬一亭。萬曆二十五年，分守道盛世承鑿泮池。二十七年，知州屈煒建魁星樓。三十六年，分守道張中鴻、通判郭如松、知州許爾忠重修，移建牌坊、照壁於大門外，閉雲路街，廟制始弘敞。國朝順治十五年知州侯樹屏，康熙十一年知州方叔裔、學正楊弘祖繼重修。康熙五十九年，知州莊清度、署任應州知州章弘撤舊重建，煥然一新。正殿五間。（244）東西廡，各九間，四隅有轉角川廊，共十間。大成門，三間。外中泮池，磚橋三孔，橋額東西題"龍□""鯤化"。欞星門，三間。外中道南照壁題"躍雲津"。牌樓二座，在欞星門外，大道東西，兩壁豎下馬石。名宦祠，三間，在大成門左。鄉賢祠，三間，在大成門右。崇聖祠，在文廟右，另為一所，正殿三間，牌坊中門一座。（245）忠義祠三間，在崇聖祠南隅。魁星樓，在文廟東南隅道北。明萬曆二十七年，知州屈煒建。文昌閣，在城中大街道北。明洪武初，鄖陽侯鄭遇春開設朔州衛建府。嘉靖二十一年，設為總督制府。二十七年，總督移駐陽和，改為巡按御史行臺。國朝康熙四年，知州辛良器移建文昌祠於中。四十九年，知州冀靖遠倡率捐募重建，正殿五間居北，正中後有基址，俟建寢宮，東西配庭各三間，左右南北畫廊一十二間，百尺樓三間，居中通前後左右有角門，東西鐘鼓樓二座，天聖坊一座三架，左右有角門，東西畫廊各三間，樂樓三間，中有屏門，大門三間，牌坊一座三架，上懸"文燦三垣"匾，中設屏楔，東西有砌垣、角門，規則弘敞，爲郡大觀。朱衣閣，在文昌祠街南，背靠城垣，與祠南北相對，雍正元年創建。（246）節孝祠三間，在文昌祠東。雍正五年，知州汪嗣聖奉文與文廟內忠義祠同建。

（289）學正署，在明倫堂後。正房五間，東西廂房各三間。左壁北書房三間，右壁馬棚一間。（290）訓導署，舊在文廟西，後廢。國初明宗室東西街有宅一所，改爲副學公署。講堂三間，東書房二間，北空地一塊，西書房二間，北馬棚一所。儀門一間，左右有角門。大門一間，左有門房二間。外有照壁一所。宅，在講堂後，正房三間，西厨房二間，宅後空地一塊，內有大榆樹一株。

乾隆《太谷縣志》

乾隆《太谷縣志》，成文出版社有限公司，1976年。

太谷縣

（卷二"學校"，175）文廟，在縣治東南。宋崇寧三年，縣尉李琰建。元至元二年，達魯花赤忽賽重修。明洪武三年更建。洪武二十一年主簿蔡仁、天順三年參政楊浚、成化五（176）年知縣顔敏、十九年知縣張鑒相繼增修。至嘉靖二年，知縣劉奎耀拓爲大成殿五楹，前爲月臺，繚以石楹，殿左祭器庫二楹，殿右學租倉二楹，東廡十五楹，西廡十五楹，前戟門三楹，翼門東二楹更衣所，西二楹齋戒所，戟門西向爲名宦祠三楹，戟門東向爲鄉賢祠三楹，中爲泮池，跨飛虹橋其上，池四圍俱以石欄之，又前欞星門三楹，門南龍門坊，東德配天地坊、西道冠古今坊。廟左崇聖宮，由戟門東入，正殿三楹，龍門坊南神路直達南城，廣（177）五丈，修四十餘丈，署縣照磨王瑤買民人趙子珍地爲之。儒學，在文廟之西。明倫堂，殿之西北極。尊經閣，殿之東北極。萬曆二十三年，署印通判夏惟勤、嵐縣添注典史兵部職方司主事趙夢麟興工葺繕。二十五年，知縣喬允升蕆之，告竣。國朝順治四年知縣羅雲達、康熙七年知縣王樂諫、康熙三十七年知縣包秉奎、乾隆五年知縣王澤沛相繼增修，碑記見"藝文志"。乾隆五十五年，知縣顧售重修，又建碑亭於泮池東西，凡修廟碑記，悉

(178）移置此亭。

（198）儒學，在文廟西。明倫堂五楹，堂後敬一亭五楹，亭前東西廡各三楹，堂前東進德齋三楹，西修業齋三楹，東西號房各一十九楹，儀門三楹，門左省牲所三楹，門右神厨三楹，大門三楹，堂之左、殿之後東西齋爲教諭、訓導二宅，左爲射圃亭。號房、射圃亭俱廢。國朝順治四年，知縣羅雲達、教諭賈道醇重修。雍正（199）二年，知縣司馬灝文重修，以明倫堂西廡爲忠孝祠，以東廡爲神厨。因儀門右三楹已廢，乾隆五十五年，知縣顧售集邑紳士重修明倫堂，照舊制高四尺有許。東進德齋，今爲經義廳；西修業齋，今爲治事廳。省牲所屬學宮由戟門西，載入碑記。乾隆五十一年，訓導郝鑒重修敬一亭，有紳士樂輸姓名碑記，乾隆五十七年，教諭崔敏第會邑紳士重修尊經閣并東齋修道堂。

（卷二"壇廟"，226）奎光樓，在城東南隅。明萬曆間，知縣牛維曜建。國朝順治七年，知縣戴可進、訓導曹民從重修。康熙四十七年，教諭任作舟重修。雍正九年，知縣王廷贊重建，樓三層，巍峨壯麗，金碧輝煌，上接雲漢，一邑巨觀也。文昌祠，在儒學東，西向。順治十一年，知縣郝應第重（227）修，內外增建牌坊二座。康熙五十七年，知縣孔興詔拓其地而更新之，爲懸窑五間，建閣於上，高聳壯麗，接漢連雲，中豎坊，坊以內南北兩廡各三楹，坊以外兩廡各五楹，前建大門三楹，翼以鐘鼓二樓，大門迤邐而西，建戲樓豎綽楔焉。廟偏北爲神庖、爲饌堂、爲蔬圃，規模大備。乾隆二十八年，重加黝堊，金碧煥然，洵一方之勝地，闔邑之偉觀云。（230）忠義祠，在儒學東，正亭三楹，大門一楹，豎石碑一座，外繞以垣。節孝祠，在縣西南坊。雍正五年，知縣司馬灝文建，正（231）殿三楹，大門一楹，外有牌坊，繞以垣墙。

道光《太原縣志》

道光《太原縣志》，成文出版社有限公司，1976年。

太原縣

（卷二"學校"，131）太原縣儒學，在縣治東北。舊在故平晋縣城內，明洪武六年，知縣潘原英始徙今所，規制略具。十六年，知縣皇甫伯瑄克緒成之。正統、天順間，知縣劉敏、張葵繼繕。宏治十七年，知縣劉經重修堂齋。正德七年，教諭張琦等捐金三百餘兩，貯公帑以備繕理之費，張尋以憂去，越十年，少保王瓊始勸率官師大加修建。嘉靖癸未，御史王秀檄經歷康（132）安督修，王瓊爲之記。學使周宣又爲拓馬道三間。隆慶五年，知縣褚賓建尊經閣。萬曆十四年，知縣向化同邑人高一麟修建大成殿、兩廡、啓聖、鄉賢、名宦諸祠。四十五年，御史王遠宜、知縣張起鶚增修。天啓五年，知縣屈鍾岳捐俸補修，教諭譚誠言經理，邑人石鼎亨記。國朝康熙三年，知縣徐文烜率闔學重修兩廡。二十三年，邑令李廷輔捐俸重修大成殿。四十年，教諭陳永祾、訓導常希孟重修明倫堂。四十三年，知縣胡鳳翯、教諭劉袠修櫺星門，監生李榮基捐資鋪砌地磚。五十五年，署邑篆保德州知州馮國泰、教諭張懷琦、訓導張光漢捐俸，並闔學（133）公建訓導宅。雍正六年，監生李榮基捐貲補葺大成殿，教諭冀永清、訓導賈永隆奉劉學憲重製木主。七年，知縣龔新重修櫺星門，建忠義孝弟祠。乾隆十三年冬，西廡灾，知縣梁卿雲修葺。三十八年，知縣周寬、吳重光捐俸重修尊經閣、敬一亭及崇聖、名宦、鄉賢等祠。嘉靖□年，知縣鍾德廣、教諭關國遴、訓導趙懷琴倡督士民重修大成殿、崇聖祠、明倫堂、尊經閣及訓導宅前後二院。

大成殿。東西兩廡。戟門。（134）泮池。櫺星門。崇聖祠，在正殿東。名宦祠，在正殿前院。鄉賢祠，在正殿前院。忠義孝弟祠，在正殿前院。神厨省牲房。會饌堂。庫房。（135）明倫堂，在正殿後院。東西齋房，各五間。敬一亭，在明倫堂後院，東西房各三間。尊經閣，在敬一亭後院。教諭宅，即在尊經閣下，東西房各三間。訓導宅，在明倫堂右。射圃、觀德亭，在儒學東，今廢。牌坊二，一署云"德配天地"，一署云"道冠古今"，在文廟前。康熙五十一年，知縣胡鳳翯、教諭張懷琦倡闔學公捐重（136）修。

（卷三"祀典"，194）文昌廟，一在縣東關，一在東城樓，各鄉鎮多有之。（197）奎星閣，在南城上。

道光《陽曲縣志》

道光《陽曲縣志》，成文出版社有限公司，1976年。

陽曲縣

（卷三"建置圖"，246）陽曲學宮，在縣治西，金大定時建。明洪武二年修，成化十二年重修。國朝順治十一年，巡撫劉宏遇重修。康熙九年，學道董朱裒、知縣宋時化、教諭李方蕖重修。十九年，按察使庫爾康、知縣戴夢熊重修。乾隆四十七年，知縣周鴻基、邑紳張天植重修，有碑記。嘉慶十八年，學使周系英、藩司陳桂森、知縣福長齡倡捐重修，加培地基八尺，重建正殿。二十四年，學使賀長齡、知府福蔭、知縣王志融、劉斯裕倡捐續建，邑紳閻士龍、李德溥、張際昌、馬澄等衆紳董其役，賀學使撰記。

（247）案，陽曲學宮地勢卑濕，嚴冬則地凍而高起，春暖地消墻砌隨之移動，更加街路高於廟址，夏秋雨潦，內水不出，外水反入，所以時修時毀，終不能固。嘉慶二十四年，高培地基，大加修建，始稱整齊，今之工力，萬不如古，日後傾圮之患，勢所難免，若不隨時修葺，其何以重宮墻而永芳徽乎？然則歲修一事，皆官斯土與居斯土者之所宜力圖也。查得學宮於八月二十七日，邑紳有聖廟會積貲以備歲修經費者也。有傾圮處，每歲值年之人經理修補。是舉也，果能行而勿墜，其有補於名教之地豈止淺鮮哉。

（248）大成殿五間，明正德年建。大清康熙九年，改建新墻。正殿兩旁，角門各一間，東西廡各十三間，戟門三間。《舊志》左右有齋宿所各一間，祭器庫一間，今廢。左右名宦祠三間，按《舊志》縣名宦祠向附府，無專祠。乾隆間，周鴻基重修碑記則云，大成門西舊爲名宦祠，查其添建年分於碑無徵。（249）右鄉賢祠三間，乾隆間周鴻基建。依前沼爲泮池，石橋一座。其西忠義孝弟祠三間，嘉慶二十四年重建。東更衣廳三間，舊名齋宿，乾隆間周鴻基建，嘉慶二十四年重建。櫺星村三間，榜曰"文廟"，左右各竪下馬碑，石照墻一座。東西角門各一，東曰"義路"、西曰"禮門"，舊爲栅欄，嘉慶二十四年易以版門。廟外二大坊，東曰"德配天地"、西曰"道冠古今"，與府文廟共。崇聖祠正殿三間，匾曰"濬哲發祥"。康熙十年，置配享神龕二座。《戴志》舊在明倫堂西，因水浸，移於明倫堂東。牌坊一座，左右繚以墻，中懸崇聖祠牌，建自康熙十年，舊曰啓聖祠。雍正三年，改今名。其南爲文昌閣。乾隆間周鴻基建。嘉慶十五年，廩保（250）生重修，有碑記。再前爲奎光樓，舊在明倫堂後，康熙間知縣戴移建於儒學大門上。儒學大門一間，磚洞在欞星門東，上有奎光樓。龍門一座，在崇聖祠牌坊西，嘉慶二十四年建。明倫堂五楹，在大成殿後，匾曰"整齊嚴肅"。堂之東壁嵌臥碑石，堂西豎歷年修廟學諸碑，二楹鐘鼓各一懸，東西齋房各五間，左曰"誠意"、右曰"正心"。東齋旁小東房三間，西齋旁小西房四間，皆嘉慶二十四年新建。東齋之北有門，通崇聖祠。敬一亭三間，在明倫堂後，即舊奎光樓後地，嘉慶二十四年重建。又添建東西廟房各三間。（251）教諭宅，在敬一亭後，上房五間，東西廂房各四間，門樓一座，乾隆五十四年，教諭劉亦坦修。嘉慶二十四年，邑紳重建。儒學後大柵門一間，在宅東，再東有小角門與府學通。《戴志》"叢記"云，太原府、縣兩學並峙，中隔一牆，門通往來，取左通右達之義，大關文運即此歟！訓導宅，在明倫堂右，門樓一座，前院北厦房一間，小西房三間。內院西上房三間，南北廂房各三間。嘉慶二十四年，邑紳重建。

光緒《天鎮縣志》

光緒《天鎮縣志》，成文出版社有限公司，1968年。

天鎮縣

（卷二"典祀志"，295）奎樓，在儒學東南。（296）案，樓建於前明中葉，當市衢起，其下洞道四達，頗高聳。《張志》從俗，稱大魁閣，書奎爲魁，非。又新平東南城隅亦有閣與文昌合祀。光緒四年重修。

（卷三"學校志"，323）學宮，在縣治東，明正統初建，後毀於兵燹。成化十八年，特命吏部擇教授任璈、訓導丁秀往職教事。二十三年，都御史李敏即故址建衛學。正德十五年，巡按杜民表修之。萬曆三十八年，參將於翔儀、教授楊天寵、守備林有聲、中軍丁文炳再修。廟制，大成殿三楹，東西廡各十二楹，戟門三楹，門外有泮池，池之南有坊，曰"欞星門"，亦三楹，教授楊天寵記之。（324）康熙（325）八年，大同府知府林本源、通判李珪修之，有教授閻若琛記。五十六年，又修之，有教授劉元溥記。（327）設縣後，皆以時補葺。道光二十九年，知縣沈宗誠始大新之，殿左右各翼以角門，旁爲穿廊，浚泮池，駕三橋於上。池之北，左爲名宦祠，右爲鄉賢祠，南對齋所，東西各三楹，中爲欞星門，外繚以長垣，建二門，臨市衢，東曰"德配天（328）地"，西曰"道冠古今"。明倫堂在正殿後，有日新、時習二齋，皆五楹。日新之南爲禮門，東向，門外北爲崇聖祠，南則學宮正門也。時習齋之南爲義路，西向，省牲亭在焉，其北則訓導所居也。明倫堂後有明時敬一亭，建樓其上，爲尊經閣。其東爲文昌閣，規制宏整，爲邊縣最。閱五年，工乃畢。

民國《萬泉縣志》

民國《萬泉縣志》，成文出版社有限公司，1976年。

萬泉縣

（卷二"政治上·學宮"，99）儒學，在崇德坊街東。宋至和元年，縣令趙瞻修。金太和三年，主簿劉從謙修。元大德四年攝縣事胡元真、至治三年縣尹月輪失帖木兒修。明洪武三年，開設學校，增飾學宮。宣德二年知縣張惠、天順八年知縣梁棟、成化十九年知縣蘇旻、弘治三年教諭呂富、嘉靖七年知縣楊蘭、二十三年知縣劉文光、萬曆十四年知縣符嘉訓（100）相繼重修，俱有碑記。明末兵燹，牆屋崩塌。清順治十七年知縣鄭章，康熙二十九年知縣瞿亮邦俱重修，各有碑記。（101）文廟，大成殿五間。兩廡，各九間，明知縣符嘉訓置穿廊。戟門三間，舊設門一，知縣符嘉訓加二。櫺星門，三間。神庫、神厨各二間，宰牲房二間，俱知縣符嘉訓建。明倫堂，五間。（102）進德齋，五間，在明倫堂東；修業齋，五間，在明倫堂西，兩齋俱康熙四十六年訓導李浩重修。尊經閣，三間，在明倫堂後。泮池，在櫺星門外。騰蛟坊，在泮池左。起鳳坊，在泮池右。櫺星門，舊縮街北二十餘尺，訓導龍在田建，築臺基二丈，擴出通衢，有碑，見"藝文"。（103）學門，二座，東曰"義路"、西曰"禮門"。教諭宅，在明倫堂左，今爲巡警局。訓導宅，在進德宅後，久廢。崇聖祠，在文廟東。明嘉靖時建，名啓聖祠，專祀叔梁公。清雍正元年，合祀五代，易曰"崇聖"。名宦祠，在戟門外東。鄉賢祠，在戟門外西。孝子祠，在名宦祠南。節婦祠，在鄉賢祠南。

（卷二"政治上·祠祀"，158）文昌祠二，一在東門外，明萬曆十二年，州判嚴汝聘、教諭王訴、訓導武克宅、吳汝蘭倡建，今廢。一在北門外東北百步許，天啓戊午，知縣范文源創建，後有范公臺踞形尤勝。清康熙四年，知縣蔡啓新、訓導龍在田、典史田玉璽創蓋臺上層樓七間，高聳碧霄，扁曰"連雲"，又建大門三間，勢接峰頂，進士范孚嘉有記，見"藝文"。三十九年，知縣翟亮邦復於大門內建牌坊一座，顔曰"崇文"。（161）奎星閣，舊在縣署東南隅，清康熙三十九年，知縣翟亮邦移建文廟東南。

（卷一"輿地志·公署"，59）警察公所，在舊儒學署。

康熙《文水縣志》

康熙《文水縣志》，成文出版社有限公司，1976年。

文水縣

（卷四"分建志·學宮"，183）儒學，在縣治東。宋元符年間建，中爲先師殿五楹，東西分列兩廡各十七楹，前爲戟門三楹，外有泮（184）池，闊三丈餘，旁爲名宦、鄉賢祠，各三楹，南爲欞星門。殿後有明倫堂五楹，堂後有敬一亭。堂側有神厨、饌室，今俱廢。翼以進德、修業二齋，各五楹，聯以號舍，各四楹，今廢。中爲儀門，東西爲角門。啓聖祠，在學門左。文昌祠，在啓聖祠左。明倫堂東爲教諭宅，迤南爲訓導宅二，又有宰牲所三楹，今廢。歷稽建修年月大略：自元符間，縣令薛昌肇創。金天德三年縣令呂孝揚，元至正十四年許繼誠，明洪武二年縣丞賈惟銘，四年知縣楊仲安、張羽，正統十一年董茂（185）相繼修飾。□治元年知縣劉偉、六年邢懋並重葺之，有碑記。嘉靖四年，督學使者王公麟橄於明倫堂後建號舍二十楹，今廢。七年，知縣薛牖肇建敬一亭。三十一年，知縣樊從簡建養賢倉三楹，今廢。萬曆初年，知縣郭宗賢、姜一鳴、王昂、文養浩俱加重修。四十年，知縣馬斯和改建欞星門爲坊表三楹，題曰"萬代瞻仰"。萬曆年間，知縣賈守正創開西馬道，有碑記。崇□年間，知縣胡宣創建奎星樓。順治十二年，知縣王承裘重修明倫堂、敬一亭、東西齋房。（186）十八年，知縣王家柱於文廟前創建聚奎坊二座。

（卷二"地利志·寺觀"，145）文昌閣，在小西街竇家十字。明崇□年間，邑人王在臺糾衆創建。國朝康熙三年，邑人□毓文重修。

乾隆《聞喜縣志》

乾隆《聞喜縣志》，成文出版社有限公司，1976年。

聞喜縣

（卷二"學校"，121）文廟，在城東北隅。宋咸平四年，縣令□卿重建，縣尉李□記。至和二年，縣令馬中庸修，學士司馬光記。金大定二十六年，署縣事王宗儒增修，自記。泰和四年，署縣事王靚重修，當川令武騎尉張邦彥記。元至元十一年，達魯花赤脫台、縣尹張仲祥重修，平陽路總管府判官王惲記。大德五年，達魯花赤兀魯不花、縣尹劉文俊重修，平陽教授曹舜龍記。七年，地震，殿廡圮，達魯花赤哈兒完繕。延祐七年，達魯花赤阿里、縣尹王杰補葺，教諭呂希才記。明洪武十二年，知縣張同文重建，規制胥備。正統（122）十一年，知縣侯琳重修，教諭余俊記。弘治十五年，知縣呂璇增修。十六年，又改建欞星門，易木以石，邑人崔縉記。正德十三年，知縣王琳重修。嘉靖三十四年，地震，堂宇頹壞，知縣杜華重修，教諭王植記。萬曆間，知縣王象乾修泮池，甃以石，又徐明、李養正、李果就繼修，教諭馬御丙記。天啓六年，知縣張耀重修。崇正十二年，知縣賈之驥又改建欞星門，增高三尺。國朝康熙元年，知縣李如蘭重修，邑人翟鳳翯記。二十年，知縣許自俊復修。統計先師殿五楹，兩廡各十六楹，戟門三楹，中爲泮池，前爲欞星門。西爲明倫堂，東西兩齋（123），東曰傳道、西曰授業，堂後則敬一亭，亭西省牲、司厨二所在焉。又崇聖祠後爲尊經閣，廟內舊有古柏二十一株。歲久摧殘，宋縣令慈卿補栽。至國朝康熙四十六年，訓導賈若蜘重植百餘株，虬枝夭矯，蔚然深秀，見"邑景"。門外爲文昌閣，東南城上爲聚魁樓，遙對學宮。乾隆二十二年，知縣言如泗重修。崇聖祠，在文廟殿後。名宦祠，在戟門前東偏。（124）鄉賢祠，在戟門前西偏。教諭署，在崇聖祠西。訓導署，在敬一亭東。（125）學路，《舊志》未載，據翟鳳翯家藏《縣志》，舊自欞星門折而西如曲尺然。萬曆二年，知縣王象乾撤東岳廟開正路，直通東門大街，以白土河水自城西北引入泮池，邑人李汝寬記。至甲午歲，仍建東岳廟於學前。今按，李記中雲路、泮池並泮池、門屏無一存者，則學路似仍從舊。

（卷二"壇廟祠堂附"，112）忠孝祠，在明倫堂大門內東偏。雍正五年，知縣米士銘奉文建，即豐公祠遺址。乾隆二十八年，知縣李遵唐重修。（113）節孝祠，在城內舊察院東，雍正五年知縣米士銘建。

民國《聞喜縣志》

民國《聞喜縣志》，成文出版社有限公司，1968年。

聞喜縣

（卷十三"學校"，246）文廟，在城東北隅。宋咸平四年，縣令慈卿重建，縣尉李垂記。至和二年，縣令馬中庸修，學士司馬光記。金大定二十六年，署縣事王宗儒增修，自記。泰和四年，署縣事王靚重修，當川令武騎尉張邦彥記。元至元十一年，達魯花赤脫台、縣尹張仲祥重修，平陽路總管府判官王惲記。大德五年，達魯花赤兀魯不花，縣尹劉文俊重修，平陽教授曹舜龍記。七年，地震，殿廡圮，達魯花赤哈兒完繕。延祐七年，達魯花赤阿里、縣尹王杰補葺，教諭呂希才記。明洪武十二年，知縣張同文重建，規制胥備。正統十一年，知縣侯琳重修，教諭余俊記。弘治十五年，知縣吳璇增修。十六年，又改建櫺星門，易木（247）以石，邑人崔縉記。正德十三年，知縣王琳重修。嘉靖三十四年，地震，堂宇頹壞，知縣杜華重修，教諭王植記。萬曆間，知縣王象乾修泮池，甃以石。又徐明、李養正、李果就繼修，教諭馬御丙記。天啓六年，知縣張耀重修。崇禎十二年，知縣賈之驥又改建櫺星門，增高三尺。清康熙元年，知縣李如蘭重修，邑人崔鳳翥記。二十年，知縣許自俊復修。統計先師殿五楹，兩廡各十六楹，戟門三楹，中爲泮池，前爲櫺星門。西爲明倫堂，東西兩齋，東曰傳道、西曰授業。堂後則敬一亭，亭西省牲、司厨二所在焉。又崇聖祠，在大成殿後。崇聖祠後爲尊經閣。（248）教諭署，在崇聖祠西；訓導署，在敬一亭東，俱廢圮。

康熙《隰州志》

康熙《隰州志》，成文出版社有限公司，1976年。

隰州

（卷九"學校"，124）儒學，在城西南隅，元至正間建。明洪武間，知州陳顯、劉元良，景泰間州判周全，成化間知州墨春、董瑜俱重修。嘉靖十四年，知州鄭濂以地勢湮下，改安國寺爲學。三十六年，知州宗杰仍復舊學。萬曆四十年，知州王茂錫修。四十五年，知州儲至俊鑿泮池，建尊經閣。國朝順治十三年知州白宗周，康熙六年知州胡文煥，二十六年知州張綏遠，四十一年知州鄭恂相繼修。四十五年，知州錢以塏修聖殿、兩廡、櫺星門、儀門、四圍墻垣，重建堂東明德齋五間。櫺星門、戟門、先師殿。東西廡各九楹，戟門三楹，東西角門一楹，戟門前泮池。（125）明倫堂七楹，東西明德、新民齋各五楹。尊經閣，內祀文昌。啓聖祠，在正殿東北隅，三楹。名宦祠，在戟門東，三楹。鄉賢祠，在戟門西，三楹。學正宅，舊在西馬道。亂後，拆毀無踪，今在西齋房後，規模狹小。訓導宅，官裁，宅廢。（126）射圃亭，在堂西。（141）奎樓，在東南隅城上，學正張德棠建。

（卷十"祠祀"，144）文廟、名宦祠、鄉賢祠。文昌祠，有四，一在儒學，一在北門樓上，一在安國寺西，一在堆金山，俱知州錢以塏重修。

光緒《續修隰州志》

光緒《續修隰州志》，成文出版社有限公司，1976年。

隰州

（卷二"學校"，95）廟制，《舊志》備載。乾隆二十八年，知州博文、學正杜獻文重修學宮，移鑿泮池於櫺星門內，改建鄉賢、名宦等祠，一循古制。咸豐元年，知州王承泗重修正殿。光緒十七年，知州王智和、學正張蘭兆重修兩廡、諸祠。

（卷二"祠祀"，121）名宦祠，在文廟戟門東。（123）鄉賢祠，在文廟戟門西。（135）節孝祠，在文廟西偏。雍正五年，知州吳元鈇新修，正房三間，墻垣四圍，大門一座。（136）文昌祠。（138）崇聖祠，道光十八年新建。（151）崇聖祠所坐地基，暨城鄉鄰封好義樂輸者皆連索得，書乾隆三十二年碑。

民國《襄垣縣志》

民國《襄垣縣志》，成文出版社有限公司，1976年。

襄垣縣

（卷六"學校表"，501）文廟，在縣治東南一百五十步，金天會間，知縣韓俊創建。元成宗二年，知縣傅仲禮重建，何灝董之。延祐二年，知縣郭從敬建東西廡。五年，知縣何巨濟建戟門、欞星門。至順元年，知縣楊綱重修。明洪武三年，知縣李文於欞星門置更衣廳二所。成化二年，知縣柳矛增修。四年，周令增正殿左右二門、泮宮左右二門外石鼓、石獅。正德間，知縣張鵬翰始置學田。嘉靖二十年，知縣賈希顏改更衣所爲名宦、鄉賢祠。四十一年，知縣蕭守身因廟學俱隘，展修，未竣，嗣令李貴和繼其緒，郝良臣記。萬曆間，知縣張嘉福、武可則繼修。清順治十四年，知縣鄭僑重修。康熙五十三年，知縣柳國勳重修。

大成殿五間。（502）德配天地坊，在欞星門東。道冠古今坊，在欞星門西。坊兩旁有下馬碑。崇聖祠，三間，在大成殿後。雍正三年，知縣李錫桓捐修。尊經閣二層，俱三間，臺高二丈五尺，在崇聖祠後，乾隆三十三年重修。（508）文昌祠，在文廟東南隅。正殿三間，西廂三間，大門一座，特房一間在門左，鐘房一間在門右。乾隆三十三年重修。每年二月初三日聖誕，邑紳士捐祭，有碑記。魁星樓，在南城上樓東，乾隆四十一年重修。名宦祠，三間，在泮池東。鄉賢祠，三間，在泮池西。（509）節孝祠，三間，在儒學門左。忠義祠，三間，在儒學門右。明倫堂：（510）明倫堂，爲甄陶人才之地。康熙年，教諭母儀重修。歲久傾圮，乾隆三十四年，邑紳士捐貲重修。明倫堂五楹，並大門、二門、友善齋三間，進德齋三間。教諭署，在明倫堂後。訓導宅，在明倫堂西。

民國《新絳縣志》

民國《新絳縣志》，成文出版社有限公司，1976年。

新絳縣

（卷八"古迹考·祠廟"，796）文昌祠，在城正平坊朝殿廟前，清康熙二十四年創建。文昌閣，在城東南角上。明萬曆二十二年，知州王大棟建。

（卷八"營建志·學校"，830）儒學，在州城東北隅，宋咸平二年，州牧夏侯濤修，李垂記。元至元十三年，知州郭天祐修，王惲記。至正二年，知州李榮祖修，賈魯記。明洪武十年，知州顧登復修。正統十四年，知州王汝績除舊易新，殿廡、堂齋以次修舉，薛瑄記。成化十三年，知州許珙修，沈鍾記。正德十六年，知州李文潔修，陶琰記。嘉靖三十一年，知州劉朝麒修，馬理記。萬曆間，知州李遷喬、張應舉、張繼（831）東、方立誠各重修，李維楨記。三十八年，知州朱正寅修。清順治間，知州薛世望修。康熙六年知州劉顯第，十九年知州劉涵，六十一年知州許朝棟各重修。乾隆十三年，知州李高修，有記。二十二年，知州張成德修。咸豐元年，署知州張映南重修，胡瑞瀾記。民國三年，徐又行重修，張三銓記。大成殿，四圍回廊。東西廡，各十五楹。戟門三楹，州牧王汝績建，萬曆三十六年改建，與殿相稱，今改爲大成門。東西碑亭各三楹，在大成門左右，清咸豐元年建。（832）櫺星門，明正德十六年知州李文潔改建，易木爲石，左右有坊。崇聖祠，在文廟東北，正殿三楹，明天啓二十年建。清乾隆三十二年，知州黃捷山重修。咸豐元年，闔州紳士重建。明倫堂，在殿後，舊五楹，繼增爲七楹。兩齋各十楹，高大與堂相稱，今設洗心社於此。敬一亭，三楹，在明倫堂後。尊經閣，下五楹，上三楹，在敬一亭後。禮門，改建爲東雍文獻坊，外建東西角門二間。泮池，在櫺星門外，後移稍南，深廣倍蓰。東西短磚墻二道，接連照壁，南爲泮宮坊，又南爲州學坊，迤西臨大街爲儒林坊。（833）文昌閣，在泮池東北。聚魁樓，在東南城角上。名宦祠，在櫺星門內東偏。（834）鄉賢祠，在櫺星門內西偏。（836）忠義孝弟祠，在鄉祠南。土地祠，在忠義祠西。齋宿所，在名宦祠南。節孝祠，舊在察院東。清乾隆二十八年，知州張成德移建泮池東。光緒初年，移設中城巷。（837）學正訓導署，在明倫堂西，今縣教育會設此。射圃，在儒學署西南。

民國《續修昔陽縣志》

民國《續修昔陽縣志》，成文出版社有限公司，1968年。

昔陽縣

（卷二"建置志·公署"，75）學宮，《舊志》列在儒學，今特別標出之。孔子廟，今縣治東南隅。金太和年間建。元中統年修。明洪武、永樂間，知縣馮人杰、李敬、徐銘繼修。天順二年，參政楊浚檄知縣王文增拓重修。嘉靖十五年，知縣張武幾復新之。萬曆間，知縣郭暐、熊燦繼修。崇正間，知縣（76）呂維誥復修。清康熙十一年，知縣王祚永、訓導王基昌重修，俱有碑記可考。雍正十年，知縣高景蕃捐俸重修。乾隆十九年，知縣鹿師祖倡捐修起。二十三年，知縣陶鏞倡捐續修落成，俱有碑記可考。正殿，三間。東西廡，各五間，乾隆二十三年，知縣陶鏞添建各四間，共十八間。戟門，三間。欞星門，三間，乾隆二十三年，知縣陶鏞改建大成坊，書額，又添造東西角門，重修泮池、石橋。崇聖祠，三間，正殿東北，舊名啟聖，清雍正六年，追封先師五代王爵改今名。名宦祠，三間，戟門東。乾隆二十三年，知縣陶鏞添建更衣亭。鄉賢祠，三間，戟門西。乾隆二十三年，知縣陶鏞添建更衣亭。文昌祠，學東，舊僅三間，明知縣王邦寵建，士吉記。後於康熙四十三年，改建學西舊草場地。乾隆三年，知縣蒲蒼璧增修正殿、廳軒、月臺、川堂、鐘鼓樓、后樓、西廂、戲臺，院宇整齊，規模宏壯。乾隆十九年，知縣鹿師祖重修，起蓋後樓，撤去戲臺，改額"文昌書院"，延請浙斛元張世犖為院長。乾隆二十三年，知縣陶鏞重修，改額"霑（77）城書院"，延請杭州拔貢八旗教習候選知縣楊廷杓為院長，刊有沾城書院課藝，以示獎勵。今改建中學校，兼高等小學校。魁星樓一座，城東南角上。乾隆十九年，知縣鹿師祖重修，又於文廟照壁外建磚坊一座，額曰"雲路"。祭器庫，舊廢。乾隆二十三年，知縣陶鏞重建，又添建樂器庫、盥洗所、焚帛所於大殿兩廊。明倫堂，三間，在殿後，今暫設模範小學校教室。射儀碑一通。御製碑二通。東經義齋、西治事齋，舊各五間，一名"崇□"，一名"廣業"，在明倫堂月臺下兩旁。乾隆二十七年，知縣陶鏞捐俸倡修添建，共十四間，改額經義、治事。敬一亭，三間，堂後，舊廢。尊經閣，三間，亭後。乾隆二十七年，知縣陶鏞重修。射圃亭，堂西，舊廢。（78）教諭宅，堂西，内外共房十七間。學門西地基，學北、學西、學東地基，民間租賃。乾隆二十七年，知縣陶鏞重修完整。民國元年，缺裁，房空。訓導宅，在教諭宅西，缺裁，房賃收租。

雍正《陽高縣志》

雍正《陽高縣志》，成文出版社有限公司，1976年。

陽高縣

（卷二"祠宇"，79）文廟，見"學校"。文昌閣，在文廟東，即儒學大門；崇聖祠，在文廟東北；名宦祠，在文廟門東；鄉賢祠，在文廟門西；文昌祠，在西北角；魁星樓，在城上東南角。（80）忠孝祠，在文廟西。節義祠，在縣衙東。

（卷四"學校"，94）儒學大門在（95）廟東，上有帝君閣。稍進爲二門，再進西入則爲明倫堂三間，兩旁庫房二間，堂下東西齋房各五間，前有春風化雨坊，後有尊經閣三間。順治八年，知府胡文燁建東西書房各三間，爲肄業所，今漸圮。堂西則爲學署，正屋三間，西小樓一間，東西小房各三間，外有書房三間。院内小東房一間，西院小書房一間。文廟，舊在閣西，明成化十八年建。萬曆三十一年，總督楊時寧改建於東門之陽，外有大照壁一座，欞星門三間，門内有石橋，下即爲泮池，再進則爲大成門，門外東爲名宦祠，西爲鄉賢祠，内正北爲先師殿三楹，下有東西廡各七間。順治年間，總督佟養量重修。八年，知府胡文燁修補。康熙二十六年，通判葉九思又修。崇聖祠三間，在文廟之東北。嘉靖七年，又建敬一亭三間於崇聖祠之後。

民國《翼城縣志》

民國《翼城縣志》，成文出版社有限公司，1976年。

翼城縣

（卷三"城邑"，130）儒學教諭署，在興賢坊明倫堂西，與文廟同時建築。金天會間,知縣孫九鼎重修,邑人翟文中撰記。民國元年,裁缺。
(131)儒學訓導署,在興賢坊文昌宮東,與文廟同時建築。民國元年,裁缺。又有東西齋舍,在明倫堂前,舊爲士子講學之所,今俱廢。(135)洗心社,在明倫堂前東齋舍。民國七年,知事班廷獻倡辦道德會,亦附設於此。(136)縣黨部占明倫堂前東齋舍,即洗心社地址,民國十六年夏季成立。

(卷十七"祠祀",514)孔子廟舊稱文廟,大成殿五間,殿前爲露臺,臺下兩旁爲東西廡各十三楹,前爲戟門三間、櫺星門三間,南爲泮池,中跨石(515)橋,衛以花墻,東西門二,左曰"聖域"、右曰"賢關",士子行釋褐禮於此,内祀先師孔子及先賢、先儒之得從祀者。此廟舊在縣治南,後唐長興三年建。宋天聖八年,潞公文彥博官翼,因避水患,徙置今西清門内興賢坊,自爲碑記。金天會八年,知縣杜德機重修。元至元十年知縣趙思忠、三十年知縣劉源俱增修。至正十五年,達魯花赤□城主簿沙班敬升監翼,加葺治焉,元進士絳州判官郭德浚有記。明洪武五年縣丞薛大昉、天順間知縣王玨、弘治十五年知縣張忠、萬曆間知縣□儒秀各加增修。清順治十四年,知縣胡獻瑤重修,邑紳上官□有記。康熙五年,知縣鄭之衡修浚泮池。雍正十一年,教諭(516)楊中柱捐俸,植柏樹百木於殿階前及兩廡後、櫺星門外。乾隆元年,知縣李居頤重修,韓福元、杜琯、程有□等督工並鑿渠引殿院水歸泮池,是□李允性獲雋。二十年,知縣張利仁捐募修葺。三十五年,知縣許崇楷捐俸重修。嘉慶二十年,知縣閻亮閣倡捐募化各里重修。同治五年,知縣趙集成捐俸商及紳士安常、吉康等撥練勇局經費重修。民國初,邑紳安國棟等復募捐修補,俱有碑記。

(588)崇聖祠,在大成殿西北。(594)名宦祠,三間,在訓導宅南。明嘉靖二十六年建。清乾隆二十一(595)年,署令唐英修。鄉賢祠,三間,在名宦祠東。明嘉靖二十六年建。清乾隆三十五年,知縣許崇楷重修。(596)忠義祠,三間,在訓導署西南,清雍正二年詔設。節孝祠,在學宮西南,清雍正二年詔設。(597)土地祠,在名宦祠西。文昌、奎星閣,在孔子廟前。清乾隆庚申,知縣李居頤募捐,增建於泮池左右,有記。文昌宮,在城西門内路北。

(卷十九"學制",616)學署前爲孔子廟,舊稱文廟,士子行釋褐禮於此。東有明倫堂,堂前爲東西齋舍各三間,東曰日新、西曰時習,舊爲學官課士之所。堂後爲尊經閣與敬一亭，舊均爲士子藏修息游之所。教諭宅，在明倫堂西；訓導宅，在文昌宮東。自明初以至清（617）末，國家設之，以教督士子者也，亦謂之學官，凡士子入學投贄謁見，即隷其籍，而爲門下生焉。明倫堂三間，在孔子廟後。東楹豎明太祖御製臥碑一通，中立清康熙四十一年御製訓飭士子文碑一通，雍正三年增立御製平定青海碑文一通。東西二壁列文武甲乙科及五貢生題名，碣右列東坡書醉翁亭記石刻，南墻列忠孝、廉節二碑，明生員柳橋筆。東西齋房各三間，東曰日新齋、西曰時習齋。康熙乙亥，地震，房圮，後復修葺。乾隆三十五年，知縣許崇楷重修。尊經閣，在明倫堂後。明萬曆三十五年，知縣崔儒秀創建。清康（618）熙乙亥，地震塌毀。康熙四十年，知縣馬文鏞重建。乾隆三十五年，知縣許崇楷修葺，閣內正壁立明嘉靖六年上諭石刻並范浚心箴，旁刻程子四箴。閣前設立字紙爐，由縣紳經手，每年收買字紙以焚之。敬一亭，在明倫堂後。明嘉靖十年，邑令張廷實建，亭中碑鐫明世宗御製敬一亭及五箴解，今廢。（625）學倉，六間，東西兩向，在教諭宅西。明景泰四年，知縣王剛建，今廢。射圃，在西城下，有觀德亭三間。明嘉靖三十五年，督學陳棐檄令劉光遠建，今廢。

光緒《交城縣志》

光緒《交城縣志》，成文出版社有限公司，1976年。

交城縣

（卷三"建置門·公廨"，179）教諭署，在學宮明倫堂西壁，其建置列"禮制門·學宮"內。

（卷五"禮制門·學宮"，278）縣學宮，在縣治東。元大德、至正間修。明洪武年，知縣王允恭、任道遠相繼修。天順二年，參政楊璇令知縣楊鐸增修。嘉靖十八年，知縣高自明建啓聖祠三楹。二十七年，縣尹鄭鎬重加修葺，中爲先師殿，左右爲兩廡，前爲戟門、爲泮池、爲泮芹香遠坊、爲欞星門，榜曰"先師廟"，門爲柵、爲屏。明倫堂在先師殿後，翼以進德、修業二齋，於東西爲禮門、義路，於異地爲儒學門，於前街明倫堂西爲（279）教諭宅。萬曆四年，知縣齊一經一律重修，建尊經閣於堂後，改敬一亭於閣後，祀名宦、鄉賢於戟門外，仍以禮門之東爲文昌祠，邑布政胡體乾、通政李勳等記。萬曆十一年，縣令吳騰龍建奎星樓於城垣正北。十七年，縣令張文璧修射圃亭於學宮北西牆外。二十年，縣令周璧重修殿宇、門欄、兩廡、名宦、鄉賢、儒學齋房，各煥然一新，有碑記。天啓五年，移建奎星閣於儒學門，增爲高閣。崇禎丙子，署縣尹王嶷命重修，學前買民房二院，創櫺星坊三座，復添二坊於大街東西，左"德配天地""金聲玉振"，右"道冠古今""江漢秋陽"，有督學道桂一章學記。（280）國朝順治十八年，知縣王如辰大爲創修，邑御史王之奇督工，大成殿前止三楹，今增高二層，擴爲七楹，兩廡易爲轉角，各成九楹。戟門三楹，角門二□，較前俱□。名宦、鄉賢加成五楹，泮池砌以石橋，圍以石欄，櫺星三坊面南豎以大壁，峙奎星樓於巽方，下砌石洞，上聳木樓，移文昌祠於明倫堂左，教諭宅於尊經閣西，諸廟俱圍以磚砌，蓋以琉璃，輝煌整肅，成巨觀矣，有學道史允琦、邑紳李之奇碑記。康熙九年，知縣趙吉□於正殿周垣圍以石欄。四十年，知縣俞卿另換木主，高五尺餘，加以金飾，四配、十哲、兩廡、啓聖、名宦、鄉賢各祠仍舊。四十七（281）年，知縣洪璟於廟學及戟門、櫺星坊皆捐貲重修。越明年，工竣，訓導楊蔚有記。乾隆二十四年，邑紳孫增、張朝良等重修。三十九年，知縣莊繩祖、教諭盧士杰重修泮池。嘉慶五年，邑人重修文昌祠。二十五年，重修學宮，邑舉人孫真儒均有記。道光二十一年，知縣賈棻、教諭馬百朋創修大成殿，邑舉人李聯芳有記。同治五年，邑人重修文昌祠兼及奎星樓，邑進士胡聯奎有記。大成殿七間。東廡九間。（282）西廡九間。啓聖祠三間。戟門東，名宦祠。戟門西，鄉賢祠。（283）忠義孝悌祠。（284）文昌祠。奎星樓。明倫堂五間。齋房東西各二間。敬一亭三間。尊經閣，即敬一亭上層。射圃。教諭宅、更衣亭、宰牲所。

（卷五"禮制門·祠祀"，294）文昌祠，在文廟東，壁內通往來。春秋二仲丁日、二月初三日，謹遵祀典致祭。歷屆修建，悉附學宮。同治五年，經紳（295）董李從龍、房鳳閣、韓目清、胡其順等紳衆重修，邑進士胡聯奎爲之記，至今愈形整肅。奎星樓，在學宮東南。歲春秋二仲以上丁日祭，修建同列"學宮門"內。

民國《太谷縣志》

民國《太谷縣志》，成文出版社有限公司，1976年。

太谷縣

（卷七"營建考·廟學"，1010）文廟在縣治東南，宋崇寧三年，縣尉李揆建。元至元二年，達魯花赤忽賽重修。二十年縣尹趙敦武，大德五年監縣程進義，縣尹馮敦武繼修。七年，地震圮。十年，監縣忽都魯沙進義、縣尹陳嘉祐又修復之。明洪武三年更建。二十一年主簿蔡仁，天順三年參政楊浚，成化五年知縣顏敏，十九年知縣張鑒相繼增修。至嘉靖二年，知縣劉奎耀拓爲大成殿五楹，前爲月臺，繚以石檻，（1011）殿左祭器庫二楹，右學租倉二楹，東廡十五楹，西廡十五楹，前戟門三楹，翼門東二楹更衣所，西二楹齋戒所。戟門外左爲名宦祠三楹，右爲鄉賢祠三楹，中爲泮池，跨飛虹橋其上，池四圍俱以石檻之，又前櫺星門三楹，門南龍門坊，東德配天地坊、西道光古今坊，左啓聖祠，今曰崇聖祠。由戟門東入，正殿三楹，東西廡各三楹，龍門坊南神路直達南城，廣五丈，修四十丈有奇，署縣照磨王瑤買民趙子珍地爲之。儒學，在文廟西，明倫堂在殿西北，尊經閣在殿東北。（1013）萬曆二十二年，知縣喬允升重修。（1015）清順治四年，知縣羅文遠、教諭賈道醇、訓導郭三重修。康熙七年，知縣王樂諫、訓導賀應熊重修。（1016）三十七年，知縣包秉奎、教諭董志建、訓導王之鼎重修。五十二（1017）年，知縣孔興誥重修。（1018）乾隆五年知縣王澤沛，九年知縣范大中相繼增修。（1019）五十五年，知縣顧售重修，又建碑亭於泮池東西，凡歷年修廟碑記悉移置焉。（1021）道光十五年，知縣孫衛重修。光緒二年知縣張貽琯重修。

（1022）儒學，在文廟西，明倫堂五楹，堂後敬一亭五楹，亭前西廳三楹，堂前東進德齋五楹，西修業齋五楹，東西號房各一十九楹，已廢。儀門三楹，門左省牲所三楹，門右神厨三楹。大門三楹，堂之左、殿之後東西齋爲教諭、訓導二署。今爲兩等女校。左爲射圃亭，已廢，清順治四年，知縣羅雲遠、教諭賈道醇重修。後神厨漸圮。雍正二年，知縣司馬灝文重修，以明倫堂西廳爲忠孝祠，以東廳爲神厨。乾隆五十一年，訓導郭鑒重修敬一亭。五十五年，知縣顧售重修明倫堂，增高四尺有奇，改進德齋爲經義廳，修業齋爲治事廳。五十七年，教諭崔敏第重修尊經閣，暨東齋修道堂。嘉慶九年，（1023）訓導馮攀桂修西齋內宅，增飾明倫堂、經義治事廳、大門、儀門，移照墙於道南。道光十七年，教諭衛君選、訓導李悅因修文廟餘貲重葺儒學，凡內外齋室概加完治，省牲所內建南房四楹，過道房二楹，北房二楹，西房一楹，門北向，顔曰"近居書院"，准諸生有品學者僦居教讀。三十年，知縣萬金鏞改明倫堂東神厨爲牛公祠，移神厨於堂西。光緒二年，教諭趙士達、訓導籍文學以修文廟餘資重修明倫堂及經義、治事二廳，並學宮俱加修葺。

（卷七"古跡考·壇廟"，1063）文昌祠，在儒學東，西向。清順治十一年，知縣郝應第重修，內外增建牌坊二座。康熙五十七年，知縣孔興詰拓其地而更新之，爲懸窑五間，建閣於上。閣前正中竪坊，坊以內南北兩廡各三楹，坊以外兩廡各五楹，前建大門三楹，翼以鐘鼓二樓。自大門迤邐而西，建樓爲歲時演劇之所，竪綽楔焉。廟偏北爲神庖、爲饌堂、爲蔬圃，今爲文昌學校。乾隆二十八年重修。道光二十七年繼修。歲以二月初三日致祭，今廢。（1066）奎光樓，在城東南隅。明萬曆間，知縣牛維曜建。清順治七年知縣戴可進、訓導曹民從，康熙四十七年教諭任作舟重修。雍正九年，知縣王廷贊改建三層樓。嘉慶二年、道光二十七年，邑民重修。（1074）忠義祠，在儒學東，正室三楹，大門一楹，石碑一座，繚以周垣。清道光十年，知縣孫銜、署教諭申悌義、訓導董訫重修，改顔曰忠義孝悌祠。節孝祠，在縣西南坊，正室三楹，大門一楹，外有牌坊，繚以周垣。清雍正五年，知縣司馬灝文建。嘉慶十八年，署知縣張光禄重修。祠西有養濟院廢址，取以益祠，建屋前後凡八楹，收僦值焉。光緒七年，知縣侯承熙以常平倉舊址增建後室三楹，前院東西碑亭各三楹。八年，知縣吳匡踵成之。

光緒《長治縣志》

光緒《長治縣志》，成文出版社有限公司，1976年。

長治縣

（卷三"祠祀志"，522）文昌祠，在學宮正北。《吳志》，一在縣治東，知縣陶鴻儒建；一在二仙廟巷，知縣杜戀哲建；一在水車溝口，明天啓間建；一在南關。（561）名宦祠，在縣學戟門左。康熙三年，知縣於公允移置。（563）鄉賢祠，在縣學戟門右。康熙三年，知縣於公允移置。（565）昭忠祠，在府學。（568）忠義孝弟祠，在縣學。節孝祠，在南門新街。

（卷三"學校志"，585）文廟，在城東南隅校場舊址。明萬曆四十二年，知府陳儒移建，有記。其舊學，初在府學之東，嘉靖四十二年，同知葛大紀建，知縣劉四科置祭器、書籍，知縣張王敬增修門樓。其後知府劉復初移建永豐倉前，（586）有顧憲成記。萬曆中又移今地。國朝順治七年，署知縣錢鑰、知縣王功成重修，程正緒記。（587）十五年，生員杜棠馥修之。康熙三年知縣於公允，十七年知縣任進爵並重修，王鼎記。三十三年，知縣於元吉、知縣陸遐昌相繼修之。乾隆六年知縣徐志幽，二十七年知縣吳九齡重修，吳有自記。（588）其殿廡位次現敬遵同治二年欽頒文廟祀位圖，春秋釋奠禮器、樂舞並遵通禮。崇聖祠，在正殿後。明倫堂，在文廟東。齋明亭，在戟門東。省牲所，在戟門東。宰牲所，在戟門東南。尊經閣，在明倫堂後。齋房，在明倫堂東西，各五楹。

（卷三"建置志·公署"，500）教授署，在府學明倫堂東。訓導署，在堂西。（502）教諭署，在明倫堂東。訓導署，在明倫堂西。

光緒《長子縣志》

光緒《長子縣志》，成文出版社有限公司，1976年。

長子縣

（卷五"祠祀志"，307）文昌帝君祠，在文廟東南。乾隆十二年，知縣李鍾份倡修。道光二十一年，諸生溫正春等並立文社，有碑記。（312）魁星樓有二，一在東城樓稍南，明天啓六年，知縣周維新建，王司馬式盧復增修，曰文筆峰；一在城東南隅，乾隆二十七年知縣高霱建，嘉慶二十一年重修。（350）名宦祠，在學宮泮池之東。順治十三年知縣□□□□，嘉慶七年知縣黃宸重修。（351）鄉賢祠，明正德十一年知縣史紀建，孫紹祖爲之記。（352）萬曆四年，知縣許鋌大修。皇朝嘉慶七年，知縣黃宸重修。忠義祠，在尊經閣前。隆慶六年，知縣劉復禮創□□□（353）名碑。（354）節孝祠，在廉山書院之東。雍正五年，知縣□□□建。

（卷六"學校志"，385）文廟，初在公廨西偏，尉居之□□□□。宋建中靖國間，乃卜城東南隅，易民地而遷□□□始擴。金天會九年，改建城池，廟仍舊地。正隆間，縣令劉廣威、王奉直皆有增修。承安三年，主簿焦日隆大修，繪先師、七十二子像，創建戟門，闢東西齋房，大起講堂及旁兩廈，史倬爲之記，詳"金石"。元中統間，縣尹馬德重修。至元六年，劉謙續修，宋渤爲之記，詳"金石"。至正十年，呂克明又修，上党王璜爲（386）之記，詳"金石"。十六年，晁景暄復修講堂。明洪武二年，縣丞閻弼又拓舊規增大之，後主簿郝景隆補葺。十六年，知縣寇奉祖復修。景泰三年，姚禧增修號舍、創射圃、構觀德亭。成化十四年，易鷽重修，增東西廡各六楹，始鑿泮池，造祭器，構重樓宿號以居諸生，學門外建有興賢、崇教二樓。（388）宏治三年，王澤大修學宮，並增置祭器及□房三十餘間，以射圃隘，易民地三畝益之。（390）正德間，史紀訂正鄉賢祠名位，馬員□復行補修。隆慶六年，劉復禮增□□□□臺。萬曆四年，許鋌大修於廟東南隅，建聚魁樓以祀文□。（392）後霍鵬、何出圖又修武之大□，建坊二座。（396）三十五年，霍爾進大加修飾。崇禎十四年，李友梅建奎樓於廟南。後毀於兵□，諸制盡傾。皇朝順治十三年，知縣張鳳□□□。（398）康熙十五年，尤則籲重修，改建崇聖祠於明倫堂後。（400）二十二年，郭守邦創築□牆。三十三年，徐光晃又修，遷文昌祠於廟左，移奎樓於東城。（402）乾隆六年，黃宸大修之，□□□戴工乃竣。（404）四十四年，紀在譜重修宮牆。嘉慶十七年，劉樾重修。（405）其制，大成殿五楹，殿東金絲堂三楹，西詩禮堂三楹，東西廡各五楹，大成（406）門五楹，門東西碑亭各二楹，前建名宦祠三楹，西向，先賢祠三楹，東向。其次齋宿、更衣二所，各三楹，南爲泮池，前櫺星門亦三楹，外爲照墻，東西有金聲玉□□□外竪下馬碑。歲以春秋仲月上丁日致祭。（430）明倫堂，在文廟後。尊經閣，在明倫堂後東偏。教諭署，在敬一亭西。光緒七年，教□□□□修。訓導署，在文昌祠後。光緒八年，訓導□□□重修。

雍正《猗氏縣志》

雍正《猗氏縣志》，成文出版社有限公司，1976年。

猗氏縣

（卷一"學校"，95）文廟，大成殿五間，東西廡各十五間，內東廡南二間爲神厨庫，西廡南二間爲祭酒庫。今又以東廡（96）北二間爲經籍庫。戟門三間，泮池在戟門前，齋所在泮池東，三間，舊爲宰牲堂，今改名。神厨，在泮池西，三間，今改爲忠義孝弟祠。櫺星門三間，東西大門，東曰"義路"、西曰"禮門"。琉璃照壁，舊在櫺星門前。明天啓中，邑紳喬應甲拓地基增泮池於門外，移照壁於外泮南。廟門坊，東曰"德配天地"、西曰"道冠古今"。崇聖祠，在文廟東北，三間。萬曆二十年，知縣李景登更宏其規。三十三年，署教諭胡如穎立樓門。名宦祠，在文廟戟門外左，三間。鄉賢祠，在戟門外右，三間，舊以神厨所爲之，後改建。祭器庫，在西廡北。（97）制書庫，舊制當在尊經閣□。儒學，猶係大縣，額廩二十名。明倫堂，在文廟後，五間。兩齋，東曰崇德齋，五間；西曰廣業齋，五間。舊制，東曰順養、西曰井養，各二間；又東曰日新，西曰時習，各三間。角門，東曰毓秀、西曰興賢。敬一亭，在堂後，三間。明嘉靖中，知縣李景登起臺重修。教諭宅，在堂西北；厨房，在堂東，三間，今廢。訓導宅，一在東齋後，改建尊經閣；一在西齋後。魁文閣，在廟坊東門，衢西達，樓閣巍峨。邑紳何東序題額，東曰"唐虞奠域"、西曰"文武藩屏"、南曰"郇雲倚（98）漢"、北曰"嵋宇鍾祥"。尊經閣，在東學道北。康熙二十三年，進士王含真創建，有記。儒林坊，在閣南街口，榜曰"文運鴻開"。射圃，舊在學西。明嘉靖三十三年，巡鹽御史宋儀望移文知縣韓應春、署教諭王三益改建學東北，拓基七畝五分，中爲講堂五間，西廊左右齋各三間，後爲退齋三間，號舍二十八間，庫三間，厩三間，儀門三間，大門三間。後廢。萬曆中，義民何東觀出首地基房，經乙卯地震，圮頹無存。天啓中，舉人耿始然改建知縣賈公生祠，以其餘地爲鄒伯廟。順治十八年，知縣楊乾晋特毀生祠，仍存射圃舊址

　　（99）考學宮在縣治東，基址一十五畝五分。金成安二年建。明洪武三年重修。嘉靖三十三年，巡鹽御史宋儀望移文知縣韓應春增修。三十四年，地震頹圮。三十五年，韓應春重修，經筵官韓邦奇撰記。萬曆九年，知縣賈一鶚鳩士民重修，改學道於右。二十年，知縣李景登復改學道於左，搆得民居，闢明堂五丈餘，并建魁文閣，邑紳何東序爲之記。天啓三年，邑紳喬應甲更搆民居，拓地基，增修外池，學道左右二門俱開。順治十五年，生員荆（100）可樾以捐貲修學入成均補茸。未久，門廡敝漏。康熙九年，署縣事聞喜縣丞董國政、署教諭竇復伸倡闔學重修泮池。康熙十二年，重修大成殿。十九年，舉人王岩禎重修兩廡、魁文閣、名宦祠，有記。二十三年，進士王□真創建尊經閣，有記。三十二年，重修啓聖公

祠，有記。四十年，重修祭器。四十一年，重修戟門、泮池，有記。五十二年，重修兩廡、名宦、鄉賢兩祠。雍正六年，知縣宋之樹倡眾重修魁文閣、道德、儒林三坊、外泮池，有記。（102）忠義孝弟祠，在學宮戟門外。舊有西房三間。雍正五年，知縣宋之樹改建，有題名碑記。節孝祠，在東門外，正房三間，牌坊一座。雍正五年，知縣宋之樹捐建。

光緒《壽陽縣志》

光緒《壽陽縣志》，成文出版社有限公司，1976年。

壽陽縣

（卷二"建置志·壇廟"，152）名宦祠，在學宮戟門外左，祀仕於本邑有功德者，詳"官政志·宦迹"條，兼祀國朝河南總督蘭第錫、山西巡撫王慶雲。鄉賢祠，在學宮戟門外右，祀本邑德行著聞者，詳"人物志·鄉賢"條。（153）忠義孝弟祠，祀本邑忠臣義士、孝子悌弟順孫。舊同一祠，在書院文公祠左。雍正二年，知縣熊應璜建。後移祀於文廟東韓文公新祠之東西廂，詳前"韓文公祠"下。雍正二年奉旨，府州縣衛各建二祠，一爲忠義孝弟祠，建於學宮內，祠門外立石牌將前後忠義孝弟姓氏刊刻於上，已故者設位祠中。一爲節孝祠，另擇地營建。節孝祠，祀節孝婦女，舊在書院韓文公祠右，雍正二年，知縣熊應璜建。嘉慶五年，知縣馮駰駿移建於西街，自撰記。同治五年，重修，又增建牌坊，秦東來撰記。（161）魁星樓，在城上巽方。乾隆九年，知縣吳日華創建。明萬曆間，知縣蕭九成改南城樓爲魁光樓，與北城上文昌閣坎離相對。崇正間，又於城東南二里許鳳凰山文昌祠右建奎壁塔，邑人李埨撰記，俗呼鳳凰塔。國朝乾隆九年，知縣吳日華乃創建魁星樓於城上東南隅。道光間，又於東郭內文昌祠樓上祀奎星。（162）文昌閣，在縣東南二里鳳凰山；一在東郭內。按據諸碑記，文昌祠舊在文廟東南隅，後改爲啓聖祠。移文昌祠於縣東二里許，名曰鳳凰臺，即鳳凰山也。明萬曆間，知縣蕭九成、鄭金相繼別建閣於明倫堂後北城上，御史趙標撰記。後知縣莫天麒以文昌閣地建尊經閣，復徙文昌祠於鳳凰山之半麓，捐貲購地一十五畝，建正殿三楹，左右厢房各三楹，鐘樓一座，旁小耳房二間，周以墻垣，餘地爲祠中香火之資，自撰碑記，即今祠也。國朝康熙五十五年重修，舉人陳肖祁撰記。乾隆三十二年，復重修，歲貢吳俊撰記。光緒六年，知縣馬家鼎復倡捐重修。其在東郭内者，國朝嘉慶初元，詔天下州縣普祀文昌，時壽邑無專祠，即於東關義學構殿三楹而祀焉。道光間，復擴而新之，建四明樓，上祀奎星，下祀文昌，兩廊各三間，下院如之，東題名、西記工。廟門左右爲鐘鼓樓，樓左爲文昌三代祠，又購地四十畝爲住持香火之資。

（卷四"學校志"，217）學宫，在縣治西，宋元祐五年知縣張元淳建，李毅有記，見"藝文"。金宣宗貞祐二年廢。宋淳祐壬寅、癸卯間，邑從事李通、李天民重建，元好問有記，見"藝文"。《舊志》云，重建於至元庚寅，非也。尋廢。明洪武四年，知縣吳原庸復建。宏治間，知縣胡瑄新之。嘉靖十年，主簿吳達重修，更拓其制。萬曆四十八年，知縣陳舜典增置石欄。崇正十年知縣楊思選、國朝康熙十八年知縣田國弼、五十六年知縣李敦、雍正八（218）年知縣胡□體、嘉慶五年知縣馮駢駿、同治十年知縣佛爾國春皆經重修。

大成殿五楹，殿旁左右角門各一，東西（219）廡各十楹，東廡北爲書籍庫二楹，南爲更衣所二楹，西廡北爲祭器庫二楹，南爲省牲廳二楹，外爲大成門，即戟門，門旁左右角門各一，又旁左右碑廳各三楹，門外東爲名宦祠，西爲鄉賢祠，左旁門曰存誠，右旁門曰持敬，又外櫺星門三楹，門外爲泮池，上架石梁。舊泮池在櫺星門内。明萬曆四十三年，知縣莫天麟改建於外。池左禮門坊，右義路坊，周以石欄，其左右爲下馬牌，正南興賢街口爲大成坊。（220）崇聖祠三楹，在大成殿東。明萬曆三十六年，知縣王文元創建，有碑。康熙十一年，知縣吳祚昌重修。嘉慶二十年，知縣希靈阿移建於殿東上，以祠基爲韓文公祠暨忠義、孝弟二祠。崇聖祠南積土成小山，其西建石坊，題曰"小魯處"。明倫堂，在大成殿後，左右二齋，曰進德、曰修業，後改曰敬業、曰樂群。嘉慶二十年，知縣希靈阿重修，堂後爲敬一亭、尊經閣，閣舊爲文昌祠，其基址踞北城上。射圃，在教諭署西。康熙十一年，知縣吳祚昌重建。教諭署，在明倫堂西。康熙三年，裁缺署廢。十七年，復設，（221）借居敬一亭，後重修舊署而居焉。訓導署，在明倫堂西南。嘉慶二十年，知縣希靈阿與教諭署皆經重修。

民國《襄陵縣志》

民國《襄陵縣志》，成文出版社有限公司，1976 年。

襄陵縣

（卷十七"學校表"，678）學廟，舊在北門外。金大定初，移縣治西南明禮坊街北。元地震傾圮，縣尹楊秀重修。正統間，知縣張柔、訓導丁漣拓修。成化十六年，知縣張鼐建尊經閣暨明倫堂，誠意、正心二齋。宏治四年，知縣張文佐構東講堂、南北號舍，復改爲姑汾書院。十四年，知縣李高修飾文廟，兩廡通作木龕，覆以帳幕，及欞星、戟門、興賢、毓秀二坊，今改爲"姑山起鳳""汾水騰蛟"。嘉靖二十三年知縣尚熏、二十七年知縣趙希益相繼修飾，恢廓規制，視昔改觀。四十四年，知縣宋之韓增修祠舍。萬曆丁巳，知縣馬逢皋創建奎樓於後。乙亥坤震，傾圮，今改爲尊經閣。康熙四十九年，知縣宋繼均重修，有碑記。雍正十年，知縣趙懋本重修。嘉慶七年，知縣李鄴書重修文廟明倫堂。咸豐七年，知縣岳雲溪補修學宮垣墻。咸豐四年知縣程國觀，同治十一年知縣錢墉相繼補修大成殿。

（679）文廟：先師殿轉五楹、東西兩廡。神庫、神廚。戟門三間、欞星門。泮池、門外牌坊，內字"金聲玉振"，外字"江漢秋陽"。照墻、東西旁下馬牌。大成門，即城之小南門，城上夾樓列坊牌二，一曰"叢桂"，書科第姓氏；一曰"群英"，書歲貢。乙亥地震傾圮。（680）崇聖祠、名宦祠、鄉賢祠。

儒學：明倫堂五間，在先師殿後。誠意齋、正心齋。文昌路，東儒學門由此。文昌祠、門房。崇聖祠路，西儒學門由此。尊經閣，在御訓亭後。敬一亭五間，在堂後。教諭宅一所，在東隅；（681）訓導宅一所，在西隅。忠義孝弟祠。門外牌坊二，左"汾水騰蛟"，右"姑山起鳳"。乙亥地震，圮。樂育堂，今廢。坊牌一座。射圃，在儒學內西隅。觀德堂，今廢。坊牌一座，今廢。關王廟，附學東垣。文昌祠，附學西垣。

（卷十九"營建考"，759）教諭署，清光緒三十三年，改設勸學所，暨自治講習所。民國元年，改設縣議會暨乙種農業師範講習所。訓導署，今改建農桑分局，附縣農會。

（卷二十"古跡考·亭樓"，778）奎星樓，在興義社。民國十年，募捐重建。

同治《陽城縣志》

同治《陽城縣志》，成文出版社有限公司，1976年。

陽城縣

（卷四"方輿·官署"，163）教諭宅，在文廟東。訓導宅，在教諭宅東。

（卷六"學校·祀典"，223）陽城，在宋元世舊有廟學，居城東南隅化源坊。明洪武初，詔天下新學宮，於是邑令李苹重建，以舊基狹隘，乃擴學西廢地以益之。其後修學宮者，明成化中史書、嘉靖中鄒頤賢、萬曆中張應詔、國朝順治十五年知縣陳國珍、康熙八年都甫。其學宮大成殿災於康熙二十八年，令項□□重新焉。至壬戌歲，明倫堂亦圮，則邑人故戶部侍郎□六善所修。道光中，知縣徐璈廓大（224）舊規，重加修葺。崇聖祠三間，大成殿五間，東西廡十四間，戟門三重，泮池一泓。名宦祠三間，在戟門東；鄉賢祠三間，七賢祠三間，俱在戟門西。欞星門一座，尊經閣一座，三間。閣下敬一亭三間，明倫堂三間，後神廚三間，夾室各一間，省牲亭一間，東西齋房十間，忠孝祠三間，節烈祠三間，大門一座。東文昌宮一院，內文昌殿五間，東北啓聖祠三間，魁星閣一座，東西閑房各三間，西北平庭三間，於同治十一年改建爲三賢侯祠，移明知縣王良臣、安伸、楊鎮原像於內，前縣令彭景曾、胡邦盛、宋本敬、王筮泰、王元樞、徐璈、程國觀祿位附焉，又有劉公祿位名籍未詳，今（225）邑侯賴昌期祿位亦設於中，邑人盧廷萊謹志。

光緒《榆社縣志》

光緒《榆社縣志》，成文出版社有限公司，1976年。

榆社縣

（卷三"學校志·學宮"，149）文廟，在東關，元中統二年建。明洪武五年，縣丞李茂修，後知縣周至善、尚弼、武清、何毅、馬驥、王寵繼修。嘉靖九年，縣丞徐元道繕完。十年，詔建啟聖祠。萬曆三十三年、三十四年，巡按汪撫軍、李相繼捐銀，知縣陳大典、孔從周、典史王朝官合謀經畫，擴而新之。國朝順治四年，知縣王殿珍、教諭薛應聘、典史羅正、鄉官（150）石可珪、連步進、生員王運昌、王道平、田一峻、常有典等重修。未幾有姜逆之變，十年，知縣張躍辰、教諭安漢勃、鄉官王道平、石可珪、周泰初、生員王心鑒等議修。至十二年，知縣王家柱蒞任，而厥工始成。十四年，生員張真修捐銀三百兩，同鄉官王鳳翔、李珆、生員連成璧、李長選等復加修葺，鴻博張廷奏以規模未能宏敞，謀重建，未果。乾隆三十四年，廷奏子原任江南觀察聚琛、池州太守聚瑢仰承先志，展拓基址，鼎新重建，百堵皆興，計費萬金，規模頗極壯麗，邑令葉廷推爲文以記之。厥後，（151）嘉慶二十二年、咸豐九年屢有修理。大成殿五楹，門左恭泐康熙二年御製訓飭士子碑文，（153）門右恭泐康熙四十三年御製平定朔漠告成太學碑。（155）東廡七楹、西廡七楹。（156）櫺星門三楹、東庫房三間、西酒局三間。名宦祠，三楹，在泮池東。鄉賢祠，三楹，在泮池西。大成牌坊，一座。東欄牌坊一座，題曰"德配天地"。西欄牌坊一座，題曰"道冠古今"。奎星樓一座，在明倫堂之南。（157）節孝祠，在東正房，三楹。崇聖祠，正殿三楹，東廊房三楹，西廊房三楹，在大成殿後。明倫堂三楹，在大殿之東，堂內恭立國朝順治九年部頒臥碑。（158）東齋房五楹，扁曰"居仁"。西齋房五楹，匾曰"由義"。敬一亭三楹，內有明世宗聖諭碑、敬一箴碑、宋儒范氏心箴碑、程子視聽言動箴碑四通。尊經閣，三楹，二層。三立祠，三楹，在尊經閣之西。

山東省

民國《定陶縣志》

民國《定陶縣志》，成文出版有限公司，1968年。

定陶縣

（卷首"圖考·文廟圖"，100）廟基南闊二十步，北闊二十三步，中長一百四十五□□地十三畝五分九釐二毫。中爲文廟，左右爲兩廡，□□□成門，門內左右爲神厨、庫房，門外左爲忠義孝弟□□□泮池又南爲櫺星門，今易以石，外爲照壁，東西華門□□爲太和元氣坊，後爲五聖殿，殿左爲名宦祠，右爲鄉賢祠。

（卷二"建置志·學校"，152）儒學，舊濱河，屢患沖淤，徙置不一。成化二十二年，知縣孫賓遷於縣治東二十步許。中爲文廟，左右爲兩廡，前爲戟門，門內左右爲神厨、庫房，前爲聖道淵源坊，南爲泮池，又南爲櫺星門。文廟西爲明倫堂五間，臥碑一通，堂之左右爲日新、時習二齋，後爲會講堂（153），東西號舍十二間，後爲學舍三間，後東爲教諭宅，書厨一座，西爲訓導宅。堂前爲道義門，左右角門，西爲射圃亭。自日新、時習二齋至射圃亭，今皆不存。前爲大門。嘉靖丙戌，知縣胡來廷更新文廟，都御使曹邦輔撰記；重修明倫堂，戶部郎中喬遷撰記，知縣段祥置科貢題名記。嘉靖中，知縣劉倫建敬一亭於廟後，知縣芮京建啓聖祠於廟後，東爲名宦祠，西爲鄉賢祠；知縣鄭思敬設屏墻；知縣羅大才重建明倫堂；知縣睢祝修齋舍、道義門；知縣唐桐重新聖道淵源坊。萬曆三年，知（154）縣梁鑛加意修葺，又以敬一亭久廢，移置戟門迤東，創建宰牲廳於敬一亭後。七年，知縣黎邦琰稍加整飾。二十二年，知縣陳以見又丹堊龕匼及供棹。二十六年，知縣楊克順見櫺星門逼近街市，創建栅欄二圍。天啓三年，知縣朱萬年捐俸重修正殿、戟門、聖道淵源坊、泮池、欞星門，規模益加嚴迥，陶紳衿勒碑紀績，提學副使何應瑞撰文樹於欞星門東。順治六年，署縣本府同知金有選修欞星門，勒碑門西，以紀其事。十二年，知縣趙國琳見正殿傾圮，倡義捐俸，闔邑（155）紳衿輸資三百餘金，將正殿創加修葺，輪奐一新，及兩廡、戟門、泮池、聖道淵源坊概加整飭，邑人田玉潤、生員張星燦董其役。康熙二十八年，知縣高必騰重修學宮，督工生員馬士俊。四十一年，知縣趙俞於大成殿及各廟繚垣、椳梲、欄楯、門扉、神棲、供棹、幛幔，一切修整，又改造欞星門，起門樓，建聖澤流長坊及敬一亭，督工生員馬貞修、孔尚節、張汝礪、董其振、張謙。時廟之東南隅久淪爲民舍，監生馬士璉捐資買回。五十四年，知縣鄭霄重建大成殿，廓其基址，周圍以（156）石，規模宏敞，大改前制。候選知縣高思雍總理並捐銀五十兩，督工紳士孔尚□、張允昌、盛覬朝、張敬天、王如玉、劉玉佐、沈瑗、陳鐸、盧賓、朱大器、張謙、董其振、孔衍魁、牛懷璟、游滋、張魁標。五十六年，知縣盧生甫重修鄉賢祠。雍正四年，知縣葉亮奉文建忠義孝弟祠。五年，重修戟門、聖廚、明倫堂、奎星樓，督工紳士劉珍、田雲綉、張允昌、陳鈞。十三年，知縣胡彥升重修名宦祠並明倫堂、大門，督工紳士劉珠、張允昌、游滋、盛克奇、白宗易、盧凱。乾隆四年，知縣薄而堅重修兩廡、（157）泮池，督工紳士張允昌、白宗易、賈琎。十七年，知縣雷弘宇清理學宮，捐俸以倡紳士，重建五神殿、神器庫、泮池，改建欞星門，易之以石，復創建太和元氣坊、下馬碑、界石，丈量學宮基址闊步，凡所侵占，從此退出。十九年，創建文昌廟、義學，并捐貲置買學田，前後襄其役者爲張日任、陳雷發、許其勳、趙畿、曹成書、賈蘊厚、孔衍琮、潘其恪、李淑發、高法祖、高覲祖、蘇世焜、謝炎、白宗易、劉應松、邵鑒、李體仁、馬履義、朱崿、劉全始、蘇友光、盧凱、丁昌後。二十四年，知縣李建岐重修文（158）廟。五十七年，知縣張廷弼重修學署。嘉慶二十五年，知縣李光瀛重修廟學，督工者謝金山、孔傳孜、張問世、戚文運、杜調元、谷鴻漸、王際舜、許琯。道光十一年，知縣李應彪修補垣墻，督工者蘇遜、曹恒、孔傳孜、許躍龍、張問世、孔毓茂、許琯、蘇祖楫、谷鴻漸、李琨圃、謝懋官、賈升聞、陳如金、谷蘂、謝釗、王諤、何應運、賴彥博。同治六年，知縣劉玉珂、袁福海重修文廟垣墻，督工者劉坫、孔繼德、劉廷獻、張蓉鋒、孔繼瑩、晁濯、張慎余、許長春、何應運、孔繼聖、劉允生、王玉清、許綉春、趙文（159）錦、陳登雲、許光第、曹奉召、曹奉崧。光緒三十二年，知縣盛挺森重修大殿、文明坊，督工五方紳士劉承堯、曹璽、孔廣籍、孔廣淇、張華峰、孔廣瑞、孔廣濟、孔廣持、孔昭然、孔昭炯、劉光璞、楊映對、孟憲政、徐成已、馬傳曾、許履坦、謝建光、閻文蔚、崔含貞、朱見龍、曹皋訓、曹體訓、何臨淵、劉廷立、晁鍾侖、王蘭馨。

廟基，南闊二十步，北闊二十三步，中長一百四十五步，成地十三畝五分九釐二毫。廟田四畝，坐落司家集，知縣雷弘宇捐置，有碑記。

（卷二"建置志·祠廟"，180）忠義孝弟祠，在學宮戟門左偏，雍正三年知縣葉亮奉旨建。節孝祠，在縣治東舊察院地，雍正三年知縣葉亮奉旨建。（181）奎星樓，在文廟東二十步，萬曆四十年，知縣賈應元建，上祀奎星，每賓興結龍門坊、青雲梯，餞應試諸生其上。文昌閣，在縣治東南隅，高七丈有奇，上祀文昌帝君，中祀張仙，春秋二仲月上戊日致祭。先是據術家言，東南文壁地勢缺陷，邑舉人郭金湯結社輸募，崇禎五年創建。康熙五十年，知縣鄭霄重建。（183）文昌廟，在文廟東南隅，知縣雷弘宇建。

民國《德縣志》

民國《德縣志》，成文出版有限公司，1968年。

德縣

（卷四"輿地志·公署"，81）德州儒學署二處，一在文廟後，廢圮；一在文廟西。

（卷四"輿地志·祠廟"，86）聖廟，在城內北部。崇聖祠，在聖廟內。奎星樓，在聖廟東，清順治九年建於南門城上，康熙十八年移建於此。文昌閣，明景泰五年建在聖廟東，名文昌祠。萬曆二十五年，知州劉道另建文昌閣於祠之東，移像入閣，舊祠改為名宦祠。鄉賢祠，在聖廟東，清雍正十年建，光緒丙申年立碑，將崇祀鄉賢姓氏鐫於碑上，每歲春秋二仲月上丁釋奠之日致祭。（87）節孝祠，在聖廟東，清雍正元年詔立節孝祠。三年，知州陳留武於聖廟東建祠立主，嗣後凡已蒙旌表者得奉木主入祠祔祀焉。（88）名宦祠，明正德二十四年建在聖廟西，萬曆二十五年以聖廟東之文昌祠舊址改爲名宦祠，其聖廟西舊址改爲訓導署，每歲春秋二仲月上丁釋奠之日致祭。

（卷七"學校志"，138）聖廟之建，始於漢代，首□里、次太學，又次通都大邑。其各州縣建學宮，自唐太宗貞觀四年詔天下州縣皆立孔廟始。德邑廟學，元以前無考，惟元臺德璋儒學碑記云，天下之宮，舊在城東南隅，地形漥下，水潦時沃。至元三十一年，知州秦公政卜遷於此，其後知州衛益之、杜顔卿、賈棟等相繼增修。明洪武十年，知州閻九成移建於州治之北，即今學宮也。嗣知州鄒銘、洪釗、王翊等屢次增修，規制始具。嘉靖九年，以主易像。二十三年，州人葉洪樹柏三百本。後知州邢奎增建尊經閣、敬一亭、文會亭、禮門、義路。清雍正元年，詔封至聖先師五代王爵，建崇聖祠。乾隆四年，督糧道趙城重修學宮，工最完固。四十四年，知州劉永銓重修。光緒十三年，知州程兆祥重修，數年始竣，於是廟貌莊嚴，規模大備矣。廟制：前爲欞星門，左右有二坊，左曰"德配天地"、右曰"道冠古今"，門前爲泮池，南爲照壁，題曰"太和元氣"，繚以周垣，坊外各有下馬碑，欞星門內正門爲大成門，後爲大成殿，殿前兩厢爲東西廡，殿後爲明倫堂。

道光《博興縣志》

道光《博興縣志》，成文出版社有限公司，1976年。

博興縣

（卷三"建置志·壇廟"，174）文廟。博興學廟，宋崇寧初始建。宋亡，毀於兵。元貞元間，知縣欒汝翼重建。至元間，監州火爾赤置東西廡。元末復毀。明洪武三年，知縣王暹重建。二十一年，縣丞劉本道、主簿劉克勤同修。永樂十三（175）年，知縣郭務本重葺。天順間同知劉隆，宏治十三年知縣何鈇，十五年知縣姚聰，正德元年知縣陳文偉，嘉靖元年知縣周讓，三年知縣張集，三十一年縣丞杜孔祿，三十六年知縣劉廷琮、教諭尚章直，隆慶六年知縣王堯臣并修。萬曆間知縣桑東陽、張登、馬壯、王連、趙永安，崇禎時知縣翁兆雲相繼增修，明末又毀焉。國朝順治二年，知縣李經國重建。七年知縣花友葵，康熙十一年署知縣通判杜必擢、訓導遲龍賓修西廡、築墻垣，教諭李楨修大成門。二十五年，訓導錢大受重建大成殿。康熙二十九年，知縣王玉國再葺。康熙五十六年，知縣李元偉重修。乾隆二十一年，縣人鄭繩立等復修大成殿，移崇聖祠於殿後、明倫堂於殿東南。道（176）光三年，再葺大成殿。道光十七年，知縣吳塤、教諭李同重建明倫堂，創祭器庫、更衣廳、櫺星門外兩坊。十八年，知縣黃松年、教諭李同又建崇聖祠、大門、泮池，立下馬碑、築宮牆及迎秀門，甬道植柏百餘株。道光二十年，知縣周壬福新木主，置祭器，葺迎秀門。元明碑刻在大成殿前二，在殿後四，在大成門外六。仁皇帝御製至聖先師孔子讚碑、四哲讚碑并在大成殿前。純皇帝平定西疆告成大學文在至聖讚碑後東偏。

（189）名宦祠、鄉賢祠、（190）忠義孝弟祠。節孝祠在東門□路北。四祠通禮門□□文廟左右，今所建，不盡如制。（191）文昌閣，在縣學東南，知縣翁兆雲建。後改為廟，今廢，祀文昌於梓潼廟，在縣治西北，亦知縣翁兆雲建。

（卷三"建置志·學宮"，203）明倫堂，在大成殿後，今在戟門東，道光十七年重建，置月臺。章皇帝臥碑在明倫堂壁間，仁皇帝御製訓飭士子文在月臺。（204）敬一亭，嘉靖間始建，覆明世宗御製敬一箴及注程子四箴、范氏心箴者。今廢，舊石并移明倫堂軒聽箴。尊經閣，制自宋始，舊志不載，基址蓋未建備。魁星閣，前在櫺星門左，毀於風災。康熙五十八年，知縣李元偉移建東城上。乾隆間，知縣尹文炳復移櫺星門左。嘉慶六年，雹災，復毀。十三年，邑人改建城下東南隅。道光十一年，風災又毀。十二年重修。五魁樓，在迎秀門城上，與魁星門相值。筆架山在迎秀門外，築土為之，皆用形家言也。迎秀門，自嘉慶間久閉，門下道並壞，說者謂（205）不利科第。道光二十年，知縣周壬福乃築道，置踐更司啟閉，以順民情。筆架山亦名奎山。教諭宅，在學宮西，康熙五十九年知縣李元偉修，後圮。乾隆間，移建在東。道光十五年，教諭朱蘭春修。十七年，教諭李同重修。訓導宅，在學宮東，康熙五十九年，知縣李元偉修，後圮。嘉慶二十三年，訓導劉硯溪改建在學宮西。道光二十年，訓導王磐修。

光緒《菏澤縣鄉土志》

光緒《菏澤縣鄉土志》，成文出版社有限公司，1968年。

菏澤縣

("祠廟",69)城內東隅有文廟,崇聖、鄉賢、名宦、忠義節孝、昭忠諸祠附焉。文昌宮,奎星樓。

乾隆《昌邑縣志》

乾隆《昌邑縣志》,成文出版社有限公司,1976年。

昌邑縣

(卷四"學校",172)學宮,在縣治東,金大定間建。明洪武三年,縣丞程福山建明倫堂,東進德齋,西修業齋,堂東南為奎樓。景泰七年,知縣葉蕃重修。成化四年知縣郭賢,□治十二年知縣孫榮相繼重修。嘉靖七年,知縣戴纓重修明倫堂、齋房。四十三年署縣事本府通判王孚,四十五年知縣李天倫相繼重修。萬曆五年,知縣侯鶴齡大修齋房、門垣,各加增拓,明倫堂創建五間,櫺星門、泮池更高深其制,並修崇聖祠、敬一亭。萬曆三十三年知縣王三槐,天啓二年知縣李鳳,崇禎二年知縣李聯芳,九年署縣事本府通判朱逸泓相繼重修。國朝順治三年,知縣王廷賓修。十七年,知縣堂丕祿修。康熙七年六月,地震,明倫堂圮毀。十一年,知縣許全臨重修。十九年,知縣章紱重修明倫堂。四十一年,署縣事平度州知州舒士貴重修大成殿。雍正元年,知縣王翼重修明倫(173)堂。三年,知縣袁□重修大成殿、戟門、名宦祠。四年,教諭李愉重修崇聖祠。乾隆六年,知縣周來邰重修崇聖祠、大成殿、兩廡、明倫堂、名宦、鄉賢祠。(175)大成殿,五間。兩廡共二十八間。戟門,五間。泮池,跨橋三洞。崇聖祠,三間,在大成殿東北。雍正元年,更名啓聖祠曰崇聖祠。敬一亭,在崇聖祠右,今廢。名宦祠,三間,在戟門東。鄉賢祠,三間,在戟門西。櫺星門,三座。(176)學署。教諭宅,在明倫堂東;訓導宅在教諭宅前。明義民曹敬市民房增儒學東一間。明倫堂,五間,在大成殿後。進德齋,五間,在明倫堂東,今廢。修業齋,五間,在明倫堂西,今廢。奎樓,在進德齋南,久廢。今在東山,乾隆六年知縣周來邰新建。雲路門,在大成殿東,即奎樓舊址。(177)射圃,舊在縣治東。明隆慶二年,知縣李天倫遷於預備倉巷,即今普濟堂南北巷也。

（卷四"祀典"，188）忠義祠，在學宮內。節孝祠，在常平倉東。雍正五年，知縣袁□奉文新建。文昌廟，在東山。明萬曆四十六年，知縣周學閔遷建。國朝康熙五十四年，知縣周翼重修（189），邑人張勿吝、孫乾元同修。

嘉慶《長山縣志》

嘉慶《長山縣志》，成文出版社有限公司，1976年。

長山縣

（卷二"建置志·學校"，121）學宮，在新治東南。宋紹聖元年，知縣翟大順建。元至元十二年，縣尹梁成圭修。元貞二年，縣尹安惟洪修。至正十一年，縣尹杜翺修。明洪武二年，知縣徐奇重修。天順八年，義官許進等修。成化二十一年，知縣趙沄修。宏治間，知縣黃昭道修。正德間，知縣喬遷岐修。嘉靖二十年，知縣唐天相修。二十七年，知縣邵苾修。萬曆二十一年知縣馬一豸修，國朝康熙中知縣董衍祚、王世馨、陳憲祖同邑紳趙之隨、孫起鵬等相繼修，廣一百步，袤一百二十步，計十一畝。學門舊在欞星門西，後移於欞星門東南（《舊志》）。乾隆五十三年，知縣蕭學慎，率邑紳捐修。（122）大成殿五楹、兩廡各九楹、戟門三楹、角門兩座、泮池一所、欞星門三界、後角門兩座。神厨，廢。神庫，廢。省牲所，廢。（《舊志》）。乾隆二十五年，邑紳袁承幼捐修大成殿。啓聖公祠，在文廟東北，計祠三楹，門二座。明嘉靖九年，知縣王廷蘭創。二十年，知縣唐廷相建。四十五年，知縣馮三接修。明倫堂，在文廟北，計堂五楹，儀門、大門各一座。明嘉靖二十年，知縣唐廷相重建。三十三年，知縣王之訓修。四十年，知縣樊相修。萬曆二十一年，知縣馬一豸修。（123）敬一亭，在明倫堂東，計亭三楹，門一座。明嘉靖四十五年，知縣馮三接重修。隆慶三年，知縣韓希龍修。萬曆二十一年，知縣馬一豸修。齋房，在明倫堂前，左右各五楹，東曰志道、西曰依仁。明嘉靖三十四年，署縣事武定州判官潘哲修，改名曰新、時習。萬曆二十一年，知縣馬一豸修，久圮。國朝康熙十□年，邑紳李斯佺重建。教諭署，在明倫堂後。訓導署，舊有二，一在明倫堂東南，一在明倫堂東北，今在啓聖祠東（並《舊志》）。（126）名宦祠，舊在明倫堂右。明隆慶三年，知縣韓希龍建。萬曆二十一年，知縣馬一豸修，後移戟門左，久圮。國朝康熙五十四年，知縣孫衍捐俸同邑紳李可淳重建。鄉賢祠，舊在明倫堂右。明隆慶三年，知縣韓希龍建。萬曆二十一年，知縣馬一豸修，後移戟門右，久圮。國朝康熙十年，邑紳李斯佺重建（並《舊志》）。忠義祠，在南門內，東街路北。雍正三年，知縣陸之彩奉文建。節孝祠，在學宮西。雍正三年，知縣陸之彩奉文建。嘉慶三年，邑紳捐資重修。（127）射圃，在按察司胡同，東抵城墻，計地四畝，今廢（《舊志》）。（128）文昌閣，在儒學東南隅。國朝康熙十八年，邑士馬空群等建（《舊志》）。乾隆二十五年，知縣文宗玠率邑紳沈士中等修（《續志》）。

民國《朝城縣續志》

民國《朝城縣續志》，成文出版社有限公司，1968 年。

朝城縣

（卷一"建革·公署"，36）兩學署，在舊縣治東南明倫堂左右，今廢改爲勸學所，寓居文昌閣。

（卷一"建革·廟壇"，38）文廟，屢次修補以防傾圮，歲修工費地七十畝。民國二年歸入學堂經費。

康熙《茌平縣志》

康熙《茌平縣志》，成文出版社有限公司，1976 年。

茌平縣

（卷一"建置"，127）儒學，唐宋時在縣治南，後遷西北隅。金承安，徙東南。元季兵燹。洪武三年，知縣戴文郁即舊址創建，增講堂。宣德五年，知縣黃瓚復建。景泰元年，教諭朱信移學門南向。六年（128），教諭羅彥洪，謀遷卜地，違舊址西南三十武，知縣羅遜經理。弘治戊午，邵繼成重修。正德七年，顧永重修櫺星門。十三年，教諭蔡元用爲徹邪衛正，文請諸藩臬，允得僧寺木石，乃易舊爲新，楊森繼之，得知府業天球，廢墜盡舉矣。萬曆十二年，知縣王國弼重修。櫺星門三楹，康熙二年，教諭張鳳來重修。戟門三楹，貢士周靖宸修。儒學門三楹，明倫堂五楹，博文齋五楹，約禮齋五楹。敬一亭一楹，在殿東，知縣王國弼移建。射圃一所。

（卷一"祠祀"，153）大成至聖先師殿。東西兩廡。啓聖祠，祀聖父，配以四氏及諸賢之父，生員張奇才重修。康熙四十六年，知縣王世臣重修。文昌閣，在城頭東南隅，邑人王日高重建。名宦祠，在戟門東，康熙元年知縣王畫一重建。（154）鄉賢祠，在戟門西，康熙元年知縣王畫一重建。

（卷一"宮室"，155）夫子堂，在文廟東，相傳夫子適晉時駐足之處，一名燕居。文昌閣，在東南城頭，知縣李鳳翔建，進士崔廸吉重建。魁星樓，在東南城頭，知縣吳道明建。

光緒《德平縣志》

光緒《德平縣志》，成文出版社有限公司，1976年。

德平縣

（卷二"建置志·學校"，104）文廟，在縣治南。宋熙寧三年，縣令崔益建，後廢。元盛諭營草堂（105）以祀，至元中，閻士安始建殿。明知縣姚文臨、張士行、李恕、楊自效、趙鏄、彭時中、王霖、訓導年富、**國朝知縣党光前**、戴王緇、解佑啓、朱謨、袁舜裔、文治光、教諭楊浬相**繼繕修**。國朝道光三十年知縣德稜額、咸豐元年知縣孫肯堂重修，定額入學十二名，武生同廩生二十名，增生二十名。大成殿，正中五楹。宋徽宗正和四年御書大成殿額，頒孔子廟，此殿名所始。東西廡各十五楹，東廡於光緒十八年復修。按東西廡今各三楹，改置未詳。戟門正中三楹，左右各一門。考戟門始自宋建隆年間，詔用正一品禮，設十六戟於文宣王廟內。徽宗大觀四年，詔用天子制，廟門增設二十四戟。明嘉靖九年，改稱先師廟，於廟門外另設欞星門。欞星門，在戟門前。（106）泮池，在欞星門前，寬六尺，長一丈五尺，繚以垣。朱子曰：以其半於辟雍，故曰泮宮。今建學必有泮池，昉此。舊有芹香橋一座。按《舊志》，戟門前有太和元氣坊，左右各一門，左曰"德配天地"、右曰"道冠古今"。又泮池前一坊，曰"盤津毓秀"，坊前左右二小坊，左曰"騰蛟"、右曰"起鳳"。今移德配天地兩額於泮池左右門，餘並無。明倫堂，在大殿後，五楹。東有進德齋、西有修業齋，明知縣張士行建。齋久圮。學門二座，左曰"禮門"、右曰"義路"。按堂後有敬一亭，明嘉靖五年作敬一箴，詔勒石學宮，并程子四箴、范氏心箴於內，今廢。欽頒臥碑，在明倫堂左，順治九年立。崇聖祠，三楹，在殿東北，初名啓聖祠。雍正元年，改今名。知縣羅士賢建，國朝詹惟聖、李之蓉繼修。文昌祠，三楹，在欞星門外西偏，明訓導年富建，嘉靖中知縣羅（107）士賢移聖殿西。國朝光緒元年，知縣陳佐平以祠宇狹隘，改建於書院東偏，正殿三楹，官廳三楹，東西廈棚各一楹，大門一座，有照壁，文生王浚川監修，有碑記。名宦祠，三楹，在戟門東偏。鄉賢祠，三楹，在戟門西偏。忠孝節義祠，在戟門外之左。節孝祠，在學宮外西偏。雍正四年，知縣袁舜裔建。節孝一祠，專爲婦女節孝者設，故在學宮外也。以上各祠，均咸豐元年重修。節孝祠今移聖殿西北，舊祠遂廢。（109）庠門，在崇聖祠前，咸豐元年知縣孫肯堂建。射圃，在學宮外西邊。蓋古者習射澤宮，夫子射於瞿相之圃立意，今惟存故址。教諭宅，在明倫堂後左偏，明知縣姚文臨建。國朝雍正二年，教諭董得志修。咸豐元年，教諭張叔麟繼修。訓導宅，在教諭宅之東，亦姚文臨建。康熙十一年，訓導段翼明修。乾隆三十九年，訓導楊維世重修。咸豐元年，訓導高連峻復修。

（卷二"建置志·城池"，100）奎星樓，舊名聚五，在城南垣上。明隆慶間，知縣袁宏德建。國朝道光十九年，知縣德稜額移建城東南隅，改今名。光緒十七年，知縣凌錫祺葺修。

民國《德平縣續志》

民國《德平縣續志》，成文出版社有限公司，1968年。

德平縣

（卷二"建置志·學校"，87）學宮爲文化之原，歷代建設均極完備。文廟之尊嚴，學官之齋舍，悉屬於此。今之師範講習所，即文廟也。

康熙《鄒縣志》

康熙《鄒縣志》，成文出版社有限公司，1976 年。

鄒縣

（"政事部·建置"，709）儒學，舊在縣治南。元元貞元年，移建西門內，中大成殿，左右兩廡，前爲戟門，東爲名宦祠，西爲鄉賢祠，前爲泮池，池前爲欞星門，（710）門東爲學門，又東爲文昌閣，殿後爲明倫堂，堂前左居仁齋，右由義齋，東爲敬一亭，亭前爲啓聖殿，殿西北□□亭，堂後教諭宅一座，訓導宅二座，號舍十二間。

（"土地部·祠廟"，266）文廟，在城西門內。詳具"建置"內"儒學"。

光緒《鄒縣續志》

光緒《鄒縣續志》，成文出版社有限公司，1968 年，78 頁。

鄒縣

（卷三"建置志·官廨"，78）儒學署，咸豐元年，知縣吳奏言重修。

（卷四"學校志·學宮"，105）學宮，在西門內，制詳《舊志》。乾隆二十四年，知縣大章勸捐重修。六十年，知縣張彬、黃景曾重修。道光十三年，知縣胡元煒重修。（106）光緒二年，知縣章澍重修。

（卷五"祀典志·壇廟"，144）文廟。崇聖祠同。文昌宮，在城東南隅。嘉慶十七年，知縣周景巖創建。明景泰間，敕賜文昌宮額，學校祀之。（145）魁星閣，在東南城上，《舊志》無，同治十年紳民重修，光緒十一年重修。

（卷五"祀典志·祠廟"，158）忠義祠、節孝祠，兩祠在學宮左，庠門之東，前爲節孝，後爲忠義，各一門。雍正三年，知縣於斐創建；光緒十七年，知縣吳若灝重修。

乾隆《諸城縣志》

乾隆《諸城縣志》，成文出版社有限公司，1976 年。

諸城縣

（志七"建置考"，265）文廟，在鎮海門內，故密州儒學也。建置之可考者，始於宋大觀元年，後罹兵火，惟殿僅存。金貞元間，副樞張暉（266）創建。正隆初，節副張天宇重建，有高密令王堪碑。元時增修碑之可據者七，俱詳"金石考"。明洪武二年，知縣金汝穆建神庫、饌堂、公廚、書房、學倉，旋廢。嘉靖間，知縣鄭坤拓東南隅，大爲修葺。萬曆十年，知縣李觀光繼修。二十二年，知縣楊天民改建儒林坊爲大成坊。三十年，知縣王之臣重修靈星門，始易木以石，創建文昌閣於東南隅，祀文昌，上爲魁星樓，二月、八月上丁日祭聖廟畢，並祭文昌也。乾隆二十八年，知縣宮懋讓重修，樓之前舊書"十萬人家盡讀書"七字爲額，後人署蘇公名也。國朝所頒書籍，皆藏於此。崇正三年知縣王懋學，十二（267）年知縣秦所式相繼修學宮。康熙二十三年，知縣孫祚昌重修。蓋自戊申地震，鞠爲曠土，至是不啻創建矣。越乾隆十一年，學宮復大圮，知縣王鈞糾紳士修之，逾歲而事乃竣。大成殿五楹，東西廡各十楹，戟門五楹，靈星門外增建東西二坊，大成坊南增建照壁。明倫堂在大成殿北，堂前舊有進德、修業二齋，久廢。內爲敬一亭，亭東爲教諭宅，西爲訓導宅，皆久廢。乾隆二十九年，知縣宮懋讓、署知縣顧士安相繼重建。文昌閣北爲崇聖祠，每丁祭則先祭之。祭聖廟畢，並祭太公祠、名宦祠、鄉賢祠。四祠，皆萬曆十四年署縣事青州府推官王道增重（268）建。忠孝節義祠，雍正二年立，祭以二月、八月上戊日，在學宮西南隅。宮墻外隙地十五畝有奇，東抵城墻，西抵南北直街，北抵東西小橫街。《前志》云，地形象金井玉欄者也。東側隙地嘗失於軍所，嘉靖三十五年知縣季永康贖歸學宮。

民國《增訂武城縣志續編》

民國《增訂武城縣志續編》，成文出版社有限公司，1976 年。

武城縣

（卷四"學校"，129）崇聖祠、名宦祠、鄉賢祠，邑人商清魁、商敬修、商振邦等闔族承修，有碑文在祠。忠義孝弟祠、節孝祠、文昌閣、魁星樓，俱道光十三年重修。（142）聖廟，宣統二年重修大成殿。

民國《齊東縣志》

民國《齊東縣志》，成文出版社有限公司，1976年。

齊東縣

（卷二"地理志下·建置·學校"，119）查舊城學宮，在舊縣治東，元達魯花赤探馬赤創建。後至元三年，縣尹鄭忽必烈重修。明成化十三年，知縣李寬重修。正德十年，知縣蕭敬諫重修。嘉靖間，主簿岳倫重修。萬曆二十二年，知縣陶登重修。二十五年，知縣白鯤置戟門、櫺星門。四十五年，知縣劉希夔重修。清康熙二十三（120）年，知縣余爲霖重修所有，大成殿、東西兩廡、崇聖、名宦、鄉賢各祠，教諭、訓導各署，明倫堂、魁星樓等俱備。光緒十九年，河決城陷，遺址全無。自城遷九扈鎮後，重建學宮，地址在今城東門裏，係光緒二十年遷城時購買。南北長四十八丈，前首大街在內，南寬十九丈六尺，北寬二十三丈七尺六寸，合地十七畝三分四釐四毫。□建築大成殿三間，殿前月臺一方，東西廡各九間，崇聖祠三間，戟門三間，名宦、鄉賢祠各三間，櫺星坊三間，影壁一座，群墻六十丈，以上共房屋三十八間。文昌宮，正殿三間，大門一間，行墻九丈，教諭、訓導署房舍建築詳前第五科。

第五科，（118）在文廟東，原爲學署，光緒二十年遷城時與文廟同時建置，地積詳"學宮"。計正齋署上房三間，東西厢房各三間，堂屋三間，大門一間。副齋署上房三間，東西厢房各三間，堂屋三間，共計房屋二十五間。映壁一座，周圍行墻二十二丈。民國六年，重修，設師範講習所，十七年設教育局，今改爲第五科。

道光《長清縣志》

道光《長清縣志》，成文出版社有限公司，1976 年。

長清縣

（卷二"地輿志下·衙署"，287）教諭宅，儒學敬一堂後（《舊志》）。訓導署，舊在鄉賢祠後，日久傾圮成墟。乾隆壬辰，寧海州歲貢倪公輯苰任，栖身無所。邑恩貢李家驄、附貢於元震、王學易、廩生房夢甲、武生姚虞隆等倡義勸捐，用價制錢一百五十千文，買王永和西門內宅基修建，倪公撰文記其事，並將賣契與捐輸姓名勒石嵌大門內壁中。

（卷七"學校志上·儒學"，565）儒學，在縣治東南。宋天禧二年縣尹薛璘建，元至元間縣尹趙文昌、明永樂中教諭邢哲、成化丙申縣尹朱琪俱重修。元時名樂育堂，明時改為明倫堂，仁和朱義重修。宏治六年，桐廬俞諫重修。隆慶間，劉啓漢增工大成殿爲五楹，兩廡增四楹，計二十四楹，一時輪奐，頓異昔年。迨崇禎癸未之變，殿堂、門廡以及古槐、舊柏，悉化瓦礫灰燼。國朝順治初年，知縣吳公道凝、呂公朝輔草創興作，至李公維翰、牛公友月，極力措置，庀材鳩工，規模粗備。楊公宏（566）業、吳公從仁，漸次修葺，及岳公之嶺多方潤色，先後繼修者二十餘年，迄今始煥然改觀矣（《舊志》）。

（571）欞星門，三間，石柱、石梁、琉璃鴟獸、重檐（《舊志》）。德配天地、道冠古今二坊，俱在文廟前，義士焦維垣建（《舊志》）。案：欞星門兩旁例設道德（572）二坊。其外立下馬牌，康熙二十九年，議准文廟關係文教，凡官兵、人民經過者，悉令下馬，立牌宣示。泮池，在欞星門前。萬曆年間，邑監生李克中遵父僑遺命，易民舍地浚鑿，并建太和元氣磚壁一座。萬曆二十二年，邑侯李公宗延增置欄楯（《舊志》）。舊在門外，康熙年間，移入門內，今內外皆有池，內池有橋。儒學大門，舊在欞星門西。康熙十年，邑侯岳公之嶺移置門東，從堪輿家言也（《舊志》）。案：各儒學，例皆建設大門，以便出入，其或東、或西，各從地勢之便，而在東者恒多。東西便門，各一間（《舊志》）。案：戟門外，欞星門內，左右兩旁，例設便門，東曰"禮門"、西曰"義路"，以欞星門不常開，出入多由此。戟門，三間（《舊志》）。案：宋太祖建隆間，詔用正一品禮，立十六戟於文宣廟內。徽宗大觀四年，詔用王者制，廟門增二十四戟，此戟門所由稱也。嘉靖九年，改戟門曰先師廟門，其外又設欞星門，以著尊崇。大成殿，七間（《舊志》）。案：宋徽宗政和四年，御書大成殿額，頒孔子廟。自是，郡縣學俱稱大成殿。（573）東西兩廡，共二十四間（《舊志》）。（584）明倫堂，三楹（《舊志》）。（585）書庫，在明倫堂西，今廢（《舊志》）。尊經閣，元仁宗皇慶二年，詔建崇文閣於國子□之左。延祐二年，常州路總□史□即群□建尊經閣，以□書籍，詔天下學校皆建閣。進德齋，三楹，在堂左，今廢（《舊志》）。修業齋，三楹，在堂右，今廢（《舊志》）。敬一亭，三楹，在堂後，今廢（《舊志》）。明嘉靖五年□敬一箴頒之太學，遂詔郡邑學校皆行鐫石，并刊程子□聽言動四箴、范氏心箴，作亭覆之，因名。魁樓，舊在城東南角樓，明季已頹圮無存。岳公之嶺，創建於泮池東義學舊址，石基八面，高丈餘，上架□□環以雲□木刻魁星神像於中，蓋爲學宮一大觀云（《舊志》）。（588）臥碑，明洪武十五年，詔頒臥碑，置明倫堂左。碑用石，廣八尺，高二尺二寸，橫臥而刊其文凡八條。（589）科甲歲貢題名匾，懸於明倫堂之東西，嘉靖年間置，今廢（《舊志》）。

（卷七"學校志上·學署"，591）教諭署，東門內，《舊志》云在敬一堂後，今在明倫堂後。訓導署，西門內，舊在鄉賢祠後，久圮。乾隆三十七年，訓導倪輯倡率邑恩貢李家驤等買宅建署。

（卷九"祠祀志上"，665）崇聖祠，三間，在文廟東區（《舊志》）。（670）名宦鄉賢祠三間，在啓聖祠後。今仍舊。（671）鄉賢祠，舊與名宦共祠。今在明倫堂東。（673）省牲所，在儒學西便門外。忠義孝悌祠，忠孝祠在學宮內（《舊志續刊》），今在學宮前，雍正四年建。節孝祠，節烈祠在學宮前雲路左（《舊志續刊》），雍正四年建。（677）文昌祠，帝君祠三間，在啓聖祠前（《舊志》）。

乾隆《平原縣志》

乾隆《平原縣志》，成文出版社有限公司，1976年。

平原縣

（卷四"學校志·學宮"，165）廟學，在縣治南隅，宋明道中建。金承安五年修，後毀於兵，邑儒士蔣文、霍存倡募爲殿廡。元至元七年，達魯花赤札忽兒爲講堂、學舍。元貞元年，達魯花赤札木合、縣尹張元規、主簿馬（166）汝弼增修，規制始備。大德五年，達魯花赤□家奴、縣尹許宗吾繼爲修繕。元統中，縣尹張仲鑒重修。至正二年，縣尹晁邦直又修。明洪武二年重修。久而圮，天順八年，縣丞張瑄重建大成殿。成化十二年，知縣陰璽重修明倫堂、會饌堂。弘治十四年知縣朱良，正德八年知縣陶成俱重修。隆慶四年，知縣張□□重修，規模宏闊，視昔有加。崇禎二年，知縣□□之重修。國朝順治十四年，知縣崔掄奇重修。康熙十八年，知縣徐登□□□，二十□□□李瑢重修。乾隆十三年，□□□□□。（167）大成殿五間，東西廡各七間。甬道南戟門三間，東西角門各一間。戟門外，左名宦，右鄉賢祠，各三間，直南爲欞星門三間，門左右爲"德配天地"、"道冠古"（168）今二坊。前爲泮池，明萬曆十七年，知縣劉思誠創鑿，池東北有起龍橋，橋東爲水門，上爲文昌閣，又南爲奎星樓，皆踞城上，蓋學宮之巽峰也。崇聖祠三間，舊稱啓聖祠，在欞星門右，儒學門内稍折而西。《舊志》，祠前爲名宦、鄉賢兩祠，今已移廟學戟門外，又云後爲明世宗敬一碑亭，今廢。康熙四十六年，邑人趙重杰重修。明倫堂三間，在大成殿後，堂左有國朝順治九年欽頒曉示生員臥碑，甬道中有康熙四十一年御製訓飭士子文碑。堂後，舊爲會膳所，明萬曆二年知縣王遵□（169）暨邑人都御史張蕙等建議，即其地創尊經閣三楹，今廢。堂下左爲成德齋，右爲達材齋，各五間。成德齋南爲庫房三間，後移成德齋北爲成造所。堂後厨房三間，學倉三間，號房二十間，萬曆中止存新號舍六間，今俱廢。教諭廨，在堂西北；訓導廨，在堂西。《舊志》云二所，以明時訓導二員也。射圃，在儒學門外稍西，有明教諭徐公祠，知縣李嘉瑞撰記。今碑存，祠廢，地爲民居所占。現在清查重建，設主奉祠，嗣後修理之費，取給於其祠田租，是在儒學矣。名宦祠，在戟門外左。（170）鄉賢祠，在戟門外右。（171）忠孝、節義二祠，國朝雍正元年九月，欽奉（172）諭旨特建。一爲忠義孝悌祠，建學宮内，祠中立石碑，將古今忠義孝悌之人，刊刻姓名於其上，已故者設立牌位。一爲節孝祠，另擇地營建，祠門外建大坊一座，將古今節孝婦女標題姓氏於其上，已故者設立牌位。每歲春秋二次致祭。今按忠孝祠在欞星門内名宦祠左，節孝祠在儒學門西。

（卷五"祠祀志"，195）奎星樓，在儒學東南城上，國朝雍正九年重建。

光緒《日照縣志》

光緒《日照縣志》，成文出版社有限公司，1976年。

日照縣

（卷二"營建志·學校"，95）縣學，舊在縣署西南。元至正辛卯，縣尹仇敬創建。明洪武二年知縣蘇惟一，正統間知縣沈慶，成化間知縣趙一貫，嘉靖十八年知縣梁道盛相繼增修。三十六年，知縣張執中改建明倫堂與齋房於東關外。三十七年，知縣尹思續修大成殿。四十一年，知縣劉夢元續修啓聖祠、兩廡。萬曆五年，知縣黃仕增修戟門、名宦鄉賢祠。二十一年，知縣杜一岸重修，建敬一亭（圮廢）、奎星閣。四十二年，知縣陳如錦建尊經閣，浚偃月池。天啓二年，知縣李坫於門東西建兩石坊，築文昌閣於學門左。國朝順治十（96）三年，知縣呂補袞、國子監生牟國衡出千金重修。康熙七年，地震，圮，知縣楊士雄、牟國衡子憲明仍修焉。其後繼者，二十八年知縣佟國瓚修尊經閣，五十二年知縣成永健，又知縣彭宗古、孫世璋、李綏、署知縣繩武、縣紳牟允焌等先後繕修，於乾隆二十四年工竣。道光十六年，知縣周瑞圖率縣紳復修。其制，中大成殿，東西兩廡，前爲戟門，門左名宦祠，右鄉賢祠，前爲偃月池，又前爲櫺星門，門左右石坊。殿後明倫堂，東西爲進德、修業二齋（今圮），殿東崇聖祠，明倫堂後爲尊經閣（光緒十二年，知縣陳懋重修）。學門左（97）爲文昌閣。又城東南隅文昌閣，光緒五年知縣宮本昂建。閣前爲奎星閣。學署在學宮西，基地十一畝七分。今教諭宅在縣署西南，基三分五釐，屋十一間；訓導宅在南門內街東，基三分六釐，屋二間，皆舊學署基址。射圃亭，在學宮東牆外，久圮，地基三畝五分四釐。又《舊志》，學前地十畝八分。

衛學，舊在衛城西北隅。成化間，改建於十字街西。正德五年，通判馮友端重修。嘉靖初，指揮楊寰拓地移大成殿、兩廡於明倫堂東，掌印指揮胡世宗建櫺星門。萬曆間，署教授掌印指揮趙繼勳重修，掌印指揮胡承光改建明倫堂於大成殿後。其後多圮。國朝順治十八年，鄉貢蘇敷生倡修。乾隆七年，衛併於縣，衛紳士猶繕修焉。

（卷二"營建志·壇祠附寺觀"，100）節孝祠，在城西門外，知縣成永健創建。道光八年，知縣彭翊重修，置祭田二十餘畝。

道光《東阿縣志》

道光《東阿縣志》，成文出版社有限公司，1976年。

東阿縣

（卷五"建置志·廨署"，208）教諭署，在明倫堂後，詳見"學校"。（209）訓導署，一在教諭署東，一在教諭署西，詳見"學校"。

（卷七"學校志"，260）東阿縣儒學，舊在城東南郭外，永樂間始遷於縣治西。成化間知縣白棟，宏治間知縣秦昂仍其舊制，相繼增修。萬曆七年，知縣朱應谷以明倫堂在大成殿後，地勢湫隘，改建於學宮之右闊處，而於大成殿後建文昌閣三間，因奉敬一箴於上，邑人孟一脉、於慎行各有記。萬曆三十三年，知縣王以旌重修。國朝康熙二十一年，知縣徐天池重修，教諭姜銘鼎捐俸募化，督工助之，有碑記。四十二年知縣張琬、四十三年知縣張楷、五十五年教諭南杭相繼重修。乾隆四年教諭周思恒，五十年知縣鄭奇樹、教諭王□，五十七年教諭王文錦、訓導梁雲會相繼重修。

按《山東通志》《泰安府志》俱載東阿縣儒學在縣治西。明洪武八年，知縣朱真因遷邑創建，據舊《縣志》也。偶閱《兗州府志》載師尚書事云，東阿縣儒學，舊在城外南溪（261）上。而孟中丞記云，吾邑儒學，相傳在城之東南郭外，師儒嘗以出入為艱。永樂中，遷於縣治之西，則《兗志》所載不為無據，然亦未知何人所遷也。及考《官師表》知縣王季立於洪武三十二年莅任，至永樂九年卸事，傳中不載其修學事。貝恒於永樂九年莅任，至宣德元年卒於官，恒傳中有學舍壇廟毀於兵燹，恒捐俸倡義以次修舉，煥然畢備，暇則詣廟學與諸生講論，□□忘倦等語，則是遷儒學者豈即貝恒歟？志以俟考。

廟學基址，南北二十二丈八尺，東西十二丈六尺，皆據官尺為定。大成殿五間，臺基高三尺，東西五丈四尺五寸，南北三丈四尺五寸，殿檐高一丈六尺，脊高三丈一尺，東西五丈三尺，南北三丈三尺，月臺高三尺，東西四丈八尺，南北二丈五尺。歷代增修詳上。國朝順治四年邑貢生魏宸輔捐修。按宋徽宗政和四年，御書大成殿額，頒孔子廟，自是郡縣學俱稱大成殿。東西廡，各七間，檐高九尺，□高一丈七尺，南北六丈五尺，東西一丈七尺。歷代隨學增修詳上。國朝道光元年教諭趙延溥、訓導趙國棟重修。戟門三間，檐高一丈六尺，□高二丈二尺，南北二丈一尺，東西三丈五尺，兩旁各配門，又東爲齋宿所，又西爲祭器庫，各三間。俱檐高一丈二尺，脊高一丈八尺，南北俱一丈八尺，東西俱三丈。（262）按宋太祖建隆年間，詔用正一品禮，立十六戟於文宣王之朝。徽宗大觀四年，詔用王者制，廟門增二十四戟，此戟門之名所由昉也。明嘉靖九年，改戟門曰先師廟門，至廟門之外，又另設櫺星門，以著尊崇之義。櫺星門，東西長二丈九尺五寸，南北寬六尺七寸五分，中高一丈六尺，東高一丈五尺，西高一丈五尺。泮池，如半月形，東西長四丈，寬一丈五尺，深六尺，自平地起花墻，高二尺，橋跨其上，兩旁石欄高二尺。東西牌樓二座，寬七尺六寸，深六尺四寸，檐高一□□，脊高一丈一尺半。照壁一座，東西長一丈七尺八寸，檐高九尺，寬一尺三寸五分。（263）崇聖祠，在大成殿東，檐高一丈，脊高一丈八尺，南北一丈八尺八寸，東西二丈八尺。歷代增修詳上。國朝順治四年，邑貢生魏宸翰捐資重修。（264）文昌祠三間，在大成殿後，係閣樓，下奉文昌帝君，上奉魁星，其地基南北長十丈八尺，東西寬七丈二尺，樓檐高二丈，脊高二丈八尺，東西三丈三尺，南北二丈四尺，臺高三尺五寸，東西三丈六尺，南北二丈九尺，大門一座，東西長一丈，深七尺。明萬曆七年，知縣朱應穀建，歷代隨學增修詳上，國朝嘉慶三年邑人州同知劉子昌等捐修，知縣張晉記。道光八年，子監生劉清新續修。魁星樓，一在文昌祠上，一在天池門城樓上。名宦祠，三間，在戟門外泮池東，檐高九尺，脊高一丈六尺，南北長二丈八尺，東西深一丈七尺，歷代隨學增修詳上。（265）鄉賢祠，三間，在戟門外泮池西，規制同名宦祠，歷代隨學增修詳上。國朝康熙四十八年知縣張楷、嘉慶三年知縣張晉相繼重修。（266）忠義祠，三間，在鄉賢祠西北，規制同鄉賢祠。（267）節孝祠，三間，□在南門大街隅首南，久圮。道光九年，知縣李賢書改建於文昌閣西，祠制同忠義祠，其地基南北長十丈四尺，東西寬四丈五尺，□以周垣，向北開大門一座。

民國《東阿縣志》

民國《東阿縣志》，成文出版社有限公司，1976年。

東阿縣

（卷三"輿地志·建置·公署"，105）教諭署，在明倫堂後，今作法官宅。（106）訓導署，在文廟後，魁星閣東，今作教育局。

（卷三"輿地志·建置·壇廟祠宇"，112）文廟，在學宮東，文定公祠西，制詳"學校"，禮載《舊志》。宣統三年重修。民國十七年各軍過境，寄宿其中，撤毀四配神像，殘焚十二哲兩廡木牌，僅留聖像一座。民國二十年，稍加修補，民衆教育館現居於此。崇聖祠，在大成殿東，宣統三年重修。東西廡，在大成殿前兩廂，宣統三年重修。戟門三楹，在大成殿前，宣統三年重修。東西官廳兩座，在戟門左右，宣統三年重修。（113）鄉賢祠，在文廟前院，宣統三年重修。名宦祠，在文廟前院，宣統三年重修。忠義祠，在文廟前院，宣統三年重修。節孝祠，在大成殿西北隅，今作檢察官宅。明倫堂，在節孝祠西，今作法院理訟堂，後院作法官宅。文昌閣，在大成殿北。

（卷三"輿地志·建置·坊表"，125）德配天地坊、道光古今坊，二坊係文廟前東西兩門，南軍北伐後，將字迹漫沒，坊雖存而名若失。

光緒《文登縣志》

光緒《文登縣志》，成文出版社有限公司，1976年。

文登縣

（卷二上"官廨學校"，140）儒學署，在文廟後明倫堂左右，左爲教諭署，右爲訓導署。

（142）學宮，舊在城東南隅。宋慶曆中敕建，大觀初復增大之。建炎中，毀於兵。金大定十二年，縣令李大成遷建於縣治東。元大德十一年，重修。明洪武初，知縣張鳳、縣丞范子貞，宣德間知縣劉勳，天順間知縣李敬、孫泰，相繼重修。嘉靖四十二年，按察司僉事聶瀛、登州推官李淑和、寧海同知譚良誠、知縣辛三畏重修，建欞星門，闢雲路街，直達南城。萬曆間，知縣李需光建君子能由是路坊，坊之北爲欞星門，門北爲泮池，池北爲大成門，又北爲大成殿，殿之東西爲兩廡。大成殿之後爲明倫堂（143），堂之東西爲進德、修業兩齋，欞星門左右爲東西儒學門，東儒學門北爲崇聖祠，教諭署在其後，西儒學門北爲忠義孝弟祠，訓導署在其後。國朝順治四年知縣武光祖，康熙十一年知縣邵沆，三十七年知縣朱應文，五十四年知縣張文炳，雍正二年知縣王一夔，十一年知縣王維幹，乾隆四十七年知縣何燧，五十九年知縣倪企望，嘉慶二十年知縣董錫齡，道光十四年知縣歐文，光緒五年知縣彭元照、蘇杰相繼重修。

（149）崇聖祠，在東儒學門内，原名啟聖祠，國朝雍正元年更名。名宦祠，在大成門外之東，三楹。（150）鄉賢祠，在大成門外之西，三楹。（152）忠義孝弟祠，在西儒學門内，三楹。（153）明倫堂，在大成殿後，舊名講堂，金亡後丁酉年，縣尹高金建。元延祐四年，縣尹侯居仁重修，榜其堂曰"明倫"，齋曰"時習"，歷代與文廟同葺。（155）敬一亭，舊在大成門東，明嘉靖中建。世宗闡敬一之旨，御製箴銘，詔天下郡邑建亭，學宮揭箴於石。萬曆十五年，知縣李需光移建於明倫堂西，今廢。（156）射圃，舊在學宮内，久廢。（156）靖海衛學，明正統四年，指揮潘興建。嘉靖間巡道馮時雍，萬曆間鄉官宋廷訓重修。國朝順治間，教授周之翰建戟門，鑿泮池。康熙間守備（157）葉植重修。雍正十三年，裁衛歸併縣學。威海衛學，明正統四年建。嘉靖六年巡道馮時雍，萬曆八年指揮王心加，天啟五年指揮李世勳相繼重修。崇禎二年，指揮王運隆重建明倫堂，指揮陶運化重修戟門、泮池、欞星門。國朝順治間，重修。康熙間，創建崇聖祠，守備朱孚吉創建名宦、鄉賢二祠，守備韓公遠重修兩廡。雍正四年，教授張介正重修明倫堂。十三年，裁衛歸併縣學，學宮仍未廢墜。乾隆二年，布政使王士任捐銀重修大成殿。四年、五年相繼重修。

（卷四上"祠廟"，259）魁星閣，舊在西門上。明崇禎六年建。國朝雍正十三年知縣王維幹，道光十四年知縣歐文相繼重修。光緒二年，署訓導周榮程改建於城之東南隅，範鐵爲像，題額曰"奎璧聯輝"。

康熙《利津縣新志》

康熙《利津縣新志》，成文出版社有限公司，1976年。

利津縣

（卷二"建置志·學校"，66）學宮基，周一十四畝，南廣二十八步，北廣三□（67）步，長一百十三步，東至城隍廟，西至縣治，南至通衢，北至預備倉。大成殿，五楹。兩廡，東西各四楹。神庫，三楹，在東廡北。祭器庫，三楹，在西廡北。戟門，三楹。欞星門，三楹，外有月池并影壁。泮池，在欞星門內，中有橋。（68）萬世宗師坊，在影壁南。明倫堂，在殿後，東西有日新、時習二齋，各五楹，成德、達材二門，各一楹，堂偏左為登龍門，又南出為儒學門，并影壁二座，今多圮廢。啓聖祠，在寶訓亭後。奎璧樓，在堂東南。文昌閣，在儒門東，明天啓甲子建。名宦祠，在明倫堂左，今圮，併入鄉賢祠。鄉賢祠，在名宦祠左。寶訓亭，在堂後，今圮。（69）儒學宅：教諭宅一，在堂西北；訓導宅二，在堂西南，今俱圮廢。射圃，在奎樓左，久廢址存。

乾隆《利津縣志補》

乾隆《利津縣志補》，成文出版社有限公司，1976年。

利津縣

（卷一"營建志·公廨"，18）學署，久經坍廢。三十二年，知縣程□、署教諭張本大（19）倡率闔邑紳士捐修。教諭署在鄉賢祠東，正房三間，住房三間，厨房三間，班房二間，大門一座；訓導署，在義學後，正房三間，東廂三間，圍垣門樓具。有碑記。

（卷一"營建志·壇廟"，20）學宮圍牆并西廡，二十八年知縣程勸捐重修。奎璧樓，在學宮左，二十八年知縣程重修。（21）文昌閣，在東門城樓，三十五年知縣程倡建塑像。

乾隆《利津縣志續編》

乾隆《利津縣志續編》，成文出版社有限公司，1976年。

利津縣

（卷二"建置志"，20）大成殿、兩廡、戟門、櫺星門、泮池，以上自康熙甲寅、雍正庚戌重修，至乾隆八年又重修。崇聖祠，即啓聖祠，自加封五代，易啓爲崇，雍正十年重修。名宦祠，在櫺星門左，乾隆八年新建。（21）鄉賢祠，在明倫堂左，乾隆二十三年重修。忠義祠，在櫺星門右，雍正元年新設。節孝祠，在學宮右，雍正元年新設。明倫堂，乾隆十一年重修，有碣。奎壁樓，在學宮左，雍正十年重修。文昌閣，在城東南角樓下，乾隆十五年知縣劉文確重修，有碣。

民國《利津縣續志》

民國《利津縣續志》，成文出版社有限公司，1968年。

利津縣

（卷一"建置圖第二"，122）文廟，光緒二十七年，知縣方桂荽、吳士釗先後集紳董重修。民國以來，東西廡先賢、先儒牌位，經駐軍拋失；禮器、樂器兩庫，俎豆、鐘磬全無。民國二十三年，縣長葉雲表就大成殿、戟門、各院設民衆學校，改櫺星門爲學校大門，門内三座橋、門前泮池及東西角門俱去。教諭署於民國初年改設女學。訓導署久圮，僅存一室，於民國初年併入勸學所。（125）文昌閣，光緒十八年經知縣吳兆鏕復建，在城東南隅。院宇宏敞，閣高修丈，至今屹然。

乾隆《樂陵縣志》

乾隆《樂陵縣志》，成文出版社有限公司，1976年。

樂陵縣

（卷二"輿地志·壇廟"，176）文昌閣，舊在學宮東南，今移城東南一里許。明景泰五年，敕賜文昌宮額，學校祀之，歲以二月初三日神誕致祭。魁星樓，舊在城東南隅，一在北關外，邑人史邦直建。

（卷三"經制志下·學校"，341）學宮，在縣署西。明洪武二年，縣丞何恒遷縣治於茲地，始建學宮。十七年，知縣史子振重修。天順七年，知縣蔣昂重修，規制煥備，內閣學士阜陽許彬有記，載"藝文志"。成化十一年知縣徐□，弘治十一年知縣邱珙相繼重修。正德五年，知縣許逵建明倫堂，修泮宮池。十六年，李果繼修。萬曆（342）四年，邑人憲副史邦直倡議，改建城外北關西巷。十五年，知縣趙永祿復遷城內故址，太宰海豐楊巍有記，載"藝文志"。三十二年，知縣郭汝賢重加修飾，闢義路、禮門，並置學田，太僕邢侗有記，載"藝文志"。國朝順治五年至十一年，知縣沈大德、方裕、邑貢生張建南相繼重修。十六年，知縣郝獻明重修，樞部四明胡岳立有記，載"藝文志"。康熙二十年知縣佟世祿、教諭張敷，二十四年知縣錢爲青，二十六年知縣姜植、教諭李其昂、訓導丁千一相繼（343）重修。乾隆二十二年，知縣吳濤、訓導朱平格重修明倫堂，吳□有記，載"藝文志"。大成殿，五楹。東西兩廡，十四楹。崇聖祠，三楹，正殿東北。明倫堂，五楹，正殿後。東西齋，左興賢，今爲樂器庫；右育才，今爲禮器庫。戟門。櫺星門。（344）泮池，櫺星門內，乾隆二十五年，知縣於謙益修。禁碑二，櫺星門外，知縣吳濤立。名宦祠，戟門左。鄉賢祠，戟門右。忠義祠，知縣梅本深建，櫺星門左內。節孝祠，知縣梅本深建，吳濤重修，櫺星門右外。教諭廨，明倫堂西。訓導廨，教諭廨西。射圃，在文廟西垣外。

康熙《新城縣志》

康熙《新城縣志》，成文出版社有限公司，1976 年。

新城縣

（卷二"建置志·學校"，116）學宮，在東門內，大成殿五楹，左右爲兩廡，各七楹，前爲戟門三楹，兩掖爲角門，門之東爲文昌祠三楹，爲名宦祠三楹，西爲鄉賢祠三楹，南爲欞星門，又南爲雲路坊，爲泮池，爲太和元氣石（鄉官尚書王之垣立），池南爲射（後缺）。（122）射圃，在儒學街南，今廢。

順治《招遠縣志》

順治《招遠縣志》，成文出版社有限公司，1968年。

招遠縣

（卷三"學宮"，103）儒學，在縣治西南，金季毀。元初，縣尹孫愈即故殿之西構室四楹，以奉朔望之奠。元貞二年，主簿樊珪始作大門。大德八年，主簿馬受建教官居宅。九年，主簿王琳重建。至正中，縣尹王信、邳紹忠相繼修。明洪武中，知縣丁廷舉重建。成化中，知縣張哲、李勉增修。先師廟，崇禎二年教諭張貫斗重修。兩廡、戟門、東西兩角門。（104）泮池，天啓七年教諭徐有戴創鑿。啓聖祠，在學宮西，順治十五年生員楊鼎鋐重修。名宦祠，在欞星門西。鄉賢祠，在名宦祠西。欞星門，教諭陳台創建。金聲玉振坊，在欞星門東，今改爲"德配天地"。江漢秋陽坊，在欞星門西，今改爲"道冠古今"。學署，在先師廟後。明倫堂，明萬曆十七年，知縣趙時亨、署教諭事林喬木重建。（105）修德齋，教諭宅在明倫堂東。凝道齋，訓導宅在明倫堂西。大門一座，東向。

（卷三"祀典"，115）文昌祠，在儒學雲路門上，崇禎七年舉人楊道□重修。魁星閣，在東南角城上，順治十七年生員楊鼎鋐監創。

光緒《章丘縣鄉土志》

光緒《章丘縣鄉土志》，成文出版社有限公司，1968年。

章丘縣

（卷下"祠廟"，145）聖廟，在縣治西南隅。明倫堂、尊經閣、文昌宮、名宦祠、鄉賢祠、忠孝祠（146）、節義祠、敬一箴亭。

光緒《霑化縣志》

光緒《霑化縣志》，成文出版社有限公司，1968年。

霑化縣

（卷二"學校"，71）學宮，在縣治東南。明洪武初，知縣李子文建。成化四年，知縣劉璟暨教諭任棱倡捐增修。宏治十四年，教諭劉鏓拓明倫堂後路。正德元年，訓導汪文明鑿外泮（72）池。嘉靖十七年，知縣劉逸重繕殿宇。三十年，知縣董邦佐重修殿宇，併新兩廡。萬曆三十六年，署縣濟南府同知孫森相繼重修殿廡、泮池。四十七年，知縣段展移建名宦、鄉賢二祠。崇禎十五年，知縣宋一貞開內泮池。國朝康熙初，戟門圮，邑人太學生吳汝楨重修。十五年，知縣劉培陽捐修櫺星門。四十一年，知縣李文麟倡修大成殿，同時丁以法、趙恒祚等重修名宦、鄉賢二祠及明倫堂。乾隆二十二年，知縣黃榮鎮、教諭郭翹楚倡捐重修神像，添塑新升先賢有子、朱子，並新一切（73）扁額。二十三年，教諭郭翹楚重葺墻垣，與訓導孟尚昆栽植柳葦於重泮南湖，以備修葺。二十七年，教諭武祖武督修兩廡。三十三年，知縣童均重修西廡。三十八年，教諭武祖武、訓導薛桐補葺大成殿、戟門、櫺星門。嘉靖十五年知縣興昌，道光五年知縣韓三泰相繼重修。同治六年，署縣張道南、教諭楊以綸、訓導王鍾襄倡修崇聖祠、大成殿、文昌閣、名宦、鄉賢、忠義祠、戟門、櫺星門，以及明倫堂、內泮池。十年，三品銜增生張德杰、翰林院待詔增生趙駿聲、庠生孫戀祺重修節孝祠。（74）大成殿，五間。崇聖祠，三間，在大成殿東，舊名啓聖祠，明嘉靖間建。國朝順治間，邑廩生李百洓重建。雍正間，舉人吳松年倡修。雍正元年，始改稱今名。（80）名宦祠，在戟門左。鄉賢祠，在戟門右。（81）忠義祠，舊在文廟後東北隅，雍正五年建。乾隆十五年，知縣何登棟移於五子祠西室。三十七年，教諭武祖武、訓導薛桐倡建於名宦祠南。節孝祠，舊在察院故址，現今城隍廟西，雍正五年建。乾隆三十六年，教諭武祖武、訓導薛桐倡建於忠義祠故址。文昌閣，在崇聖祠南，雍正十三年，試縣張模築高臺，建（82）閣於其上。乾隆二十三年，教諭郭翹楚重加整葺。三十六年，教諭武祖武、訓導薛桐修補。同治五年，教諭楊以綸、訓導王鍾襄倡捐重修。魁星樓，舊有魁神廟在崇聖祠南，後圮，建樓於城頭巽方文昌閣故址。後以城漸圮，移修於垣內數武。

民國《霑化縣志》

民國《霑化縣志》，成文出版社有限公司，1976年。

霑化縣

（卷六"建設志·公署"，833）縣政府第三科，在文廟後，係就學署及明倫堂舊有房舍改建（834），計共二十三間。

（卷六"建設志·學校"，836）學宮，在縣治東南。明洪武初，知縣李子文建。成化四年，知縣劉璟暨教諭任棱倡捐增修。宏治十四年，教諭劉鏓拓明倫堂後路。正德元年，巡道汪文明鑿外泮池。嘉靖十七年，知縣劉逸重繕殿宇。三十年，知縣董邦佐重修殿宇，並新兩廡。萬曆三十六年，署縣、濟南府同知孫森相繼重修殿廡、泮池。四十七年，知縣段展移建名宦、鄉賢二祠。崇禎十五年，知縣宋一貞開內泮池。清康熙初，戟門圮，邑人太學生吳汝楨重修。十五年，知縣劉培陽捐修櫺星門。四十一年，知縣李文麟倡修大成殿，同時丁以法、趙恒（837）祚等重修名宦、鄉賢二祠及明倫堂。乾隆二十二年，知縣黃榮鎮、教諭郭翹楚倡捐重修神像，添塑新升先賢有子、朱子，並新一切扁額。二十三年，教諭郭翹楚重葺墻垣，與訓導孟尚昆栽植柳葦於重泮、南湖，以備修葺。二十七年，教諭武祖武督修兩廡。三十三年，知縣童均重修西廡。三十八年，教諭武祖武、巡道薛桐補葺大成殿、戟門、櫺星門。嘉慶十五年知縣興昌，道光五年知縣韓三泰相繼重修。同知六年，署縣張道南、教諭楊以綸、訓導王鍾襄倡修崇聖祠、大成殿、文昌閣、名宦、鄉賢、忠義（838）祠、戟門、櫺星門，以及明倫堂、內泮池。十年，三品封職增生張德杰、翰林院待詔增生趙駿聲、庠生孫懋祺重修節孝祠。大成殿五間，兩廡各五間。（841）崇聖祠三間，在大成殿東，舊名啓聖祠，明嘉靖間建。清順治間，邑廩生李百浹重建。雍正間，舉人吳松年倡修。雍正元年，始改今名。（842）名宦祠，在戟門左。鄉賢祠，在戟門右。忠義祠，舊在文廟後東北隅。雍正五年建，乾隆十五年，知縣何棟移於五子祠西室。三十七年，教諭武祖武、訓導薛桐（843）倡建於名宦祠南。按學宮自祀典久廢，經民國二十一年駐軍隊後，屋宇多有毀壞，除大成殿上孔子像尚存外，其餘神像木主全無。（844）節孝祠，舊在察院故址，現今城隍廟西，雍正五年建。乾隆三十六年，教諭武祖武、訓導薛桐倡建於忠義祠故址。文昌閣，在崇聖祠南，雍正十三年，試縣張模築高臺，建閣於其上。乾隆二十三年，教諭郭翹楚重加修葺。三十六年，教諭武祖武、訓導薛桐修補。同治五年，教諭楊以綸、訓導王鍾襄，倡捐重修，現改設進德會。魁星樓，舊有魁神廟，在崇聖祠南，後圮，建樓於城頭巽方文昌閣故址，後以城漸圮，移修於垣內數武，後又圮；至（845）民國十三年，邑紳王炳燁倡捐改建奎星樓於城上東南隅，高七丈餘，巍峨矗立，極爲偉觀。明倫堂，在大成殿後，三間，現歸併第三科。學署，在明倫堂後，爲正齋，教諭居之。正齋之後爲副齋，訓導居之，現歸併第三科。

康熙《益都縣志》

康熙《益都縣志》，成文出版社有限公司，1968年。

宜都縣

（卷三"官署"，138）儒學，舊在縣城西南隅。明洪武十年，知縣黃正德遷建城北，中爲先師廟，東西列兩廡，前爲廟門，門之東爲敬一亭，亭之後爲啓聖祠，門之外爲欞星門，前爲泮橋，橋南爲大成坊，門之右爲學門，學門之內爲名宦祠，鄉賢附內，由西廡後達於明倫堂，舊有博文、約禮二齋，堂之後爲教諭宅，左右爲二訓導宅，一自明末奉裁，一自康熙三年奉裁，號舍居東廡之後。宣德間知縣賈純，正統間知府陳勳，天順間知縣董淵，成化間知府李昂、知縣周信，弘治間知縣金祿，正德間知府朱鑒，萬曆間知□□□吳宗堯相繼修。萬曆三十三年，知□□□建奎光閣於大成坊之東（此後漫漶不清）。

（211）文廟，在西門內。（213）文昌閣，在城東南文峰山上。巽峰高聳，最宜，左奎星樓，右張仙樓，二樓對峙，蔚然巨觀。

乾隆《掖縣志》

乾隆《掖縣志》，成文出版社有限公司，1976年。

掖縣

（卷一"壇廟"，185）文廟，縣治西南，詳"學校"。（186）府文廟，縣治南，詳《府志》。文昌祠，縣學門東，舊在西門外瑞蓮亭，康熙三十一年海防道丁蕙移建，乾隆二十一年知縣張思勉重修。魁星閣，城上東南隅。（190）忠義孝弟祠，崇聖祠後，雍正二年新建。節孝祠，小十字口西路北，雍正二年新建。

（卷二"學校"，292）（原稿缺）崇聖祠，在學門內，東官廳後，舊名啓聖祠，明萬曆二十四年，知縣衛三省重修。國朝順治四年，知縣梁肯堂重修。雍正元年，加封孔子先世五代王爵，改祠曰崇聖。乾隆二十一年，知縣張思勉重修。名宦祠，附府學。鄉賢祠，附府學。忠義孝弟祠，在崇聖祠後，雍正元年，知縣謝名洪奉敕建。乾隆二十一年，知縣張思勉重修。（293）明倫堂，在大成殿後，知縣李守經始建，並建祭器、書籍二庫於兩廡北，堂東西建審思、篤行二齋，今齋、庫並圮。其明倫堂，萬曆二十四年，海防道於仕□、知府王一言、知縣衛三省重修。三十年，知府龍文明、知縣劉蔚繼修。國朝康熙十二年，知縣任□琦重修。乾隆二十一年，知縣張思勉復繕整之。尊經閣，初知縣衛三省遷敬一亭於明倫堂後，□圮。乾隆二十一年，知縣張思勉即其地始建尊經閣。（294）儒學署，知縣李守經所建，宅北東爲教諭宅，西爲訓導宅，久圮，僦民舍以□。乾隆二十一年，知縣張思勉更新建置，宅後又買民地爲學宮後路，徑達府街。

民國《陽信縣志》

民國《陽信縣志》，成文出版社有限公司，1968年。

陽信縣

（卷一"輿地志·官署公所建設故址"，52）儒學署，在縣治南，明洪武三年知縣王廷創建。明倫堂，在文廟正殿後，今爲公立高等小校教室。尊經閣，在明倫堂後，今爲公立高等小校校長居室。敬一亭，舊在明倫堂後，知縣武世舉移置啓聖祠前，知縣陳國璽、教諭孔印標移置儒學門內，久廢。教諭宅，舊在堂西，久廢。知縣陳國璽、教諭孔印標重建於明倫堂後東偏，今爲公立高等小校寢室。訓導宅，舊在堂東，崇聖祠後。訓導李天柱改建於明倫堂後西偏，今爲公立高等小校寢室。

（卷一"輿地志·祠廟"，53）文廟，在縣治南。明洪武三年，知縣王廷創建，左右舊有金聲玉振、江漢陽秋坊，又有下馬碑二，在東西坊外。正中爲欞星門，前有照壁。內泮池，教諭孔印標鑿。泮池以北爲戟門，後爲大成殿，以祀孔子及四配十二哲。殿前爲月臺，周以石欄。清乾隆七年，知縣邱天民建東西兩廡，以祀先賢先儒。（56）崇聖祠，原名啓聖祠，清改崇聖祠，在文廟東北隅。名宦祠，教諭蕭來鳳創建於明倫堂東北，知縣武世舉移置戟門之左，歷久而廢。知縣陳國璽、教諭孔印標重建，以祀邑令之循良者。（57）鄉賢祠，教諭蕭來鳳創建於明倫堂東北。知縣武世舉移置戟門之右，歷久而廢，知縣陳國璽、教諭孔印標重建，以祀邑人之賢良者。忠義祠，在文廟西偏，清雍正六年，知縣劉鼎玉奉文創建。（58）昭忠祠，在文廟西偏，忠義祠北，清同治七年，知縣徐家杰奉文創建，祀禦捻匪戰死者。（60）文昌閣，一舊在南門樓，後移儒學門內，知縣周虔森置地十畝，移建於城外東南隅，築臺浚濠，始成大觀。知縣龍海見建置地三畝，以供香火。知縣周來邰、邑人勞岐仍移置南城樓故處，知縣焦維霖復移置射圃灣南，下爲高臺，建閣其上，工未竣，毀於火。十九年，知縣韓釗重修。一在西關延祥觀東南隅，邑人王梅建。魁星樓，在城上東南隅，知縣喬壯受、邑人田秠、王爾慎重建，有記。清雍正十一年，知縣金夢雄、邑人勞峨重建。

光緒《陽穀縣志》

光緒《陽穀縣志》，成文出版社有限公司，1968年。

陽穀縣

（卷三"廟祠"，167）文廟，在縣治東，宋崇寧四年知縣蔡蕃建。元至元十二年，典史解仲淵重修，元末盡廢，惟存大成殿。明洪武三十年，知縣劉源增修。正統十一年，知縣楊茂重修。成化十六年，知縣劉洪重修大成殿五間，內塑先師、四配、十哲像，俱知縣劉洪命繪工依曲阜像摹之。東廡九間，西廡九間，戟門三間，欞星門三間。嘉靖十四年知縣劉素，三十五年知縣傅啓仁，萬曆十八年（168）知縣賈應墀，二十三年知縣傅道重，三十二年知縣范宗文，天啟六年知縣熊胤豐，崇禎元年知縣黃卷俱相繼重修。文明坊一座，神庫三間，神厨三間，宰牲房三間，俱久圮。國朝康熙十一年，知縣王天壁重修櫺星門，屏築東西門垣。啟聖廟，舊在明倫堂東，明隆慶五年知縣李蔭更建於西北隅。萬曆二十年，知縣賈應墀用形家言，謂祠不宜居右，且學東偏不利，有坎，因乎坎上建啟聖祠三間。三十年，知縣霍惟準重修。名宦祠，在戟門左。鄉賢祠，在戟門右。（169）文昌祠，在啟聖祠前，明萬曆二十年，知縣賈應墀因填坎隙地創建於啟聖祠前，塑文昌併侍從像。嗣後，科甲漸盛，人以爲修建之驗。惜年久未葺，僅存遺址。國朝康熙十一年，知縣王天壁同訓導孫之恒創議重建，未果。康熙四十二年，知縣蘇名杰於南街另建，士人歲薦馨香，幾不復問舊址矣。（173）文廟，乾隆六年，知縣梁坦重修，同治十一年，前任知縣王亮采調署知縣鄭紀略重修。崇聖祠，在大成殿後。（176）文昌祠，康熙四十二年改建南街。後宣統三年，知縣蕭啟祥、祝鋆重建，今廢。

（卷五"學校"，247）儒學門，三間，明知縣范宗文重修。國朝康熙十一年，知縣王天壁同訓導孫之恒增修。龍門坊一座，明萬曆三十四年，知縣范宗文重修，今廢。明倫堂三間，明知縣吳之問重建，知縣范宗文改建五間。國朝康熙十一年，知縣王天壁同訓導孫之恒重修。後堂三間，西耳房四間（248），進德齋五間，修業齋五間，俱明萬曆三十年知縣霍惟準修，今俱圮。饌堂三間，庫三間，倉一所，今俱廢。敬一亭三間，明知縣賈一墀建，國朝康熙十一年知縣王天壁同訓導孫之恒改建。文昌樓，教官宅三齋，俱廢。前任皆僦民居，學宮茂草。國朝康熙七年，訓導孫之恒即舊基捐資建造，草房九間，草堂三間，小書房二間，後房一間，土樓一座，厨磨房三間，馬房三間，內外門二層，其餘以次修葺，舊號房三十間，新號房十二間。康熙五十五年，知縣王時來重修明倫堂。

民國《續修歷城縣志》

民國《續修歷城縣志》，成文出版社有限公司，1968年。

歷城縣

（卷十五"建置考三·學校"，821）縣學，見《前志》。嘉慶二年，訓導李汶重修。道光元年，巡撫錢臻、學使李振祐增修。十八年，邑人吳鎬重修大成殿、明倫堂、東西兩廡。同治八年，知縣孫善述重修明倫堂，拓文昌閣故址，建德配天地、道冠古今二坊（新《通志》）。歷城縣學，東廡久經傾圮，嘉慶十九年，邑紳及應試文童量爲輸資，呈請修葺，後墻通易以石，以期永固，各處殘缺亦一律修（822）補，廟貌以新（續修《府志》《采訪册》）。縣學基址，自照墻東至東口再轉北至東西指揮巷東口，除臨街屋宇外，凡路北、路東餘地皆屬學。自照墻西至南北指揮小巷北口轉東至東西指揮巷東口，凡路西、路南房地，皆屬學。自照墻南至泮宮坊寬闊大街，亦屬學。道光三年訓導劉道侃清理存案（《續修縣志》初稿）。光緒二十九年，知縣楊學淵及邑紳重修，請公款兩千兩，復由邑人集捐四千餘兩，邑人吳樹梅爲之記（據碑）。

名宦祠。（825）鄉賢祠。（832）濟南府學（見《前志》）。（833）道光元年，巡撫錢臻、學使李振祐，同治八年巡撫丁寶楨，光緒十二年巡撫張曜各增修。二十二年，巡撫李秉衡重修，並置祭器，教樂舞（新《通志》）。

民國《續修博山縣志》

民國《續修博山縣志》，成文出版社有限公司，1968年。

博山縣

（卷六"教育志·學署"，371）學署，在孔子廟西南，明倫堂三間。本元時教諭住宅，明改爲撫按行臺，後廢。立縣後，闢爲堂。二堂三間，內爲住宅，西房二間，北屋三間，其地最稱逼仄。清雍正十二年，由益都縣撥設訓導一員俸銀四十兩。齋夫一名，工食銀十八兩有零（《益都縣志》爲十二兩四錢）。門斗一名，半工食銀十一兩有零。以上俸食，仍由益都縣領給（《舊志》）。民國元年，裁訓導，勸學所駐署辦公，歷教育局及今縣政府第五科均駐此。

（卷六"教育志·祀典"，457）孔子廟，在禹石門內，縣署之西南，創建已不可考。宋元嘗設山長，以主守之（《鎮志》《舊志》）。明弘治己未，郡司理陳天祥命鎮人重修之（據郭聰碑【458】記）。嘉靖間，通判羅賢開東路，雷鳴陽闢學基，知府杜思建坊、築雲路、充拓二堂。萬曆壬辰，通判劉分桂增修（據周繼碑記）。崇禎甲戌虞紹唐，清康熙三年葉先登相繼修（據葉先登自撰碑記）。乾隆丁亥（不詳其人）、嘉慶乙丑邑令汪正燁、葉肇枏重修（據同知趙懷玉撰碑記）。道光十年（據何家駒撰碑記）、光緒九年邑人繼修之（據劉玉琨撰碑記）。光緒三十一年，邑宰盛津頤又修之（據盛津頤自撰碑記）。民國二十二年，縣長王蔭桂督修之。碑記俱載"藝文志"。大成殿三楹，中祀孔子，旁列四配、十二哲塑像，取模曲阜，為最真，他處所無。殿前古松二株，殿下古栢三株。崇聖祠在大成殿之右，三楹，東西廡各三楹，戟門外東為鄉賢、名宦兩祠，西為昭（459）忠、孝子兩祠，各三楹。孝子祠南為省牲所，中為泮池，池上跨弓橋，石欄繞之，龍泉水自雲路下北流入池，由戟門左水竇出，池左右有銀杏三株，大數圍。櫺星門外，南為宮墙，上嵌"萬仞宮墻"四大字。東華門外額曰"德配天地"，西華門額曰"道冠古今"，兩門旁有下馬碑兩座。宮墻外數武為太和元氣坊，坊南為雲路坊。

（490）文昌閣，在峨嶺，萬曆間通判劉涓建。又有建在八陡社者。奎星樓，萬曆間通判徐希龍建在峨嶺文昌閣右，向以丁祭後一日通判致祭，今歲一行禮。

民國《無棣縣志》

民國《無棣縣志》，成文出版社有限公司，1968年。

無棣縣

（卷二"建置·公署"，73）教諭署，在學宮後，今為兩等女學校。訓導署，在教諭署東，今為教育局。

（卷五"學校·學宮"，147）文廟，在縣治東，元舊為學宮，明洪武三年重修。正統七年知縣王戀，成化十三年知縣劉瑗，弘治十四年知縣許立，嘉靖十二年知縣李性相繼修。二十六年，知縣吳槐修東西廡。隆慶四年，知縣楊繼文重修。萬曆四十二年知縣吳應聘，崇禎十二年知縣李桂芳繼修。清順治十三年，知縣丁敬重修。康熙十七年，知縣胡公著繼修。乾隆八年，知縣楊熥重修。嘉慶九年重修。道光十八年、咸豐八年代理知縣金宗鏞相繼修。宣統二年，邑人河南巡撫吳重熹捐修。大成殿，五楹，宋政和間御書大成殿，明稱先師廟。正中懸清代御書匾額曰"萬世師

（148）表"（康熙二十三年）、曰"生民未有"（雍正三年）、曰"與天地參"（乾隆三年）、曰"聖集大成"（嘉慶三年）、曰"聖協時中"（道光元年）、曰"德齊幬載"（咸豐元年）、曰"神聖天縱"（同治元年）、曰"斯文在茲"（光緒元年）。東西兩廡，各五楹，大成殿門三楹，中額曰"太和元氣"，左額曰"德配天地"、右額曰"道冠古今"。欞星門三楹，內爲泮池，前爲屏壁，東西兩側門外樹下馬牌各一。（164）崇聖祠，在大成殿東，三楹，明嘉靖年建。（165）宋大中祥符初，始封聖父叔梁公。元至順元年，加封焉。嘉靖九年，詔天下學宮別建啓聖祠，清雍正元年，追封孔子先世王爵，合祀五代，更名崇聖祠。（166）名宦祠，在崇聖祠南，明隆慶四年、清順治十三年相繼修。鄉賢祠，在名宦祠右，明弘治十七年建。（167）忠義孝弟祠，在大成門外迤東，清順治初建，光緒二十九年重修。明倫堂，在大成殿後，明嘉靖十八年縣丞楊華重建，崇禎十六年署縣事新泰縣知縣趙凝鼎修，清順治十三年重修，仕版二。順治七年修，道光十七年重修，增爲六，後移置書院堂前。東西二齋，舊名日新、時習，更名博文、約禮，明嘉靖十四年建，清順治十三年重建，後廢。西南爲屏門，又南爲庠門，宣統二年重修庠門，東有榜棚。敬一亭在明倫堂東，明嘉靖十年主簿郭繼□建，四十二年知縣（168）喻曉重修，後廢。問奇堂，在明倫堂後，明崇禎三年建。射圃，在東門外迤北。

（卷七"典禮·秩祀"，191）節孝祠，在縣治西，清順治元年，詔直省府州縣建節孝祠於文廟左右，祠門外建大坊一座，標姓名於其上，已故者設牌位祠中，以春秋仲月上丁日祭。（197）文昌廟，在南關，清嘉慶七年知縣張槐重修，光緒三十三年知縣楊辰選重修。

乾隆《濰縣志》

乾隆《濰縣志》，成文出版社有限公司，1976年。

濰縣

（卷二"建置志·壇廟"，166）文昌閣，在城東南角上，舉人於澤長等建。乾隆十五年，教諭鄧汝賢倡闔邑紳士重修，添建官亭三楹於閣後，閣前魁星樓，州同郭峨、郭偉業、副貢郭思聰、中書郭鴻文、同知郭耀章新建。（168）忠孝祠，在儒學內，雍正三年建。節孝祠，在東察院，雍正三年建。

（卷二"祀典志·學校"，250）學宮，建立在縣治東南，正中大成殿七楹，東西兩廡各十一楹，前爲戟門三楹，左右兩角門，門前泮池、橋梁，池南櫺星門，門左爲省牲所，右爲庖廚所，門前屏壁一座，旁列德配天地、道冠古今二坊。創建於宋代，元延祐元年濰州達魯花赤火你赤、左右司郎中權濰州事顧諟、濰陽節度使李珵重建。明洪武三年，知州周通重修。天順五年，知縣戴昂繼修。成化十年，知縣宋兌撤而新之，創塑聖像，櫺星門易以石柱，廟東添建儒學門三楹。萬曆十一（251）年，知縣史善言重修大成殿。國朝順治十五年，官生郭永安捐修大成殿。十六年，知縣尚祐卿捐修戟門。康熙九年，生員王震生、元品、王廷蕙、陳運新、王鼎、成章、劉溁、郎珵募資重修學宮，內外一新。二十一年，知縣盧豫捐修大成殿，縣丞孫鼎鉉捐修戟門。四十七年，知縣李景隆捐修大成殿。雍正十一年，知縣毛韶芳捐修道冠古今、德配天地二坊，及內外墻壁。乾隆六年，知縣賴光表倡捐，闔邑紳士重修學宮，內外一新。大成殿，貢生王封郜、韓（252）世繩、廩生孔傳禮、韓壽長、增生張據德督修；東西兩廡，監生陳篤彝、增生陳翠、武生譚之禮督修；大成門，舉人郭燦督修。大成殿，康熙二十四年頒御書"萬世師表"扁額，二十八年頒御書孔子贊、四配贊，雍正三年頒御書"生民未有"扁額，乾隆二年頒御書"與天地參"扁額。崇聖祠，舊名啓聖祠，雍正元年加封孔子先世五（253）代王爵，改祠曰崇聖。明嘉靖六年，知縣楊宜建於明倫堂西南，生員陳運新等重修。乾隆六年，移建於明倫堂東，貢生郭棟督修。明倫堂，在大成殿後。成化十年，知縣宋兌建，兩壁刻題名記，東列日新齋、西列時習齋。國朝康熙十年，知縣連儞重修。十一年，生員陳運新又修。乾隆六年，邑紳郭昆捐修。敬一亭，在明倫堂後，嘉靖十年知縣楊宜建。內石刻明世宗敬一箴，及視聽言動心五箴於壁上，明（254）世宗注程子四箴、范浚心箴。國朝康熙十一年，知縣王珍捐修。乾隆六年，貢生田穎捐修。名宦祠，在戟門右，邑人郭一琪、郭一瑄重修。雍正十年，知縣郭芝重修。乾隆六年，監生王封郇督修。鄉賢祠，在戟門西，邑人郭一琪、郭一瑄重修。乾隆六年，鄉賢後裔捐修。忠孝祠，在學門東，雍正三年知縣張端亮建。乾隆六年，監生陳篤彝督修。思樂書院，在敬一亭東，六間。乾隆六年創建，監生（255）陳篤彝督修。射圃，射亭三楹，在學宮西南。儒學兩署，舊在學宮東北，明成化十年知縣宋兌建。今教諭宅在崇聖祠東，乾隆二十年教諭高廷樞倡捐重修，前後共十二間，訓導宅在思樂書院。

康熙《威海衛志》

康熙《威海衛志》，成文出版社有限公司，1968 年。

威海衛

（卷二"建置志·公署"，66）儒學公署，舊在文廟東，久廢，後買丁姓民舍。康熙十六年，守備李標同教授賈琯將丁家巷廢址變賣，正議興修，賈旋告休。十九年，教授劉鼎新理前約，益以合學募資，於明倫堂西修草舍一區，前後五進。五十年，教授崔玉汝復僦民居。五十五年，教授王瀛仍修官署。

（卷三"學校志·學宮"，78）衛學，在衛治東，正統初建。嘉靖六年，巡察海道副使馮時雍重建，萊陽進士趙文耀有碑記。萬曆八年，指揮王心加重修。天啓五年，指揮李世勳重建。崇正二年，指揮王運隆重建明倫堂，指揮陶運化重修戟門、泮池、欞星門、石坊。順治間重修。康熙間，創建崇聖祠，守備李孚吉創建名（79）宦、鄉賢二祠，教授王瀛改名宦祠草堂爲瓦屋，又守備張邁良豎御碑二座，教授王謙志創建照壁，守備韓公遠重修西廡，遍設兩廡木主，樹柵欄於欞星門外。雍正四年，教授張介正重修明倫堂。七年，守備張懋昭奉文鑴聖訓碑一座，豎明倫堂。乾隆二年，邑人布政使王士任捐俸銀二百兩，重修大成殿，改梁易柱，棁拱全易，高起五尺，肖像一新，邑貢生郭文大有《威（80）海學紀事詞》。乾隆四年、五年，闔學用學田租息增修兩廡各二間，易竹笆以木板，重整周圍墻垣。八年，用學田餘資，重建崇聖祠。其廟制，中爲大成殿，東西爲兩廡，前爲戟門及泮池，池之南欞星石坊在焉，兩廡迤南左爲名宦祠、右爲鄉賢祠，殿後爲明倫堂，東爲崇聖祠、西爲教授宅。（82）文廟並官宅基址，四面射直長六十二步，闊三十八步，東至陶家園，南至大街，西至（83）姚百戶宅，北至水溝。姚百戶宅，今爲生員戚成允宅，曾借址二、三尺作厢房基，歲出租錢三百文，貼存生員汪育芹處。

（卷五"典禮志·祠祀"，123）文昌祠有二，一在城東門上，順治間庠生周之標等創建；一在環翠樓東南坡，康熙間貢生阮述芳創建，乾隆二十三年像移環翠樓，舊廟遂廢。魁星樓，在城東南角，崇正十七年，庠生畢懋第等創建。康熙十七年，庠生畢世隆等改（124）向面北重修。

光緒《壽張縣志》

光緒《壽張縣志》，成文出版社有限公司，1976年。

壽張縣

（卷二"建置志·學校"，151）文廟，在縣治東百三十步。明洪武十三年，縣治新遷，知縣□道創建，規模粗具。知縣張玉林、錢俊民□□□□□□□叙吳河□□□趙鯤子有家、有馮及楊□□□□次重修（□□失考）。國朝康熙五十五年，知縣滕永禎協儒學李保之□天□重修。乾隆六年，知縣甘士勳大加修葺。丁酉，知縣黃鈐□改移崇聖祠、大成殿，更像用木主，工未竟調去。己亥春，知縣周大本踵前議修竣，環墻樹木。道光二十七年，知縣許□□重修。二十八年，知縣吳煒重修。光緒十三年，圮於水，知縣曹光棟、吳鴻章相繼重修。二十五年，知縣莊洪（152）烈重修。照壁一座。東西□門，左曰"德配天地"、右曰"道冠古今"，門外下馬碑，東西壁各一座。欞星門一座，年久石圮，改用木，上覆瓦。泮池一區。戟門五間，中大成、左金聲、右玉振。大成殿五間，宋徽宗政和四年，御書大成殿額，頒孔子廟，此殿名所始。東西廡，各五間。（153）啓聖祠，三間，舊在大成殿東，嗣改移今址。名宦祠、忠孝祠各三間，在戟門外東偏。鄉賢祠、節孝祠各三間，在戟門外西偏，自改移大成殿後，兩廡各祠皆依次而南，拔貢劉舉書列各祠木主姓氏。光緒十四年，重修，廩生岳殿元、增生汪至信復書列之。齋沐所，兩間，在金聲門左，有碑記。明倫堂，三間，在啓聖祠後。藏經閣，三間，在明倫堂後。崇德齋、廣業齋、祭器庫、書籍庫，知縣胡玠建，今皆無。德行號、言語號、政事號、文學號、省牲號，知縣趙希魁建，今皆無。學倉，今無。庠門，在文廟西偏，入門道西前爲教諭宅，後爲訓導宅。乾隆己亥（154），知縣周大本創建。

（卷二"建置志·壇廟"，169）奎星樓，建於東南城隅上，明萬曆三十四年，知縣周二錫□幟立基。國朝咸豐四年，知縣彭嘉寅率紳士李懷朴、閻體正重建。十一年，土匪至，據南臺攻城急，千總□□林在閣上置巨砲，從窗中擊，賊退，移兵守南臺，城得無害。

民國《東平縣志》

民國《東平縣志》，成文出版社有限公司，1968年。

東平縣

（卷十五"古迹志·壇廟"，931）文廟，東平廟學，自宋仁宗景祐五年沂國公王曾以左僕射資政殿大學士出判鄆州，始建於城內西南。元仁宗皇慶二年，總管嚴忠濟以其地狹隘，改建於州治東北，即今廟學基址。皇慶二年後，垂五百載，雖時營繕，而傾圮日滋。清道光五年，知州周雲鳳倡修，規模大備。光緒二年，知州左宜似重修，視舊制益加宏麗，嗣後州人士踵加增飾，樸斫丹艧，煥乎其文，壯麗甲於齊魯。至民國九年，竟毀於火。十八年，就此基址改建縣立初級中學，而歷代踵修之。文廟廢，附有啓聖、崇聖、文昌、名（932）宦、鄉賢、節孝各祠，因之俱廢。廟制，詳舊"學校考"，茲不備載。文昌帝君祠，（933）《舊志》，州城有二祠，一在文廟東偏，一在南門內，明成化中建。

宣統《重修恩縣志》

宣統《重修恩縣志》，成文出版社有限公司，1968年。

恩縣

（卷三"營建志·祠祀"，40）文廟，在縣治東南，明洪武七年遷今地，中爲先師殿，翼以東西兩廡，左爲神庫，右爲神厨，前爲戟門，左右爲角門，外爲櫺星門，南爲泮池，橋跨之，繚垣東西爲德配天地、道貫古今二門。前爲萬代宗師坊，又西爲三合影壁，省牲房在明倫堂後。天順間知縣李翱，成化間知縣王偉重修。嘉靖四十年，推官戴汝器改建大成殿。萬曆二十四年，知縣孫居相修櫺星門、萬代宗師坊，拓學門西南爲雲路街。國朝康熙五年知縣楊鴻儒，九年知縣董時升重修。六十一年，知縣陳學海捐復學基。乾隆五十六年知縣劉復善，光緒八年知縣丁雲翰重修。二十五年，知縣李維誠改建大成殿。文廟儒學四至，東至池崖，南至門檐，西至民居，北至坑中。（41）長一百零四步，北闊三十六步二分，南闊三十四步一分。神路雲路四至，東至民居，南至民居，西至民居，北至廟學門，長三十一步，闊二十八步六分。崇聖祠，在儒學門內，萬曆二年知縣韓屏建。

（47）名宦祠，在戟門左，萬曆二年知縣韓屏建。鄉賢祠，在戟門右，萬曆二年知縣韓屏建。忠孝祠、節義祠。文昌閣，在萬代宗師坊東，成化十六年知縣堵升建。康熙三十五年知縣孫秉彝，六十年知縣陳學海重修。奎光樓，在文昌閣東南城上。

（卷三"營建志·學校"，48）儒學，在文廟後，前爲明倫堂，堂後爲尊經閣，萬曆十一年，邑參議段錦建，內藏經籍。堂東爲教諭宅，順治十七年教諭趙國奇構；西爲訓導宅，康熙三十五年訓導張獻可構堂。東南爲禮門，又南爲儒學大門。按《續志》，儒學街地基爲居民所侵，康熙六十一年知縣陳學海以地屢易主，復捐俸市回，監生紀境亦捐地一段，街復如舊。

《恩縣鄉土志》

《恩縣鄉土志》，成文出版社有限公司，1968 年。

恩縣

（"地理"，74）文廟，在南門裏路東，廟東有鐘樓，名"芹畔曉鐘"，列十景之一。

民國《福山縣志稿》

民國《福山縣志稿》，成文出版社有限公司，1968 年。

福山縣

（"疆域志第一"卷一之一"祠廟"，64）文昌祠，舊在學宮東北隅，明天順間段堅建，萬曆間改置閣在青龍山巔。魁星樓，在芝陽山東巔，國朝順治間，知縣申修、邑人蕭丕振捐貲創建。

（"學校志第二"卷二之一"學宮"，115）學宮，在縣治東南，金天會間置縣時創建，元延祐七年主簿祁祖謙、至正三年縣尹王世英、明洪武初知縣王諒各增修。天順間，知縣段堅拓地重修，并建櫺星門。成化間，知縣郭玉增堂齋。宏治間，知縣應珊建尊經閣。嘉靖間，副使李易發公帑，命千戶李□修葺。萬曆六年，知縣華岱修啓聖祠及名宦、鄉賢二祠。三十一年，知縣宋大奎修雲路，建坊。國朝順治間知縣李正華、康熙七年知縣張大本重修。戟門、櫺星門、泮池、大成門。大成殿，七楹，壇高五尺。宋崇寧四年，詔文宣王殿以大成爲名。政和四年，御書大成殿額，頒各路學宮，此命名之始，後歷代皆稱先師廟。國朝雍正七年，改用黃瓦。乾隆三十三年，定於大門增先師廟額，正殿爲大成殿，二門爲大成門。（117）兩廡，各十二楹，高三尺，內祀七十二賢及先賢先儒，以前皆稱封爵，嘉靖九年，改稱先賢某子，先儒某子，國朝稱先賢、先儒，不稱子；又周程張朱五子，明稱先儒，崇禎十五年改稱先賢，升七十子之次，國朝因之。（136）崇聖祠，原名啓聖祠，宋大中祥符元年封孔子父爲齊國公，慶曆八年詔於聖殿後立廟奉安。元至順元年，加封爲啓聖王。明嘉靖時，去封爵，令天下學宮皆立啓聖祠，祀叔梁公。國朝因之，至雍正元年，追封五代皆王爵，合祀於祠，遂更名爲崇聖祠。乾隆五年，頒發太學成式，令祠內並建兩廡先儒。（139）名宦祠，在戟門外之左。明洪武四年，詔天下學校各建先賢祠，左□名宦，右祀鄉賢，此二祠附學宮之始。國朝順治初年定制，直省府州縣建名宦、先賢二祠於學宮內。□□春秋釋奠，先師同日以少牢祀之，皆地方官主祭，行禮祭品同兩廡。鄉賢祠，在戟門外之右。（140）忠孝祠，在櫺星門東，《會典》：雍正元年，禮部議覆行，令直省州縣各建忠孝節義祠於學宮內，祠門內立石碑，將前後忠義之人刊刻姓氏於其上，已故者設立牌位，每歲春秋二次致祭。六年，知縣顧諤建。（141）節義祠，在忠孝祠內，姓氏詳列表册。明倫堂，在大成殿後。尊經閣，在明倫堂後。宋大中祥符元年，幸曲阜，敕賜太宗御製九經三史書并置文廟書樓上，此學宮賜書之始，歷代因之，今廢。敬一亭，在明倫堂東北。按明嘉靖作敬一箴，頒之太學，遂詔郡邑學校鐫石，并刻程子四箴、范氏心箴，作亭覆之，故名，今廢。學基，東至城，南至通衢，西至縣前街，北至察院（《舊志》）。教諭署，在明倫堂後。訓導署，在明倫堂西。

《高唐州鄉土志》

《高唐州鄉土志》,成文出版社有限公司,1968年。

高唐州

("地理·祠廟",91)一文廟,在西大街。附崇聖祠、文昌先代祠、文昌祠、名宦祠、鄉賢祠、忠義孝弟祠、節孝祠。

("地理·古迹",87)奎文閣,在城內大街,又名談公樓,以知州談囗重建,故名。

同治《即墨縣志》

同治《即墨縣志》,成文出版社有限公司,1976年。

即墨縣

(卷三"學校志·廟制",215)先師廟在縣治東,元至元七年,邑人呂瓚暨弟珪,以田易鄰壤,捐錢五百緡,創建殿廡、齋舍。至正十二年,縣尹董守中增建,中爲大成殿,東西列兩廡,東更衣,次西先賢祠、祭品、禮器二庫,前爲戟門、櫺星門。明洪武九年,縣丞楊泰中重修。正統年,知縣周禮、馮時舉相繼重修。宏治元年,知縣張聞捐修。五年,邑侍郎藍章買廟前生員王續、居民楊和地,闢爲神路。正德十五年,知縣陳景重闢神路。嘉靖十年,知縣張韓重修。十五年,邑御史藍田修櫺星門,易以石坊,題曰"聖門"。二十五年,知縣許伸建坊於門前,題曰"斯文",正路翼以石欄。四十三年,知縣湯明善更開神路(216),諸生杜從周首倡,兌地凡若干家,計地若干丈,建石坊,題曰"萬里雲衢"。萬曆六年,署縣府同知羅潮、知縣許鋌重修戟門,增廣兩廡。二十六年,知縣楊紹祖重修聖殿。崇正十年,邑南皮令藍再茂捐貲重修。國朝順治八年,邑浦江令黃坦捐貲重修。康熙十六年,訓導孔興誘重修神牌,創砌庭階。二十六年,邑貢生藍啓晃重修戟門。五十三年,邑總制郭琇建二石坊於門外,東曰"德配天地"、西曰"道冠古今"。五十六年,知縣陳亨通重修殿廡、戟門。乾隆五年,知縣王純重修。十五年,知縣晋運泰重修。二十四年，訓導孔毓鈊修戟門、甬道。五十年，知縣葉栖鳳重修。同治十年，知縣林溥重修（217）大成殿，東西列東西廡、庭階、甬道、神龕、供座、戟門、欞星門。每歲春秋仲月上丁行釋奠禮，正獻官用正印主之，東西哲位、東西廡位，陪祭官分獻。新例，武官俱得與祭。崇聖祠，國朝康熙二十六年，邑貢士藍啓晃重修。五十六年，知縣陳亨通同邑人重建。乾隆五十年，知縣葉栖鳳重建。同治十年，知縣林溥重修，原祠名啓聖。雍正十三年追崇五代，故更今名。

（259）名宦祠，道府以上通祀者不載。在聖門內，易文昌祠爲之。先賢祠，僑寓有功德者亦視之，忠義祠同。在聖門內西，易九賢祠爲之。（261）忠義祠，在聖門內，雍正三年建。三祠俱乾隆五十年知縣葉栖鳳重建，同治十年知縣林溥重修。文昌閣，在縣城上東南隅，明萬曆三十年，知縣劉應旗建。國朝康熙五年，署縣事姜調鼎重建。雍正元年，邑人高文正捐泉莊地三十七畝瞻看廟人。乾隆五十二年，知縣葉栖鳳重修。同治十年，知縣林溥重修。文昌宮，在嶗山書院，咸豐元年知縣何菜立，移春秋二祭於此。

（卷三"學校志·學署"，263）儒學，在縣治東。宋時建，元邑人吕瓉暨其弟珪構講堂齋舍。元縣尹董守中建講授堂、止善、養正二齋。明洪武九年，縣丞楊大中重建。正統年，知縣周禮、馮時舉相繼重修。成化三年，知縣田良輔廓堂齋、號廨。宏治元年，知縣張聞增修明倫堂五間，東列進德齋、西列修業齋，建尊經閣、善賢堂、敷教堂、退軒會、講堂、會饌堂，號房仁義、禮智東西各五間，左倉房，右厨房，經義門，井亭後爲萃英邱、飛虹池，北爲起秀亭，齋後爲教諭、訓導宅三所，各十二間。堂前爲禮門、兩角門，西南爲學門，南向。正德七年，知縣高允中重修。嘉靖十年，知縣張韓建儒學大門三間。四十三年，知（264）縣湯明善建敬一亭。萬曆六年，知縣許鋌遷敬一箴亭於明倫堂之東，廣爲三間。三十七年，知縣楊必達重修。國朝康熙九年，知縣康霖生建儀門三間，前後石柱。十二年，署縣事膠州州同賈漢誼重修大門。乾隆五十二年，知縣葉栖鳳重修明倫堂、儀門、大門、照壁。咸豐九年，知縣丁壽嵩重修明倫堂。同治九年，重浚飛虹池。射圃，在儒學東，明萬曆六年，知縣許鋌置，有亭，今圮。

民國《濟寧縣志》

民國《濟寧縣志》，成文出版社有限公司，1968 年。

濟寧縣

（卷二"法制略·建置篇"，104）文昌宮，在學宮東。（105）名宦祠，在學宮內，民國四年，由辦公事務所撥款重修。鄉賢祠，在學宮內。忠義祠，在學宮內。孝弟祠，在學宮內，民國十年，由辦公事務所撥款重修。節孝祠，在學宮西，民國七年，由辦公事務所撥款重修。學（106）校報功祠，在學宮內。

（卷二"法制略·教育篇"，123）廟學在西北隅，中建大成殿，祀至聖先師及四配十二哲，東西兩廡祀先賢、先儒，其姓名位次，詳《州志》。民國八年，准內務部呈准，以先儒顏元李璆從祀，殿後建崇聖祠，祀肇聖王木金父（124）、裕聖王祈父、貽聖王防叔、昌聖王伯夏、啓聖王叔梁紇，以先賢配享，先儒從祀。大成殿東爲禮器庫，西爲樂器庫，前有戟門三楹，門左齋宿舍三楹，門右省牲所三楹，外爲欞星門三，東西各一坊。殿之後爲明倫堂，堂之後爲尊經閣，閣之後爲崇聖祠，祠左爲名宦祠，其南忠義祠，祠右爲鄉賢祠，其南孝弟祠，祠後爲杏壇亭。歷年由辦公事務所經董，於文廟歲修項下撥款開支，不足時，以他款補助。計民國三年，修東西兩廡、義路門、省牲所、奎星閣。四年，奉部章修理木主，并前後殿宇，暨名宦祠、秋陽、江漢兩門。七年，修明倫堂、尊經閣、大成殿，及西廡、神臺，暨義路門，并修補祭器。八年，修西廡、屋宇、義路門（125）墻、明倫堂墻。十年，修孝弟祠、硯池，暨建修欞星門。

乾隆《濟陽縣志》

乾隆《濟陽縣志》，成文出版社有限公司，1976 年。

濟陽縣

（卷五"禮樂志·學校"，473）黌宮在縣治西南，金大定十四年，邑人趙某獻地一（474）區，進士李仲熊率□□王彥等創造，請於有司，以五月經始，二十四年八月落成，凡殿堂、齋房、庖湢、戟門、兩廡次第興舉，先聖像及配享從祀俱以位序列焉。承安三年，太常陳君大舉記之，後毀於貞祐甲戌之兵。元監察御史劉君衡、達魯花赤苫思丁嘗屋而垣之以安神主，未能復舊觀也。至元三十一年，邑令杜溥載建堂殿、賢廡及儀門、墻垣，繪塑先聖像，邑人楊文安公□記其事，吳興趙孟□書之。至正間，邑人郭英鑄祭器，尊□簠簋之（475）屬皆備。明洪武八年，邑令李謙見一切頽毀，首闢櫺星門及廟楹，兩廡賢哲儀像咸加修理。九年，以講堂隘陋，復撤其舊，加營治焉。正統四年，邑令孫慶拓殿廡，塑神像。成化七年，邑令王璉建明倫堂、齋號，師生燕息之所，共四十餘間，而廟廡未遑。十年，都御史牛俸過縣謁廟，出粟百石，命知縣孫昶、訓導鄒祐協同蓋造，不三月而殿廡及文昌祠一新，記之者監察御史江孟綸也。嘉靖壬辰，孫令堂重建殿宇、齋舍，復儲賦以庚，始構射圃亭，移賢宦（476）祠於敬一箴亭之後。乙巳，劉令韶復加增修。萬曆六年，秘令自謙重修廟廡、堂齋、門屏、臺砌、墻垣及扁額、几案等。舊無泮池，十二年李令四維鑿之。無坊壁，十七年靳令惟賢樹之，後積霖崩毀。二十六年，黃令應魁移池於內，樹壁於外，泮有方橋，橋有周欄，建東西兩坊，群齋亦次第修舉。三十年，李令枳於學東南數十武因坡為臺，建奎星閣其上，又改樹光淩霄漢坊為科甲宏開坊。四十五年，邑人郭夢疇增塑先師、四配、十哲像，築銅禮器，捐田（477）□□□□□□□□訓導喬允修為之記。天啓六年，李令作文捐金積穀，以瞻士子。七年，教諭張□率邑士重修。先聖殿，後半毀於兵火。國朝順治六年，邑令解元才、儒學何復元、張士珩興修正殿及兩門。十年，邑令□民服倡捐重修啓聖、文昌兩齋，及前後圍墻、東廡。明年，復建雲路坊，增飾奎樓，邑大司寇艾元徵記之。康熙六年，邑令馬帆修明倫堂及奎樓、甬道、雲路淩霄兩坊，補葺墻垣。□□□□□□記之。二十四年，邑令李能白率紳（478）士，□聖像及文昌、奎星像，修兩廡、奎樓、櫺星、戟門、泮池、照壁、明倫堂、東廡、齋厨、旁門等，煥然一新。六十年，邑令司徒珍率紳士自大成殿及東西廡皆振新之，且購置教諭、訓導宅於學東北四隅頭，學師居處乃有其地。雍正二年，邑令郎作霖重修明倫堂。乾隆十四年，曾令廷翰命邑貢生王櫆年董役，重修大成門、啓聖宮、明倫堂、業神祠，廣泮池□砌設鐘鼓禮器，及諸扁額，名宦木主、臺座秩然完善。二十五年十二月，□□履任謁廟後見基址（479）（此後漫漶不清）。

大成殿，五間。東西廡各（漫漶不清）。（481）宰牲房，三間。泮池一區（漫漶不清）。崇聖祠在□□□。文昌祠，在正殿（漫漶不清）。名宦祠，在戟門外東。鄉賢祠，在戟門外西。□□□□□在明倫堂東。□□□□三楹，在明倫堂西。（482）業神祠，二楹，正殿東。奎星閣，舊在城西南隅，距欞星門數十武，因城爲臺，建閣其上，係萬曆三十一年知縣李枳建。乾隆二十七年秋，知縣□□□因□中科第不振，（漫漶不清）移置城東南隅，以扶文（漫漶不清）。□□五楹在正□□。敬一亭，在正殿東南，中有碑，久廢。射圃，在正殿東百步，有亭，久廢。（483）進德齋，三間，堂前西向。修業齋，三間，堂前東向。東西號房，舊四十八間，今存二十六間。儒學門三楹，正德丙子，知縣林馨建。萬曆六年，秘自謙重修，久廢。儒學門東甬道，萬曆二十八年，知縣王國楨建，久廢。教諭宅，舊在明倫堂後，久廢。康熙年間，邑令司徒珍捐率邑紳高□□□□基房舍於縣治西爲官署，北大樓五間，東□□□三間，西瓦房三間，大廳房五間，大門、二門□□□，書辦房三間。訓導宅，舊在修業齋後，久廢，邑令司徒珍捐率邑紳高□募置地基房舍□教諭署西北，瓦房三間，南瓦房三間，大廳房二間，與教諭廳相接，外有□□土房三間。

（卷二"建置志·坊表"，269）金聲坊，欞星門外左。玉振坊，欞星門外右。光凌霄漢坊，儒學門左，知縣李枳建，後更爲科甲宏開。（270）儒林坊，儒學左。雲路坊，儒學左，萬曆三十四年知縣李□建。

道光《重修膠州志》

道光《重修膠州志》，成文出版社有限公司，1976年。

膠州

（卷十三"建置志·祠廟"，591）文廟，自齊宣王立廟於稷山，名曰孔父山，漢明帝詔郡縣學校皆（592）祀孔子，而廟堂興。唐時，州縣學廟始遍天下。貞觀四年，詔州縣學皆立孔子廟。咸亨元年，詔州縣孔子廟堂有破壞并先來未造者，令有司速事營造，廟始遍天下，學者多稱夫子廟。宋稱文宣王廟，元稱宣廟。自唐開元，以文宣王、武成王爲文武宗祀，元天曆後又易武安王，而學校乃有文廟、武廟之稱。明嘉靖時，詔改宣聖廟稱至聖先師孔子廟。本朝《大清通禮》直省府州縣廟祀先聖孔子，有監祀分主各府者主其地。文廟之文，是從民間便稱爾。膠州學廟，宋以前無聞，建始於金皇統末（《高志》以爲大定；《劉志》以爲承安；張賓雁以爲皇統。《劉志》本明吳寬碑文與承安詔書。張本王和詩序石刻，和爲邑人，而皇統在前，故從之吳碑，蓋亦本承安詔。然承安詔，州縣無學廟者立焉。膠爲劇邑，金自天會已有其地，不當及承安始有廟學，是因詔書而復修耳。大定在皇統後、承安前，《高志》不應一無所本，故皆錄之，詳"金石"），未詳其地（張賓雁曰在西城，以元城在今城西北土城口，而劉虞廟碑云巽隅，故曰西城也）。大定、承安間，再修之，後圮廢。元初，假東岳廟爲文廟（見王和詩序，詳"金石"）。前至元三十一年，州同知林鶚始修復之，學正劉世杰爲碑文（未詳其詞）。延祐元年，達魯花（593）赤燕帖木而改建，大學士劉虞爲碑文，詳"金石"（王和詩序云，延祐初徙今。考劉碑云，廟學在巽隅，前州同林鶚修復，修而曰復，當承元初假岳廟而言，是即和序所謂徙爾。又云門逕不能旋車，東廡逼近民居，買地廣袤十有一尋，是因修復之後，擴而大之，不當云徙也，故曰改建）。元末，毀於毛貴之亂。明洪武八年，知州趙禮移建於今城內東南。其制，大成殿六楹，屋制四注四殿（《舊志》宋徽宗政和四年，御書大成殿額，頒孔子廟，遂爲定制）；東西廡各六楹，前爲大成門，一曰戟門（《舊志》宋太祖建隆間，詔用正一品禮，立十六戟於文宣王廟，徽宗增至二十四戟）；又前爲泮池（《禮》天子之學曰辟雍，諸侯曰泮宮，文廟爲學宮之祀，鄉學與國學之分，惟此制爲明辨）；又前爲靈星門（靈星祀天□，蓋蒼龍七宿之首，祀配以后稷，漢以前制度也。元始以名壇壝之門，以《詩》"毛傳絲衣，靈星之尸"也，古迎尸於門內，故以爲郊壇門名文廟之靈星門。元無明文。《明史·禮志》洪武三十年，改建國學，帝自爲規劃，已有靈星門，不言始設，蓋因元舊名，故禮以八年移廟而有此制。《舊志》以爲嘉靖九年設，誤，且其年無修廟之事）。十九年，知州張恭、州同杜筠昌修。成化六（594）年知州毛智、八年知州林璇、宏治元年知州魯凱相繼修。十二年（《舊志》作八年，誤），知州曹皓改建（《舊志》拓廣殿廡、齋舍，置祭器，栽樹木），學士吳寬爲碑文，詳"金石"。嘉靖二十五年，知州楊中啓增修，改學門由右。隆慶三年，邑人姜光宿、趙繼業、欒尚約重修。萬曆十九年知州余邦輔、三十三年知州趙尚忠、四十一年知州孫枝芳并重修。四十三年，知州李尚志增修，尚書趙煥爲碑文，詳"金石"。崇禎十年，知州向君化重修，見"金石"。國朝順治十八年，知州趙民善復修。康熙三年，總兵佟輔聖、知州郎熙化重建。七年，地震，大成殿前雷傾，知州劉大慶暫葺之。十年，邑人宋可發重修。十二年，學正趙秉正繼修。四十八年，知州龔大（595）良重修（《舊志》開拓垣墉，立石爲界）。五十七年，知州高澤寰重修，見"金石"。五十八年，大水泛濫，毀其半，副將王來祜、訓導楊士玉倡捐重修。乾隆六年，知州陳端重修。十七年，知州周於智倡捐重建，知州宋文錦繼之。四十九年，知州顧昌運重修，見"金石"。嘉慶二十五年，知州戴岯修，未畢。道光十五年，岯再任，重修，詳"金石"。

崇聖祠，舊曰啓聖祠，雍正元年改，在戟門東，明萬曆六年，知州樓楸中建，生員趙懷慎捐資成之。國朝順治十八年，知州趙民善修。康熙七年，地震，墻復傾，生員楊希震等重修。乾隆六年，知州陳端重修。（598）文昌宮，文昌本星神之祀，《周禮》以櫏燎祀司中司命。鄭康成以爲文昌第五星、第六星。《晋書》《隋書》南郊從祀，皆以文昌次於北斗，於壇不於廟。《明史稿·禮志》梓潼帝君者記云神姓張，名亞子，居梓潼七曲山（《山東通志》越巂人，因報母仇，居劍山之七曲山），仕晋，戰沒，人爲立廟。唐元宗、僖宗、宋咸平中屢封至英顯王，道家謂上帝命梓潼掌文昌府書及人間祿籍，故元加號爲帝君，而天下學校亦有祠祀之（《山東通志》唐明皇西狩，追封左丞；僖宗入蜀，封濟順王；宋咸平中，改封英顯王；元加號輔元開化文昌司祿宏仁帝君）。《濟南府志》，明景泰五年，敕賜文昌宮額，令學校祀之。（599）國朝嘉慶六年，太常寺奏府州縣各立文昌宮，升爲中祀，祭以太牢，並追祀先代（《明史稿》以爲梓潼帝君與文昌無與，宜罷學校之祀。朱竹垞彝尊、桂未谷馥皆以爲天神之祀，必有配享，文昌亦宜有配享。《大清通禮》載祀文昌祝文。文昌六星，梓潼桂籍，事舉備。蓋因元、明故禮，而加崇，後儒配享之說，似爲近之，然今爲正祭）。宮在文廟東南，平地起樓，高二丈餘，上下二層，下即魁星閣。明萬曆三十五年，知州趙尚忠創基。三十六年，知州黄烺、蘇希瞻建。四十三年，知州李尚志修。國朝乾隆三十年，知州李瀚重建。道光十五年，知州戴岯重修，改角門於閣西。又文昌廟在城東南半里，始建不詳，乾隆六十年，知州劉尚惠重建。道光二十五年，邑人重修，城内閣高地狹，不便行禮，春秋祀文昌皆在城外廟中，行事已久，惟上丁祀魁星，猶在城（600）裏閣内。（606）名宦祠（《舊志》明洪武四年，詔天下學校各建先賢祠，左祀賢牧令，右祀鄉賢。《大清會典》古今聖賢、忠臣、烈士、名宦、鄉賢，載在祀典者，令有司歲時致祭。定制設祠於學宮內，亦以上丁致祭，按膠之名宦、鄉賢祠，始於明宏治十四年，知州曹皓建祠戟門左，名尚賢祠，合祀秦漢以來名宦、鄉賢二十三人。其後分祠各祀，不詳何時。萬曆四十一年，知州孫枝芳重修名宦、鄉賢二祠，邑人匡鐸捐資成之。四十三年，知州李尚志改建二祠於啓聖祠前，今在戟門左右），在戟門左。順治十六年，大雨傾爲平地，康熙四年，邑人宋可發重建。乾隆六年，知州陳端重修。道光十五年，知州戴岯重修。（607）鄉賢祠（《會典》同名宦祠），在戟門右。康熙七年，地震，圮。十年，知州孫蘊韜、學正趙秉正重建。乾隆六年，知州陳端重修。道光十五年，知州戴岯（608）重修。（609）忠義孝弟祠（《會典》雍正元年，禮部議覆，行令直省州縣各建忠義孝弟祠於學宮內，春秋致祭），在文廟西，雍正三年，知州鄭爲龍建。道光十五年，知州戴岯重修。

（卷十三"建置志·官廨"，615）儒學署，學正宅在明倫堂東，訓導宅在崇聖祠後。明宏治十四年（《舊志》誤作八年），知州曹皓建。

（卷十三"建置志·學宮"，618）明倫堂（元世祖至元十三年，雲南行省平章賽典赤始建明倫堂，購貯經史，因下其式於諸路。明洪武十五年，詔置臥碑於明倫堂），在大成殿後，始建不詳。明萬曆三十六年，知州蘇希瞻重建。四十三年，知州李尚志重修。國朝乾隆六年，知州陳端復建。十七年知州周於智；五十二年知州張玉樹并修。道光十五年，知州戴岯重修。

（619）敬一亭（明世宗嘉靖五年，作敬一箴，頒之太學，遂詔郡邑學校，皆行鐫石，並刊程子四箴、范氏心箴，作亭覆之，因名），在明倫堂後。明萬曆三十六年，知州蘇希瞻創建，見"金石"。四十三年，知州李尚志重修。國朝康熙四十四年，知州龔大良、學正魏鴻祚重建。雍正六年，學正史繼經重修。尊經閣（元仁宗延祐二年，常州路總教史壎即郡庠建尊經閣，以儲書籍，詔天下學校皆建閣），在明倫堂後迤西，久圮。齋房，在明倫堂東，明宏治十四年，知州曹皓建，久圮。射圃（義始於古澤宮之制，明洪武二十五年定制，每月朔望習射於射圃，樹鵠置射位，初定三十步，加至九十步），在明倫堂西，今名箭道。《高志》謂在東門外八臘廟後，非是（按在東門外者乃武榭，閱［620］兵之所，學宮射圃、武生月課之制，不相涉也）。泮宮坊，在靈星門西。明萬曆四十三年，知州李尚志建。國朝乾隆六年，知州陳端復建。

靈山衛

　　靈山衛學宮，舊在衛署東。明正統元年，萊州府通判任經、指揮使蕭俊建。宏治元年，膠州知州魯凱修，見"金石"。正德元年，指揮使龔銓重修。國朝康熙七年，地震圮，教授常天祚重建。四十一年教授劉景和、四十九年教授李生梓并修。雍正十二年，裁併衛學，後皆衛人續修，規模如舊，惟名宦、鄉賢等祠久圮。

咸豐《金鄉縣志》

咸豐《金鄉縣志》，成文出版社有限公司，1976年。

金鄉縣

　　（卷四"學校"，83）文廟，在縣治東。初建於唐開元，在縣治西。宋紹興中，移北門內，今岱岳祠地。金大定間，縣尹聶天祐改建今地。元縣尹劉源、牛天麟、周仲□重修。明縣丞李瑾、知縣沈義遞修。成化中，知縣盛德繼修，學士吳寬記。萬曆六年知縣楊楫、國朝知縣沈淵、王之錡、教諭遲逢元、知縣饒夢燕、麥子淳、王天秀、孫映輝皆相繼復修。

　　（85）大成殿，五楹。（86）東廡，十一楹，祀先賢。西廡，十一楹，祀先賢。（87）前為戟門，門有二碑，曰"指南"，王文翰書；曰"壯觀"，唐李白書；泮池，乾隆十六年先後，饒夢燕重修浚；祭器庫、神廚、宰牲房各三楹，久廢矣。名宦祠，在泮池左；鄉賢祠，在泮池右；忠義祠在鄉賢祠南，雍正八年，知縣高恕奉文創建忠義祠。南為照壁，左右有欄，門外有東西下馬碑。明倫堂五楹，明知縣楊楫建，後屢圮屢修。堂左右曰敬一亭、曰射圃、曰觀德亭、曰講文亭、曰明德、新民二齋，今俱圮，皆無存者。又有進士題名石，亦廢。（89）崇聖祠，在學宮左北。舊在壎書臺，明知縣楊楫改建學東；乾隆中，知縣饒夢燕患其近水，復遷今地，舊曰啓聖。文昌祠，在學宮東，依壎書臺；節孝祠當其南，雍正八年，知縣高恕創建。道光二十二年改建，時奉文修總坊，至今未果。最南為千古道源坊，南臨大街，學宮之外門也。

　　（卷五"秩祀"，102）文昌廟，書院東北。

《靖海衛志》

《靖海衛志》，成文出版社有限公司，1968年。

靖海衛

（卷一"形勝"，8）衛學，明正統四年，指揮潘興草創。嘉靖年間，兵巡道馮時雍東巡，移文修葺。萬曆末年，鄉宦宋廷訓捐資修飾。國朝順治年間，教授周之翰建戟門、開泮池。康熙十年，守備葉植、教授舉人馬負圖各捐俸重修兩廡、門牆，鑿深泮池。明倫堂久廢，尚未重建。啓聖公祠久日倒塌，守備葉植捐俸重理聿新。聖賢像，守備葉植捐俸重妝。

嘉慶《莒州志》

嘉慶《莒州志》，成文出版社有限公司，1976年。

莒州

（卷二"官署"，82）學正署，舊在吏目衙西，地震傾圮。乾隆四十二年間，州紳士公捐於吏目衙後價買民房改建。訓導署，在州同衙後路北。

（卷二"學校"，84）學宮，在今州治之西。元至元間，知州孔源始建，元末傾圮。明洪武元年，知州趙麟重建。天順間，知州衛述拓而新之。宏治間知州林璇、嘉靖間知州沈震、萬曆間知州王明時相繼修理。知州許銘謙建啓聖祠、尊經閣、魁星樓、泮池、石橋。崇禎末，爲流寇所毀，大成殿僅存。（85）國朝順治間，知州李炳、韓度修葺。康熙七年，地震盡圮，九年知州張文范捐修。雍正十三年，署知州李方膺捐修兩廡、宮牆，撤去門外影壁。乾隆二十六年，知州趙晋基重修。日久坍塌。五十六年，紹錦來任州事，倡率興修，庀材鳩工，經始於五十七年三月，告成於十有二月。中爲大成殿五間。（86）殿外東西兩廡各十一間，中六間各列先賢、先儒木主。迤北三間，東爲樂器庫，西爲祭器庫。迤南三間，東爲更衣所，西爲庖膳所。前爲戟門三間，門東爲名宦祠，門西爲鄉賢祠，又前爲泮池，上跨三橋，甃以磚石，池之前爲欞星門，坊柱皆以石，左有忠義祠，右有節孝祠，二祠舊在門外，州人以作踐之難禁也，增長垣環而蔽之，(87) 今列門內。殿後爲明倫堂五間，堂下東西各一門，爲禮門、義路，堂後設重門，門內爲崇聖祠三間，地勢稍低，增土築高三尺，與前堂宇相稱。《舊志》稱，後有尊經閣，今至此無餘地矣。其魁星樓在櫺星門外東南隅。

（卷四"秩祀"，182）文昌宮，在城內東北隅，前有魁星閣，乾隆五十五年，知州鄭飛鳴重建。

《陵縣鄉土志》

《陵縣鄉土志》，成文出版社有限公司，1968 年。

陵縣

（"祠廟"，54）城內有文廟，崇聖、名宦、鄉賢、忠義、節孝諸祠附焉。

民國《陵縣續志》

民國《陵縣續志》，成文出版社有限公司，1968 年。

陵縣

（第二十二編"祠廟志"，401）孔廟，大成殿現尚巍然獨存，兩廡已傾圮無餘。櫺星門改爲三泉學校大門，其餘左右官廳亦歸該校改造借用。(402) 文昌閣、名宦祠、鄉賢祠、忠義祠、節孝祠，以上各廟均爲師範講習所、三泉學校分別借用。

嘉慶《平陰縣志》

嘉慶《平陰縣志》，成文出版社有限公司，1976 年。

平陰縣

（卷一"學校"，79）魏太和五年，始立孔子廟於學宮。唐貞觀四年，乃詔州縣皆立孔子廟。開元中，追贈十哲及七十子爵號。宋太祖詔祀孔子用永安之樂。元大德十一年，加封大成至聖文宣王。明成化間，加樂舞八佾、籩豆十二。嘉靖九年，禮部會議，孔子神位題至聖先師，孔子去王號及大成文宣之稱，其四配稱復聖顏子、宗聖曾子、述聖子思子、亞聖孟子，十哲以下皆稱先賢某子，左丘明以下皆稱先儒某子，並去（80）公侯伯之號。遵南京國子監規制，製木爲神主，仍擬大□尺寸，著爲定式，春秋祭祀十籩、十豆，天下各學八籩、八豆，樂舞止六佾。

（89）學宮，舊在城內西北隅。宋元符間，知縣盧芹因地洼下，遷東南隅。明洪武三年，敕建重修。成化八年，教諭劉振修，提學簽事畢瑜記。十六年，知縣蔣昺修。二十三年，知縣潘容修，翰林院修撰錢福記。嘉靖（90）四十三年，知縣於子英重修兩廡、戟門及東齋，江西副使梁成記。萬曆二年，樊思誠繼修大成殿、欞星門、育秀坊及西齋。天啓元年，知縣李潤民繼修。大清順治四年，知縣劉升祚繼修。十七年，邑人朱鼎延、孫光祀捐金重修大成殿。康熙七年，邑人田錫爵倡義重修兩廡、戟門。康熙二十三年，知縣陳良玉重修。雍正十二年，署縣事文安井公募修，邑進士束鹿縣知縣張嶠作募疏。乾隆元年，知縣方琢重修，邑人長泰縣知縣程自邁記。乾隆五十六年，知（91）縣黃承道捐金百兩募民重修，墻垣俱易以石，監修邑人朱光晛、張右秩、孫廷箴、朱光笐、高士欽、趙牧謙、張秉剛、尹作魁。明洪武年敕立萬仞宮墻匾；御製萬世師表匾，康熙甲子年立；御製生民未有匾，雍正丙午年立；御製與天地參匾，乾隆戊午年立；製聖集大成匾，嘉慶己未年立。（92）聖廟左右爲兩廡，前爲戟門，東爲名宦祠、忠義祠，西爲鄉賢祠，外爲欞星門，東爲儒學門，門內東爲啓聖祠，門外東爲文昌閣，興文門上爲奎星樓。啓聖祠，順治十八年，邑人張宗旭同侄士標倡義捐修，諸生張駿聲、趙如珪、張憲等倡義補修。文昌閣，明萬曆丙午，教諭劉應科同知縣張崇榮創建於興文門上，後圮。崇禎壬申，邑人張宗敞、趙貫（93）台倡義捐修，移於儒學門東，其城上舊址改爲奎星樓。嘉慶五年，奉上諭致祭文昌帝君，仿照關帝廟定制列入祀典。春秋致祭，請以二月初三日聖誕爲春祭，秋祭另行擇吉，由欽天監選定，彙入祀冊。奎星樓，康熙九年，諸生張駿聲、趙如珪、張憲武等倡義重修。嘉慶三年，朱衍嶙、張春昱、朱衍岣、朱衍澧、孫藹、張春熙、高琨、田大勳倡義，募士改修。明倫堂，在大成殿後。乾隆五十三年，署平陰縣知縣（94）業公（諱）秉德、邑人孫會邁、朱續詮、朱續音、張國榛募修。嘉慶十三年，喻公（諱）春林倡義重修，訓導顏公（諱）懷愨、張右衡、朱光簡監修。東齋曰時習、西齋曰日新，東爲教諭宅，西爲訓導宅，後因教諭裁減，訓導移居教諭宅，自後復設教諭，遂居西宅矣。舊有號房、饌堂、敬一亭，俱廢，東西齋亦廢。

民國《青城續修縣志》

民國《青城續修縣志》，成文出版社有限公司，1968年。

青城縣

（卷一"建置志‧學宮"，113）學宮，在縣治東，大成殿五楹，東西兩廡各七楹，中有戟門三楹，左右兩門，東曰"金聲"、西曰"玉振"，門迤西鄉賢祠三楹，祠南正中有欞星門，左右兩小門，左曰"禮門"，右曰"義路"，欞星門外有東西二坊，東坊曰"德配天地"、西坊曰"道冠古今"。欞星門南有青雲坊，泮池刻石曰"太和元氣"。儒學門在學宮東，又東爲鐘樓，大成殿後爲明倫堂。再後爲教諭宅，今廢。明倫堂後爲時習齋，久廢。齋後爲訓導宅，今廢。又東爲敬一亭，今廢。東南爲啓聖祠，又東爲忠孝祠、名宦祠、楊公專祠。

按學宮，肇自元至元間，縣令萬居中修建，繼起重修者，亦（114）不乏人。明永樂五年，知縣范鼎重修。天順元年，知縣張顯重修。成化二十二年，知縣朱勝重修。弘治十四年，知縣朱大用重修。正德七年，知縣謝源重修。嘉靖元年，知縣高誨重修。嘉靖十年，知縣王綸建敬一亭。嘉靖十八年，知縣劉永皋重修。嘉靖四十三年，知縣沈紹代建鐘樓。（115）隆慶元年，知縣芮元采重修。萬曆五年，知縣李繼美重修。萬曆二十七年，知縣高知檢、邑御史於永清捐助重修。萬曆三十三年，知縣張養正重修。以上有《舊志》及碑記可考。

啓聖祠，舊在庠門東，李繼美移在敬一亭東，又重修鐘樓及青雲坊，買民地基，闢雲路、建坊鑿池，知縣王建中浚池，以磚甃之。清康熙十二年，武生王森重修大成殿。康熙四十九年，貢生董鍾和重修明倫堂。雍正十一年，貢生張繼孟重修東廡。（116）乾隆三年，教諭軒轅誥重修西廡。乾隆十三年，教諭艾光緒重修欞星門。乾隆二十三年，知縣方鳳概行重修，規模壯麗。前明有頒賜四書五經、性理、通鑒、爲善陰隲、孝順、事實，教諭郭恒曾於明倫堂左右置二斗室，貯書籍祭器，迄今無定所矣。明倫堂後偏西僅一步許，即縣丞廢宅，堪輿家謂，堂後無餘氣，拓之則功名遠大，知縣高知檢慨然割若干步。又儒學東有隙地，堪輿家謂洩氣，宜置廬舍數十間，令皆從之。入學十二名，廩膳生二十名，增廣生二十名、武生十二名。乾隆元年，在十字街修文臺，至二十年夏始成，奉祀文昌、魁星之神於臺上，崇宏巨麗，爲一邑之勝。

（卷二"祀典志"，250）文昌閣，魁星附內。（251）在城內十字街正中文樓上，前以歲二月初三日誕辰致祭，禮儀祭品與關聖帝君同。《大清會典》凡有孝行、節義，由地方官申報督撫，會同學臣核（252）實奏聞，由禮部題請旌表，給銀建坊。雍正元年，奉旨著州縣分別男女每處各建二祠，一爲忠義祠、一爲孝弟祠，建於學宮內，祠門內設立石碑，將前後忠義、孝弟之人，刊刻姓氏於其上，已故者設立牌位於祠中。一爲節孝祠，另擇地營建，祠門外建大坊一座，將前後節孝婦女標題姓氏於其上，已故者設牌位於祠中，每歲春秋二祭，祭品與名宦、鄉賢同。又《會典》古今聖賢、忠臣、烈士、名宦、先賢，載在祀典者，命有司歲時致祭，設祠於學宮內，亦以仲丁舉行，祭品用制帛一、羊一、豕一、爵一。

民國《續修曲阜縣志》

民國《續修曲阜縣志》，成文出版社有限公司，1968年。

曲阜縣

（"政教志·禮典二·壇廟祠宇"，305）名宦鄉賢祠、忠義孝弟祠、節孝祠，以上祠廟均見《舊志》，民國以來廢祀。（306）魁星樓，在東南城上。以上各廟，不見《舊志》，不在祀典，均無祀。

（"政教志·教育五·學宮"，375）一、縣學。乾隆四十三年知縣張萬貫、同治六年知縣劉俊揚均有重修（376）碑記。清季，學宮廢置，今爲縣政府三科、四科辦公地，學田統歸縣政府第五科經理。二、四氏學。按學始於魏文帝黃初二年，崇聖侯孔羨創建。宋真宗大中祥符二年，殿中丞孔勖知縣事，奏准，令就廟側建學，以訓孔氏子孫。（377）學宮，於乾隆二十四年經知縣張若本重修後，又於道光二年、咸豐五年、光緒二十三年，經衍聖公倡捐修葺，歷次各樹碑記之。民國以來，荒廢已甚。十三年，就學宮舊址改建私立明德中學，所有學田由公府收回經營。
（"輿地志·建設二·官署"，198）財政局，在舊縣學西偏院。建設局，在舊縣學正院。

道光《榮成縣志》

道光《榮成縣志》，成文出版社有限公司，1976年。

容城縣

（卷二"建置·署廨"，120）教諭署，在南門內大街西，學宮左偏。
（卷四"學校"，163）宋慶曆中，敕天下郡縣建學。正統以來，沿邊衛所各建學校。學宮，舊址，在衛治西北隅，明宣德二年建。天順五年，成山指揮袁壽重修。嘉靖四年，巡海道馮公遷（164）於衛治東北隅。天啓七年，復遷□衛治之南□，里人鞏昌同知顏惟仁創建大成殿，餘則紳士□助而成。國朝順治中，里人黎平知府劉董建明倫堂。康熙五十八年，教授戴澐與署任守備韓公遠重修。五十九年，守備董定泰、教授戴澐修名宦、鄉賢二祠。雍正十三年，改爲榮成縣學。乾隆三年，知縣羅克昌建崇聖祠於大成殿後。十二年，知縣陸儀重修大成殿。嘉慶二十一年，知縣李象溥、教諭毛開泰重（165）修大成殿及廡祠、戟門、照壁、櫺門，一易舊規。臥碑，順治九年頒行，在明倫堂左。
（卷五"典禮·祠祀"，175）先師廟，在南門內大街西。（183）名宦祠，在戟門東；鄉賢祠，在戟門西。（186）文昌廟，嘉慶八年，知縣曾選達捐建前後殿於縣東門內大街北，與關帝廟東西並列。（188）魁星閣，舊在西門上，嘉慶十年，知縣張佘移建於城東南角。（189）節孝祠，在城隍廟西，據《會典》祭同忠孝、名宦、鄉賢。

民國《壽光縣志》

民國《壽光縣志》，成文出版社有限公司，1968年。

壽光縣

（卷四"營建志·壇廟"，426）孔子廟，在縣治小東門內。按漢晋以前，先師無特廟。至魏太和三（427）年，始立廟於學宮。唐貞觀四年，詔州縣學皆作孔子廟。十四年，詔尊爲宣聖尼父。開元二十七年，追諡文宣王。宋初，加戟十六枚。大中祥符初，加諡玄聖文宣王，尋改爲至聖文宣王。崇寧中，詔命殿曰大成。政和中，增立二十四戟。元至大元年，加諡大成至聖文宣王。明嘉靖中，釐正祀典，稱至聖先師，後因之。廟壖地，用營造尺五尺爲步，共長九十五步，闊四十步，計地一十五畝八分。大成殿五楹，殿前左右爲東西廡，前爲戟門、泮水池，外爲欞星門，東西便門各一，門外左右有石碑，書曰"文武官員軍民人等至此下馬"。元大德、至正間，修三次。自明景泰三年至萬曆三十二年，修五次。劉珝（428）、趙鑒、劉學易、蘇繼、黃激、劉庚，皆有碑記。清康熙七年，地震傾陊，知縣李士澤重修。越數年，知縣白質復鼎新之。五十八年，知縣吳暄捐俸，庠生崔順德募貲又修葺完整。自乾隆初年至光緒十九年，知縣謝鍠、丁芳達、傅巖、吳邦治皆先後捐俸，富紳集貲修復鞏固，迄今四十餘年。民國十七、八年，駐壽雜軍竟違民國五年各縣文廟不許軍隊駐扎之命令，任意蹂踐。二十一年春，邑耆老呈請縣長張賀元按每正銀一兩捐銀幣一角，從事修整，以圖堅久，工未竣，張賀元調任。二十二年，縣長王家賓續成之，爲文勒諸石。

（438）啓聖祠，在大成殿後，明嘉靖九年，詔天下學校皆建啓聖祠，前代（439）屢有修葺，清光緒十九年重修。民國二十一年又重修。名宦祠，在學宮戟門左，明初曰賢牧祠，後易今名。鄉賢祠，在學宮戟門右。（447）文昌祠，在文廟東祠東南隅，爲奎星閣。清康熙壬辰，庠生崔德順募貲建祠。自明中葉廢圮。萬曆四十年，知縣王國相捐俸重修，南（448）寧尹沛東、明王中立、濱州周一經貲助之，邑人劉超有碑記。清光緒十九年續修，祠後爲忠義祠。又節孝祠入祠者，有姓氏石刻，今各祠宇均改爲縣立第二小學校。

（卷四"營建志·局所"，461）教育局，初名勸學所，又改爲視學所，又易爲教育局，今改稱縣政府第五科。初設時，在城小東門內文廟東庠門之後，昔爲儒學教諭署。民國元年，學宮奉裁，始移住於此，就故署略爲改組，計房屋十三間。至十九年，移於文廟西偏，劃歸明倫堂在內。明倫堂昔爲（462）宣講聖諭、行鄉飲酒禮之所，堂前有石碑三，一曰"指南"，明嘉靖壬子知縣王文翰書；東曰"志伊"、西曰"學顏"，碑陰皆草書，筆勢雄偉，萬曆丁丑，邑人李芊題。民國元年，改爲學校，原有房舍十間。十三年，又添築校舍六間。十五年，增修八間，共二十四間，今爲縣政府第五科辦公處，院內極清潔。

（卷四"營建志·學校"，470）縣立第二高等小學校，今改爲府東街小學校。在舊學署庠門東，就文昌祠、忠義、節孝祠改建，自民國二年始，十五年擴充校址，購地大分三分六釐一毫七絲，共新舊基址計大畝一畝六分六釐一毫七絲。十八年，與舊教育局合併，計自民國四年至十九年，先後添築房舍二十三間，連同舊有房舍二十九間，共五十二間，庠門廢。

咸豐《濱州志》

咸豐《濱州志》，成文出版社有限公司，1976年。

濱州

（卷二"建置志·公署"，79）學正署，在學宮明倫堂東北。訓導署，在學宮明倫堂西南，今廢。

（卷二"建置志·學校"，81）學宮，在州治東南，元至元間達魯花赤奉訓帖里同知州范耆建。明洪武二十八年，知州曹儼重修。天順間，知州何淡增築基址。正德間知州王宣，嘉靖間知州季德甫、東昌府同知署州事萬鵬程，萬曆中學正姚時策、知州吳邦靖，天啓間知州王應修相繼重修。國朝康熙十八年，知州陳懷德重修。乾隆五年，知州汪無限、生員張翮、王鈛勸捐修葺。十二年，知州宋允（82）升重建泮池於照壁外。四十五年，知州張堂勸捐重修文廟，并移建泮池於欞星門內。嘉慶六年，州人重葺文廟，擇要興修。又自二十二年興工重修文廟，至道光十年，知州邵元章告成，入學二十名。大成殿五楹，東西廡各九楹。明倫堂三楹在正殿後，東西兩齋，左曰進德、右曰修業。崇聖祠三楹，在正殿東。敬一亭，在明倫堂西南。尊經閣在明倫堂北，今廢。戟門、欞星門。名宦祠，在茅焦臺西。鄉賢祠，在文昌祠右。

（卷二"建置志·壇壝"，92）文昌閣，舊在學宮東南隅。道光十六年，移建於啓聖祠後，其地基爲杜肇仁所捐。魁星閣，在文明臺上。（94）忠義祠，在學宮西。節孝祠，在學宮西。

民國《莘縣志》

民國《莘縣志》，成文出版社有限公司，1976年。

莘縣

（卷二"建設志·壇廟"，110）奎星閣，在城墻東南隅，巍然獨存。文昌閣，即桂香閣，在學宮後，上下三間。明萬曆二十二年，知縣楊同春建。四十年，史希楚又建文昌廟於東門外。道光初年，知縣周文炳又移置東門裏，謂之文昌宮，今改設東街小學校。

（卷二"建設志·坊表"，104）金聲玉振坊，在文廟東西。敬一坊，在學宮敬一亭前。（105）騰蛟起鳳坊，在學宮桂香閣前，明崇禎五年，知縣孫愈賢修建。

（卷五"教育志·學宮"，251）學宮，舊在縣治東南隅。元末，兵火殘毀。明洪武三年，知縣汪惟善廢應海寺，改置在縣治東北，東至城基，西至城隍廟，闊七十五步，南至官街，北至井堂寺，即今丁字街，長一百五十步（錄《舊志》）。（252）明天順五年，主簿黃政重修。成化十一年知縣淡素、十七年知縣賈克中相繼修復學舍、廚房、講饌各房、東西號房，併修明倫堂、後堂、兩齋。宏治元年，知縣顧巗添修住宅一所，在文廟西北，尋廢。正統四年，知縣諸忠改建宰牲房、文昌祠及住宅一所在文廟東。十年，知縣王琛以學門在文廟之東，移改於西，建門樓三間，匾曰"儒學"，後復移於東。嘉靖二十七年知縣劉旦、萬曆三年知縣秘自謙重修。明倫堂三間，後堂三間，日進齋五間、時習齋五間，東號房十間、西號房十間，倉房五間。饌堂五間，講堂三間。廚房三間，宰牲房三間。神庫三間、文昌祠三間。（253）東學門三間、西學門三間。金聲坊一座、玉振坊一座。教諭住宅在東，訓導住宅在西。

文廟，大成殿，在明倫堂前。明成化九年，致仕知縣李清、邑民李瑄修塑聖像。十八年，知縣賈克中重修大成殿、東西兩廡、戟門、櫺星門。宏治十二年，知縣孟隆以舊殿狹隘，撤去重建，廣爲五間。十四年，知縣朱錦修龕聖像。崇禎五年，知縣孫愈賢重修。清康熙五十一年，知縣劉蕭修建。大成殿五間，戟門三間，櫺星門三座，東廡七間、西廡三間，名宦祠三間。（254）崇聖祠，舊名啓聖祠，雍正元年加封孔子□□五代王爵，改祠曰"崇聖",在明倫堂東北。敬一亭,在明倫堂後,久壞無存。崇禎五年,知縣孫愈賢增敬一亭坊一座。談經處,在明倫堂東北,已圮。五賢祠,在明倫堂西北,已圮。忠義祠,在明倫堂東南。節孝祠,在明倫堂西北。

民國《鄒平縣志》

民國《鄒平縣志》,成文出版社有限公司,1976年。

鄒平縣

（卷四"建置考上·學校",256）鄒平學宮,肇創無考,舊在縣治東南□□□方,南抵城墻,北抵東西橫巷,東抵南北直巷,西抵南門內大街。往爲民居侵占,西北隅缺,東西巷塞,明正德九年,知縣王瀛洲贖買故地,悉復之（《舊志》）。大成殿,五楹。東西廡,各五楹。崇聖祠,三楹,在大成殿東北。戟門三楹,泮池、欞星門俱在戟門前。名宦祠,三楹,在戟門左。（257）鄉賢祠,三楹,在戟門右。按名宦、先賢舊爲一祠,在戟門外。明成化四年,知縣李儒建。正德元年,知縣秦環□□於學東。（258）嘉靖二年,知縣王瀛洲又改建於□東南。四十四年,知縣甄有恒改建爲二祠,在戟門外,東西向,今仍其制。忠義祠,三楹,在崇聖祠後。節孝祠,三楹,在鄉賢祠西。（259）明倫堂,三楹,在大成殿後。崇經閣,三楹,在明倫堂後。黌門,在學宮東南。射圃,在學宮東,舊有觀德亭,明知縣王瀛洲置射器,久廢。元至元八年,縣尹蕭革修學宮。（263）元統二年,置學田。（265）至正十五年,縣尹孫周卿修崇經閣。（269）明洪武元年,知縣張椿修學宮。正統六年,知縣李昉修明倫堂。景泰六年,知縣顧瑄修崇經閣。（270）成化四年,知縣李儒修學宮。成化十六年,知縣李興修學宮。（272）宏治四年,巡按御史向翀委知縣趙瑄修明倫堂。（274）正德七年,知縣薛瑞修明倫堂。嘉靖五年,知縣徐九疇修學宮。（275）嘉靖二十九年,知縣劉格增置學田。（277）嘉靖三十五年,知縣馮秉儀修學宮。萬曆六年,知縣李瑞修學宮。（281）萬曆十年,知縣張書鑿泮池,建騰蛟、起鳳二坊。（285）國朝康熙二十八年,知縣程素期修學宮。（287）乾隆五十八年,知縣李瓊林、訓導王同□修學宮。

（卷四"建置考上·官署"，328）教諭署，在學宮明倫堂左。訓導署，在學宮明倫堂右。乾隆五十三年，訓導王同（329）之重修。

（卷五"建置考下·壇廟"，374）文昌閣，在東關。明嘉靖九年，知縣葉林建，圮廢。萬曆間，知縣姚誠立重建。國朝康熙中，知縣程素期修葺，又圮廢。嘉慶元年，訓導王同之率邑衿張維烈、王文謙等重建。（377）奎星閣，在城牆東南角，明崇禎十三年建。國朝康熙中，知縣欒枝茂重修。乾隆三十四年，知縣裘鵬修城重建。又西關外奎星樓，明萬曆三十一年建。崇禎中，改建於城東南角而此地廢。國朝乾隆二十年，知縣黃元俊率紳士重建，僅築臺基，未竟工（378）而罷。四十□年，邑人□□□等募修。

民國《昌樂縣續志》

民國《昌樂縣續志》，成文出版社有限公司，1968 年。

昌樂縣

（卷五"營繕志·學宮"，154）文廟，自明洪武三年，署縣事李益由縣治東北改建於縣治西南，後相繼廓大增修，規制遂備。乾隆五十六年，教諭趙其璜重修，以後歷一百五十餘年，其間繼前人芳躅補葺而重修之者，則道光三年知縣事張懋勳、光緒十一年李毓珍、光緒三十二年劉顯綱也。今風雨剝蝕，大成殿蓬蒿遍滿檐瓦，崩頹勢不可以久，整頓重修以還舊觀而維風化，則有待於後之人。明倫堂後教諭、訓導學署兩廡。民元初，改爲勸學所，尋改視學所，其前院改爲勸業所，尋改實業局。民國十七年後，統劃歸教育局，局長李兆麟改建映壁，重修房舍及大門、二門。明倫堂，改作中山（155）紀念堂，今貯倉穀。明倫堂西附立初級模範學校，教室四間，民國二年，縣立單級分所所長劉延祿建。啓聖祠、忠義祠今皆廢，改爲辦公室。大成殿前民國二十三年附建師範講習所。戟門改爲穿堂。鄉賢祠前建教室四間，鄉賢、名宦兩祠俱以草易瓦，重新之，爲教員寢室，東西兩廡爲學生寢室。欞星門東西各築室二間，西厨房、東傳達室。

（卷五"營繕志·祠廟"，182）文昌閣，在長樂郭門。

民國《長清縣志》

民國《長清縣志》，成文出版社有限公司，1968 年。

長清縣

（卷二"地輿志下·公廨"，267）教育局，即東儒學，先爲教育會，嗣爲勸學所，民國十二年又改爲教育局。（268）教育會，在東儒學，教諭奉文裁撤後，宅皆傾圮。清宣統二年，諮議局議員李君廣居提倡教育會，按章票選，李君爲會長，與丁公樹奇商議，以東儒學爲教育會地點，領款修築，粗具大概。勸學員葉君連璧亦移居焉。民國成立，純爲視學所地址。民國六年，教育會復立，遂移於西儒學。

（卷二"地輿志下·會所"，315）教育局董事會，會在教育局西偏，民國十二年，築房屋共計十六間，教育局今改爲第五科。西儒學，在西門內，教育會曾移此，今前截屋皆傾圮，後截出租。

（卷七"學校志上·儒學"，700）儒學，互見"祠祀"，凡廟學所有已見《舊志》而未經廢置變更者，不復贅。欞星門，案《舊志》原在東西大街之北。明萬曆年間，門前繞以花垣。民國十年，重修文廟，將花垣撤毀，門前仍爲通衢。德配天地、道冠古今二坊，民國十年重修文廟，將二坊移置文廟門內東西兩旁，坊外之下馬碑遂廢。泮池，《舊志》有兩泮池，一在欞星門內，一在欞星門外。民國十年，重修文廟，其在內者深廣之，其在南者仍舊，北向建圜橋門。闌橋門，在文廟南，民國十年建，與文廟欞星門對，內有泮池。戟門，即時聖門，清乾隆二年，定名爲大成門，遵旨易蓋黃瓦（《皇朝通典》）。（701）大成殿，清乾隆二年，遵旨易蓋黃瓦（《皇朝通典》）。崇聖祠，互詳"祠祀"。清乾隆二年，遵旨易蓋綠瓦（《皇朝通典》）。民國，曾就此辦模範小學，現爲第五科禮堂。明倫堂，民國初年，改爲單級養成所之講堂，後曾改爲師範講習所之教室，現爲第五科辦公室。尊經閣，是否建置，《舊志》未詳，今無存。魁樓，互詳"祠祀"。民國十年，改爲望麟亭，今改爲烈士紀念館。臥碑，見《舊志》，今無存。

（卷七"學校志上·學署"，701）教諭署，民國元年，教官裁撤，署內房舍大半傾圮。自教育會成立，居住其中，重加修築，其後勸學所亦移入焉。民國十二年，改爲教育局。（702）訓導署，訓導裁撤後，內設初等小學校，教育會研究會亦附設焉，今圮。

（卷九"祠祀志上"，905）文廟，見《舊志》，互詳"儒學"。民國三年，通令文廟改爲孔子廟。長清，於民國十年重修文廟，門前原有"文廟"字樣，仍存其舊，未加更改。惟德配天地、道冠古今二坊，原在櫺星門外兩旁花墻，適當大街之中，行人出入、車馬往來，繞花墻而南、而西、而北，始至東大街。此圓圈花墻，係明李公嶠遺囑其子克中施地所建也，然大覺不便，因重修文廟，議將二坊移置文廟門內，門前闢爲東西通衢。泮池在門內者，廣深之，其在南者，仍舊，建圜橋門與文廟對。其東舊有之魁星樓院，改爲圖書館，其南隙地，闢爲公園，原有之魁星樓改爲望麟亭。民國十七年，大成門改爲民衆講演廳，圜橋門改爲民衆教育館門，門內建"濟南五三慘案"紀念碑，設閱報、藏書等室，望麟亭改爲革命紀念館，圖書館改爲辦公室，節次整理，大爲改觀，所惜者，屢次駐兵，文廟神位之屬，損壞殆盡。

（930）民國十七年二月，大學院通令廢止祀孔舊典。同年九月，通令保護孔廟，及利用廟址之責權歸教育局。民國十八年十月，通令將大成殿改爲孔子廟，於孔子位兩旁設立長龕，所有四配、十哲、先儒、先賢，各位依次排列。名宦祠以及崇聖、鄉賢、孝子、節孝、文昌等祠，俱見《舊志》，今祠址皆歸五科用，以下凡見《舊志》者，皆照舊登錄。（934）節孝祠，見《舊志》。原在文廟南，清光緒十八年，王南里、房耀東與閤里紳董籌商移於文廟之後，費銀千兩，悉以家貲捐納。

康熙《泰安州志》

康熙《泰安州志》，成文出版社有限公司，1968年。

泰安州

（卷二"建置志·廟學"，41）儒學，在州治東，其制前廟，中正殿，東西兩廡，前泮宮門及泮池，西北啓聖祠，西南宰牲所，外櫺星門；後學，中明倫堂，東西齋房、號舍，後敬一亭，正北學正衙及訓導衙，東西訓導衙各一。創自宋開寶間，金大定間知州徐偉重建。明洪武元年，同知陳文祐重修。正統六年，知州施守仁修建門堂、齋廡。天順六年，知州李琪重修，增創書樓三楹（今廢）及書舍三十楹。未備者，知州張玘繼成之。成化十五年，學正任式移學路於廟東。成化十八年，知州賈宜增修，又於廟學之南立射圃亭三楹。成化二十二年，知州胡宣又市民地充拓學基，遷殿廡、堂齋於中，稍北而深廣之，又立科貢題名二碑於堂之左右。嘉靖十年，知州李旻重修。嘉靖二十一年，參議張旦委官重修。嘉靖四十二年，濟南府同知署州事翟□創建名宦、鄉賢二祠。隆慶六年，知府楊山拓地，築山於學後，建屏於學前。萬曆十七年，郡人太保蕭大亨因敬一亭舊基改建尊經閣。以上殿宇，頹廢良多，惟正殿、（42）東西兩廡。國朝順治六年，侍御史郡人趙弘文重修名宦祠。康熙八年，郡武舉人張所存重修。

（卷二"建置志·祠宇"，49）文昌祠，在靜封門上，今移於儒學東南隅。

民國《續修廣饒縣志》

民國《續修廣饒縣志》，成文出版社有限公司，1968年。

廣饒縣

（卷三"輿地志·建置三·公廨"，158）建設局，肇始於民國九年，初設爲勸業所，賃居民房，十五年改實業局，十八年改建設局。十九年遷入現所，係文廟附屬之文昌閣、鄉賢、名宦、啓聖等祠。民國初年，因辦小學師範，迭有添置。十九年，建設局移入後，亦稍有添修。現勢大門一座，影壁一座，門內門房二間，厨房二間，新式水井一眼。正北瓦房三間，舊文昌閣。迤西草屋二間，又西瓦屋三間，舊名宦祠；又南瓦屋三間，舊鄉賢祠。東旁跨屋二間。後院北瓦屋三間，舊啓聖祠。迤西草屋五間，前院東屋七間，後院東屋三間，現稱縣政府第四科。

（159）教育局，肇始於清。民國元年，初設勸學所，在考院東，建屋三間。同年，因裁教諭，遂遷入教諭署內。十二年，改教育局。現勢，大門一座，影壁一座，東西門房各二間，大廳三間，二門一座，中院北屋東西各三間，過道一間，西屋三間，後院正北屋三間，東跨屋二間，西跨屋一間，係就舊教諭署陸續添修者，現稱縣政府第五科。

（卷三"輿地志·建置三·學宮"，163）孔子廟，舊稱文廟，在城東南隅。宋崇寧間，知縣黃鐸創建。靖康間，毀於兵。金大定二十九年，益都通判黃受雄重建。興定末，復毀於火。元至元十三年，縣尹綦泰重建於縣治東南爽塏地，即今所也。大德十年，縣尹王汾塑聖像，後易以主。明洪武三年，知縣謝中增建射圃。十二年，重修殿廡。景泰五年，知縣高軒、教諭王應協（164）助重修。天順六年，知縣狄惠建明倫堂。成化六年，知縣馬亮建進德、修業二齋，主簿趙隆廣諸生號舍。十五年，知縣沈清重修。（165）正德十五年，知縣張宗德建訓、諭二宅，廣諸生舍倍於（166）舊，又重修射圃。嘉靖三年，知縣王傅重建名宦祠，更文昌祠爲鄉賢祠，移文昌祠於學外。十年，知縣李廷璽欽遵建敬一亭。二十四年，知縣王本固於橫街南西偏買地一區，改建大門，鑿舊門爲泮池，重修啓聖、名宦、鄉賢三祠。三十四年，知縣安謙以大門蔽塞橫衢，仍移舊所。隆慶三年，知縣王維幾增建明倫堂爲六楹，縣丞陳錦亦增建敬一亭如堂數。五年，知縣吳一龍重修東西廡、啓聖、名宦二祠。萬曆元年，知縣姜璧於橫街東建儒學門、儒林坊，與西舊門坊相配。六年，知縣崔汝孝重修。三十年，知縣孟楠重修。清順治十一年，知縣鮑鳳仞重修大成殿，邑人孫三錫重修東西廡、戟門、櫺星門、明倫堂、進德、修業二齋、禮門、義路并東（167）西二角門，又重建尊經閣、號舍、宰牲房、啓聖、名宦、鄉賢三祠並諭、訓二宅。雍正元年，教諭駱大鵬重修明倫堂。六年，教諭孫儒衡重修大成殿，并東西角門。九年，知縣李方膺重修明倫堂，重建禮門、義路二門并東西角門，南北長垣八十丈，又重修孝義、節孝二祠。乾隆十五年，知縣傅夢賚重修。三十三年，教諭王繩祖移文昌宮於教諭宅故基，又改建教諭宅於訓導宅東。四十九年，知縣李卿雲重修。嘉慶二十三年，知縣邊士培、教諭蕭培元重修。道光二十四年，知縣黃良楷、教諭牟昌衡、訓導吳德伸重修明倫堂、名宦祠，重葺文昌閣、鄉賢、孝義、節孝三祠，並創建讀書公所三間於文昌閣前。光緒二十二年，知縣王用霖重修（168）。民國廢學官，視學所移居。四年，所長張元文重修。二十一年，縣立小學遷文廟，稍有修葺。民國十八年，奉令將文廟大成殿改稱孔子廟，并頒布保護孔廟條例。二十三年，提倡尊孔，撥款修曲阜孔廟，各縣文廟亦奉令調查，茲就現勢詳記如下：學宮極前爲影壁，東偏爲禮門，西偏爲義路，中爲櫺星門，門北爲泮池，東旁爲更衣廳，西旁爲省牲廳，直北爲戟門，門內東西兩廡，中爲大成殿，高二丈三尺，長三丈七尺，闊二丈四尺，陛高二尺，殿東旁爲東學門，西旁爲西學門，後爲明倫堂，最後爲崇聖祠。東爲教諭宅，訓導宅原在明倫堂後，湫隘殊甚，與齋舍久廢無存。現教育局住教諭宅，小學住文廟各院。（170）崇聖祠，原稱啓聖祠，清雍正元年追封孔子五代，改名崇聖祠，在明倫堂後，三楹。名宦祠，在學宮東旁，明嘉靖三年知縣王傅重建，後歷有修葺。鄉賢祠，在名宦祠後，明嘉靖三年知縣王傅重建，後歷有修葺。文昌祠，在學宮東，前後各三楹。清雍正十年，知縣李方膺建，後歷有修葺。以上三祠，現俱爲第四科辦公室。孝義祠，在明倫堂西側，清雍正三年建，後歷有修葺，現住小學。節孝祠，在孝義祠北，清雍正三年建，後歷有修葺，現住小學。

乾隆《東明縣志》

乾隆《東明縣志》，成文出版社有限公司，1976年。

東明縣

（卷二"建置志·學宮"，158）先師廟，在儒學東，五間，東廡十六間，西廡十六間，戟門五間。明弘治十一年，知縣鄧鉞建。天啓元年，知縣顧其仁重修正殿及兩廡。天啓二年，縣知張□□重修。（159）皇清順治十二年，楊素□□□□兩廡因黃水湮壞，故修，未竟。康熙元年，知縣陸嶠齡與訓導張皇靈繼修之。康熙五十年，知縣王積隆重修。雍正十二年，副榜李臺等募修兩廡。乾隆六年，知縣徐開第捐貲，邑人副榜李臺監修，有記，載"藝文志"。泮池，在欞星門內，舊築磚橋三洞，周環石欄，日久壞。康熙二年，知縣陸嶠齡拓大其區，而高其墻，爲一空洞，左右以磚砌井，深二丈許，非復舊制矣，邑士患之。（160）康熙十四年，知縣楊日升重修，去二井，平其地，仍爲磚橋，空三洞，兩傍設石欄杆，周行平坦，悉復舊制。欞星門，左右周垣，計五十二丈五小尺。先是，周垣俱係土築。順治七年，河決圮廢無存。欞星門亦外陷欹斜。康熙十二年，知縣楊日升捐貲大修，悉用磚砌爲垣，命工整復欞星門如舊。雍正四年，知縣程允仁倡捐重修，以副榜李臺等董其事，悉用磚灰，較前墻復高二尺，並修德侔天地、道冠古今二坊，煥然改觀。崇聖祠三間，在文廟東。（161）嘉靖十一年，知縣鄧鉞建。天啓二年，知縣張福臻重修。康熙九年，瓦棟爲雨壞，知縣楊日升與教諭王潤民重修，神始妥。乾隆五年，知縣徐開第捐貲，邑人副榜李臺監修。名宦祠，在戟門外左，堂三間。弘治十一年，知縣鄧鉞建。（162）天啓二年，知縣張福臻重修。鄉賢祠，在戟門外右，堂三間，周圍築以墻垣。（163）弘治十一年，知縣鄧鉞建。嘉靖四年，知縣沈大楠修。嘉靖二十八年，知縣黃國用重修，時有神廚三間，宰牲房二間，今廢。隆慶五年，知縣張正道重修，詳見《遺愛祠記》。萬曆十八年，知縣區大倫重修，邑人布政李民質有記。萬曆四十一年，知縣李遇知重修。天啓二年，知縣張福臻重修。康熙九年，知縣楊日升重修。郡邑侯祠，在禮門外左，堂三間，周有墻垣。（164）忠義祠，在櫺星門內右，堂三間，雍正二年，奉旨建。敬一亭，三間，在崇聖殿前，立石鐫敬一箴并五箴注，嘉靖年建。

（165）明倫堂五間；明善齋，今廢；復初齋，今廢；東號房六間，今廢；西號房六間，今廢；禮門三間，儒學門三間。教諭宅，在明倫堂後；訓導宅，在明倫堂西南。弘治十一年，知縣鄧鉞建。嘉靖四年，知縣沈大楠修。嘉靖二十八年，知縣黃國用重修。隆慶五年，知縣張正道重修。萬曆十八年，知縣區大倫重修，詳見《修儒學記》。（166）萬曆三十二年，知縣常澄修。萬曆四十年，知縣李遇知重修。順治七年，經水後，僅存明倫堂并西齋號房六間，禮門、大門、宅門、廚署一望瓦礫，幾成廢區。官此者，每至，租舍而居。康熙五年，教諭王潤民重修禮門如舊制，增修宅舍數間，曩昔傾圮覺改觀矣。康熙三十五年，訓導趙及宏重建訓導宅，前廳三楹，宅內房數間以及墻垣、門戶。後官此者，無復租居之累矣。乾隆十一年，教諭紀宗周募修高美堂。乾隆十四年，訓導楊毓麟捐修訓導宅左右配房。（167）乾隆二十年，訓導李配元修。尊經閣，在明倫堂東北隅。隆慶六年，知縣張正道建，邑人穆文熙題一聯於其上云："八柱崢嶸千里風雲連地起，六經燦爛萬年星日自天垂。"萬曆四十年，知縣李遇知重修。先是，歲久圮壞，科目亦漸中衰，甲科乏人者十數年。邑士人屢請於令，欲修葺，令難其費，未果。侯下車，邑士人以此請，即慨允，乃捐俸金，爲邑人倡，越數月而功成。是歲秋鄉薦二人，明年春登甲第者二人，始信閣之關於文運，而益多侯振作之力云。康熙十四年，知縣楊日升重修，復買閣後民地一片，擬爲講（168）堂，一以翼輔茲閣，使不孤峙；一以爲諸生修業之地，使經有常尊云。是役也，教諭邢吉士督率首倡，其力居多。康熙五十年，知縣王積隆重修。雍正三年，教諭孫如蘭、訓導袁梅詁請於知縣黃志弼捐貲，復買東北隅民地一區，以取方正，砌以周垣，煥然改觀。墻外仍餘地一區（長□□□步，闊□□□步）租於民。乾隆十六年，大名府通判鄭詵捐募，典史張琔、邑人貢生朱福興、廩生范元福督工重修。按尊經閣創自明，宏敞壯麗加甲於諸郡，誠東邑巨觀也。自此以後，代有興修，至乾隆年間，傾頹幾不蔽風雨，別駕（169）鄭公一見愀然，因捐俸募，除墻基外盡行修葺，易以木料，施以□彩，煥然一新也，公之力曷可泯與！射圃，在儒學東，今廢。奎樓，康熙四十六年，生員李天楷、尚汝礪、梁天贊、張復晃、貢生張峘、監生董說官請於知縣張鼎梅，募貲創建奎樓於城之巽方，依堪輿家言，高三丈三尺，飛檐畫棟，爲邑巨觀，有記，載"藝文志"。（170）康熙五十四年，副榜貢生李臺等復募貲築文筆峰，開青雲橋。工既成，邑之登賢書者科不乏人，樓之關文運，信非誣矣。

宣統《東明縣續志》

宣統《東明縣續志》，成文出版社有限公司，1976年。

東明縣

（卷一"建置·文廟"，44）大成殿、東廡、西廡、戟門、泮池、欞星門。名宦祠，道光（45）十年，知縣華浚重修。鄉賢祠。同治二年，被黃水淤沒。光緒十年，知縣孔慶篤始議建修，迄十四年落成，款項係隨地糧徵收花捐，每畝制錢六文，三年共收制錢一萬四千餘貫。崇聖祠，《舊志》在文廟東，今已移文廟北舊尊經閣地址。光緒二十三年，知縣曹景郕重修，仍仿修文廟按畝出貲，共費制錢三千餘貫。忠義祠，《舊志》在欞星門內，久廢。今文廟東忠義祠係前扶義書院地址，於光緒二十一年改建李、崔專祠。敬一亭，今廢。

（卷一"建置·儒學"，46）明倫堂、禮門、教諭宅、訓導宅，同治二年，經水患俱無復存。惟教諭、訓導兩宅，僅有屋數椽，聊蔽風雨而已。尊經閣，同治二年被水沖塌。九年，知縣褚璿改建於前崇聖殿地址，並厢房三間及周圍垣墻。奎樓，今廢。

（卷一"建置·壇壝"，51）節孝祠，同治二年被水，僅有遺址。

民國《東明縣新志》

民國《東明縣新志》，成文出版社有限公司，1968年。

東明縣

（卷五"經制志·建置·署廨上"，168）儒學公廨，在文廟西。明倫堂五間，東號房六間，西號房六間，禮門三間，儒學門三間。教諭宅，在明倫堂後；訓導宅，在明倫堂西南，並有明善齋、復初齋二處。同治二年，經水患，俱無復存，惟教諭、訓導兩宅，僅有屋數椽，聊蔽風雨而已，今改爲女子完全小學校。（170）射圃，在儒學東，早廢。

（卷五"經制志·建置·署廨下"，174）建設局，係借用文廟東尊經閣。民國十三年，知事王億年飭所長李麟閣修補，作爲勸業所辦公處，又於閣後購民房三間，局勢頗宏敞。

（卷五"經制志·建置·壇廟上"，181）先師廟，在儒學東。正殿五間，東廡十六間，西廡十六間，戟門五間。弘治十一年，知縣鄧鉞建。天啓元年，知縣顧其仁重修正殿及兩廡。天啓二年，知縣張福臻重修。順治十二年，知縣楊素蘊重修周垣、兩廡，因遇水患，修未竟。康熙元年，知縣陸喬齡與訓導張皇齡繼修之。康熙七年，邑民楊繼美、王應夢、李挺秀、崔廷志等輸貲，置殿陛石欄一匝，植柏四十株。康熙五十年，知縣王積隆重修。雍正十二年，副榜李臺等募修兩廡。乾隆六年，知縣徐開第捐貲，副榜李臺監修。至同治二年，被黃水淤沒。迄光緒十年，知縣孔慶篤始議建修。十四年，落成，規模煥然一新，所需款項，係隨地糧徵收花捐，每畝制錢六文，三年共收制錢一萬四千餘貫。後因屢經軍隊占駐，神牌漸歸烏有，惟祭器尚有大小三十二件，俱在舊日門斗油沛然家存（182）放。近就該廟改設鄉村男女師範學校，均略加修葺。

附文廟地址四至闊步畝數詳注：西長，壹百二十三步，西界係三義廟街路中；東長，壹百零捌步叁小尺，東界係三灣巷胡同中間由南至北取一直綫；南橫，壹百零壹步，南界係文廟前街路中；北橫，壹百壹拾玖步，北界係東門大街路中。按文廟地址，共計伍拾三畝零七釐五毫，經於民國二十年張縣長任內，夥同各機關、各街長等重新丈量清楚，繪圖貼說，呈縣存卷有案，茲特附入志書，以垂永久。

泮池，在欞星門內，舊築磚橋三洞，周環石欄，日久損壞。康熙二年，知縣陸喬齡拓大其區，而高其墻爲一空洞，左右以磚砌井，深二丈許，非復舊制矣，邑士患之。康熙十（183）四年，知縣楊日升重修，去二井，平其地，仍爲磚橋，空三洞，兩旁設石欄杆，周行平坦，悉復舊制。欞星門、左右周垣，俱係土築。順治七年，河決，圮廢無存，欞星門亦外陷欹斜。康熙十二年，知縣楊日升捐貲大修，悉用磚砌爲垣，命工整復欞星門如舊。雍正四年，知縣程允仁倡捐重修，以副榜李臺等董其事，悉用磚灰，較前墻復高二尺，並修德侔天地、道冠古今二坊，煥然改觀。崇聖殿，在文廟東，三間。嘉靖十一年，知縣鄧鉞建。天啓二年，知縣張福臻重修。康熙九年，瓦棟爲雨壞，知縣楊日升與教諭王潤民重修，迨後移建文廟北舊尊經閣地址。光緒二十三年，知縣曹景郴重修，仍仿修文廟按畝出貲，共費制錢三千餘貫，現爲女子師範班借作講堂。（184）名宦祠，在戟門外左，堂三間。弘治十一年，知縣鄧鉞建。天啓二年，知縣張福臻重修。道光十年，知縣華浚重修。鄉賢祠，在戟門外右，堂三間，周圍築以墻垣。弘治十一年，知縣鄧鉞建。嘉靖四年，知縣沈大楠修。嘉靖二十八年，知縣黃國用（185）重修。時有神廚三間、宰牲房二間，後廢。隆慶五年，知縣張正道重修。萬曆十八年，知縣區大倫重修。萬曆四十一年，知縣李遇知重修。天啓二年，知縣張福臻重修。康熙九年，知縣楊日升重修。郡邑祠，在禮門外左，堂三間，周有墻垣。按郡邑侯祠者，以其德政在人，不能盡入名宦而私祀之生祠，生祠傾頹，乃合祀於一祠也。（186）忠義祠，在欞星門內，堂三間，雍正二年建，久廢。今文廟之忠義祠，係前扶義書院地址。於光緒二十一年，改建李、崔專祠，係咸豐末年殉難邑人崔、李二公。敬一亭，在崇聖殿前，三間，立石鐫敬一箴並五箴注，嘉靖年建，久廢。尊經閣，在明倫堂東北隅，即文昌閣。隆慶六年，知縣張正道建，邑人穆文熙題一聯於其上云："八柱崢嶸千里風雲從地起，六經燦爛萬年星日自天垂。"萬曆四十年，知縣李遇知重修。先是，歲久圮壞，科目亦漸中衰，甲科乏人者十數年。邑士人屢請於令，欲修葺，令難其費，未果。侯下車，邑士人以此請，即慨允，乃捐俸金爲邑人倡，越數月而功成。是歲秋，鄉薦二人，明年春，登甲第者二人，始信閣之關於文運，而益多侯振作之力云。（187）康熙十四年，知縣楊日升重修，復買閣後民地一片，擬爲講堂，一以翼輔茲閣，使不孤峙；一以爲諸生修業之地，使經有常尊云。是役也，教諭邢吉士督率首倡，其力居多。康熙五十年，王積隆重修。雍正三年，教諭孫如蘭、訓導袁梅請於知縣黃志弼，捐貲復買東北隅民地一區，以取方正，砌以周垣，煥然改觀，墻外仍餘地一區，租於民。乾隆十六年，大名府通判鄭詵捐募，典史張琔、邑人貢生朱復興、廩生范元福督工重修。按尊經閣，創自有明，宏敞壯麗甲於諸郡。《舊志》高閣淩空，居縣十二景之一，誠東邑巨觀也。自此以後，代有興修。乾隆初年，傾圮，幾不蔽風雨，別駕鄭公一見愀然，因捐俸倡募，除墻基外，盡行修葺，易以木料，施以藻彩，煥然一新，公之力曷可泯與？同治二年，被水坍塌。九年，知縣褚瑒改建於前崇聖殿地址，並厢房三間及周圍墻垣。民國十三年，知事王億年飭令修補，作爲勤業所辦公處，現改爲建設局（188）住址。奎樓，在城之巽方，高三丈三尺，飛簷畫棟，爲邑巨觀。康熙四十六年，生員李天楷、尚汝礪、梁天贊、張復晃、貢生張垣、監生董說官請於知縣張鼎梅，募貲創建。康熙五十四年，副榜李臺等復募貲築文筆峰，開青雲橋，工既成，邑人登賢書者，科不乏人，樓之有關文運信矣。

按明邑學宫，舊制宏敞壯麗，甲於諸邑。先朝厠名其中者，甲第賢書，極連茹之盛，蓋由泮壁之地，有以鍾靈毓秀也。自戊子一毁於兵，庚寅再湮於水，數十年來，雖間有修葺，而廢略未備者多矣。修明典制以昭棫樸菁莪之化，是望於司風教者。

（191）節孝祠，在東門内，祠三楹，周以墻垣，有門、有坊。雍正二年，奉旨建。

（卷五"經制志·建置·學校上"，211）教育局，清光緒三十一年，成立勸學所，提倡全縣學務，地址在文場西院較射廳。民國二年，改勸學所爲學務辦公處，總董爲縣視學。民國四年，改爲勸學所。民國十二（212）年，取消勸學所，改爲教育局，所長爲局長，勸學員爲視學員。民國二十年，奉令，視學員改爲區教育委員，復設督學、文牘等職，全體組織凡八人。

天 津 市

乾隆《寶坻縣志》

乾隆《寶坻縣志》，成文出版社有限公司，1969年。

寶坻縣

（卷三"建置志·學宫"，228）大成殿五間。殿之東啓聖祠三間，雍正四年加封五代，更名曰崇聖祠。乾隆七年，幾圮，知縣洪肇楙捐俸修。聖殿前，東西廡各五間，戟門三間，康熙中，邑紳士重修，大學士杜立德有記。戟門之左爲名宦祠，右爲鄉賢祠，泮池在其前，又前曰欞星門，門外有大壁，壁之左爲忠義祠，右爲節孝祠，壁外有大池，周垣數畝，池之南有雲津橋，乾隆七年，知縣洪肇楙因浚城河並浚泮池，及修雲津橋。橋南曰雲津坊，取晉張茂先龍躍雲津之意。南一百二十步，有大坊曰"雲（229）路"。聖殿後明倫堂三間，明倫堂後成美堂三間，東西側房各一。明倫堂左右爲進德、修業二齋，齋各三間，今已廢，宜重建。兩齋之南即聖殿後壁也，壁西盡處爲義路，路西有土地祠，禮門對焉，明倫堂所由出入也。禮門直南八十步許，魁樓踞其上，雍正十年，知縣伍澤榮重修。下即學宫之大門，教諭宅在成美堂後。明倫堂西偏，宅一所，訓導居焉。土地祠已圮，乾隆十年，訓導賈念祖捐貲重建。露臺，在戟門内；尊經閣，在學宫西北；敬一亭，在明倫堂後；射圃，在學宫右，俱廢。按學基久混入民居，令清丈，正中東長百五十一弓，西長百四十六弓三尺，南寬五十五弓四尺，北寬六十一弓三尺。東北隅長廿六弓，寬廿五弓三尺。照墻前長六十一弓，寬三十六弓三尺。任賢街北長六十弓，寬廿三弓。雲路長百廿五弓，寬四弓。修學時宜釐正。

（卷四"祀典"，236）崇聖祠，在殿之東。魁星樓，在禮門南。土地祠，在義路西。（237）名宦祠，在戟門左。先賢祠，在戟門右。
（卷四"廟祠"，245）忠義祠，在學宮東。雍正八年，知縣廖翼奉文建。節孝祠，在學宮西，與忠義祠同建。祭日亦並用戊。

民國《靜海縣志》

民國《靜海縣志》，成文出版社有限公司，1968年。

靜海縣

（"土地部·建置志·壇廟"，244）孔子廟，明清稱文廟，俗曰聖廟。民國改稱孔子廟，以孔子誕日爲紀念日，丁祭各禮廢除。在城南門內東。始建自明洪武初年，歷世重修。清咸豐三年毀，同治十一年重建。清制，文廟五楹三戟，即大成殿五楹，戟門三。此外，東西廡各五間，欞星門一座，東西牌房門各一，泮池一，映壁一，名（245）宦祠、忠義祠、崇聖祠、鄉賢祠、明倫堂各三間，四圍垣墻繚繞，旁有石碣一，大書"文武官員在此下馬"八字，當年之崇拜可知也。（250）文昌宮，在北街書院內。（251）魁星閣，在東城上。康熙二年，知縣陳愈捐俸建。同治十年，重修。
（"土地部·建置志·祠祀"，265）名宦祠，在孔廟內。鄉賢祠，在孔廟內。忠義孝弟祠，在孔廟旁。（266）節孝祠，在縣南街。

康熙《天津衛志》

康熙《天津衛志》，成文出版社有限公司，1968年。

天津衛

（卷一"建置·牌坊"，57）泮宮、儒林二坊，在東門裏儒學左右。萬曆十四年重修，改敷教、興賢。歷經重修，改德配天地、道冠古今。

寧夏回族自治區

宣統《固原州志》

宣統《固原州志》，成文出版社有限公司，1970年。

固原州

（卷一"圖說"，109）文廟，謹按各府州縣之文廟，率居東南巽宮，或正東震宮，以主文明。惟固原自前明迄今，數百年來，崇祀文廟方位直居城之兌宮，受納金氣，故地方人材武功發達，而（110）文學蹇滯也。惟廟制從同治軍興，經魏公光燾重事修理，尚見寬宏，東角門曰禮門，西角門曰義路。第一級，中建牌坊，泮池左右以忠孝、節烈祠翼之；第二級，中建櫺星門，左右以名宦、鄉賢祠翼之，而文武官廳亦兼隸焉；第三級，中建大成殿，配位、龕埠均稱高廣，左右以兩廡翼之，而神廚、牲所則建於兩廡之次；殿後第四級，爲學正署。廟之左側則尊經閣，暨崇聖祠在焉。原日結構整飭，今歲久未修，致有外觀徒耀之慨。至於琴瑟諸樂器，羽佾諸舞容，是在司牧者振興之、維持（111）之，庶以光昭文治歟。

（112）文昌宮，謹按文昌宮在前明時爲屼嵯寺，在州城中央偏東，與南門對峙。同治中，改建之，門前層臺百級，瓮門靜鎖，奎樓崔巍，上鐫石，額曰："凌雲閣"。右有臺階數十級，循門進，院落井（113）然，中建高臺計三楹，杰宇屼屼，爲崇祀神位之所。東西以兩臺翼之，高十餘級，官廳、神廚分設於兩廈間，院有井，水甘可飲。每當雨後晴初，登臺縱觀，覺太白馬髦排闥而來，亦勝概也。（120）高等小學堂，（121）按高等小學堂暫設文昌宮內，茲擬於中學堂前隙地開拓基址，如圖式建修之。

（卷二"輿地志·祠宇"，156）文昌宮，在州城中布店街，見"圖說"。奎星閣，在文昌宮前門。（159）奎星樓，在州城東南城角，又一在提署東南角。

（卷二"輿地志·官署"，163）固原直隸州學正署，在城西南隅文廟後，同治初年建。

弘治《寧夏新志》

弘治《寧夏新志》，成文出版社有限公司，1968年。

寧夏等衛

（卷四"内治下·學校"，219）寧夏等衛儒學，在左右倉後。洪武二十九年，鎮人朱真奏立寧夏中屯衛學。三十四年，廢。永樂元年，真復奏立寧夏等衛儒學，在效忠坊北。正統中，改移今學。成化初，巡撫張鎣重修，有記。弘治癸亥，巡撫劉憲復重修，均有記。

中衛

中衛儒學，正統間建，故學在城東北隅，後巡撫王廷璋謂，學乃文明之地，宜居中，改建於通衢，但右爲保安寺所礙。弘治十三年，巡撫王珣、僉事李瑞澄，撤其寺宇，以其地併於學，始廣闊，可以展堂齋而建庖廩，重修有記。

靈州

靈州儒學，在城東南隅，弘治年設，後州革學廢，有記。

民國《朔方道志》

民國《朔方道志》，成文出版社有限公司，1968年。

朔方道

（卷四"建置志上·公署"，225）教諭署，在學宮明倫堂西。府教授署，在學宮明倫堂後。府訓導署，在學宮西。

（卷五"建置下·壇廟"，244）文廟，在城北。明永樂元年，郡人宋鎮奏請建設，《舊志》列在學校，今照新《通志》移入壇廟。初在效忠坊，後移今地。成化六年，巡撫張鎣重修，後巡撫劉憲、羅鳳翔、黃嘉善相繼重修。清順治十八年，巡撫劉秉政、河西道李嵩陽增修。康熙三十八年，監收同知李珩重修。雍正十年，本郡官紳復捐修。乾隆三年，震圮，四年，發帑重修。大成殿五間，正中先師聖位，兩旁四配位，東西殿十二哲位，東西廡各七間，東廡從祀先賢四十位、先儒三十八位，西廡從祀先賢（245）三十九位，先儒三十七位。下爲戟門三間，左爲名宦祠三間，右爲鄉賢祠三間。又下爲甬門，東西各一間，角門外東爲更衣廳三間，西爲省牲所三間。又下爲欞星門三間，前泮池環墻一道，雲路前牌坊一座，照墻一座，柵門牌坊東西二座，外牌坊二座，殿東爲講堂三間，左爲忠孝祠，右爲節義祠。殿西爲明倫堂三間，東西齋房各五間，殿後爲尊經閣。每歲春秋二仲丁日致祭。

（248）扁額：宋徽宗詔賜殿名大成，此大成殿之始。明憲宗詔孔子廟庭所在，凡過門者皆下馬，此立下馬碑之始。清康熙二十五年，欽頒扁額曰"萬世師表"；雍正三年，欽頒扁額曰"生民未有"；乾隆三年，欽頒扁額曰"與天地參"；嘉慶年，欽頒扁額曰"聖集大成"；道光年，欽頒扁額曰"聖協時中"。又鐘鼓亭曰"金聲玉振"，欞星門曰"道冠古今"，東西牌坊曰"聖域""賢關"，又曰"禮門""義路"，皆後人所擬詞也。

（251）崇聖祠，在學宮之東，原名啓聖祠。清雍正元年，追封五代皆爲王，因易今名。（253）文昌祠，在城外東南。清順治間，郡人捐建。乾隆三十三年，生員張映槐、任岱宗等募貲重修。嘉慶六年，列入祀典。咸豐八年，奉旨，每歲加祭一次。（256）東魁閣，在學宮東。清乾隆三年，震圮，乾隆五年，郡人捐貲重建。西魁閣，在學宮西。清乾隆三年，震圮，乾隆四十年，郡人捐貲重建。文昌閣，在城西北隅。清光緒十八年，知府謝威鳳倡修。一在賀蘭山大滾鐘口，清康熙年建。尊經閣，在文廟後。明倫堂，在文廟西。（257）名宦祠，在學宮戟門左。鄉賢祠，在學宮戟門右。忠孝祠，在學宮講堂左。節義祠，在學宮講堂西。

寧朔縣

（卷四"建置志上·公署"，227）教諭、訓導署，均在郡城學宮明倫堂西。

中衛縣

（卷四"建置志上·公署"，230）教諭、訓導署，俱在學宮旁。

（卷五"建置下·壇廟"，260）文廟，舊在城東北，明正統八年巡撫徐廷璋移建東南。清康熙四十八年秋，地震，兩廡、明倫、齋房盡圮，教授劉追儉、西路同知高士鐸籌款修復。乾隆五年重修。道光二十二（261）年，知縣鄭元佶倡捐重修。咸豐二年，地震，半圮。十年，知縣恒贑重修。同治年，兵燹損壞。光緒十二年，知縣匡翼之重修大成殿，東西廡各八間，餘如郡廟制。崇聖祠，在學宮東。清乾隆二十五年，西路同知黃恩錫修。文昌祠，在南門，清道光元年，知縣李隸通建。二年，復重修。魁星閣，在東南城臺。明倫堂，在學宮。名宦祠，在學宮戟門左。鄉賢祠，在學宮戟門右。忠義祠，在名宦祠左。

平羅縣

（卷四"建置志上·公署"，232）教諭署，在學宮明倫堂後。

（卷五"建置下·壇廟"，262）文廟，在城南。清乾隆三年，震毀，動帑重修大成殿，東西廡各五間，餘如郡廟制。一在寶豐城，清雍正四年建。崇聖祠，在學宮後。清道光二十年，知縣鄭元佶重修。文昌閣，在城外東南。清乾隆二十八年，生員龔弼等捐建。（263）名宦祠，在學宮戟門內。鄉賢祠，在學宮戟門內。忠孝祠，在學宮東。節義祠，在學宮內。

靈武縣

（卷四"建置志上·公署"，234）學正、訓導署，俱在學宮旁。

（卷五"建置下·壇廟"，264）文廟，在城東南，明洪武十五年，設州置學。十七年，州裁學廢。正德十三年，復立。十五年，寧夏巡撫王時中興建。清順治十六年，巡撫黃圖安重修。康熙四十六年，中路同知祖良貞、舉人季秋橘等重修大成殿七間，東西兩廡各九間，餘如郡廟制。崇聖祠，在學宮東。文昌閣，在城東南。（265）名宦祠，在學宮戟門內。鄉賢祠，在學宮戟門內。忠孝祠，在學宮西。節義祠，在學宮外。

金積縣

（卷四"建置志上·公署"，236）教授、訓導署，俱寄寓學宮北側官房。

（卷五"建置下·壇廟"，266）文廟，在城東南隅。文昌閣，在城西。頹圮多年，現移祀書院。名宦祠，在學宮內。鄉賢祠，在學宮內。

鹽池縣

（卷五"建置下·壇廟"，267）文廟，在城內東街。一在惠安堡，清初建，乾隆時重修，同治年兵燹毀。文昌宮，在城東街。一在惠安堡南關外，清初建，同治年兵燹毀。一在惠安堡東南，康熙時建，尋圮。乾隆時，通判李閤棱重修，同治初毀於匪。

鎮戎縣

（卷四"建置志上·公署"，238）儒學署，在城東。

（卷五"建置下·壇廟"，268）文廟，在城內鐘鼓樓南。文昌宮，在城南門根。魁星閣，在南門城樓。忠義祠，在城南門根。節孝祠，在城南門根。

民國《豫旺縣志》

民國《豫旺縣志》，成文出版社有限公司，1968 年。

豫旺縣

（卷二"建置志·公署"，59）儒學署在城東。

（卷二"建置志·壇廟"，60）文廟，在城內鐘鼓樓南。文昌宮，在城南門根。魁星閣，在南門城樓。（62）忠義祠，在城南門根。節孝祠，在城南門根。

乾隆《寧夏府志》

乾隆《寧夏府志》，成文出版社有限公司，1968 年。

寧夏府

（卷六"建置·學校"，105）學宮，在府治北。明永樂元年，鎮人宋鎮奏請建設。初在效忠坊，後移今所。成化六年，巡撫張鎣重修，大學士彭時記。其後巡撫劉憲、羅鳳翔、黃嘉善相繼重修。國朝順治十八年，巡撫劉秉政、河西道李嵩陽增修。康熙三十八年，監守同知李珩重修。舊爲衛學，雍正三年改府，即以爲府學。十年，本郡官吏、紳士復捐修。乾隆三年，地震，毀。四年，奉旨動帑修建。大成殿五間，東西廡各七間，戟門三間，東西角門各一間，東更衣廳三間，西省牲所三間。櫺星門三間，内有泮池。環墻一道，雲路前牌坊一座，曰"金聲玉振"，照墻一座，栅門牌坊二座，東曰"聖域"、西曰"賢關"。外牌坊二座，東曰"騰蛟"、西曰"起鳳"。

（107）崇聖祠三間，在正殿東。原名啓聖祠，雍正元年，詔追封啓聖公以上五代皆爲王，祠易今名。（108）名宦祠三間，在戟門左；鄉賢祠三間，在戟門右。講堂，在學宮東。明揆文書院遺址，今併入學，門三間，堂三間。忠孝祠在其東，節義祠在其西，各三間。明倫堂在學宮西，門三間，二門一間，東西角門各一間，堂五間，東西齋房各五間，照壁一座。尊經閣，在正殿後，五間，高三丈一尺。明巡撫黃嘉善創建，今仍舊址，上舊祀文昌、魁星，乾隆三十三年，知府顧光旭移像祀銀川書院文明閣。（111）府學教授署，在明倫堂後之東。訓導署，在明倫堂後之西。寧夏縣學官署，在講院後之東。

（卷六"建置·壇廟"，119）東魁閣，在學宮東。乾隆三年，地震，廢。五年，重建。西魁閣，在學宮西。乾隆三年，地震，廢。四十年，士民捐建。文昌閣，在城外東南。順治間，士民捐建。乾隆三十三年，生貢張映槐、任岱宗等募貲重修。

平羅縣

（卷六"建置·學校"，115）學宮，在縣治南。乾隆三年，地震，毀。六年，動帑重建。大成殿五間，東西兩廡各五間，戟門三間，東西更衣廳、省牲所各三間，櫺星門三間，牌坊一座。崇聖祠，三間，在正殿東北。名宦、鄉賢祠，各三間，在戟門左右。忠孝祠，在學宮東。節義祠，在學宮内。尊經閣一座，在正殿西北。明倫堂，三間，在學宮正西。東西齋房，各三間。學官署，在明倫堂後。

（卷六"建置·壇廟"，123）文昌閣，在城外東南。乾隆二十八年，生員龔弼等捐建。

靈州

（卷六"建置·學校"，116）學宮，在州治東南。明洪武十五年，設州置學。十七年，州裁學廢。正德十三年，復立。十五年，寧夏巡撫王時中興建。皇清順治十六年，省後衛教缺，併入靈州，巡撫黃圖安重修。康熙四十六年，中路同知祖良真、舉人季秋橘等重修。雍正三年，改靈州所學爲靈州學。大成殿七間，東西廡各九間，戟門三間，東西角門外更衣廳三間、省牲所三間。名宦祠三間，鄉賢祠三間，泮池環橋一座，上有坊。櫺星門三間，照壁一座，門東有聖域義路坊，門西有賢關禮門坊。崇聖祠，舊在廟東。旁有敬一亭，廢。尊經閣一座，在廟西。明倫堂，五間，在閣東。東西齋房各五間，儀門三間，東西角門各一間，大門三。學正署，在後。

（卷六"建置·壇廟"，124）文昌閣，在城東南。

中衛縣

（卷六"建置·學校"，117）學宮，舊在縣治東北。明正統八年，巡撫陳珣奏建。巡撫徐廷璋徙於縣治東南。巡撫王珣拓修，尚書王恕記。皇清康熙四十八年，教授劉追儉修。雍正三年，設縣，改爲縣學。大成殿六間，東西廡各八間，戟門四間，東西角門各兩間，更衣廳四間，櫺星門木坊一座，東西列柵門。乾隆五年，諸生捐貲修築正殿、基階、東西廡，名宦、鄉賢祠皆增飾焉，又增建忠義祠四楹於名宦左。崇聖祠，四間，在正殿東。乾隆二十五年，署西路同知富斌、知縣黃恩錫修。尊經閣在正殿後，層樓五間，高三丈餘。雍正三年，建明倫堂三間，在正殿西。左右齋房十間。教諭、訓（118）導署在堂後。

（卷六"建置·壇廟"，124）文昌閣，在新鼓樓。魁星閣，在東南城臺。

嘉慶《靈州志》

嘉慶《靈州志》，成文出版社有限公司，1968年。

靈州

（卷一"公署學校志第五"，57）學宮，在州治東南。明洪武十五年，設州置學。十七年，州裁學廢。正德十三年，復立。十五年，寧夏巡撫王時中興建。皇清順治十六年，省後衛教缺，併入靈州，巡撫黃圖安重修。康熙四十六年，中路同知祖良真、舉人季秋橘等重修。雍正三年，改靈州所學爲靈州學。（58）大成殿七門，東西廡各九間，戟門三間，東西角門外更衣廳三間、省牲所三間。名宦祠三間，鄉賢祠三間。泮池環橋一座，上有坊。欞星門三間，照壁一座，門東有聖域義路坊、門西有賢關禮門坊。崇聖祠，舊在廟東。旁有敬一亭，廢。尊經閣一座，在廟西。明倫堂五間，在閣東。東西齋房各五間，儀門三間，東西角門各一間，大門三間。學正署，在後。

（卷一"壇廟坊市橋梁津渡名勝第六"，64）文昌閣，在城東南。忠孝祠，在城東南。節義祠，在城東南。

乾隆《中衛縣志》

乾隆《中衛縣志》，成文出版社有限公司，1968年。

中衛縣

（卷二"建置考·學校"，111）中衛縣儒學，在新鼓樓西，文廟之右。教諭署，堂室一十五間。訓導署，堂室一十二間。明倫堂，在學署之前，堂五楹，東西齋房各六楹，大門、儀門各四楹。

江 蘇 省

民國《重修金壇縣志》

民國《重修金壇縣志》，成文出版社有限公司，1970年。

金壇縣

（卷三"建置志·公署"，101）督學試院，在縣治弘化門內。雍正八年，知縣嚴接建。鎮江與蘇松常並稱望郡，各直隸州郡俱有試院，而鎮未建，歲科兩試試於江陰，不但遠涉，亦地方之缺（102）典也。雍正七年，邑人許培榮、徐儒曾、史鳴鏕、虞式金、於卜熊等呈請募捐，建立試院，詳憲具題，准買城南入官房一所，大堂、二堂、後樓具備，書室、耳房若干楹，其捲棚、考廠、頭門、儀門、官廳、吏舍等俱照江陰試院增設建造，約費四千餘金。壇陽兩邑樂輸爲最，於燾、周興如董其事。期年工竣，嗣後學憲每試按臨。咸豐十年，撤備城守。同治五年，御史王蘭谷奏請建復。

（卷三"建置志·壇廟"，107）文昌廟，在文明門外，後移建書院之右。咸豐十年，毀於賊。光緒十四年，建復，邑人湯翼有記。一在望華門外，今廢。（109）忠義祠，在縣前直街。同治四年，奉敕建，祀咸豐十年殉難官紳、兵勇、士民位於左右，丁祭日及七月十六日有司致祭。節烈祠，在梓樹巷。同治四年奉敕建，祀庚申殉難節烈婦女，每歲丁祭日及七月十六日有司致祭。節孝祠，在文清橋東北。乾隆二年建，祀歷代節孝貞烈婦女，有司隨丁致祭，門前有總節孝坊。

（卷六"學校志"，281）壇邑廟學，宋紹興中始建，邑人趙安撫正奉、知縣事李松相繼重建。（282）嘉熙中，縣令徐拱辰增建兩廡兩祠（祠曰崇報，列於東；曰尊賢，列於西）、兩堂（曰修教、集英）、四齋

（曰志道、成德、修身、明善）。（283）元大德己亥，達魯花赤阿老瓦丁重修。至元乙亥，縣尹於淵建觀善堂，爲教諭聽事。至正壬子，縣尹檀讓更修之。壬辰，毀於浙寇，所存者大成殿、兩廡、戟門、明倫堂而已。（284）明洪武初，知縣蔡原臣悉加修建，堂齋、室宇、庫庾、庖湢咸備。歲壬戌，知縣郭樹又植櫺星門。癸酉，知縣陳英弼重建明倫堂、兩齋（曰日新、時敏）。壬午，知縣孫時撤兩廡戟門之舊，而再新之。正統癸亥，知縣劉訓撤明倫堂爲東齋，重建明倫堂、齋堂、室宇咸加修葺。成化中，知縣劉觀重修。知縣張賓繼購地闢門。弘治中，知縣周楫、秦銳相繼修葺。正德中，知縣董相又撤櫺星門（285）而易以石。嘉靖五年及三十二年，縣丞鄧繼曾、知縣苟穎先後重修。（286）萬曆十一年，知縣許宏綱重修。（287）三十二年，知縣邵應禎以學宮左盈右縮，學門東向，出入折旋，遂募地闢門，邑庠生符應乾割其宅之地助之。學門乃南向，規模方正，制度宏敞。崇禎十年，署縣事推官雷起劍重建尊經閣。國朝順治十一年，知縣趙介重修學宮，知縣朱□踵成之。康熙九年，知縣康萬寧、教諭許允成增葺。雍正三年，闔邑紳士捐貲重修，教諭盧翀董其事。嘉慶二十五年，署縣事王青蓮暨知縣朱瀾、教諭戴開文重修，自大成殿、明倫堂、尊經閣，凡祠宇、齋舍靡不修舉，復購民舍拓地爲照墻，門基右侈於左二仞，因量度（288）之，爲東西二坊，繚以外垣，以其右餘地爲射圃。學宮左有土阜，甚高，就其上建魁星閣，姚文田有記。咸豐十年，粵逆之亂，黌舍多圮毀。同治六年，署縣事王其淦、鹿伯元相繼重建，崇聖祠、明倫堂、兩齋、殿廡、祠宇咸加修葺，訓導熊爾穀董其成，又以學宮樹多經亂摧殘，於光緒元年特植松柏梧桐百數十株。十二年，署縣事曾紹勳續修，尊經閣、左右兩祠亦以次修建。光緒十四年，經董潘志重修正學堂、明倫堂並泮池。二十二年，修七賢祠。二十五年，修大成殿。二十九年，修忠義孝弟祠。三十二年，大成殿後檐坍塌。三十三年，西廡傾圮，皆即修復。宣統元年，修鄉賢祠，其經費均由歲修存項支付。廟南向，中爲大成殿，祀至聖先師孔子。東西爲兩廡。（290）其前爲戟門，戟門左爲名宦祠，明孝宗弘治中建，以祀邑官之有功德於民者，知縣秦銳初祀其主於梓潼祠，嘉靖中改建戟門之左；（291）右爲鄉賢祠，明孝宗宏治中建，以祀邑先賢之有行誼者，知縣秦銳初祀其主於梓潼祠，嘉靖中改築戟門之右。（292）又前爲櫺星門，門三，又前爲泮池，又前爲兩坊，額曰"德參天地""道冠古今"，又前爲影壁，其右爲射圃。大成殿之後爲明倫堂，堂額爲朱子所書，（293）其前東西爲兩齋，左曰日新、右曰時敏，中爲六衫亭，今廢，兩齋四隅爲號房共二十楹，爲諸生肄業之所。明倫堂之後爲正學堂三間，舊名膳堂。康熙七年，教諭許允成重修，砌臥碑於東牆，以便諸生觀省。又後爲崇聖祠，又後爲敬一亭，明嘉靖五年建，樹敬一箴、程子四箴、范氏心箴於內，又後爲尊經閣。（294）閣左有時雨亭，明嘉靖二十四年，知縣黃縉建堂三間，兩翼號房各五間，又前路左右各建堂三間，東曰博文、西曰約禮，兩翼號房各六間，外爲龍門，今改爲七賢祠。（295）右爲七君子祠，康熙三十五年，提督學政李振裕請建祠於學宮之旁。（296）忠義孝悌祠在儀門內，學路之東；興文祠在學路西，其東爲訓導宅，教諭宅在正學堂右。魁星閣在學宮左，嘉慶二十五年建；學庫在大成殿左旁，收貯祭器。此學宮之大略也。

民國《吳縣志》

民國《吳縣志》，成文出版社有限公司，1970年。

吳縣

（卷二十六"輿地考·文廟"，377）吳縣學，在縣治西南。宋景祐初設，始在舊縣治東南，范文正公仲淹奏建。紹定元年，知縣趙善瀚移建賓興坊貢院南，堂一曰明倫，齋四曰登賢、升俊、育德、尚志，憲使林公介撥公田贍之。嘉熙四年，知縣魏廷玉、主學孔煜重修。淳祐七年，知縣趙汝澄又修之，建采芹亭、風雩壇，爲牆垣六十丈，又造祭服、祭器，百用具修。元至正九年，達魯花赤馬祖憲新殿堂、齋舍，更塑宣聖四配像，繪從祀先賢於兩廡之壁，復□湖楊公祠於學之西偏，甃溝渠以石，長百餘尋，既又繚以周垣，別爲□五十間，以居教職，又立社學一百三十餘所。十九年，縣管周仁、縣尹張經爲欞星石門。二十四年，縣尹楊彝又修之，以事委鄉進士吳興莫孜、范文正九世孫廷珍等，率緡錢合五千有奇，靈岩主持淨標等亦輸若干緡爲修學費。（378）明洪武二年，知府何質首以興學爲務，知縣蔣玉、曹文綱相繼修。五年，知府魏觀闢射圃，建觀德亭。宣德九年，巡撫周忱、知府況鍾奏遷今地，視舊四倍以廣，通爲屋二百三十餘楹。成化八年，知縣雍泰重建欞星門，牆壁皆板石爲之。弘治十年，知縣鄺璠以學門回曲，乃徙使直，移校官宅於射圃，購民居，拓學前地鑿泮池，爲石梁，又於學東拓民地爲射圃，作觀射亭。正德元年，知縣劉恒相地勢，填平污池，移門稍東偏，折旋以入，又葺明倫堂及兩齋、饌堂，皆如制，表綽楔於廟前，曰"儒宗"。更會縣有湖山之阻，士携家就學多就民居，乃弄其右偏町畦，又購屋二十四間於學外，爲外號，以待士之携家來學者。（379）嘉靖元年，知縣劉輔宜修。四年，巡撫都御史吳廷舉、巡按朱實昌檄知府胡纘宗、知縣楊叔器於其年六月盡撤舊構而新之，改儒宗坊爲狀元坊，又跨街立會元、解元坊，更創名宦、鄉賢祠、饌堂、儀門及經閣、東西兩翼室，工未竟，叔器召去。六年，知縣蘇祐竟其役。十一年，周寵即咏春亭爲啓聖祠。二十年，知縣張道以啓聖祠臨沼，地淺隘，承祭者僅容一班，請於御史楊宜、知府王廷，移建於廟門東，又改狀元坊曰"首邦文獻"，東曰"仰聖"、西曰"興賢"。二十一年，道及知府王廷爲前訓導尹爽作教思亭於東齋。二十六年知縣宋儀望、三十九年知縣曹自守、四十五年知縣魏體明迭有修葺。萬曆九年，知縣傅光宅重建尊經閣，修廟廡堂署。二十八年知縣孟習孔、二十九年推官署縣事鄭郭踵修，巡撫都御史曹時聘、巡按御史何熊祥、知府朱燮元皆有助，掘土得濂洛關閩五先生像碑，建亭覆之。三十二年，知縣曹汝召移首邦文獻坊，置縣治前。四十三年，知縣周爾發修。崇禎元年，知縣陳文瑞修復奸民侵地，浚內外河。九年，學漸圮，教諭計鴻勳謀之知縣楊雲鶴，請出贖鍰繕葺，重建啓聖祠，置大魁閣於河之南，建廟後，文昌閣俱未就。十四年，廟梁壞，知縣牛若麟重葺，並修廟門、兩廡、欞星門。（380）清順治十一年，教諭夏鼎率諸生金之鉉等申巡撫都御史張中元、巡撫御史孔清樾、提學僉事張能麟檄蘇州府推官楊昌齡追復奸民侵地，道縣學博各捐俸入，諸生亦捐優免銀修學。十六年，諸生施學先等各捐賓興盤費捐修，工始於本年十二月，訖於庚子七月，金之鉉、□芳箐、吳芹等董其役，功成過半而輟。康熙六年，布政使佟彭年捐俸修，道縣學博捐助有差，諸生復捐丙午科盤費大施葺治。二十年，鄉紳繆彤捐修聖殿，朱嘉遇捐修戟門、兩廡，縣令劉滋修欞星門并東西二大牌坊，教諭王晋修啓聖祠，訓導王輅修儀門，諸生捐助修明倫堂，大學生王聖傅修大門。二十四年，巡撫都御史湯斌復建尊經閣，繆彤首行捐助，諸生孫珮、陸恕、沈文標、郭兆鰲等□捐廩餼，教諭王晋殫力募助，二載落成。二十九年，孫佩等塑文昌、奎星像。四十年，巡撫都御史宋犖臨學，捐銀飭攝縣事汪寧北、捕通判李宏□、教諭吳天熔、訓導潘仁樾重修。雍正九年，巡撫都御史尹繼善視學，見學宮頹壞，親自相度，凡齋房、廊舍民役雜處者，皆給價贖還本學，訓導吳文英修葺，捐俸給卹，鳩工經始，凡殿廡、墻垣一皆鼎新改作。嘉慶十七年，巡撫朱理重修。道光六年，教諭楊德埔、訓導張夢瀛重修。咸豐間，郡人董國華重修，吳仁榮、汪正董其役。十年，毀於兵。同治六年，巡撫丁日昌重修。大成殿五楹。（381）東西兩廡各六間。崇聖祠三楹、戟門、欞星門、儀門、泮池。學制：明倫堂五楹五軒，東西兩齋房、教思亭、射圃、觀德亭、尊經閣。教諭廨，在敬一亭後。訓導廨，在尊經閣後。學門。（382）崇聖祠。名宦祠，在文廟東。嘉靖四年，知縣楊叔器建，今仍其地。（383）鄉賢祠，在文廟西。明嘉靖四年，知縣楊叔器建，今仍其地。（384）忠義孝悌祠，在崇聖祠東，雍正三年建。（385）五賢祠，在欞星門東。

長洲縣

（387）長洲縣學，在縣治東北一里。宋初，縣未有學，士附肄府學，名麗澤齋。咸淳元年，主學宋楚材以選至，嘆曰：官以主學名而居，無慮士無廩，師倚席而不講可乎？請於太守陳均，即廣化寺改建焉，構講堂曰禮堂，有魏文靖公了翁撰額，四齋曰富文、貴德、廣業、博學，（388）又作祭文堂，以企慕鄉賢范文正公；作友德堂，繪學中士登大魁者黃由、阮登炳象於壁，此立學之始也。八年，提刑洪起畏拓地闢門而南。後毀。元初，即縣驛舍爲至聖廟。大德六年，縣移郡治側，乃移驛材構縣治故址爲學宮。至元三年，達魯花赤元童俾教諭顧元龍、耆儒邊景元禮勸郡人，前徽州路教授陸德原輸資營建，周以長垣，闢以廣庭，翼以邃廡，前爲禮殿，後爲兩齋、爲講堂、爲庖庾，塑先聖、四侑、十哲之象，繪群賢從祀之位，置良田以爲養士資，學制始備。明洪武初，知縣宋敏文、張翔相繼修葺，闢學門於廟之右，又立先賢祠，祀季札、韋應物、陸龜蒙、范仲淹、魏了翁、文天祥。久之廢，成化九年，巡按御史鄭銘、提學御史□珊、知府丘靈拓地東南改建，左爲大成殿，右爲明倫堂，東西兩齋曰進德、修業。（389）正德十二年，提學御史張鰲山盡以廣化寺地歸學。十六年，知縣郭汲建尊經閣。嘉靖十五年，知縣賀府重修，增建名宦、鄉賢祠，此立學之再，即今所謂舊學也。二十年，教諭蕭文佐以地隘不稱，白巡按御史舒汀、知府王廷相與規度，適有詔毀浮圖之非敕建者，乃即城東之福寧寺遷而新之，即今所也。二十二年，巡按御史徐恪修。四十三年，知府徐節重修。隆慶二年，知縣周良臣、教諭李國珍建騰蛟起鳳塞門。萬曆中，巡撫都御史陳道基更營之，規制乃備。十七年，巡按李堯民修。清順治十一年，提學侍讀石申、教諭王瑀踵修，尋有鎮帥居之，殿堂、啓聖祠、尊經閣悉毀壞。康熙二十一年，邑人侍講彭定求力謀興復，自巡撫以下各捐俸，委教諭姚文焱、訓導王玢、諸生鈕希文重建，而啓聖祠後十餘年始成。（390）四十四年，邑人馬俊重建尊經閣、道山亭。雍正三年，析置元和縣，遂爲長洲、元和二縣學。五年，元和知縣江之煒、長洲教諭鄒增、元和訓導孔傅爌倡修廟殿。九年，巡撫都御史尹繼善蒞視繕完。乾隆六年，郡人蔣楫、蔣榮助修。十五年，長洲教諭王廷嵩、元和訓導吳中衡重葺。三十一年，候選儒學汪虞炳及其子美基等重修。嘉慶二十一年，巡撫胡克家、邑人尚書韓崶等倡衆重修。泮池東西以下馬牌爲界，歲久淤墊，道光二年，郡人高秀升倡衆捐貲開浚，立石標記。三年，長洲縣知縣俞德淵重修廟宇，並置禮樂器。二十一年，郡紳吳廷琛、董國華等重修。咸豐十年毀。同治六年，郡紳顏文彬等重建。兩學署，舊在東西偏，至是，并建於西，合爲一。（391）八年，郡紳馮桂芬等請於巡撫丁日昌，集貲立灑掃會。光緒七年十一月，長、元學大成殿災。八年，郡人右庶子劉廷枚疏聞，朝命巡撫衛榮光籌貲重建。

　　案，吳縣學凡三遷，長元縣學亦三遷，大抵以教育人才之地，規模不可不宏，制度不可不備。故自宋以來，歷代帝王，無不隆視廟學，以寓重道尊師之意。茲因詳考其沿革，以著於篇。

　　廟制：大成殿，清帝書額。東西兩廡、崇聖祠、戟門、欞星門、儀門、泮池。

　　學制：明倫堂。東西兩齋房、教思亭、射圃、觀德亭、尊經閣、教諭廨、學門、崇聖祠。

　　名宦祠，舊在明倫堂後。康熙二十四年，巡撫都御史湯斌毀淫祠以其材建於聖廟之東。（392）鄉賢祠，舊在明倫堂後，飛虹橋之北。康熙二十四年，巡撫都御史湯斌撤淫祠之木石，改建於聖廟之東，與名宦祠並列。忠義孝悌祠，在文廟東，清雍正元年建。先賢樊子祠，在學西偏，祀益都侯樊□。咸豐十年毀，同治六年重建。諸公祠，在明倫堂後，祀唐縣尉談□。咸豐十年毀，同治六年重建，其地蓋即教諭廨舊基。二呂先生祠，在學西偏，祀宋儒呂希哲與祖謙，舊各有祠，一在陽山，祀希哲，一在圓妙觀東，祀祖謙，後皆廢。乾隆中，書役呂日起自爲捐資重建，其遠祖榮公希哲、成公祖謙，合祠三間於今所。宮墻巍煥，頓復舊觀。（395）文星閣，舊名鐘樓，在學宮東南，即東禪寺中閣故址。萬曆二十年，巡按御史舒汀改建新學，形家以兌方雙塔並峙，謂爲文峰，巽方亦宜高聳爲左翼以壯文明之象。二十五年，周中丞繼、李侍御堯民、陳令其志始立其基。又八年，江令盈科建閣峙縣學左，與右塔相向。四十年，知縣韓原善重建，稍移而南，即今所也，中爲宇五楹，以待士之弦誦者。崇禎六年，知縣徐必泓修。清康熙二年，邑人端仁先生吳愉修閣，頂建桂香殿。十九年，邑人仁簡先生彭瓏建朝元閣、時習堂，瓏與吳訓導□宋贈郎中德宏相與講學其中，遂爲士子肄業之所，每月朔望集閣下會課。瓏子定求累有興葺，迄四十年始竣事。四十九年，定求建祠。（396）乾隆十七年，侍郎彭啓豐倡衆重修。咸豐十年，殿宇皆毀，惟閣巍然尚存。同治九年，郡人彭祖賢等重修，築石垣一百二十丈。十一年，重建桂香殿。

元和縣

（396）元和縣學，即附於長洲學。雍正三年，析學後，未及分建，但更其榜曰長洲、元和縣學，教諭仍司長洲學事，改訓導爲元和訓導，司元和學事，顧其制有長洲縣學考所未及言者，如左廟右學，各有門，起鳳街在其前，拱照欞星門者，其綽楔曰"萬代宗師"，外泮池在街東，跨池有梁曰"升龍"，池南拱照學門之墻曰"萬仞宮墻"，玉帶橋、聖域坊在其東，茂苑橋、賢關坊在其西。由欞星門入，中爲戟門，又進爲先聖殿，殿旁則列以兩廡。由儒學門入者爲禮門，入禮門中爲明倫堂，堂後有軒曰事友軒，東有齋曰進德、西曰修業，號舍即在其南北。東舍後有小徑二，一折而北爲名宦祠，一過飛虹橋爲鄉賢祠。二祠久圮，今則已移建廟東。射圃在西舍後，中爲觀德亭。廟學間有夾道，北折而東即先師廟，啓聖祠在其後，禮樂二庫附祠旁；自右入迤北爲尊經閣，閣後有土山，構亭其上曰道山亭。由山徑而北，跨玉帶河者曰望闕橋，東爲蔬圃，稍西爲桃李園。由園而北而西，壘太湖石成小山，建亭於上者曰敬一亭。會饌堂在尊經閣東，俸廩倉則又在閣東，折而北有歧路，一南行通東夾道，一東行爲跨玉橋，橋北稍折有游息所，又北爲杏花村、嘉樹館，有橘數十株，南折而東有小池，有桂跨池者爲折桂橋，過橋屋數楹，爲藏宋元以來石刻之所。後有土山，松林□雜花數十株，名春宴□，又東栽竹數百竿，名小淇園。玉帶河迤東之地，至此已盡。河東南有田數畝，可供□盛。其學中之位置蓋如此。

蘇州府

（卷二十六"輿地考・文廟"，398）府學，在府治南，唐時稱學廬，係李栖筠增。宋有文宣王廟，《祥符圖經》云在子城東，皆不言學所在。至景祐元年，范文正公仲淹守鄉郡，因州人朱公綽等請，以聞於朝。二年，乃詔蘇州立學，并給田五頃，即以所購錢氏南園巽隅地舊欲卜宅者割以創焉，左爲廣殿，右爲公堂，泮池在前，齋室在旁，延胡安定先生瑗爲師。歷八政，學始功竣。嘉祐中，富嚴添建六經閣。熙寧中，校□李綖又以南園地益其垣。逮元祐中，來學者日衆，是時掌教爲公綽子長文，欲廣闢齋廬，請以南園隙地拓之，適范公子純禮制置江淮六路漕事，上冢過家，因以白之，即奏請修廣，詔給度牒十紙充其費。而前後守劉珵、王□選官治役，益以關賦之財，期歲告成，於禮殿後立祠，祀范文正公，以安定先生配，遷校試廳於公堂之陰，榜曰"傳道"。建炎兵毀，守臣先葺學宫，廟未遑作。紹興十一年，直寶文閣梁汝嘉建大成殿。（399）十五年，直寶文閣王□繪兩廡從祀像，創講堂，闢齋舍。乾道四年，直秘閣姚憲闢正路，浚泮池。九年，直秘閣丘憲重建傳道堂，又建直廬。淳熙間，教授黃度葺二齋，擇有志者居之。二年，韓彥古建仰高、采芹二亭。十四年，修撰趙彥操即六經閣故址建御書閣，藏高宗御書六經石刻，堂左建五賢堂，祀陸贄、范仲淹、純禮、胡瑗、朱長文。寶慶三年秋七月，大風雨，殿閣皆摧圮欲壓。紹定二年，教授江泰亨請復豪右所占田，得租繒以新之，守林介、提刑朝請郎王與權、提舉朝請大夫常平王杙、守文寶漢閣李壽朋相繼訖其事。淳祐六年，待制魏峻因博士何德新請，捐五萬緡復加興葺，凡爲屋二百一十有三間。（400）寶祐三年，學士趙與篤拓地鑿池，作橋門，移采芹亭與外門相映，建齋九處，教宗室子弟者，曰敏行、育德、中立、就正、隆本，處習武舉之士者，曰立武，教童子者，曰養正，處士之俊秀者，曰興賢、登俊，又建成德堂於閣後，建觀德亭於射圃，采芹亭則改建於櫺星門內之西，泳涯書堂則建於傳道堂後，道山亭則建於立雪亭右土阜上，本南園之故邱，朱長文所題泮水也。元至元二十九年，教授李淮造祭器。大德初，殿廡壞，治中王都中謀於郡人兩浙鹽運使朱虎，以私財撤而新之，并修學宫。舊御書閣居殿之西，直講堂之前，碎於暴風。延祐中，部使者鄧文原以學租之羨復之，董以經歷李仲英，達魯花赤八不沙、總管曹晉以、海漕校尉沈文輝相其役,更閣於堂之北曰尊經。皇慶四年,總管師克恭修殿及講堂、學廩,趙鳳儀繼之,增外垣五百四十丈,環植松柏萬株。至治二年,總管錢光弼修廟學,又築垣一百五十丈。三年,改建鄉賢祠及欞星門,責學田逋租充費。至元元年,文正祠火,總管道童重建。至正五年,總管吳秉彝修學。十五年,達魯花赤六十從教授徐震等請,易陶甓甃廟垣,凡縱廣五百七十丈,高一丈三尺,下廣七尺。十九年,總管周仁修學。二十六年,總管王椿建樂軒於大成殿前。明洪武三年,重建道山亭。六年,知府魏觀建明倫堂於成德堂舊址,置敏行、育德、隆禮、中立、養正、志道六齋,復地之侵於民者五百四十丈,補垣四百八十丈有奇,拓廟南地,展欞星門以臨通衢。(401)七年,重建教授廳於明倫堂之西。十五年,知府張冠塑聖賢象。永樂十四年,知府董著重修文正祠。十五年,知府劉麟重建尊經閣。二十二年,教授陳孟浩等白巡按御史李立重修廟學。宣德二年,又白巡按御史陳敏,易泮池梁以石,為竇七,以象七星,長十二丈,廣一丈二尺,又建先賢、文正、文昌三祠。八年,知府況鍾重建大成殿,巡撫侍郎周忱助成之,又易止善堂曰至善,又建統賢堂於後。九年,韓陽建堂一間於集賢太守祠後,復偕教授何子方、訓導胡汝濟白況鍾葺祠之前楹。正統二年,重建明倫堂五間,二披宏壯愈舊,為齋四,左隆禮、中立,右養正、至道,設兩廊號舍及射圃亭。九年,知府李從智築垣六百三十丈。景泰元年,知府朱勝建會膳堂。三年,知府江潚於毓賢堂後增建學舍三十間。天順四年,知府姚堂大修學,改隆遠、中立二齋曰成德、達材,立杏壇學門內,覆以亭,重建道山亭,又立狀元、解元二坊。(402)六年,知府林鶚改建廟,易兩廡諸賢象以木主。成化二年,知府邢宥重修殿堂、門閣,改建祠齋、廬圃、池橋。四年,知府賈□作亭於尊經閣後,提學御史陳選題為游息所,前鑿方池,布橋立坊曰"眾芳",又前壘石為山曰"文秀峰",改觀德亭為廳。十年,知府丘□修道山亭,增置石欄,以大成殿自宋元以來凡三改作,皆隘不稱,請於巡撫都御史畢亨,大規度之,建殿五間、重檐三軒、兩廡四十二間,撤舊材作戟門五間,左右披門各三間。學門故東向,歷廟道折而南入,及是益市居民地徙門於靈星之西,更為門於泮池之北,以達於廟。然後廟左學右,基址方整,丘去,劉瑀來代,始畢工。二十年,巡按御史張淮修學。二十一年,知府毛廷美建宮坊於學南大門外。(403)二十三年,提學司馬□分先賢祠為名宦、鄉賢各一祠。弘治三年,知府孟俊建安定專祠於范祠左。十二年，知府曹鳳建嘉會廳於學門外，為師生迎候之所，增建會元坊。十七年，知府林世達以朱長文有功於學，遷其主於安定祠祀之。正德元年，又建東西二門，東曰"躍龍"、西曰"翔鳳"，移嘉會廳於東門外街東，改舊廳為安定書院，又闢翔鳳門外學路循牆而北以達府治。三年，知府林廷□重塑兩廡先賢象。十二年，知府徐讚言於提學御史張鰲山、巡按御史孫樂大修學廟。嘉靖二年，知府胡纘宗重建大門，扁額悉自書，題改躍龍曰"龍門"、翔鳳曰"鳳池"，又以嘉會東廳為十賢堂，奉王允、韋應物、白居易、劉禹錫、王旦、韓琦、歐陽修、蘇軾、李侗、陸九淵木主其中。七年，奉詔建敬一亭。十一年，詔廟稱先師廟，徹象易主，廟後建啓聖祠，教授錢德洪以湖石壘岩洞於道山亭前，又題文秀峰曰"南園遺勝"。十七年，巡按御史陳蕙罷十賢祠，仍名嘉會廳。二十八年，知府金城買學門西民地，即以稽古堂改建徂徠堂，南面正向。三十七年，巡按御史尚維持、知府溫景葵修廟學，就舊游息所改建敬一亭，易泮宮坊額曰"斯文在兹"，移三元坊於龍門北，建"萬世師表""三吳文獻"二坊分列廟學門外。隆慶五年，巡撫都御史陳道基修廟學。萬曆四年，兵備副使王叔杲植松柏於靈星門內。七年，知府李從實重築杏壇，立碑建亭。十八年，知府石崑玉從教授張惟方請，修廟殿倫堂，浚泮池、玉帶河。三十一年，巡撫曹時聘、提學趙之翰、巡按何熊祥、馬從聘、徑江御史朱吾弼、知府周一梧大修廟學，鈔關主事洪世胤、林欲棟相繼助成。三十八年，教授陳圭請移廨於毓賢堂後。天啓三年，巡撫都御史周啓元重建安定祠及祭器、樂器二庫，并繕修廟廡堂署等處，提學孫之益、巡按御史潘士良、巡鹽御史傅宗龍各輸金有差。六年，為颶風摧壞。崇禎四年，知府史應選修明倫堂。六年，風益烈，喬木周垣盡僕，巡按御史祁彪佳修廟庫、名宦祠。七年，巡撫都御史張國維修學門、禮門、儀門、韋蘇州祠、鄉賢祠。十二年，推官倪長圩大修，廟廡、門庫、祠堂、經閣、圍牆無不畢整，巡撫以下各捐俸，生員王一經董其役，十四年竣工。（404）十六年，訓導陳所學築泮池前各祠垣。清順治十二年，巡撫都御史張中元修啓聖祠西戟門。十五年，提學僉事張能鱗、巡按御史王秉衡、副使宮家璧出俸金修學，委教授程邑董其事，稍買民地拓外垣基。康熙二年，巡撫都御史韓世琦倡修聖殿、啓聖祠及門閣、牆垣。五年，布政使佟彭年重修拜亭，裝修聖像及殿廡門堂等處，并浚七星橋池。七年至十二年，巡撫都御史馬祐、布政使慕天顏大修廟學，提督梁化鳳、王之鼎、織造侍郎雷先聲、按察使陳秉直、鈔關席柱、劉士龍以逮府縣靡不助力，慕天顏同浙江巡撫范承模重建文正祠、胡安定祠，俱教授陳箐董其事，郡人修撰繆彤修狀元坊。十五年，郡人施文川修泮橋、二門橋。十六年，分守參議方國棟修啓聖祠。二十年，分守參議祖澤深捐修戟門、靈星門、禮門，訓導張杰捐修至善堂、毓賢堂。二十二年，巡撫都御史余國柱修，戶部侍郎李仙根僑居蘇，偕郡人候補國子監學正宋駿業助之。二十四年，巡撫都御史湯斌大修廟學。三十七年，巡撫都御史宋犖修廟殿。四十一年，又修明倫堂。（405）四十八年，知府陳鵬年請於巡撫都御史於准募修，增植松柏。五十七年，巡撫都御史吳存禮修廟垣、建考房四十二間。雍正四年，巡撫都御史張楷修明倫堂。八年，巡撫都御史尹繼善修學宮，改建崇聖祠，移敬一亭、八角亭二座。乾隆四年以後，布政使常撥存餘學租歲修。六年，張文秀建大奎閣。七年，撥學租修七星橋、崇聖祠。八年，修戟門、齋房。十一年，知府傅椿重浚玉帶河，建洗馬橋、道山亭。五十三年，郡人候選道汪文琛獨立捐修。嘉慶十七年，巡撫都御史朱理重修。道光二十一年，紳士董國華偕諸同人募貲修大成殿，重建明倫堂，郡人汪正董其役，逾年工竣。咸豐十年，毀於兵。同治三年，巡撫李鴻章重建。至七年，巡撫丁日昌始竣其役。（407）教授署，在尊經閣西，舊在明倫堂後，同治中移建。訓導署，在尊經閣西，舊在禮門外西，同治中移建。

（卷三十三"輿地考·壇廟祠宇"，513）節孝祠，在吳縣學西南。舊在縣治西南升平橋，清雍正元年詔建。八年，縣人譚士楷請以其母朱氏坊在門堂改爲之。咸豐十年毀，同治七年重建今所。

（卷三十四"輿地考·壇廟祠宇"，524）文昌宮，在舊子城基正覺寺右，爲蘇州府祀事之所。清嘉慶六年，奉敕尊爲文帝。同治十一年，巡撫張之萬重建。

成化《重修毗陵志》

成化《重修毗陵志》，成文出版社有限公司，1983年。

常州府

（卷十三"文事一·學校"，768）常州府學，在府治西南百步許。唐以前無所考，自李栖筠爲州刺史，始大興起，帥諸生講鄉飲，文治焜如也。按《舊經》，先聖廟在荊溪館南，夾河對峙。五季兵毀。宋太平興國四年，郡守石雄更卜今地。景祐三年，詔許立學，乃即廟建焉。明年，賜田五頃。嘉祐六年，郡守陳襄增廣之，書閣、講堂、齋廬、庖廩先後輝映，以石曼卿所書湖學"敕建州學"四字摹而揭之門，且鑱石詒不朽。王安國記之，謂"東南絕偉之觀"。崇寧二年，郡守朱彥於學南建狀元橋。五年，行（769）三舍法，廩士多至千人。大觀三年，合天下貢士而毗陵五十有三，上賜襃詔曰"進賢"，受上賞太守校官進秩一等，郡守徐申立坊橋之南曰"進賢"，旁植亭曰"榮賜"，以侈其盛。建炎四年，又毀，惟大成殿巋然，奎扁昭回宣和，御書也。紹興四年，郡守俞俟闢四館，舍學者。七年，郡守虞㵒建中外門各五楹，殿之後堂五楹，東西廡各七楹。淳熙十一年，郡守張孝貴撤堂而新之，更曰約禮，以餘材治直廬正錄位（在堂東偏）、禮重堂（在堂西偏，爲會食所）。十四年，郡守林祖洽建（770）御書閣三楹，藏高宗所賜六經墨本、孝經石刻。紹熙間，教授盛鷹修兩廡，作靈星門。嘉熙，教授張震發重造靈星門，自戟門、殿、兩翼屋暨堂而廡，易朽以堅，築射圃，立采芹亭，教授王南一葺諸齋，更齋扁，職事位有五，正錄、直學、學諭、教諭、司計，齋有六，致道、成德、興賢、登俊、維城、輔文，又有養正齋以訓小學，學田有記，祭器、官書有所，內外秩然。德祐乙亥，毀於兵，僅存大成殿、約禮堂。元至元十五年，教授唐駿發重建戟門、兩廡、齋廬之屬。延祐元年，總（771）管史塤重建尊經閣、先賢祠、禮重堂及諸齋舍，增置大小學四，齋爲六，各設訓導。至元九年，教授盛昭以廟學敝隘，白郡守賈禧增葺，極其宏麗。壬辰、丙申，兩遭兵燹，蕩然無遺。國朝洪武初，設教授一員、訓導四人、生員四十人，時未遑創造，以師生附武進縣學肄業。五年，知府孫用始建大成殿，塑先聖、四配、十哲像。六年，構戟門，兩廡繪從祀諸賢於壁。七年，造明倫堂及兩序，四齋曰至道、據德、依仁、游藝，旁設射圃。永樂七年，廟學頹圮，教授金原（772）祺言於郡知府黃弘，奏請修建，其規模視舊有加。宣德二年，推官楊誼復拓其基而增飾之。十年，知府莫愚即射圃建觀德亭，亭東西創廬舍四十楹。成化二年，知府卓天錫重建明倫堂，增創廬舍至八十楹。五年，同知謝庭桂復建四齋，刻晦庵朱文公所作"同安縣學四齋銘"於壁。是歲六月，堂毀，樂器、祭器、欽降書籍悉爲煨燼，知府卓天錫以聞，許復建，巡撫都御史邢宥總理之。秋九月，堂成，器物亦以次營聚，且復請給（773）御製大誥諸書。十一月，增建尊經閣於堂之北。自是，棟宇翬飛，藻繪煥發，其規制可謂完美矣。

武進縣

（773）武進縣學，在縣治東南二里育賢坊內（今名崇文）。按《宋志》武進、晋陵二縣學舊附於郡，惟晋陵有十哲像，在丞廳東偏。景定三年，增置縣主學員。咸淳元年，郡守家鉉翁以兩邑學子有請，即法濟廢寺改創，撤浮屠像，塑先聖、先師、十哲，繪從祀於兩廡，立講堂，扁以尊經，列齋四，博文、輔仁、升俊、復禮，以寺租為學糧。宋季學毁。元初，設教諭一員，附於郡學。天曆（774）間，總管移剌迪創建，未就，知事翟思忠、縣尹陳瑛踵成之。國朝洪武五年，知縣董尚、縣丞陳泳展拓舊基，建禮殿三間及講堂東西二齋，改築靈星門南向，設射圃於學宮之東，主簿尹克昌等繼加修治。宣德二年，知縣蔡貴以學基猶狹，購民地益之，葺其未備。正統元年，知縣朱恕重構殿廡、齋居。景泰元年，知縣龔貴重建靈星門。成化十□年，知縣熊翀撤舊號房，建東西樓二十二間，又建尊經閣三間，宏麗高爽，為東南諸學之冠，市民地，移射（775）圃、饌堂於閣之左。十五年，知縣魏璋增崇禮殿，重建兩廡、戟門，與夫宮墻、垣壁並加飾焉。

無錫縣

（775）無錫縣學，在縣治西南三百步。宋嘉祐三年，縣令張詵創建，增廣於崇寧。至紹興、淳熙，兩葺之，大成殿後有明倫堂、直廬、兩廡，齋有崇禮、由義、興廉、遠恥。元初，教授虞薦發重建。延祐間，主學李司孝立五先生祠，修講堂。國朝洪武十二年，知縣袁大興修建，齋有二，曰至道、達德。二十八年，知縣郭文昌重修。宣德間，知縣唐泰安復加葺治。成化七年，同（776）知謝庭桂盡撤舊學，鼎建禮殿、講堂、尊經閣、齋廡、靈星門，巡按監察御史聶友良實董成之，其規制視昔□不侔矣。

宜興縣

（776）宜興縣學，在縣治西南，舊在縣治東南。宋景德四年建。皇祐初，縣令鄭民彝徙南興門外，其大成殿後有宣化堂、明善堂，兩廡繪從祀像，齋六，率性、博喻、尊古、日益、維城、養正，重門列戟，靈星門咸壯麗焉。紹熙五年，縣令高商老修建，晦庵朱文公爲之記。嘉定十三年，縣令戴桷重修。元初，毀於兵。至元中（777）重建。至正丙申，復毀。國朝洪武初，知縣謝德清移置今地，建大成殿、明倫堂、門廡及稽古、崇文二齋。宣德十年，知縣蔣義重加修飾。正統七年，知縣鄒旦復市民地以益學基，闢重門，門外建文林坊，而學始□深。成化十年，知縣孟瀛增建東西樓二十間。十六年，知縣沈振、訓導王綖修建兩廡、戟門，齋舍合四十餘楹，以迄完美。

江陰縣

（777）江陰縣學，在縣治東南，即宋軍學。熙豐以前，僅以廟事先聖，學者肄業其中。崇寧大闢黌宇。紹興五年，（778）知軍王棠請於朝更而新之，有命教堂，齋四，誠身、遜志、進德、育英。乾道二年，知軍徐葳重修。紹定元年，知軍顏耆仲建御書閣、泮宮、外門、先賢祠，又以朔旦謁廟士服不備，置襴襆革帶以資寒畯。元元貞二年，重建。至正間，毀於兵。國朝丁未年，江陰侯吳良因故址立廟學。洪武三年，知縣吳志遠重建。十二年，知縣范質、訓導張庸建講堂於廟左。二十六年，教諭蔡永升、縣丞賀子徽議爲左廟右學，乃即講堂舊址立廟，而以舊廟爲明倫堂。三十年，（779）知縣蔣宥增建戟門、廨舍，移射圃於學之東偏。宣德六年，巡撫侍郎周忱重建大成殿及兩廡、明倫堂、君子堂、時習、日新二齋。景泰五年，教諭伍庸塑先賢像。天順五年，知縣周斌增飾之，又以學門窄隘不足以稱廟制，乃購隙地於民而開斥焉。

靖江縣

（779）靖江縣學，在縣治西南。成化八年，知縣張汝華、教諭趙瑩建，其廟自禮殿以至門廡、神庫、文昌祠，學自講堂以至會饌堂、齋廬、庖廩、廨舍靡不完具，聖賢像設亦皆繪飾如制。又明年甲午二月上丁，始行（780）釋奠。先是，知府龍晉經畫於上，而僚屬諸公協相之，落成之日，知府劉鈺請記於南京國子祭酒郡人王□，刻石學宮，以彰盛美云。

正德《常州府志續集》

正德《常州府志續集》，成文出版社有限公司，1983年。

常州府

（卷三"文事·學校"，121）本府儒學，成化間重新創建。弘治十四年，巡按御史袁經、知府連盛建素王宮坊於靈星門外。正德七年，知府李嵩增飭號舍八十餘楹，立泮宮坊於儀門外，規模視舊有加焉。

（卷五"祠廟"，199）忠義祠，在府學前惠明河南，即北觀音寺舊廢址。先是，成化間，知府龍晋創建，在忠佑廟後圃，郡人翰（200）林陸簡爲記。弘治十年，知府曾望宏移置今地，列宋德祐守土死節諸臣名氏，未有祀。正德六年，巡按監察御史謝琛□、署印同知羅瑋呈奏請祠祀祭文。

武進縣

（卷三"文事·學校"，122）武進縣儒學，弘治初，知縣胡□重建大成殿及兩廡、明倫堂、存省、緝□二齋，又於學宮外購隙地二十餘畝，□號舍八十餘楹，規制完美。弘治六年，知縣呂鏜又葺而新之，翰林修撰錢福爲之記。

無錫縣

（卷三"文事·學校"，122）無錫縣儒學，成化間鼎新創建。正德六年，知縣齊璇修。

宜興縣

（卷三"文事·學校"，123）宜興縣儒學，弘治元年，清戎御史王溫鑄金爲文廟兩廡供器及祭器，又因廟門狹隘，買民地益之，前鑿泮池，并置市宅四間，歲收所入，爲賓興之需。十三年，縣丞張朝用、教諭楊清重修明倫堂。正德三年，知縣孫燧、教諭吳時俊重修戟門、東廡、饌堂。

江陰縣

（卷三"文事·學校"，123）江陰縣儒學，弘治八年，知縣黃傅修葺頹廢，增飾舊觀，購民廬爲名宦、鄉賢兩祠。正德三年，知縣劉（124）紘鼎新修建文廟，闢戟門，東西兩廡與戟門相屬，又建大成宮門，左右障之悉以石，又刻石示戒以節往來規制，泮池壘石爲橋者三，學門外爲儒林坊，闢明倫堂、時習、日新兩齋，建奎文閣，勸推官邑人徐鼎捐學前田，穿河長百丈，廣二丈五尺，悉甃以石爲鴻漸、泮東二橋，規模宏敞，加於舊觀焉。

（卷五"祠廟"，214）鄉賢祠，舊在縣學東南，名先賢祠，祀吳延陵季子以下五人。弘治七年，知縣黃傅改建於文廟靈星門之西，更今額。名宦祠，在文廟靈星門東，宋設先賢名宦祠，祀范仲淹以下五人，歲久毀廢。弘治七年，知縣黃溥創建，（215）特扁今名。

靖江縣

（卷三"文事·學校"，125）靖江縣儒學，弘治二年，知縣金洪增飾學舍十間。

光緒《丹徒縣志》

光緒《丹徒縣志》，成文出版社有限公司，1970年。

丹徒縣

（卷五"輿地·廟祠"，102）忠義孝弟祠，在府學敬一亭後，今改建在名宦祠之右。節孝祠，一名貞節祠，舊在銀山之麓，雍正元年建。乾隆二年，後裔九十七家，捐刻貞節姓氏，立有碑記。五十三年，邑人章仲英等重修。嘉慶二十一年，添建石坊二座，上鐫康熙以來得旌姓氏。道光六年，後裔韓開周、陳莘園、顏虛谷等重加修整。二十二年，祠遭寇擾，木主盡毀，陳莘園及子陳次言搜訪錄成祠譜，又經顏又陶、鄒以南、余禮泉、顏少梅等竭力勸捐，增造樓宇，修補殘缺，至二十八年落成。咸豐間，祠宇祭器盡毀於寇，僅存石坊三座，而祠基又被英商誤□，雖未建屋，礙難建祠。經後裔李雨人、顏少梅、劉弼臣、陳菊坡等請，移建於山巷後德星宮左。同治九年，落成，春秋致祭。

（卷十九"學校志·學宮"，333）舊學，《康熙志》云：《祥符圖經》，縣西二里舊有夫子廟。宋寶元以前，縣未有學。慶曆中，始議建學，奉聖像崇祀。學宮，舊在縣治西儒林里淮海書院旁。崇寧以後，傾圮，附於郡學東隅成德堂後。建炎中，兵火，與郡學俱焚。紹興十七年，邑令趙學老復建。乾道七年，邑令韓元老重修。元延祐六年，教授朱天珍建議，仍建學於儒林坊。《康熙志》原□今舊總兵府，按即今右翼協領衙門，在斜橋西南。至正乙酉，監邑答察兒作明倫堂於聖殿後，旁立兩齋，東曰成德，西曰育材，作杏壇、亭、膳堂於堂後，前爲儀門。明洪武初，以淮海書院入學地（書院，舊在北固山。元元貞元年，改建儒林里），遂築觀德亭於射圃東，建學倉於儀門内。正統乙丑，毁於火，聖殿獨存，教諭鄧宜等請於巡撫周忱重建。天順壬午，郡守姚堂鑿泮池，設門廡，東立儒林坊，訓導徐安經理告竣。景泰甲戌，復加修葺。成化十二年丙申，巡撫牟奉撤報親道院，以其地建尊經閣，構房二十間。宏治癸亥，郡守王存忠擴地立門，置坊牌二座，一曰"德配天地"、一曰"道冠古今"。正德戊辰，大成殿將傾，郡守丘經撤而新之。庚辰，知縣李東建明倫堂、兩齋，益培基址，此儒林坊舊學之沿革也。

改建：嘉靖元年壬午，提學御史蕭鳴鳳念舊學湫隘，廟祀弗稱，因大學士楊、靳二公議，特遷於朝陽門仁安坊壽丘山南麓，即龍華寺故址，堂齋門制如前。堂之東建先聖殿，兩廡、櫺星門，門外爲石池，殿後爲尊經閣，閣後爲啓聖祠，作廨舍於堂西。四年乙酉，訖工。後復創敬一亭於堂北。庚寅，更設木主□聖像於壽丘山（按是舉，從張聰議也。康熙十一年，教諭談志避聖諱改壽丘山爲聖像山，有辨二篇，今佚）。二十二年，知縣趙河修葺，巡按御史尚維持於櫺星門外設門屏一座，扁曰"太和元氣"，按此扁後勒於櫺星門之陰。分列東西爲二坊，一曰"成德"、一曰"育材"。萬曆九年，知縣鍾庚揚將罰鍰新之。越二年，知縣徐桓謂自遷學以來，垂六十年，科第人文迥不逮昔，乃請於前後郡守及學使者，移聖廟於明倫堂之前，位置中央，廟向（334）始正，兩廡、戟門、櫺星門、太和元氣坊屏，俱隨廟改置，鑿泮池於櫺星門内，跨以石橋，遷啓聖祠、尊經閣、敬一亭於廟之舊基，闢儒學門於左，而明倫堂、廨圃、齋房、庖湢悉如舊制。癸巳，遷學後浮屠於城東鼎石山，學制益整。崇禎五年壬申，知縣張文光從訓導馮夢龍等議，用堪輿家言，高大巽方，建龍門，遷尊經閣，移置敬一亭。九年丙子，縉紳僉謀自壽丘山移宗公祠於廟左尊經閣後。十五年壬午，知縣鄭一岳同訓導陳爾善等復修繕，有碑刻。十六年，教諭高應虛移學門於東首數武，此仁安坊今學之沿革也。國朝順治十三年丙申，提學僉事張能鱗允知縣張晋請，倡助修學，各官紳捐助外，得諸生復身免役銀若干，殿廡、堂祠去舊從新，又增築石池外屏墻一座，扁曰"萬仞宫墙"，訓導朱臣率耆民戴世榮、盛有道督工成之。康熙八年己酉，教諭王天璧修尊經閣。十一年壬子，教諭談志甃石築垣，重加修葺（以上俱見《康熙志》，《嘉慶志》同，但兩志俱分學、廟爲二，今合併之）。二十一年壬戌，知府高龍光允教諭余潛飛、訓導張機請，學前設朱木栅，學後山崖累石築牆，以杜登踐。甲申，京口防禦張景仲捐修。乾隆二十七年，知縣徐名標重修。五十三年，知縣張振綱重修。道光二年，闔邑紳士捐貲大修。二十二年壬寅，海疆不靖，六月十四日，郡城失守。二十三癸卯，知縣王德茂辦理善後事宜，復加修葺。甲辰，教諭阮師龍以罰鍰重築山後圍牆，甃以磚石，益臻完固。咸豐三年癸丑，厄於兵火。

學制：大成殿，五間，在明倫堂南。兩廡，殿東西各十間。戟門，五間，在兩廡南。泮池，在戟門外。石橋，跨泮池上。櫺星門，三座，在泮池南，外舊有朱木護栅，後改亞字短牆，中爲栅門，重建時楣楔、門口皆易以石，舉人趙增之所送也。下馬牌二座，在亞字牆東西。康熙二十九年，鎮海將軍張恩恭疏請建立，見《嘉慶志》。牌坊，二座，一曰"德配天地"、一曰"道冠古今"。案《康熙志》東曰"德配天地"、西曰"道冠古今"，後改曰"儒林""文苑"，今俱廢。《嘉慶志》云云，蓋乾隆中復建也。石池，在官街南，東西兩坊牌外，周以石欄，亦曰"泮池"。萬仞宮牆，在石池南。明倫堂，五間，在大成殿後，坐壽丘山麓。兩齋，堂東西，各十五間，東曰成德、西曰育材。禮門，東齋房之一，按此門舊稱儀門。義路，西齋房之一。祭器庫，西齋房之一。學門，三間，在櫺星門東。龍門，在戟門東。敬一亭，在禮門東，內有魁星像。崇聖祠，三間，在明倫堂東。按祠原名啓聖，雍正元年，詔改今名。名宦祠，三間，在崇聖祠左。鄉賢祠，三間，在崇聖祠右。（335）宗忠簡公祠，三間，在崇聖祠前。尊經閣，三間，在宗公祠前，上祀文昌，下祀范文正公。灑掃公所，對合六小間，在尊經閣東。按舊二間，係乾隆庚子何之蕙、章睿創建。地靈祠，三間，在灑掃會南。射圃，原在學門西南隅，後移壽丘山上。學倉，在射圃東，久廢。廨舍，在堂殿西，南爲教諭署，北爲訓導署。（339）案名宦向與鄉賢合祠。康熙甲申，京口防禦張景仲捐修文廟，復捐俸於崇聖祠左建屋三楹，另祀名宦，見《嘉慶志》。

（卷十九"學校志·學基"，345）東至梳兒巷民房，長九十七步。西至寨上民房，長八十六步。南至萬仞宮牆市河前，廣五十六步。北至壽丘山下，廣七十一步。壽丘山基：東至本山腳民牆一百四十六步。西至本山腳二百四十六步。中廣五十九步。南至明倫堂剗岸三十九步。北至官街二十二步。

鎮江府

（卷十九"學校志·府舊學"，346）楊榮《京口山水志》，鎮江有學，始於宋。太平興國五年冬，柳開自常移潤。八年秋，乃發舊創新，告遷夫子之廟。又云，《至順鎮江志》，學在州子城東南隅，即今日精山南。《康熙府志》，學在府東南朱方門內（朱方門，東夾城南門），廟在學西。寶元初，范仲淹守郡，新而廣之，請賜閑田，具經、史、傳、疏、諸子書，聘處士李覯以教士子。元祐中，郡守林希建成德堂五間，三鱣堂六間，在成德堂後。宣和中，郡守毛友新之。紹興九年，廟學俱厄於火，郡守程邁復建，廟門列戟二十四。十年，作學門。十一年，郡守劉子羽重建二堂。十二年，作後殿三間，以藏高宗賜書。嘉熙三年，郡守劉卿月復建新殿廡。元延祐初修。至正中復修。明郡守楊遵修成德堂，從時制改曰明倫堂，立四齋，曰至道、據德、依仁、游藝。

改建：明景泰中，師生咸以學地前逼山嶺，後阻通衢，外高中下，雨輒沮洳，請諸郡守張岩，遂於壬申之歲，購買民地，改建於縣治之東。立大成殿於日精山南（此學內後山，今日爲日精山者），岩以憂去。明年，同知俞端繼終其役，立兩廡、戟門，建明倫堂及四齋於山之西，設儀門、外門於堂之南。郡守白仲賢至，更建膳堂於明倫堂北、號房於儀門右。天順元年，郡守林鶚作欞星門，泮池、石梁，成尊經閣、公廨。七年，復修，立新遷學碑，郡守姚堂建鍾秀門、育材坊。成化十八年，郡守熊佑重作學門，移公廨於前，遷號房於後。弘治八年，郡守鄭杰移射圃於大成殿後，樹石表於門外，作會講樓於號房北，建學倉於明倫堂左，通加修葺，規制（347）完好。正德五年，欞星門壞，郡守丘經復修立之。嘉靖元年，重修文廟。九年，更塑像、易木主。十四年，郡守滕謐重修學宮。辛酉，教授徐邦佐改廨舍於饌堂舊址後，又改建啓聖祠於日精山東，改依仁齋廨於尊經閣右。四十二年癸亥，郡守秦淦於學之正南，因岡增土，名曰"對山"，以宏其規，羅沛有記，詳其畝數步尺以防侵占，立石學門之右。隆慶四年庚午，郡守胡維新重修。萬曆九年辛巳，郡守鍾庚陽重修。乙酉，郡守吳撝謙重修。丙申，郡守王應麟重修，又從訓導李天培議，神主俱用柏木，高廣其制，鑴名主陰以辨之。丁酉，邑令龐時雍以對山三面久爲民居所侵，撤其藩垣，請復故址，仍植松柏二千餘株。三十九年，郡守霍正方重修文廟。天啓五年乙丑，聖廟火。崇禎八年乙亥，巡按御史陸（名原缺）捐千金重建。國朝，明倫堂圮，郡守塗廓捐貲買楊文襄一清御書樓改建。順治十四年，殿廡及內外垣牖幾近傾圮，諸生願以優免地丁銀捐助修葺，一時丹艧復新。康熙十一年壬子，兩廡傾圮，郡守高得貴修葺文廟九間、大門及圍墻傾廢者，並重建泮水石梁，又於明倫堂南清華所故址立龍門一座。二十年，江鎮道參議孔興洪、知府高龍光從教授范緦議，復修兩廡（以上俱見《康熙志》，但舊分廟學爲二，《嘉慶志》合爲一，今仍之）。二十七年，郡守王燕重修。乾隆二十六年，邑人左梓捐貲重修。五十八年，殿廡、門墻復就傾圮，觀察梁群英與闔邑官吏、紳士倡議捐修，即延鄒光國、趙德修、李華甲、左然、趙瑄、嚴士林、張鈜、鄒衍慶、袁廷桂董其役，殿廡、戟門、祠宇、堂署重整一新。崇聖祠，舊在戟門右，改建明倫堂後，其址改官廳。忠孝祠，舊在訓導署內，改建署外（據此文，則今日之教授署，乃昔日之訓導署也，不知何時互易），並建灑掃所於學門右，周圍舊係土墻，改築磚墻，計二百二十餘丈，邑令楊兆鶴捐廉重建光風霽月亭於日精山，仍植梅桃數百株，又於龍門前設護竹朱欄數十丈。道光二年，闔邑紳士捐貲大修。二十二年壬寅，海疆不靖，郡城失守。二十三年，邑令王德茂辦理善後事宜，復加修葺。

（卷十九"學校志·學制"，347）大成殿，五間，在學內日精山南，外副屋二間。兩廡，在殿東西，各十八間，外副屋二間。祭器庫，西廡上二間。戟門，五間，在兩廡南。東西角門，在戟門外露庭左右，東達舊學門，西達新學門。泮池，在戟門外，石梁三座，跨泮池上。欞星門，三座，在泮池南。萬仞宮墻，在欞星門外，中及兩角設柵門。下馬牌，東西各一座，在萬仞宮墻外。坊牌二座，東曰"德配天地"、西曰"道冠古今"。（348）石池，亦曰泮池，周以石欄，在官道外兩牌坊南。對山，在石池南，上名達家山，即《至順志》所謂日精山也。崇聖祠，三間，在學內日精山西。敬一亭，在崇聖祠南。明倫堂五間，在敬一亭南。龍門，在明倫堂南。兩齋，舊爲志道、據德、依仁、游藝，在明倫堂下，東西各九間。今制，龍門內外各十二間，皆東向。儀門，在龍門南。育材門，在儀門東，與戟門外之西角門相對。官廳，三間，在育材門外，戟門之西。鍾秀門，在官廳南。改建學門，在鍾秀門南，欞星門西首，今曰紅門。忠義孝弟祠，三間，在鍾秀門外西首。名宦祠三間，在忠義孝弟祠西。鄉賢祠，三間，在儀門外西首。尊經閣三間，下祀文昌，對面爲小閣，以祀魁星。舊在敬一亭後，今在東角門外，戟門之東。地靈祠三間，在尊經閣外東首，西向。文光門，在地靈祠南。舊學門，在文光門南，今曰黑門。按此門係初改建時學門也，路繞大成殿後達明倫堂，今則爲虛設矣。門房二間，在紅門東。灑掃公所，共四間，一廂，在紅門西。射圃，在明倫堂後。光風霽月亭，在日精山上，詳見"古迹"。教授署，在明倫堂下西首。訓導署，在崇聖祠右，內有淵源堂，匾額尚存，麟鳳石亦尚完好。清風大節祠，舊不詳所在，疑即忠孝祠。會講樓，今廢。育才坊，不詳所在，今以名門。學倉，今廢。號房，今廢。膳堂，今廢。

案：咸豐三年，粵寇據郡城時，府學殘毀過半。七年冬，賊乃遁去。八年，善後，稍加修葺，未臻完善。十年，江寧營潰，郡以寇警閉城，在城兵勇復加殘毀。先聖、先賢幾有露處之憂，學師、學夫絕無棲止之地。同治四年，督建試院，紳董以捐項餘款，填補殿瓦，清除水道，並修葺門廡、垣牆。十年，兩學紳士合詞稟請，提撥畝釐兩捐以爲修建府縣學之用。十一年，遂重修府學，正殿、戟門、明倫堂三處均一律換料，翻蓋完固，祠宇殘毀者逐加修治，並添建學署、齋房、山亭，郡守趙佑宸督同縣學教諭王蘊華及兩學紳士輪值監修，而府學規模遂復其舊。

民國《阜寧縣新志》

民國《阜寧縣新志》，成文出版社有限公司，1975 年。

阜寧縣

（卷二"地理志·名迹"，186）文峰塔在縣治射湖南岸下馬頭東。舊有基址突起，明萬曆間，海防同知劉復初就地增築，以爲塔基。清順治十五年，海防同知咸大猷移大王廟於其上，總漕蔡士英捐俸二百金以爲之倡，囑海防同知張行生董其役，今僅存遺址。大魁樓，即城廂市之觀音閣。明代廟灣未設書院，海防同知杜繩甲借此以課士，因名。奎光閣，在城東子城上，久毀。（187）魁星樓，在上馬頭文昌宮左，知縣阮本焱重修。

（卷二"地理志·祠墓"，196）孔子廟，在舊城東南隅，今爲縣立中學校所借用。（202）節孝祠，在城北小堰，原爲紫陽書院改建。年久傾圮，清嘉慶七年，邑人戴棠倡捐公買縣治通濟橋南張姓民房改建，凡邑之旌表節孝貞烈婦女皆祀於此。正殿三間，殿西套房一間，後住房三間，嗣移祀同治元年殉難婦女於殿之右偏。光緒十二年，知縣阮本焱籌資建築後殿。名宦祠，清同治八年，知縣張錦瑞就舊文昌宮殿宇爲名宦、鄉賢、忠孝、節烈等祠，（203）後因改建考舍，遷祠於後進倉聖閣之兩翼，今改建學校。鄉賢祠，見前名宦祠。忠孝祠，見前名宦祠。節烈祠，見名宦祠。按，以上四祠久廢。

（卷七"教育志·孔子廟"，599）孔子廟，《舊志》稱學宮，在舊拆城內東南隅。初立縣時，以廟灣場社學崇祀孔子，春秋行釋菜禮。清乾隆四十年，知縣閻循霈移建今址。嘉慶十七年，知縣陳玉成重修，山長劉寶樹爲撰碑記。（600）二十二年，知縣裘增慶復建明倫堂、尊經閣、齋房、學舍。道光二十三年，知縣錢兆麟修大成殿，叠石爲月臺，浚文渠。咸豐六年，訓導喬錫歷與知縣顧思堯、龔舫、白聯元，延邑人江大鈞重修。十年，暴風，櫺星門、石坊圮。同治元年，知縣畢培貞易建磚坊。八年，訓導武克大修殿廡。九年，知縣沈國翰、訓導崔耀曾修大成殿後檐飛藻。十一年，訓導范鳳藻重建泮池石橋。光緒元年，修尊經閣。七年，由知府孫雲錦定章，以大均子歲貢（601）生江啓珍司歲修事，歷知縣藍采錦、朱公純、蘇超才、阮本焱諸任，會同訓導周傳詣修整全體，置旗扇、燈節及應用諸物。閱四年，工乃竣。周傳詣捐建內泮欄幹，朱公純撥考舍款購毗學宮後基地（北至街中，西至路邊，東與考舍連界）。迄宣統三年，循章歲修。其規制，則中爲大成殿凡五楹，安奉大成至聖先師孔子神位（明嘉靖庚寅，敕撤塑像易以木主）。殿之前爲月臺，緣以石欄。殿之左爲東廡。（602）殿之又爲西廡。（603）廡前爲戟門，又前爲泮池，甃石建欄，有圜橋三跨其上，中爲泮宮。又前爲三門並峙，曰櫺星門。又前爲宮墻，左右垣各置柵門，上建木坊，東曰"德配天地"、西曰"道冠（604）古今"。東柵門左，西柵門右，各立下馬坊（坊書"文武百官軍民人等至此下馬"），位於宮墻、櫺星門之間者，爲外泮池。廟外文渠環繞，與泮水通，皆跨以橋。殿後爲明倫堂五楹，東西齋各七楹，祭器庫在東齋中，堂北爲尊經閣，大成殿東北爲崇聖祠。戟門外有路西通學署，東通觀海書院。夾戟門而立者爲持敬門，左右爲文武更衣廳。光緒三十二年，詔升大祀，神牌改製金地青書。民國三年，頒行祀孔典禮，改名孔子廟，改釋奠爲祀，改題避諱諸木主，增損儀文器數，樂章暫仍清舊，以和爲名。（605）十六年冬，縣立中學利用堂廡、齋閣以爲校舍，自是所謂孔子廟者僅舊日大成殿而已。十八年秋，孔教會代表趙貽第、葛續成發起募捐。翌秋，修理，並遵部令，額曰孔子廟。

道光《高郵州志》

道光《高郵州志》，成文出版社有限公司，1970年，312頁。

高郵州

（卷一"輿地志·建置·壇祠"，315）節孝祠，舊在南門外。乾隆三年，知州傅椿改建中市橋北大街。四十四年，節孝後裔稟請知州楊宜侖增建旁舍一間。(318) 文昌祠，在儒學內西南，義民周全重建，久廢。

（卷一"輿地志·建置·壇祠·增修"，344）節孝祠，在中市橋北大街西，見《前志》。乾隆五十四年，後裔孫華、鄭准等勸捐，修整門樓，增拓正堂後檐二尺許。嘉慶三年，後裔李兆詵、沈湢等稟州，仿照忠義祠例歸學田董事修理，詳准歲修錢二千文，大修另議。

（卷一"輿地志·古迹"，437）奎星樓，在城東南隅，見《前志》。乾隆五十八年，樓柱傾圮。嘉慶元年，邑人夏味堂倡捐重建，又添建（438）宮門三間。嘉慶九年，知州孫源潮於樓北改建聚星堂三間，西廊三間，重檐曲欄，軒窗四啓，修竹隨廊，池荷繞郭，爲一邑勝境。是年，知州孫源潮斷撥大樹庵田六十畝，歸樓爲常住香火之費。十一年，邑人高祺、楊光甲、董有臺、謝寧買新上鋪市房三間，收租息爲樓上燈油之費，朔望經理其事。

（卷一"輿地志·古迹·廟宇"，443）文昌宮，在狀元墩玉皇閣前。舊名文昌閣，嘉慶六年，奉旨專祠祭祀，前任知州孫源潮擬於城外文游臺改建，其議未定，未及興舉。至十四年冬，知州馮馨苾任，始於此改建正殿三間，三代殿一間，更衣廳一間，宮門一座，牲房一間，看守僧房一間，照墻一堵。(448) 文昌閣，在南門內。康熙三十九年，里人顧蒼遠等建。乾隆二十八年，里人聊尚忠施田四十畝，三十七年里人葛武侯施田三十畝，並稟州勒石。

（卷五"學校志·規制"，710）郵學址，在州東九十步，前抵濯衣街，後至瞻袞堂，右界州署墻，左界城隍廟，南北深六十二丈，東西闊三十二丈有奇。大成殿居學宮之中，爲殿五間，東西廡各十二間，前爲戟門五間，左名宦祠、右鄕賢祠。又前爲欞星門三座，欞星門外爲泮池，池外栅欄四周，東西牌樓二座（榜曰"聖域""賢關"），又東西牌樓二座（榜曰"德配天地""道冠古今"）。欞星門左爲學門，門內直北四十步爲題名碑亭，今改爲奎星閣。亭折西爲禮門，又折北四十步爲明倫堂五間。(711) 堂在大成殿後，堂東爲東庫，爲進德齋十二間。堂西爲西庫，爲修業齋十二間。堂後爲敬一亭三間，亭後尊經閣五間，右爲忠義祠，閣後土阜高丈餘，上有仰止亭，今改爲崇聖祠。由明倫堂甬道折西爲義路，折北十餘步爲學正宅，今改爲訓導宅。宅有門、有廳、有寢室、厢房、書房，宅前兩旁爲號舍十二間（久廢）。又前爲饌堂三間，饌厨一間，神厨三間，宰牲房一間，學倉一所，俱久廢。宅西爲射圃，圃內有觀德亭三間，圃存亭廢。學門內路東爲訓導宅二所，前爲修業齋，署後爲進德(712) 齋。署有門、有廳、有寢室、有樓、有東西厢。學宮東有李公祠，房三楹，崇禎間因逼近學宮，給官價改爲儒學官署，今俱改爲學正宅，又東爲青雲樓。按學宮內有文昌祠，久廢。今或以奎星閣後屋三楹爲文昌閣。又《舊志》"古迹門"內四賢祠注云，在儒學內，其遺迹今無可考。

　　學宮修墜之迹，漢唐無考矣。五季廢亂，至宋而始興。《舊志》所載，例得備錄。宋初建高郵軍，詔立藩郡學。至和二年，知軍事邵必始建新學一百八十楹，以處多士。(713) 乾道三年，知軍事陳敏重修，項壽有記。慶元五年，知軍事陳鞏重修。開禧二年，郡守林伯成以舊制狹小，撤而廣之。元末兵毀。明革高郵府，升縣爲州。洪武元年，知州黃克明重建學（時詔天下重修學校，及鐫設科分教令式於學，仍降臥碑、制書，頒鄕社禮儀）。十七年，州同知彭蠡重修。正統六年，知州韓簡重修。天順三年，學正吳志尹、訓導王健、募義官王文中董建講堂三間於明倫堂後，尋廢。(714) 四年，義民周全大修學宮，金銑有記。成化二年，州同知羅璁建科貢題名碑，王㒟有記。孝宗九年，知州程憲於街南購民居闢杏壇，通濯衣河。十四年，重建欞星門，寶應縣義民喬鑒捐送石柱（名鐫石柱上）。正德五年，州判官沈□重修明倫堂，林近龍有記。(715) 嘉靖十三年，知州鄧諳重修學宮，呂柟有記。十四年，工部分司塗楗建仰止亭，倫以訓有記。三十一年，知州查秉直重建尊經閣五間。四十五年，知州袁思忠修東西廡各十二間。隆慶二年，知州趙來亨命鄕省祭官王體、耆民夏新改明倫堂爲五間，堂前增置東西庫各三間，進德齋、修業齋各八間，訓導柳文有上梁文《進德官居記》。(716) 五年，學正施之藩重修學正宅，有記。六年，知州范惟恭重建欞星門三座，闢杏壇東偏地，南界濯衣河，東界民房并官墻，西界民房并察院墻，北界學前大街，東西十三丈有奇，南北三十八丈，仍命王體、夏新移泮池於杏壇，池東西一十二丈有奇，南北八丈有奇，尋復改入欞星門內，池上建磚橋一座（名躍龍橋，久廢），亭一間（名躍龍亭，亦廢）。壇前建門三楹，左右建官舍各一區（久廢），移屏墻於濯衣河南岸，築青雲臺，建青雲樓於學左濯衣河濱。移啓聖祠、名宦、鄉賢祠於尊經閣後。啓聖祠原在學門內，甬路東，名宦、鄉賢祠原在戟門左右。（717）崇徵時，復移泮池於杏壇舊址，學右有忠孝祠（久廢）。國朝順治十四年，知州吳之俊、學正詹尹吉重修學宮，殿前置石欄，貢監生王永譽董其事。康熙二十年，學正余恭、訓導鮑鴻請於知州李培茂、管河通判聶文魁重修正殿、戟門。四十年，學正吳諶、紳士王容德等募修。四十三年，舉人孫弓安等呈請兩淮鹽法道劉德芳捐銀貳佰兩，重建尊經閣三間，工未竣，孫卒。有監生陳朝佐捐田三百畝在學。四十七年，（718）學正鄧紹煥、訓導高醇孝、諸生黃閣、鄭嘉賓、王藻、王式孚等將田變價完工。五十三年，諸生鄭嘉賓請於知州李之檀、學正鄧紹煥、訓導高純孝，即題名碑亭舊址重建奎星閣三間。五十五年，又即啓聖祠舊址改建崇聖祠五間（先是祠止三楹且偏東，今改建五間，正當尊經閣之中）。雍正元年，追尊先師五代，重刊木主，知州張德盛捐俸重修泮池、外柵欄、屏墻。（719）九年，生員孫曇孫支公項重修敬一亭。乾隆二年，知州傅椿捐俸修學，復於欞星門外泮池南設屏墻，植松柏數百餘本。十二年，知州康定遇、司年、生員吳家駟、王士彪、夏執蒲重修崇聖祠。三十六年，知州龍燦岷以泮池南岸屏墻松柏陰蔽，居民作踐，悉行撤去，池南橫設短柵。三十八年，學正程學韓捐貲重修學正署，並改建二門於正中。三十九年，生員李基筵支公項重修訓導內宅。（720）四十一年，敬一亭圮，貢生尤鶴年重修。四十五年，學正王清重修學正署大門。四十七年，廩貢生李華祝重修忠義祠三間。四十八年，知州楊宜命捐修戟門五間，東西廡二十四間。聖殿附檐串角、月臺欄杆地面，翰林院檢討夏之蓉、增生柏淩霄、附貢生謝照同修。

（卷五"學校志・規制・增修"，745）泮池外柵欄前爲故杏壇地，又前爲泮宮大門三間，欄鍵其中，而出入其左右，又前爲濯衣河，河南岸屏墻一堵（《前志》未載，今補）。

道光《續增高郵州志》

道光《續增高郵州志》"輿地志·祠宇",成文出版社有限公司,1974年。

高郵州

("輿地志·祠宇",141)節孝祠,舊宇三間,內設神龕,供節婦木主。道光十年,彙總請旌後,牌多龕隘,屋宇漸頹。二十三(142)年,節婦雍徐氏捐錢三百千,備展闢移建之用。(143)文昌宮,在狀元墩。道光十四年,僧雨南募修。(148)文昌閣,在南城東南隅。道光二十年,邑人王熔等捐修,增高展寬。(152)奎星樓,道光二十一年,高寶運河營守備李勝、邑人丁銳等捐修。奎星樓,舊爲文昌書院。順治十年,立有書院約言,碑記嵌壁。碑文"奎"作"魁",同社姓名附後。

("學校志·規制",231)國朝道光十年,司年生員董之鍠、茆典學重修啓聖祠。道光十七年,候選光祿寺典簿賈和鈞、附貢生王用之、議叙八品頂戴廩生周鼎捐貲重修明倫堂。道光十七年,知州馮思澄捐廉重修忠義祠。道光二十一年,司年生員陳樹穀、賈寅清、孫世璜、楊景、王溶胈、宋漸逵、楊紹炯支用節省燭炭公(232)項興修戟門、東西齋房及名宦祠。道光二十三年,司年生員王淮、夏莫新支用節省燭炭公項重修敬一亭。道光元年正月,由州移學接奉欽頒"聖協時中"御書扁額。

民國《三續高郵州志》

民國《三續高郵州志》,成文出版社有限公司,1983年。

高郵州

("輿地志·建置",101)學正署,在學宮東,大門一間,二門一間,前堂三間,後宅三間,宅西有柏蔭軒三大間。光緒二十年,學正蔣尊重建,軒前有對照三間,前堂西有花廳三間,堂東有書房及厢屋,宅東有廚屋及院牆一堵。訓導署,在學宮西大門東,有號房,二門一間,前堂三間,西有襯房、二堂三間,西有襯房,東有書室,南北對面四間,二堂後有住宅五間，左右廂各二間，宅東有（102）厨房，宅西有大竹園一坵，即舊射圃。光緒三十一年，缺裁。三十二年，以中進、前進設勸學所。三十三年，附設教育會及調查選舉諮議員事務所。宣統元年，又以後進設籌備自治事務所，所長吳玉堂經修。

（"輿地志·古迹"，106）奎星樓，光緒十二年，知州謝國恩以紳富捐款重修。二十九年，知州洪槃支本署罰鍰重建，邑人馬維高監造，共費二千三百餘緡。

（"學校志·學宮"，269）光緒十年，舉人高蓉鏡等稟請改建崇聖祠及修理明倫堂、東西齋房，公推附貢生州判賈引賢、歲貢生王東寅、廩貢生張澍霖、廩生王虎溪、從九品王冷然監造，共支學田節省公款一千一百八十九千有奇。十二年，知州謝國恩重建青雲樓，照會舉人汪芬、候選州判賈引賢等勸募紳富捐款，附貢生周書升、從九品王冷然監造。（270）十七年，學正趙書禾、訓導陳宗燨牒州會詳重修敬一亭及戟門等處，由州照會舉人談人格、汪棻、候選同知王森蕙、候選郎中宣德銘監造，又續修忠義孝悌祠，共支學田節省公款一千一百六十四千有奇。二十七年，學正王同德、訓導吳士林牒州會詳大修大成殿、明倫堂等處。由州照會四品封職宋豫立、鹽提舉銜馬維高等監造，計大修大成殿五間、重建明倫堂五間，整理兩廡、兩齋四十八間，殿陛及泮池欄杆全易新石。至二十九年，竣工，共支學田節省公款九千八百七十二千有奇。

（"祠祀志·祀典"，462）節孝祠，見《前志》，在城內北大街。光緒二十九年，知州洪槃撥支學田款項四百千重修屋宇，並將志書所載節孝、貞烈姓氏通行補全，繕寫總牌七座，由唐至清凡二千二百六十三名，一體入祀。

乾隆《淮安府志》

乾隆《淮安府志》，成文出版社有限公司，1983年。

淮安府

（卷五"城池"，276）魁星閣，在瞰虹樓稍南數十步，高踞城上，與城外巽地龍光閣相應，乃一郡文峰，漕院蔡士英、林起龍重建，邑人陸志謹、楊雯捐資再修。

（卷十"學校"，841）淮安府儒學，在郡城南門內，宋景祐二年，知楚州轉運使七兵員外魏廉建。建炎中，兵毀。紹興十三年，郡守紀交草創於南市西。二十三年，郡守吳卓復建於舊基。隆興間兵廢。乾道五年，又徙於天慶觀西。八年，郡守趙磻老建殿廡。淳熙十年，郡守王詗仍故基重建。開禧中又毀。嘉定三年，郡守王孟祥修。八年，郡守應純之大新學制，即今學也。嘉熙間，教授章士元重修。元至元癸巳，淮東廉訪賈鈞、郡守阿思重重修。至治間，總（842）管暗普建臨街門。泰定二年，郡守趙宗重建學門、齋舍。天曆間，郡守董嘉議增廣學租，重修廟學。明洪武九年，知府潘杰重修。正統七年，知府楊理增修。景泰元年，教授鮑旻禮勸士民，繪塑兩廡賢像。天順二年，知府邱陵拓學地二十餘丈，重修廟學。成化三年，知縣楊泉增置學地三十餘丈，創建射圃亭、號房、饌堂、鑿井、構亭，禮勸富民陳智等再新文廟，飾聖賢像。是年，廣信知府山陽金銑以石爲欞星門，鑄祭器。宏治六年，知府徐鏞創建尊經閣。十五年，義官徐泉重新聖（843）賢像。十七年，漕撫張縉建興賢、毓秀二坊，提學御史黃如金重修廟學。正德中，知府薛□毀戟門外梓潼祠爲忠孝、文節二祠，葺理齋號，增修宮墻。嘉靖十年，制增啓聖祠，建敬一亭，貯六箴碑，各縣如之。萬曆元年，知府陳文燭重修。三十六年，署府事推官兀詩教重修。天啓四年，知府宋祖舜請於巡按御史發帑重修。崇禎十三年，漕撫朱大典重修。國朝順治九年，總漕沈文奎重修。康熙十八年，總河靳輔捐俸修。二十四年，淮揚道高成美捐俸加修。二十六年，知府單務孜募修。二十八年，總漕董（844）訥首倡捐貲募修。五十一年，署府事江寧船政同知金燦捐俸，訓導史孫述監修。先是，啓聖祠毀。五十四年，署府事通判王芝、教授張發祖、訓導史孫述重建。雍正六年，知府申程章修大成殿。十年，教授黃施鍔修明倫堂。乾隆三年，知府胡振組、教授黃施鍔、訓導汪克紹請公帑益以紳士之捐助者，大加修整，煥然一新。六年，知府李璋新設樂舞生，司樂器者六十六人，舞者三十六人。

廟制：先師殿，五間；兩廡，東西各十四間；戟門，三座，東西各三間；欞星（845）門三座；泮池，坊一座，橋三座；影壁，一座，紅栅，東西二坊；街東西二坊，東曰興賢、西曰毓秀。

諸祠：崇聖祠三間，在名宦、鄉賢二祠北；文昌祠，係樓，上下六間，在瑞蓮池東南；魁星祠，一間，在儒學大門北；名宦祠，在瑞蓮池上，今圮；名宦祠，三間，在鄉賢祠左。康熙五十五年，外河同知劉世奇重修。鄉賢祠，三間，在名宦祠右，又祠在漢楚元王廟左。土地祠，三間。

學制：大門，一間，櫺星門東；二門，二間，東廡北首；明倫堂，五間，在文廟後；四齋，東西列各三間，東博文、存心，西約禮、養性；敬一亭，在明倫堂後；尊經閣，上下樓六間，在敬一亭後；號舍，共五十五間，俱在尊經閣左右；會饌堂，三間，在明倫堂東；廚房，三間，在會饌堂前；射圃，在學門東，今圮；觀德亭，在射圃內，大門、廂房共二十間，今圮；宰（846）牲房，戟門前西；神庫、神廚，俱在戟門前西；祭器庫，三間，在明倫堂東；瑞蓮池，東廡後，宋時所鑿，因產並蒂蓮，舊有亭，教授許令典重修。天啓五年，改建督撫名宦祠。躍龍池，在東牌坊外，今淤塞莫考。奎光亭，舊在躍龍池，今圮。

廨舍：教授宅，在文昌閣西北。大門一間，大堂、二堂、三堂各三間，書房二間，廚房二間，茶房一間，餘房二間。訓導宅，原四所，今止存一，宅在尊經閣西，年久傾圮。雍正十年，訓導汪克紹捐俸增修，前後瓦房六間，廚房一間，草房四間。

山陽縣

（849）山陽縣儒學，舊建於滿鋪坊米市巷縣尉司基地。元至元間，知縣達魯花赤哈喇遷於舊酒庫橋南隙地，即西新倉地。至正間，毀於兵。明洪武三年，知縣羅傳道以察院西舊蒙古學草創今學。六年，知縣淩澤侈新之。永樂十九年，知縣黃清重修。宣德間，知府彭遠增修。正統七年，知府楊理增買旁隙地二畝許，建號房二十八間，中構小軒，扁曰"靜學"。射圃舊在淮安衛東，廢爲街路，指揮王欽割衛西地爲之，在學宮東北，廣三十步，袤六十餘步。景泰初，訓導周鑒、大河衛百戶戴雋捐貲增塑四配十哲像。天順七年，（850）知縣馮歆增置號舍。成化五年，漕撫都御史滕昭、知府楊泉易民居地二十餘丈益之，建聚奎亭，錄科第名氏於石。宏治十七年，提學都御史黃如金、知縣樂護重修殿堂、號房、櫺星門、觀德亭。正德七年，醫官周源潔修。嘉靖十八年，知縣周如山修。二十二年，知府張守約、知縣黃日敬修，改學門南向。三十六年，知府劉崇文、知縣田孔陽重修，復學門西向。萬曆元年，增高學門爲九級，立映壁於門西。天啓四年，知府宋祖舜、知縣孫肇興請於巡方發帑重修。崇禎間，兵興旁午，櫺星門內東西兩垣（851）壞盡，甬道荒蕪，兩齋及尊經閣、兩旁號舍，學役與外民雜居。國朝順治間，推官李子變加修。康熙七、八年間稍加葺治，至於儒學大門屢更，其說各异。考山陽縣學舊制：聖廟欞星門向南，儒學大門向西，湖爲明堂，迎運河西來之水，不知何故，忽改向南。經十五年，復改向西。萬曆初，增高臺級，不知何年，又改向南。崇禎十七年，掘地得金銑《聚奎亭碑記》，知學門始建在西，遂復向西，科名甚利。康熙二十四年，又移大門稍北數武，與二門相對。先是，欞星門外正面有照壁一（852）堵，紅栅一圍，牌坊二座，横亘大街。順治十八年，總漕蔡士英暫爲折毀，讓出街道丈餘，而欞星門前逼窄。迨康熙二十八年，廩生李戴禮以修復舊制，呈請總漕董訥，未即舉行。三十一年，董公追前議，命廩生邱聞衣監理，修復欞星門外栅欄，一遵舊制，並修欞星門内甬道、東西垣墙，清兩齋，逐居民，徙學役。雍正六年，教諭王熙載修。乾隆三年，與府學並修。

廟制：先師殿三間，兩廡東西列各五間，戟門三間，有唐季楚州刺史各官題名石柱，柱今存而名字漫滅。欞星門三座，映壁一座。

諸祠：崇聖祠，舊祠在明倫堂東，久圮，今祀於尊經閣上。文昌祠，係樓上下六間（853），舊在講堂東，今在明倫堂東。魁星祠，係閣，上下二間。康熙十一年，邑紳張鴻烈募建。忠孝祠，一間，在戟門左，即土地祠。文節祠，一間，在戟門右。鄉賢祠，在學外大街西，漢楚元王廟左，舊祀韓信、徐積、趙師旦三賢像，久圮，重修。

學制：大門，向西，一大間，其說見前。二門，向西，一大間。明倫堂，三間，在文廟後。兩齋，東存誠、西約禮，各五間。尊經閣，古之講堂也，後易爲閣，上下六間，今權祀崇聖。號舍，共四十間，在尊經閣左右，今存。會饌堂，三間，在東號舍後。廚房，三間，在會饌堂前。射圃，在古講堂東北隅，今廢。觀德亭，在射圃内，今廢。聚奎亭、正誼門、靜學軒，俱在明倫堂後，改建尊經閣，即其舊址。宰牲房，三間，在戟門内。祭器庫，一間，在明倫堂後。

廨舍：教諭宅，尊經閣後稍西。訓導宅，舊係二所，在尊經閣後，俱圮。訓導暫居文（854）昌祠。乾隆十年，教諭蔡誠倡義捐募，買桂姓民房一宅，接文昌祠後爲訓導宅。訓導方文蔚捐俸加修。

清江浦

（855）清江浦學，舊係清江書院，在漕廠署左。始於明嘉靖九年，工部主事錢塘邵經濟建崇景堂，以祀先師，左右各三間，立亭開池。二十一年，工部主事葉選建文會堂、退省軒，及諸生號房十二間，置祭田數十畝。隆慶六年，工部主事龔廷璧重修。萬曆五年，工部主事張譽增修，於聖殿後建大觀樓，春秋二祀，同關倉二戶曹行釋奠禮，本浦青衿周旋祀事。三十四年，工部郎中沈孝徵、主事魏時應於聖殿東南建文昌樓、鐘樓。四十二年，工部主事王苾（856）重建先師殿并尊德堂。天啓六年，工部主事顧元鏡重修，建格物、致知、正心、誠意四齋，斯文在茲坊一座，每歲於地租銀內給修理銀五兩，丁祭二次，共銀六兩，令營繕所所丞繕辦。崇禎六年，主事趙光抃增修，有匾額。國朝順治六年，工部主事張安茂重修。十八年，總漕蔡士英檄行船政同知孔貞來重建兩廡、齋房。康熙十六年，總河靳輔捐俸百金，重建先師殿、文會堂，道府同捐助重建兩廡，移建文昌殿於文會堂之左，戟門、周垣，逾年始成。二十三年，淮徐道常君（857）恩重建尊德堂於文會堂之右，并建木栅、欞星門，開浚泮池，植桃柳，其春秋祭即係船政同知主其事，總河每逢丁祭，先一日省牲。三十七年，總河於成龍題明將清江書院改易學宮，如文廟之制，移山陽縣學訓導一員駐清江司厥事。清江浦學田二十頃，康熙三十一年，總河靳輔捐設以三分之二修葺龍亭，其一分修葺文廟及丁祭之用。

鹽城縣

（859）鹽城縣儒學，在縣治南，近南城門。宋紹興二十七年，縣令黃萬頃創建。兵毀，淳熙九年，知縣盧林重建。宋季又毀。元至元間重建。至正間又毀。明洪武二年，知縣陳天瑞建。永樂十八年，知縣俞順辰增建。景泰七年，主簿馮斌重修。天順四年，知縣劉諒、縣丞范顯重修。成化七年，知縣蕭偉重修，增塑聖賢像。正德九年，知縣王明徹重修。嘉靖八年，知縣姜潤身重修。九年，詔易塑像爲木主。十三年，知縣程燫重修。四十三年，知縣葉露新重修。其後屢遭海風，舊制頹落。萬曆間，知縣楊瑞雲增修，知縣陳治本再（860）修。崇禎十七年，教諭莊爾身募修。國朝順治十四年，學道張能麟行文重修。康熙十年，教諭張星軺重修。三十三年，知縣武韓修聖殿、兩廡。四十八年，知縣馬化蛟修尊經閣及儀門。五十三年，興化知縣盛宏邃攝篆修明倫堂。雍正二年，知縣於本宏修尊經閣、敬一亭。七年，知縣孫蔭孫修明倫堂。乾隆八年，知縣沈世道修聖殿、兩廡、欞星門、廟門、角門、泮池、宮牆及左右兩坊。乾隆十二年，知縣黃垣大修。

廟制：先師殿三間，兩廡東西各五間，戟門三間。角門四座，二在戟門（861）東西，二在先師廟東西。泮池并橋一座，在戟門外。欞星門一座。宮墻一座，在欞星門外。龍翔坊在學宮東。鳳翥坊在學宮西。

諸祠：崇聖祠三間，大殿東，祠門一間。文昌祠，三間，大殿西，又前堂三間，祠門一間。魁星亭，三間，儒學大門內直北。名宦祠，三間，崇聖祠前。乾隆三年，知縣程國棟重建。鄉賢祠，三間，在名宦祠前。

學制：大門一座，欞星門西。二門一座，魁星亭左。明倫堂三間，大殿後。兩齋，各三間，東曰進德、西曰修業。敬一亭，三間，明倫堂後，內有臥碑。尊經閣，三間，敬一亭後。號舍，二十四間，今廢。會饌堂，三間，敬一亭後，今廢。文卷房，會饌堂西，今廢。神庫、神厨、宰牲所，以上各三間，今廢。學倉，三間，今廢。射圃，欞星門外東南二十步。文峰閣，在學宮東南城垣上，中層開兩闕□敞，可納車馬，上一層奉魁星，明崇禎（862）三年，知縣陳□奎、教諭秦四德建。康熙間，圮於颶風，誠學宮左輔，不可一日緩者。雍正十二年，知縣衛哲治重建。

廨舍：教諭宅，崇聖祠後。訓導宅，崇聖祠後，今廢。

阜寧縣

（865）阜寧縣，新設，儒學未建。舊有社學一所，在縣治南門外上馬頭，本五通廟也。廟毀，海防廳郎申詳改爲觀瀾書院，嗣後諸生因舊社學傾圮，請改書院爲社學，僉謀協力，高其正殿，增以廊厢，崇祀先師。分司張捐金建坊，闢三門，以迎射陽湖之秀，文運自此而開。計正殿三間，前殿三間，東厢三間，牌坊三座，正中一門，右左各一門，東西有垣墻，又西厢三間，西山厢房一間，今舉行春秋二祭在於此。魁星樓，北向，連接社學并祀文昌。雍正十年，分縣，以鹽城訓導理學事，其春秋二祭撥（866）銀備辦，但規制樂器尚多缺略。

清河縣

（867）清河縣儒學，宋德祐初立舊縣之西大清河口。元景定元年，河決，遷治甘羅城，學亦隨建。至正十五年毀。明洪武二年，知縣孔克勳改創於小清河口，縣治東南二百步。正統五年，掌縣事知州李信圭重修。天啓五年，都察院司務邑人王圭措置材木，知縣盧寧、主簿徐鼎督工重建大成殿及兩廡、戟門、神庫等房。成化三年，提學御史陳選、知府楊泉、知縣王高重修。宏治十五年，都御史張縉、知縣劉慧增大學門，作橋泮池上。正德九年，提學御史張璇委縣丞范忠建欞星門、講堂、號房，而學制（868）乃備。嘉靖四十一年，知縣吳宗吉修。隆慶六年，都御史王宗沐行縣，命知縣張惟誠修。天啓元年，河決，學宮圮。三年，教諭高崇穀遷於舊基之西北數十步，以遠河患。四年，建先師殿五間，欞星門三座，戟門三間。六年，教諭陽純繼建東西廡各五間。崇禎元年，教諭江道振建明倫堂於殿之東南，學門三間，自門至堂築甬道，培土山於河之南岸當面。四年，教諭王守謙建映壁於欞星門外。國朝順治六年，教諭閻補震新兩廡神牌，植柏於庭，深泮池，中甃橋爲神道，門外樹栅以屬映壁。康熙十七（869）年，知縣王登龍、教諭吳徵重修啓聖祠三間、西廡五間。十八年，吳徵捐貲增建尊經閣三間，門樓一座，造魁斗像於閣上。二十四年，知縣馬元、教諭吳希古因火毀啓聖祠，雨毀東廡，重建如制。二十七年，知縣管鉅、教諭吳希古重修明倫堂，培甬道以達儀門。三十年，大修正殿并戟門、神道、泮池、環橋三座，□□通水樹坊表，道拓其左，以達欞星門。五十九年，署縣事王三謙重修尊經閣。六十年，知縣郎燦重修明倫堂。雍正二年，教諭馮爲桐捐修兩廡。九年，署縣事戴昕重修正殿。

（870）廟制：先師殿五間，東西廡十間，戟門三間，泮池橋三座，欞星門三座。

諸祠：崇聖祠三間，知縣石存仁建。名宦祠三間，鄉賢祠三間，俱知縣郭琳建。忠孝祠三間，祀有明忠烈周文煒暨子元生。雍正九年，曾孫賢蕙請建。

學制：大門三間，明倫堂三間，并月臺、甬道。敬一亭，知縣石存仁建，今廢。尊經閣五間，門樓一座。射圃，內有觀德亭一座，在學東北半里。舊有神庫、神厨六間，日新、時習二齋六間，講堂三間，號舍三十間，會饌堂三間，義路、禮門坊二座。聚奎坊一座，今廢。

廨舍：草署六間，教諭洪哲捐建。

安東縣

（873）安東縣儒學，去縣治東南一百步，舊有廟，毀於兵。元至元間，鎮守安東萬戶張漢英重建大成殿及兩廡、堂齋於故基。元統間，安東州達魯花赤阿里、知州曩加歹增修。至正五年，知州張庸、學正何汝舟重修。九年，知州謝處信、學正文奴建崇文閣三間。十四年毀。明洪武三年，知縣束贊創建二齋。六年，知縣張瑾建明倫堂。十五年，知縣黃仲行、教諭王鑽修。永樂十四年，知縣卞盛、教諭黃珏累修。正統四年，知府彭遠、推官程瑤以學前官地及已革三皇廟基增入，知縣曹貴移射圃於學前偏，闢東門以便往來，遷學（874）倉於東廡後。景泰初年，知縣鄭同、教諭葉瑾增修。宏治三年，知縣馬聰重修。九年，知縣謝景星修。隆慶二年，知縣范惟恭修。五年，知縣陳敦質修。天啟三年，教諭潘士謙重建正殿。崇禎十三年，□□王敬承、教諭史龍瑞重修。國朝順治初，知縣劉君□□□。康熙七年、九年，洪水入城、地震，廟學頹廢。十一年，訓導吳正名、顧焜重修。雍正四年，運判張涵、邑紳程□修正殿、兩廡，而明倫堂、文昌閣、崇聖祠，邑人並捐助告成。繼經知縣余光祖（875）設法繕修，規模宏整。

廟制：先師殿三間，露臺，兩廡東西共十八間，知縣余光祖改建。戟門三間，邑紳朱其輝建。戟門東西山更衣廳各三間。東西長牆二道，朱其輝修。泮池，在戟門外，有橋。欞星門三座。映壁一座。牌坊三座，□□"騰蛟□□"、右曰"興賢育才"、中曰"風化本源"。

諸祠：崇聖祠三間，在明倫堂東南，邑貢生孫超宗建。文昌祠三間，邑紳□□建，廩生朱霞重修。文昌樓，在學東南巽方，今廢。魁星閣，上下二層，□□欄楯，運判張涵建。名宦祠三間，鄉賢祠三間。節孝祠，雍正四年奉旨建。土地祠，朱秉策重修。

學制：大門三楹，邑紳士張紹仲、紹倉同修建。門內甬道西長牆一道，（876）禮門、義路坊。明倫堂五間，舊制規模湫隘，將圮，邑貢生程峻獨力鼎建，高廣宏整。兩齋，東西共十二間，東曰進德、博文，西曰修業、約禮。舊舍久圮，分司張涵偕知縣伍質率紳士嵇鐸等同建。尊經閣三間，即崇文閣，元知州謝處信建，久廢。康熙間，邑人孫愈重建。雍正三年，分司張涵陸續捐修。敬一亭，舊有亭，今廢。號舍三十間，今廢。會饌堂三間，今廢。廚房，會饌堂前，今廢。宰牲房、神庫、神廚、祭器庫、射圃。

廨舍：教諭宅、訓導宅，俱在明倫堂西南。

桃源縣

（879）桃源縣儒學，去治東南一百步，始於元至元庚辰，令劉整與邑典教李應祥創建。延祐己□，監邑事幹羅思拓地，增建學宮。至治辛酉落成，至治丙申毀於兵。明洪武三年，知縣汪仁於舊基重建。八年，知縣殷亮修。二十一年，知縣陳德彰、教諭羅容重修。正德七年，知縣張端、教諭朱良建饌堂及後堂。景泰五年，知縣趙經重修明倫堂及後堂。天順四年，又建泮宮亭及欞星門。弘治十二年，知縣崔獻重修。正德七年，知縣李廷鵬重建，增置號房。嘉靖三十年，知縣黃時康修。四十一年，知縣王敬（880）賓修。隆慶五年，知縣曾夔修。萬曆丙戌，知縣華存禮重修。崇禎甲戌，知縣龔□重修。國朝順治己亥，知縣鄭牧民重修。康熙六年，烟墩決口；七年，地震，傾圮殆盡。十九年，知縣萬謙、教諭史逸嗣、訓導劉蕃募重修大成殿及明倫堂。二十六年，知縣蕭文蔚、教諭吳人龍重修一應祠宇。四十九年，知縣田養民重修。乾隆二年，知縣眭文煥率紳士捐貲重修。九年，教諭梅理募修，重建欞星三門，并周圍垣墻，改建兩廡，擴三架爲五架，又重建名宦、鄉賢祠，儀門三間，大成殿後兩拐墻數丈，共（881）費銀四百餘兩，勒石明倫堂。

廟制：先師殿、兩廡、欞星門、泮池、儀門一座、宰牲房、神廚、神庫。

諸祠：崇聖祠，乾隆二年重建，在聖殿後。文昌祠三間，在教諭署前。魁星閣，在明倫堂左。名宦祠，久廢，附於文昌祠左崇祀。鄉賢祠，久廢，附於文昌祠右崇祀。忠義祠，在儒學前，雍正七年知縣眭文煥奉旨建。節孝祠，縣治西數十步，雍正七年知縣眭文煥奉旨建。

學制：明倫堂在聖殿後。兩齋，東曰養正、西曰日新。後堂，今廢。號舍，今廢。饌堂，今廢。凌雲樓，今廢。敬一亭，今廢。尊經閣，舊未建，現在詳請興修。射圃，舊有觀德亭，後被水占。

（882）廨舍：教諭宅一所，訓導宅一所。

光緒《淮安府志》

光緒《淮安府志》，成文出版社有限公司，1983年。

淮安府

（卷三"城池·公署"，127）（淮安府）儒學教授訓導署在府學內。儒學教授訓導署，在府學內。

（卷三"城池·壇廟"，128）文昌宮，漕院東，一在新城内。（129）魁星閣，城東南隅城垣上。（130）名宦祠，治東南。鄉賢祠、孔節婦祠，均在上阪。

（卷二十一"學校"，1177）府學宮，在中長街東。宋景祐二年，知楚州魏濂即舊祠改建。建炎中，毁於兵。紹興十三年，郡守紀交草創於南市西。二十三年，郡守吳卓復建。隆興間廢。乾道五年，徙天慶觀。八年，郡守趙磻老建殿廡。淳熙七年，郡守王詷仍故基重建。開禧中毁。嘉定三年，郡守王孟祥修。八年，郡守應純之大新學制。嘉熙間教授章士元、元至元癸巳淮東廉訪賈鈞、郡守阿思重皆重修。至治中，總管暗普建臨街門。泰定二年，郡守趙宗重建學門、齋舍。天曆間，郡（1178）守董嘉議增學租，修廟學。明洪武九年、正統七年增修。景泰元年，教授鮑旻繪塑兩廡諸賢像。天順中，知府邱陵拓學地三十餘丈，置射圃、號房、饌堂、井亭，新學宮，飾聖賢像，山陽金銑以石爲靈星門，鑄祭器。弘治六年，知府徐鏞建尊經閣。十年，義官徐泉新聖賢像。十七年，漕撫張縉建興賢、毓秀二坊，提學黃如金修廟學。正德中，知府薛□毁戟門外梓潼祠爲忠孝、文節二祠，葺齋號、宮墻。嘉靖十年，增啓聖祠，建敬一亭，立六箴碑。萬曆元年、三十六年、天啓四年、崇禎十三年俱重修。國朝順治九年、康熙十八年、二十四年、二十六年、二十八年、五十一年，並捐貲重修。啓聖（1179）祠毁，五十四年重建。雍正六年，修大成殿。十年，修明倫堂。乾隆三年、二十三年重修。同治、光緒中，總漕張之萬、文彬先後撥款重建大成殿。

山陽縣

（卷三"城池·公署"，127）儒學教諭、訓導署，在縣學内。

（卷二十一"學校"，1183）縣學，在漕署西。元初，在滿鋪坊。至元間，知縣哈喇遷於酒庫橋南隙地。毁於兵。明洪武三年，知縣羅傳道以察院西舊蒙古學草創今學，知縣凌澤新之。永樂中知縣黃清、宣（1184）德中知府彭遠增修。正統中，知府楊理買隙地建號房二十八間，中構小軒爲射圃。舊在淮安衛東，廢爲路，指揮王欽割衛西地爲之，在學宮東北。景泰初，訓導周鑒、大河衛百户戴隽捐造四配十哲像。天順七年，知縣馮馪增號舍。成化五年，漕撫滕昭、知府楊泉易民居地二十餘丈益之，建聚魁亭、題名石。弘治中，提學黃如金、知縣樂護重修殿堂、號房、靈星門、觀德亭。正德七年、嘉靖中復修。二十二年，修改學門南向，復改修西向。萬曆後，復改南向。天啓四年，知府宋祖舜、知縣孫肇興重修學宮。崇禎中，復改學門西向。國朝順治中修葺。康熙五十四年，移學門與二門相（1185）對。靈星門外舊有紅柵坊樓，爲總漕蔡士英所毀，邑人呈請修復，今易磚墻。雍正六年、乾隆三年、二十三年重修。咸豐十年，邑人重修大成殿。

鹽城縣

（卷四"城池·公署"，161）教諭署，在學宮內。

（卷四"城池·壇廟"）節孝祠，關帝廟東，祀邑節孝婦女。

（卷二十一"學校"，1191）縣學，在治南。宋紹興二十七年，縣令黃萬頃創建，毀於兵。淳熙九年，知縣盧林重建。宋季復毀。元至元間重建。至正間又毀。明洪武二年，知縣陳天瑞建。永樂中及景泰七年、天順四年俱重修。成化七年，知縣蕭偉塑聖賢像。正德、嘉靖中重修。十三年、四十三年、萬曆中及崇禎十七年，均續修。國朝順治十四年、康熙十年重修。三十三年，知縣武韓修大殿、兩廡。五十三年，知縣盛宏邃修明倫堂。雍正二（1192）年，知縣於本宏修尊經閣、敬一亭。七年，知縣孫蔭孫修明倫堂。乾隆八年，知縣沈世道修大成殿、兩廡、泮池、各門垣墻。十二年重修。道光十五年，復改建大門於靈星門東。同治八年，改大門爲樓。

阜寧縣

（卷四"城池·公署"，169）訓導署，在學宮內。

（卷四"城池·壇廟"，170）文昌宮，南門外。節孝祠，南門外，通濟橋南。

（卷二十一"學校"，1195）學宮，在城內東南隅。乾隆四十年，知縣閻循霡建。嘉慶十七年，知縣陳玉成重修，規制一新。二十二年，知縣裘增慶復建明倫堂、尊經閣、齋房、學舍。道光二十三年及咸豐中續修。同治元年復修。

清河縣

（卷四"城池·公署"，183）儒學教諭署、訓導署，並在學宮內。

（卷四"城池·壇廟"，184）文昌宫，城東南隅。（185）忠義祠，學宫內。

（卷二十一"學校"，1199）舊學宫，宋德祐元年建於大清口舊城。元泰定元年，遷甘羅城。至正中，毁於兵。明洪武二年，知縣孔克勳改建於小清河口，縣治東南。天啓元年，河決湮廢。三年，教諭高崇穀遷於舊基西北。至國朝，時加修葺。是時，移山陽訓導一員駐此，猶稱山陽學宫（時清江浦隸山陽）。乾隆二十六年，奏改清河縣學宫（割清江浦入清河縣），在今縣城東門外，是爲新學宫（舊廟稱夫子廟）。道光三年，總河黎世序重建，移向正南。咸豐十年，毁於賊。四年，總漕吴棠重建大成殿。十一年，總漕文彬修建尊（1200）經閣、齋房。

安東縣

（卷四"城池·壇廟"，203）文昌祠，東門內。（204）節孝總祠，學宫旁。

（卷二十一"學校"，1204）學宫，在縣治東，建自宋代，毁於兵。元至元間，萬户張漢英即舊址新之，代有增修。明洪武、永樂、宣德中續修。正統中，知府彭遠、推官程瑶復民間侵地，益以廢廟，知縣曹貴、縣丞張雄徙射圃於學東偏，徙儒學倉於學之東廡。景泰初，知縣鄭同修殿廡、齋庫。成化十七年，知縣陳讓修大成殿、明倫堂、兩廡、各門。弘治元年續修，復贖民間侵地鑿泮池，（1205）築繚垣，徙明倫堂於市前。天啓三年，殿傾，教諭潘士謙重建。國朝屢加修葺。康熙九年，河決，學宫圮，鹽運分司張涵、知縣余光祖重建，規制甚盛。乾隆五十一年，河水入城，頗有填淤，而殿宇無損。

桃源縣

（卷四"城池·壇廟"，212）文昌宫，治南。

（卷二十一"學校"，1206）學宫，治東南。元至元十七年，知縣劉整、學官李應祥創建。（1207）延祐六年，攝邑事幹羅思拓地增建。至正十六年，毁於兵。明洪武三年，知縣汪仁重建。八年、二十一年重修。正統七年，知縣張端、教諭朱良建饌堂、後堂。景泰五年，知縣趙經修明倫堂後殿。天順四年，建泮宫亭、靈星門。弘治十二年重修。正德七年，知縣李廷鵬增置號舍。嘉靖三十年、四十一年、隆慶五年、萬曆中及崇禎中，均重修。國朝順治中復修。康熙六年，烟墩口河決。七年，地震，圮廢。十九年，知縣萬謙重建。二十六年、四十九年、乾隆二年重修。九年，教諭□理重建各門、繚垣、兩廡、名宦、鄉賢祠。十七年、道光二年、二十七年重修。咸豐十年，毀於兵。同治二年，知縣張景賢（1208）重修。

同治《重修山陽縣志》

同治《重修山陽縣志》，成文出版社有限公司，1983年。

淮安府、山陽縣

（卷二"建置·公署"，29）（淮安府）儒學教授訓導署，在府學內。（山陽縣）儒學教諭、訓導署，在縣學內。

（卷二"建置·壇廟"，30）文昌宮，漕院東；一在新城東門內，明代建。魁星閣，城東南隅城垣上，下臨巽關，漕督蔡士英、林起龍建，邑人陸志謹、楊雯捐貲修，後圮，經邑人復建。

（卷八"學校·學宮"，122）府儒學，在中長街東。初宋景祐二年，知楚州魏廉即舊祠改建。建炎中，兵毀。紹興十三年，郡守紀交草創於南市西。二十三年，郡守吳□復建。隆興間兵廢。乾道五年，徙天慶觀西。八年，郡守趙磻老建殿廡。淳熙十年，郡守王詷仍故基重建。開禧中毀。嘉定三年，郡守王孟祥修。八年，郡守應純之大新學制。嘉熙間教授章士元，元至元癸巳淮東廉訪賈鈞、郡守阿思重皆重修。至治間，總管暗普建臨街門。泰定二年，郡守趙宗重建學門、齋舍。天曆間，郡守董嘉議增學租，重修廟學。明洪武九年知府潘杰，正統七年知府楊理俱增修。景泰元年，教授鮑旻繪塑兩廡賢像。天順中，知府丘陵拓學地三十餘丈，實射圃、號房、饌堂并亭，新學宮，飾聖賢像，邑人金銑以石爲櫺星門，鑄祭器。弘治六年，知府徐鏞建尊經閣。十年，義官徐□新聖賢像。十七年，漕撫張縉建興賢、毓秀二坊，提學黃如金修廟學。正德（123）十一年，知府薛□毀戟門外梓潼祠爲忠孝、文節二祠，葺齋號、宮墻。嘉靖十年，增啓聖祠，建敬一亭，立六箴碑。萬曆元年知府陳文燭，三十六年推官兀詩教，天啓四年知府宋祖舜，崇禎十三年漕撫朱大典俱重修。國朝順治元年漕撫沈文奎，康熙十八年總河靳輔，二十四年淮揚道高成美，二十六知府宋務孜，二十八年總漕董訥，五十一年船政同知金燦並捐修。啓聖祠毀，五十四年重建。雍正六年，知府申程章修大成殿。十年，教授黃施鍔修明倫堂。乾隆三年，知府胡振組請帑勸捐，大加修葺。二十三年，知府伍諾璽重修。同治十一年，漕督張公之萬、張公兆棟、蘇公鳳文、文公彬先後撥款勸捐重建大成殿。

府學宮：大成殿五楹，南向。掖門列左右，前爲月臺，環以石闌，東西南石階凡三，兩廡東西列屋各十有四，南爲戟門，門之外爲內泮池，三橋跨其上曰"泮宮橋"，又南三門並峙，曰"欞星門"，石道橫其外，道左右列二坊，坊外爲興賢、毓秀坊，高出臨街，東西立石，道南爲外泮池，映壁當其前，池左右有溝，涓流不竭，文渠水也。殿之北爲明倫堂五楹，左右爲東西齋，其北敬一亭，又北尊經閣。明倫堂前有路，東出爲南北夾道。道南爲學大門，道北二門，又北祭器庫，峙道中者魁星樓，樓東循牆少北有門，東出爲教授署。署東南爲文昌樓，署北名宦祠，其西鄉賢祠，崇聖祠在二祠北。訓導署，在尊經閣西。孝子祠，在西齋北。福神祠，在西廡北。帛庫當西階西，烹造所在東廡北，夾戟門而立者持敬門，持敬門左右爲文武更衣廳。武更衣廳西爲省牲堂，堂之南爲外官廳。

（124）縣儒學，在漕署西。元初，在滿鋪坊米市巷縣尉司基地。至（125）元間，知縣哈喇遷於酒庫橋南隙地（即西新倉基），毀於兵。洪武三年，知縣羅傳道以察院西舊蒙古學草創今學。六年，知縣淩澤侈新之。永樂十九年，知縣黃清重修。宣德間，知府彭遠增修。正統七年，知府楊理增買隙地，建號房二十八間，中購小軒，扁曰"靜學"。射圃舊在淮安衛東，廢爲路，指揮王欽割衛西地爲之，在學宮東北，廣三十步，袤六十餘步。景泰初，訓導周鑒、大河衛百戶戴隽捐造四配十哲像。天順七年，知縣馮謨增號舍。成化五年，漕撫滕昭、知府楊□易民居地二十餘丈益之，建聚奎亭，題科第姓名於石。弘治十七年，提學黃如金、知縣樂護重修殿堂、號房、欞星門、觀德亭。正德七年醫官周源潔，嘉靖十八年知縣周如山加修。二十二年，知府張守約、知縣黃日敬復修，改學門南向。三十六年，知府劉崇文、知縣田孔揚重修，改學門西向。萬曆元年，增學門爲九級，立映壁於門西，後復改南向。天啓四年，知府宋祖舜、知縣孫肇興請帑重修學宮。崇禎十七年，復學門西向。其後軍興，簡於修治，齋舍陊落，學役與民雜居其中。國朝順治間，推官李子燮修葺。康熙五十四年，移學門與二門相對，其欞星門外舊有照壁、紅栅坊樓，均於順治中爲總漕蔡士英□毀。三十一年，邑人呈請修復學門舊制，總漕董訥許之，因詣學檢視，命復柵欄（今易磚墻），修垣墻，清齋堂，徙學役，逐居民，學舍爲清。雍正六年、乾隆三年皆加修葺。二十三年，知府伍諾璽重修學宮。咸豐十年，大成殿欹側，邑人鳩工修正之。

縣學宮：大成殿三楹，居中南向，兩廡東西列爲屋各五，殿之北爲明倫堂，存誠齋在其東，約禮齋在其西，各三楹。又北敬一亭，又北尊經閣（舊靜學軒地），又北崇聖祠。殿之前爲月臺，戟門峙其前，有柱巍然介立於門右，唐秩官題名石也。又南爲欞星門，映壁蔽其前，繚垣環之。垣左右峙二坊，坊有栅門，東西出。文昌閣在東齋南，土神祠在其下，與閣對峙者魁星閣。名宦祠在戟門東，鄉賢祠在其西（舊文節祠地）。祭器庫在崇聖祠東，烹造所在西齋南。宰牲所在戟門內。學大門俯臨中長街，西向二門出魁星閣下。教諭署，在崇聖祠北。訓導署，在明倫堂東。學基地東抵漕署圍墻，西抵中長街，南抵漕院西街路，北抵民居，南北六十丈五尺，東西十三丈。

宣統《續纂山陽縣志》

宣統《續纂山陽縣志》，成文出版社有限公司，1983年。

山陽縣（淮安府）

（卷二"建置·壇廟"，10）文昌閣，在河下竹巷，舊榜曰"三城外衛"。光緒二十四年，毀於火。三十年，邑人朱錫成等籌款重建，有記。

（卷二"原志建置補遺·壇廟"，12）魁星樓，在河下竹巷。康熙間，里人黃宣泰、胡從中建。嘉慶間，商人程昌鳴重建。道光末，清河王琛重修。

（卷七"學校"，47）府儒學，光緒初，邑人籌款重建魁星閣。閣舊制二層，增作三層，在明倫堂前向東夾道中。二十一年，知府張球撥款修築外泮池南宮墻。二十三年，又撥款修葺文昌樓（在學之東南隅）及東毓秀坊。二十九年，邑人丁寶銓、周鈞等即文昌樓舊址改建藏書樓。府學宮、名宦祠、鄉賢祠、孝子祠。

縣儒學。光緒十五年，邑人籌款重建尊經閣，增其崇一尺。二十五年，教諭汪曾蔭於署前鑿一井，備火患也，名曰"並福泉"。

（卷七"原志學校補遺"，51）府儒學，明萬曆二十年，知府李元齡重修，邑人朱維藩有記。

道光《江陰縣志》

道光《江陰縣志》，成文出版社有限公司，1983年。

江陰縣

（卷五"學校"，581）宋。軍故無學，初建廟於觀風門外，學者肄習其中。後知軍范宗古以鄰郡獄，卜遷軍治之東南（景祐三年，范文正記之）。後廢爲營屯。紹興三年，知軍崔頌因廢稍葺之，以縣丞莫份（582）攝教事。五年，知軍王棠始請於朝，建命教堂，東西齋四，曰誠身、遜志、進德、育英，知軍富元衡、徐葴、詹徽之繼修。嗣是，教授徐逢年重立講堂，方萬里創設義齋，孫應成再建西序，知軍顏耆仲重修東序，拓泮宮外門，建御書閣、清孝公祠、先賢祠。初淳熙中，知軍樓鍔設貢院選士，在愛日門外，祥符寺之側。開禧元年，知軍戴溪遷於軍學之東，其縣學榜附於講堂西偏屋而爲之名。元豐二年，縣令楊孝孺鑿學前河。大觀四年，常州軍知軍徐申穴內子城，建縣學門，作觀臺（583）并內外二橋。

元。州學，仍宋，知州張獻、李師善、翟諒相繼興作。學宮舊有雙池，植蓮其內，上各有亭，曰光風、曰霽月，歲久墟蕪。大德五年，張獻度地東南隅築室三楹，名曰君子堂。至正間，廟學毀於兵。

明。江陰侯吳良因故址創立廟學。洪武三年，知縣吳志遠重修。十五年，知縣王衡、教諭鄭江建講堂於廟左。二十六年，教諭蔡永升、縣丞賀子徽議爲左廟右學，乃更建於講堂址，而以廟址爲明倫堂。三十年，知縣蔣宥增建戟門、廨舍、射圃。宣德六年，巡撫侍郎周忱、知縣朱應祖（584）重建大成殿、明倫堂、君子堂，時習、日新二齋。天順六年，知縣周斌購地拓學門，自是以後不治者三十載。宏治七年，知縣黃傅始修之，購民廬爲名宦、鄉賢二祠。正德二年，知縣劉紘復修之，外爲石坊門，入爲欞星門，又入爲泮池（方廣十五畝，甃石兩厓，即宋學前河也），池上架石爲橋者三，穿爲九洞，橋北爲戟門，左右爲兩翼。戟門北，中爲正殿，殿前爲月臺，殿東西爲兩廡，西廡之右南向爲祭器庫，東向爲刑牲所，是爲廟制。並廟門而東，爲儒林坊，入爲學門，循東墻逾橋西折而北爲二門，曰"禮義相先之地"。又折而西，爲正爾容門，由門循廟而北，正（584）中爲明倫堂，堂後爲奎文閣，東爲時習齋、西爲日新齋，齋左右翼以樓。由時習齋入，南向爲君子堂，由日新齋入，南向爲養賢堂。由正爾容門出而東，爲教諭廨，君子堂後爲訓導東廨，養賢堂後爲訓導西廨，並教諭廨而東爲射圃，有堂曰觀德。廟門之東爲名宦祠，又東爲興賢坊，西爲鄉賢祠，又西爲育俊坊，是爲學制。合廟學，周垣凡四百五十八丈九尺。十一年，知縣萬玘建號舍九聯於觀德堂後（凡五十四舍）。十五年，知縣王泮次第新之，葺奎文閣。嘉靖七年，知縣張集重修，購廟南民舍爲通衢，鑿池跨橋，旁立廡屋。八年，知縣（586）劉欽順奉例建敬一亭，介明倫堂、奎文閣間。十年，知縣李元陽奉例建啓聖公祠，在觀德堂前，正南爲殿，殿左右爲齋室，前爲正門，門左爲碑亭，右折而出爲外門，改射圃於外泮南，爲門，門內兩旁爲亭，又正北爲青雲樓，樓後爲屏，東西垣爲角門，垣之外爲委巷。十八年，知縣孫應奎修齋樓。二十一年，知縣吳維岳修戟門，撤廟門坊爲學門，增吏舍一區。萬曆初，知縣劉守泰重修廟學。二十六年，兵使彭國光、知縣劉學周覆議修復，教諭王之夒董其事。三十七年，知縣許（587）達道、教諭戴士杰、訓導李應鎧、王德倓建聚奎亭於啓聖祠之東南，時祭器多殘失，德倓獨修補之。其後，知縣宋光蘭建講習堂於聚奎亭後。崇禎元年，署縣武進令岳凌霄修造先賢祠、大成殿。鼎瓶敝壞，教諭江之湘鳩貲重鑄。東齋傾廢，訓導潘洪度修復。六年，學使甘學闊捐浚學河。十年，學使倪元珙令訓導莊繼光督修，庀材鳩工，鋭然更始，殿堂、門廡、階礎、塘垣俱極堅精。十一年，教諭譚振舉浚學宮前印池。國朝鼎新，值明季兵燹後，自大成殿、明倫堂外，俱榛蕪不治。順治九年，教諭陳鎡創爲修復，規制粗備。嗣後，學使石（588）申、張能鱗相繼修之。康熙中，知縣何爾彬、龔之怡、教諭宗章峻次第增葺。二十三年，知縣陸次雲加潤色焉。雍正四年，知縣祁文瀚倡捐大修，令紳士夏敦禮董其事，正殿、齋樓稍已改觀。乾隆二年，知縣蔡澎始大興作，首建明倫堂，奉例擴啓聖祠爲五王殿，作兩坊以節行人，東曰"金聲"、西曰"玉振"，更彙徵樓爲坊，浚河池、甃堤防、改圜橋、繚石垣，凡昔之因陋就簡者，至是而規制大備。五十三年，學使沈初、知縣牛兆奎重修，邑紳趙時煦董其事，始於春三月，越明年仲秋功竣，自大成殿而外，次第修整。自彙徵橋而入則崇聖祠（589）易建一新，進賢門內莫不整飭遒嚴。又數十年，名宦、鄉賢祠之僦於外者，俱還舊觀。時煦又念後有損壞，隨時修葺，則不致工鉅費繁，捐置沙田若干畝，歲入租息若干緡，以爲歲修之費。自嘉慶十八年以來，縣諭董事分任收租督工之事。道光六年，以前祝純嘏董之，修改戟門左右翼爲文武官致齋所，加高宮墻十數丈。石刻聖像，舊近神案高不逾几，至是崇奉於神堂高座。道光七年，陳培因董修黌門，通行加高宮墻，修葺泮池三橋，易木欄以石，建宰牲亭於鄉賢祠之南。九年至十二年，董事祝（590）登墀、張世承築黃石墻五十八丈九尺，覆以麻石，修建學頭門，加高五王殿。十三年後，登墀子維祺仍偕張世承董理工程，修尊經閣、大成殿，戟門易其朽腐，重製配序、神位、神橱、神案。又道光元年，學使姚文田相視陰陽，浚學前河而折旋其東南，塞學後河而瀦蓄其西北，邑人士遂於六年集資疏浚深廣，撤舊磚橋，購民房，移金聲、玉振兩坊及下馬碑於河之北，增建石橋於玉振坊之西，改彙徵橋以石，兩橋之間重甃石岸，上締石闌，於是河流通暢，氣象更新，此規制之大略也。其祭器、樂器殘缺未備者，知縣單澐、張南圭、蕭瑾、王澐、陳希敬相繼（591）修整增益，每歲春秋致祭習舞，明禋禮儀節度，故人皆稱廟學規模宏敞肅穆，上下釋奠恭敬整齊，而鄰邦問禮來者踵接也。

今廟制：大成殿，三間，東西兩翼以通兩廡。月臺，甃石爲陛，環以石闌，中左右三階。兩廡，東廡七間，西廡七間。丹墀，甬道三條，拜臺兩方，其西南有瘞坎。祭樂器庫，各三間，在兩廡之南，東西相向，舊爲文武官致齋所，今移於戟門旁，以東爲祭器庫，西爲樂器庫。（592）戟門，三間，亦曰大成門。齋房，東西各三間，即戟門之左右翼也，今爲文武官齋房。泮池，方廣畝許，界池爲甬道三道，各一橋。欞星門，三橋之南，斲石爲柱，朱柵門三，門之內外，繚以周垣，塗以丹艧。名宦祠，三間，在欞星門外左，詳"祠廟"。鄉賢祠，三間，在欞星門外右，詳"祠廟"。宰牲亭，在鄉賢祠南，道光七年建。文廟坊，在欞星門外正中，面河。玉帶河，舊引城內濠之水，東自龍頭橋入口，經鴻漸橋繞學墻而南，環抱學宮，由西轉北會流，而過善政橋，（593）形勢鈐束，狀如玉帶，其舟楫往來，皆由學後繞而西。道光六年，填塞學後尊經閣以東，舟行徑由學前，較爲通暢，其尊經閣以西留以蓄水，撤去文廟坊前橋二座，增建石橋一座於玉振門西。金聲、玉振坊，先是廟門前爲通衢，乾隆六年，增建兩坊於左右，立柵門以節行人，在玉帶河之南。道光六年，移建於河之北。屏墻，設兩穴爲龍眼，前爲止步街，街南爲外泮池。廟左右坊，東曰

"德配天地"、西曰"道冠古今"。黌門，廟側門也，在戟門外之東旁。祭祀行香，文武官至門外下輿馬，道光七年重建。崇聖祠，舊爲啓聖祠，雍正中奉例擴而新之，殿三間，南向五龕，以次而前，供五王神位。東西列四配及從祀位。其前儀門三間，又前爲外門。初時與黌門遙對，乾隆五十三年重建，改爲南向，加以圍牆，左右立柵門、下馬碑。道光十二年，殿妃重修。十九年，重葺南面屏牆。

（594）今學制：彙徵坊，學署之前，向爲彙徵樓，歲久且圮。乾隆七年，改建爲坊，對坊街南俱係民居，加砌照壁。彙徵橋，在彙徵坊內，跨玉帶河，道光六年重建。頭門，三間，榜曰"儒學"，內有大司成坊、詞林正氣坊，俱詳見"坊表"。忠義孝悌祠，在頭門內，並列者爲雙忠祠、貢公祠，俱詳"祠廟"。二門，三間，中一間署云"禮義相先之地"，東土地祠、西城隍祠。道光十九年重建。進賢門，在大成殿左翼門外東向。明倫堂，在大成殿後三間，兩翼屏門刻孟子"居天下之廣居"一節。歷朝碑石，具厝於壁。舊有"同年十五舉子""一秋兩京解元"二額。新增探花季芝昌、會元夏子齡、解元鄭經三額，歷朝文武鄉會、貢舉題名。兩翼左右設鼓鐘，凡講學、行禮、丁祭、習儀在焉。（595）尊經閣，上下五間，在明倫堂後閣下，中間供文昌神位。時習齋，在堂前東偏，中三間通教諭廨，南北各三間，有樓，前爲步廊。日新齋，在堂前西偏，通訓導廨，制與時習齋同。教諭廨，在時習齋內，中爲君子堂三間，其前有門，南向，其東書房四間，其後內屋四間，從屋三間，廚房二間。道光十五年，教諭顧翔雲修理。訓導廨，在日新齋內，中爲養賢堂三間，側廂二間，其前書房四間，庭有門東向，其後內屋三間，廚房一間，又新增後屋三間，一弄。道光十五年，訓導劉銘起造，廚前有井，爲節愍公馮厚敦妻王氏殉節處，訓導黃恩、孫澍徵題石表之。三台墩，尊經閣後，積土成堆，築如三峰，今學頭門內亦有三台墩云。

（卷七"秩祀"，678）文昌廟，在春輝門朝陽關外，嘉慶六年，奉旨列入祀典。（692）名宦祠，在文廟欞星門東，明知縣黃傅奉文建。國朝乾隆六年，移戟門之東。五十三年，復舊。（694）鄉賢祠，在文廟欞星門西。明知縣黃傅奉文建。國朝乾隆六年，移戟門之西。五十三年，復舊。（748）忠義孝弟祠，在學宮內，雍正元年奉詔建，十二年立石。節孝祠，在中街，學宮東。雍正元年，奉（749）詔建。乾隆中，節齋楊謙益、陳大中兩次倡修。六十年，邑紳趙時煦倡諸節裔拓而新之。道光七年、十一年，節裔陳培因、祝登墀集貲改建正祠三間。

光緒《江陰縣志》

光緒《江陰縣志》，成文出版社有限公司，1983年。

江陰縣

（卷五"學校"，708）宋。軍故無學，初建廟於觀風門外，學者肆習其中。後知軍范宗古以鄰郡獄，卜遷軍治之南（景祐三年，范文正記之）。後廢爲營屯。紹興三年，知軍崔頌因廢稍葺之，以縣丞莫份攝教事。五年，知軍王棠始請於朝，建命教堂，東西齋四，曰誠身、遜志、進德、育英，知軍富元衡、徐蔵、詹徽之繼修。嗣是，教授徐逢年重立講堂，方萬里創設義廩，孫應成再建西序，知軍顔耆仲重修東序，拓泮宮外門建御書閣、清孝公祠、先賢祠。初淳熙中，知軍樓鍔設貢院選士，在愛日門外祥符寺之側。開禧元（709）年，知軍戴溪遷於軍學之東，其縣學榜附於講堂西偏屋，而爲之名。元豐二年，縣令楊孝孺鑿學前河。大觀四年，常州軍知軍徐申穴內子城建縣學門，作觀臺并內外二橋。

元。州學，仍宋，知州張獻、李師善、翟諒相繼興作。學宮舊有雙池，植蓮其內，上各有亭，曰"光風"、曰"霽月"，歲久墟蕪。大德五年，張獻度地東南隅，築室三楹，名曰"君子堂"。至正間，廟學毀於兵。

明。江陰侯吳良因故址創立廟學。洪武三年，知縣吳志遠重修。十五年，知縣王衡、教諭鄭江建講堂於廟左。二十（710）六年，教諭蔡永升、縣丞賀子徽議爲左廟右學，乃更建於講堂址，而以廟址爲明倫堂。三十年，知縣蔣宥增建戟門、廨舍、射圃。宣德六年，巡撫侍郎周忱、知縣朱應祖重建大成殿、明倫堂、君子堂、時習、日新二齋。天順六年，知縣周斌購地拓學門。自是以後，不治者三十載。宏治七年，知縣黃傅始修之，購民廬爲名宦、鄉賢二祠。正德二年，知縣劉紘復修之，外爲石坊門，入爲櫺星門，又入爲泮池（方廣十五畝，甃石兩厓，即宋學前河也），池上架石爲橋者三，穿爲九洞，橋北爲戟門，左右爲兩翼，戟門北中爲正殿，殿前爲月臺，殿東西爲兩廡，西廡之右南（711）向爲祭器庫，東向爲刑牲所，是爲廟制。並廟門而東爲儒林坊，入爲學門，循東牆逾橋西折而北爲二門，曰"禮義相先之地"，又折而西爲正爾容門，由門循廟而北，正中爲明倫堂，堂後爲奎文閣，東爲時習齋、西爲日新齋，齋左右翼以樓。由時習齋入，南向爲君子堂，由日新齋入，南向爲養賢堂（師生會饌之所）。由正爾容門出而東爲教諭廨，君子堂後爲訓導東廨，養賢堂後爲訓導西廨，並教諭廨而東爲射圃，有堂曰"觀德"。廟門之東爲名宦祠，又東爲興賢坊，西爲鄉賢祠，又西爲育俊坊，是爲學制。合廟學周垣，凡四百五十八丈九尺。十一年，知縣萬玘建（712）號舍九聯於觀德堂後（凡五十四舍）。十五年，知縣王泮次第新之，葺奎文閣。嘉靖七年，知縣張集重修，購廟南民舍爲通衢，鑿池跨橋，旁立廊屋。八年，知縣劉欽順奉例建敬一亭，介明倫堂、奎文閣間。十年，知縣李元陽奉例建啟聖公祠，在觀德堂前，正南爲殿，殿左右爲齋室，前爲正門，門左爲碑亭，右折而出爲外門，改射圃於外泮，南爲門，門內兩旁爲亭，又正北爲青雲樓，樓後爲屏，東西垣爲角門，垣之外爲委巷。十八年，知縣孫應奎修齋樓。二十一年，知縣吳維岳修戟門，撤廟（713）門坊爲學門，增吏舍一區。萬曆初，知縣劉守泰重修廟學。二十六年，兵使彭國光、知縣劉學周復議修復，教諭王之夔董其事。三十七年，知縣許達道、教諭戴士杰、訓導李應鏜、王德俠建聚奎亭於啟聖祠之東南，時祭器多殘失，德俠獨修補之。其後，知縣宋光蘭建講習堂於聚奎亭後。崇禎元年，署縣武進令岳凌霄修造鄉賢祠、大成殿，鼎瓶敝壞，教諭江之湘鳩資重鑄，東齋傾廢，訓導潘洪度修復。六年，學使甘學闊捐浚學河。十年，學使倪元珙令訓導莊繼光督修，庀材鳩工，銳然更始，殿堂、門廡、階礎、墻垣俱極堅精。十一年，（714）教諭譚振舉浚學宮前印池。

　　國朝鼎新，值明季兵燹後，自大成殿、明倫堂外，俱榛蕪不治。順治九年，教諭陳鍹創爲修復，規制粗備。嗣後，學使石申、張能鱗相繼修之。康熙中，知縣何爾彬、龔之怡、教諭宗章峻次第增葺。二十三年，知縣陸次雲加潤色焉。雍正四年，知縣祁文瀚倡捐大修，令紳士夏敦禮董其事，正殿、齋樓稍已改觀。乾隆二年，知縣蔡澎始大興作，首建明倫堂，奉例擴啟聖祠爲五王殿，作兩坊以節行人，東曰"金聲"、西曰"玉振"，更彙徵樓爲坊，浚河池，砌堤防，改圖橋，繚石垣，凡昔之因陋就簡者，至是（715）而規制大備。五十三年，學使沈初、知縣牛兆奎重修，邑紳趙時煦董其事，始於春三月，越明年仲秋功竣。自大成殿而外，次第修整，自彙徵橋而入，則崇聖祠易建一新。進賢門內，莫不整飭邃嚴。又數十年，名宦、鄉賢祠之僦於外者，俱還舊觀。時煦又念後有損壞，隨時修葺則不致工鉅費繁，捐置沙田若干畝，歲入租息若干緡，以為歲修之費。自嘉慶十八年以來，縣諭董事分任收租督工之事。道光六年以前，祝純叚董之，修改戟門，左右翼為文武官致齋所，加高宮墻十數丈。石刻(716)聖像，舊近神案，高不逾几，至是崇奉於神堂高座。道光七年，陳培因董修黌門，通行加高宮墻，修葺泮池三橋，易木欄以石，建宰牲亭於鄉賢祠之南。九年至十二年，董事祝登墀、張世承築黃石墻五十八丈九尺，覆以麻石，修建學頭門，加高五王殿。十三年後，登墀子維祺仍偕張世承董理工程，修尊經閣、大成殿、戟門，易其朽腐，重製配序、神位、神櫥、神案。又道光元年，學使姚文田相視陰陽，浚學前河而折旋其東南，塞學後河而瀦蓄其西北。邑人士遂於六年集資，疏浚深廣，撤舊磚橋，購民房，移金聲、玉振兩坊及下馬碑於河之北，增建石橋於玉振坊(717)之西，改彙徵橋以石，兩橋之間重甃石岸，上締石闌，於是河流通暢，氣象更新，此規制之大略也。其祭器、樂器殘缺未備者，知縣單澐、張南圭、蕭瑾、王澐、陳希敬相繼修整增益，每歲春秋致祭習舞，明禋禮儀節度，故人皆稱廟學規模宏敞肅穆，上下釋奠恭敬整齊，而鄰邦問禮來者踵接也。咸豐十年，毀於粵匪，所存者殘缺不完之石梁與石岸、石坊而已。同治二年，克復城垣後，春秋致祭借邑廟行禮，教官、兩學署俱賃民房。六年，知縣顏雲階詳請建復，邑紳陳榮邦等董其事，先建櫺星門、戟門、東西官舍、黌門、明倫堂、東西旁屋、崇聖祠、頭門、(718)儀門，於是上丁祀事，始有考鼓論鐘之地。光緒元年，廟工續竣，建大成殿及左右旁廊、東西兩廡、祭器、樂器房、名宦、鄉賢兩祠、宰牲亭、文廟坊、金聲玉振坊、廟左右坊屏墻，其修砌添築者，泮池三橋及玉帶河石闌剝岸、狀元、彙徵兩橋石碼、圍墻，以大包小，各有分界。明倫堂之前，續建時習、日新兩齋、東西學署房屋、西角門、進賢門、二門以至頭門，又續建崇聖祠正殿，而後規模始備，祀事孔明矣（前屆計工料錢一萬八百八十餘千，係同治五年冬漕，每石捐錢四百文，並撥清糧節省餘款；後屆計工料錢二萬九千七百九十餘千，由每畝捐錢七文，共收六忙）。

廟制：(719)大成殿，三間。月臺，甃石為陛，環以石闌，中左右三階。兩廡，東西各七間。(720)丹墀，甬道三條，拜臺兩方，其西南有瘞坎。(721)祭樂器庫，舊各三間，在兩廡之南，東西相向，舊為文武官致齋所，今移於戟門旁，以東爲祭器庫，西爲樂器庫。戟門，三間，亦曰大成門。齋房，東西各三間，即戟門之左右翼也，爲文武官齋房，今各四間。泮池，方廣畝許，界池爲甬道，三道各一橋。欞星門，三橋之南，斲石爲柱，朱柵門三，門之內外繚以周垣，塗以丹艧。名宦祠，三間，在欞星門外左，詳"祠廟"。鄉賢祠，三間，在欞星門外右，詳"祠廟"。宰牲亭，在先賢祠南。文廟坊，在欞星門外正中，面河。（722）玉帶河，舊引城內濠之水，東自龍頭橋入口，經鴻漸橋繞學牆而南，環抱學宮，由西轉北會流而過善政橋，形勢鈐束，狀如玉帶，其舟楫往來，皆由學後繞而西。道光六年，填塞學後尊經閣以東，舟行徑由學前，較爲通暢。其尊經閣以西，留以蓄水，撤去文廟坊前橋二座，增建石橋一座於玉振門西。金聲、玉振坊，先是廟門前爲通衢，乾隆六年增建兩坊，於左右立柵門以節行人，在玉帶河之南，道光六年，移建於河之北。屛牆，設兩穴爲龍眼，前爲止步街，街南爲外泮池。廟左右坊，東曰"德配天地"、西曰"道冠古今"。黌門，廟側門也，在戟門外之東旁，文武官行香至門外下輿馬。崇聖祠，舊爲啓聖祠，雍正中，奉例擴而新之，殿三間南向，五龕以次而前。（723）其前儀門三間，又前爲外門。初時與黌門遙對，乾隆五十三年重建，改爲南向，加以圍牆，左右立柵門、下馬碑。

　　學制：彙徵坊，學署之前，向爲彙徵樓，歲久且圮。乾隆七年，改建爲坊，對坊街南俱係民居，加砌照壁。彙徵橋，在彙徵坊內，跨玉帶河。道光六年重建。頭門，三間，榜曰"儒學"，內有大司成坊、詞林正氣坊，俱詳見"坊表"。忠義孝悌祠，在頭門內，並列者爲雙忠祠、貢公祠，俱詳"祠廟"，今未建。二門，三間，中一間署云"禮義相先之地"，東土地祠，西城隍祠。（724）進賢門，在大成殿左翼門外，東向。明倫堂，在大成殿後，三間。兩翼屛門刻孟子"居天下之廣居"一節，今未刻。歷朝碑石具厝於壁。舊有"同年十五舉子""一秋兩京解元"二額。後增探花季芝昌、會員夏子齡、解元鄭經三額，歷朝文武鄉會貢舉題名，今未懸。兩翼左右設鼓鐘，凡講學、行禮、丁祭、習儀在焉。尊經閣，上下五間，在明倫堂後，閣下中間供文昌神位。今未建。時習齋，在堂前東偏，中三間，通教諭廨，南北各三間，有樓，前爲步廊，今無樓。日新齋，在堂前西偏，通訓導廨，制與時習齋同。教諭廨，在時習齋內，中爲君子堂三間，其前有門，南向。其東書房四間，其後內屋四間，今少一間，從屋一間，廚房二間。（725）訓導廨，在日新齋內，中爲養賢堂三間，庭有門，南向。堂之東爲書房一間，後東向側厢二間，內屋三間，厨房二間。時習齋迤南有瞽井，上覆以屋。係乙酉年，節愍馮公之妻王氏暨節愍公之瞽姊殉節處，訓導黃恩、孫澍徵題石表之。三台墩，尊經閣後積土成堆築如三峰，今學頭門內亦有三台墩云。

（卷七"秩祀"，820）文昌廟，在春輝門朝陽關外，嘉慶六年，奉旨列入祀典。咸豐十年，廟毀，克復後就公所設位致祭。（835）名宦祠，在文廟欞星門東。（837）咸豐十年祠毀，今重建。鄉賢祠，在文廟欞星門西。（842）咸豐十年祠毀，今重建。（846）忠義孝弟祠，在學宮內，雍正元年奉詔建，十二年立石。節孝祠，在中街學宮東。雍正元年，奉（847）詔建。乾隆中，節裔楊謙益、陳大中兩次倡修。六十年，邑紳趙時煦倡諸節裔拓而新之。道光七年、十一年，節裔陳培因祝登墀集資改建，正祠三間、左祠三間、右祠三間。咸豐十年毀，同（848）治八年，先建從屋八間。

光緒《靖江縣志》

光緒《靖江縣志》，成文出版社有限公司，1983年。

靖江縣

（卷二"營建志·壇廟"，38）文昌廟，舊在南城外武廟西。不知建自何年，國朝嘉慶四年，邑人盛剛來增奎星閣。十八年，臨坍拆卸。道光十年，邑人朱武筠、陳司凱、朱文瀚等勸捐重建於城東南隅，門三楹，盛襄承父志建，仍名奎星閣，殿三楹，後殿三楹，兩翼室左右繚以墻垣。（44）節孝祠，在南關外，舊係前門一間，大廳一間。道光十年，紳士朱武筠、朱文瀚等勸捐增建前門兩間、後堂三間，諸節裔共捐平沙課田六十八畝有奇以資香火。

（卷六"學校志·廟學"，110）明成化八年，知縣張汝華建廟學縣治西，地二十四畝零，度癸丁向爲文廟，左右翼以兩廡，安崇祀先賢主，前爲戟門、泮池、欞星門，左爲學門，由學門直北西轉爲儀門，大成殿後爲明倫堂，堂左右有齋曰明善、曰復初。（111）十七年，知縣陳崇德鑿泮池，建石橋。宏治元年，知縣金洪築外垣，浚左右河。正德三年，知縣周奇健修學。六年，知縣殷雲霄增建至道堂及六德舍、六行舍，以次闢九疇圃，築觀海亭，鑿監止池。嘉靖三年，知縣易幹奉詔改大成殿爲先師廟，易塑像以木主（初，洪武三年，詔以聖廟爲大成殿，象先師、四配、十哲於其中，左右兩廡分列七十二子與從祀諸賢神位。嘉靖三年，詔改殿爲廟，撤諸塑像，易以木主，稱曰至聖先師）。縣承韋商臣修學，建教諭、訓導廨。越三年，知縣鄭翹、教諭陳應龍修學。（112）四十二年，知縣王叔杲修學，建集虛齋。（113）萬曆二年，知縣張師載建尊經閣。（114）十年，知縣陳文燧修學、建廟坊（修學碑記在茶廳，惜字多模糊不可識辨）。三十年，督學發學租，令諸生重建尊經閣，移敬一亭，修會膳堂（時諸生請於學使，發學租三百金重建尊經閣，移敬一亭於後閣之前，會膳堂七楹，盡撤舊材易以新，費約千餘金，皆諸生醵金爲之，盛時杰輸十之七，一時稱爲義舉）。四十三年，知縣趙應□暨教諭陸明揚修泮池水道，通南市河（戟門外復甃水道以磚石，引泮池作九曲勢，與南市河通，更移前坊稍北，下障以門，左右皆繚以朱欄，欞星門周圍十餘丈，泮南作崇埠，高三丈，廣倍之）。崇禎二年，知縣唐堯俞暨教諭余懋嚴改築會膳堂、敬一亭，鑿外泮池，移崇埠於市河之南（以形家言，易會膳堂於學門之内，移敬一亭於啓聖祠前，鑿外泮池於市河通泮南，崇埠更移之市河之南）。□年，知縣陳函輝修學（時陳侯捐俸三百緡，益以贖鍰，共千餘金，數月告成）。（115）國朝順治元年，恭建御製臥碑於明倫堂。十二年，督學張能鱗將之泰興，過靖江，令知縣郭□然、教諭徐籀修學（是年四月，督學張公由靖之泰謁於廟，見學宮傾圮，明倫堂尤甚，令郭侯及徐學博修之）。（116）康熙七年，知縣鄭重暨教諭袁元修學。（117）二十四年，恭揭御書"萬世師表"匾額於先師廟。是歲，定以八月二十七日爲先師誕辰。雍正二年，詔封先師五代以王爵，改啓聖祠爲崇聖祠，奉肇聖、裕聖、詒聖、昌聖、啓聖五王神位。三年，詔祀先師以太牢。六年，恭揭御書"生民未有"匾額於先師廟。十二年，知縣舒香修學。乾隆元年，恭立世宗憲皇帝御製"平定青海"碑於學。五年，恭揭御書"與天地參"匾額於先師廟。十八年，知縣馬鵬飛修學。二十四年，知縣朱洛臣修學。（118）二十五年，知縣徐玉衡修學。五十五年，知縣畢所密修學。嘉慶五年，恭揭御書"聖集大成"匾額於先師廟。道光三年，恭揭御書"聖協時中"匾額於先師廟。五年，知縣張敦道修學（時張侯敦道署邑篆，延紳士劉文銓、朱武筠、劉掌銓、朱文瀚等勸捐錢四千緡，董其役事）。（119）咸豐二年，恭揭御書"德齊疇載"匾額於先師廟。同治三年，恭揭御書"聖神天縱"匾額於先師廟。光緒二年，恭揭御書"斯文在茲"匾額於先師廟。三年，知縣葉滋森修學。

（卷六"學校志·宮制"，119）先師廟三間，東西廡各十間。戟門三間，前有泮池，架三洞石梁。櫺星門三間，茶廳三間，櫺星門左。祠三間，櫺星門右，舊祀陳侯函輝。祭器庫一間。明倫堂三間，先師廟後。明善、復初齋各一間，明倫堂左右。左右齋房，各五間。左右號房各二間。東西掖門各一間。學倉，明倫堂後，東西列，今廢。尊經閣，七間，明倫堂後。敬一亭，今廢。會膳堂，七間，今為更衣廳，移在儀門外。志道堂三間，號舍十二間。射圃亭，今廢。吏舍三間。崇聖祠，三間，尊經閣左，祠門一座。名宦祠，三間，崇聖祠左。（120）鄉賢祠，三間，崇聖祠右。儒學門，三間。土地祠，三間，學門內東。更衣廳，五間，土地祠後，西向，會膳堂移此。儀門，三間。教諭廨，集虛齋故址，門一間，堂五間，宅五間，小廂樓一間，厨一間，後關房五間。訓導廨，舊存，後關房六間。道光五年修學，增建廳三間，堂五間。

洪武《蘇州府志》

洪武《蘇州府志》，成文出版社有限公司，1983年。

蘇州府

（卷十五"祠祀·大成至聖文宣王廟"，577）本府廟在府治東南。

（578）府治東南舊有文宣王廟，俗稱夫子巷，長洲縣令王禹偁上知州柴成務書請撰廟碑。《續志》云，景祐中建學，此廟雖廢而俾不建。建炎兵火之餘，碑石猶在。紹興初，居民侵其地，遂不復見。朱長文《蘇州學記》云，郡城東南有夫子廟，所處隘陋，亦扣此地。趙彥衛《漫鈔》云，崇觀間，與三舍，於此建長洲縣學，後罷舍法，學亦廢，地歸臨安裴氏，蓋誤聞也。按咸淳初，趙與鑒撰《景文堂記》云，長州縣南一百步有孔子廟。

（卷十二"學校"，472）府學，按《祥符圖經》有至聖文宣王廟，在於城西南，未言有學。考之唐史刺史李栖筠始增學廬，則前此蓋有之，未詳的在何地（朱長文云，吳郡未有學，蓋不審也）。宋景祐初，范公（仲淹）來典鄉郡，嘆庠序之未作，因州人朱公綽等所請，上之於朝。二年，詔蘇州立學，仍給田五頃，乃割錢氏南園之一隅以創焉。廣殿在左，公堂在右，前臨泮池，旁有齋室。是時，學者才逾二十人，或以爲太廣公曰：吾恐异時患其隘耳。乃置學錢，命師儒延安定先生胡瑗翼之首居於此，更八政，學始大成，郎中富嚴又建。熙寧中，校理李縱又割南園地，以廣其垣。至元祐中，學者倍□於曩時，公綽之子長文掌學事，患其傾陊偏迫，復與同僚議請南園隙地，以廣（473）齋廬，會仲淹之子純禮制置江淮六路漕事，持節過家，以事奏聞，詔給度牒十紙，充其費，而戶部郎中劉瑾、直龍圖閣王覿大增修之，長文因序其始末，自爲之記。建炎兵毀，先葺學宮，而廟貌未遑作也。紹興十一年，直學士梁汝嘉始建大成殿。十五年，直學士王□繪兩廡像，創講堂、闢齋舍，規模宏敞，視昔過之。乾道四年，直秘閣姚憲，闢正路，疏泮池，立菜芹亭。九年，直秘閣丘崈建直廬。淳熙二年，修撰韓彥古作仰高亭。十四年，修撰趙彥操建御書閣。寶慶三年秋七月，大風雨，殿閣、堂館、直舍、門廡、齋亭，皆摧圮欲壓。紹定二年，復田得租，逐一新之，始於直秘閣林介，成於朝請郎王與權、朝請大夫王栻、直寶謨閣李壽明，記之者吳潛也。淳祐六年，待制魏峻又因教授何德新請，出錢五萬緡，復加興葺，李起爲記。寶祐三年，學士趙與□拓地鑿池，（474）新作橋門等處，移菜芹亭與外門，相映顯敞，尤過於前。御書閣之陰有堂，曰"成德"，即公堂也，又有傳道堂，堂後曰"泳涯"，而立雪亭、書堂又在其後。堂右土阜上有道山亭，本南園之故丘，即朱長文所題泮山者，齋曰敏行、育德、中立、就正，隆本以處宗室子弟，立武以處隸習武舉之士，養正以教小學，興賢、登俊以處士之俊秀者，正錄、職事亦各有位，視他郡爲勝。元大德初，殿宇摧壞，治中正都中謀於兩浙鹽運使朱虎以私財徹而新之。舊御書閣居殿之西，正直講堂之前，因暴風之災，圮廢已久，延祐中，教授陳君伯請於郡，俾邑士沈文輝掄材料工，創造於講堂之北，改扁曰尊經。至順、至正間，前後郡守皆以興學爲事，宮之外周圍舊築土爲垣，屢修輒圮，乃悉陶甓甃之，俱有記可考。本朝定天下，文教敷洽，設教官師弟子員，習經史六藝爲體（475）用之學，人材輩出矣。洪武六年，修葺廟學，復闢南園，開向南正門達於通衢，立石紀事，別見"文類"。六經閣，宋慶曆初，富嚴建，張伯玉記。建炎兵毀，累欲作之，勿果。淳熙十四年，趙彥操始即舊址重創爲御書閣，藏高宗所賜御書石刻六經，洪邁有記。元大德間，暴風圮廢，總管曹晉，繼之者師克恭、教授陳君伯，改建於舊傳道堂之後，即泳涯、書堂、立雪亭故址，扁曰尊經閣，記之者浦城楊載也。傳道堂，即校試廳。宋元祐四年，王觀建於公堂之陰，扁今名。乾道間，丘密重建，元改爲止善堂，今爲至善。明倫堂，即公堂也，堂下有古檜，相傳建學時所植，齋序對列，中庭有池，中門外有泮池，架橋通於門。射圃，在學宮西偏，藍師稷書扁。淳祐間，作亭其中。寶祐間，（476）趙與書"觀德"二字。本朝闢地寬廣，重建觀德亭。道山亭，在泮山上，洪武三年重建。菜芹亭，在靈星門外西。恪恭亭，在靈星門外東。范文正公祠，在大成殿後。公，宋參知政事，贈太師中書令，封魏國公，諱仲淹，子二人，丞相許國忠宣公純仁，侍郎周國恭獻公純禮從祀。先賢祠，在大成殿後。（478）興學祠，在先賢祠後。教授廳，先在大成殿後。洪武七年，重建於明倫堂之西偏，即今廳也。

吳縣

（卷十五"祠祀·大成至聖文宣王廟"，557）吳縣廟在縣治西南。

（卷十二"學校"，480）吳縣學，宋景祐時，在縣治之東南，縣治即今之三皇廟基也。紹定初，縣令趙善瀚以其地隘窄，乃於賓興坊舊貢院南改創，即今學廟是也。建講堂曰明倫，四齋曰登賢、升俊、育德、尚志，司憲林介撥公產以助之。嘉熙四年，知縣魏廷玉、主學孔燁始爲修葺，施清臣爲之記，慈胡先生楊文元公就養於吳，既沒，學者思無忘，祠於學宮，門人知府趙興□、提刑陳塡、知縣胡宗臣崇飾薦奠，題名存焉。淳祐七年，趙汝證重修，王極爲記，有菜芹亭、風雩壇。元至正間，縣長馬祖憲始新殿堂、齋舍，更塑文宣王、四國公像，繪西廡先賢，創教諭廳，縣尹張經斲石爲靈星門，楊彝又加修葺，周（481）以垣墉，皆有記述。本朝洪武二年，修理一新。三年，設教諭師生，闢射圃習藝，創觀德亭。

長洲縣

（卷十五"祠祀·大成至聖文宣王廟"，557）長洲廟在縣治東北。

（卷十二"學校"，479）長洲縣學，在府城東北。先是，縣未有學，附於郡庠，曰"麗澤"。咸淳元年，主學宋楚材率邑人請於知府陳均，始以廣化寺藏室改創，俞棪作記，講堂曰禮堂，因魏文靖公所篆，舊扁四齋曰富文、貴德、廣業、博學，又作景文堂，因企慕鄉賢范文正公命名。八年，提刑洪起畏拓地闢門，爲南面，後毀未有顯所。元即長洲縣驛舍爲孔子廟。大德六年，縣移郡治側，即縣治故址爲學。至正改元之三年，縣長玄童俾教諭顧元龍、耆儒邊景元以禮勸前徽州路學教授郡人陸德原創建，禮殿、兩廡、三門、論堂、齋舍、庖廋皆備。越三十八年，寖以頹弊。本朝洪武七年，修治一新，始開學門於廟之右。學有先賢祠。（480）射圃，有觀德亭。續創公廨三間，以爲教官栖息之所。兩齋添蓋爐亭各一間，爲師生藏修之地焉。

常熟縣

（卷十五"祠祀·大成至聖文宣王廟"，578）常熟廟，在縣東南二百步。

（卷十二"學校"，483）常熟縣學，在縣南稍東二百步，前臨運河。按宋《祥符圖經》云，文宣王廟在縣東五十步，學之創始無所考證，僅有屋梁題至和紀年。淳熙十年，曾榮增葺，名堂曰"進學"。紹熙三（484）年，葉知幾改明倫堂，并自題額，舊有九齋，曰崇德、時習、好謀、朋來、利仁、隆禮、育英、守卓、隆德。後，存崇德、時習、尚志、正己、朋來、育英六齋，又改四齋，曰尚志、尚德、尚賢、尚文。慶元三年，孫應時於堂東別建言子游祠。開禧三年，葉凱修飾廟學。端平初，王熵復因故址闢而新之，仿郡庠之制，東爲禮殿，徙吳公祠於殿後，東建六先生祠，西爲學宮，仍扁堂曰明德，六齋曰至道、據德、依仁、游義，曰稽古以儲祭器、祭服、官書，其小學曰象賢，以教言氏子孫，且別爲廩給，總爲屋百二十楹。元升縣爲州，學設教授主教養事。本朝仍改爲縣，設教諭、訓導、生員。洪武八年，復建先賢祠於子游祠東，奉文正范公仲淹、安定胡公瑗修齋，王公□闢射圃，建觀德亭。

昆山縣

（卷十五"祠祀·大成至聖文宣王廟"，578）昆山廟，在縣西南。

（卷十二"學校"，482）昆山縣學，在縣西南二百九十步。唐有文宣王廟，廟堂後有學室。大曆九年，令王綱闢學於廟垣之右，設博士以訓學徒。五代，廟毀。宋雍熙四年，令邊傲因遺址重建廟堂，門闌甚麗。元豐四年，爲風潮所壞。元祐初，知縣杜采新作廟（483）堂、齋廡、公廨、庖廩凡四十楹。紹興二十八年，知縣程沂闢廣垣墻，重築外門，殿堂、齋廡悉修完之，蔣琛名其講堂曰致道。隆興以後，知縣李結、葉子強、周承勳、李裯相繼修葺。慶元間，章萬里改致道堂名明倫。嘉定間，巫似修重構大成殿。淳祐間，徐聞討修之，復立月書季考之式，袁嶼又增直舍，學有六齋，居仁、由義、教忠、履信、致道、成德。咸淳間，林桂發建主學廳於東北隅。元元貞初，縣升爲州，學設教授。至正間，知州費克明因學久敝，復鼎新之，楊維楨記。本朝，仍改州爲縣，學設教諭、訓導、生員，增飾禮殿、門廡、講堂、齋廬，築射圃，建射亭。

吳江縣

（卷十五"祠祀·大成至聖文宣王廟"，578）吳江縣廟，在縣東門外。

（卷十二"學校"，481）吳江縣學，在縣之東南，先是文宣王廟在縣治西南。大中祥符中，詔郡邑修廟，縣令李可度、尉聶復始作新之，轉運使陳堯佐爲記。慶曆七年，縣令李開、尉王庭堅議改廟建學，率民輸錢數百萬。未幾，詔郡縣不得新立學，遂移其材創立長橋。元祐中，程端始克立之。紹興間，石轍以東開江營舊基及邑人王份獻地，改建廟學，即今址也。淳熙初，趙公虞又拓，其規制凡三十餘楹，自此殿庭、堂宇、器服、□積，靡不完整，歲取米幾千斛，錢若干緡，教養大備，講堂曰明倫，四齋曰興賢、進德、時敏、日新。淳祐初，有相者謂，學之左右，水若循環，必有興者，學長王南（字仇香），因而徹之，創登龍（482）橋於左。四年，南占後科鼎魁，十年陳炎發相繼登第，識者信其有徵云。元至元十三年，元帥寧王駐兵鎮吳江，重建殿宇、講堂，塑繪先聖、先賢。元貞初，升縣爲州，學設教授主學事。自大德以訖至正，增建靈星門、儀門。本朝改州爲縣，設教諭、訓導，置生員，立射圃在學西南。洪武二年，置觀德亭。

（482）震澤鎮學，在本鎮。宋寶祐初，邑士沈義夫以著作王蘋、教授陳長方、中書舍人楊邦弼居游之地作祠立學，以私淑後進，先設教諭以主學事。

嘉定縣

（卷十五"祠祀·大成至聖文宣王廟"，578）嘉定廟，在登龍橋南一百九十五步。

（卷十二"學校"，485）嘉定縣學，在縣治南。宋嘉定十二年正月，高衍孫建，凡四十餘楹，講堂扁曰化成，四齋曰博文、敦行、立忠、履信。紹定二年，王選重修，改堂曰明倫，齋曰正心、博學、篤行、明德。淳祐九年，林應炎重飾門墻，新塐像，作直舍，立興賢坊。景定，宋常楙市材欲修禮殿，不果。咸淳初，史俊卿繼成之。元至元間，邑民王子照入田租以贍師生。大德、至治中，繪像先賢、鑄祭器、增田租、置大成樂、重修廟學、塑聖像。至正丙申，諭堂毀於火。次年，州守張元良重建於廟東，作儀門及左右齋舍，同知張經復增外門，易舊門爲教官廳。本朝仍改爲縣學，設教諭、訓導、生員。洪武六年，重建靈星門，修大成殿，築射圃，創射亭。

崇明縣

（卷十五"祠祀·大成至聖文宣王廟"，578）崇明縣廟，在縣東北。

（卷十二"學校"，486）崇明縣學，宋嘉熙間，奉使趙崇侯始建書堂。元升縣爲州，後遂爲學。泰定間，造講堂，建大成殿，設齋廡。州址爲潮所削，至正間，遷於州治崇文坊，人士向義重構禮殿、廊廡、明倫堂、尊經閣，翰林修授張士堅記其事。本朝，改州爲縣，設教諭、訓導、生員。先隸揚州，八年，改隸蘇州。

乾隆《震澤縣志》

乾隆《震澤縣志》，成文出版社有限公司，1970年。

震澤縣、吳江縣

（卷六"壇廟祠"，253）學土地祠，祀儒學土地之神，建置詳"學校篇"。儒學文昌閣，祀文昌及奎宿之神。

（卷七"學校"，295）震澤縣之廟學，與吳江縣共。吳江縣之廟學，乃宋紹興中知縣石公轍以東門外開江營舊址，及邑人王份獻地所建時，始有大成殿（《吳江舊志》並云，嘉定八年重建大成殿，而莫詳其建之始。今按黃由記云，殿之建距今已七十年。是即始於紹興中石公轍也，故補之）。乾道初，知縣趙公廣拓其地，建明倫堂（按陳從故記云，乾道之初，乏宰，再歲知縣趙公領事之始，即卜日鳩工，則修學乃乾道三年事。《舊志》所云乾道初，是也，記中乙未字，乃傳寫之誤，不可以此而疑之），立四齋、曰興賢、曰進德、曰日新、曰時敏，通號舍爲三十楹，又建琴書樓爲師生游息之所，自此殿庭、堂宇、齋舍靡不（296）完整，陳從古記。淳熙五年，知縣陳燾重修。嘉定八年，知縣孫仁榮重建大成殿，黃由記。十年，知縣呂祖憲復修整廟學。淳祐四年，學長王南建登龍橋於左。宋季悉毀於兵。元至元三十年，都元帥寧玉、校尉杜福重建正殿，塑繪聖賢像。三十一年，縣尹王柔又建講堂、齋舍，儒學提舉朱子昌記。元貞元年，升縣爲州，改名州學，設教授主學事，四齋各設訓導一員。大德二年，教授謝起東增立兩廊，繪從祀諸像。四年，知州李圮始建靈星門，繚以周垣。七年，州判王英重（297）飾聖賢像。延祐四年，知州高仁修殿堂、齋舍。明年，復增建儀門、屛墻，教授顧儒寶記。至治三年，教授孔文槱重修，即儀門增戟二十有四。至正十一年，知州邵萬重修，貢生陸居仁記。十三年，達魯花赤札牙進建戟門，置大成樂，肅政廉訪使許從宣記。明洪武二年，仍名縣學，定日新、時習二齋，設教諭、訓導，鐫置臥碑，立射圃在學西南。八年，置觀德亭（立射圃及置觀德亭年，本《盧志》）。三十年，教諭汪茂實修，仍飾聖賢諸像。正統十三年，巡撫周忱、知府朱勝復徙左右民居，以展宮墻，改建明倫堂於大成殿之右，堂下爲兩齋，左日新、右時習，上下爲號房，琴書樓在其後，土山（298）忱其陰，堂前爲泮池，跨以石梁，又前爲儀門，外則樹坊爲儒學門，署曰"泮宮"，與靈星門並。而靈星門亦更以石，大成殿及兩廡咸撤其腐而新之，聖賢諸像並加繪飾。由是，左廟右學，秩然有序，巍煥崇麗，至此而規模益宏遠矣。景泰六年，巡按御史趙縉檄知縣王懋本即琴書樓廢址建後堂，中貫以穿堂三楹，又建學舍三十六楹。天順五年，知縣章亮於倉庫後建教諭及兩訓導廨舍。成化五年，提學御史陳選廢梓潼祠，改祀鄉賢，又廢土地祠，後以祀名宦（鄉賢祠，在大成門左，西向；名宦祠與鄉賢祠【299】對）。八年，知縣王迪復徙靈星門左右民居，以廣廟廷。宏治十年，知縣郭郛修，趙寬記。正德十年，巡按御史唐鳳儀改建明倫堂，增建學舍十六楹。嘉靖三年，知縣王紀修，周用記。七年，奉詔建敬一亭，鐫置御製敬一箴碑。九年，詔郡縣更聖賢稱號，以主易像，又令各建啓聖祠。於是，有司悉撤諸賢像，而以髳蒙聖容，建啓聖祠於儀門外西南。十六年，知縣林應麒建泮宮坊於學宮前。三十二年，知縣（300）楊芷重修廟學，更於敬一亭後築時化、射圃二亭，啓聖祠後分鄉賢、名宦二祠，周大章記。萬曆二十七年，知縣孫大壯易廟左街東民地建文昌閣，架石梁度之。三十八年，知縣馮任復修廟學。四十八年，知縣曹欽程廢文昌閣。泰昌元年，署篆同知康元和即時化亭址建尊經閣。天啓三年，知縣晏清重建文昌閣。崇禎二年，知縣熊開元大修廟學，重建龍門。六年，署篆同知伍維新移啓聖祠於廟陰，展其地以廣名宦、鄉賢祠。十四年，知縣葉翼雲即射圃亭址建觀德堂。十五年，又重建日新廨於啓聖祠右。國朝從明(301) 制，仍名縣學，設教諭、訓導各一員。順治中，知縣唐增、吳就恒、雷珽、教諭洪天開相繼修整。九年，恭建御製臥碑於明倫堂。康熙五年，同知魯超、推官龔在升、知縣劉定國修。十六年，教諭丁人杰、訓導秦去非重修。十八年，邑人董閶修儒學門。二十三年，知縣郭琇、訓導秦去非重修廟學。二十四年，恭揭御書"萬世師表"扁額於先師廟。四十二年，知縣張元振、教諭夏聲、訓導沈珍重建尊經閣（諸生童心捐貲最多）。四十九年，知縣張壽峒重修文昌閣。五十三年，建鄉賢祠。五十六年，知縣石拱極修整文廟，知縣葉王前繼成之。五十七年，竣功。雍正二(302) 年知縣徐永祐奉詔即啓聖祠改建崇聖祠，邑人周允吳記。四年，知縣徐永祐又移名宦祠於大成門外之東，鄉賢祠於大成門之西（按二祠舊並在泮宮西）。是年，析置震澤縣，以訓導專理震澤學，吳江學惟存教諭。於是，教諭廨仍屬吳江，訓導廨遂分屬震澤，其廟學諸祠則並兩屬焉。五年，恭揭御書"生民未有"扁額於先師廟。六年，吳江知縣徐永祐又奉詔建忠義孝弟祠（即舊鄉賢祠址，其祠亦二縣並屬。按節孝祠即舊名宦祠址，以劃在學宮外故不列）。十年，邑之紳士移建登龍橋在舊址東約十步。十一年，知縣鄧圭、吳江教諭廖維新重修文昌閣。乾隆五年，恭立世宗憲皇帝御製"平定青海"碑於尊經閣，恭揭御題(303) "與天地參"扁額於先師廟，吳江縣知縣陳王言募修崇聖祠，訓導童賢印、吳江縣學教諭廖維新重修明倫堂、尊經閣及龍門。九年，知縣陳和志、吳江縣知縣丁元正重修大成殿，迄今規制整備。廟之外爲靈星門（凡三座，高二丈六尺，前臨河，河壩有石欄。按廟與學河壩並雍正十年吳江教諭廖維新捐修），次大成門（明初止三楹，今五楹，兩掖又各三間。元時，門兩行列戟各十三，故名戟門。明嘉靖初，去戟，扁曰"大成"），名宦祠在左，鄉賢祠在右（按二祠，明成化中本在此，東西相向，後移至儀門外西南，及改建忠義孝弟與節孝二祠，仍移大成門左右，而並南向焉。又成化中，二祠下有神厨及宰牲房各三間，嘉靖間並圮），中爲大成殿，翼以兩廡（明初，東西各二十四間。嘉靖間，各一十四間。今東西各九間），後爲崇聖祠（按殿後舊有神庫三楹以貯祭器，學倉三楹以貯學田租，並久圮，其祭器今貯於明倫堂東號舍），學之外爲門（凡三楹四表，與靈星門並上題"泮宮"二字，門外鎮以石獅，河壖亦有），（304）次儀門（又稱禮門，舊三間，今同儀門，外東爲廟旁門一間，西之北爲訓導廨門一間，其南爲忠義孝弟祠，門亦一間，儀門西爲土地祠，其西南爲忠義孝弟祠，祠後爲訓導廨，次龍門（一座），中爲明倫堂（凡五楹三軒），堂中有臥碑，堂下有泮池，跨橋以石梁，旁列兩齋，各三間，上下俱號舍（按明初號舍凡三十六楹，嘉靖間二十四楹，今東西各七間。又按明倫堂之左，明初有膳堂、廚房各三間，並久廢），堂後爲尊經閣（按明成化中，堂後有穿堂三間，後堂五間。嘉靖間又有敬一亭及時化、射圃二亭，後復即後堂舊址建琴書樓，並久廢。其尊經閣即時化亭舊址也），其東北爲吳江學教諭廨〔按教諭廨，明初在倉庫後。嘉靖間，稍移至西偏，即今處也。又按明初教諭廨左右有兩訓導廨。嘉靖間並（305）移於左，既而時習廢，移鄉賢祠後。日新廨曾於崇禎間重建，後亦圮廢〕。

萬曆《重修崑山縣志》

萬曆《重修崑山縣志》，成文出版社有限公司，1983年。

崑山縣

（卷三"學校"，188）儒學，在縣治西南二百九十步。舊有文宣王廟，在縣東。以（189）兵火廢。唐大曆九年，大理司直王綱爲縣令，始建學於廟垣之右，設博士以訓學徒。（190）歷五代，廟學俱毀。宋雍熙四年，縣令邊倣因舊址重建。（191）元豐四年，壞於風雨。元祐初，知縣杜采遷今縣治西南，作廟堂、齋廡。紹興二十八年，知縣程沂闢垣墻外門，郡守蔣璨名堂曰"致道"。隆興間，知縣李結、葉子強、周承勳、李稠相繼修葺。慶元間，章萬里（192）又修之，改堂曰明倫。（193）嘉定間，巫似修構大成殿。淳祐初，徐聞詩修，袁璵增建直舍，齋凡六，曰居仁、由義、教忠、履信、致道、成德。咸淳間，林桂發又建學廳。元元貞初，升爲州學，設教授一員。延祐元年，州移太倉，學隨之。至正十七年，（194）州復舊，知州費復初仍建於此。國朝洪武二年，改爲縣學，設教諭一員，訓導二員，定爲兩齋，東曰居仁、西曰由義，又闢射圃，立觀德亭。成化十九年，巡按御史張淮購地拓基，鼎新增建。（195）弘治（196）五年，知縣楊子器建尊經閣。嘉靖中，建敬一五箴亭、啟聖祠，知縣楊逢春移改號舍。萬曆三年，巡按御史邵陛、知縣申思科重修殿堂、齋廡、尊經閣，增築殿前露臺。（197）欞星門三座、戟門三間、大成殿三間、兩廡共一十二間。（198）啟聖祠，在大成殿西。神庫，在東廡北。神廚，在戟門外東偏。明倫堂，三間、三軒，在大成殿後，前有大石高丈餘，玲瓏古怪，儼若奇峰，名曰"玄雲"（一名龍頭），衛文節公西園舊物，知州費復初徙置於此，陳魯撰銘。進士舉人歲貢題名碑三座，並在明倫堂左壁。（199）居仁、由義二齋，在明倫堂左右。育賢堂，在明倫堂後，師生會饌於此。敬一五箴亭，在明倫堂左。（200）尊經閣，在育賢堂後。退省堂三間，舊在明倫堂西南。由自修門入，內有號舍三十六間。嘉靖間，知縣楊逢春改建號舍於明倫堂東，共二十間，以其地爲訓導衙。倉庫，在育賢堂左右。泮池，舊在明倫堂前玄雪石下，後改鑿欞星門外。隆慶六年，知縣申思科復於池之兩旁各置石牆，限以石門。射圃八畝，內有觀德亭，在啟聖廟西。教諭衙，在明倫堂右。訓導衙，在明倫堂左，今改西南。儀門，三間，面東。儒學門，舊在大成殿東。宣德二年，本府同知張徽以其地淺露，移置戟門外東南舞雩橋西，壘石爲基，增建（201）三間。

（卷三"祠廟"，209）名宦祠，在儒學儀門外。嘉靖中，知縣楊逢春移置慧聚寺法華堂，今仍改建故處。鄉賢祠，舊在儒學儀門外。嘉靖中，知縣楊逢春改建於景德寺西，即報國寺佛殿。六先生祠、先賢祠、賢守令祠，俱在儒學內，今廢。（213）葉文莊公祠，在儒學後。弘治二年，知縣揚子器建。（214）文昌梓潼祠，在清真觀內。（215）魏恭簡公祠，在儒學東，祀太常卿魏校，嘉靖中建。

光緒《昆新兩縣續志合志》

光緒《昆新兩縣續修合志》，成文出版社有限公司，1970年。

昆山縣、新陽縣

（卷四"學校"，64）文廟儒學，在昆山縣治西南二百九十步（地區五嵒齊禮坊圩六百九十二號，舊係免科地。國朝康熙四十二年，丈見廟址及儒學基地共四十畝七分七釐三毫）。唐文宣王廟，在縣治東七十五步，即今察院基（邑之有文廟，《舊志》俱未詳創始年代，想當在貞觀以後，咸亨以前耳）。大曆九年，大理司直王綱爲縣令，重建學於廟垣之右，設博士以訓學徒。黃巢之亂更五季五、六十年，廟學俱廢。宋雍熙四年，知縣邊儆因遺址重立廟。大中祥符元年，加謚玄聖文宣王，詔錫九經於州縣學。咸平五年冬十二月壬申，以國諱詔改玄聖爲至（65）聖。景祐四年，郡守范仲淹請立郡庠，詔縣更置學，麗先聖廟如郡庠。元豐四年，壞於風潮。元祐初，知縣杜操始移建今所，廟堂、齋廡、庖廩凡四十楹。大觀元年，頒八行八刑敕令碑。政和中，賜御書"大成殿"匾額。紹興二十八年，知縣程沂重修，開闢墻外門，郡守蔣璨書學匾，名講堂曰"致道"。乾道改元，知縣李結重修。淳熙間知縣葉子強、周承勳，紹熙間知縣李稠相繼修之，各有記。慶元五年，知縣章萬里重修，改致道堂曰明倫堂。嘉定十四年，知縣巫似修，重建大成殿。淳祐初，知縣徐聞詩重書學匾，有六齋（居仁、由義、教忠、履信、成德、致道）。六年，御書白鹿教條，頒天下郡縣立石。開慶間，知縣袁嶼建直舍。咸淳間，知縣林桂發修創尊道、貴德兩祠於講堂東西，移四賢、六先生祠增廣之。元至元五年，監州八資剌大加修治。(66) 十三年，典教王夢聲大加修葺。元貞二年，升縣爲州，以學爲州學。大德十一年秋七月，詔尊孔子，加大成至聖文宣王。延祐元年，州移太倉，知州翟廷玉謀徙學不果。知州王安貞至，建廟學於州治之北。元統二年，詔內外興舉學校。至正四年，知州王世杰重修，作新堂於明倫堂北。十七年，州復舊治，知州費復初即舊址開擴重建。(68) 明洪武二年，復改州爲縣，學爲縣學，設科分教令式於學（至十八年，復頒行臥碑御書於各府州縣學，刊石明倫堂），定設兩齋（東曰居仁、西曰由義）。宣德初，教諭曹升重修戟門，縣丞吳仲郢建神庫於戟門外西偏。正統初，知縣羅永年重修兩廡。景泰元年，知縣吳昭改建大成殿。三年，復增建號房一十五楹於學門外之東。成化十四年，知縣余璣重建明倫堂。十九年，巡按御史張淮以學宮敝隘，命有司拓地增建育賢、退省二堂，居仁、由義二齋，規制始宏敞。宏治四年，知縣揚子器建尊經閣於育賢堂後。九年，詔建啓聖祠。正德四年，知縣（69）鄧文璧重修。嘉靖三年夏，明倫堂圮，教諭楊華倡捐重建，并修葺殿廡、齋閣。五年春竣工。七年，詔建敬一亭（亭，在育賢堂左偏）。九年，詔易聖賢塑像爲木主，并去封爵，改稱至聖先師孔子。十五年，知縣楊逢春重建教官廨舍，添設號房。明年，教諭吳宗周重建射圃、觀德亭。萬曆二年，知縣申思科築垣於殿門之南。三年，復請於巡按御史邵陛出贖鍰重修學宮，增築殿前露臺，明年竣工。二十四年，知縣聶雲翰以帑羨通加修葺。三十年，知縣樊玉衡重修學宮，未及竣工，玉衡以終養歸。崇禎二年夏，育賢堂以大風雨圮毀，教諭洪應紹、舉人王燾等捐貨重建（舊本三楹，至是拓為五楹）。十三年，明倫堂摧壞，邑人顧錫疇與知縣葉培恕集貲修治，并修葺殿廡、齋祠，增建官廳於大成門左右（右間改土神祠），諸生葉奕荃、顧絳、歸莊新兩廡木主而正之。國朝順治二年，加稱大成至聖文宣先師孔子。九年二月，禮部題奉欽依刊立臥碑，曉示生員，立石明倫堂。十五年，提學僉事張能鱗倡捐，通加修葺。康熙九年，順天學政蔣超疏請先聖四科十哲遺像，因明時易木主藏後壁中，應請出安設，奉旨准行。是年八月，知縣董正位、教諭吳謐啟壁出像，奉安原所。十一年，知縣董正位、教諭吳謐與邑人李可汧、盛符升等捐貲修葺大成殿，裝塑聖賢遺像。二十二年，邑人徐乾學與署知縣縣丞朱學周、教諭張其翰集募重修大成殿，重建明倫堂、啟聖祠。三十二年，知縣仇士俊、教諭梁於淇、訓導徐湛源與邑人王哲生募修啟聖祠，重浚泮池。五十二年，蘇州府同知署知縣高鏴與教諭張伉、訓導徐恪倡捐重修。六十年，教諭劉方沛重修育賢堂。（70）（雍正）三年，析置新陽縣，自此兩邑合學。十年，邑人唐德宜、德敏募浚泮池，修築石壁、牆垣，德敏又捐貲修葺與成堂（在明倫堂西南，建置時代無考）。十一年春，邑人顧登建忠義孝悌祠於鄉賢祠西，復重修尊經閣。十二年，劉方沛勸募，職員汪癸正等重建明倫堂並東西齋房，左右共一十二間。十三年，顧登重修大成殿等處并新木主。乾隆元年，方沛請支學租銀修葺兩廡及靈星門，築內外圍牆。十一年，教諭莊汝明請帑重建敬一亭，修治聚星（建置無考）、與成兩堂。十三年，顧登重浚泮池。五十四年，昆山知縣吳之承、新陽知縣王應奎與紳士黃鍾等勸募重修學宮，訓導卜應榮重建與成堂。嘉慶二年，新陽訓導呂星垣募浚泮池。十二年，邑人李以健重修大成殿及兩廡、明倫堂、諸祠，增築崇聖祠前磚石牆垣，復裝塑聖賢遺像。是年七月，以健子存厚以訓導張興載言，與兩邑諸生舉行灑掃，規約集貲設局。十三年，監生程立烜重修尊經閣、育賢堂、敬一亭，并築閣東北圍牆三十餘丈，吳縣監生席世寬築學門外石岸十二丈有奇，監生汪厚基築學宮後西北圍牆二十餘丈，監生李純禮種榆十數株於學宮之旁，諸生諸忠孚、郎際昌、王作霖、王嘉會重浚泮池，修築石岸

（是年，邑人士復增築泮池東磚墻，增設尊經閣神櫥）。十六年，重修大成殿（自是迄今，修葺學宮經費皆出灑掃局）。二十年，重修大成殿、崇聖祠。二十一年，重修明倫堂，暨東西兩齋房。二十二年，重修東廡，重築泮池石岸。道光元年，重修大成殿、兩廡、崇聖祠。二年，重修明倫堂，浚泮池。五年，重修大成殿。二十八年，邑人吳再錫、杜壿等募捐修理大成殿、東西兩廡、戟門、櫺星門、崇聖祠、禮門、義路、明倫堂、東西齋房、名宦、鄉賢、忠義孝悌、堵何二公各祠，並浚泮池。咸豐末，爲粵匪毀殘。同治三年，攝新陽縣事周閑提兩邑租捐餘款錢一萬餘千緡，官爲經理，訓導殷元善監工修葺大成殿，重建崇聖祠、大成門。四年，署昆山知縣張潽撥前任依克機善移交租捐存款錢二千六百千文，署新陽知縣馮渭捐廉錢九百千文，訓導殷元善及紳董等監工重建明倫堂。七年，昆山知縣王定安、新陽知縣廖綸、清丈委員李棠各捐廉，從撥清丈餘款，經紳董重建名宦、鄉賢、忠義孝悌、堵何各祠，及東西齋房、儒學東儀門等處。九年，昆山知縣王定安、新陽知縣廖綸、昆山教諭王芝年重浚泮池。十年，昆山教諭王芝年、署新陽訓導路保和集昆山知縣傅瀚、署新陽知縣梁鵬各捐廉百千文，紳富善堂典當共捐錢七百餘千文，經紳董等監視，重修明倫堂。光緒二年，灑掃局司事請撥當捐存息，並昆山知縣金吳瀾、新陽知縣許恒身捐廉，重修大成殿重檐、東西齋房。三年，烈風吹坍櫺星門、東西栅門石柱，大成殿西古銀杏樹拔根橫欹，請（71）撥當捐息錢修理。是年，昆山知縣金吳瀾、署新陽知縣鈕承筳撥款重浚泮池。四年，灑掃局司事公捐置大成殿兩廡窗櫺、竹簾、叢寶座，四配十二哲龕簾。六年，灑掃局司事請撥當捐息錢復修明倫堂。

廟制：大成殿五楹。崇聖祠三楹，在大成殿西。戟門五楹。靈星門三座，在大成門前。東西栅門石坊各一，在靈星門前，東曰"尼山瑩玉"、西曰"泗水通源"，並明萬曆三年建。泮池，在東西栅門之前，舊在明倫堂前元雲石下，後移浚今所。明隆慶六年，知縣申思科置石欄於池四圍，旁築石墻。

學制：明倫堂，五楹五軒，在大成殿後。東西齋房各六間，在明倫堂前，即居仁、由義兩齋舊址，西齋堂壁間有灑掃碑石二。育賢堂，五間，在明倫堂後。敬一亭，三間，在育賢堂東南。尊經閣，七楹，在育賢堂後。教諭廨，在明倫堂後，舊有聚星堂，在育賢堂西。雍正十三年，始闢署門於明倫堂左。訓導廨，在崇聖祠後，中有與成堂，舊本兩訓導廨，一在明倫堂西偏，國朝裁缺，後圮廢，即今忠義孝悌祠□。（72）儒學大門，三間，在戟門東偏，門東向，舊在大成殿東，明宣德初，蘇州府同知張徽移建今所，壘石爲基。儒學東西儀門，各三間，在東西齋房之南。狀元坊，在儒學大門外。文星閣，在學宮東南城上。本明潮維閣遺址，見"城池"。國朝嘉慶十三年，邑人胡國屛建，上供魁宿像。灑掃局，在明倫堂西齋房後，係學署廢址，國朝乾隆中，訓導呂星垣築室奉母，既去任，改節孝祠。嘉慶十七年，祠移建東塘，遂改爲灑掃局。局起自灑掃會，城鄉人士每月量力輸貲，三年得千數百緡，置田五十九畝七分零，又存貯典鋪生息錢一千餘緡，取其息以供朔望前一日剃草掃除及朔望拈香之費。定設司季四人、司月十二人輪管，遇有應行修葺之處，彙商協辦。射圃，在崇聖祠西。國朝道光五年，昆邑庠生鄒文杰兄弟以父監生興槐遺命，捐築石墻三十六丈。觀德亭，在射圃內。國朝道光五年，昆邑庠生孫方、鄒文杰建。按射圃觀德亭，創自明洪武初。成化間修。嘉靖十六年，教諭吳宗周偕諸生重建，規制宏敞。萬曆中，復修。後遂圮廢，至是，始重建焉。

已廢舊迹：神厨，在育賢堂東。神庫，在大成門外西偏。文昌閣，在東齋之南。（73）名宦祠，在明倫堂左。鄉賢祠，在明倫堂右。（74）忠義孝悌祠，在鄉賢祠右。堵公祠，在明倫堂右，鄉賢祠左。祠舊在訓導衙內，有塑像。國朝雍正十一年，祠圮，因移建今新門外，有去思碑。

民國《昆新兩縣續補合志》

民國《昆新兩縣續補合志》，成文出版社有限公司，1983年，96頁。

昆山縣、新陽縣

（卷二"學校"，96）文廟在昆治西南二百九十步，光緒十年十月，靠東圍墻圮毀五丈餘，大成殿重檐半多腐壞，由灑掃局董李湘等稟請兩邑令周相輔、李福沂詳請撥款修葺，當（97）經履勘一周，估定工料，拆換興修，又添建祭器所三間，廂房一間，披厢一間，歷年餘始竣，統共用錢二千二百餘千文，李湘等以同瓦工程不能耐久，請於捐生息項下撥歲修費每年二百千文，經藩司易批准，由縣諭支用，如遇鉅工，再詳請憲示遵行。十三年七月，重建名宦祠，修葺崇聖祠，黝堊墻壁屋面，名宦祠先賢神位亦一律重製，朱漆金字爲之一新。十七年，略修大成殿，計工資洋二百餘元。二十二年四月，東西齋房落地重建，又建儒學頭門三間，西儀門一間，東邊萬仞宮墙四十四丈，禮門、義路木坊二座，大門右紅墙内小屋三間以居守者，計共支用當捐錢一千數百餘串。三十二年，詔（98）升大祀，應更製神牌，改覆黄瓦，展拓月臺，增備禮樂器具，以費絀未果，惟將殿瓦宮墻一律改飾黄色，以崇體制。

廟制：大成殿五楹。

（106）學制：教諭廨，兵燹後久未建復，現居玉峰倉内，權爲儒學署，互見"公署"。訓導廨，同前未建，現居柴王街積穀公所爲儒學署。忠義孝弟祠，光緒朝詔旌孝子朱成熙。

光緒《溧水縣志》

光緒《溧水縣志》，成文出版社有限公司，1970年。

溧水縣

（卷七"學校志"，491）學宮，考《舊志》，唐武德七年建在舊縣治東三十步（即今城隍廟東也，在小東門外）。宋熙寧二年，知縣關起移建於通濟橋東南（《乾隆志》云，在大東門内，其後遷學，移建香【492】山觀於此。按舊城環繞學東南北三面，明初拆去城，潘野記所謂後臨秦淮水，是也。界與小東門相近，即今同治中重建學宮地也）。元升爲州學，元末毀於兵燹。明洪武初，知州鄧鑒重建，後復爲縣學，知縣高謙甫繼之（該仍其故址云）。正統中，知縣王憚重建大成殿、戟門。景泰甲戌，應天府丞陳宜重修，建櫺星門，立崇儒坊，遷橋於中，護以墻垣。成化中，教諭韓和重修，知縣王弼益擴其址，跨水爲泮橋，作射圃於泮橋之南。宏治改元，知縣張熊修橋路，平隍濠，築堤以遏東流，始建石橋。戊午，知縣胡玥重修。正德中，知縣陳憲、何東萊相繼修葺，規制漸備。嘉靖十七年，知縣陳廣華因水患迭至，遷於京兆館東相香山觀地改建焉（在小東門外城隍廟東），知縣謝廷菡續成之。三十九年，知縣曾震（前歲始築石城）、教諭葉露新以地頗（493）僻狹，遷建於大西門内故朝元觀地，推官程學顔、知縣周之屏嗣成之（溧水學，明初至是凡三易其地矣）。萬曆間，知縣吳士詮、徐必達、董懋中、洪贊宇繕葺者屢焉。國朝順治十三年，知縣閔派魯與教諭吳鼎玫、訓導紀甲第重新之。雍正十二年，以大成殿東向，且地勢下濕，每苦積潦，知縣吳湘皋、教諭於偉烈、訓導徐大業復遷於小東門外城隍廟之東，顯敞高阜，益增宏廓，爲大成殿五楹，翼以兩廡，東廡十八間（中九間祀先賢，南二間盥洗所，北一間樂器庫，最北六間碑亭，俱西向），西廡十八間（中九間祀先賢，南二間酒尊所，北一間祭器庫，最北六間碑亭，俱東向）。戟門五楹，門左名宦祠三間，右鄉賢祠三間，鑿池於中，亘以石橋，繚以石欄。又前爲門三，中曰"大成門"，東西曰"金聲"、曰"玉振"（皆石柱）。門外，天下文樞坊，坊右（494）有聚星亭，東有坊曰"泮宮"，東西二坊（曰"德配天地""道冠古今"），南臨河爲泮池，池北有石欄，外爲屏墻，東南隅奎光閣，東北有文昌閣（形家言方位不利，乾隆四十年，知縣凌世御勸紳士捐貲，庠生蕭亮和督工，移建於學宮前之東，又建奎光閣於東隅城上）。儒學大門三間（東有房三層，共七間），儀門三間（儀門後三間爲書斗辦公之所），萃英堂三間，明倫堂五間（在大成殿後），堂東主敬齋三間，堂西存誠齋三間，堂左崇聖祠三間（雍正元年，詔改啓聖祠爲崇聖祠）。萃英堂之東，土地祠三間，忠孝祠三間（嘉慶二年，改忠孝祠爲忠義孝悌祠）。教諭署南向，在大成殿西（頭門四間，廳堂四間，樓房四間，後房四間）。訓導署北向，與教諭署對（頭門五間，廳堂五間，廳後東厢房二間，西厢房二間，後樓五間）。

今學宮在大東門內（近小東門，即明初舊址也）。嘉慶二十一年，趙鉞移建於此。櫺星門南向，左曰"金聲"、右曰"玉振"，石闕也。繚以宮墻，東西爲（495）下馬牌（石刻滿漢文），牌西六角亭曰"聚星"，門內近西有井，其北曰"大成門"（門以殿名，一曰戟門，以列棨戟故也），曰左門、右門，東西爲名宦、鄉賢二祠（皆廣三楹）。戟門內東西側入有持敬門，入廟之塗也。又北爲東西兩廡，其北爲石階，上爲露臺，中三階，東西二階，其上大成殿南向，又北爲崇聖祠。櫺星門之東爲學門，曰"泮宮坊"（舊有陳鴻壽摹朱子書"泮宮"二字），其北爲儀門（儀門內，東有門至文昌宮，西有門入文廟持敬門是也），又北曰萃英堂。堂之左爲忠義孝悌祠，右爲土地祠。又北爲明倫堂，南向，五楹（屏書《大學之道》一章）。櫺星門外爲甬道，中有坊曰"天下文樞"，左右橫列二坊，曰"德配天地""道冠古今"，其外爲泮池，甃岸以石，池北有石欄。坊之外東西跨以二橋，皆石甃也。池外爲屏墻，東橋之南爲文星閣，閣面西，凡三層，其下爲學（496）街。咸豐六年，城陷後，悉遭賊毀無存。同治十年，教諭章驥倡議建復，知縣匡懋綸乃請於上臺，諭董勸捐，因經費較鉅，創始維艱。先行估建門櫺殿廡凡四項，購木範土，選匠鳩工，營建大成殿、東西兩廡（東上爲樂器庫，西上爲祭器庫），並建戟門及櫺星門，新製神位，榱桷城阰悉符舊制。自議捐以迄落成，歷知縣吳崇壽、龍寅綬、丁維相繼勸辦（廩貢生徐瑾及城鄉紳士董其事），以同治十二年春興工，光緒三年因經費不敷，暫行停止（撥存給散生本銀二千四百兩，餘皆本邑紳民及寄籍在外捐款）。

崇聖祠、名宦祠、鄉賢祠、忠義孝悌祠及泮宮、明倫堂，中一坊、左右二坊，又星閣、聚星亭均未建復。

教諭署、訓導署並在文廟之右，左爲教諭署，右爲訓導署，俱南向，（497）廣三間，深五層，曰儒學大門、曰講堂（其後有川堂），又北曰後堂、曰後樓、曰後房，左右二署皆同（右署後房有小園）。嘉慶間，遷學移建於此，經亂，陁壞已甚（左署少前進三間）。同治十年，教諭章驥（葺右署）及訓導方榮森、强汝諶（權葺左署）次第繕葺，均得完固（其修理工款併在學宮項內動支）。

案，前志曰：溧水縣學，志載建於唐武德七年，此必後人修志時據《綱目》所畫而撮鈔者也。《綱目》於七年二月書"置州縣鄉學"。是時，江南尚未平定。三月方書趙郡王孝恭克丹陽，斬輔公祏，分注始載江南皆平。溧水，距金陵石頭城一百三十里耳。當武德七年春，公祏尚據石頭，值此干戈擾攘之後，未必遽能置學。《本紀》，貞觀四年，詔州縣皆作孔子廟。咸亨元年，又詔州縣皆營孔（498）子廟。開元二十六年，令天下州縣里皆置學。自武德迄於咸亨三奉詔旨矣，天下州縣尚未盡置學也，於是又令皆置學，而後庠序滿天下。故《綱目》復特書以嘉之。又按《江南通志》，江寧府學，北宋置於鍾山之麓；上元學建於宋景定二年；江寧縣學建於景定四年；句容縣學建於南唐。溧水，隋開皇十一年析溧陽地置爲縣，學則建於宋淳化間。溧水爲江寧府屬邑，而建邑又後於溧陽，建學未必先於府學。徧考《通志》，江蘇各府學無有建於武德間者，則溧水學不建於武德明矣。縱有之，或在貞觀、開元之間。溧水碑版殘闕，無從取徵，故《舊志》考核未詳。《通志》新修，止仍其舊耳。紀事者仍《舊志》而置說於此，以俟後之博聞者訂正焉。

（517）節孝祠，前志云在安阜門內（今北門外擇遠市之地而立之，別嫌明微義之至衷者也)。乾隆四十一年，知縣淩世御重修。道光中，復移城內泮池外學宮街，今毀。

（卷八"典祀志"，550）文昌宮，一曰文昌廟，舊在西門外。乾隆四年，邑紳王芝藻捐址創建。四十二年，芝藻曾孫復燕倡衆重修。嘉慶二十四年，知縣趙鉞移建於學宮左側，即今址也。（551）門三楹，正殿、後殿各三楹，廊廡皆備。咸豐六年，毀於兵燹，尚未建復，權就今時武廟，循例設祀焉。

嘉慶《溧陽縣志》

嘉慶《溧陽縣志》，成文出版社有限公司，1983年。

溧陽縣

（卷一"輿地志·公署"，53）教諭署，在明倫堂東。訓導署，在明倫堂西。

（卷四"輿地志·壇廟"，95）文昌帝君廟，即平陵書院後樓，奉安帝君及先代神位。

（卷七"學校志"，173）東漢光和四年，溧陽長潘乾始立校官。唐縣令柳均興學校養生徒，事見斷碑。

宋初，縣學未設。淳化五年，知縣夏侯戩建宣聖廟於縣西門外（其地即宋西門外廣惠行祠）。皇祐四年，知縣查宗閔移學於縣城東南隅。（174）崇寧中，知縣李旦廣齋舍，於學前即高爲堂，曰"挹秀"。大觀三年，邑士又於學前建折桂閣。建炎末，學毀於兵。紹興十八年，知縣施祐重建，又明倫堂後增道存、君子二堂，寓公閭彥昭倡捐助費，粗成未備。二十年，知縣周淙加葺，於明倫堂後建德化堂。歲久頹廢，慶元三年，知縣李卞修整。（175）嘉泰中，知縣趙贊夫重修，仍建待聘軒於德化堂之後。嘉定初，知縣李太原、王棠皆嘗修葺，王又建濂溪、明道、伊川、龜山四先生祠堂及欞星門，有興能、觀光、尚志、麗澤四齋，學長、學諭、直學、教諭等位及直舍會食所。十三年，知縣陸子遹重修齋廡，甃砌階庭，製三獻官禮服，立楊忠襄公祠堂，增置祭器所、書籍所及學廄，改造庖湢，學前臨溪創闢射圃。

元初，溧陽爲縣，設主學教諭。元貞元年，升州，即以前宋縣學改爲州學，設教授。大德五年，教授班惟志修學，重建齋舍，東曰養正、麗澤，西曰明德、藻德，設小學齋。十一年，改創大成殿。延祐間，達魯花赤沙的新重建明倫堂。至治元年，教授孔濤置雅樂，建講堂及先賢祠、校官廨舍，規模有加於舊。至正五年，知州蒲里翰建尊經閣，又建采藻亭、皆春亭，後遭張士誠之亂，悉淪兵燹。

明初，知州林公慶重建學宮。永樂中，知縣李成、張貞相繼修殿。正統中，知縣李銘、鄔璃修櫺星石闕。景泰三年，邑人狄宗德捐入基地，知縣龍儀、縣丞栗敬因之推廣講堂。（176）天順七年，民居火，延燒宮舍，僅存明倫堂。成化元年，知縣員賢倡捐修建。十五年，知縣陳福新建明倫堂，移舊堂於後，曰魁星堂。宏治元年，知縣熊達始建鄉賢祠於戟門之左。二年，知縣沈瓚重修號房。四年，知縣楊榮續成之，改學門左科第坊曰"恩榮"，又新立賢俊坊於右。五年，府丞冀綺作後堂、倉庫，修戟門、號房。九年，知縣符觀以學門逼仄，徒擴城垣，浚鑿泮池，醴泉涌出。十一年，觀又建講堂於學右，爲諸生講習之所，又移賢俊坊於東街口，改曰"儒林"，復恩榮坊仍名"科第"，又建名宦祠於戟門之右。（177）正德十年，知縣周宗本修明倫堂。嘉靖元年，知縣湯㫙以其淺隘，特加深廣，改儒林、科第坊曰"成賢""敷教"，議鑿泮池爲河，引雙橋水折而東注，材石俱備，而事未克舉。又嘗御製敬一箴，刻石，詔學建亭以覆之。九年，詔改大成殿爲先師殿，易像設主，去王號及大成文宣之稱，題爲至聖先師孔子神位，兩廡亦去封爵，題作先賢、先儒，戟門、牲房、厨庫、禮器之屬莫不完備。十年，詔郡縣皆立啓聖公祠，因建祠於泰清觀之址，在先師廟左。二十三年，知縣姜博修築泮池，環以石欄，跨以石梁，名曰"通文"。四十三年，知縣趙應元復舉湯㫙舊議，太僕少卿史際捐資開通泮池，西引穿城之水，東徑學前，塞舊下關，而於學東南開關曰"躍龍"以出之。復於泮池西首，增設一橋，繼任知縣盧漸、教諭王以佐等與司業馬一龍重建尊經閣。（178）萬曆二年，知縣帥蘭修啓聖祠。十四年，知縣王應麟重修殿廡、堂閣之屬。二十八年，知縣李光祖又重修之。（179）天啓四年，教諭金維基重建明倫堂。崇禎七年，知縣李思恂修葺學宮及鄉賢祠。九年，邑紳重修名宦祠。

康熙五年，知縣徐一經更新文廟。十二年，知縣王錫瑄倡議重修。十七年，知縣裴□修櫺星石闕。二十五年，紳士重建啓聖祠。三十五年，紳士重修學宮。雍正元年，追封孔子五代王爵，改啓聖祠曰崇聖并祀之。八年，頒上諭，知縣劉華倡修明倫堂。（乾隆）六年，知縣吳學濂重建尊經閣，修築泮池，名其橋，東曰"文德"、西曰"武功"。（180）十三年，知縣李溥修葺學宮。（嘉慶）七年，知縣周煒倡衆捐資，修葺殿廡、堂閣及諸祠宇門闕、泮池，又以學前二坊久廢，新增"德參天地""道冠古今"之坊，建執禮亭於名宦祠東，祭器房於大成殿西。董其事者，自備資斧，首尾四載，工竣之後，鄉城紳士復各捐資產以充歲修。現業田肆拾貳畝貳分五釐。

謹案：現在學宮大成殿三間，東西廡各八間，西廡北上祭器房三間，戟門三間，門東名宦祠，門西鄉賢祠，各三間。名宦東側執禮亭一間，外櫺星石闕（181）一座，殿東崇聖祠兩進，各三間。殿後明倫堂三間，堂西南齋房三間。堂後尊經閣五間，學前左右有"德參天地""道冠古今"二坊。其餘上文所載舊有之軒亭、堂閣、齋祠、廚庫今已無存。又案，殿廡、崇聖祠各木主，丁祭大典及頒貯尊經閣書籍天下大同，茲不具列。

光緒《溧陽縣續志》

光緒《溧陽縣續志》，成文出版社有限公司，1983 年。

溧陽縣

（卷二"輿地志·壇廟"，29）文昌帝君廟，一在平陵書院之第四重樓；一在城東文閣。

（卷五"學校志"，56）粵寇之亂，明倫堂與廟前坊、泮池、外垣並毀。六年，始修葺之，並崇聖祠、尊經閣及諸祠。光緒三年，頒御書"斯文在茲"額。十二年，知縣朱緗重修。尊經閣，在文廟後。同治六年重修。

光緒《清河縣志》

光緒《清河縣志》，成文出版社有限公司，1983 年，82 頁。

清河縣

（卷十"學校"，82）舊縣學宮。宋德祐元年，創建清河縣學於大清口之舊城。元泰定元年，遷學於甘羅城。至正十五年毀於兵。明洪武二年，知縣孔克勳改建於小清河口，縣治東南二百步。正統五年，掌清河縣事知州李信圭重修。天順五年，知縣盧寧、主簿徐鼎督工重建大成殿、兩廡、戟門、神庫，邑人王圭實捐資。成化三年，提學御史陳選、知府楊泉、知縣王高重修。宏治十五年，都御史張縉、知縣劉慧增大學門，浚泮池而橋之。（83）正德九年，提學御史張璇命縣丞范忠建欞星門、講堂、號房。嘉靖四十一年，知縣吳宗吉修。隆慶六年，都御史王宗沐命知縣張惟誠修。天啓元年，河決，學宮湮廢。三年，教諭高崇谷遷於舊基之西北數十步，以遠河患。四年，建先師殿、欞星門、戟門。六年，教諭陽純建東西廡。崇禎元年，教諭江道振建明倫堂於殿之東南，建學門，自門至堂築甬道。四年，教諭王守謙建映壁於欞星門外。本朝順治六年，教諭閻補宸新兩廡、神牌，植柏於庭，深泮池，中甃橋爲神道。康熙十七年，知縣王登龍、教諭吳徵重修啓聖祠、西廡。十八年，吳徵建尊經閣、門樓。二十四年，火毀啓聖祠，雨壞東廡，知縣馬元、教諭吳希古重建如制。二十七年，知縣管鉅、教諭吳希古修明倫堂，培甬道以達儀門。三十年，大修先師殿、戟門、神道、泮池、環橋、瓮門，通水、樹坊表，道拓其左，以達欞星門。三十四年，管鉅、教諭洪芳哲修尊經閣。三十五年至四十一（84）年，啓聖祠再毀於水。五十一年，改建啓聖祠。五十九年，署縣王三謙修尊經閣。六十年，知縣郎燦修明倫堂。雍正二年，教諭馮爲桐修兩廡，立先賢、先儒木主百三十位，植松柏於庭，修戟門、映壁。是年，布政司鄂爾燾頒丁祭儀注，勒石於明倫堂階之右。八年，知縣李必成、教諭張鏞修神道、泮池環橋，樹泮宮坊。九年，知縣戴昕修正殿，建鄉賢祠於戟門之右。十一年，知縣許逢元修明倫堂之東壁。十二年，許逢元、張鏞、訓導陳其晋建崇聖祠於明倫堂之東南。乾隆十年，教諭黃中理築西廡後垣。十四年，教諭吳□□重建東西二坊。是年，主簿潘念蓼重修泮池、神道、環橋，建泮宮坊。十五年，知縣朱元豐修明倫堂、尊經閣。

　　□廟之制，先師殿五楹，東西廡十楹，其前爲戟門，戟門之前有泮池，池上有橋三，泮池之外爲欞星門，其南爲映壁。崇聖祠在明倫堂之東南，名宦祠在戟門之左，鄉賢祠在戟門之右。忠孝祠在教諭署南，儒學大門在欞星門之東，明倫堂在正殿東南，尊經閣在正殿之後，教諭宅在文廟之東、明倫堂之西，訓導宅在明倫堂東南，以上皆無存。

　　新縣學宮。明嘉靖九年，工部主事邵經濟建崇景堂於清江浦漕廠署之左。二十一年，工部主事葉選建文會堂、退省軒及諸生號房，置祭田。隆慶六年，工部主事龔廷璧修。萬曆五年，工部主事張譽增建大觀樓。三十四年，工部郎中沈孝徵、主事魏時應建文昌樓、鐘樓。四十二年，工部主事王莅重建先師殿、尊德堂。天啓六年，工部主事顧元鏡建格物、致知、正心、誠意四齋，斯文在茲坊。崇禎六年，工部主事趙光抃修。本朝順治六年，工部主事張安茂重修。十八年，漕運總督蔡士英、船政同知孔貞來建兩廡、齋房。康熙十六年，河道總督靳輔重建先師殿、文會堂及兩廡，移建文昌殿於文會堂之左，戟門、周垣，逾年而成。二十三年，淮徐道當君恩重建尊德堂於文會堂之右，建欞星門，浚泮池，植桃柳。三十七年，河道總督于成龍始奏改稱文廟（時移山陽訓導一員駐此，尊稱山陽學宮）。雍正三年，裏河同知白鍾山建靳公祠於戟門之右，建更衣廳於戟門之左。乾隆二十四年重修。（85）二十六年，奏改爲清河縣學宮。四十二年，河道總督薩載重修。道光三年，河道總督黎世序率其屬及邑人重建，移向正南，二年告成。咸豐十年，豫逆毀大成殿。同治四年，漕運總督吳棠重建大成殿，並即舊址毀者而大修之。十一年，漕運總督文彬修建尊經閣五間，左右齋房十間。

　新廟之制：大成殿五楹，龍首魚尾，飛檐發角，覆以黃瓦，崇臺四周，臺高三尺五寸，列楹二十有四。其前爲月臺，廣五尋，袤三尋有三尺，階級五重，四出旁達，周以石欄。（86）其前爲甬道，左爲東廡，右爲西廡，凡十有四楹。大成門三楹，朱□金輔，爲門三，凡出入由左扉。神庫在大成門内之左，燎爐在大成門之右。名宦祠在大成門東，鄉賢祠在大成門西，更衣廳在大成門外之左，忠孝祠在大成門外之右，泮池在大成門之前。環橋三，在泮池之上，其南爲欞星門。明倫堂在大成殿之後，東齋在明倫堂前之左，西齋在明倫堂前之右。崇聖殿在明倫堂之後，亦崇臺，四周列楹十有二，其後爲尊經閣。黎公祠，在欞星門之西。外泮池在欞星門之前，環而東西，皆有石欄。其南爲映壁，其左右皆有坊，坊外有樹柵。

　奎星閣，在學宮東南，外有繚垣圍閣，附於學宮内。教諭宅，在明倫堂之東。大門南出，當欞星門左。訓導宅，在明倫堂之西，小門西出。

嘉慶《如皋縣志》

嘉慶《如皋縣志》，成文出版社有限公司，1970年。

如皋縣

（卷三"建置志·壇廟"，236）文昌廟，即文峰閣，在儒學東南城上，俗稱望江樓。明嘉靖二十八年，知縣童蒙吉、教諭謝紹祖建，初名崇德樓。萬曆四十三年，知縣李廷材、教諭呂克孝修。（242）國朝康熙二十三年，知縣盧綎重修。乾隆四十四年，邑人陳啓道募捐重修。（247）名宦、鄉賢二祠，名宦在大成門東，鄉賢在大成門西，餘詳"學校志"。（248）忠義孝弟祠，在儒學門內，餘詳"學校志"。（298）節孝祠，在學宮射圃東。乾隆二十八年，知縣張起鳳偕邑紳等捐修。

（卷九"學校志·學制"，617）南唐保大十年，始建學於縣治之東北隅，即今中禪寺地，其規制姓氏不詳。宋大中祥符八年，縣令曾易占建大成殿教堂。紹興初，遷學於縣治之西南隅。淳熙三年，縣令趙善瓘修。元季毀於兵，今胡安定祠即學（618）之舊址。明洪武三年，知縣謝得民創建明倫堂、東西二齋。十一年，知縣劉國衡增修。十五年，知縣周公鼎重建。宣德八年，典史蔡寧修大成殿。正統七年，知縣曹立增建櫺星門、兩廡、講堂、齋舍、廚庫、會饌堂、觀德亭。（619）成化五年，知縣王倫修大成殿，建明倫堂，葺兩廡、櫺星門、（620）齋舍，立科目題名碑。（621）七年，知縣蔡彝、教諭周鼎修。十四年，知縣向翀復修大成殿、兩廡重門、明倫堂、進德、志道二齋，易木主以像，重製祭器。（625）嘉靖四年，知縣梁喬升修。（626）十九年，巡鹽御史吳悌、焦璉、知縣黎堯勛移建於舊學東半里許，創蓋大成殿、東西兩廡、明倫堂、齋館、號房、射圃亭，峙以戟門，櫺星門內鑿泮池，立職官題名碑，此今之學宮也。（631）二十一年，巡鹽御史胡植修。二十九年，知縣陳雍修。（632）三十二年，巡鹽御史黃國用次第增修。（634）三十八年，知縣童蒙吉重修，又拓學前地十二畝六分有奇以廣明堂，氣象恢宏，規模闊大。萬曆二年七月，學爲風潮毀塌。四年，知縣鄭人達修，始築宮墻。（637）九年，巡鹽御史任養心修。十年，署知縣江都教諭馬晨修補，築迤北磚墻，會受代去，工未竟，東北一帶尚仍舊土。二十三年，知縣陳煥修。（638）二十八年，知縣張星修。三十年，教諭黃夢麒移泮池於欞星門之外，建東西二石橋，曰"文德""武德"。（640）四十三年，知縣李廷材葺欞星門、東西兩廡、西齋。四十五年，知縣熊奮渭修明倫堂、西廡。四十八年，巡鹽御史蔣以化檄建尊經閣。（643）天啓三年，知縣李衷純增修大成殿、東西兩廡、欞星門、啓聖宮。（645）國朝順治十四年，知縣崔鳳賓修。（649）康熙十年，邑人蘇世威募築宮牆，易土以磚，知縣趙宏化重修東西兩牌坊。十三年，邑人吳伯遠、胡邦棟、姜迂譽、冒起蒙請復學前射圃，創建屛牆。（651）雍正十年，知縣彭履仁、教諭丁宏遠、訓導慶翩率紳士重修大成殿、尊經閣、崇學、育才二坊，四圍宮牆。（653）乾隆十三年五月初四日，烈風傾倒學宮各房屋，知縣鄭見龍、教諭王之進、訓導姚蘭具文申詳。十四年八月，奉藩司飭縣勸捐。十五年，知縣鄭見龍、教諭任之鏞、訓導周旋率紳士重修。（656）十八年，邑紳分認修理。（661）三十六年，邑紳史鳴臯、范曾輝、朱昂、徐觀政等公請捐修大成殿、經義齋、治事齋、敬一亭、忠孝祠、土地祠、遺愛祠、周圍磚牆、東西廡至名宦祠、鄉賢祠。戟門係沈爲嶙等認修，欞星門、下馬牌係仲元鰲等認修，明倫堂係汪爲霖認修，尊經閣係范選認修，崇聖殿係吳執衡認修，魁星樓係徐觀政認修，東牌坊係朱之瀚等認修，西牌坊係石鉉、石銳（662）、石鎬、石鉅等認修，萬仞宮牆係石鍔、石鉉等認修，泮池、石欄杆係張殿武認修。（664）三十八年，知縣崔正音、教諭趙佽、訓導陶國果率紳士重修，改敬一亭爲御碑亭。三十九年，黃珩修葺學宮頭門八字牆。五十八年，知縣曹龍樹、教諭秦鼎雲、訓導宋長溶率紳士范維鍾、朱大剛、吳鼎祚、陳秉仁、沈爲梁、袁守泰、朱洪迿等勸修大成殿、大成門及兩廡。六十年，修戟門、名宦祠、鄉賢祠及泮池石岸。嘉慶六年，吳積忠等重修崇聖殿。（665）八年，訓導宋長溶添築得樹齋三楹。九年，張殿武同侄振鰲等重修泮池石欄杆。十年，石萬泰、萬溥、萬淦等重修西牌坊。十三年，吳功祐等重修崇聖殿。十五年，知縣事左元鎮、教諭汪元琚、訓導宋長溶率董事勸捐尊經閣。十七年，監生葛志魯偕弟志許獨力重修銅錫祭器。（667）二十一年六月，邑紳徐宗永獨力捐貲購石版鋪大成殿前月臺及中甬道、左右兩丹墀、東西兩甬道。九月，告成，知縣事沈濤、教諭汪元琚、訓導鄭櫕勒石。（670）二十二年，監生張超率子弟步衢重修忠孝祠。

（674）學宮圖說。中爲大成殿，殿東西爲兩廡，前爲戟門，又前爲欞星門，東廡北爲宰牲所，又北爲東掖門，西廡北爲神廚，又北爲西掖門。後爲明倫堂，東爲居仁齋、西爲由義齋，堂後爲尊經閣，閣後爲崇聖殿，閣西爲遺愛祠，祠後爲土地祠。戟門東爲名宦祠、西爲鄉賢祠。北爲教諭署，又北爲訓導署。欞星門東爲儒學門，又東爲奎光樓，北爲敬一亭，即又北爲忠孝祠，門東西爲興賢、毓秀二坊，外爲泮池，東爲文定橋、西爲武定橋，南北石欄，南爲屏牆，牆三門，牆外爲射圃，爲木碑一，爲石碑凡二十五，址縱七十九丈，橫二十三丈，四圍宮牆凡一百九十四丈六尺。

（684）名宦、鄉賢祠，在大成殿之西南。嘉靖十六年，泰州同知署如皋縣陳大壯創爲之，今移名宦於大成門之東，祠三楹，鄉賢於大成門之西，祠三楹。（689）忠義孝悌祠，在儒學門內，雍正九年建。（690）遺愛祠，在尊經閣西。土地祠，在遺愛祠後。

正德《松江府志》

正德《松江府志》，成文出版社有限公司，1983年。

松江府

（卷十二"學校上"，479）府學，在集仙門西，梯雲橋之北，儒林坊南，舊華亭縣學也。宋初有先聖廟介於梵刹。天禧初，令劉唯一始遷於縣東，時學舍猶未立。（481）後六十五年，當元豐甲子，陳令諤始議興學，縣人衛公佐、公望獻縣之東南地，且獨任禮殿之役，工（482）未興而公佐卒。歷陶令熔，至劉令鵬，始克就緒。公佐子又買國子書以資諸生講習。紹興以來，楊令壽亨、周令極侍、其令銓錢、參政良臣、楊令潛相繼修之，而學舍始完整。其地，則今魁星樓址及射圃是也。（491）慶元末，徐令民瞻始爲堂於學，以祀晉陸機、陸雲，名其堂曰"二俊"。（493）嘉泰中，嘉興守鍾必萬（494）復學田之侵於民者千八百畝有奇，縣令錢閶因以修學。（498）開禧間，令汪立中（499）始於學宮行序拜禮。（500）端平丙申，令楊瑾以學舍庳陋，度地鼎新之，始遷於今所（按後建學碑陰記，買地舊學之南二十三畝。又按石刻，紹熙中公文，學前有射圃白地一片，東至河，西至陳宅及浜，南徹通行街，北至河，然則今學基乃舊射圃及陳氏地也）。講堂，初名進德，前令楊潛易以明倫，齋五，曰居仁、由義、隆禮、育才、養性，至是改堂曰明善，併齋爲四，曰體仁、集義、至道、進德。是時，縉紳助費者，錢提舉仲虎而下百二十有八人，具載碑陰。瞻學之田，爲畝萬四千四百有奇，并房廊、邸店等，瑾悉鑱諸石以記，至今存焉。（504）淳祐丙午，施令退翁重建講堂，改創齋廬，中置咏仁亭，後爲觀頤堂，重立狀元坊於學東，建小學於齋後。（507）咸淳中，令趙與伉作魁星樓於梯雲橋之南（秘閣校勘張洪記）。元至元十四年，縣升爲府，因爲府學。元貞初，復行貢舉，知府張之翰即魁星故址作新堂，因以貢舉名之。大成殿後故有藏書閣，丙申，教授馬允中重建二俊堂於閣之西廡，以唐宣公陸贄配享，時稱爲三賢（508）祠。（510）皇慶初，江南諸道行御史臺檄榜講堂曰明倫，齋曰進德、育才、守中、常德。癸丑，知府申杲重爲繕理。（511）□祐中，知府汪從善始備大成之樂。至正壬午，達魯花赤□祇以廟承邑舊，拓其址而新之。乙酉，知府王至和□製執事者冠服（唐帽、白涼衫、黑角、束帶）。庚寅，教授倪駿（512）復新學舍，撤櫺星門而易以石，於是學始巨麗。（516）癸巳，達魯花赤哈散沙置新田，租以石計者，歲三百餘。乙未，知（517）府崔思誠改觀頤堂爲養賢，始範金爲祭器。丙申，苗軍亂，縱火焚學，訓導胡存道死之，賊乃舍去。己亥，同知顧逖重修，改大小學齋爲五經齋，重建三賢祠於閣之北、貢士堂於學之南（更名賓興），又作燕居堂於學北，邑人姚玉用獻私田以益學廩。（521）甲辰，知府王立中購求《十三經》等書藏之書閣，前守王雍繪訓導胡存道像於學，立中皆求記文立石其所，又爲胡請謚於行省。（524）國初，詔天下興學校，仿古行鄉射禮。洪武庚戌，知府林慶始創射圃於學後故址。己未，知府鄧處善復增葺之。（525）宣德丙午，巡撫大理寺卿胡概即故教授廳址作堂五間，榜曰"崇德"。知府黃子威作兩廡，屬講（526）堂。甲寅，督賦主事李賢祐重建觀德堂於射圃。（528）正統庚申，推官楊政改建藏書閣於養賢堂後，更名曰"尊經"，建神庫於閣之舊址，以藏祭器。（530）是歲，提學御史彭勗改五經齋爲四，曰至道、據德、依仁、游藝，知府趙豫購經史藏於閣。辛酉，以石堤河即射圃創訓導宅三區，復買地以益圃，增置號舍於（531）閣之陰與學之西偏。壬戌，新戟門，遷二賢祠於其右，并漢陸康、吳陸續、宋楊瑾、元王至和、胡師善祀之，榜曰"尊賢"。訓導江漢、通判郭瑾出俸金爲倡，作咏歸亭於玉帶河，爲石闌於梯雲橋之北岸。甲子，重建文昌祠。（533）成化壬辰，益祀蕭山魏驥、廬陵孫鼎於尊賢祠。辛丑，知府王衡作魁星樓於尊經閣後，創游息所於樓之東，尚書錢溥、工部主事宋瑛記。弘治戊申，颶風壞學舍，知府劉璟重修，教授魯興記。是後，不葺者累年。正德己巳、庚午，連雨，遂大壞，知府陳威銳意興舉，先修四齋，建登雲橋直文廟門，建樂育坊於其南（知府喻時新改爲仰高），擬徙登雲橋於學門之東，復爲橋於廟門西，使行者不雜於坊內，作外號，作桂香、桃浪二亭，將以次一新，其餘工未訖功，而規模宏博矣。

華亭縣

（卷十三"學校下"，535）華亭縣學，在府西南徐家橋之東，本縣人徐進義塾也。學始建於宋元祐中，在今府學後玉帶河之陽尊賢坊內，即今射圃、魁星樓地。端平間，遷於河南，以其址爲閱武亭。及學升府學，復建縣學於舊址（按楊維楨至正九年記，縣學本燕居之所，則閱武嘗爲燕居。周伯琦《府學記》，十九年，作燕居堂於學北，不言舊爲閱武）。元至大初，劉尹慶建夫子廟。延祐間，張尹國英構講堂。至正中，楚尹恭、張尹德昭繼爲繕理，而學乃粗備。丙申，毀於兵，以其地（536）爲府學射圃。(537)國朝洪武三年，知縣馮榮奉詔立學，始即義塾爲之。甲寅，知縣周朗新作大成殿，嗣令祝子憲以學舍卑陋，廓（538）而新之，進子彥裕力任其事。於是明倫、觀頤二堂，博文、約禮二齋，繚垣翼室，習射之圃，凡學之制悉備。丙辰，知縣朱直新教官廨，名其堂曰"知本"。丁卯，大成殿壞，御史黃克庸新之，仍建文昌祠於戟門之右。（544）永樂丙申，學舍壞於風雨。丁酉，知縣高宮重修。宣德丙午，大理寺卿胡槩改作明倫堂，復爲堂於其後，榜曰"進修"（教諭林輔董其役，府同知汪源記）。正統己未，推官楊政重建大成殿，新戟門及兩廡。庚申，提學御史彭勖闢射圃（545）於學東隙地。癸亥，知縣□□□建觀德亭，教諭程完義、訓導胡穗、趙建相其役。（547）成化□辰，知縣戴冕修殿廊，飾聖像，重作明倫堂及兩齋、門廡，撤觀頤堂而徙觀德亭於其後，新教官宅，增修號舍二十有五間，學三面緣河，皆甃以石，爲石闌於其南，東西跨河爲亭，曰"希顏"、曰"志尹"，立科舉題名石於儀門，且爲之記。(549)弘治庚戌，知縣汪宣因戴舊規而增葺之，撤興賢、育才二坊，而建以石，於中爲石梁，跨河而南爲泮宮坊，坊之南爲亭，重檐八觚，顏之曰"聚奎"（學之科貢士題名其上）。其南爲泮池（池外故有積水五泓，亭成，有日者過之，曰此五星象也，數既合矣，必有應之者），左右爲外號，繚以周垣，環植檜柏。自遷學以來，增拓凡六，至戴而規制始宏，至是而大備。甲寅，知府陳讓建崇文閣於講堂後（其址故進修堂也），嗣政劉琬復射圃於學之東，中開廣衢，撤於橫街，曰"鴻逵"。於是，弘敞壯麗，甲於他邑矣。

上海縣

（552）上海縣學，在縣東益慶橋南。初在長生橋東北，宋咸淳中，鎮人唐時措兄弟即其地立文昌祠，請於監鎮董楷，作古修堂於後，以爲講肆之所，因名鎮學。元至元末，鎮升爲縣。甲午，改縣學，以祠爲文廟，繕葺未竟。明年，廉訪□事□思誠責成於邑士費拱辰。大德間，增拓於府判張紀，於是學制始備。至大間，遷於縣西。延祐初，縣丞王珪（553）再遷於此。自是，迄至正，更一丞三尹，而學乃大成。學之勝概有天光雲影池，中有芹洲，其上有止庵，北有杏壇，東有盟鷗渚，有舞雩橋、洗心亭、酸窩古井、焦石堂，前有古松，其西梧竹無數，具見圖籍，今池尚存而界爲二，餘多廢。（562）國朝洪武中，府同知王文貞力起諸廢。正統間，御史彭勗、蕭啟、鄭顒相繼興葺，邑之好義者爭出私錢助之。天順、成化（563）以來，爲縣者有增崇兩齋，改建講堂，有闢射圃，建觀德堂，有因講堂後地建尊經閣，有於大成殿、講堂前各築月臺，盡買學東民地作號舍。數十年來，學之勝概，雖不逮前聞，而規模遠過於昔矣。

金山衛

（569）金山衛學，在衛東北隅篠館街之北。正統己未，巡撫工部侍郎周忱奏立，御史劉福、嚴洤、劉魁相繼增修。弘治戊午，指揮翁熊重建大成殿、兩廡、戟門，飾聖賢像。壬戌，指揮西寧新學門。甲子，備倭都指揮王憲製文廟祭器。學制迄今完整。

嘉慶《松江府志》

嘉慶《松江府志》，成文出版社有限公司，1970年。

松江府

（卷三十"學校志"，665）府學，在集仙門西。舊華亭縣學也，宋初，廟祀夫子而已，未立學。元豐七年，知縣事陳謐因邑人衛公佐、衛公望獻地，且任禮殿之役，始議立學。工未興，而謐以事去。歷知縣事陶融、劉鵬始克就緒，鼓鐘告始，俎豆權輿，衛氏之先，厥功鉅矣。紹興中，知縣事楊壽亨、周極侍、其銓、參政錢良臣、知縣事楊潛相繼修之（舊有講堂，名進德堂。至是，改爲明倫堂，闢齋五，曰居仁、由義、隆禮、育才、養性）。嘉泰中，知縣事錢□復修。端平三年，知縣事楊瑾以學舍庫陋，遷於今所（《至元嘉禾志》府治東南一百步。《舊志》梯雲橋北儒林坊南，今坊橋均無考。改明倫堂爲明善堂，併齋爲四，曰體仁、集義、志道、進德）。淳祐六年，知縣事施退翁重修（建講堂，改作齋廬，中置咏仁亭，後爲觀頤堂，作小學於齋後，立狀元坊於學東）。至元八年以前，尚爲宋學也。（668）元世祖至元十五年，置松江府，而以華亭縣屬焉。於是，向之華亭學升爲府學，而縣學移他所。元貞初，知府張之翰即魁星樓故址作貢舉堂，大成殿後故有藏書閣，教授馬允中重建二俊堂於閣之西廡，以陸贄配享，名三賢祠。皇慶初，江南諸道行御史臺橄榜講堂曰明倫，齋曰進德、育才、守中、常德。二年，知府申杲重修。延祐中，知府汪從善始備大成之樂。至正二年，達魯花赤哈祇徙藏書閣、三賢祠於北，以拓學址（中建先賢殿，旁列兩廡，前闢三門，重修，廣如其舊三之一）。五年，知府王至和製執事者冠服。十年，教授倪駿新學舍，撤廟門易以石。十五年，知府崔思誠改觀頤堂爲養賢，始範金爲祭器。十六年，楊完者軍亂，縱火焚學舍，訓導胡存道死之。十九年，同知顧狄重修（改大小學爲五經齋，重建三賢祠於閣北、貢士堂於學南，改名賓興，又作燕居堂於學北）。二十四年，知府王立中置《十三經》等書於閣中。

（669）明洪武二年，詔天下興學校。宣德中，巡撫大理寺胡概即教授廳故址作崇德堂，知府黃子威作兩廡屬講（670）堂。正統五年，推官楊政改建藏書閣於養賢堂後，更名曰尊經閣，建神庫於閣之舊址，以藏祭器。是歲，提學御史彭勗改五經齋爲四（志道、據德、依仁、游藝），知府趙豫購經史貯閣中。六年，增置號舍於閣之陰及學之西偏。七年，新戟門，訓導江漢、通判郭瑾作咏歸亭於玉帶河，環以石闌，梯雲橫跨，高明眺望，八景賡詩，視宋元爲鉅麗矣（亭與河、橋及尊經閣、先賢祠、紫微岩、半月池、一鑒軒爲學宮八景）。成化十七年，知府王衡創游息所於樓之東。宏治元年，颶風壞學舍，知府劉璟重修。正德五年，水涇至，學舍盡壞，知府陳威銳意修舉，先修四齋，建登雲橋，直文廟門，建樂育坊於其南，□□梯雲橋於學門之東，復爲橋於廟門之西，使行者不雜於坊內，作外號，作桂香、桃浪二亭，功未訖，而規模宏遠。六年，知府喻時竟其事，改樂育坊爲仰高坊。嘉靖九年，知府熊宇建天藻亭，藏六箴碑，詔增啓聖祠，改大成殿爲先師廟（各縣學同）。萬曆七年，知府閻邦寧修習釋奠禮樂。二十四年，知府詹思虞重修。三十四年，提學御史楊廷筠浚學池，推官毛一鷺重建天藻亭。天啓六年，知府仇時古重開玉帶河，作斗峰於學之東南隅，旁有井曰"斗泉"。崇禎二年，知府方岳貢重修。（671）國家重道崇儒，觀文成化。順治三年，（672）詔所在有司，以時修葺廟學。六年，明倫堂圮，撤宦宅材重建。九年，御製臥碑文頒勒各學。十一年，大風雨，明倫堂又圮，知府李正華重修，并建東西廂。十六年，教授周建鼎重修先師廟。康熙二年，知府郭廷弼重修戟門。二十三年，御書"萬世師表"扁額，頒行各學。是時啓聖祠傾陊，久未興復，木主尙置明倫堂東，堂圮，神無所依，知府魯超率教授陸在新及諸生錢永靖、郁鍔等捐募鳩工，逾年告成，擇日迎神入祠，郡邑大夫行釋菜禮。三十八年，詔製各學校樂器。三十九年，御製至聖先師贊暨四賢贊頒學勒石。四十一年，御製訓飭士子文，頒勒各學。四十三年，上以西征噶爾丹凱還，告成太學，頒平定朔漠碑，勒石學宮。五十一年，特諭，升朱子於十哲之次。五十三年，詔以宋儒范仲淹從祀。雍正元年，首命追封孔子五代王爵，即啓聖祠改爲崇聖祠，命各省學宮建忠義孝弟祠，仍建節孝祠於學宮之外。四年，上御書"生民未有"扁額，懸各學。（673）（乾隆）五十二年，知府楊壽楠、教授尹壽重修殿廡、明倫堂、崇聖祠、尊經閣，起建萬仞宮墻。今上，嘉慶五年御書"聖集大成"扁額，頒懸各學。六年，知府趙宜喜、教授陸梓重建文昌祠於學後，遵新定祀典，尊爲文帝廟。十四年，知府鄭濟燾、教授陸梓重修大成殿及東西廡、崇聖祠并製樂器。十九年，重修崇德堂及尊經閣。

（674）正殿五楹，前爲月臺，東西兩廡，中爲丹墀，前爲大成門，又前爲靈星門（作欞誤），又前爲泮池，爲萬仞宮墻，興賢坊在左，育才坊在右，殿後爲崇聖祠，明倫堂在殿之東，其前爲崇德堂，又前爲儀門。（675）魁星樓，宋咸淳中，知華亭縣事趙與伉建於梯雲橋南，後改爲貢擧堂。成化十七年，知府王衡移尊經閣後，明季毀。國朝康熙二年，知府郭廷弼、教授周建鼎復作亭於斗峰。尊經閣在學之東南，歲時祀魁星於此，亦謂之魁星樓。嘉慶十九年重修。胡耿二先生祠，在啓聖祠左。三賢祠，宋慶元五年知華亭縣事徐民瞻作二俊堂，祀進陸機、陸雲。元至元十六年，教授馬允中重建藏書閣、兩廡，以唐陸贄配享，改爲三賢祠。至正二年，達魯花赤哈只以拓學址，又徙於北。二十三年，同知顧遜又建於藏書閣北。明正統七年，知府趙豫遷於學之右，及漢陸康、吳陸績、宋楊瑾、元王至和、胡存道並祀，改爲尊賢祠，後益以明戶部尚書夏原吉、祭酒前教授胡儼，成化壬辰益祀南京禮部尚書前訓導魏驥、教授孫鼎。國初，祠廢。順治十六年，教授周建鼎復祀於明倫堂西室，今西室並無藏主，不知移自何年何處，二俊、尊賢等名，無知之者矣。（676）先賢祠，宋慶元四年，知華亭縣事徐民瞻作祠。府學名宦祠、（677）鄉賢祠。教授署（在學宮西仙鶴觀），康熙初年，教授周建鼎始闢署於學西偏，作棲鳳堂及看亭。（678頁）訓導署，雍正四年，析置金山縣，移訓導領其事，署遂圮，今其地半歸羅神廟。

華亭縣

（卷三十一"學校志"，683）縣學，在府治西南徐家橋之東，舊邑人徐進義塾也。學始建於宋元祐中，在今府學後玉帶河之陽，尊賢坊內。端平間，遷於河之南，以其地爲閱武亭。及學升府學，復建縣學於舊址。元至大初，知縣劉慶作夫子廟。延祐中，知縣張國英作講堂。至正中，知縣楚恭、張德昭相繼繕治。十六年丙申，學毀於兵，以其地爲府學射圃。明洪武三年，知縣馮榮奉詔立學，始即徐進義塾爲之（進字德卿）。七年，知縣周朗作大成殿，知縣祝予憲以學舍卑陋，廓而新之，乃屬徐進子彥裕力任其事。於是，明倫、觀頤二堂，博文、約禮二齋，繚垣翼室，習射之圃，凡學之制悉備。九年，知縣朱直作知本堂。二十年，大成殿壞，御史黃克庸新之。永樂十五年，學舍壞。明年，知縣高宮重修。宣德元年，巡撫大理寺卿胡概改作明倫堂，復爲堂於其後，榜曰"進修"。正統四年，推官楊政重建大成殿，新戟門及兩廡。八年癸亥，知縣李希容建觀德亭，教諭程憲義、訓導胡穗、趙建相其役。成化八年，知縣戴冕修殿廊，飾聖賢像，重作明倫堂及齋門廡，撤觀頤堂而徙觀德堂於其後，新教官宅，增修號舍二十有五間，學三面緣河，皆甃以石闌，於其南跨河爲亭曰"希顏"、曰"志尹"，立科舉題名於儀門，且爲之記。宏治三年，知縣汪宣（684）增拓學宮，撤興賢、育才二坊，而建以石，於中爲石梁，跨河而南爲泮宮坊，坊之南爲亭，重檐八觚（乾隆某年，舉人單乾元欲復舊觀，捐資重建。提臣某，以地近箭道，俯瞰衙署，阻之，遂輟），顏之曰"聚奎"，科貢題名其上。其南爲泮池，池外有積水五泓（今潭水尚存在，三台山即俗呼筆架山是也），左右爲外號，繚以周垣，環植檜柏。自遷學以來，增拓凡六，至戴而規制始宏，至是而大備。七年，知府陳讓建崇文閣於講堂後，其址故進修堂也。八年，知府劉琬復射圃於學之東，中開廣術，徹於橫街曰"鴻逵"。於是，宏敞壯麗，甲於他邑矣。嘉靖元年，知縣聶豹重修。萬曆五年，知府賈待問重修。二十年，知府詹思虞、知縣項應祥重修。天啓間，知縣徐尚勳重修。崇禎元年，知縣鄭友元重修。(687) 國朝順治十二年，教諭王道光修文廟、明倫堂及門廡、公廨，重建啓聖祠、崇德堂。十三年，析婁縣，凡修葺，兩邑共之。自是二十餘年，久未修葺。康熙十九年，教諭路序、項亮臣焚香誓廟，請於太守魯超，捐俸營建，郡紳施維翰助資三百金，不一載告成，規模宏敞，有加於舊，又增修明倫堂、崇德堂及官署，輪奐改觀焉。二十五年，江南提學副使邵嗣堯、知府魯超、知縣南夢班、婁縣知縣廖慶辰修。二十七年，颶風壞學舍，訓導高文炳倡修。五十八年，提督趙珀捐修。雍正十年，知府王喬林、知縣朱元豐、婁縣知縣沈維垣修。乾隆二年，知府汪德馨、知縣王士瑾、婁縣知縣胡具體，及合邑紳士捐修。三十一年，知府徐名標、知縣吳家駒、婁縣知縣謝鎮藩重修，邑人張景星董其役。嗣後，久未修葺，廟學傾圮。嘉慶十年，知縣周煒請於知府鄭濟燾，集議興修，會有橈之者，工久輟，閱五年，庚午，始告成，殿廡、門堂之屬，木石一新，雖修猶建，紳士沈虞揚、袁以仁等尤爲終始出力云。

(688) 正殿五楹，前爲月臺，掖東爲洗尊所，掖西爲祭器庫，東西兩廡各九間，又前爲大成門，列戟如制，其外爲靈星門、爲泮池，東西二坊，左曰"禮門"、右曰"義路"。殿東北爲崇聖祠，殿東南爲齋宿所（扁曰"近聖人之居"）。殿後有冢，爲明殉節諸生戴泓等三十餘人叢葬處。儒學門在靈星門之東，進爲崇德堂，名宦祠在左，鄉賢祠在右，又進爲明倫堂，其東爲忠義孝弟祠，又東爲三賢祠。文昌祠，在戟門右。土地祠，在學大門東。尊經閣在泮池南。文昌祠，明洪武二十一年，御史黃克庸建祠於戟門之右。萬曆四十六年，知縣方允儒重建。名宦祠、鄉賢祠、(689) 忠義孝弟祠，雍正元年，令州縣各建於學宮。教諭署，舊在學宮東偏。乾隆四十九年，教諭荆汝翼改大門東向，在鴻逵街。嘉慶七年，教諭顏廷耀重修。

婁縣

（卷三十一"學校志"，692）附華亭縣學。順治十三年，割華亭西界置婁縣，巡撫張中元請先設教職，司儒學事。分華亭弟子員之半隸之。明年，提學僉事張能鱗議建學宮，檄府相度地理，庀材繪圖，隨據訓導馮瑄詳覆，以婁治地無可者，惟郡城沙水縈秀，有濟農倉舊址及陸氏廢宅，均稱吉土，可立泮宮，陸遂獻地。瑄又舉生員張安美等立簿勸諭，將事締構，以工費甚鉅，事久不成，議遂寢，仍與華亭共學。今自析置以來一百五十餘年，廟學修葺，兩縣共之。春秋丁祭，朔望行香，與夫新生之入學釋菜者，長史俱會同行禮，論者或病其闕。然學有府州縣殊建之制，學之爲政，則將胥天下而迪之於詩書禮樂而初無彼此畛域之間，況夫同郭聯井，平居則相識，考試可相通者哉。婁士鼓篋來游，其毋以簡陋自畫焉，可也。教諭署，在學宮左，嘉慶七年教諭朱錦重修。

奉賢縣

（卷三十一"學校志"，693）縣學，在縣署東南巽隅。雍正四年，江蘇巡撫張楷奏分華亭東南境爲奉賢縣，而未立學，附華亭縣學，春秋丁祭牲幣之儀，兩邑任之，釋奠祝號，共署名而已。時教官僦居郡城，歲科新生入學，釋菜與生童月課往來舟楫，病其闕焉。閱三十餘年，至乾隆二十五年，知縣任丘、劉伯勳偕紳士等倡捐創建，於是奉邑始有廟學。四十九年，知縣王夢文重修。五十七年，知縣王桂懷偕紳士周釜、陳廷溥、莊四德、蔡丕勳等捐資重修。明年，建魁星閣於城之巽隅，任其事者，監生顧累功也。又監生陶用賓捐建學署齋房一所三間。五十年，邑人陳文疇捐田一百畝零八釐，以爲歲修之費。

（694）廟制，正殿五楹，前爲月臺，東西兩廡，前爲大成門，列戟如制，又前爲靈星門，門外有二坊（東爲"興賢"、西爲"育才"），前爲泮池，儒學門在靈星門之東，翼東西，左爲鄉賢祠、右爲名宦祠，進爲儀門，又進爲明倫堂，又進爲申義堂。崇聖祠。文昌祠，乾隆五十八年，邑人太學生顧累功建，知縣王桂懷有記。魁星閣，顧累功建。名宦祠、鄉賢祠（竝同華亭縣學）。忠義孝弟祠。訓導署，舊在郡城縣學東，鴻逵坊內，今移青村城。

金山縣

（卷三十一"學校志"，694）縣學，在朱涇鎮文明里。雍正四年，江蘇巡撫張楷奏分婁縣之南境爲金山縣，隨撥府學訓導領金山學事。四年丙午，即以府學訓導署爲金山縣學署，在郡城府學宮後，朔望行香，生童月課，俱就華亭縣學。先是，順治十三年，割華亭縣西界爲婁縣，與華亭共學。至是，復析奉賢，仍因之，而金山學附（695）爲四焉。春秋丁祭銀，由縣徵繳，與婁縣統同行禮。閱三十餘年，廟學未建。議者欲以金山衛學改爲縣學，然非縣衛並建之意。雍正九年，知府王喬林詳請未允。乾隆二十五年，知縣黃堅詳准巡撫陳宏謀題奏建立。明年，知縣楊宏聲偕闔邑紳士擇地興工，閱兩載告成。四十六年夏，風雨壞繚垣，學宮梁桷有弗支者，知縣周世宅、訓導劉大年偕紳士重修。五十三年，知縣王勸、訓導黃考祥偕紳士重葺。嘉慶十一年，知縣鄭人康、訓導段玉成、貢生黃霆捐資修葺戟門，又增築界墻及便門。十三年，知縣鄭人康、訓導周懷琢及紳士捐修學署、明倫堂、石塘、石橋，浚支河。

廟制：正殿五楹，前爲月臺，東西兩廡，中爲丹墀，前爲大成門，列戟如制。又前爲靈星門，門外有二坊（東爲"禮門"、西爲"義路"），前爲泮池，池上有橋，護以石塘。儒學門，在靈星門西，進爲儀門，又進爲明倫堂，左爲名宦祠、右爲鄉賢祠，又進爲念典堂，翼東西爲書齋，後五楹，旁爲東西廂。文昌祠，在鳳翔里。嘉慶十年，知縣鄭人康捐俸倡建大殿三楹、頭門、二門，并建兩廡及東西書房，預備桌凳以便歲科文童應試。十二年秋，貢生黃霆捐田十六畝六分零，并捐考桌凳九十副，餘息於十六年續置田二畝六分零。十九年，文生程杞捐三保十圖田一畝四分零。名宦祠、鄉賢祠（並同華婁）。（696）忠義孝弟祠。訓導署，在朱涇鎮，乾隆二十六年，與學宮同建。

金山衛

（卷三十一"學校志"，696）附金山衛學（乾隆三十八年奏裁）。明正統四年，始令天下軍衛咸立廟學，以迪武臣子弟及伍符尺籍之秀者，使有异才不局於一途，著爲令典。於是，巡撫工部侍郎周忱奉詔創立學舍，地在金山衛城之艮隅篠館街北，制與郡學同。額設教授一員、訓導一員，終明之世，踵修增葺，詳載前志。國朝因明之舊，初以府學訓導領其事，後更以教授。百數十年，科名之盛，與郡邑相埒。

上海縣

（卷三十二"學校志"，698）縣學，在小東門內益慶橋西南。舊鎮學也，宋咸淳中，邑人唐時措市韓氏屋立文昌宮，請於監鎮董楷，建古修堂爲諸生肄習所（唐時措、董楷俱有記，今無考）。元至元二十八年，鎮升爲縣。三十一年，知縣周汝楫改爲縣學，繕葺未竟。元貞元年，浙西廉訪僉事朱思誠以屬邑紳費拱辰。大德中，府判張紀、知縣辛思仁、縣丞范天禎增拓之。至大二年，邑人瞿霆發助田，移建於縣治西（在今西門內淘沙場）。延祐元年，縣丞王珪復遷舊址（至今仍之）。至正十一年，知縣劉輝創教諭廳、講習堂，監縣兀奴罕、縣丞張議復葺殿廡、齋舍，後知縣何緝別建明倫堂前東西二齋，曰育英、曰致道。（699）明洪武六年，同知王文貞修。正統五年，提學御史彭勖、巡按御史蕭啓諭知縣張楨重修。八年，颶風壞學舍，巡按御史鄭禹復修（陸友常、陸大本、金彥英、曹永常捐資有差）。天順二年，知縣李紋重修，後知縣李□改建講堂，增育英、致道二齋。成化二十年，知縣劉琬構尊經閣（在明倫堂後）。宏治七年，知縣董鏞市東南隅地，以廣學舍。十二年，知縣郭經築大成殿前月臺。正德十四年，知縣鄭洛書重建大成殿、養賢堂，訓導劉昱樹柏於廟門，劉充增造祭器。嘉靖八年，詔天下建敬一亭於學，刻敬一箴及程頤視聽言動箴、范浚心箴（俱勒石尊經閣）。九年，詔天下釐正祀典，改大成殿爲先師廟，建啓聖祠於後。十七年，知縣梅凌雲重修。萬曆三年，知縣敫選重修，增建東南隅學廛。九年，教諭徐常吉建三友軒。十二年，知縣顏洪范重修（廣明倫堂、月臺，填教諭署污池）。十九年，知縣楊遇重修（義民朱錦任之）。二十三年，重修（新安任艮祐任之）。三十一年，知縣劉一爌闢地，作黌門，勒文於壁，曰"宮墻璧水"。三十四年，署知縣毛一鷺修。四十六年，知縣呂浚修，並復學前侵地。崇禎七年，知縣劉潛修啓聖祠、明（700）倫堂。國朝順治三年，知縣孫鵬修殿前儀門。十一年，教諭高遇修東廡、西齋、三友軒。十五年，署知縣高凌雲、教諭許三奇、訓導吳士彥重修。十八年，知縣徐贊、教諭曹忱、訓導王汝礪修。康熙十年，知縣朱光輝重修宮墻璧水八十（701）餘丈，較舊制高廣有加，教諭陳迪葺治尊經閣、名宦鄉賢祠。十一年，知縣康文長增修。十三年，知縣陳之佐、教諭馬廷桂修整文廟及明倫堂。十六年，重修兩廡及儀門

（孫仕范子大經任之）。十九年，知縣任辰旦重修啓聖祠及大成殿、儀門、兩廡。二十二年，知縣史彩修兩廡，重築殿前月臺。二十四年，知縣史彩又修，并浚門外泮池（張錫懌修啓聖祠）。五十六年，又修（吳銓任之）。雍正四年，移訓導於南彙，以教諭專理縣學。十年，巡道王澄慧修。乾隆九年，知縣王世睿修崇聖祠。三十三年，巡道勞宗發、知縣於方桂、張世友同紳士重建（朱之淇、之灝建敬一亭，李朝采新明倫堂）。四十六年，颶風壞殿□及西廡、尊經閣檐，巡道盛保、署知縣巴哈布同紳士重修，并浚內外泮池。五十七年，教諭李時修。嘉慶十三年，巡道鍾琦、知縣蘇呂阿、教諭方浩發同紳士重修。

（702）正殿五楹，月臺右有井曰"張公井"，東西兩廡，前爲大成門，列戟如制，翼東西，左名宦祠、右鄉賢祠，前泮池，又前爲靈星門，面爲宮墻璧水，殿後爲崇聖祠。儒學門在靈星門左，進爲儀門，又進爲明倫堂，再進爲尊經閣，最後爲敬一亭。魁星閣，在學之巽隅。教諭宅，在東繚垣之外稍北。土地祠，在其南。天光雲影池，在西繚垣之外，環廟後。

文昌祠，宋景定中，唐時措所立。元至正七年，知縣劉輝遷於學宮北，有屠性記。明正統四年，知縣張楨建祠門。成化十年，知縣劉宇遷於學之東南隅，以舊地改生舍，有錢溥記。萬曆三年，知縣敖選修。國朝順治十八年，祠廢，教諭曹忱、訓導王汝礪移奉神於尊經閣，今仍之。（703）魁星閣，在學之東南隅。雍正十年巡道王澄慧建。乾隆二十年五月五日毀。四十四年，巡道盛保重建，有邑人公記。嘉慶十三年，巡道鍾琦、知縣蘇昌阿、教諭方浩發，同紳士徐鍾杰、姜有容重修。名宦祠、鄉賢祠。（704）忠義祠，在縣治西，元至大間，學宮舊址東隅，本王氏素園，知縣陳善題爲清源書院。康熙間，王俊臣建文昌閣。雍正元年，詔於閑曠地方設立祠宇，知縣丁銓即於此立祠。節孝祠，在忠義祠西隅。尊經閣。敬一亭。（705）上海學署，在明倫堂左（門曰"樹人堂"，即三友軒，東有土地祠）。

南彙縣

（卷三十二"學校志"，706）縣學，在東門內稍南，傍城。雍正五年，知縣欽璉建。乾隆十三年，知縣胡具體修。二十九年，知縣張世友、訓導顧惇量重修。四十四年，知縣韓運鴻修。五十八年，知縣胡志熊、訓導管松年修。

廟制：（707）正殿五楹，東西兩廡，前爲大成門，列戟如制。門外爲泮池，有橋，又前爲靈星門，東西有二坊，曰"溯洙"、曰"瞻杏"，周以宮牆，牆外有坊二，東曰"德配天地"、西曰"道冠古今"。

文昌祠，舊在學宮之東。乾隆二十九年，知縣楊宜侖建。嘉慶七年，錢塘張昌運偕紳士輸資移建於東南。名宦祠，在學宮大成門東（同上海）。鄉賢祠，在學宮大成門西（同上海）。忠義孝弟祠，在學宮西，雍正五年奉敕建。乾隆三十八年，知縣成汝舟修。五十六年，生員黃大昕、監生鮑邦均等重修。節孝祠，舊在縣治西，雍正五年奉飭敕建。乾隆三十八年，知縣成汝舟移於學宮西北隅。五十六年，節裔吳文郁重修。（708）訓導署，在學宮左。

青浦縣

（卷三十二"學校志"，709）縣學，在邑之巽隅。明萬曆元年，復設青浦，知縣石繼芳即顧氏義塾立學，地爲顧少卿、金棟等所捐，首建先師廟，其後光祿寺丞顧正心捐千金修學宮，學制始大備。九年，知縣屠隆築師古齋、清風亭，闢廟前地二畝餘，臨河甃石闌，建興賢、育材二坊於左右。二十四年，久雨，學宮壞，知縣卓鈿重修。三十二年，知縣韓原善改建狀元、解元二坊於廟之左右（爲解元呂克孝、狀元張以誠建）。三十六年，推官毛一鷺建尊經閣於廟後，別作明倫堂於廟左，構東西二齋，徙啓聖祠於西齋之北，堂後建教諭、訓導宅，繚以周垣。自建縣以來，增葺凡四，至是而規模壯麗矣。天啓六年，颶風壞學舍，知縣鄭友元重修。國朝順治六年，知縣王璘重修。十年，教諭王秉彝重修。十（710）六年，教諭陳覺先構學舍五楹。康熙四年，知府張羽明同教諭任國寶修正殿及明倫堂。七年，知縣魏球建文昌書院於明倫堂左，又修啓聖祠、大成殿，禁學潭捕魚者，甃石闌。康熙二十年，知府魯超檄修學宮，其後訓導陳堂謀捐俸重修。二十七年，知縣張庚大修學宮，重修尊經閣，會劾去，未竣。康熙四十一年，署知縣許銓重修尊經閣，又即文廟右之射圃堂改爲敬一亭，以復舊觀，且奉朱子石刻像於其中。雍正三年，教諭蘇鍾眉重修。四年，分置福泉縣，以教諭專理青浦學事，以訓導專理福泉學事。乾隆八年，奉裁，復仍其舊。十三年，知縣萬方極重建大成殿，復修崇聖殿、尊經閣。二十九年，知縣趙天秘、訓導費天修重建興賢、育才二坊，以復舊觀，後教諭朱玉成、訓導張世煌修。四十年，教諭朱玉成、訓導張錦重修大成殿、崇聖祠。五十三年，知縣張鳳鳴、教諭王希伊、訓導朱澍功重修大成殿。嘉慶八年，知縣溫恭、教諭王光燮、訓導臧開仕重修大成殿、尊經閣。

（711）廟學：正殿五楹，東西兩廡，前爲大成門，列戟如制。前爲泮池，跨石橋，又前爲靈星門，面以石闌，前爲學潭，潭之前爲萬仞宮墻。廟後爲尊經閣。崇聖祠，在殿之東南。名宦祠在戟門左，鄉賢祠在戟門右。儒學，在廟門之東，進爲明倫堂，文昌閣在其左，忠義祠在其右，又進爲教諭宅，訓導署在東南，其前爲孝子祠，土地祠在儒學門之西，朱文公碑亭在鄉賢祠之西，節婦祠在廟西。文昌祠（祀尊經閣內）。名宦祠、鄉賢祠。（712）忠義祠，在學宮左，乾隆四十九年教諭王希伊建。節孝祠，在儒學西，即魏球青山棠院改建。孝子祠，在儒學西。教諭署，在明倫堂後。訓導署，在學宮左。

同治《宿遷縣志》

同治《宿遷縣志》，成文出版社有限公司，1974 年。

宿遷縣

（卷十一"祠祀志"，859）文昌祠，在儒學崇聖祠後，知縣喻文偉營建，今廢，暫祀於尊經閣下。（861）名宦祠，在學宮內。鄉賢祠，在學宮內。忠義祠，在儒學東，雍正九年建。節孝祠，在儒學西，道光二十五年建。（862）奎星樓，在治東南護城堤上。道光三年，知縣華鳳□建。同治十一年，里人吳達捐資重修。

（卷十二"學校志"，875）宿邑創設學宮，所可考者，則自元始。（876）其後遷徙者三，皆在明成化（五年，督學御史謝遷改建）、萬曆（五年，知縣喻文偉遷建於新治之左）、（877）崇禎間（八年，知縣王芳年改建於靈杰山，即今界，東西寬四十六弓，北至河清街心，南至櫺星門前，長一百十三弓。嘉慶二十三年，歲貢臧魯高及生員高清影、張峙、陸景怡、倪鈞等稟請勘定）。重修者十有四，元之至正（戊子歲，縣尹曹希明修）、明之洪武（元末毀於兵。二年，縣丞方鐸、訓導孫本初修）、永樂（十二年，知縣梁孟岳、教諭王紹先修）、正統（九年，知縣李永修）、

（878）景泰（三年，知縣應永富、訓導王敏修）、（879）宏治（知縣張□修）、嘉靖（凡修三次，九年知縣李錦修，四十五年知縣崔元吉修。末年，爲烈風雷雨傾圮，知縣陳嘉道修）、（880）國朝之康熙（七年，地震圮。十六年，教諭章得簡修）、乾隆（凡三次，十年至十四年知縣錢朝模修；二十五年，淮徐道河達善修；五十八年，知縣張永浙修），迄乎道光（二十五年，知縣易卓楠及邑人捐資大加修葺，並種松樹），而規模乃大備焉。其制則中爲大成殿；殿之左右爲東西廡，見祀歷代諸賢。南爲戟門、爲圜橋，又南爲欞星門、爲泮池，甃以石闌（皆康熙四十年，教諭錢汝驥建），又南爲宮墻。殿之北爲（881）明倫堂（康熙三十一年，教諭謝范陵建），左右有兩齋，曰博文（教諭謝范陵建）、曰約禮（康熙四十年，教諭錢汝駜建。嘉慶十六年，知縣丁堂修），又北爲尊經閣（道光二十五年建閣，下祀文昌）。閣左爲崇聖祠（康熙三十一年，教諭毛士銓建），並列學官署於東西之兩偏（教諭署，原在明倫堂東。康熙七年，地震毀。十六年，教諭章得簡於明倫堂西築屋以居。三十二年，教諭錢汝駜又於其東擴地建宅，遷居其中，而以章得簡所建爲訓導宅），繚以崇垣（東西圍墻一道，又牌樓二座），塗以丹艧，而名宦、鄉賢、忠義、節孝諸祠，下至祭器、樂器、省牲、更衣諸所（俱道光二十五年建），亦莫不列於其中。

民國《宿遷縣志》

民國《宿遷縣志》，成文出版社有限公司，1983年。

宿遷縣

（卷四"營建志·官署"，41）教諭署，在學宮內之東。光緒三十二年，缺裁廢。訓導署，在學宮內之西。（卷四"營建志·壇廟"，42）文昌祠，在儒學崇聖祠，後知縣喻文□建，今廢，暫祀於尊經閣。

（卷八"學校志"，80）縣之有學自元始，其後遷徙者三，在明成化、萬曆（五年，知縣喻文偉遷建於新治之左）、崇禎（八年，知縣王芳年改建於靈杰山，即今界，東西寬六十四弓，南北長一百十三弓，北至河清街心，南至欞星門前。嘉慶二十三年，歲貢□魯高及生員高清影等稟請勘定），重修者十有六，元之至正、明之洪武、永樂、正統、景泰、宏治，嘉靖凡修三次，國朝之康熙，乾隆凡修三次，道光、光緒二十二年。宣統三年冬，武漢事起，异軍沓至，寙宅其中，墙屋摧，薪木毀，有不忍言者矣，掃除而更張之，在後之有牖民之責，與鄉先生之周（81）於禮者焉。其制則中爲大成殿，以奉至聖先師孔子；殿之左右爲東西廡；南爲戟門、爲圜橋，又南爲欞星門、爲泮池，甃以石欄（皆康熙四十年，教諭錢汝驥建），又南爲宫墻，殿之北爲明倫堂（康熙三十一年，教諭謝范陵建）。堂下有兩齋，左曰博文（亦謝范陵建）、左曰約禮（亦錢汝驥建，嘉慶十六年，知縣丁堂修），又北爲尊經閣（道光二十五年建閣，下祀文昌），閣左爲崇聖祠（康熙二十一年，教諭毛士銓建），並列學官署於東西兩偏（教諭署原在明倫堂東，康熙七年，地震毁。十六年，教諭章得簡於明倫堂西築屋以居。三十二年，教諭錢汝驥又於其東擴地建宅，遷居其中，而以章得簡所建爲訓導宅），繚以崇垣（東西圍墻一道，又牌樓二座，東曰"禮門"、西曰"義路"），塗以丹艧，而名宦、鄉賢、忠義、節孝諸祠，下至祭器、樂器、省牲、更衣諸所（俱道光二十五年建），亦莫不列於其中，歲以春秋二仲月上丁致祭。

光緒《通州直隸州志》

光緒《通州直隸州志》，成文出版社有限公司，1970年。

通州

（卷三"建置志·廨署"，143）學正署，在學宮明倫堂西。大堂三楹，門舍一，大門一楹，堂西書屋四楹，小舍一，堂後寢室六楹，從舍二，庖舍二。國朝乾隆七年學正高玉駒、咸豐三年學正潘霄先後修。同治十年，學正李毓芬修寢室。訓導署在明倫堂西，大堂三楹，門舍一，大門一楹，堂西書室二楹，小舍一堂，東書室一堂，後寢室六楹，厢房一，庖舍一。舊有宅三，今廢其二。國朝乾隆十二年，訓導陸宗睿修。十八年，訓導呂淑茂建寢室、書屋。咸豐三年，訓導馬文松修。同治十年，訓導王亮工修大堂。

（卷五"學校志"，231）宋太宗太平興國五年，知州曾環肇建先聖廟城中西南，建學城東一里。真宗乾興元年，知州王隨徙廟州治東，即廟爲學，建大成殿、講堂、稽古閣。徽宗大觀四年，知州朱彥建庠門射亭。高宗紹興二年，知州康淵建齋舍州治西。二十三年，權知州方雲翼復移建治東舊址。孝宗淳熙七年，知州楊布廓堂廡。十年，知州蔣雍修。寧宗嘉定八年，教授盧端誼拓櫺星門，疏泮池。度宗咸淳二年，知州馮弼、教授黃焱建齋廡、墻垣。（232）八年，郡人印應雷重建學齋。元順帝至元元年，元帥張宏綱、達魯噶齊卜顏不花、州尹郭□、教授羅汶成重建大成殿。明太祖洪武三年，知州熊春修。英宗正統九年，知州劉復、郡人陳敏、陳瑄修大成殿、明倫堂、三齋，建兩廡、戟門、櫺星門、觀德亭。十一年，知州孫徽修，增築齋址。天順六年，知州崔富修。憲宗成化十六年，知州郭定建明倫堂、祭器庫。二十年，知州鄭重修明倫堂，建號舍三十間。孝宗宏治三年，知州傅錦修殿廡，建軒明倫堂北，易櫺星門以石，徙泮池，築石為梁。十五年，知州黎臣闢射圃。武宗正德十二年，知州蔣孔陽修，奉例建名宦、鄉賢二祠。（233）世宗嘉靖二年，知州張承恩修明倫堂。四年，知州曹曙重建三齋。六年，權知州喬祺修文津橋，建泮宮坊。七年，巡鹽御史朱廷立檄知州鍾汪建尊經閣，增號舍，奉例建敬一亭。十一年，知州董漢儒奉例建啟聖祠。二十一年，巡鹽御史胡植檄知州李充拙建志道堂。三十二年，巡鹽御史黃國用檄知州游天廷重建尊經閣。（234）穆宗隆慶二年，知州鄭舜臣修。神宗萬曆四年，知州林雲程修尊經閣。十年，知州酈祖禹修。二十七年，知州王之城修。三十五年，學正褚用章修。四十三年，知州張獻圖修。熹宗天啟三年，知州周長應修。（235）七年，訓導楊文禎建鱣堂，修龍翔、鳳翥二坊。莊烈帝崇正十一年，知州方大猷、學正劉永慶、郡人張元芳修殿宇、墻垣、魁星閣、文津橋。國朝順治二年，知州唐虞泰修。十三年，學道張能鱗、知州彭士聖、訓導張起載修大成殿、明倫堂。康熙二年，知州畢際有修泮宮坊。九年，知州王廷機、學正趙我後修兩廡，更建文津橋。我後復修大成殿、射圃、敬一亭。十年，知州王宜亨修櫺星門、泮橋、泮池。二十年，訓導馬玉修大成殿。雍正二年，知州白映棠修，奉例更建崇聖祠。四年，映棠奉例建忠義孝弟祠。五年，知州李世裔修明倫堂。乾隆十年，知州董權文、郡人李方膺修。十四年，訓導張浣重建司祿祠。十七年，知州王繼祖、訓導呂淑茂修明倫堂。（236）十九年，繼祖、淑茂修大成殿。三十二年，海門成文燦大士修崇聖祠。四十三年，郡人唐鼎修。嘉慶十一年，郡人張大椿、廷獻、志鴻修忠孝祠。二十二年，知州馮馨修明倫堂。二十三年，權知州俞穎達修崇聖祠。道光三年，郡人馮皋友修兩廡。九年，知州周燾修忠孝祠。十九年，知州景壽春修。咸豐三年，知州金咸修明倫堂。同治六年，知州梁悅馨修。

今廟制：大成殿三楹。殿前甃石爲陛，環以石欄，中、左、右三階，前爲丹墀，安拜石，又前立二碑亭。東西廡各（237）五楹。廡北爲東西掖門，南爲戟門（泰興曰大成門），門左右爲名宦、鄉賢祠，別在"儀典志"。前爲泮池，跨以石梁（泰興泮池南有東西二碑亭，如皋泮池在欞星門外）。再前爲欞星門，門外立下馬碑二，東西有"龍翔""鳳翥"二坊（泰興曰"興賢""育材"，如皋曰"興賢""毓秀"）。南爲雲程坊，坊下爲文津橋（泰興靈星門南爲金聲玉振坊，又南爲鯤化池，東西有淮海、文德、武定三橋。如皋欞星門南爲泮池，又南有屏墻，曰"萬仞宮墻"，又南爲射圃，東西有文定、武定二橋），殿北東爲崇聖祠，大門三楹，殿三楹。

今學制：明倫堂三楹，當大成殿之北面，設魁垣堂。東齋房二，曰經義、曰治事。西齋房一，曰興賢（泰興東曰潛心、西曰養正，如皋東曰居仁、西曰由義），興賢齋南爲祭器庫（泰興、如皋祭器庫在掖門內），又南爲忠義孝弟祠，別在"儀典志"（舊有至道堂、東西號舍十區，每區五楹，前爲儀門，大門在戟門西，今廢）。堂後爲敬一亭，勒敬一箴及范氏心箴、程子四箴。碑又後爲尊經閣，奉藏（238）御頒諸書，閣後隙地爲射圃，東即崇聖祠，祠右爲司祿祠，祠堂西爲訓導廨、又西爲學正廨，別在"建置志"（泰興明倫堂後爲崇聖祠，祠右爲忠義堂，左爲士進祠，又後爲尊經閣，閣後爲教諭廨、訓導廨。如皋明倫堂後爲尊經閣，又後爲崇聖祠，西爲遺愛祠、土地祠，又西而南爲訓導廨，再南爲教諭廨），由魁垣迤東而出爲禮門（泰興曰風化門，其前爲魁星池）。門外有上諭碑亭，亭前爲義路，南行數十武爲儒學門，在欞星門左，其上爲魁閣（泰興儒學門曰"龍門"，即文德橋，跨橋而東有奎文閣。如皋儒學門東有奎光樓，其北爲御碑亭，即敬一亭，又北爲忠孝祠）。

（卷六"儀典志·秩祀"，276）文昌廟，在州城南（泰興在縣治西；如皋在東南城上）。國朝嘉慶六年建。（278）名宦祠，在文廟戟門左。（279）鄉賢祠，在文廟戟門右。

舊海門縣

（卷三"建置志·廨署"，146）教諭署、訓導署並在學宮啓聖宮西。

（卷五"學校志"，238）元順帝至正十三年，縣徙禮安，教諭劉璇建明倫堂。十四年，州判官寶桂榮、教諭錢允建大成殿、兩廡，達嚕噶齊也先不花、縣尹張士良建欞星門。十五年，權縣尹李裕甓丹墀。二十三年，縣尹季世衡修。明太祖洪武初，知縣徐伯善、縣丞季選相繼修。成祖永樂中，訓導宋琮修。英宗正統二年，提學御史彭勗檄縣丞郭德修。（239）代宗景泰二年，知縣龔鑒修。憲宗成化五年，知縣馬駒修。十年，知縣韓明修。十七年，知縣莫愚建會饌堂、號舍三十間。孝宗宏治三年，知縣徐英建兩齋、泮池，育賢、企德二門。武宗正德十三年，縣徙餘中，知州蔣孔陽、知縣裴紹宗建大成殿、兩廡、明倫堂、敬一亭、啓聖祠。十六年，知縣王俊修兩廡，建戟門、欞星門、神厨、祭器庫。世宗嘉靖十三年，知縣陳錠建號舍、名宦祠。十五年，知縣吳宗元建鄉賢祠、神厨。二十五年，縣徙金沙，權知縣劉文榮建大成殿、兩廡、明倫堂。二十六年，知縣劉燭建啓聖祠、敬一亭、號舍、神厨、名宦、鄉賢二祠、含秀軒。穆宗隆慶二年，知縣陳采修。神宗萬曆十二年，知縣姜天麒修。二十二年，知縣廖自伸修。莊烈帝崇正十一年，知州彭希賢、郡人王觀光修。國朝順治八年，知縣姚應選徙泮池欞星門南。康熙十一年，縣廢附州。

泰興縣

（卷三"建置志・廨署"，147）教諭署在學宮北，大堂三楹，大門三楹，堂後二堂三楹，寢室三楹，書室一，從舍一，庖舍二。國朝康熙四十三年，邑人陸遐昌修。訓導署，在教諭署北，大堂三楹，大門三楹，堂後寢室五楹，書室四，庖舍三，園屋十餘楹。國朝康熙四十三年，邑人陸遐昌修。

（卷五"學校志"，239）宋高宗紹興中，建廟學縣治東隆興橋左。明太祖洪武二年，知縣呂秉直重建。成祖永樂中，知縣王政修。英宗正統六年，縣丞徐錫服、教諭祝敬、典史周略修戟門、兩廡、明倫堂。憲宗成化元年，主簿盧昱、柯彬、教諭陳經、典史丁全修。（240）武宗正德八年，知縣鄭浙北徙大成殿，距欞星門二十丈，建兩廡、祭器庫、戟門、名宦、鄉賢二祠、東西碑亭，鑿泮池，殿後建明倫堂，潛心、養正二齋，闢射圃，建會饌堂。世宗嘉靖八年，權知泰州汪瑛建敬一亭。十三年，知縣朱篪建啓聖祠、觀德亭、進修所、敷教堂、號舍三十楹。十七年，知縣高策修。十九年，知縣姚邦材修。穆宗隆慶元年，知縣許希孟拓泮池，更建東西碑亭，增欞星門石柱二，曰"江漢""秋陽"，撤敷教堂爲鯤化池，甃淮海橋，建浴沂亭。二年，知縣朱南雍修。神宗萬曆四年，知縣劉伯淵建騰蛟、起鳳二坊。十年，知縣高桂修。十六年，知縣段尚綉重建淮海橋，門曰"天池鯤化"。二十五年，知縣陳繼疇重建東西二坊，曰"興賢""育材"。熹宗天啓元年，知縣熊奮渭建尊經閣，立講院鯤化池左。四年，知縣陳烜奎修。莊烈帝崇正中，邑人引外河水入鯤化池，建欞星樓、禮門、義路二坊。國朝順治四年，知縣陳棐修。十四年，知縣王調羹修。康熙十二年，邑人季振宜修。四十三年，邑人陸遐昌修。（241）四十九年，知縣袁開聖修。五十年，知縣宋生重建尊經閣。乾隆二十年，知縣石爲藝修。二十八年，知縣李本樞、邑人陸嘉謨修。三十九年，邑人張家熹修。四十年，知縣陳澧移建奎文閣。嘉慶十二年，知縣王兆熊、邑人張大鵬修。十七年，知縣朱一慊、邑人季士冏建鯤化池石欄。

如皋縣

（卷三"建置志·廨署"，151）教諭署，在學宮西。大堂三楹，大門三楹，寢室三楹，書室三，庖舍三。國朝乾隆十五年，教諭王之鏞修。訓導署，在教諭署北。大堂三楹，大門三楹，寢室三楹，書室三，庖舍二。國朝乾隆十五年，訓導周旋修。

（卷五"學校志"，241）南唐李璟保大十年，建學縣治東北（今中禪寺址）。宋真宗大中祥符八年，知縣曾易占建大成殿教堂。高宗紹興初，遷學縣治西南（今胡安定公祠址）。孝宗淳熙三年，知縣趙善瓘修。明太祖洪武四年，知縣謝得民建明倫堂、東西二齋。十一年，知縣劉國衡修。十五年，知縣周公鼎重建。宣宗宣德八年，典史蔡寧修大成殿。英宗正統六年，知縣曹立修欞星門、兩廡、講堂、齋舍、厨庫、會饌堂、觀德亭。憲宗成化五年，知縣王倫修大成殿、兩廡、欞星門、齋舍，重建明倫堂，立科目題名碑。七年，知縣蔡葬、教諭周鼎建。十二年，知縣向翀修大成殿、兩廡、重門、明倫堂、進德、至道二齋。（242）世宗嘉靖四年，知縣梁喬升修。十九年，知縣黎堯勳徙廟學舊址東半里，建大成殿、兩廡、戟門、欞星門、鑿泮池，殿後建明倫堂、齋舍、號房、射圃亭。二十一年，巡鹽御史胡植修。二十九年，知縣陳雍修。（243）三十二年，巡鹽御史黃國用修。三十八年，知縣童蒙吉修拓學基十二畝六分有奇。神宗萬曆四年，知縣鄭人達修，始築宮墻。九年，巡鹽御史任養心修。十年，權知縣馬晨修。二十四年,知縣陳渙修。二十八年,知縣張星修。三十年,權教諭黃夢麒徙泮池欞星門南,建文德、武德二橋。(244)四十三年,知縣李廷材建修欞星門、兩廡、西齋房。四十五年,知縣熊奮渭修明倫堂、西廡。四十八年,知縣李衷純、教諭蔣紹煇建尊經閣。熹宗天啓三年,衷純修大成殿、兩廡、欞星門、啓聖祠。國朝順治十四年,知縣崔鳳賓修。(245)康熙十年,邑人蘇世威修,重甃宮牆,知縣趙宏化修東西二坊。十三年,邑人吳伯遠、胡邦棟、姜迓譽、冒起蒙復射圃,築屏牆十有二丈。雍正十年,知縣彭履仁、教諭丁宏遠、訓導慶翮修。乾隆十五年,知縣鄭見龍、教諭任之鏞、訓導周旋修。(246)十八年,邑人沈全道等分修。三十六年,邑人史鳴皋等分修。三十八年,知縣崔正音、教諭趙佽、訓導陶國果修。三十九年,邑人黃珩修宮牆。五十八年,知縣曹龍樹修。嘉慶六年,邑人吳積忠修崇聖祠。九年,邑人張殿、武振鰲修泮池、石欄。十年,邑人石萬泰、萬溥、萬淦修西牌坊。十三年,邑人吳功祐修崇聖祠。十五年,知縣左元鎮修尊經閣。(247)二十一年,邑人徐宗永甓大成殿、露臺、丹墀、甬道。二十二年,邑人張超修忠孝祠,汪爲霖修明倫堂。道光六年,教諭曹元慶、訓導項斅修御碑亭,居仁、由義二齋,土地、遺愛二祠。八年,邑人湯臨修大成殿。十四年,邑人沈鳳輝等修戟門、名宦、鄉賢二祠。十五年,知縣范仕義修宮牆。

嘉靖《徐州志》

嘉靖《徐州志》,成文出版社有限公司,1983年。

徐州

(卷六"人事志一·學校",406)州儒學,在城東北隅(東至城下路,西至養濟院,南至徐州衛地六十丈,北至永福倉),中爲先師廟,東西列兩廡,前爲廟門,門外東爲名宦祠,西爲鄉賢祠,又前爲欞星門,門之外爲泮池,跨以石橋,東西爲碑亭者二。廟後爲躡雲亭,國初仍往代制,稱大成殿、戟門。嘉靖庚寅,上用輔臣議,改大成殿稱先師廟,戟門稱廟門(諸所改正,詳"祀典")。欞星門左爲啓聖祠,又左爲英璧樓,祠後(407)爲講書樓,樓後有號舍。欞星門右爲學門,由大門入爲儀門,東西扁曰"義路""禮門",中爲明倫堂,東西列各齋(東爲進德、修德二齋，西爲成德齋），堂後爲尊經閣，東西爲學正宅（一所）、訓導宅（三所，一在東，二在西），閣後爲御製敬一箴亭。舊有神厨、神庫、宰牲房、致齋所、饌堂、射圃亭，今並廢。學故在城東南隅。元至正辛卯，毁於兵。（408）國朝洪武初，知州文景宗徙建今所，學士金萃、宋景濂爲撰碑銘。（409）宣德間知州楊秘、景泰間知州宋誠相繼增修，學正餘姚宋驥爲秘記。天順六年，知州王叙拓大之，垂成，滿去。成化六年，知州陳廷璉繼成，重建堂齋、樓閣，有眉山萬安、淳安商輅並爲記。（412）正德壬申，督學御史黃如金、兵備副使柳尚義命知州張行甫、學正楊和增建齋舍，業未成，尋並遷去。明年，學正胡崇易（413）白於繼任御史張璇、副使羅循申飭之，乃統緒，有編修餘姚孫清記。（414）嘉靖丁亥，副使趙春命知□（415）郭天錫拓學前基，洎廟廡、堂齋並加飭。癸巳，副使何鰲命學正李憲督修。甲午，知州魏頌卒役更增葺之，編修楚人廖道南記。（417）乙未，知州陸時望建敬一箴亭。己亥，清戎御史楊瞻改建應璧樓。庚子，戶部主事吳岳築土，建躡雲亭。壬寅，知州王重賢建啓聖祠。丁未，副（418）使王梃益修葺之，煥然一新焉。

（卷八"人事志三・祀典"，563）舊有先賢祠，在學宮，正統元年建，學正吉水劉羽記。（564）天順戊寅，知州宋誠重建，自爲記。（565）成化七年，知州陳廷璉徙建黃茅崗，增先賢陳後山師道爲三賢祠，（566）而先賢祠遂廢。成化十八年，知州和鸞復徙三賢祠於學宮東隙地，有司歲以春秋上丁日致祭，其諸先賢迄廢不祀。嘉靖丁未，副使王□建今祠，郡人副使馬津記。

蕭縣

（卷六"人事志一・學校"，422）蕭縣儒學，在縣西南，中爲先師廟，東西列兩廡，前爲廟門，門外東名宦祠，西鄉賢祠，由名宦祠折（423）而東有神厨，又前爲櫺星門，廟之後爲啓聖祠。櫺星門右爲學門，由門而入，中爲明倫堂，東西列齋二（左爲崇德、右爲廣業），齋之旁各附以號舍，號舍之北偏各爲神庫。堂後爲敬一箴亭，又後爲教諭宅（一所），稍東北爲訓導宅（二所）。學故在舊城西北隅，宋紹聖間，縣令孫文、邑人竇沔捐貲徙今城東南，有晁端中記。（424）後爲水嚙，元至元丁丑，縣尹耶律廷瑞重建，蕭人傅汝礪記。（425）元末，毁於兵。國朝洪武初，主簿劉瑜創建，知縣喬峻、縣丞齊福東、永樂間知縣郝玘、正統間知縣柳新、景泰間教（426）諭王隆、成化間知縣馬綸相繼重修，南溪劉忠爲馬綸記。正德間，巡按御史寧欽莅縣，命撤華嚴寺、東岳觀二所，移建其地，州判官董相、知縣王隆董之成。嘉靖辛卯，知縣尋孔樂建敬一箴亭，洎名宦、鄉賢二祠。壬辰，知縣朱同芳建啓聖祠。至是，規制始備，唯泮池未有鑿，爲缺典云（有射圃亭，在城隍廟西。嘉靖十二年，知縣朱同芳建）。

沛縣

（卷六"人事志一·學校"，427）沛縣儒學，在泗水南（龍泉寺故址），中爲先師廟，東西列兩廡，前爲廟門，外爲泮池，跨以石橋，又前爲欞星門，廟東爲啓聖祠，後爲御製敬一箴亭，廟西爲名宦祠、鄉賢祠。欞星門之西爲學大門，由大門入爲儀門，中爲明倫堂，東西（428）列齋二（東曰博文、西曰約禮），大門外東西列蛟騰、鳳翥二坊（學西有射圃）。舊在河東泗亭坊，宋靖康中，兵毀。金太定初徙建河西清化坊。十一年辛卯，知縣劉勳新葺。元至正間，重修，尋復毀。本朝洪武三年，知縣費忠信、訓導華革等建。永樂間知縣常瑾、李舉賢，正統間知縣王清，景泰間知縣古信相繼修葺（學内新井泉味清冽，亦信所鑿），漳浦陳囗記。（429）嘉靖八（430）年，圮於水。十一年，知縣王治用舊學廟及地易建今所，今教諭、訓導宅仍在舊學。二十五年，知縣周涇增建門廡、祠宇，鑿泮池，易民地拓大之，始備規制云，工部主事徐惟賢記。

碭山縣

（卷六"人事志一·學校"，432）碭山縣儒學，在縣東一里，中爲先師廟，東西列兩廡，前爲廟門，神厨、神庫、宰牲房，並東西列，又前（433）爲欞星門。欞星門之西爲學大門，由大門入爲儀門，由儀門入中爲明倫堂，東西二齋，堂後爲教諭、訓導宅，凡三所，附以饌堂、學倉、號舍。唐貞觀四年，建在縣西北隅。宋元祐間，徙今地（邑人王惠捐貲成之）。金太定間，水沒廢，縣令杜之美同進士邵師古重新之。元元貞、大德、天曆、至元間，縣尹蔣恕、楊參、孟直、崔旭前後修建，夏丘、張忠爲孟直記。國朝永樂、宣德、正統、成化間，知縣郝玘、劉伯吉、杜釗、張夢輔、主簿張文憲相繼修建，安成劉球、博野（434）劉吉各有記。（436）嘉靖五年，知縣季木創鑿泮池，重修欞星門。二十一（437）

年，知縣劉陽重建廟，洎門廡益拓大之，安福王學益記。凡學職官、教事、科貢制並與蕭同，其科□□□，有洛陽劉健記。（440）扼文堂，在儒學後，金明昌六年建，今廢。

豐縣

（卷六"人事志一·學校"，440）豐縣儒學，在縣治東六十步，華山之陽。中爲先師廟，東西列兩廡，前爲廟門，門外東爲名宦祠，西爲鄉賢祠，並南向。又前爲櫺星門，廟東爲啓聖祠，（441）祠前爲敬一箴亭，亭前爲神庫、神廚、宰牲所各一區，櫺星門西爲學大門，由大門入爲二門，由二門入中爲明倫堂，東西爲齋者二（左仁義、右道德）。堂後爲後堂，堂西爲教諭、訓導宅，凡三所。舊學在舊城，金末毀於火。元至元間，縣尹郭瑄重建，尋毀於兵。本朝洪武六年，知縣魯本創建。宣德間知縣闕膚、天順間知縣張升、成化間知縣鄺頤相繼建修。嘉靖五年，舊城水沒，縣治徙今城，學廢。至二十一年，知縣李崇信創建今所，四明張邦奇記，（443）凡學職官、教事、科貢制並與蕭同。

嘉慶《重刊荆溪縣志》

嘉慶《重刊荆溪縣志》，成文出版社有限公司，1983 年。

荆溪縣

（卷二"學校志·學署"，175）訓導署，舊有二所，一在西齋後，毀廢無存；一在東齋後，即今荆溪學訓導署。年久敝壞，乾隆二十二年，邑人將修學羨銀建東書房二間，廚房二間，修葺大堂三間，原額"閑堂"，堂東一間，頭門一間，儀門一間，新築園內南面堦墻二重。

嘉慶《新修宜興縣志》

嘉慶《新修宜興縣志》，成文出版社有限公司，1983 年。

宜興縣

（卷二"學校志·學宮"，163）乾隆十八年，兩邑紳士呈請修葺。二十三年工竣。（165）二十五年，朱桓儲掌文昌，捐歲修費二百金，分年董理，爲經久計。二十八年，邑人復改築櫺星門外垣墉，增建廟門東偏屋，重建忠義孝弟祠。（168）乾隆十八年，荊溪訓導郭兆蓀重修崇聖祠。二十三年，邑人復修，增角門一。（169）四十三年，崇聖祠正門圮，乃擴爲三楹。四十五年，邑人復捐貲重建，置兩廡。（170）自分縣後，文廟兩邑共之。凡增建、增修之事，合載入宜新志，而於荊志不復贅。

（卷二"學校志·四祠"，171）名宦祠，乾隆二十年，邑人重建。（175）鄉賢祠，乾隆二十年，各賢裔捐資重修。（181）忠義祠，乾隆二十八年，邑人以修學羨銀，改建今地。（182）孝弟祠，乾隆二十八年，重建。

道光《重刊續纂宜荊縣志》

道光《重刊續纂宜荊縣志》，成文出版社有限公司，1983年。

宜興縣、荊溪縣

（卷一之一"宜興荊溪營建合志·祠廟"，43）文昌帝君廟，在小東門外。嘉慶六年，奉文公建，郡守李廷敬撰記。道光十六年，增建崇先祠，邑人路應廷撰記。節孝祠，道光六年，節孝後裔徐廷瑛重建，并購祠後基地改建，後進祀總旌諸節婦，旁爲詒穀堂，祀匪我徐公，以其有功於祠故也。

（卷一之三"荊溪營建志·祠廟"，57）巽閣，在邑廟東舊三清殿址。嘉慶初年，邑紳吳廷選等請示募建，閣前舊建文昌廟，今毀。

（卷三之二"宜興學校志"，90）學署，道光十五年詳請修葺。

（卷三之三"荊溪學校志"，91）學署，道光十年詳請修葺。

雍正《揚州府志》

雍正《揚州府志》，成文出版社有限公司，1975年。

揚州府

（卷十二"學校"，122）揚州府儒學，在府後儒林坊。元以前無考。

明洪武中，知府周福原即舊規重建。正統間，知府韓弘因藏書樓改建崇文閣，并更衣、采芹二亭。天順八年御史張黼、成化六年知府鄭岑先後修葺。嘉靖四年，殿毁於火，知府易瓚重建。八年知府陶儼，萬曆三十三年知府朱錦，崇禎八年知府韓文鏡先後重修。國朝順治二年知府胡蕲忠、康熙十九年巡鹽御史郝浴、二十二年知府崔畢、五十四年知府馮肅先後捐修。五十九年，教授陸翼捐建魁星樓於大門内。雍正元年，知府孔毓璞改建崇聖祠於尊經閣後。六年，運使宋一鳳、署府事同知曾弘緒重修聖像暨四配十哲像，設兩廡，增祀先賢、先儒木主。十年，教（123）授段西銘、訓導徐士瑗督修殿廡及明倫堂垣。十三年，郡人汪應庚以府縣學宫建自明初，歷今近四百年，雖迭經修繕而補葺不足以持久遠，願獨立鼎新之，呈請報可，撤兩學之内外規劃締造，雖由舊而不異改作，聖像即配哲像俱摹諸厥里，使肖其真，所費至五萬金有奇。歷三年，而後功成，鞏固巍煥，勝昔觀矣。先師廟、崇聖祠、名宦祠、鄉賢祠、明倫堂，志道、據德、依仁、游藝四齋，尊經閣（即崇文閣）、敬一亭、文昌樓、魁星樓、海神祠、土地祠、射圃觀德亭、頤正堂、玩易堂、號舍、祭器庫、樂器庫，成賢、育才二坊，教授宅、訓導宅。

（卷十四"祠祀"，146）文昌祠，一名文昌閣，在南門外臨河文峰塴灣。又有文昌樓在縣儒學前。

江都縣

（卷十二"學校"，126）江都縣儒學，宋紹興十二年，州守許中建州學，始以縣學附。明洪武七年，知縣宋啓始分建於縣北開明橋西駱駝嶺上。二十七年，知縣丁師尹建殿堂、齋廡。正統三年，兩淮鹽運使嚴正建崇文閣。五年，巡按御史郭觀建射圃。景泰五年，同知蔡堅建觀德亭。成化六年，知府鄭岑即崇文閣故址創講堂五楹。七年，巡按董韜重建大成殿、東西廡。九年，知府周源創明倫堂、正心、誠意二齋。嘉靖三十一年，知府吳桂芳改講堂爲尊經閣。三十七年，商人黃焕捐建文奎樓於學門内。國朝康熙十九年，巡鹽御史郝浴重修學宫。二十二年，教諭許維梃、訓導汪和中重修尊經閣、文峰閣，學宫外周以垣，東西設立圈門。雍正七年，教諭袁載錫募修。十三年，郡人汪應庚與府學一同修建，詳見府學。先師廟、崇聖祠、名宦祠、鄉賢祠、明倫堂，正心、誠意二齋，尊經閣、敬一亭、文峰閣、南魁樓、北魁樓、文昌泉、射圃觀德亭、號舍、祭器庫，禮門、義路二坊，教諭宅、訓導宅。

甘泉縣

（卷十二"學校"，127）甘泉縣儒學，同江都縣學。雍正九年，奉旨江甘分縣，其甘泉學官以江都訓導分任。

（卷十四"祠祀"，151）文昌祠，在南門內新橋。

儀徵縣

（卷十二"學校"，127）儀徵縣儒學，宋慶曆四年始建於州城長樂坊，後遷於東門。建炎二年，毀於盜。紹興間，郡守張好古、洪興祖先後重建。隆興二年，復毀於兵。乾道三年，郡守張剡重葺。元泰定二年，知州張震新廟學。明洪武初，改州學為縣學，知縣劉文剛、康彥明繼葺。萬曆十三年，知縣樊養鳳、教諭李衡議遷學於資福寺，遂以學易寺，即其殿為大成殿，以其前巨浸為泮池，東引淮水入池，造石橋跨之。國朝順治九年，江防同知李淮、教諭左國林重修。十年，提學僉事張能鱗再修。康熙五年，教諭舒文燦環學宮築土墻三百餘丈，內外悉植桃李。十四年，歙人許承遠修大成殿。二十三年，承遠之子松齡與吳愛同修明倫堂。（128）五十三年，松齡之子彪重建尊經閣。五十六年，知縣陸師設屏墻於欞星門外，摹吳縣學"宮墻萬仞"四字於照壁。先師廟、崇聖祠、名宦祠、鄉賢祠、明倫堂，居仁、由義二齋，尊經閣、敬一亭、奎光樓、青雲樓、鳳凰墩，聖域、賢關二坊，教諭宅、訓導宅。

（卷十四"祠祀"，157）文昌祠，舊在文廟東，後移建於小校場西丘阜上，名梓潼墩，相傳即拂雲亭故址。

高郵州

（卷十二"學校"，129）高郵州儒學，在州治東。宋初，詔州軍立學。至和二年，知軍事邵必始建武學。開禧二年，郡守林伯成以舊制狹小，撤而廣之。元末，兵毀。明洪武二年，知州黃克明即舊址重建。弘治九年，知州程憲於街南闢杏壇，通濯衣河。嘉靖間，知州鄧諳重建大成殿，知州袁斯盛重修兩廡。隆慶間，知州趙來亨、范惟恭先後繕葺。國朝順治十四年知州吳之俊，康熙二十四年知州李培茂先後重修。四十三年，兩淮鹽運使劉德芳捐建尊經閣。五十三年，知州李之檀即題名碑亭舊址重建奎星閣。雍正二年，知州張德盛建崇聖祠。先師廟、崇聖祠、名宦祠、鄉賢祠、明倫堂，進德、修業二齋，尊經閣、敬一亭、青雲樓、奎星閣、狀元墩、學正宅、訓導宅。

興化縣

（卷十二"學校"，130）興化縣儒學，舊在南津里滄浪亭上。宋天聖間，知縣范仲淹建。元末毀於兵燹。明洪武三年，知縣徐士誠遷建文林里，面南城背市河。景泰三年，知縣崔時雍增建東西廡。成化四年，通判魏銘建步蟾橋於泮池上，前列屏坊，四周繚以木柵。嘉靖元年，知縣曹輻建尊經閣。三十七年知縣程鳴伊，隆慶六年知縣李安仁，萬曆十三年知縣淩登瀛，二十二年知縣歐陽東鳳先後修葺。登瀛又置祭器。國朝康熙十一年，知縣程起鵬捐修大成殿及兩廡。二十三年，知縣張可立捐修明倫堂及東西二齋。五十一年，知縣喻宗煃、教諭阮無恭重修大成殿。先師廟、崇聖祠、名宦祠、鄉賢祠、明倫堂，進德、修業二齋，尊經閣、敬一亭、射圃、朋樂堂、文昌祠、土神祠、教諭宅、訓導宅。

寶應縣

（卷十二"學校"，131）寶應縣儒學，在縣治南廣惠橋之西。宋嘉定間，知縣賈涉建。元末兵毀。明洪武三年知縣王驥，六年知縣李恢即故址重建。永樂十四年教諭顧凱，正統七年知縣朱瑗，天順七年知縣龍淮，成化四年知縣曾瓚，弘治三年知縣韓直立先後增修。嘉靖三十六年，毀於倭。三十七年，通判姜壽、知縣蔣遵正修復。四十一年知縣李瓚，四十四年知縣程可大重修。萬曆六年，教諭孔承先創尊經閣。八年，知縣韓介請於巡按御史開小南門曰迎秀，盡買學前地為衢，達迎秀門。國朝順治十四年，邑人朱爾遠、胡先濟督修學宮。先師廟、崇聖祠、名宦祠、鄉賢祠、明倫堂，博文、約禮二齋，尊經閣、敬一亭、文昌祠、教諭宅、訓導宅。

泰州

（卷十二"學校"，132）泰州儒學，在州治東南。宋紹興八年，草創於海陵縣西。二十八年，州守王揚英遷建於城東隅。紹定元年，州守陳垓重葺。元末毀於兵燹。明洪武初，知州張遇林即故址重建。永樂十一年知州劉景文，宣德七年知州蕭旭，正統十四年巡按御史蔣誠，成化十五年知州陳志先後修葺。萬曆七年，海道舒大猷、知州李裕於東西構聚奎樓、聯璧軒。十五年，巡鹽御史陳遇文、知州譚默建東西二坊。十七年，督學御史柯挺飭建浴沂亭，浚泮池，通外河。二十九年，巡撫李三才駐泰州，大加修葺。國朝雍正五年，學正徐大中督修學宮。先師廟、崇聖祠、名宦祠、鄉賢祠、明倫堂、進德、尚賢、日新三齋，尊經閣、敬一亭、文昌閣、望海樓、浴沂亭、射圃，兩淮文獻、萬世師模二坊，學正宅、訓導宅。

民國《甘泉縣續志》

民國《甘泉縣續志》，成文出版社有限公司，1975年。

甘泉縣

（卷八"學校考第八上"，628）揚州府學，在府治後儒林坊江都境，詳《江都志》（案甘泉縣與江都同城，府學實在城內，故首列之）。

縣學與江都共為一學，在城內開明橋西駱駝嶺，江都境。修建年月，《前志》載至雍正十三年止。道光二年，江都知縣陳文述重修，有記，載同治《續修府志》。二十三年，浚（629）通理泉，江都薛壽為之銘。二十五年，知府桂超萬、江都知縣龔照琪、知縣彭以竺、教諭華元梅、訓導潘映淮捐貲重修，知府桂超萬有記，勒石並詳光緒《江都續志》。咸豐三年，粵賊陷城被毀。同治六年，江都知縣依勒通阿重修。光緒二十八年，兩淮鹽運使程儀洛、江都知縣吳式晟、知縣張景祜暨郡紳湖北候補道徐兆英等復修，凡用錢三千二百緡有奇，運使程儀洛有《重修江都甘泉縣學文廟記》，詳《江都志》。（647）忠孝祠，一稱孝子祠，在學內。（648）貞節祠，在學西偏。《雍正江都志》云，節孝祠在運司北大街，今運司街無此祠，疑乾隆初移今址，並存俟考。

（卷八"學校考第八下"，679）學署，與江都同，分治後，以教諭任江都學事，居教諭廨如故。其復設訓導，則改為甘泉縣學教職，就訓導廨居焉。廨舍隨學修建，額設吏役如舊制。餘詳《江都志》。

（卷十一"祠祀考第十一"，726）文昌宮，在南門新橋。萬曆三十七年，鹽政御馬監太監魯保建，巡撫遼陽都御史李植有記。崇禎間，兵備道鄭二陽重建。康熙二十三年，邑人王復衡、許承家、承宣葺新之，江蘇巡撫湯斌有記，二碑具在宮內。嘉慶七年，奉文，春秋二祭俱用太牢，並崇祀三代於後殿。咸豐六年，升中祀，以每歲春秋仲月與江都合祭，故亦見《江都志》。又廣儲門外，梅花書院後有文昌樓，嘉慶十四年，鹽政阿克當阿建，久圮。（731）魁星樓，一在縣學內，隨學修建；一在公道橋鎮東臨湖，里人呂雲等修建；一在陳家集，今久圮。

（卷二"建置考第二下"，72）甘泉儒學訓導署，在縣學頭門內，隨縣學同時建，計屋十九間。

乾隆《江都縣志》

乾隆《江都縣志》，成文出版社有限公司，1983年。

江都縣

（卷三"疆域·坊表"，141）聖域、賢關（府學文廟門左右，舊爲成賢、育才）。禮門、義路（縣學文廟門左右，舊爲興賢、毓秀），敷教（府學東）。

（卷五"學校"，231）學以明倫，膠庠之制大備於古，自（232）宣聖爲萬世之師表，歷代因立廟以祀，謂之曰學宮。漢唐盛時，天下猶不能皆立學。宋天聖間，始詔建夫子廟於各州軍，而其時亦未能遍。江都之有學也，自紹興十二年，州守許中建州學於英纏坊，縣學附焉。明洪武七年，知縣吳啓、訓導崔宗武度地於縣北開明橋西駱駝嶺，乃專立江都縣學（形家謂，嶺脉發於蜀岡，隆起爲風氣所聚，故建學於此）。二十七年，知縣丁師尹、訓導胡滿建殿堂、齋廡。宣德八年，知縣謝必賢繕葺之。正統三年，兩淮鹽運使嚴正倡建崇文閣，後知縣陳驥重修。五年，巡按御史郭觀拓學西南古大悲寺故址建射圃，尋廢。景泰五年，巡按御史婁浚復（233）之，同知蔡堅建觀德亭。成化六年，崇文閣毀，知府鄭岑即其址建講堂五楹，巡鹽御史王驥拓地建號舍二十八間。七年，巡按御史董韜重建大成殿、東西廡、戟門、欞星門並繪塑廟像。九年，知府周源倡創明倫堂、正心、誠意二齋及學倉，知縣陳雲翼建饌堂、庖舍、學門、訓導宅。十年，巡按御史王鑰重修，建教諭宅，國子祭酒王□有記（記今不存）。十六年，知縣董豫立江都縣學進士題名碑，大學士□浚有記。（235）嘉靖四年，巡鹽御史戴金擴學基增修之，禮部尚書湛若水爲之記。（237）

九年，詔改大成殿曰先師廟、戟門曰文廟之門。十八年，巡鹽御史吳悌、知府劉宗仁鑿泮池於欞星門外，既而堙之，列儲胥焉。三十一年，知府吳桂芳以講堂湫隘，改建尊經閣，如崇文之舊。三十七年，颶風壞殿西南角及東西兩廡、廟門，其明（238）年商人黃煥捐貲修葺，又建文奎樓於學門內，知府吳桂芳、副使葉觀為之記。（240）國朝，學制如舊。康熙十九年巡鹽御史郝浴重修學宮。二（241）十三年，教諭許維梃、訓導汪和中重修尊經閣、文峰閣，學宮外周以垣，東西設圈門。雍正七年，教諭袁戴錫募修。九年，析江都置甘泉縣，儒學則並附江都。十三年，詔天下學宮有圮敝者，所在官司動正供修治，邑人汪光祿應庚以郡縣學皆漸敝，補葺未足以持久遠，不勞公帑，自捐銀五萬兩有奇，撤內外鼎新之，聖像及配哲像，皆令善工摹肖闕里。歷三年而後功成，雖曰繕修，實則重建，郡守高是鏞為礱石紀其事。（244）宮牆，中照壁，周牆嵌以朱柵，左石坊曰"禮門"、右石坊曰"義路"，東西牆側各立下馬石牌。文廟門，舊曰戟門，內泮池跨石橋三，東西各有井。欞星門。先師廟，即大成殿也。（245）東西廡。（249）崇聖祠，在大成殿後，明倫堂東，舊名啟聖祠。雍正元年，特旨加封孔子五世王爵，以昭尊崇之至意。三年，詔改啟聖祠為崇聖祠。（250）祭器庫，舊有庫，在學署誠意齋，久廢，器亦殘缺無存。雍正四年，知縣蔣鶴鳴率義士徐嶠、管宏進、洪本仁等募造祭器。未幾，復多遺失。乾隆五年，汪應庚補全，並另建庫貯之。（251）名宦祠，在欞星門東。（252）鄉賢祠，在欞星門西。（254）忠孝祠，在欞星門西。雍正二年，奉（255）旨直省各府州縣衛立忠孝祠於學內。（256）貞節祠，在學西偏。雍正二年，奉（257）旨直省各府州縣衛立節婦祠於學門外，已故者進主入祠。學署：大門，舊額題"江都縣學"，今改題"江都甘泉縣學"。魁星樓，在大門內，舊分（南魁、北魁）二樓，後為居民所侵踞，邑貢士郭光修復之，翰林方觀有記。（259）土地祠，在魁樓下。敬一亭，舊在尊經閣後。明嘉靖四十一年，知縣趙訥移建於大門甬道左，立碑六，勒御製敬一箴，東西勒先儒程子四箴，後圮。雍正四年，知縣王元稆重建。乾隆三年，新修，增麗焉。（260）儀門，門右通大成殿。明倫堂，肇始於明成化間，今撤舊材改建，崇壯有加，兩廊之雜處者，俱給貲他徙，庠序肅然以清。東正心齋、西誠意齋，俱久廢。尊經閣，在明倫堂後，即崇文閣舊址。乾隆元年，奉旨有尊經閣之處，府州縣動用存公銀兩就近購買《十三經》《二十一史》諸書，頒發交與各該學教官接管收貯，令上子熟習講貫。（261）號舍，舊在尊經閣側，南北相向，初二十八間，後增十有八間，今俱久廢。教諭廨，在明倫堂西。（262）訓導廨，在儀門外東。射圃，在學西偏，久廢，今貞節祠即其故址。文昌井，在明倫堂東。

（卷八"祠祀"，410）文昌祠，一名文昌閣，在南門外臨河文峰塔灣。又府縣儒學前皆有文昌樓，南門內新橋有文昌宮，其地分隸甘泉。

嘉慶《江都縣續志》

嘉慶《江都縣續志》卷一"學校"，成文出版社有限公司，1983年。

江都縣

（67）乾隆五十一年，邑紳秦黌重浚學前二井，署教諭管濤題爲通理泉。乾隆五十二年，鹽政徵瑞飭江都知縣孔繼檊承修府縣兩學，有記。嘉慶十二年，邑紳阮元重浚府學泮池內雙井。嘉慶十六年，鹽政阿克當阿、知府嵩年修縣學大成殿。名宦祠，嘉慶十四年，祀揚州游擊白雲上於府學。鄉賢祠，嘉慶十三年，祀進士李道南。貞節祠，嘉慶年重修。

（卷四"祠祀"，134）文昌宮，嘉慶七年，奉文春秋致祭，俱用太牢，崇祀三代於後殿，在南門新橋甘泉境。

民國《嘉定縣續志》

民國《嘉定縣續志》，成文出版社有限公司，1975年。

嘉定縣

（卷二"營建志·營繕·廟學"，108）文廟，詳前志學校。光緒初年重建，後歷三十年無大興作。

（110）崇聖祠。學署，光緒二十八年，知縣劉麟瑞改尊經閣前東號房重建，向東樓房六楹，爲嘉定小學堂課室、宿舍，又闢尊經閣東偏餘地爲體操場。

嘉慶《新修江寧府志》

嘉慶《新修江寧府志》，成文出版社有限公司，1974年。

江寧府

（卷十二"建置·官署"，461）儒學教授署、訓導署俱在府學內，雍正十三年增建。

（卷十三"祠廟"，474）文昌廟，在府治北。（476）先賢祠，在溪之東。宋開慶元年，制使馬光祖建。（477）後祠毀。明焦竑言於大學士李廷機、葉向高，屬祠祭郎葛寅亮於普德寺後山建祠，設位補入葉公。國初，江南總督范承勳改建於府學之西。名宦祠，在縣學內。明正德九年建。（479）鄉賢祠，在縣學內，明正德九年建。

（卷十六"學校"，565）府儒學，在府治北，即明之南國子監也。洪武十四年，詔建國子學於鷄鳴山之陽，地在古臺城內，左爲龍舟山，右爲鷄鳴山，其北則元武湖也。十五年，既落成，又改國子學爲國子監，左廟右學，亭廡、廳廂、門堂、號舍規模備矣。洪熙元年，建祭酒宅。以後遷都北京，南監漫漶剝蝕，傾圮隨之。景泰初，祭酒吳節始疏請修。成化中祭酒周洪謨、王□、宏治中監丞陳旅皆嘗奏請重修。宏治十六年，吏部（566）尚書羅欽順建司業宅。正德十二年，祭酒賈詠又率諸生捐資修葺學宮。國朝，改爲府學。順治九年，總督馬國柱增修聖殿，旁設兩廡，前立欞星門、戟門，改彝倫堂爲明倫堂，設志道、據德、依仁、游藝四齋，以國子監坊爲江寧府學坊。康熙五年，總督郎廷佐、布政使金鉉、督糧道周亮工、知府陳開虞修葺之。十九年，知府陳龍岩又修兩廡及七十二楹。二十一年，總督於成龍率同知朱雯修四碑亭及兩廡門欄。二十二年，知府於成龍、教授謝允掄、鄒延屺開浚泮池，築屏墻。嗣後四十五年織造曹寅、五十五年布政使張聖佐、雍正十三年總督趙宏恩相繼重修，諸生又共捐銀一千三百兩，存典生息，歲時灑掃，故歷久而常新焉。崇聖祠，在學舍右。名宦祠，在戟門東。鄉賢祠，在戟門西。教諭宅，即明祭酒宅。訓導宅，即明司業宅。

上元縣

（卷十二"建置·官署"，463）儒學教諭署、訓導署，俱在學宮內。

（卷十三"祠廟"，496）節孝祠，上元在城北，江寧在三山門外（三學及後裔致祭）。

江寧縣

（卷十二"建置·官署"，463）儒學教諭署、訓導署俱在縣學。

（卷十三"祠廟"，496）節孝祠，上元在城北，江寧在三山門外（三學及後裔致祭）。

（卷十六"學校"，577）上元、江寧縣學，在府治東南秦淮上，即明應天府之府學也。宋雍熙中，有文宣王廟在府西北冶城故基。天聖十年，張士遜奏徙於府治之東南。紹興九年，葉夢得重建。淳祐六年，趙以夫增造兩廊，以妥從祀。元仍宋舊，為集慶路學。明初，改為國學，嗣後改建國子監，遂以是為舊國子學。《南雍志》所稱以舊國子學為應天府儒學者，此也。於是，上元、江寧二縣學省入，增二齋、訓導及生員廩膳之數。永樂六年，廟學災。宣德七年，襄城伯李隆、府尹史怡重建。成(578)化七年，復毀，提學御史嚴詮重建，即尊經閣為後堂。十六年，府尹魯崇志建欞星門。宏治間，府尹秦崇增置石堤，障秦淮水。正德九年，府尹白圻繚以石檻。嘉靖初，都御史陳鳳梧平學後山，重建尊經閣。十年，增敬一亭。十四年，提學御史聞人詮增置射圃觀德亭。萬曆十四年，攝尹事周繼建青雲樓於學舍之北，建天下文樞坊及聚星亭於廟前。國朝，改為上、江兩縣學，其規模俱從府學制。康熙五十四年，布政司張聖佐重修尊經閣。五十八年，江蘇按察使李馥重建青雲樓。雍正十二年，教諭章玉樹重修。嘉慶十一年，尊經閣毀，布政使康基田重修（附記：舊上元縣學，在縣治東。按《京城圖志》云，存義街即上元學基。宋景定二年，知縣龔蠻英建。明初廢。舊江寧縣學，在縣治北。宋景定四年，知縣王鎧建。明初廢）。

文廟，在明德堂前。崇聖祠，在明倫堂左。名宦祠，在儒學左。鄉賢祠，在儒學右。上元教諭、訓導宅在左。江寧教諭、訓導宅(579)在右。

句容縣

（卷十二"建置·官署"，464）儒學教諭署、訓導署，俱在學宮內，明府丞陳宣修。

（卷十三"祠廟"，496）名宦祠，在句容縣治東北。鄉賢祠，在句容縣治西南。

（卷十六"學校"，579）句容縣儒學，在縣治南。宋開寶中建。皇祐二年，太常博士知縣事方峻再建。元豐二年，令葉表以縣南驛改造。紹興二十三年，令龔濤修葺之。元至大二年，尹趙靖重建。至順四年，達魯花赤那懷修建明德堂，縣尹張士貴重建先師廟。明洪武十二年，知縣韓思孝修殿廡，置齋室。十五年，知縣韓宗器修明德堂。永樂十年，知縣徐大安增修。十五年，知縣周庸、（580）教諭趙學拙建戟門。正統八年，知縣韓鼎建會饌堂，立俸廩倉，改文昌樓於學之東南。景泰間，知縣浦洪、劉義相繼重修，東廡、齋房毀於火，遂重新之。成化十四年，知縣徐廣重建大成殿、兩廡、戟門。嘉靖十六年，知縣周仕重建。三十二年，應天府通判汪宗之署縣事，移名宦、鄉賢祠於戟門左右。四十年，應天府通判閔宜邵署縣事修文廟。四十五年，應天府推官署縣事張夢斗、知縣胡師移建前數十步。隆慶三年，知縣周美建文星樓，後改名文昌閣。萬曆元年，知縣張道允復於學前開左右掖門，引水注泮池。四十年，提學御史熊廷弼議加高文星樓第三層。國朝順治十年，提學侍讀藍潤捐修正殿、兩廡、戟門、文星樓。康熙十四年，知縣林□重修文廟，創建欞星門石坊。四十九年，邑人重修文星樓。雍正二年，邑（581）人重建明倫堂，暨存誠、主敬二齋。三年，重修大成殿。四年，重建崇聖祠。乾隆六十年，知縣任可舉、訓導馮金伯、成文燦暨邑人王周南、裴於東重修並建尊經閣。文廟，崇聖祠在明倫堂後。名宦祠，在戟門左。鄉賢祠，在戟門右。教諭、訓導宅，在學宮右。

溧水縣

（卷十二"建置·官署"，465）儒學教諭署、訓導署，俱在學宮內。

（卷十六"學校"，581）溧水縣儒學，在大西門內。宋熙寧二年，知縣事關起建崇儒坊在大東門內。元升為州學，明復為縣學，知縣鄧鑒、高謙甫相繼修葺。正德間，知縣何東萊重修文廟。嘉靖十七年，知縣陳光華因水患，遷於京兆館東，知縣謝廷□成之。三十九年，知縣曾震、教諭葉露即朝元觀基重建，推官程學顏、知縣周之屏成之。萬曆五年，建屏墻於泮水。二十八年，知縣（582）徐必達重修。國朝順治十三年，知縣閔派魯、教諭吳鼎玫、訓導紀甲第又重新之。雍正十二年，以大成殿東向，知縣吳湘皋、教諭於偉烈、訓導徐大業遷至今所，改南向，並兩廡、名宦、鄉賢各祠，祭器、樂器、戟門、碑亭皆備。乾隆四十年，知縣淩世御重建奎星閣，又移建文昌閣於學宮前之東。文廟：崇聖祠在廟左，名宦祠在廟右，鄉賢祠在廟右，教諭、訓導宅在學宮右。

江浦縣

（卷十二"建置·官署"，466）儒學教諭署、訓導署，俱在學宮內，明知縣張文韜建，後遷於東岳廟址。國朝順治間，教諭趙淶修。康熙間，訓導王聞晉重修。

（卷十三"祠廟"，498）名宦祠，在江浦儒學欞星門右。鄉賢祠，在江浦儒學門內東隅。

（卷十六"學校"，583）江浦縣儒學，在城東。明洪武十年，創於浦子口城內，知縣劉進董其事。二十五年，知縣仇存仁徙縣治於曠口山之陽，遂遷學焉。宣德初，縣丞李文煥重修，知縣嚴迪重修先師殿。景泰中，知縣勞鉞重建明倫堂。天順間，知縣彭烈建戟門。成化間，教諭吾啤續修先師殿，知縣蕭育建欞星門。十年，知縣林繼皋建啓聖祠、敬一亭。（584）二十五年，知縣張峰建青雲閣。三十年，知縣侯國治、教諭吳讓鑿泮池，改建啓聖祠及名宦、鄉賢兩祠、文明樓、明倫堂。隆慶間，知縣沈孟化改建啓聖祠，知縣王之綱重修明倫堂。萬曆間，知縣余乾正重建明倫堂、鄉賢祠，知縣余夢麟、王守正修文明樓。崇禎間，知縣李維樾重修明倫堂。國朝順治八年，知縣劉天澤建彰賢育才坊。康熙間，知縣徐龍光修建先師殿、明倫堂、鄉賢祠，知縣項維正、教諭朱建策修建天門樓，知縣甘國埏、教諭朱彰、訓導王寵重修大門。文廟：崇聖祠，在明倫堂東。名宦祠，在戟門左。鄉賢祠，在戟門右。教諭、訓導宅，在學宮右。

六合縣

（卷十二"建置·官署"，467）儒學教諭署、訓導署，俱在學宮內。

（卷十三"祠廟"，499）名宦祠，在六合縣治儒學內，明正德八年建。鄉賢祠，在六合儒學啓聖祠西。

（卷十六"學校"，585）六合縣學，在小東門外。宋治平中，初建城東，臨河，尋徙縣西高岡上。建炎兵燹。紹興十四年，暫因藏經廢院爲學。二十九年，復即高岡舊址修建。紹熙四年，知縣鄭縝拓之。嘉定七年，知縣劉昌詩重建。元泰定二年，縣尹平懿置祭器。元末毀廢。明洪武五年，知縣陸梅即舊基創立。正統間，知縣史思古、黃淵相繼修葺。成化五年，知縣唐詔加修。正德九年，知縣萬廷珵重建，邑人許珊捐金助焉。嘉靖十年，知縣茅宰建啓聖祠、敬一亭。十二年，建科第坊。十四年，教諭方錦建菉淇亭。二十二年，知縣黎循典修兩廡，建奎璧聯輝樓。三十年，知縣董邦政建祠堂、齋房、號舍。三十六年，知縣宋鑒修啓聖祠。隆慶二年，知縣章世貞建鄉賢祠、敬一亭。五年，知縣董潤、王南山浚泮池。以上學宮皆向南，知縣李篏以形家言，改向西南。萬曆十年，知縣陳載春重修。三十三年，知事何洛修祭器，推官介夢（586）龍修右廡。四十年，知縣張啓宗重修。崇禎十四年，知縣秦煥然建明倫堂。國朝康熙六年，知縣顧高嘉復改南向。十一年，知縣常在改建明倫堂。至三十四年，知縣吳重光始徙於小東門外，面滁河，是爲今之學宮。五十二年，知縣魏世泰修大成殿、文昌閣、奎璧樓。雍正四年，知縣萬世良增高聖殿，造兩坊於櫺星門外。乾隆二十二年，知縣劉士瑗及紳士重修，改建大成殿祠廟。三十八年，知縣宋觀光率紳士重修。乾隆四十四年，監生厲彭年又捐資重修。嘉慶十二年，邑人紀楠又捐銀一千兩倡修。文廟：崇聖祠在廟左，名宦祠在崇聖祠左，鄉賢祠在崇聖祠右，教諭、訓導宅在學宮右。

高淳縣

（卷十二"建置·官署"，467）儒學教諭署，在文廟東，明知縣莊鐸建。訓導署，在還淳齋西。

（卷十三"祠廟"，500）名宦祠、鄉賢祠，在高淳縣儒學戟門內。

（卷十六"學校"，587）高淳縣儒學，在縣治東通賢門外。明宏治五年創建。十一年，應天府丞冀綺、知縣劉杰治學宮，邑人孔宏璋等助建。正德七年，明倫堂毀，御史徐翼、周鶴率知縣施懋重建，並造學門外二橋。嘉靖三年，知縣劉啓東重修學宮，建名宦、鄉賢祠，徙泮池於櫺星門內，拓射圃，建觀德亭。五年，建啓聖祠。萬曆十二年，知縣董良遂重建明倫堂。十七年，署知縣劉元泰重建文廟及兩廡、戟門、廨舍。二十六年，知縣丁日近重修學宮，移泮池於櫺星門外，繕東西兩橋。三十二年，知縣項維聰建屏墻，邑人徐一范、鄭宗泰捐資建尊經閣。三十三年，建敬一亭於閣後。國朝順治十三年，知縣紀聖訓重建文廟、學舍。十八年，知縣孟復生捐俸建尊經閣。康熙二年，教諭吉（588）天助重修學宮。十二年，文廟災。十四年，知縣劉澤嗣重建，併修明倫堂，暨門屏、坊祠。二十年，教諭於鳳捐俸修祭器。二十一年，知縣李斯全重建兩廡。二十七年，教諭柳加恂重修學橋，建石壩。三十七年，知縣游祿宜重修學宮。五十八年，署知縣陳學良、知縣趙暐重修學宮。雍正元年，知縣叢元燦、趙泗映重修正殿、兩廡及櫺星門。三年，邑人邢綱捐資建崇聖祠。九年，知縣朱鷺建屏墻。乾隆十年，邑人邢本岐捐修大成殿、兩廡及廚庫、門坊。十二年，邑人邢本稷捐建明倫堂及兩齋，增造東西學舍、階檐、甬道、左右禮門。十五年，邑人邢復易等重建尊經閣、敬一亭。四十三年，邑紳趙同黻又捐資重修學宮。嘉慶四年，陳淇等捐修大成殿，孔廣英等捐修明倫堂，葛榮等捐修尊經閣，李正彬等捐修東西兩廡，韋英等捐修戟門，谷運昌等捐建櫺（589）星門。文廟：崇聖祠在廟東，名宦祠在戟門左，鄉賢祠在戟門右，教諭、訓導宅在學宮右。

光緒《續纂句容縣志》

光緒《續纂句容縣志》，成文出版社有限公司，1974年。

句容縣

（卷二"建置·祠廟"，146）文廟，同治十二年，因原址重建。光緒六年，落成大成殿，戟門、櫺星門、泮池、宮墻、牌樓俱還舊制已。名宦祠在學左，鄉賢祠在學右，均同治十二年建。文昌廟，光緒十六年，建屋一間於學宮。

（卷二"建置·公署"，149）教諭署，在學宮，未建。訓導署，光緒中重建。

（卷三"祠祀"，235）文昌閣，舊在馬疲崗。道光間，教諭張履另建於學宮崇聖祠西。□亂後圮，同治間，寓祭華陽書院。光緒十六年，知縣趙受璋撥（236）款仍建於學宮舊址。（241）土穀祠，一在學宮，未建；一在孔夫子巷，光緒初年，邑人重建。

（卷三"學校"，257）學宮，考《舊志》，建於唐開元十一年，在縣治東。宋開寶中重建。皇祐二年，太常博士、知縣事方峻再建。元豐二年，令葉表以縣南驛改造，即今地。紹興二十三年，令龔濤修葺之。元至大二年，尹趙靖重建。至順四年，達魯花赤那懷修建明德堂，縣尹張士貴重建。明洪武十二年，知縣韓思孝修殿廡，置（258）齋室。十五年，知縣韓宗器修明德堂。永樂十年，知縣徐大安增修。十五年，知縣周庸、教諭趙學拙建戟門。正統八年，知縣韓鼎建會饌堂，立俸廩倉，改文昌樓於學之東南。景泰間，知縣浦洪、劉義相繼重修，東廡、齋房毀於火，遂重新之。成化十四年，知縣徐廣重建大成殿、兩廡、戟門。嘉靖十六年，知縣周仕重建。三十二年，應天府通判汪宗之署縣事，移名宦、鄉賢祠於戟門左右。四十年，應天府通判閔宜邵署縣事重修。四十五年，應天府推官署縣事張夢斗、知縣胡師移建前數十步。隆慶三年，知縣周美建文星樓，後改名文昌閣。萬曆元年，知縣張道允復於學前開左右掖門，引水注泮池。四十年，提學御史熊廷弼議加高文星樓頂第三層。國朝順治十年，提學侍讀藍潤捐修正殿、兩廡、戟門、文星樓。康熙十四年，知縣林最重修學宮，創建欞星門（259）石坊。四十九年，邑人重修文星樓。雍正二年，邑人重建明倫堂，暨存誠、主敬二齋。三年，重修大成殿。四年，重建崇聖祠。乾隆六十年，知縣任可舉、訓導馮金伯、成文燦暨邑人王周南、裴於東、駱長庚、王本澄等重修並建尊經閣，有重建尊經閣記，知縣任可舉撰文，詳"藝文"。道光十六年，教諭張履暨邑人裴鑒、裴泰、王德煥、王以樞、朱淮、駱正慶、駱懋官、葛繼驊、徐俊、田志蓮、朱鏞、王炳、王應鏐、駱重蓮、王成琮等重修學宮，有《重修句容縣學記》，蕭山湯文端公金釗、嘉興錢給諫儀吉撰文，詳"藝文"。（261）咸豐間，學宮悉遭賊毀無存。同治七年，邑紳集民款倡議建復，凡大成殿、大成門、月臺、東西廡（僅成四間）、名宦、鄉賢祠（僅成六間）、訓導署（七間）以次告成，共用錢壹萬壹千有奇。同治十二年，繼修兩廡十二間，用錢貳千貳百餘千。光緒五年，知縣袁照籌塾經費，諭董擇要修建，於七月初十日稟報開工，至六年四月秒一律落成。（265）崇聖祠，在大成殿後。光緒七年，知縣張沇清興修，凡牌位、神龕（266）及窗櫺等件，共用錢二百五十餘千。十六年，知縣□受璋撥款重建道冠古今牌樓以外，如明倫堂、尊經閣、忠義孝弟祠及教諭署，尚未建復。孔夫子廟有二（舊有聖像），一在許巷，尚存；一在城內孔夫子巷，道光間，教諭張履移供聖像於尊經閣，今毀。（276）崇聖祠，明嘉靖九年，於大成殿後立啓聖祠，祀叔梁公。國朝雍正二年，詔封孔子先世王爵，合祀五代，更啓聖祠爲崇聖祠。（277）名宦祠，在戟門東左，一間。（278）鄉賢祠，在戟門西右，一間。忠義孝弟祠，版位詳《前志》。舊在尊經閣西，今未建。節孝祠，互祥"祠祀""建置"。文昌閣，在崇聖祠西。

康熙《睢寧縣舊志》

康熙《睢寧縣舊志》，成文出版社有限公司，1974年。

睢寧縣

（卷二"建置志·學宮"，113）學宮，在縣治東南。元至元戊子，知縣王榮祖始建。大德甲辰，知縣苗鐸重建。元末，兵毀。至明洪武六年，知縣葉見泰復建。宣德十年，知縣衛鏞重修。景泰二年，知縣張竚重修。正德二年，知縣黃守濂更學門於櫺星門西。九年，知縣劉景圻重修。嘉靖三十五年，知縣喬鎮重修。萬曆七年，知縣徐密重修。九年，知縣申其學申請，撫院凌雲翼、按院姚士觀、觀察使莫與齊各（114）助銀重修。崇禎二年，洪水破城，傾圮殆盡。至國朝順治四年，知縣殷岳初建聖殿五間，兩廡十四間，明倫堂五間。八年，知縣魏翰建櫺星門一座，戟門五間。康熙元年，教諭孫大經蒞任，捐俸金三百三十兩，知縣馮應麒助銀一百二十兩，申請上臺勸諭紳士，量爲捐助，鳩工庀材，創建啓聖祠三間，外設門墙、甬道，內制龕座、神主、爐瓶、燭臺、木匾，彩縵俱全，重修敬一亭三間，抱廈一間，外設門墙、甬道，內懸木匾，創建魁樓一座，上塑魁星金象，其下從公請奉馮、孫二公生牌（115），重修禮門，創建儒學大門二座，木匾對聯俱全，鋪砌甬道二十餘丈，加修周圍磚墻數十丈，新建聖殿十哲、龕桌，重修兩廡十四間，內添山墻四座，創置神主、龕座、爐臺、丹檻，廡南四間，崇祀名宦、鄉賢神主，龕座、爐臺俱全，修砌聖殿倫堂前大月臺二座，砌前後臺級十五座，鋪設聖殿、倫堂、兩廡、啓聖、名宦、鄉賢諸祠、儒學門、禮門、魁樓、敬一亭、戟門地平磚，并學前街道共三十餘丈，刷紅櫺星門墙、啓聖祠墙共數十丈，並櫺星門、柵欄門六扇，創修明倫堂後衛正房五間、東（116）西廂房六間、門前甬道，創建學前興前、育才二坊、坊東惜字爐一座、西義井一口，泮池北砌石坡二十餘丈。起工於康熙元年冬，竣工於康熙三年春，共計用過銀九百二十餘兩。三年夏，復造泮池中青雲橋十餘丈。四年春，知縣石之玫、典史繆振稷同捐俸建青雲亭一座，泮池南鋪砌石臺九級，旁栽楊柳、桃杏、棗李二百五十株，學工內外共栽松槐、桃柳、李杏、椿棗數十株。先師殿五間，啓聖祠三間，（117）兩廡各七間，戟門五間，櫺星門三座，明倫堂五間，名宦、鄉賢各二間，敬一亭三間，禮門一座，魁樓一座，大門一座，青雲亭一座。（119）教諭宅，舊存倫堂西，今教諭孫大經移置倫堂後。堂五間、東廂房三間、西廂房三間、宅門一座。訓導宅，舊在倫堂東，久圮於水。名宦、鄉賢祠，舊在學宮前東西戟門外。正德六年，兵火無存。萬曆十一年，知縣申其學創建，二祠相連，共三間，中一間以爲藏祭器之所，門樓一座，總扁（120）之曰"名宦鄉賢祠"。崇禎□年，圮於水。康熙二年，教諭孫大經權以廡南四間奉祀焉。（121）節烈祠，在儒學門內東北，康熙十六年，教諭姚士墅捐俸詳建，教諭陳哲增植槐柏等樹。

光緒《丹陽縣志》

光緒《丹陽縣志》，成文出版社有限公司，1983年。

丹陽縣

（卷十"學校"，379）宋慶曆四年，詔天下郡縣皆建學，始依縣東舊夫子廟爲之。元豐間，創成德堂。建炎中，堂舍俱災，獨廟未毀。（380）淳熙中，改成德堂爲明倫堂。寶慶中，邑宰趙汝驤重葺。寶祐初，邑宰胡夢高復新之，即兩廡爲六齋，曰求仁、曰好義、曰隆禮、曰尚信、曰敬忠、曰教和，外有庫廩、直舍、采芹軒。咸淳中，主簿楊塤建大成殿。元大德五年，邑宰焦簡、教諭貢文豹修建。至正間，邑宰黃元承重修，規制始備。明洪武中，邑宰鄭士源、許子英、董復昌、潘孚相繼修葺，建大成殿、戟門、兩廡、櫺星門，重構明倫堂於殿後，左右闢兩齋，曰日新、曰時習，饌所在堂右，觀德亭、教諭（381）廨在學東。訓導廨二，一在射圃東、一在學西北，泮池、倉庫、庖湢咸具。宣德五年，邑宰張友齡復建大成殿、兩廡、戟門。六年，巡撫周忱至縣視學，惻然曰："有司職務雖繁，爲國儲材，所當先也。"於是，邑宰張友齡、周志義、教諭黃中協心經畫，規制視昔有加。八年，邑宰包達、丞陳善建崇文閣於明倫堂後，以貯經籍，又作學門於欞星門東。正統四年，邑宰陳誼購地建膳堂、號房。誼去，邑宰呂衡、教諭陳力萃續完之，倉庫、射圃亭、膳堂、□室咸具，又（382）移訓導廨舍於膳堂西，移東西號房於崇文閣後。十五年，鑄器，肖聖像，建神厨及廟旁地靈祠。成化年，邑宰蔡寶廢崇文閣，建明倫堂於上，又建二齋并教諭廨舍。宏治十三年，邑宰高謙於泮池上造石橋三座，移欞星門於泮池南，闢行路於學宮左，礱石爲門，扁曰"雲路"。正德十年，邑宰朱方之葺之。嘉靖二年，邑宰張維恕重修。六年，張鳳翀鑿渠，引練湖水入城，環繞學宮，甃（383）石以防傾潰，並於南岸積土爲山。未幾，鳳翀擢南御史去，邑宰谷繼宗續成之。十二年，詔祀聖賢，去像用木主，改曰"先師廟"。十三年，邑宰來汝賢於學門外建左右二坊，扁曰"成德達材""正誼明道"。三十七年，巡按御史尚維持重建先師殿并兩廡、戟門，又建明倫堂、齋房、廨宇。四十二年，邑宰李學道重建欞星門，更用石材，扁曰"萬代宗師"。四十五年，本府通判黃肇署縣事，重建學門併修儀（384）門。隆興三年，本府同知馬豸掌縣事，修飾欞星門、明倫堂及左右碑亭，開城西水竇，復引湖水繞學宮，重增案山，建躍龍橋立坊識之，又修飾東西二坊，匾曰"聖域""賢關"。萬曆十九年，邑人姜寶捐貲復泮池案山之舊，建坊學門外，列登俊姓名。國朝順治十七年，教諭蔣鋌重修聖殿并欞星門，邑宰賀英旌重建尊經閣於明倫堂後。康熙十二年，教諭章士瑋重修兩廡。（385）五十二年，太學生葛任羲、殷聖莊同修聖殿，耆善潘鐸獨力修建欞星門。五十三年，葛任羲、殷聖莊、潘鐸合修啟聖祠、兩廡、土地祠。雍正元年，追封至聖先師之父以上五代王號，（386）改啟聖祠爲崇聖祠。道光初年，知縣朱清耀、文生姜武晋等捐修大成殿。二十年，林球捐修泮池，建石柱牌樓二。咸豐十年，經亂焚毀。同治五年，知縣金鴻保詳請准於抵徵項下撥款重建。六年，知縣連常五重建大成殿、明倫堂、東西兩廡、欞星門、戟門。七年，知縣王琬續建東西兩廡。光緒十年，訓導聞福圻於西齋後隙地添建三間。

廟制：大成殿重檐五楹，前爲露臺，環以石闌，東西廡各七間，戟門五間，欞星門三座。（387）崇聖祠，三間，在戟門左，同治六年重建。鄉賢祠，二間，在戟門左，毀。名宦祠，三間，在鄉賢祠後，毀。地靈祠，久廢。後有土地祠一間，在戟門東，亦廢。泮池，欞星門外。（388）碑亭二，欞星門左右，今廢。東西二石橋。文昌閣，建自前明，旁有巨石碑，名賢葉向高記。光緒六年，邑紳徐錫麟、林福源、夏汝楫、姜定保、夏錫鵬等募捐重建。三賢堂，在戟門東，宋時建，以祀蘇頌、陳東、蘇庠，或云即蘇魏公讀書處也。嘉定間，邑宰徐文度遷於學之西廡。寶祐間，邑宰趙與慄改建，增祀濂洛諸儒，易名衆賢堂。明洪武中，邑宰鄭士源以濂洛諸儒已從祀文廟，不必更祀。因於三賢外，增祀洪興祖，更名四賢堂，今廢。明倫堂，五間，在殿後。兩齋，東曰日新、西曰時習。桂井，明倫堂前。（389）膳堂，廢。神厨，戟門東，久廢。庫房，戟門東，久廢。尊經閣，明倫堂後，毀。碑亭二，廢。育英才坊，廢。儒學門，廢。魁星樓，上下共六間，廢。學倉，廢。教諭廨，在明倫堂東南，魁星樓後，正屋三間，東西厢房各三間，花亭一間。乾隆十五年，教諭孫右祥捐（390）修，今廢。訓導廨，以前東西二廨舍，久廢。乾隆七年，訓導陸桂馨就尊經閣爲廨舍，捐建披屋，前後共四間，今廢。儀門一座，在教諭廨左，今廢。號房，廢。教官廳，三間，在黌門東。元至正九年冬，邑宰黃元、教諭汪以懋、訓導劉壆詳建，郡人俞希魯記，邑人吳叡八分書，今廢。敬一亭，在魁星樓後，前明嘉靖五年敕建，勒宋儒心箴四勿箴并敬一箴於石。國初，改屋三間，安碑於墙。乾隆己未，教諭金碩佺重修。今廢。射圃亭，即觀德亭，在明倫堂東，久廢。其地方廣二十餘畝，周圍有土墻基。

（卷十一"祠祀"，443）忠孝祠、節義祠，二祠舊在湖心亭。乾隆時，知縣俞□移在學宮。

道光《重修寶應縣志》

道光《重修寶應縣志》，成文出版社有限公司，1983年。

寶應縣

（卷三"學校"，131）儒學，在縣署南廣惠橋之西。宋嘉定間，知縣賈涉建。元末兵毀。明洪武三年，知縣王驥、訓導朱撝循復故址。六年，知縣李恢、訓導於惠修。二十八年，教諭李順增拓基地。永樂十四年，教諭顧凱重葺。正統七年，知縣朱瑗更建。天順七年知縣龍淮，成化四年知縣增瓚，宏治四年知縣韓立、黃敖、徐祺相繼增建。嘉靖十八年，知縣宋佐修飾。三十六年，毀於倭。三十七年，通判姜壽、知縣蔣遵正修葺。四十一年，知縣李瓚增建。四十二年，知縣陳可大重修。萬曆時，教諭孔承先廣學前街，改儒學門爲三間，又因署縣事於宅後建尊經閣，後知縣韓介、耿隨龍（132）相繼增修，益恢廓之，移泮池於戟門外，周三百步，介又請於巡按御史開小南門曰"迎秀"，盡買學前地爲衢，達迎秀門。國朝順治十四年，邑人朱爾遠、胡克濟等督工重修。康熙五十一年，邑人梁柱相等重修。乾隆五十五年，邑人王希伊等重修。至聖殿三間，東西廡各十間，祭器庫一間，樂器庫一間，戟門三間，東西朝房各三間（以上俱乾隆五十五年，邑人王希伊等重建），泮池（嘉慶十一年，知縣鄭其忠建池上圍墻），橋南照壁一道，崇聖祠三間（嘉慶十八年，訓導張鼎率邑人重修），戟門三間（嘉慶十八年，邑人徐攀桂重建），魁星樓一間（【133】上祀奎宿之神），文昌祠三間（在訓導宅內），名宦祠三間（明倫堂東），鄉賢祠三間（明倫堂西），忠孝祠三間（鄉賢祠西），明倫堂三間，博文齋三間，約禮齋三間，射圃廳三間（嘉慶□□年，邑人徐攀桂建），儒學大門三間，鼎甲坊一座，二門一間（"道義之門"四大字，順治間，知縣李楷書）。教諭宅，磊英堂三間，景燕齋二間，與居軒二間，尊經閣三間（嘉慶十七年，監生雍如斌、子生員鶴來建），住房三間，海棠巢三間，今圮，矩月篠一間，廚房二間。訓導宅，賞奇堂三間，杏雨軒三間，西書房四間，住房三間，廚房二間。（135）《舊志》有敬一亭三間，科第題名碑亭一間，號房十間，（136）今皆不知其處。

（卷二"山川"，77）文筆峰，在縣南，知縣陳烽築。

（卷五"祀典"，223）文昌宮，祀文昌帝君，春秋二仲上旬致祭（在縣治東北隅，本知縣王同春生祠。康熙間，改建書院，大堂曰菜根堂，秀水朱檢討彝尊隸題，後不果成。有僧居之，奉文昌於中，而移其額於後堂。自城東建書院始懸此額於晝川，此地遂永爲僧院矣。又有文昌祠在學宮內）。（228）節孝祠，在晝川書院後戚家江北。嘉慶四年重建。道光十六年，邑人王啓秀重修。

北京市

光緒《昌平州志》

光緒《昌平州志》，北京古籍出版社，1980年。

昌平州

（"學校志第十四"，367）州學在城東門内，元達魯花赤田厮修。明天順三年，由白浮圖城徙置於今州東城下，守備廖鏞植松柏於中。萬曆五年，昌平道任彬、岳汴、知州牛若虛修。癸巳，昌平道白棟、知州趙堪修。天啓四年，昌平道藥濟衆、知州徐士俊修。崇禎十二年，兵部侍郎李日宣添建魁星樓、仰聖、興賢二坊。國朝順治十四年，參議石在闉、知州蔡廷輔修。康熙三年，知州趙三長修，並修諫議祠。十一年，昌平道耿繼先、知州吳都梁修。乾隆八年，知州胡大化修。道光二年，知州□□修。二十六年，霸昌道劉師陸、知州劉體直修。同治十年，知州彭瑞麒修。

崇聖祠在大成殿東。文昌閣在崇聖祠前。魁星樓在文昌閣東南。名宦祠在欞星門内之東。（369）鄉賢祠，在欞星門内之西。忠義祠，在欞星門内之西。節孝祠，原在燕平書院牆西，咸豐辛酉，移於欞星門内之西。［按，雍正二年，遵旨議准順天府直隸各省、府、州、縣、衛，分男女每處各建二祠。一爲忠義孝悌之祠，建於學宮内。祠門内立石碑一通，將前後忠義孝悌之人，刊刻姓（370）名於上，已故者設位於祠中。一爲節孝之祠，另擇地營建。祠門外建大坊一座，將前後節孝婦女標題姓氏於上，已故者設位於祠中，每年春秋二次致祭。據此，則節孝祠移建於學宮内非是］。

明倫堂，在大成殿西，少南。其前有大門、儀門。儀門内左爲博文齋，右爲約禮齋。學正宅在堂後。訓導宅在學正宅西，相傳乃劉諫議祠舊基。(按,《舊志》有敬一亭在櫺星門西,泮宮坊在神路南,尊經閣在明倫堂後,仰聖、興賢二坊在學宮西,舊翰林館即諫議祠前,今俱廢。又有衛學,明督治李日宣添置。國朝順治十六年裁,歸併州學,今其基不可考)。

光緒《順天府志》

光緒《順天府志》,北京古籍出版社,1987年。

良鄉縣

("經政志八學校上",2127)學在縣治東南。遼大公鼎建。(《遼史》列傳:大公鼎改良鄉令,建孔子廟學,部民服化。明《府志》《縣舊志》《畿輔通志》均未載。)明洪武五年重建。正統(2128)十二年修。國朝順治十年,知縣張士彪增修。康熙二十七年,知縣張宏毅修;乾隆二十一年,知縣楊喬修;道光十六年,知縣彭世昌修。(2129)同治十一年,知縣高建勳修。

固安縣

(2129)學在縣治東。元大德九年,達魯花赤馬塔剌海、知州(元中統四年升爲固安州,明初復爲縣)高淵、同知州事劉之紀、判官尚杰創爲學院講堂,賈庸貴作記,基址無考(賈庸貴《創建講堂碑記》,詳"金石")。明洪武三年,始建今所。八年,增修。成化九年,教諭郁珍重修。嘉靖四十四年,知縣何永慶重修,徙崇聖祠於尊經閣前;督學御史龐尚鵬、知縣胡價、馮子履,復相繼繕葺,訖工於隆慶二年,遼東巡撫蘇志皋作記。(2130)萬曆二十七年,知縣官箴重修,山東巡撫張充濟作記;四十六年,知縣孫織錦重修,遼東巡撫郭光復作記;崇禎二年,知縣王之鼎復徙崇聖祠於大成殿後;三年,知縣秦士奇浚泮池,邑人蘇爾和新尊經閣;十五年,教諭韓珀重修,均有記。國朝康熙十六年知縣王錫韓,十八年知縣衛既齊,二十五年知縣武廷適,三十一年知縣張鼐,各有修建;五十年,知縣鄭善述拓門前隙地。雍正四年,知縣倪岱立忠孝節義祠,九年,重建尊經閣;十一年,知縣單鋐、教諭陳光祿置祭器。乾隆四十□年,知縣王湘若重修;嘉慶二十一年,知縣錢□重修;道光二十八年,河道熊守謙、知縣王仲蘭重修。同治十三年，永定河道李朝儀、知縣楊謙柄重修。光緒六年，永定河道游（2131）智開添設祭器。

永清縣

（2131）學舊在縣治西南。遼壽昌元年，啜里軍都押司官蕭薩八建。明洪武六年，知縣盛本初重修。永樂六年，知縣王居敬重修。成化四年，知縣許健以規制湫隘，右臨大河，歲苦積潦，改卜南門大街風雲壇故基，縣丞司憲董其事。萬曆三十二年知縣郝修平，三十九年知縣王嘉績，四十一年知縣楊夢熊先後修葺。崇禎五年，知縣李鑒復治新之，築煥乎亭於欞星門外。（2132）國朝順治元年重修，十四年知縣丁棟重修。（2133）康熙九年知縣連應鄭，十五年知縣萬一肅重修。乾隆四十二年，知縣周震榮重修。嘉慶十八年，教諭王慶楠重修。咸豐元年，知縣劉體直重修。

東安縣

（2134）學在縣治西。唐開元間，創建於耿就橋行市前。元中統四年，改學為州，升為州學。至正二十三年，避渾河水患，徙州治東朝正坊，州人程式實建之，孔克堅作記。明洪武二年，改州為縣，又為縣學。三年，復因渾河水患，徙常伯鄉之張李店，即今所也。宣德五年，知縣王友信重修。天順七年，知縣馮珍（2135）重修。嘉靖二十八年，知縣成印重修。隆慶五年，知縣王邦直重修。萬曆六年，知縣韓景閔重修。三十九年，副使梁有年、知縣鄭崇岳、教諭寇光裕重修。國朝康熙六年，教諭王夢明修。十一年訓導馬元調，六十一年知縣周道裕各有修建。嘉慶十八年，知縣□□□重修。光緒元年，知縣劉枝彥修。

香河縣

（2136）學在縣治東，明洪武四年，知縣韓琚始建。嘉靖二十七年，知縣劉耀武重建，士猶病其湫隘。萬曆二十年，知縣陳增美拓而大之，邑人崔應賜捐地一區，增美自為記。二十八年知縣焦元卿，四十年知縣徐一鳴各有修建；四十五年，知縣沈□修尊經閣。國朝康熙八年，知縣丘應登重修，邑人袁懋德作記。（2137）乾隆四十七年，知縣張昆修。道光二十一年，知縣鄢敏學修。同治三年，知縣呂嘉端修。

通州

（2137）學在州治西，元大德二年，知州趙居禮建。至治二年，學正楊齊賢重修，翰林直學士吳澄作記。明永樂十四年增修。正統十二年，巡按御史羅經俞、本鎮守指揮陳信、知州李經重修，督學御史李奎作記。成化間，知州傅皓重修。弘治間知州邵賫建櫺星門。嘉靖十二年，（2138）同丁谷侵學宮地爲獄房，二十六年知州汪有執復舊地建門。四十二年，知州張守中徙明倫堂於學西隙地，以舊址改建大成殿，僉事程綏作記。萬曆三十六年，巡按御史黃吉士，知州張問明重修，主事蔡成己作記。崇禎十二年，知州嚴錫命捐俸修補，歲久漸圮。國朝康熙十一年，知州閆興邦大加修葺；十三年工竣，興邦及州人吏部尚書張士甄並撰碑記。十八年地震，復圮，知州於成龍重建，士甄復記之。三十五年學正尹澍、訓導戴璇，三十六年知州吳存禮相繼修整。四十五年，州人庶吉士朱綸築墻建亭，河道王用霖、張連登捐俸助之，綸自爲記。五十一年，知縣王友直重建櫺星門。雍正元年，知州黃成章重修。乾隆二年知州韓亦詩，三十三年知州曹元瑞，四十六年河道李調元、知州高天鳳，並有修建。嘉慶四年，河道曠楚賢重修，始建射圃。（2139）道光十七年，知州李宣范重修。咸豐十一年，知州蕭履中重修。光緒四年，知州高建勳修。

潞縣

（2139）學，舊在河西務。明洪武四年，遷城内西北隅，潞州同知楊思賢建。永樂四年教諭楊溥修。正統七年，知縣王文修。天順八年，知縣賈貞修，潞人刑部侍郎董方撰碑記。（2140）萬曆三年，知縣李子躍修。三十二年，知縣霍梓、邑紳張詳等修。三十七年，李太後以潞爲發迹地，給内帑改建，規模大備。明末漸圮。國朝康熙十一年，諸生集資修葺。十八年地震，盡圮，諸生曹見龍等勸捐重建，歷年又圮。三十五、六年間，州學正尹澍、訓導戴璇重修。乾隆四十五年被水，潞學周圍墻垣盡行倒坍，駐潞州判龍文鑣督修。咸豐十年，州判胡世華重修。

三河縣

（2140）學在縣治西南，不知起於何代。金泰和五年，知縣蒲察始爲講堂，榜曰"明道"。元元貞（2141）間，知縣劉鐸重建，王約作記。至正八年，教諭劉元皓創建兩廡，祝阿作記。明宣德、正統、正德年間，先後修葺。嘉靖十年，建崇聖祠於明倫堂東。萬曆以後，毀於兵，教諭杜□倡修，邑人朱國俊作記。崇禎十年重修。國朝康熙十三年，知縣任塾修。(2142) 二十一年知縣余學昌，三十九年知縣彭鵬重修。三十八年知縣陳廷柏，四十四年知縣鄭富民相繼修葺。道光初年，紳士郝瑞麟重修。咸豐元年，知縣李朝儀重修兩廡、戟門、欞星門、名宦、鄉賢兩祠，至 (2143) 三年告成。

武清縣

(2143) 學舊在白河西十七里丘家莊南。明洪武初，避水患，遷縣治東北。嘉靖十六年，知縣趙公輔遷縣治南，即今所也，邑人楊璟捐地一區。隆慶三年，巡撫劉應節重建，璟之孫允中又捐地一區。萬曆二年，知縣李蕡徙明倫堂於文廟西北，立名宦、鄉賢祠。九年知縣宋蘭，十二年知縣陶允光、巡按御史毛堪相繼增修，允光建射圃。天啓三年，屯田院董應舉重修。崇禎五年，知縣姚擇揚徙明倫堂於文廟之北，建尊經閣於明倫堂之後。國朝康熙九年，邑人吏科給事中趙之符倡修，教諭李衷綉、貢生李可楨、吳光大襄其事，之符自爲記。(2144) 十二年，知縣鄧欽楨重修。十八年，訓導陳際隆重修。二十七年，知縣孔元祚重建兩廡。三十□年，可楨子山東巡撫李煒重修，大學士吳琠作記。(2145) 雍正十年，教諭張純、訓導王隆重修。道光九年，知縣劉體仁重修宮墻、禮器。三十年，知縣李正培重修明倫堂。

寶坻縣

(2145) 學在縣治東北。元至正初，邑人劉深、朱斌、普顏，即權鹽院故基建學。十一年，監縣事黑斯彥明重修，教諭毛柔克董其役，雷州經歷鄭惠作記。(2146) 明洪武三年，知縣荊志重修。七年，知縣何文信闢射圃，築亭三楹，自爲記。成化元年，知縣陳讓增修。弘治九年，知縣武尚信重修，左贊善費宏作記。(2147) 學之前有河曰渠水，嘉靖十四年，知縣武德智拓地建橋，邑人芮元介捐地一畝有奇，禮部侍郎謝丕作記。後知縣劉不息重新大成殿。張元相建崇聖祠、敬一亭。國朝康熙年，邑人鳩資重修，大學士杜立德作記。(2148) 乾隆七年，知縣洪肇懋重修。十九年，知縣吳克明修。嘉慶二十一年，知縣關實秀修。(2149) 同治七年，知縣吳履福重修。

寧河縣

（2150）學在縣治南，前臨潮河。國朝雍正十一年，知縣沈浚建。乾隆二十四年，知縣謝洪恩修。（2151）四十二年，知縣闕廷牧先後增修，規制始備。道光十六年，知縣周震青、教諭陳來德、訓導高繼第重修。光緒三年，知縣吳欽、邑人劉震東建議重修，知縣丁符九踵成之。

昌平州

（2152）學宮創建之年不可考。元達魯花赤田斯重修。明天順三年，由白浮圖城徙置於今州署之東，守備廖鏞植松柏於中。萬曆五年，兵備道任彬、岳汴、知縣牛若虛修。（2153）二十一年，兵備道白棟、知州趙堪修。（2154）天啓四年，兵備道藥濟衆、知州徐士俊修。崇禎十二年，兵部侍郎李日宣添建魁星樓、仰聖、興賢二坊。國朝順治十四年，參議石在閶、知州蔡廷輔修。康熙三年，知州趙三長修，並修諫議祠。十一年，兵備道耿繼先、知州吳都梁修。（2155）乾隆八年，知州胡大化修。（2156）道光二年，知州□□修。二十六年，霸昌道劉師陸、知州劉體直修。同治十年，知州彭瑞修。

順義縣

（2156）學舊址在縣治西門內北小巷，後徙通衢，即今所。金明昌初，提刑劉仲洙、同知州事鄉進士竇鳴道修葺殿廡，欲爲講室，未克。歲久傾圮。元初，郡人中書右丞曹庭瑞治新之，買寺基以廣學地，知州郭榦重修兩廡，段廷珪更爲明倫堂。泰定元年，庭瑞之子工部尚書偉出資修拓，同知州事祝獻董其工，規制略具，偉後造禮器二百三十事，購經史若干卷，藏弆學宮，知州梁宜作記。三年，知州王汝楫建櫺星門。至正八年，知州孫惟孝重修。（2157）明嘉靖三十七年，總督喻安性鑿泮池。萬曆四年，知縣葉曾重修。崇禎七年，知縣上官蓋重修，旋毀於兵。國朝康熙十九年，知縣鄒琬重建。五十五年，知縣黃成章添築屛墻，設東西角門。咸豐八年秋，知縣賀瀛、貢生吳維漢捐資重修，至同治二年工竣。

密雲縣

（2157）學在縣治。唐貞觀十一年，檀州刺史韋宏機建。元至元二十八年，知州楊連修，復立教職，兼設廩餼。至正六年，知州聶守節擴地增修。明成化十一年，知縣唐忠重修學宮，建（2158）欞星門、聖域、賢關二坊、啓聖祠、明倫堂並左右齋房。二十二年，從後衛貢生山西渾源州知州龔宗道之請，設後衛儒學教授一員駐古北口，師生廩俸夫役並視縣學。嘉靖四十四年，敕建武學，立學官，奉武成王，正殿、兩廡、公署制同文學，並建射圃，以總兵王繼、指揮吳柏董其事。其武學教官生員廩俸夫役，並視文學。四十五年，兵部劉□□、兵備張□□重修文學，附建名宦、鄉賢二祠，置祭器、書籍有差。（2159）隆慶五年，總督劉應節請建三武學，設教授一員，科正二員，訓練武士，以備將選。萬曆三年，改教授爲提調。十三年，總督寒達置學田一十八頃。十四年，借充兵餉，廩餼遂廢。二十一年，知縣康丕揚建講學堂。四十一年，知縣尹同皋建尊經閣五楹。四十五、六年，總督薛三才、汪可受，戶部郎中吳暐、兵備李養質、喻安性、通判馮繼京、知縣尹同皋重修。國朝順治二年，裁武學教官，其武生歸併文學教官管轄。九年，啓聖祠圮，兵備道衣惟孝、知縣張世爵、教諭谷起雲、訓導張漢，以舊址湫隘，移建學宮西北隅。十四年，裁後衛教官，其衛學諸生，歸併縣學教官管轄。十七（2160）年，知縣劉應奇、教諭李奇蔭、典史吉生光重修。康熙四十一年，教諭劉炳增修學宮。（2161）雍正二年，知縣薛天培重修學宮。同治元年，知縣張翰、張鵬雲、唐鉞、黃宗敬、教諭張慶壬、訓導姚酬、典史李振樞重修學宮，十年落成。光緒六年，教諭張慶壬重修明倫堂。

懷柔縣

（2161）學在縣治東。明洪武十五年建。正統五年重修。成化六年，教諭趙顒重建明倫堂，王華作記。（2162）萬曆二十二年，知縣蔣守浩鑿泮池。天啓三年，邑人楊克進等鳩資繕葺，三閱月而大成殿訖工。餘弗能給，知縣周道洽續成之。崇禎七年，知縣劉躍龍修拓，教諭王建極作記。歲久頹圮。國朝康熙五十五年，知縣吳景果重修。五十九年地震，復圮。六十一年，訓導於二西重建。道光二十九年，知縣呂圮、訓導陸桓、紳士高守誠、杜廷賢、李富德、歲貢生曹振德、張克儉、王汝霖重修。光緒七年，知縣嚴暄、典史鄒毓坪、紳士歲貢生曹景彬、監生綫際祥、綫毓、李墅等重修。

涿州

（2162）學在州治東南隅。唐貞元五年，盧龍節度使劉濟創建，韋稔撰碑。（2163）遼統和中，徙城西南隅。金大定間，汾陽郭預、顯武將軍梁效先重修，黃久約作記。（2164）元至元二十一年，御史趙天爵病其荒陋，因城東舊址重建，翰林侍讀學士李謙己作記。至正二年，判官張珪重修，蔡欽作記。（2165）大德五年重建，李元禮撰碑。泰定四年，學正曹□置禮器，揭傒斯作記。（2166）學正龔仁實築屋藏書，何伯琦作記。明正統元年，知州朱巽重修，金問作記。成化十八年，知州張遜重修，劉珝撰碑。嘉靖三十八年重修，楊（2167）淪撰碑。隆慶六年，知州沈應坤重修，大學士申時行、修撰張元忭撰碑。萬曆四年重修，田汝麟撰碑。三十六年重修，馮盛明撰碑。崇禎三年重修，朱大啓撰碑。國朝順治四年，知州聶進貴重修，高旻撰碑。康熙六年知州李勳，十一年知州傅鎮邦，十八年知州曹封祖先後修葺，封祖自爲記。乾隆十七年，知州李鍾俾重修。二十二年，州人楊琨建議重修，知州吳世臣助之。道光八年，知州趙庭椿重修，學政潘錫恩作記。（2168）咸豐八年，學正劉正思建齋舍十楹。

房山縣

（2168）學在縣治東南。元至元元年，邑人僉徽政院彌禮創建。大德八年，知縣王杰拓殿後地建明倫堂。延祐元年，知縣王恕建兩廡，規制始備，魏必復作記。（2169）明正德十年，知縣曹雍改文昌祠爲名宦、鄉賢祠，御史盧□命之徐縉作記。嘉靖三十三年，知縣張汝能重修，陳以勤作記。（2170）隆慶四年，知縣李琮、邑人王祿重修。國朝康熙三年，知縣佟有年重修。（2171）□□□年，知縣李廷幹改建尊經閣，閣之南築堂五楹。（2172）□□□年，知縣母配坤、教諭何良策重修。乾隆四十九年，邑人重修。道光五年，知縣張翰仙、金鼎梅重修。

霸州

（2172）學在州治東。元元貞二年，知州劉甫、判官崔孝恭創建。至大元年，知州王崇道增修。皇慶元年，知州楊世彬、郭渥、王從善重修。

（2173）明洪武三年，知州馬從龍撤而大之。正統四年，知州張需重修。成化五年知州李延訓，十三年知州蔣愷，二十二年知州劉永寬重修。弘治十三年，知州劉珩重修。嘉靖六年，知州劉璋重修，並建尊經閣。（2173）十四年，知州陳效古、袁廷相重新廟學。二十六年，副使周復俊建崇聖祠、敬一箴亭。萬曆二年，督學御史傅孟春、副使錢藻、知州郝汝松，改建崇聖祠於尊經閣後。十九年州人尚書王遴，二十二年知州錢達道各有修建。國朝順治七年副使於變龍、知州田來鳳，八年知州王來聘，十年知州王度，十三年知州程萬礽、訓導王嘉言，先後修葺。康熙五年知州胡獻瑤、學正紀筆修，七年州人郝惟訥、崔應鳳，十一年知州朱廷梅、學正趙璧，二十二年知州汪惟琦，復相繼繕治。惟訥重建名宦、鄉賢祠。乾隆二十六年，知州狄咏箎重修。道光七年，知州盧建基重修。同治四年，知州陳如瑤重修。

文安縣

（2174）學在縣治西。宋大觀八年建，舊有大觀閣帖，徽宗手臨上石。金貞祐二年，宣宗遷汴，焚毀殆盡。元皇慶元年，知縣楊潤、李佑，教諭董榮重修。（2175）明景泰二年，知縣何源重修。嘉靖十三年，知縣李時中重修。崇禎二年，知縣唐紹堯重修。國朝順治十三年，韓文重修。康熙十二年知縣崔啟元，二十七年知縣張朝琮，四十一年同知楊朝麟相繼修葺，紀昀撰記。乾隆四十四年，知縣葉和侃重修。道光十年，知縣吳斯（2176）璧重修。同治五年，知縣曹大俊重修。

大城縣

（2176）學在縣治西。金天會十二年，知縣姚璧建，劉光國作記。元至正二十三年，達魯花赤楊甫重建，馬克忠作記。明洪武五年，縣丞王（2177）巒重修。成化二十年，知縣閻茂修重修。宏治三年，知縣張津重修，多所增建。正德十年，知縣石恩承、御史董建中重修，王瓚作碑記。嘉靖四十四年，知縣張應武重修，主簿葉雲漢、典史阮英、教諭朱鵬、訓導牛利仁贊成之，張雲鷟作記。（2178）國朝順治十七年，知縣徐伸重修。康熙二十五年，教諭黃華蕃重修。道光十六年，知縣何志清重修。同治十二年，知縣莊允端，教諭唐文智重修。

保定縣

（2178）學在縣治東。明洪武十四年，知縣張仲謙創建。景泰三年，知縣王遂重修。嘉靖十四年，知縣冉崇儒重修。四十一年，典史党世雄重修。萬曆十年知縣孔承倜，二十七年知縣張四聰，相繼修葺。國朝康熙初年重修。道光初年重修。

薊州

（2178）學在州治西北。明洪武初年創建。正統九年重修。崇禎年，知縣王宏祚重修。（2179）十五年，毀於兵。國朝順治七年，知州於際清重修。（2180）康熙六年知州胡國佐，十四年知州余時進，三十四年知州張朝琮，四十一年知州陳廷柏，先後修治。乾隆三十七年，知州梁肯堂重修。嘉慶十三年，知州趙錫蒲重修。道光十六年，知州楊夑生重修。同治四年，知州劉枝彥重修。

平谷縣

（2180）學在縣治南。金□□張□創建（按：《畿輔通志》、縣《舊志》並云，元至元間建，今據納憐不花記文訂正）。元至元二年，主簿范恕、教諭張貴買地建明倫堂。四年，教諭胡從置禮器。七年，教諭劉元皓重修，納憐不花作記。（2181）明成化五年，知縣郭銘重修，學故爲老子宮，淺隘卑陋，歲久頹圮。嘉靖二年，監察御史熊榮建議修拓，巡撫都御史孟春、巡按御史盧瓊、總兵馬永、參將呂昌、副使熊相捐俸助役，相作記。四十年，知縣任彬撤故材重新廟廡，悉仍舊址，崇廣倍之，巡按御史秦嘉楫作記。（2182）崇禎年，知縣王宏祚重修。國朝乾隆二十七年，知縣張蘭芳重修。道光三十年，知縣王乃謙重修。同治十一年，知縣馮瑋重修。

河 南 省

嘉慶《濬縣志》

嘉慶《濬縣志》，成文出版社有限公司，1976年。

濬縣

（卷六"建置志·學宮"，349）先師廟：《張志》共五間，東西廡各十五間，祭器庫三間，官書庫三間，戟門三間，欞星門一座，泮池一區，神厨三間，宰牲房三間，題名碑亭一座，修學碑亭一座。洪武三年，知縣項如英建。（351）十一年知縣方叔周，永樂時知縣王憲、鞠芳，宣德時知縣唐瑾增修。（353）天順時知縣葉衡，成化時知縣楊勳相繼葺治焉。（355）宏治中，知縣郭東山更建。（357）嘉靖二十九年，知縣陸光祖重修。（360）天啓三年，廟廡庫門日久傾頹，知縣趙建極重修。（363）國朝康熙年間，知縣劉德新、教官葉振甲、蔡士元重修。（365）嘉慶四年八月，知縣熊象階重修。

（367）附：啓聖祠，《張志》在文廟東，知縣趙建極重修。名宦祠，《張志》在啓聖祠後，知縣趙建極重修。鄉賢祠，《張志》在名宦祠後，知縣趙建極重修。按，名宦、鄉賢祠創修於嘉靖五年知縣楊麒，有苟汝安（368）記。敬一亭，《張志》舊在戟門外，隆慶中知縣孫維城改建於明倫堂後，萬曆四十年知縣薛鳳翔又改於文廟之西。明倫堂，（369）《張志》堂舊四楹，隆慶六年知縣孫維城創增臺基，立堂六楹。（370）日新齋，《張志》在堂左。時習齋，《張志》在堂右。又東號舍十間，西號舍十間，二門一座，俱知縣任養心修，張其忠重修。騰蛟起鳳坊，《張志》在儒學門內。教諭宅，《張志》在明倫堂後，傾塌日久，多寄居民間，崇禎三年知縣張肯堂捐俸創修。訓導宅，（371）《張志》，宅有二，在教諭宅東、西。儒學門，《張志》嘉靖三十五年知縣董世彥增築臺基，上建青雲樓，懸鐘與縣樓鼓聲相應，有王璜記。萬曆乙卯後，始移鐘於中心閣。（372）尊經閣，《曾志稿》在明倫堂後，乾隆十年知縣馬日暄建，有日暄自記。（375）驗牲所，《曾志稿》共三間，在學內泮池東邊，康熙五十四年教諭王浹建。射圃亭，（376）《張志》在長春觀西，洪武十年，知縣方叔周建，有宋□□□正已亭銘，今其地可考，而為人侵掘成坑，雖學宮亦不□為師生游藝之區也。

光緒《續濬縣志》

光緒《續濬縣志》，成文出版社有限公司，1968 年。

濬縣

（卷四"建置·學宮"，147）學宮、先師廟，見《舊志》。同治十三年，署知縣歐陽霖倡修。光緒三年，知縣程光溥踵修。光緒八年，知縣黃璟續修竣工，邑人中書周景濂、生員王桓等監修。

（卷四"建置·壇廟"，169）文昌閣，《舊志》在城內浮邱山，嘉慶間毀。光緒十一年，知縣黃璟重修，增鴻文樓、鑒亭、春秋佳日軒、山水清音室、延旭聽月廣天開文運坊，並塑二十四孝像。（171）魁星朱衣閣，《舊志》在大伾西崖，光緒十年，希賢書院肄業生童重修。（189）節孝祠，在縣前東偏。

民國《安陽縣志》

民國《安陽縣志》，成文出版有限公司，1968 年。

安陽縣

（卷八"建置志·公署"，227）儒學教諭署，在縣治西。訓導署，在縣治西。

（卷八"建置志·祠廟"，237）節孝祠，在瓮城內，雍正二年奉旨建。

（卷九"建置志·學宮"，247）先師廟。《陳志》元至元年間始建，在縣西北十里。明洪武三年，知縣蔡誠移建縣治西。正德九年，知縣章綸重修廟學，凡殿宇、門堂、廚庫、倉庖以及號房、官署靡不煥然鼎新。正德十五年，知府陳策建尊經閣五楹，撤兩廡而新之。（248）嘉靖十年，知府王天民建敬一亭五楹，有記。嘉靖十一年，知縣楊宏重修廟學。（249）嘉靖二十三年，知府高鸑重修齋房、官宅，撤舊更新。其文昌祠，則教諭韓溉、訓導王紳、劉俊、生員魏輅等建，有記。嘉靖二十五年，知縣張鶴增修廟學，建泮池坊、更衣所，補置祭器。先是諸生謀修啓聖祠未逮，至是並成之，教諭許紋碑記。萬曆六年，知縣馬允登重修學宮，邑人御史李學詩爲記。（250）萬曆十一年，知縣劉元霖重修廟學，邑舉人賈應龍有記。萬曆四十三年，知縣王登三重修廟學，教諭王自亨有記。（252）清順治十三年，推官俞璧重修廟學，知縣程一璧有記。（254）康熙二十八年，知縣武烈重修廟學，有記。（255）康熙三十一年，知縣馬國楨重建明倫堂，盡撤其舊而新之，邑進士袁生桂碑記。（256）康熙四十六年，知縣丁如璣建修尊經閣及兩廊，胡煦有記。（258）乾隆二十年，知縣陳錫輅重修明倫堂。乾隆十三年，知縣李時憲重修。（260）乾隆二十一年，知縣趙預、教諭賈讓、訓導王寅、典史朱元祿、紳士王博燦、崔士珍、王翼、趙三公、田潤生、馮詩、趙存禮、張彬、許凝昌、李澍、李淳、申衍緒重修大成殿、文昌殿、明倫堂、尊經閣，移建孝子祠。乾隆五十三年，知縣陰晦、教諭蕭述烈、訓導秦聯登、縣丞羅文達、典史王光炘、紳士舉人李懷琇、貢生劉清揚、生員田潤生、賈森、張仲槐、趙栻重修大成殿、戟門，補修櫺星門、聖域、賢關、泮池、東西廡、文昌殿、明倫堂、尊經閣、東西規矩門、東西齋房。

泮池。《陳縣志》，縣學宮建自明洪武初年，泮池所載，舊記未詳，蓋歲久淤平，掩爲土坑一圓，人莫知爲泮池也。康熙五十年間，知縣徐樹敏以櫺星門外孔道輿馬不便直行，且誤以（261）學無泮池，就學前空地增築華墻，圍入學內，中鑿小池以當之，外沿坑北，留衢道通往來。雍正元年，知縣劉而位履任，縣西居民，以奉公辦事不便，衆請改築華墻，南留空地。時監工諸生張六韜、高爵等覓學宮出水道，向坑內開掘，得石橋三洞根基，及周圍開浚，底皆灰隔，邊用磚砌，蓋一大泮池也。因築外墻，置闌扇蓄水澄深，羅植榆柳，遂還舊觀。前此數十年間，邑中登賢書者寥寥不數人，甲科幾至絕響。自泮池復舊，甲辰以後，科第較前駸駸日盛矣。乃知此池誠爲奮興人才之區，長育德行之藪也。顧池復矣，橋不可無。乾隆三年，知縣陳錫輅亟謀興建，查勘泮池弓長四十步，弦長二十步，橋基貫中長十五步，池旁隙地東一步二尺至張姓民房，西一步至城隍廟後界牆，南七步一尺至學校校士館後牆，北十步至門坊，門坊外北至路長十七步，闊二十步。今備載邑志，庶歷歲久遠，具知興復所由，界址所定，永無湮廢之患矣。

乾隆《登封縣志》

乾隆《登封縣志》，成文出版社有限公司，1976年。

登封縣

（卷十"壇廟記"，248）忠義孝弟祠，《舊志》在學宮左，雍正五年知縣黃之玖奉敕建。節孝祠，《舊志》在學宮右，雍正五年知縣黃之玖奉敕建。

（卷十七"學校志"，503）縣學，在城南門內。《李通志》，舊在縣治西南，始建未詳。宋宣和間，毀於兵。元泰定間，知縣王琇修。大德五年，知縣王順重修。元末復毀。明洪武七年，知縣山錫之重建。景泰、天順、成化間，知縣趙興、張雄、王璟、侯觀相繼修葺。嘉靖五年，知縣侯泰重修。《王省志》，萬曆間，知縣燕如靖、傅梅修，十年毀於火。（504）國朝順治九年，御史王亮教、趙如瑾、知縣張朝瑞同縣中紳士傅景星、傅性良、傅作霖等重建。雍正三年，知縣楊世達重修。《續通志》，乾隆三年，知縣施奕簪重修大殿。

大成殿，舊在明倫堂前，今殿在崇聖殿前。（517）櫺星門，在大成殿前，《舊志》明嘉靖間，知縣侯泰易以石坊。乾隆九年，知縣施奕簪增榹門。戟門，在櫺星門前，《舊志》雍正二年，知縣楊世達倡捐重建。乾隆九年，知縣施奕簪捐增屏門，懸"金聲玉振"匾額，增左右角門。泮池，在學宮前，（518）《舊志》康熙二十五年，知縣王又旦重修。乾隆十一年，知縣施奕簪捐俸重修。奎星樓，在學前巽地。《舊志》舊在南城上。崇正甲戌，知縣樹屏改建學前巽地，縣紳傅性良董其成。康熙五年，縣紳耿介重修。乾隆八年，知縣施奕簪捐俸重修，縣紳焦如蘅董其成。崇聖殿，在大成殿後。（520）《舊志》，崇聖祠，舊在大成殿後。雍正三年，知縣楊世達奉敕改建。乾隆十年，知縣施奕簪增建門窗。明倫堂，在崇聖祠左。新《府志》，舊在大成殿後。雍正五年，知縣楊世達改建崇聖祠左。乾隆八年，知縣施奕簪重修博文、約禮二齋，列左右，東庫儲祭器，西庫儲經籍。萬曆間，知縣傅梅購《十三經》《二十一史》諸書留縣，諸生考誦。後遭寇（521）毀，僅存碑記。《舊志》，乾隆八年，知縣施奕簪創建儀門，將奉頒《朋黨論》《聖諭廣訓》《刺錢名世詩》《上諭欽定四書文》《御纂日講四書解義》《欽定明史》《大清律例續增則例》《御纂周易》《詩經》《書經》《春秋傳說》《性理》（522）《御批資治通鑒綱目》二部，並捐俸所置《御纂朱子全書》《御注孝經》《欽定康熙字典》存儒學內。名宦祠，在戟門左，《舊志》，雍正二年，知縣楊世達倡捐重修。鄉賢祠，《舊志》，在戟門右。雍正五年，鄉賢後裔捐貲重修。乾隆七年，巡撫雅爾圖頒增匾額。忠孝節義祠，在學宮左。新修《府志》，雍正六年奉（523）敕建。文昌祠，《舊志》，即存古書院，康熙五年，縣紳耿介倡眾重修，並建岳生堂。乾隆八年，知縣施奕簪修。

（卷十八"衙署志"，553）教諭署，在明倫堂左。《采訪事實》，乾隆四十年增修。訓導署，在忠義祠後。《采訪事實》，乾隆四十年訓導崔一機增修。

乾隆《鄧州志》

乾隆《鄧州志》，成文出版社有限公司，1976年。

鄧州

（卷六"學校"，187）□□□□□□外城東南隅，始建莫考。金正大元年，節（188）度使知鄧州移剌某重建。元至正□年，州守劉辰重修。明洪武五年，鎮撫知州事孔顯因舊址重建。宣德五年，知州寇義、判官犂用顯增修。弘治十五年知州吳大有，嘉靖三十三年知州王道行、鄉官丁埏相繼重修。萬曆八年，分守汝南道徐元氣、知州黃錫遷儒學於內城南門之西，鄉官丁垓、丁銑捐居宅為學基，自大成殿至欞星門，皆其地也。崇禎六年，知州董應奎、舉人丁之□重修尊經閣。明末，雖殘毀而大規猶在。國朝順治三年，流寇□二虎攻城二十七日，城守嚴急，軍（189）士撤屋為薪，以備巡邏燔燎之用，於是自兩廡及館舍、六房、士民居室拆毀無餘，而學宮始大壞。十四年，知州馮九萬捐俸新聖廟，建兩廡，浚泮池，堂閣、門舍以次就理，雖仍舊制，事同創始。康熙二十年，學正□維宸捐修啓聖祠三間、戟門一座。二十六年，知州宋嗣炎重修大成殿。三十三年，知州萬愫、學正張垓捐俸重建名宦、鄉賢祠各三間，萬愫又重修尊經閣，張垓捐修墻垣。五十二年，知州尹椿重修明倫堂。五十三年，又重修大成殿、兩廡、戟門、泮池、櫺星門。五十六年，又重修名宦、鄉賢祠。雍正六年，知縣程先銑奉（190）文創建忠義祠於鄉賢祠前。十二年，知州杜通文重修大殿。乾隆十四年，知州劉日章移建崇聖祠於殿後，又改敬一亭於名宦祠南，其基址南橫四十二弓，北橫五十一弓，二橫折一橫四十七弓，長一百二十弓，共積五千六百四十弓，共地二十三畝五分。

　　文廟，大成殿五楹，兩廡各九楹，殿東南爲啓聖祠，今改崇聖祠。後敬一亭（今祠移建殿後，亭移名宦祠南）。南爲戟門三楹，門東爲名宦祠、西爲鄉賢祠。鄉賢前爲忠義祠，又東爲義路，西爲禮門。戟門南爲泮池，又南爲櫺星門三座，又南鑿城開小南門以通文明（191）之氣，城上東西各立文筆峰一座（明末以亂□去，今止存照壁一座），東爲騰蛟坊，又東爲聖域坊，西爲起鳳坊，又西爲賢關坊（後俱廢）。殿後爲明倫堂（初在廟後東偏，崇禎六年，舉人丁之棟倡議改正，鄖撫蔣允儀、知州董應奎落成，內立臥碑二道）。堂北爲尊經閣，閣東過化祠（祀韓文公、寇萊公、文正公，後廢）、西遺芳祠（祀鐵忠烈公、李文達公，後廢）。閣東北爲杏壇，內植文杏，雜以衆卉（當時以爲勝境，明末兵火後毀廢）。明倫堂，初有東西四齋（後廢），東齋北爲祭器庫，西齋北爲神厨，齋南有東西號舍，堂東爲宰牲所，南齋宿所前興賢育才坊（左爲狀元坊，右爲宰相坊），坊左爲更衣所，知州夏忠重修，顏其額曰"紫（192）金堂"（後爲學正公廨）。東南有天衢門，門北爲會饌堂（舊係千戶余立宅，官紳士民捐資一千二百金購之，堂廂門室備焉，後廢）。天衢南爲儒學門。學正署，舊在明倫堂西，後廢，改居更衣所。訓導署三（一在學正署西，一在其南，一在天衢門東，後俱廢）。今學正署在儒學墻外東南隅。訓導署，在學正前，俱乾隆十四年知州劉日章修建。文昌祠，在土城東南隅春風閣上，雍正十二年知州杜通文建。奎樓，在子城東南隅，順治十七年，知州陳良玉創建。雍正五年，知州程光銑重修。節孝祠，在大東關，雍正六年，知州程光銑奉文創建，（193）正祠三楹，門樓一間。乾隆元年，知州杜通文添建門樓一座。

民國《汜水縣志》

民國《汜水縣志》，成文出版社有限公司，1968年。

汜水縣

（卷二"建置·學宮"，65）文廟，在邑治西北，肇建於隋開皇二年，唐貞觀、永徽間，鄭夏既平，乃專修之。自後遷徙無常，元至大中，圮於河，邑令袁迪建於上街，尋毀於兵。明洪武三年，知縣楊榮重建。洪武六年，知（66）縣王復徙建學宮於故址，嗣後屢加修理，廟貌巍然，至今猶存。

大成殿五間，制擬宮殿，歲久，地勢卑下，數被水患，棟宇將傾，檐阿欲墜。明萬歷時，知縣陳光宇就其基築臺七尺，起架重修，清代亦時加修葺。東西兩廡，各十二間，屢經修葺。櫺星門一座，舊制隘小，明知縣陳光宇更易四柱，令華表高聳與文廟相稱，刱建三坊，前曰"金聲玉振"、東曰"禮門"、西曰"義路"，與櫺星門四而配合，巍然改觀，後漸圮。清康熙四十一年，知縣張國輔葺。戟門三間，在櫺星門內。泮池一區，在櫺星門外。崇聖祠三間，即舊啟聖祠，在大成殿後。

按學宮之制，自隋唐以至明清，設置已云完備，茲所存者僅大成殿、東廡、櫺星門、戟門、泮水池，崇聖、文昌、名宦、鄉賢各祠。餘如明倫堂五間，在廟後。敬一亭三間，在明倫堂後，內石（67）刻明世宗敬一箴并范氏心箴、程子四箴。尊經閣一座，在明倫堂後。進德、修業二齋，東西各三間，在明倫堂下。射圃，在廟前雲路西，內有觀德亭三間。教諭訓導宅三所，一在明倫堂東，二在明倫堂西，各房屋十二間，早已頹廢。又廩生二十名，增至二十四名，增生二十名，入學額文武俱八名，後增至十名，文學優异並添府庠生四名至六名不等，迨科舉停後，此制亦廢。（68）名宦祠，三間，在戟門左。鄉賢祠，三間，在戟門右。文昌祠，三間，在大成殿東院。奎星樓，在文廟東南。（69）忠義祠，在學宮櫺星門之左。（70）節孝祠，在城隍廟左。

光緒《扶溝縣志》

光緒《扶溝縣志》，成文出版社有限公司，1976年。

扶溝縣

（卷四"建置志·公署"，266）名宦祠，舊在明道祠之西，後移文廟戟門外西向。（274）鄉賢祠，舊在明道祠之西，後移文廟戟門外東向。（276）忠義祠，雍正六年，知縣秦鑄奉文建於文廟後西偏。十一年，知縣周鈺移建於東偏。（277）節孝祠，雍正六年，知縣秦鑄奉文建。道光十年，知縣王德瑛重修。光緒十一年，知縣孟憲璋重修。（278）文昌廟，在龍泉觀西，康熙十九年舉人杜之昂創建。乾隆十八年，知縣徐步蟾重修。嘉慶八年，知縣楊芝年撤廟後之十二祖母閣改建後殿。

（卷八"學校志"，526）黌宮。元延祐三年，縣尹趙瓊、監縣塔海創修禮殿。至治元年，監縣買閭忠翊修神門，置學田。至正十六年，監縣紐臺重修。後經兵火，獨廟庭尚存。明洪武二十年，知縣張遵道奉詔建大成殿五間、東西廡各十間，欞星、戟門俱三間。明倫堂五間，在大殿後，神厨、神庫、宰牲房各三間，存心、養性齋各三間，俱在明倫堂前。會饌堂三間，在明倫堂後。學倉五間，在堂之西北。射圃、觀德亭在廟西，學制頗備。天順三年，知縣陳紀、康昭相繼重修。（527）成化十五年，署縣事蘭陽縣丞石純粹改建明倫堂。十六年，知縣胡宣設重門，外曰"崇儒"，內曰"重道"，左曰"義路"、右曰"禮門"，建號舍二十間，置神幄祭器。二十一年，知縣李增修葺。宏治十六年，知縣高升重修禮殿，建儒林坊。嘉靖十年，知縣趙輔奉詔建啓聖祠、敬一亭於文廟東。四十二年，教諭胡伯涵署縣事，移啓聖祠於西偏。萬曆六年，知縣管應鳳修廟廡。二十六年，知縣戴天德、訓導石巖重修。（529）三十年，知縣全良范修欞星門、儒林坊，又毀於兵，惟存大殿、欞星門。國朝（530）順治七年，知縣楊在陛□創兩廡各三楹。十一年，知縣吳朱禎修大成殿、欞星、戟門。十五年，知縣王佐建啓聖祠。康熙二十四年，知縣周士皇重修，改作欞星門（邑庠生郝羽翀捐石坊爲之），建明倫堂（布衣高穎捐客舍爲之，僅受半值）。（533）三十五年，知縣趙如桓鑿泮池。五十七年，知縣郁士超重修（邑人馬崇璧樹柏百株於大成殿後）。雍正十一年，知縣周鈺改明倫堂爲崇聖祠，以崇聖祠爲忠義祠，而改忠義祠爲明倫堂（從生員盧宸等之請也）。乾隆十三年，知縣馬伯輅重修，改兩廡各五楹。乾隆二十七年，知縣董豐垣重建大成殿、明倫堂，並修崇聖、忠義、名宦、鄉賢等祠及兩廡、欞星、戟門、魁星樓、泮池、宮牆，教諭毛（534）宣桓、訓導李三德董之。四十八年，知縣趙文重重修欞星門。嘉慶元年，知縣楊芝年重修。十三年，知縣殷秉鏞重修泮池，移於城下照壁前。同治六年，署知縣馮金甲飭邑紳重修。魁星樓，於明萬曆二十一年知縣劉默建於儒學東南城上。國朝順治十一年，知縣蔣其昌重修。康熙五十一年，生員盧完等重修。乾隆二十七年，知縣董豐垣重修。（535）四十八年，知縣趙文重重修。教諭、訓導宅，俱在學宮後，今廢，學官皆賃民宅居住。

民國《鞏縣志》

民國《鞏縣志》，成文出版社有限公司，1968年。

鞏縣

（卷六"民政志·建置"，370）學署，廨舍久圮，借居敬業義塾，又改義塾爲公款局。（373）文廟，在舊城，沒於水，已在新治另建。忠義祠，在舊城縣署東，民國初淹沒於水，傾圮。節孝祠，在舊縣署東，與忠義祠鄰，民國初淹沒於水，傾圮。文昌宮，在舊城東門內路南。

（卷九"民政志·學校上"，593）文廟，大成殿、東廡、西廡、啟聖祠、泮池、名宦祠、鄉賢祠、忠義孝悌祠。（594）舊《府志》，明萬曆間訓導冀純復、知縣程宇鹿仍舊制修。崇禎間，知縣熊潤增兩廡基址，廟始宏敞，蓋從生員張善本議也。清順治十三年，知縣張好奇重修。康熙二十三年，知縣蔣徵猷重修。四十八年，知縣多時琦、教諭劉濟寬、訓導左其勳補修。乾隆元年，知縣季璟補修大成殿。十年，知縣邱軒昂移照壁外五尺，改建聖域賢關、欞星門、敬一亭、黑門樓，復修泮池石橋。四十七年，知縣陳龍章補修兩廡、庫房、官廳、牆垣及甬路、欞星門、戟門等。（597）儒學，舊在縣治南，內設敬一亭、明倫堂、誠心修道二齋，久廢。相傳西漢時建，元末兵毀。洪武三年，縣丞張庸重建。天（598）順、成化間，知縣孫讓、柯忠增修。嘉靖間，知縣沈源、謝九叙、榮華、陶成祖、周泗相繼修。

民國《光山縣志約稿》

民國《光山縣志約稿》，成文出版社有限公司，1968年。

光山縣

（卷一"地理志·古迹志"，134）奎星閣，舊在城東南隅，久圮。乾隆十九年，知縣柯偉生別建於縣治北，流慶山涑水書院之右，跨城立址。光緒初，復圮，知縣華臻復建於東南隅。尊經閣，《通志》云在光山縣學，明正統十年建，久廢。（135）敬一亭，在縣學内明倫堂後，明嘉靖中建，亭中豎明世宗御製敬一箴，亭久廢，碑亦無存。

（卷二"政務志·教育志·舊志所載秦漢以來之教育"，183）《光州志》謂，光山學宮創於宋嘉祐五年，迄今未詳創製者何人也。南渡後，敵塵較□，舊校宮蕩爲煨燼。嘉定初，知縣陳沖臣復立先聖殿。五年，知縣劉樞繼其任，請於光州守柴中行，捐錢百萬俾營建，以主簿朱□董役，凡爲屋百六十有六楹，自戟門、橫舍、講堂與藏書之室、齋庖畢備，舊有司馬溫公祠堂，亦興復焉，劉樞自爲之記。是時，學宮在縣城迎熏門左偏，即今城隍祠基也。嘉熙元年，邑城失守，寓治天台山，學遂荒廢。元時，修建失傳。明洪武初，詔天下州縣立學，設教諭、訓導官，置弟子員。大成殿廡自聖人塑像外，配享從祀俱以木主。七年申寅，知縣薛達始即宋時縣署舊基重建如制，在城内東門大街，今縣治之東南。嘉靖九年庚寅，令天下學宮易塑像以木主，而光山聖人像巋然存。三十四年乙酉，知縣沈紹慶重葺學宮，立敬一亭，建登龍閣，置學□學田。萬曆十六年戊子，知縣牛應元修學廟及文昌閣，俱自爲記。十九年辛卯，知縣汪先岸增修。二十三年乙未，知縣陳於廷重建登龍閣，邑人扶克儉記，修復□龍池，邑人陳洪烈記。二十九年辛丑，知縣李養正（184）葺理文廟，改泮池飛虹橋於櫺星門外。三十六年戊申，知縣程國祥重修學宮、司馬井亭。崇禎末，學宮悉廢於兵。清順治十年癸巳，邑太常寺卿程世昌捐建大成殿，貢生程世會捐建兩廡，世昌自爲記。十七年庚子，知縣管聲駿率教諭任君堯、訓導高珵、典史高鵬重建戟門五間。十八年辛丑，知縣孫自俊重建明倫堂，邑人胡虞□記。是時，學宮規制始備。大成殿前爲月臺，繚以石檻，兩翼爲東西廡，又前爲戟門，門之左爲名宦祠，又左爲土地祠三間，戟門右爲鄉賢祠，門外南抵欞星門，門凡三座，俱以石爲之。又南爲泮池，飛虹橋跨其上，又曰"月宮橋"，池之南爲屏墻，左右爲兩闕門，東曰"德配天地"西曰"道冠古今"。大成殿後爲明倫堂，堂前兩翼爲橫舍，東曰育英齋、西曰進賢齋，堂後爲明時敬一亭。堂西爲膳房、祭器庫。亭堂後及西爲校官齋署四。周繚以黌墻，墻外爲夾道。學門二，一在東夾道，一在西夾道。西夾道之西爲雲路坊，司馬井亭在焉。東夾道之東爲啓聖祠，祠之南爲文昌閣。祠之北爲射圃，又北爲□龍池。康熙十三年甲寅，知縣朱鼎振重修學廟，有記。十七年戊午，知縣范景賢重修登龍閣及禮門、義路、泮池、月宮橋，自爲記。三十四年乙亥，知縣李新德率僚屬重修大成殿，自爲記。卅五年丙子，知縣楊子徐捐修東西廡十四間，石神主十四座，自爲記。雍正元年癸卯，遵例建孝弟忠信祠於學宮明倫堂左。乾隆二年丁巳，知縣薛景玨重修大成殿。四十二年丁酉，知縣胡元琢重修東西廡十間。是歲，署縣某移土地祠於戟門右，舊鄉賢祠內，而以鄉賢祠移置名宦祠左，舊土地祠中。五十年，知縣楊殿梓考正學廟典制，以明初飭令州縣學兩廡之下戟門左右分立名宦、鄉賢二祠，至滿清仍因前規，頒爲定制。土神之祠，不在學宮典祀之內，置祠於戟門右，而與名宦並，體制非宜，重建鄉賢祠於戟門右如舊制，並釐正學內各祠神主，清理學地舊界，砌西黌墻，浚出司馬井，建亭曰"養粹"。(185) 崇聖祠，舊名啓聖祠，雍正元年，加封孔子以上五代，啓聖王祠更今名，在文廟東夾道之東，凡三間，中龕奉五聖王神主，左右配列先賢顏路、曾晳、伯魚、孟孫氏，從祀列先儒周輔成、程瑜、張迪、朱松、蔡元定，具如制。祠前東齋室三間，西齋室三間，大門臨街道，北通儒學，今圮。名宦祠，在戟門左，乾隆五十年乙巳，知縣楊殿梓詳正祀典。鄉賢祠，舊在戟門右。乾隆四十二年，遷名宦祠之左。五十年乙巳，知縣楊殿梓詳正祀典，遵定制改建舊所。(186) 忠義孝弟祠，雍正元年，禮部欽奉特旨，覆奏令各州縣建祠學宮內，祠前立石碑，將前後忠義孝弟之人刻姓名於其上，已故者設牌位，每歲春秋致祭。光山於雍正六年建祠在明倫堂前之左，乾隆五十年乙巳知縣楊殿梓考正祀典，改建於戟門前名宦祠之左。文昌閣，在學宮左崇聖祠之前，舊名登龍閣。嘉慶三十五年丙辰，知縣沈紹慶創建。萬曆十六年戊子，知縣牛應元修，始更名文昌閣。二十五年丁酉，知縣陳於廷偕教諭張文光捐俸倡修，教諭黃大壯繼成之。清康熙十六年丁巳，知縣范景賢重修，閣前地址隘，邑民吳璽捐買民基擴之。四十一年壬午，知縣袁州增修，閣崇三丈有九尺，廣四丈、深四丈有三尺，翼以上下飛□，圍以石檻，周十七丈有六尺，川廊三楹，高二丈有六尺，廣三丈有七尺，甬道東西舍各三間，繚以周垣。乾隆五十一年，知縣楊殿梓捐俸重修如舊制。

（卷二"政務志・典禮志"，215）節孝祠，舊在城北街恩榮坊左，雍正中奉文立祠，祀本邑前後節孝婦女，祠僅三間，卑隘不足展祀。乾隆四十三年，邑人刑部尚書胡季堂捐購祠旁民地一區，並銀百兩，知縣申兆定捐俸益之，拓基改建，南向正祠三間，享堂三間，左右齋舍各一間，看守祠堂草舍二間，繚以周垣，凡二十餘丈，□兆定有記。五十一年，知縣楊殿梓刻石祠中，後遷於流□山涑水書院之西，祠宇較前尤壯麗。迭經（216）兵燹，建立年代失考。

乾隆《獲嘉縣志》

乾隆《獲嘉縣志》，成文出版社有限公司，1976年。

獲嘉縣

（卷三"學校"，145）學在縣治西北，宋建，金毀於兵。元至元間，儒士李偉、邑人王概新其兩廡、講堂，既而教諭王思誠又建禮殿、齋舍。至（146）正壬辰，教諭王寅重修。元末復毀。明洪武三年，知縣熊邦基重建。景泰、天順間，知縣薛良、邢表並加葺治。成化十八年，知縣吳裕復鼎新之。嘉靖十一年，知縣羅浙、教諭周曉以學西逼城，南衝衢，移東十餘丈，更新之。三十一年，教諭徐廷徵偕耆民徐良等重修。隆慶丁卯，郡守張□捐俸補葺。萬曆十一年，知縣張一心續修。三十年，又修。國朝順治八年，知縣馮雲朝重修。康熙二十三年，知縣□大奇捐修。雍正四年，知縣壽致浦捐俸同教諭李德元、訓導李承業等更葺之。乾隆七年，署縣事趙開元新東西兩廡。十八年，知縣吳喬齡修尊經閣、魁星樓，改建崇聖祠、敬一亭□（147）、文廟周垣，重建訓導宅。

廟制：先師廟五楹，前有露臺，東西為兩廡，廡各十六楹，前戟門，門左為名宦祠，右為鄉賢祠，各三楹，戟門之南為欞星門。崇聖祠在廟後東北隅。廟右為忠義孝弟祠。舊有祭器庫、省牲亭、神庫、宰牲房，俱久廢。

學制：明倫堂五楹，在文廟後。堂前為甬道，為儀門，堂東偏為經義齋，西偏爲治事齋（齋久廢）。堂後爲尊經閣，閣高三層，堂西爲敬一碑亭。欞星門東爲魁樓，門內爲泮池、泮橋。教諭廨，在崇聖祠後，居堂之東偏。訓導廨，在敬一亭後，居堂之西偏。射圃，在學西，今已廢爲污池。舊有觀德亭、退省堂、（148）會饌堂、廚房、庫房、東西號房，俱久廢。

按《舊志》載，教諭宅在育才清署，門內有樂育堂、學半齋、□易室、嘉瓜堂。訓導宅兩區，一在進德齋門內，一在修業齋門內，此三廨，已盡頹廢。今之崇聖祠，即育才清署遺址，魁樓內隙地則昔之進德、修業兩齋也。

（235）節孝祠，在承恩門內，雍正五年知縣壽致浦奉文建。忠義孝弟祠，在文廟西，雍正五年知縣壽致浦奉文建。（263）文昌閣，在廣陽門外東南，康熙十四年邑人賀振能等創建。

民國《獲嘉縣志》

民國《獲嘉縣志》，成文出版社有限公司，1976年。

獲嘉縣

（卷三"建置·學校"，107）縣學，在縣治西北。大成殿五楹，前有露臺，東西爲兩廡各十六楹，前爲戟門。戟門南爲泮池，池上爲泮橋。池南爲欞星門，門南爲屏壁。壁左向東門曰"聖域"，壁右向西門曰"賢關"。屏壁之外有"文武官員軍民人等至此下馬"碑。大成殿之後爲明倫堂五楹，堂之後爲尊經閣，閣高三層，堂之左爲崇聖祠，直南爲儒學門。祠之東爲教諭廨，廨前爲文昌宮，宮三楹，有東西廂各三楹。前爲奎文閣，高三層，閣之南爲方便陰騭門。明倫堂之右爲敬一亭，亭前爲訓導廨。

按，獲嘉縣學，建於宋。金毀於兵。元至元間，儒士李偉、邑人王概新其兩廡、講堂，既而教諭王思誠又建禮堂、齋舍。至正壬辰，教諭王寅重修。元末復毀。明洪武三年，知縣熊邦基重建。有大成殿、有兩廡、有戟門、有欞星門、有祭器庫、有神廚、有明倫（108）堂、有後堂、有兩齋、有學門、有射圃、有學倉、有會饌堂。景泰、天順間，知縣劉信、薛良、邢表、鄭福並加修治。成化十八年，知縣吳裕相地之吉，撤舊爲新，移北十丈許。嘉靖十一年，知縣羅淅、教諭周曉又以廟西逼城，南衝衢，移東十餘丈，前建欞星門，門內鑿泮池，池上建橋，橋北爲戟門，門內爲大成殿，殿後爲明倫堂，堂後爲文魁閣，閣後爲啓聖祠，祠之西舊之大成殿改爲敬一亭，亭前爲號房。閣左爲博士宅，宅後爲會饌堂。三十一年，教諭徐廷徵偕耆民徐良重修。隆慶元年，郡守張升捐俸補葺。萬曆十一年，知縣張一心續修。三十年，教諭陳禹謨因舊規新於泮池右穿文源井，井設屏豎門。戟門左右列名宦、鄉賢兩祠各三楹。大成殿三楹，東西廡三十餘楹。殿後明倫堂五楹，東西爲門者各一，南向爲門者三，左右經義、致事齋，各五楹。堂後爲尊經閣，三層，高四丈，又因舊易置者改敬一亭爲啓聖祠，別創敬一亭於其南。明倫堂之東爲育才清署。直南爲儒學門，門內爲進德、修業二齋，俱西向，署內爲學半齋，齋後爲樂育堂，俱三楹。堂之東偏有室一楹，爲（109）玄暢室。又舊有嘉瓜堂、觀德堂、退省堂、會饌堂、厨房、庫房、東西號房、卜子夏祠、劉知幾祠、學倉、射圃，俱不存。清順治八年，知縣馮朝雲重修。康熙二十三年，知縣馮大奇捐修。雍正四年，知縣壽致浦、教諭李德元、訓導李承業同葺。乾隆七年，知縣趙開元新東西兩廡。十八年，知縣吳喬齡修尊經閣，建魁星樓於儒學門，移崇聖祠於育才清署，改建敬一亭，重建訓導宅。其後屢有修葺，因入民國，碑碣多有倒毀，無從稽考。光緒二十六年，知縣邵祖奭率邑紳許辰田等改建廟前屏壁，重建欞星門。又文昌宮舊在儒學之左，規模狹隘，因其故址修建奎文閣三層，移文昌宮於其後。民國縣黨部設於文廟內，改建新式大門，歸併神牌，作爲辦公室。又於文昌宮、崇聖祠、明倫堂、教諭訓導廨諸地立師範學校，重加修建，煥然一新矣。

　　（119）教育局，前清光緒三十三年，就文昌閣後院設勸學所。民國初，移儒學署，嗣改教育局。十九年，遷節孝祠。二十一年十二月，復遷縣治後財政局舊址，有北屋五楹，東西室各三間，廳五楹，前院東西室各三間，大門兩旁各二間。局內局長一，縣督學一，區委員三，總務兼學校主任、社會主任、款產主任各一，事務員三，全年經臨費共兩千九百元有奇。

　　（卷四"建置・祠祀"，150）名宦祠，在文廟戟門左。鄉賢祠，在文廟戟門右。忠義孝弟祠，在文廟西，雍正五年知縣壽致浦奉文建。（160）節孝祠，在承恩門內，清雍正五年知縣壽致浦奉文建祠。入民國，廢祠，初改爲息訟所，又改爲教育局，今改爲職業學校。

乾隆《濟源縣志》

乾隆《濟源縣志》，成文出版社有限公司，1976年。

濟源縣

（卷三"建置·學校"，147）學宮，乾隆九年，知縣陳愷重修大成殿。十九年，知縣許木巽、教諭劉詡同邑之紳士何兆瑞、段鴻文、何樂善、李經國、衛時動等改造崇聖祠並東西兩廡，及戟門、泮池與聖域賢關、騰蛟起鳳各坊表，又創建神厨三間，周廷佐作記，教諭劉君以□官而捐助百金爲倡始，亦大有功於學校。明倫堂，縣治東南，明萬曆甲寅，知縣石應嵩重修。本朝康熙庚寅，知縣俞沛復修。歲久漸就傾圮，乾隆庚辰，知縣蕭、教諭周、訓導孫暨邑紳士公捐大加修葺，並於堂之左右添建書室多間。博文齋、約禮齋，久廢，乾隆庚辰重建。（148）尊經閣，在明倫堂後，康熙五十年，前令俞沛建。乾隆二十五年，邑令蕭重修。教諭宅，在明倫堂後，乾隆二十五年教諭周重加修葺。訓導宅，在文廟東，乾隆二十一年訓導買再至，重葺講堂。鄉賢、名宦祠，康熙四十七年知縣俞沛移建戟門東西，乾隆十九年重修。文昌閣，在正東門，明萬曆四十五年知縣徐允陟創建。本朝康熙二十二年，知縣尤應運重修。雍正十三年，邑之紳儒何兆祥、段元文等重建，何達善爲記。附文星塔，在東南城角，崇貞十四年，知縣楊於階建，舊有硯瓦池，在塔南城外，相距僅數武。魁樓，在文廟東南，明萬曆間知縣王芳建，本朝乾隆四年邑紳何兆祥、劉楷募捐重修。

（卷五"祀典"，184）忠義孝弟祠，在學宮東。節孝祠，在崇寧街，俱雍正六年奉文創建。

道光《河內縣志》

道光《河內縣志》，成文出版社有限公司，1976年。

河內縣

（卷十四"祠祀志"，520）文昌廟，在城東北，即覃懷書院中楹修建，正殿奉祀。（528）忠孝、節義、名宦、鄉賢等祠，《會典》及□□《禮部則例》，凡直省府州縣（529）文廟左右建忠義、孝弟祠，以祀本地忠臣、義士、孝子、悌弟□孫，建節孝祠以祀節孝婦女，名宦祠以祀仕於其土有功德者，鄉賢祠以祀本地德行著聞之士，地方官歲以春秋致祭。

（卷十五"學校志"，540）儒學，在縣署西，初未嘗立學，即縣西之安樂堂爲訓誨之地。明朝洪武十三年，知縣陶晟斥淫祠，闢其地，取其材，將興造文學而去。十五年，知縣夏林因晟所規劃建造。（541）正統九年典史宮原，正德十五年知縣高杰、教諭宰廷俊、縣丞蘇徵，嘉靖二年知縣王濟民先後繕修完備。（542）三十五年知縣胡玉璣，萬曆二十年教諭周必孝、訓導吳子秀、李夢得，二十四年知縣侯加采、盧夢麟相繼修葺。（543）司理劉國縉、知縣袁應泰撤南面民居爲泮池。（544）三十四年知縣傅宏都、教諭朱光宇、訓導程希顏、周萬里，崇禎十一年知府傅崇中、知縣周而淳又重修，俱有碑記。國朝順治十四年知縣孫灝、教諭馬天培，康熙三十二年知（545）縣李枟，三十八年知縣張起宗、教諭李霖、訓導杭冠世、焦栻、縣丞王玉、義民常立正皆重修。雍正元年，建忠義節孝祠於學宮。乾隆十年，知縣胡睿榕修。一十三年，大成殿圮，知縣許本巽、教諭王日信、訓導張力員、邑紳士同捐修，工未竟。二十五年，知縣李如龍落成之。二十六年，沁河水溢灌城，學宮被淹。三十年，如龍又修之，訓導竇玉瑤清理明倫堂，修建訓導宅。嘉慶六年，知縣劉元吉、紳士成七政等重修，并置禮樂器云。

（546）大成殿五間，殿左右側門各一，殿前爲丹墀，墀前爲庭，庭中碑二，恭勒康熙二十五年御製孔子贊、四子贊，庭左右東西廡各七間。前爲大成門三間，門左右側門各一，側門左右更衣廳各三間，與門皆南向。門外道，道左爲名宦祠，碑亭各三間；右爲鄉賢祠、忠義祠各（547）三間。東西向前爲櫺星門三間。自殿左右側門屬之櫺星門，繚以周垣爲宮牆，櫺星門外坊門二，左額曰"德配天地"、右額曰"道冠古今"，屬櫺星門爲垣，以障通衢。泮池在通衢之南。崇聖祠三間，門一間，繚以垣，在大成殿東北，與明倫堂並。明倫堂五間，在大成殿後，其北壁之左勒欽頒訓飭士子文碑，右勒敬一箴碑，其左右壁勒程子視聽言動四箴碑、歷科題名碑、張鍾貼三石。堂後爲訓導宅。教諭宅在宮牆之東。儒學大門，在櫺星門側，由大門而入直達於北爲小池，皆學基地也。

（卷十六"營建志"，587）府儒學，在縣署東。（589）教諭署，係舊訓導署所改，在縣署東。訓導署，在教諭署西。

（卷十六"營建志·祠廟"，590）府文廟，在府東南察院街。元至元六年，懷孟路總管楊修。明洪武六年，知府王公興宗創建。正統十二年，知府高公奉修。正德二年，知府徐公以貞重葺。嘉靖四十三年，知府孟公重（591）建啓聖祠、敬一亭。崇禎十四年，河內縣知縣王漢重修。國朝順治十六年知府彭公清典修，康熙三十二年知府□公其裕重修。乾隆二十三年，知府薩寧阿公創修，未竣。二十五年，知府沈公榮昌捐俸修葺。四十七年，知府王公嵩柱、蔣公果相繼修。縣文廟，在縣署西，詳"學校志"。（594）文昌宮，舊在城東，嘉慶十三年知府張公□、知縣鍾崇保於覃懷書院內創建大殿。（595）名宦祠、鄉賢祠，俱在府縣二學宮內。忠義祠，在縣學宮內。節孝祠，在府學宮東。孝子祠，在縣署西。

民國《淮陽縣志》

民國《淮陽縣志》，成文出版社有限公司，1976年。

淮陽縣

（卷四"民政上·建置考·壇廟"，255）文昌宮，在城東門內（嘉慶九年，知縣張世濂、紳士張萬里等創建。二十二年，知縣李振□重修）。魁星閣，在城東南隅垣上（康熙二十年，知州□國弼重建。乾隆十九年，生員王午成等纂修，邑人李振綱塑像。嘉慶十四年，知府昌宜泰、紳士趙萬里等重修。光緒十年，知縣焦思浚復修）。

（卷五"民政下·教育志"，295）學宮，在縣治南。（296）大成殿，五楹。殿後崇聖祠三間（舊名啓聖祠），殿前東西兩廡各七間。又前戟門三間，左名宦祠，右鄉賢祠，各三間。前爲櫺星門三間，左忠義祠，右節孝祠，又前中爲泮池橋，左坊曰"聖域"，右坊曰"賢關"，又前東門曰"德配天地"，西門曰（297）"道冠古今"。大殿西爲明倫堂五間，堂後爲敬一堂三間，堂前爲一門。（323）學署：教諭署，在明倫堂迤南儀門外（乾隆十七年，知縣馮奕宿購民房九間，捐作學署）。訓導署，在明倫堂前甬路東，今圮（上兩署址，至民國爲教育局。十七年，復將黌宮併圖書館均收入，改建中山小學校）。

民國《郟縣志》

民國《郟縣志》，成文出版社有限公司，1975 年。

郟縣

（卷六"祀典志·廟祀"，242）文廟，在南街。（248）土地祠，在文廟。忠義祠，在文廟西。（252）節孝祠，在黌宮外。

（卷七"學校志"，267）文廟，在城南街。金太和六年，知縣張志□創建。明洪武三年，主簿程華甫重建。正統六年，知縣李珪修葺。天順三年，知縣鐵清增修。國朝順治五年知縣張篤行，十年知縣卜永升，十（268）六年知縣王昕相繼重修。康熙十三年知縣鍾有聞，三十年知縣金世純重修。雍正三年，知縣陳王綬修葺。乾隆五十四年，知縣毛師沆重修。

廟制：大成殿五楹，殿之前爲兩廡，前爲戟門，又前爲欞星門，又前爲泮池，屏垣一，東西各一門。（283）崇聖祠，在文廟東，順治十六年，知縣王昕重修。康熙三十年，知縣金世純重修。（291）鄉賢祠在戟門右。（296）學制：明倫堂，在大成殿後，五楹，順治五年重建，康熙三十年知縣金世純重修。尊經閣，在明倫堂後，壁間石刻明世廟御製敬一箴及程氏四箴、范氏心箴，解學者□稱敬□閣。康熙二十年重建。康熙三十年，知縣金世純重修。（297）教諭宅，在訓導宅左，順治十二年重修。訓導宅，在尊經閣左，順治十二年重修。

民國《孟縣志》

民國《孟縣志》，成文出版社有限公司，1976 年。

孟縣

（卷二"地理下·古迹"，224）敬一亭，在文昌祠後。明嘉靖五年，頒發敬一碑在內，今（225）廢。（226）奎星樓，在城東南隅城上，凡三層，高五丈許。順治間，知縣劉榿建。乾隆五十三年，知縣仇汝瑚重修。奎星塔，在奎星樓西，凡七層，萬曆間同知張祖良建。（228）孔子廟，在縣治東南。中爲大成殿七楹，祀孔子及四配、十二哲，東西兩廡各九楹，祀先賢、先儒，詳《會典》。兩廡前爲戟門三楹，又前爲內泮池，深二丈，闊三丈。又前爲欞星門三楹，又前東爲禮門坊，西爲義路坊，坊側各有下馬牌，又東爲德配天地坊，又西爲道冠古今坊。欞星門直南開城垣爲門，曰"龍門"，門外爲泮池，池闊六丈，深三丈。又前爲照壁，每年春秋仲月上丁致祭。

（229）孟學，初爲州學，創於金大定戊申。興定間，毀於兵□。元至元乙丑，知縣梁世英重建。至正又毀，見於明成化間黎淳所撰學記。元至元十八年，河陽縣尹王宏重修三門，寧楫撰記。二十三年，知州郝采麟、同知弋惟敬首緝學宮，建兩廡十一間，修講堂五間，傅夢弼撰記。入明改爲縣學，洪武三年，同知韓進一新學制，并見黎淳所撰學記。正統間重修，見嘉靖間何瑭撰記。天順五年，知縣郭徵重修大成殿，見於《舊志》。成化五年，邑令孫芳作大成殿、兩廡暨明倫堂五間，東西齋各三楹，書舍十四間，饌堂三間，黎淳撰記。宏治十四年，知縣石□重修戟門三間，又因欞星門舊在城（230）門下，移置去城門數十步，并見《舊志》。正德十六年，知縣劉澄重修大成殿，其東西兩廡舊各五楹，俱增四楹，并見《舊志》。嘉靖初，知縣俞元弼重修，見楊運昌撰記。嘉靖九年，縣丞黃知常始修，後巡撫徐某委典史喬茂義竣事，拓文廟加兩楹，兩廈升高，戟門改建牌坊，鑿泮池，何瑭撰記。萬曆七年，同知張祖良開城南垣建龍門，額曰"嵩河拱秀"。九年，知縣武玄謨重修大成殿，并見《舊志》。三十年，通判賈熙載因泮池在欞星門外，改鑿於欞星門內，楊四畏撰記。三十二年，知縣萬時俊修葺正殿、兩廡，儀門左右爲兩楹，大門內外作柵欄，東西豎牌坊者四，有自撰記，并楊四畏撰記。（231）天啓五年，知縣季寓庸因龍門閉塞，重爲開通，有自撰《重開龍門記》。自是，以至明末，兵燹、水潦，殿廡漸就傾圮。清康熙十五年，知縣胡希銓重修大成殿及東西兩廡、戟門、欞星門，楊運昌撰記，并見《舊志》。三十九年，知縣張之紀因明萬時俊所建德配天地、道冠古今二坊，一存一廢，並爲修復，毛□撰記。乾隆十九年至二十七年，知縣周洵始修，及署縣張德履并合邑人士崔永慶、楊洪等樂輸大修縣學及啓聖祠、敬一亭、文昌祠，并鑿外泮池，郡守沈榮昌撰記，并見薛清輔書《重修文昌祠碑》，蓋孟學創修節次於是略可考云（《馮志》）。

（232）崇聖祠，在大成殿東北三楹。（253）名宦祠，在孔子廟戟門東，凡三楹。（255）鄉賢祠，在文廟戟門西南，凡三楹。（257）忠義祠，在文廟戟門西，凡三楹。（258）文昌祠，在孔子廟東南，大殿、祠門、舞樓各三楹，明萬曆間建，崇禎、清乾隆間重修。節孝祠，在縣署東。土地祠，在節孝祠西，現廢爲師範學校。（262）騰蛟、起鳳二坊在學前。

（卷三"建置"，285）教育局，在城内西街學山書院，堂屋、東西廂、大門、厨房共十二楹。按，康熙三十二年，知縣劉凡以社倉故址改建學山書院，又因堂後低窪，於西偏建菜根亭，築堤爲梁，以通往來，今圮。同治間，爲城防局西院，儲火藥。光緒間，城守兵二人取藥失慎，室焚，兵及守院道人被焚死。民國元年，裁儒學，仍設勸學所。十一年，改爲教育局。儒學，在縣治東南隅，中爲明倫堂五楹，前爲儀門。大門後爲尊經閣。明倫堂東爲教諭署，中庭、書房、後堂、兩廂、前門共十五楹。清順治十二年，教諭王政舉建。（286）又東爲孔廟，廟東南隅前爲龍亭，後爲名宦祠，均圮。西南隅前爲忠義祠，後爲鄉賢祠，又西爲易公祠。龍亭東前爲文昌祠，中爲敬一亭，後爲崇聖祠。明倫堂西迤南爲訓導署，中庭、後堂向南各三楹，兩廂六楹，前爲書房，大門共四楹向東，今圮。明倫堂之名，自明始，元稱講堂，明成化、嘉靖間皆重修，何瑭撰記。清順治、雍正、康熙間，又皆重修。尊經閣，爲明萬曆間同知張祖良建，久圮，清康熙間知縣張之紀等重建。

民國《林縣志》

民國《林縣志》，成文出版社有限公司，1968年。

林縣

（卷二"地理下·古迹"，177）文昌宫，在縣東龍頭山，即聖符山，上爲文人聚會之所。民國十七年毁於兵。

（卷六"建置·廨署"，440）舊教諭署，孔廟北。大門内，明倫堂五間，明正德中知縣王雲建。堂後屏門一間，門内上房七間，舊尊經（441）閣也。東西厢房八間，清咸豐間，教諭衛濟世重修。今爲鄉村師範學校。舊訓導署，教諭署東，大門内三鱣堂三間，爲清知縣李庚明講學處，内有廣明石刻肖像，堂後屏門一間，門後上房五間，東西厢房八間。

（卷六"建置·壇廟"，443）孔廟，大成殿五楹，兩廡各七間，戟門、泮池、欞星門、照壁皆如制。城內學街口。元至正元年知州事李誠建。明正德九年，知縣王雲增修。萬曆十二年、二十二年、清康熙六年、乾隆四年、道光二十六年俱重修。崇聖祠三間，城內孔廟西北，清同治十年移建。舊稱啓聖祠，在孔廟東文昌祠北，明嘉靖二十六年建。（444）名宦祠三間，孔廟戟門之左，同治十三年知縣黃見三移建，舊在孔廟東文昌祠西南。（445）鄉賢祠三間，孔廟戟門之右，同治十三年知縣黃見三移建，舊在孔廟東文昌祠西，明嘉靖二十六年建，有郭樸碑記尚存。（446）忠義孝弟祠三間，孔廟東北，清雍正五年建，久廢。同治九年，曾以舊鄉賢祠地址改建忠義孝弟祠，亦旋圮。節孝祠三間，舊忠義孝弟祠，清道光十九年移建，舊在縣治西南，雍正五年建。文昌祠，孔廟東，明嘉靖四十五年移建，舊在孔廟戟門西，明嘉靖間移建。魁星閣，下臺上閣，臺高二丈，甃石闊四，閣高三丈，文昌祠南，明萬曆三十二年知縣史杠移建。舊在城東北隅。

（卷七"教育·儒學"，469）其載籍之涉於林縣者，祇《宋史》載王獵爲林慮縣令，修孔子廟，擇士民之秀者訓誨之一事。而於當時學制、學額亦未言及。惟元代廟學之制，行之全國州縣，歷明清兩朝，而無大變易。考學之有廟，蓋原於古者入學釋奠於先師，後世往往學廢而廟存。元代廟（470）與學並重，遂稱廟學。《舊志》載，至元間，知州李誠創建儒學，是爲林縣廟學之始。元代學官，州設學正，縣設教諭，據延祐間單恒《重修儒學記》，林州學正一員，額定學生五十八名，不在是數，踵而至者，其衆齋弗能容，或於門墻羅列講誦焉。此當日州學大概情形也。

光緒《盧氏縣志》

光緒《盧氏縣志》，成文出版社有限公司，1976年。

盧氏縣

（卷二"地理·衙署"，145）教諭署，在文廟西明倫堂後。訓導署，在文廟東，係改莘原書院。

（卷五"學校"，276）文廟，在城東南隅，宋末毀。元大德間，縣尹焦滋重建。歷明二百餘年，知縣張世英、張慎、高宮、張進忠、蔡道充先後重修。崇禎八年，城陷，廟毀。順治八年，知縣劉瀾重修正殿、兩廡、名賢二祠。大成殿五楹，康熙五年知縣胡循綸、十九年知縣蓋圖先後重修。雍正五年，知縣章節重修，崇煥聿新。東西兩廡各五楹，雍正五年，知縣章節重修。戟門三楹，康熙四十一年知縣賈鎔重建。櫺星門三楹，康熙四十年，知縣賈鎔重修。聖域、賢關門樓二座，雍正九年知縣常文質創建。學門雲路，明知縣趙科開。（277）崇聖祠三間，在大成殿後，舊係明倫堂，康熙五十二年知縣王玥建堂改祠。名宦祠三楹，在戟門左。鄉賢祠三楹，在戟門右。敬一亭，在舊明倫堂後，今廢。東耳房一楹，典籍庫在舊明倫堂左，今廢。西耳房一楹，致齋所，在舊明倫堂右，今廢。神庫廚三間，今廢。宰牲房三間，在敬一亭左，今廢。進德齋三間，在舊明倫堂左，今廢。（278）修業齋三間，在舊明倫堂右，今廢。東號房十間，廢。西號房十間，廢。會饌堂三間，廢。廚房三間，廢。學倉二廒，在敬一亭右，今廢。文昌祠，在學宮東，雍正七年知縣毛伯鳳因東察院舊址創建。奎星樓，在學宮東南，明知縣郭之幹創建。康熙二十七年，知縣張國卿重修，高五丈，八面宏敞，乾隆二年知縣黃□□補修。（284）建忠義孝弟祠於學宮，雍正元年。

民國《洛寧縣志》

民國《洛寧縣志》，成文出版社有限公司，1969年。

洛寧縣

（卷二"建置·學宮"，231）儒學，在縣治西，《李通志》宋咸平中，知縣李穀建。崇寧四年，知縣夏琦重修。元末毀於兵。明洪武六年，翟禮重建。三十年，主簿艾敬增建。永樂元年，知縣郝敬修。正統十年，知縣於淵修。宏治六年，知縣李景修。《王通志》，萬曆二年，知縣秦紳修。明季寇毀。順治九年，知縣程萬善重建。《舊志》康熙二十八年知縣佟賦偉自修。（232）教諭宅（《舊志》），在明倫堂後，明末流賊焚毀。康熙三十四年，教諭宋鎧創修明倫堂三楹，左爲友仁堂，右爲敬一堂，後爲教諭宅。乾隆二十年，教諭任果重修二堂、東書房。乾隆五十三、四年，教諭高特拔重修三堂、東西廂房、二堂及西書房、川堂、東西齋房。

（卷二"建置·祠宇"，235）文昌廟，舊《府志》在城外東南隅，即奎樓。今按廟與樓始建文廟東，明萬曆四十二年，知縣劉應遇移廟東郭外。順治十四年，邑人張鼎延修。乾隆十三年重修。（239）忠義孝悌祠，在關岳廟之東厢，西向三楹。（242）節孝祠，在文廟西，南向三楹。

（卷三"學校"，299）學規，明倫堂在文廟之右（五楹），堂後爲友仁堂，右爲敬一堂，順治九年製有訓飭士子文，刊立臥碑，開列教條於堂上。

乾隆《洛陽縣志》

乾隆《洛陽縣志》，成文出版社有限公司，1976年。

洛陽縣

（卷二"地理·署廨"，143）教諭署，在城東南隅，府學明倫堂後。訓導署，在城東南隅，府學宮西。（147）教諭署，在城東北隅府署東。訓導署，在城東北隅府署西。

（卷五"學校"，363）府學，在城東南隅，詳見《府志》。

（364）縣學，舊在縣署西南，明洪武五年，知縣胡宏道奉文建。天順四年，知縣張本濟修。萬曆三十四年，以建福藩，侵地，知縣杜汝亮移置東關大隆崗。明末毀於兵。本朝順治六年，知縣武攀龍、教諭王來朋修復。十八年知縣楊苞，二十四年知縣佟學翰，雍正八年知縣□□箴興先後重修，圖載卷首，互詳"禮樂"。

大成殿五楹，東西兩廡各五楹，舊各三楹，知縣佟學翰增建。戟門三楹。欞星門三楹。聖域、賢關，門樓二座，知縣佟學翰建。明倫堂三楹，改敬一亭，建明世宗敬一箴五箴注列置壁間。克己齋三楹，明倫堂左。（365）復禮齋三楹，明倫堂右。會饌堂三楹，舊在明倫堂西，今廢。更衣廳三楹，舊在戟門東，今廢。視牲所三楹，舊在戟門西，今廢。射圃，舊在學宮西偏，今廢。學倉，舊在學宮西偏，今廢。崇聖祠，即啓聖宮，改舊明倫堂建，康熙二十三年訓導齊懷瑜修。名宦祠三楹，在泮池東。鄉賢祠三楹，在泮池西，萬曆間改建學宮，其名宦、鄉賢二祠遂併祀於府庠。（366）本朝康熙三十七年，知縣錢肇修創建。文昌祠，在學宮東。奎光閣，在學宮東南，明隆慶四年邑紳劉贄、劉紳購買伊藩廢宮崇善樓建，本朝順治十二年，守道許文秀修。康熙十年知縣吳源起，雍正八年知縣王箴興、教諭范百順先後增修。

（卷六"禮樂秩祀附"，394）忠義祠，在東關。（395）節孝祠，在郡學。

道光《泌陽縣志》

道光《泌陽縣志》，成文出版社有限公司，1976年。

泌陽縣

（卷四"營建志·公署"，216）儒學，正縣治西大街北，文廟宮墻東。大門三間，有功銘鬢序匾額，爲教諭張培基，立二門一間，坐西向東儀門一間，南向（舊三間）曰風化門。明倫堂五間，南向，堂後尊經閣三間。《舊志》云，國初僅存墻址。順治四年，教諭孫克俊修復，新置臥碑。康熙戊子，教諭張培基修明倫堂。康熙壬辰，知縣程儀千修尊經閣三間。明倫堂下兩旁舊有東西齋各三間，庫房三間、廚房三間，風化門外坊二，東曰"禮門"、西曰"義路"。尊經閣後敬一亭（217）三間，今併廢。教諭宅，在明倫堂後。訓導宅，在明倫堂西。

（卷四"營建志·壇廟"，223）文廟，在縣治西大街北。五代時爲州學，制湮沒無考。宋熙寧間，改驛基爲學宮，即今文廟。元大德初，縣令程伸賢重修。明洪武十四年，知縣胡惠重修。宣德、天順、成化間，知縣王懋、陳鼎、魯昌相繼修葺。成化十三年，知縣陳俊重修。（224）嘉靖四十四年，知縣陶采修先師殿。嘉靖乙丑年，知縣龔芝重修，并創修泮池，池上有石橋，自爲記。萬曆庚辰年，知縣郭祺重修。崇禎庚午年，知縣高岸重修，裕州吳阿衡記。明末，寇亂，止存大殿，其餘盡毀。國朝順治丙申，知縣溫如玉、教諭王廷獻命生員陳汝聽督理重修。康熙丙寅年，奉文修理，知縣莫國芳倡捐，署教諭（225）竇克勤董事修葺，創立兩廡各三間。大成殿，懸挂匾額，丹墀下立御製先師四配贊碑文。自丙寅年重修，工力迫促，未爲完固。兩廡毀壞，止存大殿五間。康熙戊子年，教諭張培基到任，慨然以修理爲己任，捐俸鳩工，重修戟門三間、至聖殿五間，創修東西兩廡各七間，周圍垣墻復修。故聖宮、文昌閣、魁星樓、明倫堂莫不備舉，累歲始竣。康熙壬辰年，知縣程儀千捐磚助修尊經閣三間，（226）悉復舊制（以上並舊制）。嘉慶甲子，知縣步毓巖重修。道光三年，知縣永銘修補大成殿。崇聖祠，舊名啓聖祠，雍正元年改今名，在明倫堂東南（《舊志》云舊址在明倫堂西北，後徙明倫堂東南）。康熙丙寅年，知縣莫國芳同教諭金士淳創修。康熙戊子年，教諭張培基重修。嘉慶十九年，署縣事林祥紱移忠義節孝祠於聖廟內，因忠義祠舊址改建崇聖祠，工未竟卸任（227）去，知縣楊兆李續修。名宦祠，《舊志》云祠三間，遺址在文廟西，今在戟門西，改爲一間。鄉賢祠，《舊志》云祠三間，遺址在名宦祠後，今在門西，改爲一間。忠義祠，舊在明倫堂東，今改建文廟戟門東。節孝祠，舊在明倫堂東忠義祠後，今改建文廟戟門西。二祠，嘉慶二十年，署縣事林祥紱動工，知縣楊兆（228）李續修完工。文昌廟，在南門內西街，三代祠三間，大殿三間，東西更衣廳各三間，二門三間，大門三間。《舊志》云，遺址在文廟戟門西，後移戟門東，改爲閣一間。嘉慶年間，文昌帝君增設春秋二祭，因無專祠，每屆祀期□□於學宮明倫堂下。嘉慶二十一年，知縣楊兆李□西門內舊公廨爲銅峰書院，因公廨後有（229）隙地數十弓，又買西鄰焦姓宅基約畝餘創建此祠，有碑記，載"藝文"。道光七年，知縣倪明進添建拜殿三間。魁星閣，在南門內西街。（230）舊閣，在文廟戟門東，道光七年，知縣倪明進改建於文昌廟東南隅銅峰書院前，有碑記，載"藝文"。魁星樓，《舊志》云在城上東南隅，仿八卦像塑於上。

康熙《孟津縣志》

康熙《孟津縣志》，成文出版社有限公司，1976年。

孟津縣

（卷一"公署"，17）儒學，明倫堂□間，進德齋三間、修業齋三間，大門一間，儀門一間，在□朝西，今廢。教諭公廨，在敬一亭後□。射圃亭，在□南門外，今廢。

（卷三"祀典"，41）先師孔子廟，在城內北街東，先年兩廡頹壞，邑□□陳公□修緝完固，壬午，寇焚東廡，□□□□年久□□□□□□□□□□□□□□□。□□祠，在□聖□後，今廢未建。名宦祠、鄉賢祠，俱在啓聖祠□左右。

乾隆《南召縣志》

乾隆《南召縣志》，成文出版社有限公司，1976年。

南召縣

（卷一"建置·學校"，109）在縣治西，始創於成化十八年。嘉靖三十年修之。國朝雍正四年，尚隸南陽縣，知縣陳王綬率衆公修東西廡。雍正十二年，知縣楊嗣清修大成殿、戟門。乾隆四年，知縣朱禮陶修。泮池、櫺星門、名宦祠、鄉賢祠、明倫堂、傳道齋、授業齋、啓聖殿、文昌祠，俱知縣朱禮陶詳動公帑監修。圍墻、照壁，乾隆七年知縣諸齊賢監修。禮門、義路，乾隆八年知縣包桂監修。學宮基址，（110）禮門義路，在學宮東西。照壁，櫺星門一座，泮池在照壁後。戟門三間，名宦祠三間，鄉賢祠三間，更衣所在戟門左。省牲所，在戟門右。大成殿五間，東廡五間、西廡五間。明倫堂五間，傳道齋三間、授業齋三間。（111）啓聖殿三間，在學宮東。文昌祠三間，在學宮西。魁星樓，在學宮前，雍正十二年重修。忠義祠，在學宮東，乾隆二年知縣楊嗣清監修。

（卷一"建置·祠廟"，164）節孝祠，在東街北，正房三間，後房三間，東西配房各三間，大門一間，圍墻一周。（166）儒學署，大門一間，大堂三間，二堂三間，厨房一間，建立學宮東。

民國《確山縣志》

民國《確山縣志》，成文出版社有限公司，1976年。

確山縣

（卷四"建置考·壇廟"，110）孔子廟。孔廟在縣治東，元至元知縣趙福修。延祐間，知縣張道明重修。明季兵毀。清初，知縣吳大壯、郭鎰、吳國杰、教諭袁賦成、李實蕢相繼重修。乾隆九年，知縣周之瑚增修。十五年，知縣張足法、教諭梅克緝重修泮（111）池。三十四年，知縣吳家駒重修。同治八年，知縣戴文海重修。光緒十六年，知縣施廷弼重修。民國四年，知縣楊承孝重修。大成殿，乾隆九年，知縣周之瑚增修。

東廡、西廡，乾隆九年俱增修。崇聖祠，清順治十五年知縣吳國杰、教諭李實蕢重修。儒學門，在欞星門西，教諭陳珩重修。戟門，吳國杰、李實蕢重修。泮池，知縣王漸創修。欞星門，知縣陳榮建，知縣王漸高大之。以上康熙二十年知縣張登第捐俸重修。明倫堂，明成化初，知縣宋延齡修。舊三間，知縣王漸增五。明季兵毀。清知縣吳國杰、教諭李實蕢重修。進德齋、修業齋，俱毀。東號十五間，嘉靖間知縣熊堯增修格、致、誠、正四十間，俱毀。居仁門。（112）由義門。儲進門。敬一亭，在大成殿東，兵毀。文昌閣，在學宮東側。明萬曆三十三年，知縣徐明創建。清乾隆九年，重修，知縣周之瑚助修。魁星樓，在城東南隅，乾隆九年邑庠生安國棟、劉穩安等捐貲新建，知縣周之瑚助修。名宦祠，明嘉靖四十五年知縣馬文煒創建，萬曆三十三年知縣徐國重修。明季兵毀。康熙二十九年，教諭蒲謐率衆重修。鄉賢祠，明嘉靖四十五年知縣馬文煒創建。萬曆三十三年，知縣徐明重修。明季兵毀。康熙二十九年，教諭蒲謐率衆重修。（113）烈女祠，在學宮西，雍正四年建。忠義祠，在學宮東，雍正四年建。

康熙《汝陽縣志》

康熙《汝陽縣志》，成文出版社有限公司，1976年。

汝陽縣

（卷五"典禮志"，272）學宮，舊在縣治西南，故宋金蔡州學。元爲汝寧府學，知府耶律文謙以隘，改置遺址，遂爲縣學。毀於兵。洪武八年，知縣楊補之建。十八年，知縣鍾厚亨改置縣治東南。成化七年，封秀王建府地，併去，尋爲崇府文廟。八年，提學副使陳選改置縣治東，周圍計地壹千叁百陸拾零七步，南至大街，北至城垠，東至按察司，西至千戶所。成化八年，知縣孫晟建。萬曆年間，知縣岳和聲建。崇禎十七年，明倫堂、戟門、東西廡、兩齋、名宦鄉賢（273）祠毀。國朝順治三年知縣楊義，順治九年知縣劉瑞，十五年知縣紀國珍相繼增修。先師殿五間，知縣楊義重修。東廡五間，舊七間，毀，知縣劉瑞重修。西廡五間。神庫三間，廢。神厨三間，廢。宰牲房三間，廢。齋宿所三間，廢。（274）名宦祠三間，戟門左，知縣岳和聲建，毀。鄉賢祠三間，戟門右，知縣岳和聲建，毀。朱文公祠三間，儒學門右，知縣岳和聲建，毀。魁星樓一座，名宦祠南，御史王業宏、副使黃緯、知府黃似華、知縣魏廷相各捐金建。戟門三間，毀，順治十五年知縣紀國珍重建，督工義民方秉銓捐銀五十兩。泮橋一道。欞星門一座，知縣楊義重修。照壁一座。祭器，成化年間，知縣許進置，廢。隆慶年間，知縣時守中置，廢。（276）啟聖公祠，明倫堂東，萬曆三十三年知縣王萬祚建。順治九年，知縣劉瑞重修。正廳三間，祭器舊制俱全，毀。門樓一座。（277）明倫堂五間，□順治九年知縣劉瑞重建，置臥碑，東壁鄉會科牌，西壁恩選歲貢牌。居仁齋五間，毀。由義齋五間，毀。儒學門，毀。儲秀門，毀。號舍，毀。會饌堂，毀。養賢倉，毀。敬一亭，明倫堂後，碑刊心箴並視聽言動四箴，今存。教諭宅，敬一亭後，廳三間，東房四間，馬廠一間，門樓一間，毀。（278）訓導宅，一在明倫堂東齋，毀；一在明倫堂西齋，毀。射圃，學後有觀德亭，並射器二十六事，廢。（281）儒學續，康熙二十八年己巳重修本縣儒學。大成殿五間、西廡十間、啟聖祠三間、（282）戟門三間、欞星門、名宦祠三間、鄉賢祠三間、魁星樓、敬一亭三間，以上俱知縣邱天英捐俸重修，併置祭器、樂器、舞衣全襲。（289）忠節祠，府學東。

民國《太康縣志》

民國《太康縣志》，成文出版社有限公司，1976年。

太康縣

（卷四"教育志"，233）黌學，一名學宮，在縣治東。明宣德間，知縣崔壽始建。崇禎十五年，毀。清順治五年，知縣田六善修，大殿七間，建東西廡各五間，戟門、欞星門各三間。康熙六年，知縣胡三祝修，增設大殿天花板，增東西廡各十間，戟門、欞星門各為五間，左右崇德、育才二坊移欞星門內，移泮池於門外。康熙三十一年，知縣朴懷寶修大殿、東西廡、戟門、欞星門及崇德、育才二坊，並禮器庫、樂器庫。康熙二十三年，頒御書"萬世師表"匾額。雍正三年，頒御書"生民未有"匾額。乾隆三年，頒御書"與天地參"匾額。嘉慶五年，頒御書"聖集大成"匾額。道光二年，頒御書"聖協時中"匾額，均奉懸大成殿內。（234）崇聖祠，舊在大成殿東，知縣朴懷寶重修。雍正十三年，知縣吳本□同紳士移建大成殿後。（235）文昌閣，在文廟之巽方，知縣朴懷寶修。雍正十三年，知縣吳本□改建南向。乾隆二十四年，知縣武昌□□紳重修，改爲西向。道光八年，知縣戴鳳祥重修。今改教育館。名宦祠，在戟門東，朴懷寶修。鄉賢祠，在戟門東，朴懷寶修。忠義祠，在文廟西，雍正八年，知縣劉輝祖同紳士重修。乾隆二十五年，知縣武昌□□士修明倫堂東。節孝祠，舊在關外，雍正十三年知縣吳本祖修建。乾隆十年，知縣宋士莊重修。三十五年，知縣武昌國率紳士□烈女祠移至文廟西。二十七年春，又同紳士將節孝祠移此祠內。嘉慶二年，知縣徐書受重修。道光八年，知縣戴鳳祥重修。明倫堂五間，舊在大成殿後，知縣朴懷寶重修。雍正十三年，知縣吳本祖同紳士移建大成殿東。教諭宅，在今明倫堂後。訓導宅，一在明倫堂東南；一在東廡東，舊廢，今改建在大成殿後。（236）尊經閣，在明倫堂後。魁星閣，在城中東南隅，雍正十三年，知縣吳本祖重修。乾隆二十四年，知縣武昌國率紳士重建，比舊增高三尺餘，今□。

民國《陝縣志》

民國《陝縣志》，成文出版社有限公司，1968年。

陝縣

（卷四"建置·公署"，152）明倫堂，在學宮後。學正廨，在明倫堂東。訓導廨，在明倫堂西，民國初，二廨及明倫堂俱改爲教育局。二十四年，劃歸農林實驗學校。

（卷八"祠祀"，299）名宦祠，在學宮泮池東。鄉賢祠，在學宮泮池西。（300）忠義祠，在學宮西。節孝祠，在學宮西。（302）文昌祠，舊在羊角山，清道光三年，知州揚兆李移建城東南隅。民國十八年，與右首三代祠、召南書院同毀於兵。奎星樓，在城東南隅，今毀。

（303）儒學，舊在州治東北隅。唐開元間建，後廢。金皇統八年，徙建今所。元末兵毀。明洪武三十年，知州聞人桂重建。永樂、正統間知州高敏、王繕，天順間同知儀泰，成化間知州顧正，弘治間知州孫賓、汪浚相繼修葺。嘉靖十五年，知州閻俸重修。清順治五年知州劉世杰，康熙十八年知州羅錦，三十一年知州甘國璧，四十四年知州周全功，乾隆五年署知州（304）戈錦相繼重修殿廡如制。乾隆九年，分巡道張學林創建尊經閣於大成殿後。十一年，知州龔崧林自明倫堂、儀門、欞星門並完葺，又創構興賢、育才兩齋各三間，甃泮池，引渠水自東南注，有記勒於石。後泮池年久失修。光緒十年，知州趙希曾大加修整，文風丕振。按《舊志》載，儒學即今之孔廟。民國十五年，毀於兵。十六年，教育局移明倫堂內。十七年，始修葺孔廟大成殿、東西兩廡作爲圖書館。十八年，西廡又毀於兵。二十三年，專員歐陽珍設十一區農林實驗學校於其內，大加修葺，并於東西擴充地址，建築教室、宿舍，規模益大。敬一亭，在明倫堂後，今廢。

民國《商邱縣志》

民國《商邱縣志》，成文出版社有限公司，1976年。

商邱縣

（卷三"學校"，177）縣儒學，在北門內四牌樓西。明萬曆元年，知縣何希周建明倫堂（三間），東西號房（各五間），教諭宅在明倫堂東。

（卷四"祠祀"，229）文廟，在縣學左，明萬曆元年知縣何希周建，本朝順治六年知縣胡楊俊、康熙四十三年知縣劉德昌俱重修。（230）啓聖祠，在文廟東北隅。魁星、文昌二祠，同在學前師程講院內。鄉賢、名宦二祠，在文廟戟門左、右。

乾隆《偃師縣志》

乾隆《偃師縣志》，成文出版社有限公司，1976年。

偃師縣

（卷二"地理志"，94）□□在敬一亭，久廢，今寓明倫堂後。訓導署，在明倫堂西，久廢，今改建敬一亭□。（139）宋儒學，《舊志》在東門左，明改遞運所。後裁，改首陽書院，今廢，有宋碑存。金儒學，《舊志》在府店盧亞讀書之所，元教授侯朝綱撰碑。

（卷六"學校志"，295）縣學，在縣治東。《通志》元延祐四年，縣尹賈淵建。毀於火。明洪武三年，知縣汪可行重建。成化間知縣張貫、李厚相繼增葺。宏治九年（296）知縣魏津，崇正十一年知縣薛虞鼎重修。皇清順治初，知縣宋中鴻、魏惟紫重修。康熙二十八年，知縣王澤長增修。乾隆二十六年，洛水沖損，知縣耀德詳請動帑重修。

文廟。大成殿五楹，殿之前爲東西兩廡，前爲戟門。戟門前爲櫺星門，前爲墻，曰"萬仞宮墻"，兩旁門爲"聖域"、爲"賢關"。路之南爲泮池，中有二橋，曰"騰蛟""起鳳"。（304）崇聖殿，在尊經閣右。（306）明倫堂，在大成殿後。《朱志》，康熙二十年知縣崔鳴鷟重修，旁置進德、修業二齋，東曰敬一亭。康熙二十八年，知縣王澤長重修，後曰饌堂，□後曰尊經閣。舊有號房、神厨、神庫、學倉□在明倫堂左右。射圃，在啓聖宮北，今俱廢。（309）名宦祠，在戟門東。鄉賢祠，在戟門西。（311）忠義祠，在學宮左。（312）節孝祠，在學宮右。（313）文昌閣，《朱志》在東郭門外雙鳳橋，知縣崔鳴鷟建。毓倬按，閣自二十六年爲洛水沖圮，今移祀於學宮東南巽地上北邙山上，亦有閣。崇正年間，知縣夏士譽建。康熙四十九年，知縣崔振琳修。

民國《通許縣舊志》

民國《通許縣舊志》，成文出版社有限公司，1976年。

通許縣

（卷二"建置志·學校"，87）學宮，在縣治東，創於宋咸平間，毀於元季。明洪武初，縣丞范世英因廢址重建。永樂間，知縣李本中修繕如制。明季毀於兵火，徒存頹垣。國朝順治十年，知縣賈待旌捐俸修。康熙二十五年，知縣惲□重修。二十八年，知縣宗芳捐置祭器、樂器。二十九年，知縣吳輒選定樂舞生六十四名，演習供職。五十五年，知縣李爲憲又捐增祭器，□□大備。六十年，知縣王憲珮延師□樂每紀□□□。

大成殿，舊四楹，知縣於寬增爲六楹，乾隆二十九年知縣阮龍光重修。東西廡各四□，知縣□□□增爲六□。嘉靖二十一年，知縣□□□爲□□□□三年知縣安□澤重修。崇正末，毀□□。順治十年，知縣□□□修□□□□兩楹。康熙二十三年，知縣惲□增爲四楹。五十四年知縣李爲憲，乾隆二十九年知縣阮龍光相繼修。戟門四楹，知縣黎□修。天啓三年，知縣安良□再修□□康熙五十四年知縣（88）李□□□□二十九知縣阮龍光相繼修。櫺星門二楹。泮池、戟門南當孔道中間。嘉靖十三年，知縣□□添建，形如半壁。國朝康熙三十二年，署知縣顧昌□重修。戟門南舊縣丞署所□□□□入泮池□十六年，貢生景通白其事，知縣高□勘還，泮水乃清。照壁，在櫺星門外，長丈五尺，闊二尺五寸，東坊曰"聖域"、西坊曰"賢關"，□□□□高峻。乾隆二十九年，知縣阮龍光修。崇聖祠，舊在文廟東，康熙五十三年生員王九錫等重修，乾隆二十九年知縣阮龍光移建廟內大成殿東。省牲所，在戟門外。神庫，在戟門外，房五間，今廢。神厨與神庫對房二間，今廢。（89）宰牲房，今廢。名宦祠，在戟門外，三間，西向，知縣惲□重建。鄉賢祠，在戟門外，三間，東向，知縣惲□重建。忠義祠，在文廟東，三間，西向，乾隆二十九年知縣阮龍光修。節孝祠，在東門內，雍正二年知縣王應□建。乾隆二十九年，知縣阮龍光移建於忠義祠之左。奎樓與文昌祠□閣在文廟東南□□□□□□□□□□□□□□康熙二年知縣趙□□復建，尋圮。雍正六年，知縣□□□修。乾隆二十九年，知縣阮龍光重修。明倫堂，在文廟後，五間，明知縣於寬修。康熙元年知縣劉□□，四十五年知縣高崧相繼修。堂之前東曰進德齋、西曰修業齋，久廢，大門一間。尊經閣五間，在教諭宅後，高三尋，闊二尋五尺，明知縣傅國、教諭□士節建。後毀（90）於兵火。國朝知縣趙與明重建。康熙六十年，教諭張□□修。敬一亭，在文廟東北，內□敬一□□□□□□今廢。教諭宅，在明倫堂後，正堂三間，乾隆三十三年教諭喬□修。堂之前東房三間，西房二間，堂後西書房三間，東房三間，正樓五間。訓導宅，在教諭宅東，正堂三間，堂西耳房二間，二門一間，有左右角門，大門一間。堂後正樓三間，東房三間，西房三間。□文公祠，在訓導宅東，康熙五十一年，教諭□□□□□□□□□雍正六年知縣王應珮重修。學倉久廢。射圃久廢。

民國《通許縣新志》

民國《通許縣新志》，成文出版社有限公司，1976 年。

通許縣

（卷二"建置志·學校"，85）學宮，在書院東，書院既改爲學校，學宮□□□□□□事者□□□□□□事實□後之學者覽今思昔，瞭若觀火，非□爲改弦更張也，亦世□□□文化□進之使然，雖有尊經好古，崇拜賢聖之名，彥碩士當亦認爲改革之必要，而莫可如何，時勢爲之，非人力所能强也。

大成殿，改爲□內大禮堂。東西兩廡，改爲各級教室。（86）戟門，改作學生寢室。欞星門，廢。泮池，廢。照壁現存。崇聖祠，改爲教育館。名宦祠，改爲幼稚園。鄉賢祠，改爲學生寢室。節孝祠，歸師範學校。奎樓現存。文昌祠，歸師範學校。明倫堂，改建教育局。尊經閣，改建教育局。（87）教諭宅，歸併教育局。訓導宅，改設女子小學校及民衆教育館。韓文公祠，歸併教育館。

（卷二"建置志·祠廟"，89）名宦祠改學校。鄉賢祠改學校。忠義祠改學校。節孝祠改學校。

道光《武陟縣志》

道光《武陟縣志》，成文出版社有限公司，1976年。

武陟縣

（卷十五"建置志·公署"，654）教諭衙署，在學宮後偏西。訓導衙署，在學宮東。

（卷十五"建置志·壇廟"，656）文廟，在縣署東南，詳見"學校志"。啓聖祠，明嘉靖年建，今爲崇聖祠，教諭胡昱重修，有記。（657）文昌閣三間，順治十五年通判仝元樞署邑篆同教諭李（658）士雅移建，後廢，今在學宮之東。

（卷十六"學校志"，680）儒學，在縣署東南隅，創置之始未詳何時。元至正十年，縣尹於誠重建。明洪武三年，知縣蘇輝、教諭秦好古修葺。正統間知縣何翕，正德間知縣譚魯相繼修之。萬曆三十六年，知縣秦之英修建廟門。（681）國朝學宮頹圮，僅存大成殿。順治十二年，知縣趙□□□□率教諭李士雅、訓導陳興邦捐資，共襄厥成，其工頗□。至康熙十五年，知縣龍待修理。二十七年，知縣甘國□復加葺焉。（683）乾隆三年，圮於水。其後，觀察胡公及知縣朱禮陶始議修葺。十五年，知縣趙開（684）元倡率重建大成殿及兩廡，餘未竣工。十九年，教諭胡昱捐修崇聖祠、明倫堂。至二十八年，知縣七十一倡修前段，更建欞星門及泮池、角門、東西垣墻。又至三十四年，知縣張德履復修雲路、龍門兩坊，前功始竣，邑人宋錦為之記。

大成殿五間，南向。（689）崇聖祠，南面。（690）崇聖祠，始於明嘉靖九年，詔天下學宮各建啓聖公祠。（691）殿前為丹墀，墀前為庭，庭中列聖祖仁皇帝御製先聖及四子贊，又一碑刻高宗純皇帝平定準噶爾碑文，左右東西廡各七楹。前為戟門三楹，又前為欞星門三楹，門為元時縣尹張寬所修。其前為泮池，乾隆十五年，知縣趙開元修竣，築石橋，左右二坊知縣龍待所修也。崇聖祠五楹，在大成殿北，教諭胡昱所修。名宦祠，在欞星門左。鄉賢祠，在欞星門右。忠義孝弟祠，在學宮側。（692）節孝祠，在學宮側。文昌宮，順治十五年，通判仝元樞署邑篆偕教諭李士雅建於啓聖祠東，其後頹廢。嘉慶十六年，河北道莊公□創建於城東南隅，其工竣於二十二年，官紳皆捐資襄成。文昌神殿三楹，後尊經閣三楹，祀文昌帝君先代，耳房六楹，東官廳三楹，大門三楹，趙觀察麟為之記。奎星樓，舊在城東南隅，堪輿家謂文星居辰地，無權。順治丙戌歲，移建巳位，後又重建在城上東南隅。明倫堂五間，在文廟西，乾隆十九年教諭胡昱重修，記之。教諭宅，在明倫堂後。（693）訓導宅，在學宮東偏。

（卷十七"祠祀志"，730）文昌廟在城東南。

民國《續武陟縣志》

民國《續武陟縣志》，成文出版社有限公司，1968年。

武陟縣

（卷八"建置志·廟宇"，305）孔子廟，創修增修見《前志》，清光緒六年重修。

（307）魁星閣，在河朔書院東南，上祀奎星，下祀文昌。道光十七年，道憲劉公體重創，修河朔書院時並建。舊距書院半里許，咸豐末年鎮人築寨自衛，遂隔置寨外，同治十三年，河北道吳公命移於此。

民國《西平縣志》

民國《西平縣志》，成文出版社有限公司，1976年。

西平縣

（卷二"輿地志一·建置篇"，145）儒學教諭署，在縣城内西北隅，創建無考。清光緒三十三年，教諭□□□□爲勸學所。中華民國三年六月，改勸學所爲縣視學辦公處。五年五月，復稱勸學所。十二年八月，易名曰教育局，局内附設教育會。儒學訓導署，在縣城東南隅文廟西側。清乾隆三十九年，知縣湯顯相創建。民國五年，訓導缺裁撤，改爲警察所。十七年又易曰公安局。

（卷十"禮樂"，343）文廟，一曰黌宫，舊爲大成殿，明嘉靖十年，改先師廟，在儒學明倫堂之南，肖至聖先師孔子及四配。（344）兩廡，在文廟戟門内。（346）文廟，在縣治東南隅，始建未詳。明洪武三年典史萬安，成化十一年知縣吳尚東，嘉靖八年知縣王來鳳，二十年知（347）縣張寅，萬曆二十年知縣李孟春，崇禎六年知縣孔汝孝，清乾隆三十六年知縣湯顯相均相繼增修。崇聖祠，在文廟東北，明嘉靖九年詔立啓聖祠。十六年，典史劉璋創建，中爲正殿，外爲門垣。清雍正二年，追封先師五代王爵，改稱崇聖祠。（350）名宦祠，在文廟泮池東。（351）鄉賢祠，在文廟泮池西。忠義祠，在文廟欞星門内。（353）節孝祠，舊在縣城北關外路東（與八臘祠相對）。清乾隆四十年十（354）月，知縣湯顯相移建於文廟側，嗣復遷於南關外。光緒二十年，知縣左輔於城内馬神廟街改築新祠（邑人□□□捐宅基地爲祠址），遷焉。

咸豐《淅川廳志》

咸豐《淅川廳志》，成文出版社有限公司，1976年。

淅川廳

（卷一"建置志"，85）自明成化八年置縣之初，立學於縣治東南，知縣武文首其事。正殿、兩廡、門堂、齋厨諸所悉修，既御史李叔和、知縣沈鈗、趙廷璋、王宗堯、陳柏、王道、李芳先後續修。至萬曆二十二年，知縣王麟趾以明倫堂基址改建大成殿，以尊經閣基址改建明倫堂，以舊大成殿基址改建啓聖祠，其廡祠諸所係後四十一年知縣宋應蛟修。天啓元年，知縣楊夢弼又修。四年，教諭金之純增（86）修崇德、廣業二門。迨明末，僅存正殿、櫺星、戟門。國朝康熙十四年，知縣於先登會衆捐資重修兩廡與鄉賢、名宦二祠。二十年，教諭栗森復率紳士捐修。二十六年，知縣王然重加修整，始書立從祀先賢、先儒神牌。二十八年知縣郭治，五十一、二年知縣秦應光，五十四年教諭毛元文、訓導傅汝礪，乾隆四十九年知縣許耀廷累加補葺。自時厥後，直至嘉慶十八年間，同知王祁、知縣李（87）庭生率紳士吳繼賢、孫煥林等捐資重修。咸豐三年至五年，教諭衛稚隨同撫民同知崔燾及署事任汝修。董元新歷任，勸捐修葺。迨六年，署同知口金任內落成，明倫堂及教諭署一律完整。今文廟在廳治正南，與明時居縣治東南，武文首建之地基稍異，或中間略有遷徙耳。計大成殿五間，兩廡各五間，殿前爲櫺星門三楹，左右角門各一間，櫺星門前中爲泮池，前左名宦（88）祠三間，祠後爲節孝貞烈祠三間，前右鄉賢祠三間，又省牲所一間。又前爲戟門三間，又前照壁一道，圍牆四周，左角門題曰"德配天地"，右角門題曰"道冠古今"。大成殿後明倫堂三間，明倫堂後崇聖祠三間，即舊啓聖祠，又崇聖祠東忠義孝弟祠三間。

（卷一"建置志·壇廟"，92）文昌祠，即崇文書院，在聖廟東。嘉慶年間，知縣李庚生建。計講堂三間，齋房十八間，大門三間，游廊十八間，廚房六間，文昌殿三間。啓聖祠仍其舊，其東偏爲山長書齋七間，面浚曲池，環以垣約數十丈，前立一坊曰"雲路"，顔其齋曰志道、據德、依仁、游藝，署其門曰"崇文書院"。計捐（93）廉數千緡，厥後半就傾頹。咸豐元年，署同知趙樹桐重修。計正殿三間，正殿前講堂三間，東西廂各三間，大門三間，正殿北爲後殿三間，東西廂各三間。

（卷一"建置志·公署"，105）儒學教諭署，在學宮明倫堂東。

民國《夏邑縣志》

民國《夏邑縣志》，成文出版社有限公司，1968年。

夏邑縣

（卷二"建置志·縣廨"，349）教諭訓導署，在學宮西，清末□缺裁廢。

（卷二"建置志·黌學"，352）儒學，舊在縣治東南，金大定間，縣令王德彰建。元末兵毀。明洪武三年，主簿紀戀重建。宣德以後，知縣王衡、周普、孫澤、王志、宋杰相繼修葺。嘉靖四年，知縣劉宗和重修。四十三年，推官羅清霄檄知縣劉浚增修。明末毀於火。清知縣尚崇震重建。道光十六年，知縣金元恩重修大成殿。咸豐時毀於兵燹。同治九年，知縣蔣士潢重修。

（353）學地，按《舊志》，本學宮牆外學地，南城牆至北民人李觀宅地牆界二百五十步，東城牆至西慈勝寺地界一百七十步，南城牆至北陰陽官劉俊、生員劉清園地界一百五十步，東廡至東城牆五十步，西至程柱華宅界，見重修明倫堂碑陰。現飭差丈量地址，南寬一百步，北寬同，中長二百五十步，西至民宅，東至城牆。

（卷三"廟祀志"，429）文昌廟，在東門東寨門內，光緒二十六年知縣韓思浚捐資重修。

乾隆《襄城縣志》

乾隆《襄城縣志》，成文出版社有限公司，1976年。

襄城縣

（卷二"建置志·學校"，87）崇聖祠，在文廟左。（114）儒學，相傳在縣治西北，後遷於此，不詳創始，即宋興修建之詳亦不可考。然八行八刑之碑具存，其即此爲廟學也無疑。金元頻遭兵燹，然正大、至治不廢補葺。及明洪武二年，詔郡縣立學校，重爲整飭。正統、景泰間，知縣羅復、劉晉建大成門、明倫堂，後典史於叢重建大成殿及兩廡、神庫、饌堂。至嘉靖間，以閣臣張璁議，撤塑像易木主。甲子，知縣顧奎又重修大成殿及明倫堂，刻人物木榜於堂之東西壁。萬曆十三年，□□知縣王承統仍開□□□（115）□□□□□之勢□□□□□南拓地一區爲杏壇□□□□□□□□□□□知縣陳震於明倫堂後建尊經閣，重檐飛□，規模宏麗。嗣後，知縣仁和諸允修、長垣趙浩、萊蕪□性教皆相繼遞加增飾，於是澤宮之制為之大□。迨我朝順治初年，知縣蒙陰公賈珍、遼左佟昌年創修於前。康熙初年，知縣崞邑張允中重修於後。康熙辛酉，知縣歷城杜溥又復增修。康熙辛未，知縣金溪（116）許子尊又復加修。康熙戊寅，知縣山陰陳治安又復重加修葺。雍正庚戌，知縣儀徵方鴻倡捐興修，於殿廡、堂閣、齋室同時並舉，完整如初，是以廟貌迄今巍然也。□奎壁（即照壁）、杏壇（在奎壁外道南，今廢）、□□天地門道□□□今門。（117）欞星門。杏園。桂苑秋香坊。泮池。大成門。更衣所。齋宿所三間。東廡七間、西廡七間。至聖殿五間。崇聖祠三間、鄉賢祠三間、名宦祠三間。明倫堂五間，克己齋五間，（118）復禮齋五間。尊經閣三間。祭器庫三間。樂器庫三間。射圃今廢。奎井，奎樓北，姚太守成性建，知縣周應□□□。教諭宅，大堂三間，瓦屋三間，在明倫堂東。訓導宅，大堂三間，瓦屋三間，在明倫堂西。□義祠三間，在儒學□。□孝祠三間□□□。

（119）儒學□基，東至奎井巷，西盡射圃亭，寬共六十九步半。南至街北，北至生員馮生虞地，共一百一十五步。杏壇在外。

（卷二"建置志·秩祀廟祠寺觀附"，144）名宦祠、鄉賢祠，以上二祠在儒學左右。

民國《新安縣志》

民國《新安縣志》，成文出版社有限公司，1975年。

新安縣

（卷二"輿地·廟寺"，172）文廟，在縣治東，中爲大成殿五間，祀孔子及四配十二哲殿。前爲東廡、西廡，各九間，祀先賢、先儒，詳《會典》。西廡前爲戟門三間，左右爲名宦、鄉賢二祠，各三間。南爲泮池，又南爲欞星門三間，又南爲東西二坊，東曰"聖域"、西曰"賢關"，外各有下馬石碑，內有左右二石獅。前爲照壁。殿後爲崇聖（173）祠三間，左爲義路坊，右爲禮門坊，最後爲明倫堂五間，東爲忠義祠三間。舊制，每歲春秋仲月上下日致祭。

按，廟舊爲學宮，嘉靖九年，改曰文廟。三十六年，知縣盧大經建名宦、鄉賢二祠,並鑿北城垣引寶泉水注泮池。萬曆十五年,知縣曾唯重修大成殿、兩廡、戟門、欞星門、啓聖祠、名宦祠、鄉賢祠、明倫堂暨各齋舍。崇禎十五年,尚書呂維祺因廟廡傾圮,猶力修葺之。十四年,毀於寇,僅存大成殿、名宦鄉賢二祠。清康熙十年,知縣陸師以東西廡僅五間,各擴之爲九間,並置欞星門外左右石獅,輦自郊(按,石獅,本廟中物,明末遺失郊外)。雍正五年,知縣工元蘅重(174)修文廟,製各木主如式。乾隆三十年,知縣邱峨以廟制卑暗,起增大成殿,臺基高二級,墻柱高一丈二尺,置石礎十八,殿前月臺直三丈,闊視殿,戟門臺基如殿臺基,添置泮池周圍花墻及橋上石欄,欞星門北移一丈五尺,設柵欄,改啓聖祠爲崇聖祠,由忠義祠東移建大成殿後(即敬一亭故址),並移殿左右原有之義路、禮門於寺之兩旁,更製各木主如式。以上均見《舊志》。嗣此屢有修置,至民國十七年,廢孔廟,碑石俱毀,木主無存,設縣黨部及憲政訓練班,今爲師範學校。

(186)文昌宮,在縣治西,現爲黨部,暨第一區公所占用。名宦祠,在文廟前戟門東,凡三楹。鄉賢祠,在文廟前,戟門西,凡三楹。(188)忠義祠,在文廟東,三楹。節孝祠,在縣治東。

乾隆《新蔡縣志》

乾隆《新蔡縣志》,成文出版社有限公司,1976年。

新蔡縣

(卷二"經制·學校",93)儒學,舊在東城外東南隅。元大德八年,知縣李演建。明洪武十一年,知縣應宗毅重修。天順丁丑年,訓導汪正言奏准,遷建東城外大街北。嘉靖乙卯,知縣朱茹遷建於城內東南隅。自明末兵燹之後,宮墻頹敝。國朝順治五年,知縣鍾諤重修文廟,甫完以行取去。至順治十年,知縣譚宏憲修葺,知縣於述緒踵修,稍復舊制。至康熙二十七年,知縣呂民服捐俸增修,煥然一新焉。

文廟:大成殿五間,東廡七間,(94)西廡七間,戟門三間,名宦祠三間,鄉賢祠三間,欞星門三間,泮池一道,照壁一座。魁星樓,在廟左東城角上。文昌閣,在廟東。啓聖祠,在東北隅。敬一亭,在西北隅。雲路坊一座,在欞星門前。雲路橋一座,在雲路坊下。(95)文明樓一座,在啟泰門上。

新蔡學宮，逼城面牆，萬曆年間於廟前闢一門曰"龍門"，額曰"啟泰"，以通文運。明末，以不便守禦，復閉焉。本朝順治十五年，知縣譚宏憲建坊於城上，曰"龍跳天門"，而門仍未開。迨後坊亦傾圮。數十年來，科目寥寥矣。知縣呂民服重開龍門，門上建樓，額曰"文明"，遂於庚午科王卜魁薦於鄉，有"重啟龍門第一人"之語云。

（101）儒學：明倫堂五間，進德齋三間，修業齋三間。（102）儀門三間，庠門三間，影壁一座，俱附廟西。教官宅三所，在堂署後，俱廢，今重修。新蔡儒學雖累經補葺，規模制度尚未備具，呂民服自莅任來，自正殿、兩廡、戟門、泮池、欞星門、雲路坊次第修舉，又爲鑿龍門，建文明樓。

（卷四"典制"，186）文昌祠，在學東，嘉靖乙卯年朱公茹建。順治年，譚公宏憲重修。

乾隆《新鄉縣志》

乾隆《新鄉縣志》，成文出版社有限公司，1976年。

新鄉縣

（卷十一"學校志上"，333）廟制。唐以前無考。宋熙寧六年，廟隨縣廢。元祐五年四月，邑令李久仍舊址更新之，講堂、齋室、庖廚悉備，凡爲屋四十間。（335）金大定八年，縣令段希顏增崇大成殿。貞祐間毀於兵。（337）元至順二年，縣尹邢思誠重建大成殿五楹、西廡五楹、講堂三楹。元季復毀於兵。（338）洪武三年，縣丞王克敬等復建。天順元年，知縣楊清重修大成殿、兩廡、文昌祠，立戟門、欞星門，新（339）□□堂、時習、日新二齋，有庫室、會饌堂、射圃亭。（340）弘治五年，知縣李全、邑義官藏榮修欞星門，易木以石。（341）七年，知縣王統增修大成殿。十六年，知縣陳璣復修兩廡。嘉靖十三年，知縣鄒頤重新之，自庭廟以下仍舊制，創建尊經閣於學宮左。（343）三十年，知縣方承恩建名宦、鄉賢祠於尊經閣前。（344）隆慶四年，知縣張范建啓聖祠於教諭宅後，新大成殿、兩廡及明倫堂、時習日新二齋。（346）萬曆六年，知縣於應昌重修正殿。十年，知縣苑堡修尊經閣，擴其制，飾以層檐，周以累檻，鑄奎星於樓上，下祀文昌，各爲龕，扁曰"聚奎"，耆老楊士奇董其役。（348）十三年，邑人梁問孟葺學舍五號，榜以仁、義、禮、智、信，爲屋二十五檻，（351）又創建三友亭於號舍之北，爲學博會文所，後知縣張赤心、教諭余大忠嘉公盛舉，易名流芳。（352）□□□邑人梁問孟、邑令盧大謨修名宦、鄉賢祠，擴舊制各爲三間。（353）二十一年，知縣盧大謨復修大成殿。崇正四年，知縣劉文才修尊經閣。（355）國朝順治間，醫士游孔亮募資重修晦庵祠。按《舊志》，晦庵祠三間，在教諭宅後，其建置始末未詳。九年，知縣王克儉重修大成殿、兩廡、櫺星門、尊經閣、聚奎樓、敬一亭、啓聖、鄉賢、名宦諸祠。（357）順治間，司訓楊方拱欲募資重修，不果行。（358）康熙八年，邑紳捐資重修聚奎樓。二十七年，知縣周毓麟增修大成殿，加石檻，又增東西廡新龕，於櫺星門前增聖域、賢關二坊，周圍砌花磚牆，又增修聚奎樓，易名（359）宏文閣，懸匾四面，東曰"光騰海岱"、西曰"秀毓太行"、南曰"精鍾河洛"、北曰"輝映神京"，又改建敬一亭於啓聖祠前。（361）三十三年，知縣李登瀛葺明倫堂。（363）五十七年，知縣陳璋重修大成殿、兩廡、戟門、櫺星門。（365）雍正三年，知縣王榮賜奉旨建忠義孝弟祠、節孝祠於學宮之東。（366）十三年，邑令張鉞重修尊經閣，匾曰"文在於茲"。乾隆二年，知縣時正修梓潼祠，屬邑人暢中掄、楊爲枝、郭培塽、張資漢共勷厥事。（367）五年，邑令趙開元增修晦庵祠，閱月修櫺星門內外牆垣、兩廡、泮池及明倫堂罔不整備。（369）六年，知縣趙開元捐俸重修聚奎樓，署邑善行生員張資漢董其事，規制宏敞，匾曰"奎樓"。（371）九月，知縣趙開元創建神器庫三楹於明倫堂之西，貯祭器、樂器。十一年，知縣趙開元捐資重修大成殿、明倫堂、敬一亭、肇聖宮、名宦、忠義、孝弟、節孝等祠，儒林坊及教諭宅，增文昌閣，門檻周圍盡砌花磚垣墻，命邑庠生張資漢董厥事。

民國《新鄉縣續志》

民國《新鄉縣續志》，成文出版社有限公司，1976年。

新鄉縣

（卷一"學校"，96）文廟，詳《舊志》，同治七年，知縣張嗣麒重修，教諭楚書耀、邑人杜繼瑗等督工，勒石泮池東，邑人郭祥瑞撰文。民國五年，知事呂相會重修大成殿、東西廡、櫺星門、戟門、崇聖宮、神龕木主、泮池、墻垣，又加修《衛州新鄉縣學記碑》碑樓。是碑，係宋元祐五年承議郎詹文撰，左朝奉大夫杜常書，年久恐致傾圮，特保存之，邑人田蔭生、李廉泉、戚久順董其事。

（125）敬一亭，《舊志》在學宮內，啓聖祠前，今廢，遺址尚存。民國十一年秋，經知事璩詩壇改建三賢祠三楹。時習、日新二齋，《舊志》在明倫堂左右，今廢。儒學署，即《舊志》教諭宅，民國七年冬，管產委員趙濟亞賣於厚生（126）實業工廠，該廠經理天芸生志在保存，化官爲公，□將管業收據，瓦房十九間，地約六畝零交付公款局存查，仍□公產。

（12）儒林坊，《舊志》在學宮、忠義祠之間，今廢。文昌閣，在文廟左，詳《舊志》。道光二十八年，知縣費升重修，邑人趙崇恩、衛自強、郭宗棻、游杞董其役。（128）光緒三十一年，知縣丁炳文、教諭上官濟清、闔邑紳耆重修。宣統二年竣事，邑人田□生董其事。（130）奎星樓，在文昌閣前，詳《舊志》。同治七年戊辰，知縣多仁重修。（132）名宦、鄉賢二祠，《舊志》在尊經閣前，即今文昌閣，東爲名宦祠、西爲鄉賢祠，屋各三楹，現駐地方巡緝隊，所有木主均移入文昌閣。忠義孝弟祠，在學宮東，因民國二年辦縣議事會重修，頗堅固，今駐地方巡緝隊，所有木主均移入文昌閣，不無遺失，茲就存而可考者列之，以示楷模，其已見《舊志》者不復贅。

民國《新修閿鄉縣志》

（民國）《新修閿鄉縣志》，成文出版社有限公司，1968年。

閿鄉縣

（卷三"建置·署廨"，120）教諭署、訓導署，現並歸入第一完全小學校。

（卷十一"祠祀"，248）崇聖祠，在大成殿東。《舊志》知縣馮家棟建。原名啓聖祠，雍正元年追封五世王爵，改爲崇聖祠。（252）名宦祠，舊在大成門左。鄉賢祠，舊在大成門右。（253）忠義祠，舊在學宮左。

節孝祠，舊在訓導署前。當革命時被毀。民國八年，駐防毅軍統領丁香玲，捐資提倡（254）修復，相地於文廟前院之東，建屋三楹，凡昔日木主之遺失者，徵諸《邑志》及節孝總坊，用臥碑式合刻而嵌諸壁間，共七百二人。

乾隆《新野縣志》

乾隆《新野縣志》，成文出版社有限公司，1976年。

新野縣

（卷二"建置志·學校"，105）儒學，在縣治東古子城內。初在子城外，元末兵毀。明洪武六年，主簿劉莊改建今所。成化六年，知縣趙□重建。十二年，知府段堅、同知任義重修。十九年教諭熊璉，宏治十年知縣宋琢相繼增修。嘉靖十年，胡清重修。三十六年，知縣吳承恩增修。隆慶六年，知縣天應鳴增修。萬曆元年，知縣李登重修。明末寇亂，多就圮毀。（106）國朝知縣王永瑞建明倫堂，知縣崔誼之、教諭孫行恕、宋昌蔭、訓導寧象斗、杜永昌修正殿，葺兩廡、建戟門、浚泮池、立名宦祠。康熙二十八年，知縣顏光是、教諭李皓、訓導常應經建東西兩序爲齋宿所焉。（107）東廡七間，西廡七間，戟門三間，櫺星門三間。泮池，舊在櫺星門內，後移於外，貢生趙恬祖、相父鳴岐□鑿。乾隆二年，知縣□□重修。宮墻照壁一座，東聖域門、西賢關門。崇聖祠三間，戟門東，雍正二年奉旨進王爵，改啓聖祠爲崇聖祠。名宦祠三間，在戟門左。鄉賢祠三間，在戟門右。（108）明倫堂五間，敬一亭三間，嘉靖九年建臥碑在焉。康熙五十五年，知縣周本治重修。尊經閣，在亭後，明知縣吳承恩建，今廢。東序舊名務本齋，西序舊名明德齋，今廢。神厨、宰所，舊在射圃東西隙地建，今廢。射圃，舊在戟門西，今廢。學門，舊在櫺星門西，教諭熊璉改建於東。教諭廨，在明倫堂東。訓導廨，在教諭宅南。忠義祠三間，在訓導宅南。節孝祠三間，在小東關。二祠春秋致祭。奎樓，在學宮東南隅。康熙三十五年，知縣張璽創建。（109）乾隆十九年，知縣徐金位重建。議事臺、鐘鼓樓，康熙二十八年知縣顏光是重修。乾隆十九年，知縣徐金位重修。

康熙《新鄭縣志》

康熙《新鄭縣志》，成文出版社有限公司，1976年。

新鄭縣

（卷一"建置·學校"，70）學宮，在縣署東南，舊創莫考。宋紹聖壬子，毀於兵。元（71）知縣楊思明重建，未成而去。主簿韓廷玉繼成之，後有知縣張居寬始設聖賢像。元末復毀於兵。明洪武三年，縣丞俞吉創殿廡、爲神位，知縣辛時敬重建大成殿、東西兩廡、欞星門、堂齋各備。正統庚申，知縣張鑒置戟門。成化間知縣黃肅，嘉靖六年知縣閔瀚，萬曆元年知縣燕好爵以次修葺。中爲明倫堂，東西爲兩齋，左正心、右誠意，南爲啓聖祠，前爲大成殿，殿南爲東西兩□，南向，□戟門，門外東爲許魯齋。祠西爲名宦鄉賢祠，前爲文□門。（72）萬曆六年，知縣馬朝陽起明倫堂、兩齋舍，鑿泮池，署教諭郭正位改儒學門於巽方，建攀龍附鳳坊，修建啓聖祠、敬一亭，竪泮池前坊，建崇德祠，闢雲路，教諭李廷謨創學田，建學倉二間。三十八年，知縣夏敬承葺欞星門、戟門。四十四年，知縣陳大忠重修殿廡，創祭器，堂前竪道義之門坊，東西左規、右矩二門，改明德、新民齋，浚井於南以沃泮池，建文昌閣，改坊於東，爲"人文濟美"，改坊於西，爲"河山鍾秀"。天啓甲子，署教諭舉人張之珍、通判掌縣事（73）張聚垣改儒學門於西南兌方，建太和元氣坊於泮池南，改鄉賢、名宦二祠於啓聖祠南，改奎樓於東南城堙上。崇禎癸未，流寇肆虐，學宮灰燼。國朝定鼎順治十年，知縣楊奇烈始事修建。十三年，知縣張光岳捐金一百兩，同教諭曹塤倡建，未底厥績。十五年，督學道朱廷瑞捐銀五十兩，知縣馮嗣京捐銀四百兩，署教諭舉人李一□捐銀十兩，力勸紳士，輸各有差，庠生高克昌拮□督理，至十六年始獲告成，適分巡大梁道沈荃（74）觀還，假道，同郡守席式各製文勒石。城隅奎樓已廢，亦謀重建，議者以爲當近宮墻，因移建學宮巽巳方位。康熙十一年，知縣李永庚復改建奎樓於城堙。二十三年，奉部文請廣學宮等事，知縣□圻申、教諭傅而保重修大成殿並兩廡、戟門。二十六年，知縣閔圻申、教諭丘士標、訓導馮暉於明倫堂後建教諭宅，明倫堂西建訓導宅。二十八年，知縣朱廷獻泊學博丘士標、馮暉浚泮池，修欞星門，立聖域、賢關二坊，一時□（75）瞻，漸次新焉。

　　至聖殿五間，舊名大成殿，康熙二十三年奉憲頒發御書"萬世師表"四字，知縣閔圻申欽遵置匾敬懸大殿。東西廡各七間。戟門，五間。欞星門。啓聖祠，五間，在明倫堂東。文昌閣，在名宦祠東。名宦祠三間，在聖賢祠南。（76）鄉賢祠三間，在啓聖祠前。明倫堂五間，在至聖殿後。奎光樓，今仍在東南城墉上，《古志》作奎璧樓。泮池，在學宮前。教諭宅，在明倫堂後。訓導宅，在明倫堂西。聖域、賢關二坊，在學宮前。按，《古志》尚有各齋坊匾額，已經久廢，今詳前述，故不復贅。（77）射圃，在學西南，今廢。

民國《許昌縣志》

民國《許昌縣志》，成文出版社有限公司，1968年。

許昌縣

　　（卷二"建置·官治"，202）學正署，在文廟後明倫堂北。訓導署，在崇聖祠北，民國三年，設育英公學。民國五年，變賣官產，經教育會張清宇籌款贖回，仍歸育英公學爲學舍。明倫堂，在文廟後，乾隆三年知府董思恭重修。

　　（卷二"建置·壇廟"，205）文廟，在縣治東南。崇聖祠，舊名啓聖祠，雍正元年改今名，向在明倫堂東。民國八年，移建文廟內大成殿東。大成殿、東西廡、戟門，上皆順治十三年知州汪潛修。祭器庫、樂器庫、酒尊所、神厨、宰牲房、泮池石橋三座，欞星門、日中天坊、東西大門，道光十年之後蘭㓰□重修。數㓰宮墻，道光十年重修。（206）鄉賢祠，戟門外西；名宦祠，戟門外東。（207）文昌閣，在城東南隅，居十景之一。奎星樓，在東南隅城墻上。

　　（卷四"民政·秩祀"，300）名宦祠，在戟門東。（301）鄉賢祠，在戟門西。（316）文昌閣，在城東南隅。（317）奎星樓，在東南隅城墻上。（320）忠義孝弟祠，在關岳廟後。（321）節孝祠，在縣城西南隅。

　　（卷五"教育·儒學"，347）明倫堂，在文廟後。東西齋房、義路、禮門。射圃，有觀德亭，今廢。學正宅，在明倫堂後。（348）訓導宅，在明倫堂東北隅。

民國《續滎陽縣志》

民國《續滎陽縣志》,成文出版社有限公司,1968年。

滎陽縣

(卷三"建置志·廟祠",228)名宦祠,在文廟欞星門內,座東向西。(229)鄉賢祠,在文廟欞星門內,座西向東。(237)忠義祠,在城東街路北,舊為節孝祠,□光緒二十一年,知縣張駿改建。(242)節孝祠,在忠□祠□,座西向東,光緒二十一年知縣張駿□建。(244)文昌閣,在萬山西南,光緒二年劉萬仁、劉萬生、劉化之、魯秉同等創修。

民國《鄆城縣記》

民國《鄆城縣記》,成文出版社有限公司,1976年。

鄆城縣

(卷三"疆域中",54)教諭署,舊在文廟儀門內西偏。兵毀後廢。清康熙四年,知縣錢忠升、教諭程琮改建於尊經閣側。雍正元年,知縣宋繼筠、教諭李鈁重修。乾隆五年,教諭荊鵬展重修。後樓三間,東西廂房各三間,客廳二間。訓導署,(55)舊在文廟儀門內教諭宅後,後廢。道光二年,訓導路鎮藩暨城鄉士紳捐建。二十七年,訓導尚可舉移縣稱,自道光二十二年賃房暫住,今補修舊衙頭門瓦房三間,西齋瓦房二間,客廳瓦房三間,前西屋草房三間,東廂草房二間,過廳草房三間,堂屋瓦房三間,東屋二所草房五間,西屋三所草房五間,後屋三所草房五間,共計三十二間。後惟頭門三間,耳房二間,大廳三間,中院東屋三所六間,後院北屋三間,臨街門一間,南屋二間,俱草房,在東街路南。

(58)名宦祠,舊在學宮外。明嘉靖十年,知縣楊博謙奉詔廢文昌祠改建,清雍正元年知縣宋□筠重修。鄉賢祠,舊在學宮外文昌閣東,清雍正元年,知縣宋繼筠重修。乾隆十年,知縣趙作霖、教諭(59)荊鵬展、訓導余宗聖、鄉賢裔李繼鄴、周天經、李百榮、李一鶴、劉覲科、謝一心、李天培等移建於戟門外。忠義孝弟祠,在明倫堂東,清雍正六年知縣劉元聲建。節孝祠，在明倫堂西，清雍正六年知縣劉元聲建，知縣趙作霖重修。

（卷六"學校上"，195）鄢城文廟，於唐元和時溵州刺史高承簡葺儒宮，備俎豆，見史所紀。元至正時，達嚕噶齊伯不花、答蘭帖木兒先後偕縣尹邸完者修建，而李焯爲之碑。殿舊三楹，兩廡各五楹，伯不花改正殿爲五楹，答蘭帖木兒繼之成兩廡，自九年三月以訖，於十一年之三月始竣事，則明洪武三年建廟之所因也。嗣是天順五年知縣李春，成化十二年知縣臧蕭，嘉靖四年知縣喬遷，五年知縣許仁，三十九年知縣羅緯，萬曆二年知縣王兆祥，十年知縣秦希相，十六年知縣朱萬邦，四十三年知縣張如斗，崇禎十五年知縣李振聲，清順治十三年知縣□□□□、教諭崔道亨、訓導趙奎雯，十八年知縣傅鴻鄴、教諭張鵬翼、訓導史從繩，雍正十三年知縣張翮、陳易、包弘基、教諭李鈁、訓導谷萬鎰，乾隆十年知縣趙作霖、教諭荆鵬展、訓導余宗聖，道光十六年知縣熊廷基、教諭湯朝棻、訓導路鎮藩，同治元年知縣楊元祜、教諭雷兼山、訓導牛正祥修之。鄢城學雖於唐有徵，而建置規模之可言，惟元，故明洪武十五年詔天下通祀孔子，鄢城則於三年已立學。正統三年，禁天下祀孔子於釋老宮，亦於鄢城無與，皆賴元之故址。然周洪謨之碑謂，重建將百年，隘陋弗稱，至李春而始廣於舊也。嘉靖時喬遷（196）謀增兩廡，未□移宮去，縣丞段繼成其功，趙應式碑以紀之。萬曆時，秦希相增築外墻，陶汝弼所謂舊戟門迤南，紆餘連市旁儗民舍以爲掖垣，秦侯以新作自任，並起崇墉，東西向高逾丈餘，長幾百步者是也。荆其惇、趙作霖或資於邑人應福、卞時琨之力，蓋迭爲增葺，以至於今，今爲備矣。廟制大成殿周圍出廈五間，殿左右有角門，西曰"鸞旗泮藻"、東曰"棫樸菁莪"。東廡七間，陳設所三間在其北，灌洗所三間在其南；西廡七間，北有禮器所三間，南有烹飪所三間。戟門三間，與殿相直，左右各有門，東曰"義路"、西曰"禮門"。更南爲欞星門，門外泮池，池之北東西坊門，東曰"德配（198）天地"、西曰"道冠古今"。池前有大成木坊，更南爲萬仞宮墻。

（200）而崇聖祠在廟之東南，始於明嘉靖九年，用張璁議，別立祠以祀啓聖公叔梁紇。十年，因建啓聖公祠以先賢、先儒之先世配享從祀。清雍正元年，合祀五代。萬曆十六年，知（201）縣朱萬邦移地建祠，是爲今祠之所在。祠初建之地不可考，據何□之碑似與儒學互易其地，則在廟之左方，義所必易者也。順治十三年，知縣荆其惇重修。是時皆曰啓聖，雍正元年，知縣劉元聲補修，更曰崇聖。乾隆元年，知縣趙作霖、教諭荊鵬展、訓導余宗聖重修。（203）迨光緒之末，詔天下徧設學堂，州若縣皆得根於令以立學。二十九年，知縣鄧華林增建齋房，改立學堂。三十一年，定許祠爲高等小學堂。舊有縣學在縣治東，明洪武三年建，清順治十六年重修。明倫堂五間，在大成（204）殿後，康熙十五年知縣武廷元、教諭趙季芳因舊基補修，并時習、日新兩齋。乾隆四年，知縣王瀛、教諭李鈁、訓導余宗聖重修。饌堂，在明倫堂後。尊經閣，在饌堂後。敬一亭，在尊經閣後。當明嘉靖之時縣丞段續增修學舍至七十六楹，見於趙應式所爲碑，其視之曷嘗不重，即《傅志》之所謂舊左右號房至乾隆時固已無存，取士之制既易，遂別爲學堂。

民國《禹縣志》

民國《禹縣志》，成文出版社有限公司，1976年。

禹縣

（卷八"學校志"，657）州學，在文廟西，明倫堂五楹，東西齋各五楹，儀門三（658）楹，大門三楹，堂東爲學正宅（舊在東齋室前，明萬曆二十三年知州馬協創建。寇毀，清康熙六年學正吉祥重建。道光二十七年，知州李嘉禮改建於堂東隙地，廳室二十餘間），堂西爲訓導宅（舊在西齋室前，寇毀，清乾隆四十八年紳生捐資重建，道光二十七年知州李嘉禮改建於堂西隙地，廳室二十餘間），敬一亭在堂後（明嘉靖五年，知州劉魁建，寇毀。清順治十八年知州史廷桂重建），堂列清世祖臥碑、聖祖訓士文聖諭十六條，摹刊"文行忠信"四大字於堂左右，清學校規制條教悉因明制無大損益。或言宋學在西北隅（無碑可考），金貞元中鈞州知州完顏守信建於治東。大安二年重修（今東門內馬神廟有大安二年《重修鈞州廟學記》，剝蝕不可讀，即金學故址）。天興元年毀於兵。元世（659）祖至元二十三年，知州王顯祖移建文廟於治西南，購金參軍李麟故宅爲之，元好問爲參軍作友山亭記，即其地也。州學隨徙文廟右，蓋學以孔子爲宗，學必鄰廟，唐舊制也。順帝至元中，知鈞州事李端文、陽翟縣尹□□衍重修，廉訪使余闕爲之記。（660）明宣德三年，學正朱鐔重修明倫堂、齋舍，堂後購民地建藏書室四楹。宏治七年，知州董杰重修。

嘉靖三十九年，知州邱敖撤徽藩故宮重修明倫堂、齋舍、儀門、大門，州人翰林（661）阮、檢討陳東光爲記。（662）隆慶五年，知州楊作舟重修，州人董世彥爲記。明季寇毁。清世祖順治十八年，知州史廷桂重建明倫堂五楹，興詩、立禮、成樂三齋（按：學正吉祥《創修儒學公署記》言明有四齋，明一代科第盡出興詩齋門下），儀門三楹，大門三楹，自爲文記之。（664）雍正十二年，知州繆孔昭、學正孫鑄重修明倫堂及東西齋、儀門、大門。道光二十六年，知州李嘉禮重修。光緒二十七年，諸生集資復修明倫堂。

（卷十"祀典志"，852）聖廟，謹案王應麟《困學紀聞·崇儒考》梁天監四年，初立孔子廟。唐武德二年，始詔國子監立廟。貞觀四年，詔州縣皆作孔廟，禹之聖廟始，址舊傳在治之西北。金貞元中，知鈞州完顏守信移建於東街。大安三年，重修，趙銖作記。後毁於兵。元至元初，知州李瑞文重修。二十三年，監州州尹王顯祖始移建於治之西南。明弘治七（853）年，知州董杰重修，規制加宏敞。嘉靖三十九年，知州邱敖重修。天啓元年，知州莫天麟創建奎樓、泮池。明末殿宇毁於寇。清初，分巡大梁道張自昌、知州蔡永華、朱裴重建。制，中爲大成殿，左右兩廡，前爲戟門，又前爲欞星門、爲泮池，規模粗備。順治十八年，知州史廷桂請之巡道，更加修葺，建三坊泮池前。康熙二十四年，西廡毁，知州劉國儒重修，范昆作記。五十六年，學正孫用正重修戟門、東廡及省牲所，又移增欞星門外石欄磚牆。後西廡圮，佾生宋琮等出資捐修。雍正元年，知州屠用謙統加重修。乾隆四十七年，知州李大□重修，並自作記。道（854）光二十六年，知州李嘉□重修。光緒二十三年，知州李樹基重修。（902）文昌廟，舊在左大街，道光六年知州朱煒移建城內東南隅。（906）奎星樓，舊在文廟左大街，道光六年，知州朱煒移建城內東南隅。（917）節孝祠，文廟東北隅，清雍正六年知州黃敬中奉文創建。

民國《鄢陵縣志》

民國《鄢陵縣志》，成文出版社有限公司，1976年。

鄢陵縣

（卷七"建置志·祠廟"，693）孔子廟。《文獻志》，聖廟大成殿五間、東廡五間、西廡五間、戟門三間、東名宦祠三間、西鄉賢祠三間、欞星門一座、外泮池一、屏垣一、東西各一門、門東崇聖祠三間、門屋三間、奎樓一座、門西敬一亭三間、大成殿後明倫堂五間。

（697）《孫志》，文廟儒學在縣治東南。元壬辰兵毀。壬寅，宣武將軍焦成始建大成殿三間。《文獻志》，按壬辰為元太宗四年，金哀宗之天興元年也，《吳志》作至元壬辰誤矣。《孫志》，元貞改元，縣令孫宏建堂齋、兩廡。大德間，令宋文顯、宋思、達魯花赤別不花、主簿趙國用通修。元末兵毀。明洪武三年，知縣江玉因廢址創建。永樂十九年，訓導王賢捐俸易地，以廣學制。正統八年，知縣蔣謙重建戟門、欞星門。無何，明倫堂火。知縣譚敬宗復建。天順間，知縣焦玹建集賢書館於明倫堂後，知縣黃裳通修殿廡、堂齋、號（698）舍。成化十二年，知縣陳理改大成殿為戟門，移殿廡於後，作號房三十三間。宏治六年，知縣王時中重修大成殿，改建明倫堂於殿北，前兩齋，後饌堂，旁列號舍為十院，每院各十間，作會講堂、神厨、神庫、牲堂、學倉各三間，闢路廟垣西側，置教諭、訓導各□宇，俱東向，立學門三間，甃影壁於欞星門外，東搆射圃亭，豎儒林坊於南門內，規制皆自經畫。正德五年知縣孫讚，十一年知縣龍章各為修葺。《經志》，嘉靖四年，知縣劉爵改文昌祠為鄉賢祠。《孫志》，嘉靖九年，知縣馮霄遵制創建敬一四箴亭，以其餘貲修廟廡焉。《施志》，嘉靖十二年，知縣張鴻建啓聖祠。《經志》，嘉靖二十八年，知縣趙孔昭移（699）啓聖祠於左，移名宦祠於右，得陰陽向背之宜，諸如大門隘者擴，號舍寡者益，繚垣□□悉為整葺。《吳志》，萬曆六年，知縣陳登雲復修先師殿，以學後隙地招民佃居，又俾入官地四十餘畝，徵租入學，以給貧薄之博士弟子。《吳志》，萬曆十九年秋，知縣何爾健自正殿、兩廡、明倫堂、戟門、欞星門、啓聖祠、敬一亭、宰牲所、名宦鄉賢祠復重修之。《文獻志》，萬曆三十七年，知縣彭化鳳捐俸集貲修大成殿、兩廡、欞星門、戟門、啓聖祠、敬一亭、明倫堂、奎樓、名宦、鄉賢諸祠，復於殿後堂前向南添設三門，中題"風化源頭"，東題"禮門"，西題"義路"，仍於聖殿東西添設兩門，門各三楹，氣象規制視昔倍輝□矣，邑人（700）梁克從撰碑記，現存明倫堂前。《舊志》云，在萬曆二十七年誤矣。《經志》崇禎四年，署教諭黃有常以孝廉□□出□金二百有奇，重修大殿、兩廡，浚治頖池，池悉（701）甃以磚，夾岸種植桃李，復於東西兩路別為二栅，以司起閉，改儒學大門於文廟東，取巽坎相配以合龍脉，於舊門西偏隙地築亭爲射圃。十一年，知縣郭萬象、訓導馬一敬復修。清順治六年，知縣孫丕承捐俸命工修葺先師殿，重建東西兩廡及碑樓、墙垣、戶墉，復捐貲重建奎樓三楹、三級，朱欄環映，上位魁星，中位文昌，遠近觀者莫不稱美。《經志》順治十五年，知縣經起□重修戟門，又督學道朱廷瑞各捐俸重修學宮，復出□勸輸。《吳志》順治十八年，知縣黃雲鶴重修。《施志》康熙十五年知縣裴憲度重修，並修奎樓。二十二年，知縣羅□重修。二十七年，知縣許承□重修。三十七年，知縣許（702）承澍再修。《□志》，康熙五十九年，知縣孔□□重修。雍正四年，知縣童守祿重修大成殿、兩廡、戟門、奎樓。乾隆九年，知縣姜綰重修崇聖祠、明倫堂、敬一亭、大成殿、兩廡、戟門、櫺星門、頖池、照壁，補葺墻垣，建門□三間於正南。十六年，知縣張□重修奎樓。十九年，知縣□□□重修大成殿、戟門、東西兩轅門。二十六年，知縣陳子檜重修。《吳志》，乾隆四十二年，知縣盧擊拆建大成殿、戟門、啟聖祠、奎樓、甬道東西兩門，木石磚瓦盡皆更換。四十三年，因河患以致兩廡垣墻等工未修。嘉慶十三年，知縣吳堂捐俸修葺，置祭器。《文獻志》聖廟自道光五年後，漸形敝壞。道光十一年，邑令何公鄂聯勸捐重修，（703）未及爲，以憂去。十二年冬，署令梁公佐開工，教諭何蒲園先生助之，不數月落成。咸豐三年，訓導卞正友捐俸募資重修崇聖祠，工竣亦速。按孔子廟，自清同治二年至五年由邑令孔慶□重修。光緒二十六年，移崇聖祠於大成殿後，其舊址改文昌宮，□戟門與照壁。民國四年至八年，由邑人馬文煥集衆議決□□變價重修。十四年春，由邑人鄭錫田集衆議決於新崇聖祠地點築講樓七楹，以爲創辦中學之用，敬一亭廢，移其木石添南端東西教室各三楹。過此以後，屢次駐兵，禮樂之場變爲戎馬之區。十六年三月，南北戰起，大成殿首被轟炸。是年秋，邑令謝景安回任，撥款由邑人尹紹（704）甫重修，並添明倫堂、月臺及兩厢瓦屋各三楹。十七年春，由縣將廟內大柏標賣，補作公用。十八年，邑令朱照熙奉通令將大成殿改孔子□□□□□□□□□□□□□□同年邑人陳□集衆議決，復於西偏□建學生□室三十四間。□□□□舊崇聖祠，廢。二十三年，孔子誕辰，國府通令由地方長官率屬開會紀念□十二哲□□□東西兩廡及名宦、鄉賢、忠義祠房室依舊，牌位不存，泮池頹圮，尚待復修，□廟地□□祭掃田四十九畝租課□教育局收支。

（730）文昌祠。《吳志》文昌祠凡三處，一在縣東南隅城上，順治六年知縣孫丕承重建，奎樓三楹、三級，上位奎星，中位文昌。乾隆十六年，知縣張□重修。又一在大北關，遇賓興餞送於此。又一在東街，與義學鄰。嘉慶七年，奉旨文昌應列入春秋祀典，所有儀制與關廟同。十一年，知縣吳堂復創建於學宮明倫堂之後，縱二十五步，橫十一步二尺。廟西路係監生盧其秀捐，東西（731）長四十二步，東寬一步三尺，西寬二步，並勒碑以記。

（733）名宦祠，《施志》名宦祠在文廟西南。正德十四年，河南按察使陳鳳梧議檄有司定祠。雍正十三年，知縣崔象南重修。乾隆八年，知縣姜縉重修。十九年，知縣張繩祖移建欞星門內東偏，每歲春秋丁日致祭。（735）鄉賢祠，《施志》鄉賢祠在名宦祠後，正德十四年，河南按察使陳鳳梧議檄有司定祠。順治十四年，邑人大中丞鄭二陽率鄉賢子孫重修。康熙五十七年，大司寇劉璟六世孫國祿同諸鄉賢後裔重修。乾隆四年，雨壞，祿又募貲重修。十九年，知縣張繩祖移建欞星門內西偏，每歲春秋丁日致祭。（737）忠義孝弟祠，《施志》忠義孝弟祠，在文廟西鄉賢祠後。雍正六年，知縣童守祿奉敕建，每歲春秋仲月隨丁致祭。《文獻志》道光八年，忠義孝弟祠傾圮太甚，署教諭郭廷翊募貲重修，數月竣事。（738）節孝祠，《施志》節孝祠在西街路南。雍正六年，知縣童守祿奉敕建，每歲春秋仲月隨丁致祭。《吳志》嘉慶五年，貢生晁恒占等捐貲重修，知縣保麟記。《文獻志》北關節孝總坊，建於咸豐元年，工竣尚有餘材，源生用以修飾節孝祠。（739）民國十六年，祀廢，改設西街街公所。

民國《陽武縣志》

民國《陽武縣志》，成文出版社有限公司，1976 年。

陽武縣

（卷一"公署"，111）教諭署，在文廟東北，萬曆五年知縣張養心建，康熙二十七年教諭侯良弼重修。訓導署，在文廟西，順治十二年訓導翟文偉建。康熙二十年，訓導蕭原馥重修。宣統三年，學官裁撤，教諭署地址改爲縣議會。民元後，歷改爲公款、苗圃、水利、牙稅（112）等局。十六年，改爲建設局，局西空地即訓導署舊址。

（卷二"祠祀"，291）文廟。在縣治西南，始建未詳。元末毀於兵。

明洪武初，知縣朱謙創建，其地東西七十四步，南北一百四十步，平正寬廣。正統戊辰，河決傾頹，知縣馮祥復興修。景泰間知縣陳永宗，天順間知縣陳宗茂、王佐，成化間知縣景源、陳理後先修葺。至宏治戊午，知縣張林茂捐修大成殿七楹，東西廡各十四楹，戟門、欞星門各三楹，而廟制始備。（292）嘉靖四年，邑人劉銳捐修東西兩廡。十年，知縣朱憲建啓聖祠三楹。二十四年，知縣承林創建鄉賢祠、名宦祠於廟之西。三十三年，邑人劉希顏捐建尊經閣三楹。三十四年，知縣張邦禮創建日新齋、時習齋各五楹。隆慶六年，知縣牛宗顏重修大成殿、兩廡、齋舍、欞星門、甬道，邑庠生王生義捐建明倫堂五楹。萬曆元年，知縣張承恩創修泮池、橋梁及石坊。十八年，知縣王時泰重修。二十年，知縣蕭鳴韶建射圃亭於學西。天啓六年，知縣趙應垣改建文昌閣於學前。清順治六年，知縣姜光印重修大成殿、東西廡、戟門、泮池、欞星門，改建鄉賢、名宦祠於戟門左右。康熙十二年，教諭栗民梁重修欞星門。二十七年，知縣安如泰重修。二十九年，改建敬一亭於廟東。四十四年，知縣葉元錫補修。雍正八年，知縣麻居湄重修。乾隆八年，知縣談諟曾修理崇聖、鄉賢二祠。十年，重修西廡、明倫堂、尊經閣。嘉慶元年，知縣顧永之重修文昌閣。十四年，河決，廟（293）垣多傾圮。二十年，知縣璧昌復興修。二十一年，邑人陳萬波募修文昌閣、存經閣。道光八年知縣顧廷琥，咸豐三年知縣李佩青重修。光緒七年，知縣梁朝瑞重修崇聖祠、大成殿、東西廡、戟門、鄉賢祠、名宦祠、周圍墻垣、文昌閣、存經閣、奎星樓。二十四年，知縣白采重修。民國二年，知縣程寶均、孔道會會員費夢麟、王寶森、劉廷杰等重新大成殿、東西廡、戟門、周圍墻垣，添修神龕，兩廡神牌均易以松檜，復於東廡南創建官廳三楹。十年後，屢經兵亂，任意破壞，神牌、神龕俱遭焚毀。蓋明末流寇，未至若是，故見者莫不□然。二十三年，奉政府命令，各縣文廟皆恢復舊觀，誠爲今日之急務焉。

（320）文昌閣，在文廟前之左。名宦祠，在文廟戟門左。鄉賢祠，在文廟戟門右。忠義祠，在文廟西。孝弟祠。節孝祠，在大東街。

同治《葉縣志》

同治《葉縣志》，成文出版社有限公司，1976年。

葉縣

（卷二上"建置志·廨宇"，150）教諭宅，舊在崇聖祠西，今移建尊經閣後，有東西兩院。乾隆三十一年、六十年、咸豐五年，教諭史廷輝、耿奇英、王春□屢次重修。同治二年，教諭李觀坊增建西院東屋，東院廠柵。訓導宅，舊在崇聖祠南，今移建明倫堂西，前後兩進，東西兩院，東與教諭宅相連，歷任屢加修葺，徙置年月未詳。

（卷二上"建置志·學校"，158）文廟，在縣治東。儒學，在文廟後，順治十三年知縣許鴻翔建，康熙二十九年知縣呂□文增葺，乾隆□□□□□□。日新齋三間，在明倫堂東，時習齋三間，在明倫堂西，今廢。儀門，在明倫堂前，東為人道門，西為由義門。

（卷二上"建置志·壇廟"，180）文廟，在縣治東南隅。金正大三年，知縣劉從益創建，知縣剠石烈踵而成之。元至元六年，知縣郭巖增補。元末毀於兵。明洪武元年，縣丞傅璧重建。萬曆十七年，知縣高文登又葺而新之，明季復毀。國朝順治十三年，知縣許鴻翔修復。康熙十四年，知縣□見龍重修。乾隆八年，知縣石其灝建尊經閣。道光四年、二十一年，知縣陳德秀、鹿傅洵相繼修理。同治八年，知縣歐陽霖重葺。

（181）大成殿五間，東廡七間，西廡七間，戟門三間，櫺星門三架，藏藥庫三間（在殿西），名宦祠三間（在戟門外東），鄉賢祠三間（在戟門外西），明倫堂五間（在大成殿後），尊經閣三間（在明倫堂後），泮池（在櫺星門前），憤樂亭（在泮池上，今廢），雲路門（在泮池前），聖域門（在櫺星門西），崇聖祠在明倫堂東。文昌閣，在文廟櫺星門東，創建年月失考，同治元年知縣張延齡重修。魁星樓，在城上東南隅，同治元年知縣張延齡重修。（183）忠義祠，在縣治東南，文廟西偏。節孝祠，舊在縣治西南，今移建明倫堂西。

道光《伊陽縣志》

道光《伊陽縣志》，成文出版社有限公司，1976年。

伊陽縣

（卷二"建置·衙署"，145）教諭署，在北街，詳見"學校"。訓導署，久廢。

（卷二"秩祀"，195）文廟，在北街西偏。明成化十二年，縣始建，巡撫原公□檄參政孫公洪、屬州□汪楫建立。二十三年，邑令狄忠立燕居堂。萬曆元年，邑令武鋼重修。崇禎七年，邑令孔貞璞增飾。遭兵火煨燼，止存正殿五楹。國朝順治三年，邑令張開然修戟門及東西兩廡。康熙二十四年，邑令王來遠、教諭宋炘重建兩廡、戟門及欞星門，未竣。三十二年邑令謝夢弼建（196）啟聖宮。三十九年，署令陳王綏、邑令康其武重修大成殿。雍正六年，知縣馮怡重修戟門、東西兩廡，建聖域賢關門。十三年，知縣呂大抱補修欞星門。乾隆十年，知縣張楣、署縣劉蓋相繼全修。十三年，知縣鄧國藩以崇聖祠在大成殿西，規制未協，因文廟後明倫堂基改建崇聖祠。十五年，知縣王士倧復修大成殿。三十年，知縣李章堉全修。嘉慶二十三年至道光元年，知縣李東□、王德瑛、胡萬全、沈仕臨相繼全修（又乾隆十年，上□建文廟於中街）。（209）文昌廟，在學宮東，嘉慶七年，知縣陳培□修始建。（210）奎星閣，舊在城東南隅，僅存遺址。康熙三十二年，知縣謝□□□建於東南城巔（雍正十一年，知縣俞名言重修。乾隆三十一年，知縣李章堉修補）。（215）忠義祠，在二程祠前楹。節孝祠，在南街。

（卷三"學校"，234）教諭署，在北街明倫堂後之東。先是，僦民舍。康熙三十九年，教諭高承選創建官廨三十餘間，分東西兩署，教諭逯英、訓導王琳相繼增修，匾其堂曰"凝翠"。訓導署，在明倫堂之西。乾隆十六年奉文裁缺，歸併教諭署，今止存雙松堂三間。

民國《儀封縣志》

民國《儀封縣志》，成文出版社有限公司，1968年。

儀封縣

（卷三"建置志·公署"，121）教諭署，在儒學明倫堂東隅前進。訓導署，在儒學明倫堂東隅後進。

（卷三"建置志·學校"，124）儀邑廟制，與他邑不同。文廟在前，儒學在後，中間隔以街衢，為通邑往來孔道，地限之也。其初，居民錯雜，後乃漸次廓清。明洪武中，知縣於敬祖始建。其時，邑治初遷，規模草創。宣德中，知縣閻威擴其始基。天順中，知縣馮綸補其缺略，歷數十年經三令，而廟學乃定。

文廟，建立縣治崇儒門內南街，前爲櫺星門，對設照壁一座，左右兩坊，一曰"奎璧聯輝"，一曰"人文接盛"，廟前一坊，題曰"木鐸名區"。城頭向廟舊有龍門，廟東南樹文筆一峰，高聳數丈，其櫺星門以內第二重曰"戟門"，戟門以內爲大成殿五楹，（125）殿前列以泮池，布以圜橋，東西兩廡各搆三楹，以爲從祀諸賢神宇，殿後爲崇聖祠五楹，正中南向。

儒學，建立中街文廟之後，前爲頭門，再爲儀門，儀門之內中設明倫堂五楹，東爲進德齋，西爲修業齋，各五楹，東西四角回合號房共三十三間，明倫堂退後，其東爲教諭宅，教諭宅退後爲訓導宅，每宅兩進，每進三楹，其西爲射圃亭，爲學倉。又明倫堂退後正中爲尊經閣，爲會講堂，皆廢。四圍繚以墻垣。儀邑修理學校，歲額十金，不敷繕葺，有司每多束手。成化初，知縣胡澄重修，左布政曾蓥爲立碑記。成化中，知縣張鳳騫重修，按察副使胡謐爲立碑記。弘治間，知縣張法重修，邑人王廷相爲立碑記。正德年，知縣韓邦彥重修，邑人郭（126）維藩爲立碑記。嘉靖年，知縣葛之奇重修。萬曆年，署篆教諭林瑄重修，知縣周班爵、孫文龍重修，邑人張鹵爲立碑記。萬曆四十二年，知縣劉廷宣重修，建學倉及射圃亭，翰林學士孫賢爲立碑記，又國子監丞閻禹碑記。建會講堂，陳留知縣程宰爲立碑記。建敬一箴亭、設義學，嘉靖間知縣張瑩有記。崇禎十五年，流寇破儀城，賊焰一炬災及廟學，毀傷門堂、墻壁。國朝順治三年，知縣安國珍重修。順治十三年，知縣崔維雅重修，皆有碑記。嗣後隨時補葺，未能具書。乾隆二十四年，黃中自葉調儀，下車謁學，正殿旁廡漸就剝落，明倫堂傾圮過半，破瓦頹垣，幾淪茂草，爰於次年庚辰，庀材鳩工，自文廟以及學齋逐一整飭，閱半載事竣，勒石紀之，庶幾從諸君子後光復舊業云爾。

（卷三"建置志・諸祠"，129）名宦祠，在戟門東。鄉賢祠，在戟門西。忠義祠，在後殿東。節孝祠，在後殿西。忠義節孝二祠，向不附廟，乾隆二十五年，黃中蒞任，增設殿後。舊有敬一箴亭，今廢。文昌祠，在儒學東首。魁星閣，在文廟內東首。

光緒《宜陽縣志》

光緒《宜陽縣志》，成文出版社有限公司，1968年。

宜陽縣

（卷五"建置·城署"，357）教諭署，見"學校"。訓導署，舊在明倫堂東，後移縣治西北街。雍正九年，知縣沈至德建，今移明倫堂後。

（卷五"建置·壇廟"，359）文昌廟，在明倫堂東。（364）名宦祠，文廟戟門左偏。鄉賢祠，文廟戟門右偏。節孝祠，在城隍廟東，雍正五年，知縣沈至德奉文爲晋烈女彭娥以次建，春秋有祭。（365）忠義祠，在學宮西北隅，雍正五年知縣沈至德奉文爲明兵部尚書王邦瑞、義民□榮、孝行陳文獻建。（384）奎星樓，在錦屏山，一在文昌殿前，一在奎璧峰下。文昌閣，一在城内後大街，一在東關，一在三鄉鎮。

（卷五"學校·學宮"，392）大成殿。（393）東廡五間、西廡五間、戟門三間、泮池。東房三間，名宦祠。西房三間，鄉賢祠。西次房一間，土地祠。東次房一間，更衣所。櫺星門三間。（394）照壁。東"德配天地"、西"道冠古今"。崇聖殿五楹，南向，在大成殿後。

（卷五"學校·學署"，403）儒學，舊在縣治西，元初創建。後毀於兵。明洪武三年，知縣鄭桂發重建。嘉靖二十三年，知縣雷世榮修。萬曆間，知縣何其智改建北向。國朝順治十年知縣金繼望，十六年知縣王鼎印相繼重修。康熙五十七年，知縣陳彞鼎詳請南向，未及繕修。雍正二年，知縣郭朝鼎改建。（404）明倫堂三間，同治元年三月毀。四年，重修，仍舊址新作五間，五年春月落成。教諭署，文廟西壁忠義祠前。訓導署，文廟東壁明倫堂後。

光緒《虞城縣志》

光緒《虞城縣志》，成文出版社有限公司，1976年。

虞城縣

（卷三"學校"，237）虞城儒學，在舊縣西南。嘉靖九年，學隨縣遷，其舊學不可考。今叙學制，自遷後始，其制創自知（238）縣黃鏞。後十年，知縣汪瑞、教諭左序暨前署縣事高位重建。萬曆元年，知縣韓元性、教諭劉儒復修葺之。中爲明倫堂，堂之東爲博文齋，西爲約禮齋，前爲儀門，又前爲大門，後爲尊經閣，閣後教諭宅，宅東西兩訓導宅，此舊制也。今裁訓導一員，東教諭宅、西訓導宅，其博文、約禮二齋及儀門、尊經閣俱廢。學舍東即先師廟，中爲大成殿，兩翼爲東西廡，前爲戟門，前爲泮池，又其前爲欞星門，知縣胡宗淳立。歲久（239）傾圮。萬曆三十四年，知縣王納言、邑人司寇楊東明同弟中書楊東光各捐資約士民協力重修。迨明末兵燹，黌宮頽壞。至順治庚寅歲，教諭梁祚隆、訓導李廷獻糾合邑紳士輸資，將戟門、欞星門、泮池重修，大成殿與東西廡及院牆則僉憲陽春育獨力重建。未幾復傾頽。康熙二十三年，知縣李銓、教諭劉焯、紳士耿惇、劉玉堂、胡顯升、范公遴募資重修。（240）越五十年，復頽壞不堪。雍正十一年，知縣張元鑒倡修，邑紳許士正首董其事。於是，闔邑紳士杜增、袁去息、范繼芳、劉□、范遠、劉璠等協力捐募鳩工重修，大成殿、兩廡、戟門、欞星門、名宦祠、殿宇牆垣粲然一新。至鄉賢祠，則鄉賢後裔耿大烈、楊念祖、范元芳、劉正氣分任修葺，一時黌宮燦采，聖域重光矣。

（241）奎樓，舊在大成殿東。順治丙申年，教諭弓省機、訓導劉天池、生員王世琦各捐資移建於黌宮（242）之東南隅。康熙三十四年，邑紳許士正等復移建於東南城隅，而邑中科第遂盛。雍正四年，許紳復加修葺，樓觀巍然。敬一亭舊基，在崇聖祠前，今缺。文昌閣，一在學宮東南，明嘉靖年間邑人臨洮知府張鵬翼建，至雍正元年，邑紳士許宣、李樞、范遠捐募重修；一在大隅首北，舊址久廢，邑紳士王克俊、楊著乾、袁櫧齡等捐募重修；一在縣治東，順治十八年邑人光州訓導范儒彥（243）率義民劉純仁募建。名宦祠，在戟門東。鄉賢祠，在戟門西。

（卷三"廟祀"，253）忠義祠，在學內泮池東，雍正五年建。節孝祠，在東門內路北，雍正五年建。

乾隆《裕州志》

乾隆《裕州志》，成文出版社有限公司，1976年。

裕州

（卷二"建置志·公署"，106）學正署，舊在學宮魁字堂後，兵火後廢，今僦居民房。訓導署，舊在學宮學正署東，兵火後廢，今僦居民房。

（卷二"建置志·學校"，108）□□□舊治之西，始建無考，惟載在碑石者，係□□□三年修建聖殿一座，左右兩廡，月臺甬道之南建戟門一座，外置泮池、石橋，橋之南起建欞星門一座，門內左立名宦祠，右立鄉賢祠。正殿之後爲明倫堂，次魁字堂，東北爲文昌閣，東南爲啟聖祠，祠前爲敬一亭。宣德間知州石鼎，正統乙丑年知州宋盛重修。成化間，知州鄧□、許綸又重修，有記。明末，叠經兵燹，傾圮殆盡，僅□正殿一座，戟門一座，啟聖祠一座，文昌閣一座，亦皆頹壞不堪。（110）國朝順治十五年，知州陸求可修葺。康熙八年己酉，知州王廷棟倡捐勸輸，重修大殿一座，戟門一座，其欞星止以磚砌二□。至康熙二十八年己巳，知州潘雲桂捐貲起建欞星門一座，以木易磚，規制崇宏。外立照壁一座，又建先賢，兩廡各五楹，并四圍墻垣俱重築，巍煥一新，又倡貢生張素等攢金重修文昌閣，庠生武右捐設石欄杆十二，以增勝概一□（111）記以載之。雍正二年，學正賈亮選設法修建聖域、賢關二座。八年，兩廡將頹，知州時書設法修葺。十二年，崇聖、名宦兩祠又壞，知州金理募捐重爲修之。追乾隆二年間，大成殿自董守修後已歷三十年，而文昌閣去修時更遠，咸以歲久頽敗，知州宋名立從而捐俸倡首，並勸紳士捐輸興工修理，經始於是年二月，告竣於是年臘月，歷十閱月而告厥成工焉，詳碑記。（124）射圃，在儒學左，明嘉靖甲辰年，知州王正容建，久廢。學宮四至，東至舊官署，西至城隍廟趾，南至街，北至城。（130）忠孝祠，在文廟內，雍正六年知州劉振基修建。節孝祠，在文廟之西，雍正六年知州劉振基□□。（131）魁星樓，在州南城上，乾隆四年知州宋名立重建。

民國《長葛縣志》

民國《長葛縣志》，成文出版社有限公司，1976年。

長葛縣

（卷二"營繕志·公署"，69）教諭署，在學宮西大門內，東西草房各三間，大廳兩楹，廳後東西草房各三間，上房三間，東耳房一間。民國元年，改保衛團駐所。七年，改駐巡緝隊。十年，領官於占標籌罰款千元，改建門前照壁一座，門外砌三面花墻，前院東西房各易以瓦，後院及東西房各重修，東偏院建馬棚四間、草房二間，現改駐武裝警察。訓導署，在學宮東，前明倫堂兩楹，清道光年，知縣陳慶芝重修，創建未詳。光緒十八年，監生范清平獨力捐貲重修左掖義路、右掖禮門、堂後觀德亭，今俱廢。後西草房三間，大廳草房三間，西耳房一間，廳後東西草房各三間，上房三間，現改縣立小學校分校。

（卷二"營繕志・壇廟"，72）孔廟，廟與學宮合，後院爲尊經閣，閣前爲崇聖殿。元文宗至順間，始加封爵。明嘉靖九年，詔立啓聖祠。清雍正二年，追封先師五代王爵，改名爲崇聖殿。崇聖殿前爲大成殿，東西廡各四楹，東西廡前戟門兩楹，列儀仗之所，戟門外東名宦祠，西鄉賢祠，各兩楹。（75）又前泮池，池上有石橋一□，又前東爲敬一亭兩楹，祭時官紳致齋之所，西爲忠義祠（76）兩楹。忠義祠，雍正六年建。（78）又前欞星門，又前嵌花壁，壁東門德配天地坊，西門道冠古今坊，大紅墻圍之，古柏蒼然。

學宮。葛邑學宮，舊在縣治東北。元泰定四年建，後毀於兵，廟基被侵，邑人李邦基正之，任履真捐貲修建。元末復毀。明洪武三年，主簿李兌重修。永樂、正統、景泰、成化間，知縣楊海、黎驛、任勵、縣丞陳璟、教諭陳緣相繼重修。嘉靖十四年，知縣李繼遷還建於縣治東門內，邑人張廷珍捐銀三百兩助修，大學士賈詠有遷學記。嘉靖二十五年，知縣劉（79）寓春重修。清順治十年，知縣徐升重修。康熙十二年，知縣米漢雯爲其近城湫隘，捐俸遷建於縣治前街之東，闔邑士民捐貲捐地者不一，其人監生李玉芝、張仔觀董其事，詳見碑文。康熙二十三年，知縣李元讓復建敬一亭。二十五年，知縣何鼎、教諭呂貢恒、訓導竇應選、典史石燦因聖殿低暗，各捐俸有差，並勸邑紳義助，兩廡俱加丹漆，泮池、泮橋、聖域、賢關、欞星等門、圍墻、照壁次第修設，監生王風淳、路金輅、生員王亮、張劼、張仔豫共襄其事。乾隆四年，霪雨，殿廡院墻悉皆坍圮，知縣許□峰、教諭胡本立、訓導傅煌竭力捐修如舊，但殿宇尚低，且基於崖下卑濕之地，以故聞風不振。乾隆九年，知縣阮景咸請圖興修，適奉藩憲趙公檄查各處學宮，乃延知堪輿者，相度形勢，宜進升七丈，移建坡上，於是首捐廉俸□□改造，闔邑紳士富民皆□感奮發，踴躍樂輸，隨同教諭胡本立、訓導傅煌督率調度，委典史陳煜帶同里書四處購覓良材，紳士路孝升管銀錢，張廣立、黃汝鈞、程維則、張永芳、邢溫恭、朱燧、李繼業、朱邑亮、桑煜立、張國賢、冀中矩、鍾心齋、張明孝等或采買或管工、管料，分司其事。於（80）乾隆十年城工將竣，即興是役，至十一年冬初落成，黃屋巍峨，廣廈四飛，彩繪精雅，與前迥異，計費一千七百餘金，舊有碑記。清道光二十年，因時久，廟宇傾圮，知縣陳彥泳、教諭劉震溟、訓導趙□倡捐重修，因經費不敷停工。道光二十六年，知縣彭元海率紳董張仰載、路秉銓等續修，並改建敬一亭。咸豐元年，竣工時，值崇聖祠損壞尤甚，邑太學生劉永吉獨力重修。光緒甲午時，崇聖祠又爲風雨所漂，幾就傾圮，劉永吉之孫盤石、盤珠捐貲數百緡重修。光緒十五年，知縣王錫晋改修學宮照壁爲鯉躍龍門形。民國三年，張叙九、路榮乙、張昺宸補修文廟各處之損壞者，並修理名宦、鄉賢、忠義、節孝諸祠神位，勒石爲記。民國十年，邑紳王瑞桐、武金標捐貲重修，又修兩廡、名宦、鄉賢、忠義神龕木主。

（卷二"營繕志·祠宇"，87）節孝祠，在學宮外東偏，清雍正六年知縣胡文元奉敕建造，乾隆九年頒祭文致祭。（92）奎星樓，在城東南隅城上，創修年代未詳，清光緒十一年知縣王錫晋重修。奎文閣，在城東南隅，近奎星樓，清光緒十一年知縣王錫晋同邑紳等創修，巍然挺出，文光射斗杰構也。

民國《正陽縣志》

民國《正陽縣志》，成文出版社有限公司，1968年。

正陽縣

（卷一"建置·學校"，115）學宮，明正德二年，知縣齊淵創建。正德七年知縣張璽，嘉靖二十八年知縣徐霓相繼修葺。清順治八年知縣遲煒，訓導朱頒祿重修。乾隆四十六年，教諭張遠覽重建。（116）大成殿五楹，正德二年推官陳溥、知縣齊淵創建。正德七年，知縣張璽繼修，設聖賢像。嘉靖十年，詔撤像易木主。嘉靖二十八年知縣徐霓，隆慶三年知縣盧守，萬曆四十五年知縣田京源先後修葺。清順治八年知縣遲煒、訓導朱頒祿重修。康熙二十五年知縣趙楫，乾隆二十四年知縣宋世恒，乾隆五十七年知縣彭良弼重建。崇聖祠五楹，在大成殿後，明嘉靖二十八年知縣徐霓建。清順治十六年教諭彭如芝，乾隆二十四年知縣宋世恒修葺，後屢重修，今頹廢。東西廡，各五楹，知縣遲煋修。康熙二十七、八二年，知縣趙楫、曹文蔚重修。乾隆五十七年，知縣彭良弼重建。戟門三楹，訓導朱頒祿修，知縣趙楫重修。乾隆五十七年，知縣彭良弼重建，今廢。泮池，舊建木橋，廢。乾隆五十七年，知縣彭良弼重加修砌，改建石橋，今廢。欞星門，明知縣劉泌建。乾隆五十七年，彭良弼重修。學署，明倫堂三楹，在大成殿東。順治十八年，知縣劉必壽、教諭彭如芝建。堂後書齋五間，東院教諭居室八間，堂前書斗房六間，今多改修。名宦祠，設戟門東，知縣徐霓建，安圻、宋世恒、彭良弼先後修葺。（117）鄉賢祠設戟門西，建修與名宦祠同。忠義祠三楹，在黌宮欞星門東。節孝祠，舊在常平倉西，祀邑節孝烈女。乾隆五十六年，知縣彭良弼修，後移黌宮欞星門西。

（卷一"建置・舊迹"，122）射圃，明倫堂西，廢。敬一亭，明倫堂後，明嘉靖間詔立，廢。進德齋，明倫堂東，廢。修業齋，明倫堂西，廢。號舍，東西各九楹，明倫堂東，廢。

（卷一"建置・壇廟"，123）文昌宮，在儒學東，明萬曆二十八年，教諭宋久文、訓導喬茂魁建。天啟間，訓導劉嘉績重建。清嘉慶十八年，知縣張井繼建。民國十九年春，被第一小學拆廢。奎星閣，在城垣東南隅，明萬曆二十九年知縣李□孝建。清順治間訓導朱頒祿，乾隆間知縣彭良弼重修。民國十八年重修，較前增高。

民國《鄭縣志》

民國《鄭縣志》，成文出版社有限公司，1968年。

鄭縣

（卷三"建置志・公署"，147）學正衙，在泮池東，被水浸傾，待修，後移泮池西（今廢）。訓導衙署，在黌宮左，後移建五道胡同。光緒三十二年，（148）改為高等小學，今租京漢鐵路巡警教練所。

（卷三"建置志・黌宮"，149）文廟，在州治東，逼近東城。漢明帝永平年間建。元季兵毀。明洪武三年，知州張奮重建。正統、天順、成化、正德間，知州林厚、余靖、洪寬、劉仲和，嘉靖十一年知州邵騰漢相繼修葺。清順治六年知州王登聯，十五年知州劉永清、學正戚若鰓、劉紳、訓導李樞協力重修，廟貌巍然。大成殿七楹，東西兩廡二十楹，戟門三楹，東角門一間，西角門一間，泮池半規，欞星門一座，啓聖祠三楹，（150）土地祠三楹，明倫堂五楹，敬一亭三楹，尊經閣五楹。光緒二十四年，知州湯似慈建東院官廳三間，名宦祠三間、鄉賢祠三楹。（153）按舊制，尚有金聲玉振坊、居仁門、由義門，其他祭器庫、樂器庫、神厨、育德倉、義倉、射圃廳、宰殺廳、進德齋、修業齋、存誠齋，年久傾廢無存。乾隆三年，知州張鉞詳動閑款，重修大成殿後檐，正殿神龕、兩廡神龕、敬一亭、尊經閣、名宦祠、鄉賢祠俱各修整，並建蓋明倫堂、東西兩齋房六間、射圃廳三間，至今巍然可觀。（154）大成殿，光緒二十三年火灾，邵承裕、湯似慈商同閣州紳士李啓元、馬汝驥、陳榮絨、李連三、陰善承、趙畏三、孟渝、邢秉鈞、高介田、陳振拔、程廷瑞、曹寶樹、虎守智、趙家璧、虎長升、馬厚福重修。

（卷三"建置志・祠廟"，195）忠義祠，在文廟内。（196）節孝祠三間，在州治西，雍正六年知州王鴻勳建。

乾隆《嵩縣志》

乾隆《嵩縣志》，成文出版社有限公司，1976 年。

嵩縣

（卷十三"公署"，293）教諭、訓導署，《舊志》在西關明倫堂後，□□□□□今咸□民居。

（卷十六"學校"，327）先師廟，五楹，舊名大成殿，宋乾德初爲龕像，明嘉靖九年從張璁議改稱先師廟，易像以主，從祀四配、（328）十哲。東西廡各七楹。戟門三楹，宋太祖詔廟門立戟十六枝，徽宗增立二十四戟。欞星門（329）三楹。按廟制建修，唐、宋無可考。金明昌五年，知州張□□建，王世元記。又廟碑載，金完顏節使□□建未詳□月。元中統間，知州梁可弼重修。至正六年，州同陳□重修，學正曹秉彝記。元末焚廢，僅存古柏八株。明洪武三年，主編潭景祥修。宏治十一年，知縣伍文震、教諭朱良修，見《省志》。崇禎六年，知縣胡開文修，孟□□鐸記。明末兵火頹壞。國朝順治三年，署知縣府□知鄭倬修，吏部郎中張鼎廷記。十三年，知縣趙景□修，訓導□□□記。康熙十九年，知縣王琰修。二十三年，教諭李滋修。雍正四年，知縣靳樹賢修并記。崇聖祠三楹，在先師廟後，明嘉靖中建，宋真宗始□□□之稱始於元天曆。雍正三年，加封五代王爵，（330）奉主致祭，改今名。萬曆三十七年，知縣令狐沁修，教諭萬應禎記。乾隆二十五年，教諭陳常、訓導劉□□修。名宦祠三楹，在廟東。（331）鄉賢祠三楹，在廟西。（332）忠義孝弟祠，三楹，雍正九年奉文建。明倫堂五楹，在文廟西，舊名進學，宋葉知幾改今□朱文公書。元至正甲申，知州張濟重修。嘉靖間，知縣詹萊重修。萬曆間，知縣王豫立重修。敬一亭三楹。儒林門三楹。泮池，在學宮南，嘉靖中知縣劉尚禮鑿引秀水及□□□水入池□（333）橋其上，後湮塞。乙酉春，知縣□基淵疏故渠，引賈砦水復其舊。儒學署基，明倫堂東西凡三，以前明設訓導二員也。

（卷十七"祀典"，371）文昌閣，在城東南隅，知縣□基淵建。（372）奎文閣，泮池南。（377）節孝祠，在倉房巷，雍正元年知縣魯之裕奉文建，凡已旌節婦合祀之。

民國《修武縣志》

民國《修武縣志》，成文出版社有限公司，1976年。

修武縣

（卷七"民政志·廨署"，577）儒學署，在學宮後。教諭廨，明隆慶中知縣趙可學建。清康熙六年，知縣仇鳳翀重修，增建齋房，東西各五間。訓導廨，明萬曆中知縣趙光宇建，清乾隆三十年知縣戈雲錦重修。明倫堂五間，在廨北。光緒末年，教諭缺裁。民國初，訓導缺裁。五年，河南官產拍賣處拍賣教諭署十八間，訓導署十三間。

（卷八"土木工程"，589）學宮，在縣署西，金天會中，縣令翟中舍建。元至元十年，達魯花赤蒲察企仁重修。至大辛亥，縣尹閻珪重修。明永樂十年，知縣劉昭改建大成殿、明倫堂、東西齋房各五間，大成門、戟門各三間，東西廡各七間。成化二十二年，知縣冷宗元建東饌堂三間。泮池舊在欞星門、大成兩門之間，明萬曆十九年，知縣邵炯開路於門之正南，移泮池、駕石橋於上。清康熙六年，知縣仇鳳翀重建東西兩廡各七間。十二年，知縣宋師祁重修明倫堂三間。二十年，知縣李啓泰重修泮池，並櫺星門、戟門各三間，聖域、賢關兩坊。二十七年，知縣張明遠重修。四十七年，知縣黃亮可重修大成殿。五十四年知縣錢宗禹重修，五十六年通判高士□署縣事重修東廡，知縣鄒權重修西廡。乾隆五年，知縣劉建吉重修戟門、泮池、明倫堂，建大成門、圍墻、東西齋房各三間，移聖域、賢關坊於南。二十二年，知縣吳映白重修櫺星門。三十六年，邑被水，前後皆圮。三十年，知縣趙雲錦重修。道光五年，知縣鄒光曾葺大成殿，重修戟門三楹，戟門之東西偏各南向房三楹，舊爲更衣齋戒所，改東爲名宦祠、西爲鄉賢祠，另起更衣齋戒所於櫺星門兩偏，改大成門爲照壁，又建德配天地、道冠古今坊二，泮池橋道皆用磚修砌。大成殿中懸康熙二十五年御書"萬世師表"額，雍正三（590）年御書"生民未有"額，乾隆三年御書"與天地參"額，嘉慶三年御書"聖集大成"額，道光三年御書"聖協時中"額。明倫堂後舊有和鳴堂、尊經閣、敬一亭、三文公祠、射圃、神厨、神庫、號舍，各廢址爲土人所占。康熙五十四年，知縣錢宗禹及闔邑紳士捐資贖回。乾隆十五年，准學院林枝春題易聖像爲木主，□像其處。崇聖祠，在大成殿東，明萬曆中知縣趙可學建。清康熙二十八年，知縣張明遠重修。五十二年，知縣黃亮可重修。（596）文昌祠，在東門外書院東，又有文昌閣在東關路上。清康熙三十二年，懷慶府通判署修武縣事陳芳猶有碑記。（598）奎光閣，在東關。名宦祠，在學宮戟門東，明萬曆中知縣趙可學建，清康熙六年知縣仇鳳翀重修。乾隆五年，知縣劉建吉重修。道光五年，知縣鄒光曾即戟門東偏更衣所南向三楹改建。鄉賢祠，在學宮戟門西。明萬曆中，知縣趙可學建。清康熙六年，知縣仇鳳翀重修。乾隆五年，知縣劉建吉重修。道光五年，知縣鄒光曾即戟門西偏齋戒所南向三楹改建。（601）節孝婦女祠，在縣署東，清雍正六年陳綱建。（605）奎星樓，在縣治東南城上，明崇禎十五年知縣劉光斗創建，有碑記。道光四年，知縣鄒光曾重修。

康熙《內鄉縣志》

康熙《內鄉縣志》，成文出版社有限公司，1976年。

内鄉縣

（卷三"學校志"，180）儒學，在縣治東南，元大德八年縣尹潘逵建。泰定、天曆間，監縣事孛羅答失、知縣王（佚名）修，後毀。明洪武初，知縣史惟一重建。宣德初知縣鄧洵，景泰時□□（181）□□□□□□□□□□□□□□□□□知縣高以永恭□刻。（194）啓聖祠三間，舊在戟門東外，明萬曆間知縣尚從□加創坊牌、門樓，以專祀之。國朝康熙二十六年，知縣高以永、教諭楊芳聲、訓導劉博改建先師廟東。（195）戟門三間。（196）櫺星門三間。泮池，在櫺星門內，石橋三。文昌祠三間，在啓聖祠後，今圮，像暫移供名宦祠中。魁星樓，舊在興賢坊東，萬曆間知縣尚從試建，知縣王鼎彥移建城東南隅，後知縣劉緝□、廩生鄭墀重修。名宦祠三間，在戟門東。鄉賢祠三間，在戟門西。（201）明倫堂五間，博文齋五間堂東，約禮齋五間堂西。會饌堂三間，在明倫堂東。神庫，一間，貯祭器，在明倫堂西。文卷房一間，在神庫西。禮門一座，在博文齋南，舊名規矩門。義路一座，在約禮齋南，舊名準繩門。東號房一十五間。門樓一座。東閣儒學門一間。西號房一十五間。門樓一座。西閣儒學門一座。宰牲房三間。門樓一座，西學門內。明倫堂、禮門、義路見在，餘俱廢。尊經閣三間，在明倫堂東，明萬曆間知縣俞廷佐建，貯頒降書籍於中。寇亂後，閣圮書失。康（202）熙八年，知縣謝兆龍於舊址建小屋三間，貯《四書解義》二十六本、《三易講意合參》二本、《書經解義》一十三本。敬一亭，中貯明世宗御製敬一箴碑及范浚心箴碑、程頤視聽言動四箴碑，在啓聖祠前，今亭圮。射圃亭三間，舊在明倫堂西，後改爲西齋。訓導宅，明成化年間別建於明倫堂東北隅，今圮。土地祠一間。門樓一座，東學門內。儒林坊，在櫺星門前，久廢。康熙二十六年，知縣高以永、教諭楊芳聲、訓導劉博改磚壁木門。興賢坊，在櫺星門東，今圮。毓秀坊，在櫺星門西，今圮。（207）□□宅，在明倫堂後，凡二重，前廳三間，後堂房三間，兩夾房□□，書房三間在廳西，門樓一座。東齋訓導宅，在博文齋東北□重，前廳三間，東耳房三間，後□□二層共六間，兩夾房各三間，書房三間，門樓一座。西齋訓導宅，在約禮齋西北，二重，前廳三間，後堂房三間，兩夾房各三間，書房一間，門樓一座，東西兩齋，今俱廢。萬曆二十七年，知縣尚從試捐俸重修學宮，□□一新，義民胡宗穆助修學銀百兩，橋頭保民□□獨修。

光緒《光州志》

光緒《光州志》，成文出版社有限公司，1976年。

光州

（卷一"建置志"，68）學正署，在明倫堂後，乾隆二十三年知州吳一嵩助學正周肇岐重修。訓導，舊係僦居民舍，乾隆二十四年，知州吳一嵩捐資□（69）市民一所，以爲訓導官署，在北門內街西。

（卷二"典祀志"，154）文昌宮，在儒學東南。奎星閣，在龍門上。（155）文昌閣，在南城小南門東，正應巽方，年久傾圮，乾隆八年知州章琦募修。節孝祠，在學宮外東，雍正三年知州高鍈奉文建。（191）崇聖祠，雍正三年追封五代王爵，改啟聖祠爲崇聖祠。（201）光州學宮，在州治西，大成殿五楹，臺高三尺，三出陛，前爲東廡五楹，西廡五楹，又前中戟門五楹，門左右有兩挾門各一楹，前爲泮池，中跨橋一孔，左名宦祠三楹，西向，右鄉賢祠三楹，東向，又前櫺星門三楹，外南爲照壁，東西爲兩闕門各一楹，左曰"聖域"、右曰"賢關"。正殿左右各有門一楹，左曰"禮門"、右曰"義路"。向後爲崇聖祠五楹，前出陛。又後爲明倫堂五楹，前出陛，中三楹爲堂，東西兩楹，隔以垣門，前出左右兩齋。元泰定間，知州王家奴創建。（202）明洪武初知州陳惠，天順五年知州周濠重修。弘治六年，知州葉預相機修葺。十五年，知州張輝又重新大成殿、兩廡、戟門、泮池、櫺星門、敬一亭、啟聖祠。正德七年毀於兵。次年，知州李鏜又葺之。嘉靖三十年，知州謝汝誠重修殿廡及戟門。隆慶二年知州張汝學，萬曆四年知州陳華相繼又修。國朝順治五年，知州徐化成修大成殿，建明倫堂。十一年，郡人胡章修鄉賢祠。康熙三年，知州鄒應錫修戟門及名宦祠。十年，知州宋允治、學正張之奇重修大成殿及兩廡。十七年，知州（203）王守祿修文廟前門。二十一年，知州張信修啟聖祠、敬一亭及儒學前門。六十一年，知州劉學禮重修大成殿、東西廡、櫺星門及東西兩闕門。雍正十一年，知州高士鑰、學正李士詝增修殿廡及崇聖祠。乾隆十七年，知州謝鍠擴明倫堂舊址，建爲五楹。十八年，知州吴一嵩重修大成殿及兩廡，增建戟門五楹，移建崇聖祠五楹於大成殿後，改建名宦祠坐左向右，鄉賢祠坐右向左。其敬一亭圮久，遺址今無存矣。

乾隆《杞縣志》

乾隆《杞縣志》，成文出版社有限公司，1976年。

杞縣

（卷三"地理志·古迹"，237）節孝祠，《舊志》在學宮東。忠義孝弟祠，《舊志》在學宮東。

（卷五"建置志·學宮"，309）學宮，在縣治西，明洪武三年，縣丞姚敏始創。永樂五年，知縣章以善重修。宣德三年，知縣舒謨繼修。成化五年，知縣張俊改作欞星門、戟門各三楹，左學門一楹，大成殿五楹，東西廡各七楹，明倫堂五楹。文（310）昌祠在戟門右，奎星祠在戟門左，神廚又其左，至正氣坊、尊經閣、志道據德二齋、會饌堂、學舍、射圃今俱廢。宏治九年，知縣□鍾改□門爲五楹。嘉靖元年，知縣劉濂修明倫堂。七年，知縣□□造敬一亭。十一年，知縣王□造啓聖祠。二十三年，知縣蔡時雍改志道、據德齋爲□義、治事齋。萬曆五年，邑人李東魯增學門爲三楹。六年，知縣李梯增左右齋各五楹。二十二年，知縣馬應龍因霪雨傾圮，重加葺繕，題□□□□□曰大成殿門，不稱戟，從嘉靖（311）九年議也。二十四年，釐正木主。康熙十四年，知縣塗山琨修治署悉，修葺學宮並文昌、奎星祠。二十六年，知縣徐開錫撤其舊，自大成殿及兩廡、二門、明倫堂、齋房、厨庫一一完繕。二十九年，雨壞啓聖祠，知縣李繼烈重修。四十七年，知縣謝天植繼修。雍正七年，知縣李岱生繼修。乾隆元年，邑人趙宗益等捐修學宮，改學門爲閣，移奎星像於其上，建文昌（312）閣於其北。二年，邑人高淑弼等又移名宦祠於學門左，移鄉賢祠於學門右（即文昌、奎宿二祠廢址）。四年，知縣王大樹浚泮池。四十八年，知縣徐如源捐俸修，文昌、奎宿二閣移建於舊五狀元祠址，並修明倫堂。五十三年，知縣周璣因殿廡日久傾圮，悉爲起造整固。名宦祠，始建無考，順治九年邑人耿天眷、劉聖箴率闔邑捐金重修。乾隆五十三年，知縣周璣重造。鄉賢祠，始建失考，順治九年，邑人耿天眷、劉聖箴率闔邑捐金重修（江禹緒製碑文）。康熙二十年，邑人內閣（313）中書侯方曾募眾重新之。乾隆二十八年，邑人生員侯經成募眾又重新之。五十三年，知縣周璣重造。五狀元祠，始建無考，乾隆四十八年，知縣徐如源捐俸重修，移建於舊文昌奎宿閣地。五十三年知縣周璣重新之。

（卷五"建置志·壇廟"，328）忠義孝弟祠，在學宮東，雍正元年奉文建，乾隆五十三年知縣周璣修。節孝祠，舊在玉泉街，雍正元年奉文建，乾隆五十三年知縣周璣修移於學宮東偏。（334）奎星樓，在東南雉堞上，康熙三十三年邑人孟宏叙、杜崟印、袁正募工創建，乾隆元年邑人趙宗益等修。

光緒《靈寶縣志》

光緒《靈寶縣志》，成文出版社有限公司，1976年。

靈寶縣

（卷二"建置·衙署"，150）教諭署，在明倫堂後。訓導署，在明倫堂西。

（卷二"建置·壇廟"，154）文昌廟，在城內南街。

（卷二"學校"，181）靈寶學宮，在縣治東南，宋天聖元年建。元末兵毀。明洪武三年，縣丞陳仁澤重建。自正統至宏治間，知縣蔡中、陳順、李岳、王璵、李恭相繼修葺。嘉靖九年，知縣馬瓚重（182）修。國朝順治十一年，知縣郭顯功重修。康熙二十二年，知縣江□重修。四十八年，知縣俞琨增修。雍正七年，知縣程世綏修葺。先師殿五間，邑令江蘩重修，有碑記。東西廡各十一間，戟門三間，欞星門三間。崇聖祠三間，在廟左。梓潼祠三間，在廟左。戟門外東爲名宦祠三間，西爲鄉賢祠三間。節孝祠三間，在廟西。明倫堂五間。以上俱邑令江蘩建，有碑記。忠義孝弟祠三間，在廟西。祭器庫、（183）樂器庫各二間，在兩廡旁。奎星樓，在欞星門東，前令郭顯功建。文昌閣，在欞星門西，前令梁儒建。泮池，明正統中教諭陳亮疏泉爲之，國朝康熙中邑令霍浚遠、教諭惠博重修，同治中邑令周淦增修，俱有碑記，載"藝文志"。

民國《考城縣志》

民國《考城縣志》，成文出版社有限公司，1976年。

考城縣

（卷四"建置志·官署"，197）教諭署，大堂三間，官宅在大堂後，正房三間，東西廂房各三間，宅門一座，西客屋三間。大堂前書斗房各二間，前大門一座，現爲公款局，前爲公興官錢局。訓導署，大堂三間，官宅在大堂後，正房三間，東西廂房各三間，宅門一座，大堂外書斗房各二（198）間，前大門一座。現爲模範小學校。

（卷四"建置志·祠祀"，201）名宦祠，在文廟戟門之左，北屋三楹。乾隆四十九年，知縣□士駿創建。同治八年知（202）縣李璋，光緒十五年知縣呂□補歷有續修。鄉賢祠，在文廟戟門之右，北屋三楹，建修歲祭同名宦。節孝祠，在文廟明倫堂之右，北屋三楹，建修歲祭同名宦。（203）文昌宮，在文廟東偏，正殿、捲棚各三楹。文昌三代祠，在正殿後，北屋三間，正殿露臺前有大門一楹，左右便門各一楹。乾隆四十九年，知縣陳士駿創建。嘉慶間知縣唐鴻鑒，同治八年知縣李璋，光緒二十三年知縣周應麟等歷有續修。奎光閣。在文昌宮露臺前，創建時與文昌宮同。光緒二十三年，知縣周應麟改建，移於文昌宮大門上，樓爲三層，高六丈，今存。

（卷八"學校志"，476）考之學宮，自明洪武二年知縣杜思進創建。嗣後或增建、或重修，以迄清初葉，屢經補葺，規模於焉大備。嗣因乾隆四十三年，黃河東決淹沒，學宮亦隨漂泊，陵谷變遷，景物俱非。凡《陳志》所載之學宮制，蕩然無存。洎城治西移，改弦更張，建城築事，知縣陳士駿首創學宮。同治七年，知縣李璋重修。光緒二十四年，知縣周應麟重修，俱勒碑記其事。

地址，城治東南偏。中爲大成殿五楹，中清嘉慶三年御筆曰"聖集大成"、道光三年御筆曰"聖協時中"、咸豐三年御筆曰"德齊□載"、同治元年御筆曰"神聖天縱"、光緒七年御筆曰"斯文在茲"、宣統元年"中和位育"。殿後爲崇（477）聖殿三楹，左爲忠義祠三楹，右爲節孝祠三楹。大成殿前爲兩廡各五楹，又前爲戟門，戟門左爲名宦祠三楹，右爲鄉賢祠三楹，東壁有月門一，與文昌宮通。又前爲圓橋泮池。欞星門又前分東西轅門，東榜曰"德配天地"，西榜曰"道冠古今"，又前爲照壁。

光緒《南陽縣志》

光緒《南陽縣志》，成文出版社有限公司，1976年，249頁。

南陽縣

（卷三"建置志"，249）教諭、訓導宅，舊在縣學明倫堂後，康熙初移建文廟東。今教諭宅，在文廟西，訓導宅在文廟東（《舊志》申明、旌善二亭，舊在縣治東文廟後，今廢）。

（260）府文廟，舊在延曦門東，順治十年移建縣治東北，故唐王府，詳見《府志》。

縣文廟，在縣治東，元至元九年建。明知縣劉英、李桓圭、成遜相繼增葺。萬曆癸巳，大霖雨，五月弗已，廟圮，權祀先師於明倫堂，知縣楊惟治規復之。崇禎末毀於寇。國朝順治九年，知縣李廷松重建。其後教諭劉文成、通判呂磻、署知縣顏懋倫、教諭張煜皆有增葺。道光二十年，知縣徐城始大修之，工經年始訖。年久浸圮，光緒十四年，知縣黃源重修，有源自記。（263）文昌廟，在拱辰臺，乾隆中移建城西。

（卷六"學校志"，400）今制，州縣皆有學，而南陽縣之有夫子廟實建自元，其興葺既詳見"壇廟"中。

（401）府學，在縣治東北，詳《府志》。

縣學，在縣治東，大抵因元明舊制。學中爲大成殿，翼以兩廡，殿後爲啓聖祠，左爲明倫堂。殿前爲戟門，門外爲泮池，名宦、鄉賢、忠義、孝弟祠皆在池之側，其兩偏爲齋舍，學官宅焉。祭器、書籍皆有庫，射圃在殿西，其外爲周垣，立石門外，止輿馬闌入者，自殿至門，興葺詳"建置"。

（卷七"祠祀志"，494）名宦祠，在縣學戟門左，順治庚申，知府張文明建始，明知縣楊惟治祀名宦。崇禎末，祠圮，及是惟治孫以禮部尚書過縣境，提學吳子雲乃捐金畀文明特建此祠，有文明自爲記。其後，興修附文廟。（653）忠義孝弟祠，在縣學戟門右。（734）節孝祠，在關廟南。初明成化中，知府段堅敦教化，女有縗而殉夫者，輒親拜之，創建節義祠城西，以祀古先列女，而縣中節烈婦女從祀亦自此始。國朝雍正時，(735) 詔州縣通建節孝祠，勒姓名於總坊。同治八年，知縣任愷始建此祠。

民國《商水縣志》

民國《商水縣志》，成文出版社有限公司，1975 年。

商水縣

（卷九"學校志"，459）學宮。按《舊志》，在縣治東，宋大觀二年建。明洪武四年，縣丞孫元仁重修。景泰六年，知縣龔寬修。成化六年，知縣羅楫修。萬曆五年，知縣徐士毅厭其卑狹，改舊文廟爲明倫堂，舊明倫堂爲會饌堂，舊兩廡爲進德、修業齋，前建大門、二門，門內爲省牲所，教諭宅在會饌堂東，訓導宅在會饌堂後，後建敬一亭。又市近學民宅數區，改建文廟、東西兩廡、戟門、欞星門，前鑿泮池，甃以磚石，門外開雲路街，直抵南城下，中建雲路坊，規模稱壯麗焉。明末燬毀之餘，聖殿、兩廡、啓聖祠、戟門僅存其址，若欞星、雲路、名宦、鄉賢，蕩然無餘矣。清順治三年，知縣原英煌因其存者而補葺之。越數年，知縣吳道觀、教諭喬時杰市民宅草創明倫堂於（460）聖廟之東偏。康熙二十一年，知縣郭天錦重修名宦、鄉賢於啓聖祠之前。二十六年，知縣邵瑗、教諭劉寬、訓導繆蘭芳重加丹艧，移建名宦、鄉賢於戟門之外，建修欞星門，鑿泮池於其前。越明年，改建明倫堂於大成殿後，高敞塽塏，非復從前之陋矣。又於明倫堂後市民宅一處，議建尊經閣及教官宅，未果，以事罷去。三十年，知縣劉君向又移啓聖祠於新明倫堂之左，規模始煥然改觀焉。五十一年，教諭杜法修葺兩廡。五十五年，知縣張鈸於義路、禮門外置下馬牌各一。五十八年，大成殿壞，教諭喬廷謨率諸生捐貲修之，並修奎樓。五十九年，知縣黃廷獻重修。雍正六年，知縣趙士蘭重修欞星門，改義路、禮門於欞星門外，東西對列。乾隆間改修戟門左右。

文廟。（461）大成殿五間，順治三年知縣原英煌重修，督工鄉民顧養敬。五年，學諭伊汝優、學訓朱咸同邑紳王風淳、顧養敬重修。康熙二十八年，知縣邵瑗、王啓封重修。乾隆十七年，知縣夏扶黃重修，並鑄鐵爐一具。二十一年，知縣郭衛重修。五十八年，知縣汪聯同邑紳李淇、陳大琳捐貲重修。道光十四年，知縣張馨重修。同治五年，知縣聯魁、陶森、邑紳王祥五捐修。民國三年，知縣徐家璘重修，並鑄祭器二十件。東西廡各五間，順治三年，知縣原英煌修。康熙五十九年，知縣黃廷獻重修。戟門三間，順治三年知縣原英煌修。泮池，舊在欞星門外屏壁內，知縣趙士蘭移置門內，建橋其上。欞星門三間，康熙二十六年，知縣邵瑗修，雍正六年知縣趙士（462）蘭重修。東西角門，各一間，在戟門左右。義路門，在欞星門左，東向。禮門，門在欞星門右，西向。二門舊在屏壁左右。雍正六年，知縣趙士蘭改建，易以欞星門。乾隆間，知縣夏扶黃改修戟門左右。崇聖祠三間，舊名啟聖宮，在大成殿東北，明倫堂之左。康熙三十年，署縣事同知劉君向改建。五十九年，教諭喬廷謨重修。雍正二年，改爲崇聖祠。乾隆十七年，知縣夏扶黃重修，并鑄焚香大爐一具。（481）崇聖祠，元文宗至順間始加封爵，明嘉靖九年詔立啟聖祠。清雍正二年，追封先師五代王爵，改名爲崇聖祠。（483）名宦祠三間。在戟門之左，西向。（484）鄉賢祠三間，在戟門之右，東向。忠義孝弟祠三間，在名宦祠之南，雍正六年知縣趙士蘭建。昭忠祠，即忠義孝弟祠，南一間。（485）節孝祠三間，在文廟東，即訓導宅舊址。雍正六年，知縣趙士蘭建。同治五年，知縣聯魁、陶森、邑紳王祥五重修。民國六年，管獄員張義、周武生、李泉公捐修。明倫堂五間，在大成殿後。康熙二十六年，知縣邵瑗改建。雍正十三年，邑紳候選知縣李震普捐貲重修。（486）教諭宅，舊在文廟東，圮，康熙五十八年教諭喬廷謨改建明倫堂後。訓導宅，舊在節孝祠後，雍正十二年，訓導籍書修。久，咸豐三年訓導宋祥麟倡捐俸金三百五十緡買學署東趙姓宅，併舊址換王東鳳文廟前路東坐北向南宅建修。八年冬，工始竣。後樓三間，東西屋各三間，講堂三間，東西瓦房各三間，二門一間，南瓦屋三間，門樓一間，草房數間，今廢。光緒二十年，訓導蘇昀重修講堂，邑人蘇貫一、王殿珍督工，項城袁保中捐錢三十緡。

（卷十"祠廟志"，500）文昌閣，《舊志》在城上東南隅，同治五年，知縣陶森續修，今將就圮，閣內已無神位。文昌宮，在奎樓東路南，即明女貞觀故址，改祀文昌，未詳何時。同治元年，災，知縣聯魁、陶森重修，工未竣，去。六年，知縣葉爾安捐廉，邑紳王來祥、王廣學續修。奎星樓，《舊志》在文廟前，知縣原英煌建。同治五年，知縣聯魁、陶森、邑紳王祥五改建雲路街南首。

康熙《上蔡縣志》

康熙《上蔡縣志》，成文出版社有限公司，1976年。

上蔡縣

（卷二"建置志·儒學"，208）學宮，在縣治西南，始建未詳。元時，重建碑記猶存。明洪武四年知縣楊允中，成化八年知縣□□，十三年縣丞上官祥，嘉靖二年知縣傅鳳祥皆重建。萬曆十年，知縣王宗孟又增修完備。明末寇毀之後，尚存櫺星門三座、戟門三間、正殿五間、東西兩廡各七間、啓聖祠三間、名宦鄉賢祠各三間、魁樓一座。（209）以上皆凋敝不堪。康熙二十五年，知縣□□□盡除殘破，從新重建，經營五載，□得告成云。大成殿七間，殿前大爐一座，燭臺、花瓶、香爐俱全。東廡十一間，香爐、燭臺全。西廡十一間，香爐、燭臺全。殿左角門一間，陳設房二間，藏祭器。殿右角門一間，陳設房二間，藏樂器。戟門五間，櫺星門三座。（210）左右陳設房四間，臨祭造酒藏器處。尊經閣三間。更衣廳東西各三間，在櫺星門內。東門樓一間，通名宦、鄉賢祠。西門樓一間通黑門，照壁一座。禮門、義路坊二座。明倫堂五間，在正殿後。□□□五間，□□□五間。（211）□□一間，內大鐘一架。鼓樓一間，內大鼓一架。東門樓一座，通尊經閣。西門樓一座，通教官私署。東神廚三間，西庫房三間。啓聖祠五間，在明倫堂後，香燭、爐臺全。東西兩廂房各二間，門道三間。名宦祠三間，在學宮東，香爐、燭臺全，門樓一間。鄉賢祠三間，在學宮東，香爐、燭臺全，門樓一間。教諭住宅，大小共十五間。（212）訓導住宅，大小共十四間。

（卷二"建置志·祠廟"，274）文昌閣，在城東南隅，舊制在城東南隅外門□□（275）毀無存。國朝康熙二十八年，知縣楊廷望捐銀一十六兩，買生員張永寧地基創建今處。大門三間，文昌殿三間，□皇閣三間，東西廂房各三間，仁壽堂三間，基（東西）寬十五弓，積六百步，南北長四十一□。魁樓，在城牆東南隅上，舊制雖存而陋，因擴充其規模，寬深高聳，面西，稍北與學宮相望，同文昌（276）閣一時修造。

民國《重修滑縣志》

民國《重修滑縣志》，成文出版社有限公司，1968 年。

滑縣

（卷五"城市志"，338）舊教諭署，在學宮西，較舊址移前。清雍正間，署教諭事谷旦建。清末裁缺。後宣統元年，縣設教育會移居此廢署內。民國九年，建爲模範小學校，舊上房五間，改造講堂七間，舊大堂亦修作講堂七間。舊訓導署，在學宮東，清光緒年間訓導謝泰階重修過廳，並於廳前左側築五峰臺，高廣皆丈餘，著有《五峰臺記》。光緒三十二年，設立勸學所於此署內。宣統年間缺裁。民國五年，復設，内附縣視學教育款產經理處，重修上房五間，東西陪房六間，西耳房二間。九年，創建圖書館五間。十二年，改勸學所爲教育局。十（339）七年，添建大門三間、講演室三間暨大門垣墻。

（卷七"民政志·祠祀"，594）文昌廟，在城內魚化街東，清康熙丙寅，知縣姚德聞重修廟前路南。舊有奎（595）樓，順治間知縣朱之翰創建，姚公重修，崇高七丈，又於樓前建旁舍十楹，築臺以防水患。民國不在祀典，今廢，惟奎樓尚存。（604）節孝祠，在城北門內，明代創建。

民國《重修汝南縣志》

民國《重修汝南縣志》，成文出版社有限公司，1976 年。

汝南縣

（卷三"古迹考·古寺觀"，203）城上魁閣，在城東南隅，不知建於何時。乾隆十七年，重修。道光八年重修。據傳云因巽方□下且汝水北流，南面無所□□經知府廖□倡修，此閣以提□文運云。（208）節孝總祠，舊府署東，道光十四年建。

（卷九"教育志"，471）學署。前汝寧府儒學，舊在府治之西南隅，即金皇統間所建蔡州學也。元升蔡州爲汝寧府，而州學遂爲府學，耶律文謙以其地隘，徙建於府治之東南。復毀於兵。明洪武六年，通判董漁重建。又自正統、成化至崇禎，歷任各知府繼續修葺。清順治四年知府黃登孝、推官徐文蔚，順治十八年知府金鎮，康熙間知府何顯祖、程大華重修。乾隆三十一年知府崔應階，三十三年知府常喜、徐紹洵，五十四年知府李子俊、教授劉春榮、訓導李元和，五十（472）九年知府德昌補修。民國撤廢，改作其他機關。四年，奉令修建武廟，合祀關岳，當時官紳合議仍以府廟爲文廟，□□爲武廟，規模已具。後以政府無明文規定，祀典遂無形擱置矣，以府學在縣治內略及之。

汝陽縣學，舊在縣治西南，即金蔡州學也。元即遺址改建爲縣學。後毀於兵。明洪武八年，知府楊補之重建。成化八年，取其地建藩府。明年，副使陳選檄汝寧府知府張倫徙建縣治東及此。萬曆二十四年，知縣樂和聲修。清順治三年知縣楊義，九年知縣劉瑞，十五年知縣紀國珍相繼增修。康熙二十四年乙丑，詔天下學宮升御書"萬世師表"於大成殿。康熙二十六年丁卯，詔天下學宮選舉樂舞生六十四人。康熙二十八年己巳，知縣邱天英捐俸重修。雍正五年知縣謝丕顯，七年知縣庚壽相繼增修。

文廟（481）。先師殿五間，知縣楊義重修。東廡五間，舊七間，□知縣劉瑞重修。西廡五間。（482）神庫三間，廢。神廚三間，廢。宰牲房三間，廢。齋宿房三間，廢。名宦祠三間，戟門左，知縣樂和聲建，毀。鄉賢祠三間，戟門左，知縣樂和聲建，毀。朱文公祠三間，儒學門右，知縣樂和聲建，毀。魁星樓一座，名宦祠南，御史王業宏、副使黃緯、知府黃似華、知縣魏廷相各捐金建。戟門三間，毀，順治十五年知縣紀國珍重建，督工義民方東□捐銀五十兩。泮橋一道。櫺星門一座，知縣楊義重修。照壁一座。（483）啓聖公祠，明倫堂東，萬曆三十三年知縣王萬祚建，順治九年知縣劉瑞重修。正廳三間，祭器，舊制俱全毀。（484）門樓一座。明倫堂五間，毀，順治九年知縣劉瑞重建，置臥碑東壁鄉會科牌，西壁恩選歲貢碑。居仁齋五間，毀。由義齋五間，毀。儒學門，毀。儲秀門，毀。號舍，毀。會饌堂，毀。養賢倉，毀。（485）敬一亭，明倫堂後，碑刊心箴並視聽言動四箴，今存。射圃，學後有觀德亭，□射器二十六事，廢。康熙二十八年己巳，重修本縣儒學，大成殿五間，兩廡十間，啓聖祠三間，戟門三間，鄉賢祠三間，魁星樓，敬一亭三間。以上俱知縣秋天英捐俸重修，並置祭器、樂器、舞衣全襲。

民國《重印信陽州志》

民國《重印信陽州志》，成文出版社有限公司，1968年。

信陽州

（卷二"建置志·學宮"，62）學宮，在州治東。儒學舊制，至正間蕩於兵燹。洪武四年，州同知向師誠、訓導董伯益移建信陽軍故址，蓋今學也。由永樂以迄萬曆，知縣胡公壽安、李公澄、教諭余能、知州江公貴、鄭公懋德、僉事孫公孟舉遞有增修，其大興土木，次第完繕，則副使焦公璉、知府王公崇古、知州鄒公察、楊公若梓、掌教文立綸為最著。寇變後，我國朝捐俸助修者觀察則陳公聯璧、管公起鳳、孫公籀、彭公爌、項公一（63）經、知州龐公宗理、高公天爵、傅公登榮、陳公其政、葉公爾茂，越今數十年，無特建，亦歷有補葺。

大成殿五楹，順治七年，兵道陳聯璧、知州龐宗理重建。東廡八楹，今改為五楹。西廡八楹，今改為五楹。戟門三楹，今增為五楹。泮池，在戟門前。名宦祠三楹，鄉賢祠三楹。欞星門三座。義路坊，在欞星門左，今毀。禮門坊，在欞星門右，今毀。金聲坊，在大成門左，原無，康熙二十年添修。玉振坊，在大成門右，原無，康熙二十年添修。大成門，原無，康熙二十年添修。（64）照壁。下馬牌二座，在照壁東西。明倫堂五楹，康熙十二年，巡道趙籀、知州陳其政重修。進德齋六楹，修業齋六楹。尊經閣，在明倫堂後，今廢。敬一亭，在明倫堂後，今廢。啓聖祠三楹，今增為五楹，在明倫堂後。康熙二十年，巡道項一經、彭爌、州牧陳其政、葉爾茂重建。土地祠三楹，在大成殿東。神厨三楹，在大成殿西。學正訓導宅，在東西齋後。學塘，在西廡後舊射圃地。

（卷二"建置志·祠壇"，65）文昌祠，在學宮大成殿東。（66）名宦祠，在學宮戟門東。鄉賢祠，在學宮戟門西。忠義祠三楹，在學宮欞星門東，雍正六年知州王鴻勳奉敕建。節孝祠三楹，在州治東，雍正四年建，前有節孝坊。

民國《重修信陽縣志》

民國《重修信陽縣志》，成文出版社有限公司，1968年。

信陽縣

（卷五"建設志"，201）文廟，舊在城內東北隅。元至正間，蕩於兵燹。明洪武四年，信陽衛同知向師誠改建州治東，即宋信陽軍故址。永樂中知縣胡壽安、李澄、教諭余能，成化十四年知州江貴，弘治十年知州張拱，正德十五年僉事孫孟舉、知州鄭懋德，嘉靖三十三年後副使焦璉、知府王崇古、知州鄒察，萬曆四十四年後知州楊若梓、教諭文立綸遞有增修。崇禎十四年，毀於寇，有董姓守備署州事，構大成殿三楹。清順治六年，副使陳聯璧重修，其後副使管起鳳、彭爌、孫籀、項一經、知州龐宗理、高天爵、傅登榮、陳其政、葉爾茂，雍正十一年艾淳繼續補葺。計大成殿五楹（順治七年，陳聯璧、龐宗理重建），東廡八楹（後改五楹），西廡八楹（後改五楹），戟門三楹（後增爲五楹），泮池（在戟門前），名宦祠三楹、鄉賢祠三楹（二祠，在戟門外左右，明成化中江貴建），欞星門三座，義路坊（在欞星門後，毀）、禮門坊（在欞星門後，毀）、金聲坊（在大成門左，原無，康熙二十年添修）、玉振坊（在大成門右，原無，康熙二十年添修），大成門（原無，康熙二十年添修），照壁一座，下馬碑二座（在照壁東西）。明倫堂五楹（明季寇毀後重修，康熙十二年孫籀、陳其政重修），進德齋六楹、修業齋六楹，尊經閣（在明倫堂後，後廢），敬一齋（在明倫堂後，後廢），啓聖祠三楹（後增爲五楹，在明倫堂後，康熙二十年項一經、彭爌、陳其政、葉爾茂重修），土地祠三楹（在大成殿東），神厨三楹（在大成殿西），學正訓導宅（在東西齋後），學塘（202）（在西廡後舊射圃地）。乾隆二十七年甲午、三十六年癸卯相繼繕修。嘉慶九年甲子南汝光道張灼，道光二十年丙申南汝光道李凌雲、知州區拔熙復修之。同治十一年，文廟頹毀，城內刑部主事李根固妻孫氏捐款兩千金，由邑人張廷策、姚紹唐建修。崇聖祠，舊居大成殿左，改移殿後，移明倫堂於東學，另建文昌宮於東偏，殿宇一律照舊重修，南汝光道傅壽彤立碑大成殿院，撰文紀其事。（203）民國五年，大成殿脊檁、彩瓦、戟門爲暴風吹毀，泮池、石欄亦損壞，經管人劉衡籌款修復。之後，駐扎軍隊，殿宇皆被拆毀，片瓦無一存者，殿前柏檜充作薪材，祠廡門坊夷爲厠厠。地方方在搶攘戎馬之中，未遑議及修文也。

（卷五"建設志·祠壇"，214）名宦祠，在學宮戟門東，今廢。鄉賢祠，在學宮戟門西，今廢。忠義祠三楹，在學宮欞星門東，今廢。雍正六年，知州王鴻勳奉敕建。（215）節孝祠，在縣治東，雍正四年建，前有節孝坊。（217）文昌祠，在學宮大成殿東，今廢。（218）奎樓，一在城外東南下關，一在城上東南隅。乾隆十二年，知州張鉞重修，營造極佳。民國毀於兵（學宮東南隅，亦有奎樓，今廢）。

光緒《南樂縣志》

光緒《南樂縣志》，成文出版社有限公司，1976年。

南樂縣

（卷二"學校"，163）文廟，在城東南隅。明洪武三年，主簿葉伯瑾建。永樂五年知縣吳文質，正統四年典史周郁相繼開拓。學基東至城，南至城，西至道，北至淨土寺。弘治中，知縣陳邦器重修大成殿、戟門、欞星門。嘉靖中，知縣周球、周昊重修日新、時習二齋、東西號房。知縣劉濟民重修治化本原門。知縣葉本路、王道重修大成殿、東西兩廡，創鑿泮池。知縣魯應華重建欞星門。隆慶中，知縣劉弼寬重修戟門、欞星門暨八字照壁，俱以琉璃飾，改鑿泮池於儒學儀門前（164），環以石欄，并改建德配天地、道冠古今二坊。知縣錢博學重修二坊，并立壁於城墻下。萬曆八年，知縣柯挺一重修。國朝康熙中，知縣方元啓重修（本《舊志》）。乾隆中，知縣邱青藜、沈赤然重修。道光十五年，知縣杜良謙重修，復改泮池於欞星門內。光緒二十一年，訓導李湘錦捐貲重修欞星門。

崇聖祠，舊名啓聖祠，在文廟後。正殿三間，前爲大門，墻垣畢飾。明嘉靖中，知縣李朝列創建。隆慶五年，知縣劉弼寬改建，與文廟宮墻相屬爲一。國朝康熙十年，知縣方元啓重修（本《舊志》）。雍正二年□（165）今名。乾隆中知縣邱青藜，道光十五年知縣杜良謙俱重修。

儒學，在文廟西。明倫堂與大成殿相直。明正德中，知縣楊濂建（舊在文廟後，洪武中主簿葉伯瑾創建），知縣陶儼重修。嘉靖中，知縣魯應華修儒學門（《舊志》云改建，未詳始建何處）。教諭宅，在門右。

訓導宅二，明倫堂東一、西一（創建不詳何時，東久廢）。隆慶中，知縣劉弼寬重修明倫堂、儒學門及會饌堂（在明倫堂後，今廢）；知縣錢博學創建雲路坊（在學宮西）。國朝康熙中，知縣方元啓重修明倫堂、儒學門、雲路坊（今廢）及起鳳亭（在儒學門前城上，蔡狀元題扁）；知縣韓宗愈（166）重建敬一亭（在一簣山西，今廢，本《舊志》）。道光中，知縣杜良謙重修明倫堂、儒學門。光緒八年，知縣張連瑞重修起鳳亭。光緒二十一年，訓導李湘錦捐貲重修明倫堂。射圃，在崇聖祠後，有游藝亭、左右廂房。知縣葉本建，知縣江澤重修（《舊志》），今廢。

（卷二"壇廟"，175）文昌祠，在文廟東。道光十五年，知縣杜良謙重建，有後閣。光緒十八年，知縣吳燾重修（增）。（176）魁星閣，在文廟東南隅城上。明隆慶六年，知縣錢博學改角樓爲之。後遭兵燹，國朝順治三年，知縣卜世昌捐俸重建。康熙十年，知縣方元啓重建（《舊志》）。道光十五年，知縣杜良謙重修。光緒二十八年，知縣施有方重修（又有五星聚奎廟在一簣山上。明萬曆中，知縣柯挺建。國朝順治七年，知縣蔡瓊枝重建。康熙十二年，知縣方元啓重修。三十四年，知縣韓宗愈重建。道光十五年，知縣杜良謙重建）。名宦祠，在文廟戟門左。康熙十二年知縣方元啓，道光十五年知縣杜良謙俱重修。（177）鄉賢祠，在文廟戟門右。康熙十二年知縣方元啓，道光十五年知縣杜良謙俱重修。忠義孝弟祠，在崇聖祠西，雍正二年創（178）建。道光十五年，知縣杜良謙重修，祀忠義孝弟之已經旌表者（增）。節孝祠，舊在明倫堂西隅，雍正二年創建。道光十五年，知縣杜良謙改建於一簣山東。

光緒《開州志》

光緒《開州志》，成文出版社有限公司，1976 年。

開州

（卷二"建置志·壇廟"，220）文廟，在州治東。大成殿五楹，後尊經閣五楹，有柏樹二十，碑記二，殿前東西廡各十五楹，有柏樹三十八，碑記三，前爲戟門三楹，戟門左右二門，東曰"金聲"、西曰"玉振"，東柏樹十六，碑記五，西柏樹二十九，碑記九，又前爲欞星門三楹，東西角門二，外各樹石坊，東曰"德參天地"、西曰"道冠古今"，旁有下馬牌各一，又前爲泮池，有橋，又前爲大門，上有莫不尊親坊，繚垣周焉。

按《舊志》，州學宮乃元大德元年，州尹彄禮建，中塑至聖像，下爲木主百有九。重葺者，州尹張楨也。延祐初，厄於水。四年，監郡安坦不花重修。六年，復厄於水。至治二年，（221）同知張持敬修復之。明洪武二十五年知州文有楨，永樂六年判官李恂、徐顯相繼重修。正統中，御史富好禮命郡倅王亨復加修葺，撰記者修撰劉矩也。景泰中，知州李廸以學宮狹隘，擴之，包蓮花池及雞鳴山，州人甘澤有《展學地記》。建尊經閣者，知州李嘉祥，宏治十三年落成，高三丈。學宮向無泮池，正德中，州同潘塤始創築之。建橋門、樹泮宮坊於儒學門外，東爲義路，西爲禮門，復於崇德報功門左右建儒林坊、聖域坊，自爲文記之。嘉靖九年，知州孫巨鯨建敬一箴亭，復立啓聖祠。二十一年，知州尹耕重修之，易戟門外東西坊曰"博文""約禮"，（222）殿之東西坊曰"仰高""鑽堅"，王崇慶爲作《鼎新儒學序》。四十四年，知州湯希閔重修殿廡，建魁星閣於大成門內，榜曰"龍頭"。隆慶四年，知州潘雲祥建奎光閣於欞星門巽隅，植柏數百株於泮池左右，學後築土峰，環以楊柳。萬曆四年，知州王圻重葺。十四年，知州金應照修葺尊經閣及學宮，州人王祺撰尊經閣碑。二十二年，知州沈堯中復修奎光閣，培學後五峰。四十一年，知州趙琦、州人王祺共建文筆峰。四十三年，知州周之謨復同王祺共建奎閣。天啓三年，知州董象恒、學正崔大任復修飾之。（223）國朝順治十一年，知州景文魁新學宮。康熙二年知州林遜，七年知州孫榮重修大成殿、啓聖祠、欞星門並儒學坊、墻垣。雍正元年，改啓聖祠爲崇聖祠。乾隆四年，知州徐時作因殿宇傾圮，遵制易大成殿以琉璃瓦，棟桷、戶牖、神座、祭几概易良材，兩廡、戟門、欞星門皆尋舊址而鼎新之，修復崇聖殿、尊經閣及名宦、鄉賢祠，四圍垣墻易以磚石，樹墻下柳柏六百餘株，徙泮池於欞星門外，建左右石坊。七年，署知州毛振翮繼修兩廡、先賢神座。五十八年，知州徐惇典修崇聖祠、大成殿、尊經閣、兩廡、欞星門及奎樓，圍垣前加三（224）尺，後高五尺，殿旁創立兩門，惇典自有記。嘉慶三年，繼修者知州楊自強也。

（247）名宦祠，在文廟戟門東，三楹。（250）鄉賢祠，在文廟戟門西，三楹。成化間，知州胡璟建，王越作記。（253）忠義孝弟祠，在文廟戟門東。（255）文昌宮，一在城內東南隅。嘉慶四年，知州楊自強創建，自強精堪輿術，與同里都司楊占魁擇吉地建奎文閣，又捐俸二百金以供香火歲修費，交當店生息。一在州署西南，康熙六年知州孫榮創建。嘉慶五年，知州張極重修。七年，署知州孫樹本勸捐增建。工始興，旋卸任去。八年，知州李符青復捐資，踵成之，有記，載"藝文志"。奎星閣，在西文昌宮前，知州李符清建，後移奎星於東配房，毀閣爲照壁。魁星樓，在學宮東偏。

（卷二"建置志·學校"，273）儒學，在文廟西偏，明倫堂五楹，左右齋房十楹，前爲二門三楹，外大門三楹，堂之後東爲學正署，西爲訓導署，皆五楹，東西房各三楹。射圃，在文廟東偏，廣五十餘步，袤百二十步，昔有亭，今廢。

按《舊志》，州學創於元大德元年。明正統中，御史富好禮命郡倅王亨重修明倫堂，擴齋房，東爲日新、爲養正，西爲時習、爲饌堂、庫舍及諸生肄業舍二十楹有奇，州人劉矩爲文記之。天順七年，知州謝鳳拓明倫堂，廣六尋有半，袤五尋，上瓦，旁甓下址，以石建左右齋各三楹，右（274）齋之南爲文集庫，外爲重門。堂後創高閣五楹，曰御書閣，後廣號舍三十四楹以居諸生，購學西地數畝，建房三區，爲司教者廨宇，撰記者祭酒陳鑒也。宏治五年，知州王瑩廣諸生號舍六十楹，創射圃一區。嘉靖中，知州尹耕復建射圃亭，創時雨堂以課士，嗣知州湯希閔、王圻、沈堯中及郡同知謝傅顯先後修葺。國朝康熙六年，知州孫榮重修，里人常時泰作記。乾隆四年，知州徐時作新明倫堂，建博約齋，增諸生號舍。七年，署知州毛振翮復拓學署，東西建寢室、配房、前廳各五楹，州判熊繹祖有記。今學舍如舊，而齋房亭閣多就廢（275）圮，未復舊制。是以司牧者所宜及時籌畫，以議修復者也。

光緒《范縣鄉土志》

光緒《范縣鄉土志》，成文出版社有限公司，1968年。

范縣
（"地理"，35）東門里街文廟，旁有啓聖祠及鄉賢、名宦、忠烈等祠遺迹。文昌閣。有學署遺迹。

民國《續修范縣志》

民國《續修范縣志》，成文出版社有限公司，1968年。

范縣

（卷二"地理志·古迹"，115）魁星樓，在文廟迤南，光緒十八年知縣姚恩溥同訓導崔贊襄，及闔邑紳士捐資移建，下有洞門，上有層樓，高五丈七尺，有如長劍倚霄，采章插漢，誠邑之勝概也。不惟有關文化，亦且極壯觀瞻，知縣陶振宗曾豎碑以記其事。民國十八年冬，縣長王逸民議建中山公園，拆廢。文廟，舊有泮池、欞星門、東西華門及周圍花牆，係姚侯延福於清光緒四年建設。民國十九年春，縣長王逸民拆毀，士林力阻無效。文廟，後有崇聖祠，民國十一年重修。西有明倫堂及節婦祠舊址，殘碑數通，字迹尚可辨。

（卷三"禮俗志"，213）名宦祠，見"學校"。鄉賢祠，見"學校"。昭忠祠，在儒學西北，久廢，嘉慶十四年知縣唐晟捐廉重建。節孝祠，在儒學西北，嘉慶三年署知縣嵇成群修。

（卷三"教育志"，239）孔子廟，舊稱學校或學宮，現大成殿改爲孔子廟。《舊志》，儒學在縣治東。其在舊縣者，元元統間知縣郭夢起建。至元間圮於水，知縣莫世榮重建。明洪武十三年，黃河決，沖沒舊城。後三年，知縣張允同教諭錢亨徙今治。天順知縣尚義，成化知縣鄭鐸，宏治知縣薛鎰，嘉靖知縣胡來聘、楊文進，萬曆知縣蔡文會、陳鴻猷、賈四知相繼重修。萬曆六年，巡撫趙公令知縣黃承恩加修，出學倉餘米以助之，建文昌樓一座。萬曆四十一年，知縣薛之屏又捐俸修。清順治六年，土寇破城，堂殿、門廡俱被毀。康熙己酉，知縣霍之琯同訓導李簡身捐俸募修，創建兩廡各十二間，修補大成殿五楹，其餘門牆、樓閣次第修復，將告厥成，唯望邑紳士共（240）勉是舉也（霍之琯）。

大成殿，五楹。東廡，十二間（東廡、西廡現爲民衆教育館）。西廡十二間（大成殿及東西廡，康熙九年知縣霍之琯同訓導李簡身督修。二十六年，知事黃秉中同教諭朱輝瑜、闔邑紳衿捐貲重建。同治年間，吳邦治重修）。泮池，明知縣陳洪猷改建欞星門外，嘉慶十四年知縣唐晟重浚。民國十九年，縣長王逸民填塞。欞星門，清康熙二十六年，知縣黃秉中同教諭朱輝瑜、闔邑紳衿創建，現爲第四科大門。戟門三楹，清康熙二十六年，知縣黃秉中同教諭朱輝瑜、闔邑紳衿捐資補修，現爲電話事務所。左禮門、右義門，明知縣薛之屏創建，民國十九年知縣王逸民拆毀之。照壁，清光緒四年，知縣姚延福建。（241）興賢坊，久廢；育秀坊，久廢。宮墻，清光緒四年知縣姚延福建，民國十九年縣長王逸民拆毀。名宦祠，清康熙二十六年，知縣黃秉中同教諭朱輝瑜、闔邑紳衿捐資創建，一間。光緒二十二年，改爲三間。鄉賢祠，清康熙二十六年，遜儒先生曾孫邑庠生范若枋創建，一間。光緒二十二年，改爲三間。以上兩祠，第四科住。文昌樓，明知縣黃承恩建。民國二十三年八月，東壁傾，現爲縣立城鎮第二小學地址。魁星樓，明知縣張文斾改建城顛，久廢。清康熙二十六年，知縣黃秉中同闔學生員重建。光緒二十一年，知縣陶振宗改建東南門裏街，跨東西大路。民國十九年，縣長王逸民拆毀，將磚用築中山公園。明倫堂三楹，久廢。存心齋，五間，久廢。養性齋，五間，久廢。崇聖祠，明知縣胡來聘建，久廢。清康熙二十六年，知縣黃秉中同教諭朱輝瑜、闔邑紳衿重建。嘉慶十四年，知縣唐晟同教諭李又存、訓導唐振緒重建，久廢。民國十一年，知縣黃經藻同前後勸學所長王金藏、閻仲山倡捐重建，祠三楹，東西配（242）房各三間，大門一座，勸學所寓此，教育局第五科因之。（243）教諭宅，在學宮左，久廢。訓導宅，在明倫堂右，久廢。按民國十九年春，縣長王逸民以文廟宮墻凸出，逼路南灣，拆毀之，並填泮池，路取直綫，現下文廟南截第四科寓，北截民衆教育館寓。

上 海 市

光緒《寶山縣志》

光緒《寶山縣志》，成文出版社有限公司，1983年。

寶山縣

（卷二"營建志·公署"，150）儒學署（在明倫堂西首），頭門一間（東向），門房二間，大堂三楹，書房二間，後堂五間，廚房二間。

（卷二"營建志·壇廟"，157）文昌宮（順治初，副總兵沈豹建閣於鎮署之右，旋廢。後建於北門內晏公廟舊址）。

（卷二"營建志·壇廟祠宇附"，160）忠義孝弟祠（未建。國朝雍正元年，奏文設立祠宇，將前後忠義孝弟之人俱標姓名，設位於祠中，每歲春秋二仲上戊日祭）。忠節祠（在北門大街，乾隆四十九年，印姓捐建。咸豐九年重修。祭期同忠義孝弟祠）。

（卷五"學校志·廟學"，491）國朝乾隆十二年，知縣趙酉、訓導洪基詳建廟學於城東南隅（先是，吳淞所學久廢。分縣時，未及請建。乾隆六年，知縣胡仁濟曾擇察院舊址詳請興建，未即舉行，暫合祭於嘉定文廟。春丁，嘉定縣主祭。秋丁，寶山縣主祭。至是，始詳准建於察院舊址。按吳淞所學，明正統十四年，千戶莊安奏建於舊城東北隅。定例，儒童由本所印卷送縣考試，定入學額四名。天順中，千戶張全重修。嘉靖初，毀於倭寇。三十年，巡按尚維持重建於新城東北隅。萬曆十九年，千戶車倫詳請重修。崇禎末廢。國朝順治六年，副總兵沈豹先建文昌閣於鎮署之右，移會知縣隨登雲，改建於城東南隅所署舊址，自大成殿、兩廡、儀門、欞門及明倫堂，不三月告竣，計費數百金。春秋丁祭，請縣學師行釋菜禮。後因海潮泛溢，殿宇傾頹，而學宮又廢），並建奎星閣。（495）

五十五年，知縣彭元璟重修廟學（四十年，爲颶風所圮，工鉅未克修舉。元璟苾任，勸捐重修）。（496）嘉慶十年，訓導姚原綬鑿學渠築土山（廟學內外均植柏檜）。道光二十年，知縣劉光斗重修廟學，並改建奎星閣（城紳張澍琪等董其役）。光緒元年，知縣馮壽鏡浚學渠（通東南水關，引外城濠水注之）。三年，知縣梁蒲貴、訓導謝珣捐修奎星閣（城紳徐選等董其役，核費工料錢，□【497】百餘串）。

廟制：大成殿（五楹爲正殿），東廡（八間），（499）西廡（八間）。（500）丁東門（一座，三楹，在大成殿正南，左右翼房各一間）。欞星門（一座，三間，在丁東門正南）。德配天地、道冠古今坊（在欞星門東西）。崇聖祠（在大成殿後東北，祠門一座。明嘉靖九年，於大成殿立啓聖祠，祀叔梁公。國朝雍正二年，詔封五代王爵，改爲崇聖祠）。名宦祠（三間，在翼房東）。（501）鄉賢祠（三間，在翼房西）。土地祠（一楹，在丁東門西，祀本學土地之神）。奎星閣（在欞星門東南）。

（502）學制：明倫堂（四楹，在大成殿西，前爲頭門三間，儀門三間）。尊經閣（上下樓房六楹，在明倫堂後）。齋舍（東西各二間，在明倫堂前）。儒學署（十四間，在明倫堂西，詳"營建志"）。

（516）附灑掃會。同治七年，巡撫丁日昌通飭各屬舉行文廟灑掃會，仿照蘇州府學章程，於地方籌款存典生息，以（517）充經費。因一時無款可籌，權由學月給錢以資朔望灑掃殿廡之需。隨於光緒六年，經知縣王樹棻、訓導謝珣捐俸首倡，城鄉紳士輸貲以助，共積錢四百千文，發沈寶泰典生息，以給春秋丁祭及朔望灑掃各夫薪工，併飭在城生員徐選、宋應祥、江志鈞、劉其偉、邵如藻、王福增等輪司其事，於年終造冊報銷。

民國《寶山縣再續志》

民國《寶山縣再續志》，成文出版社有限公司，1970年。

寶山縣

（卷三"營繕志·壇廟"，86）本邑文廟，自十三、四年駐扎軍隊，頹毀殊甚。十五年春，文廟灑掃會會長印書畦、副會長王鍾麟等函請知事馮成設法興修，以崇祀典。計水木工料共四千餘元，樂器、祭器、祭服等共二千餘元，當經馮知事呈請以高橋沙建築油池棧公益費案內借撥銀三千元,其餘由地方紳商協力籌募。

(卷四"財賦志·公款公產·縣教育公產一覽表",132)儒學署,十二畝五釐二毫,城內東南角,連文廟在內公估並無方單。

《寶山縣續志附再續志、新志備稿》

《寶山縣續志附再續志、新志備稿》,成文出版社有限公司,1975年。

寶山縣

(卷三"營繕志·壇廟",208)文廟,道光二十年,知縣劉光斗重修。後中更法蘭西、紅巾之役,迄光緒初元,剝毀既甚,修費不貲。七年,知縣王樹棻蒞任,乃詳(209)定帶徵之法,經修之責以城紳邵如燧任之。就黌門外加建仰高坊,並將奎星閣翻甃如式(經費失考)。又以彭浦義渡田價錢一千千文,永充文廟歲修之費,委城紳董理之,隨時補葺。故三十餘年,無大興作。光緒二十三年,知縣沈佺浚城市河,訓導謝珣以學渠淤塞,牒請因工帶浚,疏通東南水關,引外城濠水注之,是後每浚城市河,學渠恒帶浚焉。

(卷三"營繕志·祠宇",212)忠義孝弟祠,光緒七年,知縣王樹棻重修文廟,於櫺星門之西偏建屋一楹,為面積所限,規制未備,僅供闔邑忠義孝弟總位而已。節烈祠(一稱節孝貞烈祠),舊在北門大街。民國元年二月,遷奉於真武殿餘屋,并籌款修葺之(當時市總董吳以義等,以該祠逼近民居,殊非安妥貞魂之道。查真武殿有空屋數楹,其地在城東北隅,改為祠宇,極屬相宜。因呈準將騰出房屋出示,估價召賣,而該祠神主一律遷至真武廟餘屋安奉。嗣由士民林士魁出契價銀三百元收管執業,除去遷移修葺費外,其款數充作本市慈善基本金)。

(卷三"營繕志·公署",215)儒學署,民國後,廢學官。元年三月,由縣署撥款修葺,改設城中學校。

(卷三"營繕志·局所",220)縣議會會所,在大成殿西尊經閣,以明倫堂為議場。民國元年(221),修葺,共用銀一百五十六元有奇。

(卷七"教育志·學校",475)本邑學校,自光緒二十七年冬,知縣金元烺奉文籌辦,照會邑紳(476)潘鴻鼎、袁希濤等籌畫進行,定議先就邑城參將廢署、學海書院建設縣學堂、蒙養學堂各一。

民國《崇明縣志》

民國《崇明縣志》，成文出版社有限公司，1975年。

崇明縣

（卷三"地理志·壇廟"，108）文昌宮，在學宮東南，雍正五年，知縣張文英建，邑人楊翰升修，基地長三十五步，廣十四步四尺。乾隆四年，撥香火田一（109）頃。四十九年，續撥田一頃（今祀廢□□小學校。又廟在演武場，久廢。又在蟠龍鎮，雍正十二年，邑人茅大成募建。又在新開河鎮，又在貊貔廟鎮，皆私祀焉）。魁星閣，在文昌宮東，基地二百七十九步。雍正五年，知縣張文英重建。乾隆十四年，知縣張世友增修，建聚星書屋，旋圮。同治末，改建文昌宮內。

（卷三"地理志·祠墓"，113）忠義孝弟祠，在學宮戟門西（雍正三年，唐世涵祠改）。名宦祠，在學宮戟門左。（114）鄉賢祠，在學宮戟門右。節孝祠，舊在東街。道光二十七年，知縣熊傳栗移建城東□隅。（115）沈忠節公祠，在學宮西。嘉慶二十一年，知縣陳文述改訓導署建。裔孫監生堃置田二頃為歲修費（以上皆現存祠，以下皆廢祠）。（116）唐公祠，在學宮戟門右（祀明知縣唐世涵。雍正三年，改建忠義孝弟祠）。

（卷八"學校志·學宮"，410）邑治五遷，而學凡六建。今在城東南濠外，明天啓二年，知縣唐世涵所改建也，基地西長八十六步二尺五寸，東長八十九步，南北闊各四十八步。清順治十五年知縣陳慎、訓導左國楨，康熙三年總兵張大治、知縣龔榜、諸生陳旦，二十三年知縣朱衣點，雍正五年知縣張文英先後重修。（411）乾隆七年，知縣許維枚重修。（413）十二年知縣於中行，十四年知縣張世友並重修。（414）二十五年，知縣趙廷健重修。（415）五十三年知縣張感熊，道光七年知縣王青蓮重修。（416）同治八年，知縣曹文煥、教諭鄭鏡清重建大成殿，餘並修葺，邑人浙江試用同知施天松捐戟十二、大鐘一。

（417）學宮今制，有萬仞宮牆（《乾隆志》牆基地西長四步，東長十二步，闊三十三步一尺，朱衣點建，圮於潮。於中行重建，許維枚、王青蓮、曹文煥踵修）、欞星門（陳慎、左國楨、張大治、龔榜、陳旦、張文英、許維枚、張世友、趙廷健、曹文煥先後捐建重修）、泮池（引巽水入池，趙廷健重修）、登雲橋（在泮池上，許維枚、趙廷健、王青蓮、曹文煥踵修）、戟門（三楹，張世友、趙廷健、曹文煥踵修）、名宦祠（在戟門左）、鄉賢祠（在戟門右）、忠義孝弟祠（在鄉賢祠西）、（418）東廡西廡（共十八楹，陳慎、左國楨、許維枚、張世友、趙廷健、王青蓮、曹文煥踵修）、大成殿（舊三楹，傾圮，許維枚及紳士黃鳳等重建，五楹。趙廷健修，增殿額。張感熊、王青蓮、曹文煥踵修）、崇聖祠（三楹，張文英建。許維枚、張世友、趙廷健、曹文煥踵修）、有拜亭（在戟門內，朱衣點建）、敬一亭、訓導署（在大成殿西北，張文英建，共三重九楹，許維枚增建厢房四間。嘉慶十七年，訓導移海門，廳署改爲沈忠節公祠）、博文齋（在明倫堂後）、約禮齋（在殿西北）、斗級公所（三間，在儒學大門內東偏），皆廢。

儒學，有大門（三楹，趙廷健修）、儀門（三楹，趙廷健修）、土地祠（許維枚修）、灑掃會所（即省牲所改，許維枚修）、明倫堂（三楹，張文英、許維枚、趙廷健並修）、教諭署（在明倫堂後，共二重。前爲學海堂，五楹；東西厢二間；後樓上下共十楹，張文英、許維枚、趙連城並修）、尊經閣（上下共十楹，許維枚建。王青蓮修，閣舊有書籍，潮災淹沒，間有存者。咸豐中，又爲教諭季惇携去。今姑依《趙志》錄其目）。

（卷八"學校志·學宮·附舊學宮"，421）宋嘉熙間，承議郎趙崇侯奉使始建書堂（按：《江陰縣志》淳祐七年，趙崇侯知江陰軍注云承議郎，而《舊志》但云奉使，佚其官耳。是時，方開朱子僞學之禁，宜有興學之事）。元至元十四年，升州學。延祐初，議建文廟，邑人顧德捐椒園（422）地爲基。泰定四年，千戶楊世興捐建大成殿五間，旋圮於潮。至正間，遷崇文坊。明洪武二年，改縣學。宣德初，邑人給事中彭璟請修復學宮舊制，邑人浙江處州同知張棩捐置祭器。正統二年，典史劉清鑿泮池建橋。五年，知縣張潮建明倫堂。十一年，知縣王銳取上海漂材增修殿堂、門廡、厨庫、倉敖、射圃、宰牲所、博文齋、約禮齋、儒學署並學舍二十四。成化六年，知縣王士逵修。（423）二十年，邑人顧謹捐建櫺星門柱以石。嘉靖九年，建啓聖祠於殿後。二十九年，遷平洋沙，卜學基於城東南。三十五年，兵備道熊桴命知縣紀元凱改建於東街，置祭器。三十九年，知縣范性又建啓聖宮、敬一亭、名宦祠、鄉賢祠。（425）萬曆六年，知縣何懋官改建於東南小教場。十六年，城遷長沙，知縣李大經建學宮於城東南（基闊四十步，深五十六步，後改總兵署）。二十七年，知縣李官重修大成殿、東西廡、欞星門、尊經閣、敬一亭、泮池，池建橋曰"飛虹"。（427）二十九年，知縣張世臣築萬仞宮墻，修東西廡、博文、約禮齋。四十五年，知縣袁仲錫修騰蛟起鳳、興賢仰聖二坊，泮池左右建奮龍、飛鳳二橋。

光緒《重修奉賢縣志》

光緒《重修奉賢縣志》，成文出版社有限公司，1970年。

奉賢縣

（卷首"圖說"，80）文廟，舊在城東南隅，始建於乾隆二十五年。至咸豐十一年冬，寇毀。同治四年，移建於圓通庵舊址，外爲萬仞宮墻，兩旁爲興賢、育才坊，爲欞星門，內爲泮池、爲大成門，東爲鄉賢、名宦祠，西爲忠義孝悌祠，進爲東西廡，爲大成殿，後爲崇聖祠，周垣繞河，石梁通焉。其東附建學署，爲頭門，進爲明倫堂，爲申義堂，爲側廳，爲內堂，堂右爲尊經閣，餘詳"學校"。

（卷五"學校志·文廟"，317）文廟，國朝雍正三年，江蘇巡撫張楷分華亭之東南境爲奉賢縣，即以華亭訓導改設爲奉賢訓導。其署在郡城縣學東，額編奉賢縣，春秋二丁祭銀，奉賢縣徵繳，華邑統同行禮（《舊志》）。時校官僦居郡城，歲科新生入學釋菜與生童月課舟楫往來，皆以爲病。乾隆二十五年，知縣劉伯塤偕紳士等倡捐創建於城東南隅，於是奉邑始有廟學。四十九年，知縣王夢文重修。五十七年，知縣王桂懷、（318）紳士周崟、陳廷溥、莊四得、蔡丕勳等捐貲重修。明年，建魁星閣於城之巽隅，監生顧累功任其事，監生陶用賓捐建學署、齋房三間。五十年，邑人陳文疇捐田一百畝八鰲以爲歲修之費。

（322）正殿五楹，前爲月臺，東西兩廡，前爲大成門，列戟如制。左爲鄉賢祠，右爲名宦祠，前爲內泮池，又前爲欞星門，外有二坊（東曰"興賢"、西曰"育才"）。儒學門在欞星門東翼，進爲明倫堂，又進爲申義堂。（331）咸豐十一年冬，賊陷縣城，文廟被毀。同治四年，知縣韓佩金、吳炳經先後會同訓導黃振均詳請按畝提捐，估工重建，會炳經以艱去，葛兆堂攝篆，後奉文諭董興建，（332）閱三載落成，規模如制。先是，舊廟逼近城垣，明堂狹隘，廟之西北十丈許舊有圓通寺，當城南正位，相傳爲宋時古刹，亦被賊毀，爰移建於此（文廟舊基共田十畝六分八釐，又附近田三則共六畝六分九釐，新建文廟基，除圓通寺舊基外，添置田七則，共十五畝七分八釐二毫）。

（卷五"學校志·學署"，334）學署，舊在郡城鴻逵坊□，後別建於邑城東南隅。咸豐十一年，毀於寇，僅存明倫堂三間。同治六年，移建於學宮東側。七年，知縣韓佩金再攝邑篆，籌款竣事。

（卷六"祠祀志·諸祠"，375）文昌祠，一在舊學宮側，太學生顧累功捐建，道光八年，知（376）縣潘國耀諭董高金蘭、宋三榮等重建於肇文書院之側，祀文昌帝君，上爲閣，供文昌三代。每歲春秋致祭，額編祭銀二十兩。咸豐十一年，賊擾，舊祠與學宮俱毀，惟後建者猶存。同治十二年，知縣王起仁、訓導黃振均諭董董瑞春、林端仁等倡募重建。（378）魁星閣，基東南隅城上，顧累功建。（379）鄉賢、名宦祠，向在學署頭門內。被毀後，移建文廟大成門東側。（380）忠義孝弟祠，向在學署頭門內，今建文廟大成殿西側。（381）節孝祠，在縣治西北隅（《舊志》），與同善總堂鄰。嘉慶十年，知縣艾榮松諭董戴元勳等重建。道光十五年，知縣楊本初（382）倡捐並集資修建，又建節孝總坊於祠前。同治九年，卹嫠司事金棟等重修後堂。

乾隆《金山縣志》

乾隆《金山縣志》，成文出版社有限公司，1970年。

金山縣

（卷二"公署"，120）儒學訓導署，在郡城府學後。舊爲府學訓導署，雍正四年，改爲金山縣儒學公署。乾隆年，訓導吳巽捐俸重修，顏其堂曰"希士"。

（卷四"秩祀"，191）文廟，一在府治（本華亭縣學宮。華分婁，婁學未建，與華共之。金山分自婁，仍其舊，凡祭儀、牲幣與婁合任，釋奠祀號悉與焉）。一在縣署東北（本金山衛學宮。舊時金山衛掌印守備主祭。乾隆十四年，衛守備裁。十六年，憲檄金山知縣主祭）。名宦祠，一在華亭縣學（本華亭名宦祠，華分婁，婁即致祭於此。金山分自婁，仍因之）。（192）一在金山衛學宮崇聖祠左（本金山衛名宦祠，今屬金山知縣致祭）。鄉賢祠，一在華亭學（本華亭鄉賢祠。舊時婁縣鄉賢附祭於此，今金山亦如之）；一在金山衛學宮崇聖祠右（本金山衛鄉賢祠，今屬金山知縣致祭）。（193）忠義祠，祀歷代忠義之士，在金山衛學宮西。雍正七年建。節孝祠，祀節孝貞烈婦女，在縣署西，雍正七年建。乾隆十四年，知金山縣常琬重建。（195）學土地祠，在儒學署中。

（卷四"學校"，199）雍正三年乙巳，江蘇巡撫張楷奏分婁縣之南境爲金山縣，隨撥府學訓導司金山學。四年丙午，即以府學訓導署爲金山縣學署，在郡城府學宮後，朔望講約、行香、月課生童俱就華亭學。先是，順治十三年，割華亭縣西界爲婁縣。明年，提學張能鱗議建學宮，使訓導馮瑄擇基址，未就，歷久與華亭共學。至是，復設金山學，仍因之。編額金山縣，春秋二丁祭銀金山縣徵繳，婁縣統同行禮。

（卷四"學校·金山衛學［附］"，202）明正統四年己未，巡撫周忱奏立金山衛學，在衛城之（203）艮隅□館街北。中爲明倫堂，列學舍於東西序，其前爲崇德堂，其後爲教諭、訓導二宅，左爲居仁齋、右爲由義齋，松江知府趙豫、衛指揮劉惠、西賢侯端經理其事，翰林院檢討錢溥撰記。按《金山衛志》云，衛初無學。正統己未，始令天下非麗郡縣軍衛立廟學，制與郡學同。春秋祀先師孔子，典教官爲教授、訓導，凡武臣及軍士之子弟皆許入學。其麗郡縣者，從入郡縣學。民生麗衛者，亦從入衛學。教成而能登第者，以次官之，使有異材者不局於一途，著爲令典，頒之天下。於是，巡撫工部侍郎周忱奉例奏建，衛之有學，於是始。尋命軍生及武生除應襲（204）外，皆許挨年入貢，制與縣學同，第不設廩。正德丙子，從直隸提學洪范奏，復令考定現在軍民生限以高下名次入貢，而革其挨年之令。十三年戊辰，提學御史劉福始建文廟，東鄰城隍廟，西耳錢鏐王廟，南茈通衢，北枕流水，周環以垣，左爲文廟，右爲學。文廟左右爲從祀廡，前爲櫺星門、戟門，東西列神厨、宰牲所。天順五年辛巳，提學御史嚴泲、都督董宸繕葺學宮，翰林院修撰陳鑒撰記。成化十年辛丑，巡按御史劉魁檄教授張濂、訓導歐陽法增葺學制，工未竣，劉任滿去，御史孟俊繼成之，（205）南京吏部尚書錢溥撰記。按《衛志》云，成化辛卯，指揮使劉瑛立學子肄業號房一所，凡十二間。成化辛丑，巡按劉魁、都指揮郭鋐又徙明倫堂於北爲魁星樓，別建明倫堂，委指揮使西寧指揮僉事魏文監修。初制頗隘，及歲久漸傾，凡三繕治之，廟貌始稱。弘治十一年戊午，指揮翁熊重建大成殿、兩廡、戟門，飾聖賢像。十五年壬戌，指揮西寧新學門。十七年甲子，備倭都指揮王憲製文廟祭器。按《金山衛志》，初立廟，祭器俱窯屬，王憲以年久殘缺（206）不堪，易之以錫。正德十一年丙子，備倭都指揮張奎增築文廟後土山數仞，環樹以木，并作亭其上，令學子有所游息。嘉靖十九年庚子，提學御史楊宜奏置金山衛學，廩膳二十名，司經局洗馬兼翰林院侍讀學士徐階撰記。萬曆二十一年癸巳，知府柳希點、教授翁興賢、參將李震重建文廟，大繕學宮。崇禎中，知府方岳貢重修明倫堂。國朝順治十五年戊戌，巡撫都御史張中元、巡按御史李森先、提學道按察司僉事張能鱗、署衛學事府學訓導黃中亨大修學宮。（207）按《郭志》云，時頹廢已久，計費九百餘金。撫按批發金山城甄租荳一百二十石，提學道及紳衿捐助四百餘金，皆訓導黃中亨經理其事。中亨又捐歷年俸金三百餘兩成之。衛學公占基地共三十二畝五分七釐，俱免科糧。雍正九年，松江知府王喬林議改衛學爲金山縣學，并（208）建儒學官署，詳請未允。

按前明制，天下府州縣及軍衛皆立學，沿及國朝，未嘗更易。是知縣有縣學，衛有衛學，官各有司，事無兩涉。如以分縣方新建學，功鉅，姑就衛學以行典禮，可也。如以縣未學而廢衛以爲之，得毋非縣衛並建之意乎。且衛爲濱海之防，前明嘗宿重兵於此，特設學以訓其子弟及附近人民，俾習聞夫親親尊上之義，其用意蓋深遠矣。請而未允，其以是歟。

（216）成化十七年辛丑，巡按劉魁、都指揮郭鋐繕葺金山衛學宮，始立射圃於隙地。

咸豐《金山縣志》

咸豐《金山縣志》，成文出版社有限公司，1983年。

金山縣

（"建置志·倉署"，226）儒學訓導署，在朱涇鎮文明里（四保一區）。初，雍正四年分縣以後，府學訓導領金山學事，即以府學署爲金山縣學署，在郡城府學宮後。乾隆二十六年，知縣黃堅始詳請巡撫陳宏謀奏准建署。其前爲大門，內明倫堂，堂後爲念典堂，堂左右翼爲書齋，再進爲燕室，各五間，旁爲東西廂房。乾隆年，訓導吳巽（227）修。四十六年，知縣周世宅、訓導劉大年修。五十三年，知縣王勸、訓導黃考祥重修。嘉慶十一年，知縣鄭人康、訓導段玉成重修。十三年，知縣鄭人康、訓導周懷琢修明倫堂。

（235）金山衛儒學教授署，授兼攝儒學，缺裁，遂廢。今大觀書院，即其基址。

（"秩祀"，241）文廟，詳"學校"。崇聖祠，詳"學校"。文昌宮，編銀四十兩，嘉靖六年祀。名宦祠、鄉賢祠、忠義孝弟祠，編銀二兩一錢八分九厘。節孝祠，以上詳"學校"。（242）文昌閣，詳"學校"。魁星閣，詳"學校"。

光緒《金山縣志》

光緒《金山縣志》，成文出版社有限公司，1983 年。

金山縣

（卷七"建置志上·公署"，362）儒學訓導署，在朱涇鎮文明里（四保三區十二圖）。初，雍正四年（363）分縣以後，府學訓導領金山學事，即以郡城府學署爲金山學署。乾隆二十六年，知縣黃堅詳請巡撫陳宏謀奏准建署於縣學宮之右。前爲大門，內爲明倫堂，堂右爲土地祠，後爲念典堂，再後爲燕室，各五間，東西各有厢房。兵燹後，止存大門，暨明倫堂。同治六年，知縣趙元昂、訓導吳炳宸重建念典堂并燕室各三間，東西厢房各五間，念典堂前西爲書齋，東爲耳房，各二間。大門內添建二門，門東爲忠義祠，西爲孝弟祠。（368）金山衛儒學（教授、訓導）署，均在文廟西。明正統己未年，松江府知府趙豫建，內有滋德堂，教授李筠建。國初以府教授兼攝儒學，缺裁，遂廢。今大觀書院，即其基址。

（卷七"建置志上·秩祀"，374）文廟，詳"學校"。（375）崇聖祠，詳"學校"。文昌宮，嘉靖六年入祀，三祭，共編銀六十兩。名宦祠，二祭，共銀二兩一錢九分。鄉賢祠，二祭，共編銀二兩一錢九分。忠義祠，二祭，共銀二兩一錢九分。孝弟祠，二祭，共銀二兩一錢九分。土地祠。以上詳"學校"。節孝祠，在朱涇鎮龍淵里，前御史程維岳宅。嘉慶二十一年，知縣林沛改建（二祭，共編銀二兩一錢九分）。

（卷十四"學校志"，613）文廟，在朱涇鎮文明里（四保三區十二圖）。乾隆二十五年，知縣（614）黃堅詳請建立。乾隆□□□□，知縣楊宏聲□□□。十八年，落成。廟東西立禮門、義路兩石坊。□□□□□星，前爲泮池，池上爲橋，內爲大成門，門左□□名宦、鄉賢兩祠，由丹墀上爲月臺，再上大成殿，殿東西爲兩廡，後爲崇聖祠（舊名啟聖祠，雍正元年改今名）。四十六年，知縣周世宅、訓導劉大年修。五十三年，知縣王勸、訓導□□祥重修。嘉慶十一年，邑貢生黃霆捐修戟門及增築界牆。十三年，知縣鄭人康、訓導周懷琢重修泮池、石□□□並浚河。二十年，邑人陳夢元捐筑萬仞宮牆。道光七年，知縣程士偉、訓導吳金緘重修。道光二十七年，知縣孫豐、訓（615）導何鼎綸勸捐，建立魁星閣於泮池東。同治六年，知縣趙元昂、訓導吳炳宸重修，並移建魁星閣於東石坊之東。同治十年，知縣汪祖綬、訓導吳江照復建尊經閣於崇聖祠左。（618）名宦祠，在大成門左（本華亭名宦祠，華分婁，婁□華祭，金分自婁，亦仍因之）。鄉賢祠，在大成門右（本華亭鄉賢祠，附祭婁縣鄉賢，今金山亦如之）。（619）忠義孝弟祠，在學署二門旁。（621）土地祠，在訓導署右。

（卷十四"學校志·金山衛學"，626）文廟，在衛城篠館街北（華界）。明正統四年，巡撫周□奏立衛學。十三年，提學御史劉福建（基地三十二畝五分七釐，俱免科）。天順五年，提學御史嚴洊修。成化十七年，巡按御史劉魁督修。萬曆二十一年，知府柳希點修。崇禎十一年，知府方岳貢重修。國朝順治十五年，巡撫都御史張中元等修。康熙二十三年，知府魯超重修。五十九年，教授王辛元重修。雍正九年，知府王喬林請改衛學爲金山縣學，未允。（627）（乾隆）三十八年，學院彭元瑞奏裁衛學名目，改歸各縣考試。廟祀現在係鎮（628）海衛守備行禮，府學教授照舊例列銜，崇聖祠仍因舊制。自奏裁以來，日漸坍毀，道光十二年紳士錢熙載、翁純等重修。（629）名宦祠，在崇聖祠左。道光十四年，改建於大觀書院講堂左。鄉賢祠，在崇聖祠右。道光十四年，改建於大觀書院講堂右。忠義祠，在文廟西，雍正七年建，久圮。道光十四年，改建於大觀書院二門左。節孝祠，在舊治西廣安橋東，雍正七年建。乾隆十四年，知縣常琬重建，久圮。道光十四年，改建於大觀書院二門右。文昌宮，在朱涇鎮鳳翔里，嘉慶六年，奉（630）旨尊爲文帝，列入祀典。十年，知縣鄭人康捐俸倡建，有碑記。文昌閣，（631）一在衛城大成殿東。明正統年建。乾隆初圮。光緒二年，邑人劉肇基等集捐重建。（632）大觀書院，在衛城衛學西偏，即舊明倫堂基地（華界）。道光十二年，紳士錢熙載、翁純等勸捐創建。至十四年，落成，涇縣朱琦撰文，中爲講堂，左右爲居仁、由義二齋，旁列號舍，内有滋德、崇德、賓坻三堂，舊存倉廒。

光緒《青浦縣志》

光緒《青浦縣志》，成文出版社有限公司，1970年。

青浦縣

（卷三"建置·衙署"，262）儒學教諭、訓導署，並在學宮。同治十二年重建，詳見"學校"。

（卷三"建置·壇廟"，274）文廟謹列"學校"。別廟在孔宅，詳"聖迹"。崇聖祠同文廟。（276）文昌宮，祀文昌之神，在南門，即察院舊址，道光七年建。（281）孝弟、忠義、鄉賢、名宦四祠，皆在學宮，詳"學校"。（282）節孝祠，在學宮西偏，即知縣魏球青山棠院改建。咸豐十年毁。同治六年，知縣錢賓傳捐俸重建，并祀本邑殉難婦女於堂，東偏爲貞烈祠。有田三十三畝五分。

（卷九"學校·學宮"，663）學宮，在縣志東南。明萬曆元年建。先是，縣治青龍，已建學（見徐階察院記）。新縣之建，學遷今所，知縣石繼芳即顧氏義塾改建，外爲宮墻、欞星門，門内爲泮池，池北爲先師殿，東西有廡，殿後爲明倫堂（繼移殿左），東西有齋（後廢），齋西南爲敬一亭，堂之東爲啓聖祠（繼移西齋之北），廟左儀門爲師生出入之所。儀門内爲訓導署（繼移堂後），後爲教諭署，此始立學時之大略也。九年，知縣屠隆建名宦、鄉賢祠。二十五年，久雨，學宮壞，知縣卓鈿修之。三十三（664）年，知縣金玉節建尊經閣（《舊志》作毛一鷺，今據董其昌碑記改），繼知縣韓原善又修之。天啓六年，颶風壞學舍，知縣鄭友元重修。自建縣以來，增修凡五，學制始大備，地共二十二畝九毫，顧從禮、金棟獻永免科糧。（665）國朝順治三年，詔所在有司修葺廟學。六年，修學，知縣爲王嶙。十四年，提學張能鱗飭屬修學，訓導王秉彝董之。十七年，教諭陳覺先構學舍。康熙四年，知府張羽明建九峰書院，又率教諭任國寶修大成殿、明倫堂。七年，知縣魏球建文昌書院，修啓聖祠，禁學潭漁捕。二十年，知府魯超飭修學，教諭周肇、訓導陳堂謀董之。二十七年，知縣張庚大修學宮并修尊經閣，會劾去，未竣。四十年，知縣許鈺踵成之，移敬一亭於射圃堂址，奉朱子石刻像。（666）雍正三年，教諭蘇鍾峒重修。四年，分建福泉縣，以訓導專理福泉學事。乾隆八年，裁訓導如故。十三年，知縣萬方極重建（667）大成殿。四十年，教諭朱玉成、訓導張錦修之。四十九年，教諭王希伊建忠義祠。五十三年，知縣孫鳳鳴暨王希伊、訓導朱澍功募修學。嘉慶八年，知縣溫恭、教諭王光燮、訓導臧開仕重修之。十四年，教諭呂星垣修學舍。（668）道光十二年，知縣蔡維新、教諭李雲松、潘恩簡、訓導陳栻募修殿廡，增建孝弟祠（邑人方功立董役）。十九年，修尊經閣（邑人劉觀光捐資）。二十八年，教諭朱崇寶、訓導周絅重修明倫堂。咸豐十年，粵寇毀。同治元年，克復後，大成殿僅存。三年，大風圮。（669）同治七年，知縣錢寶傳重建大成殿暨崇聖祠、尊經閣、敬一亭、名宦、鄉賢、忠義、孝弟四祠（邑人吳家鼎董役）。十二年，知縣汪祖綬、教諭鄭淦、訓導祁文藻重建明倫堂，暨教諭、訓導署（邑人盛邦霖等董役）。

（672）大成殿，舊稱先師廟（一曰文廟），東西有廡，前爲月臺，又前爲大成門（亦曰戟門），其外爲欞星門、泮池。（676）崇聖祠，在大成殿後（明稱啓聖祠，惟祀叔梁公。國朝雍正二年，詔封孔子先世王爵，合祀五代，祠更今名。舊在殿左，重建時遷今所）。（677）祭器庫，舊在東廡北，今因之。（678）樂器庫，舊在西廡北，今因之。（679）敬一亭，在大成殿西。射圃，在敬一亭南（案，《郭府志》記宋時習射儀甚詳，明初因之，故學中皆有射圃。習射即古鄉射禮也，今射圃僅存，而射禮已久不行矣）。尊經閣，在名宦祠東南（舊在大成殿後，重建時移今所）。（681）名宦祠，在大成門左。（682）鄉賢祠，在大成門右。（685）忠義祠，在尊經閣後之左。孝弟祠，在尊經閣後之右。（686）學署，在大成殿東，外爲儒學大門，儀門曰"崇德"，中爲明倫堂，堂後爲教諭署，堂曰"觀成"，堂東爲訓導署，堂曰"嘉會"（訓導署舊在崇德門內東偏，今移此）。（691）奎星祠，在崇德門左（舊同文昌，祀尊經閣，今別建文昌宮，而祠移此）。學土地祠，在崇德門右。尊賢育才坊，詳見"坊表"。

民國《青浦縣續志》

民國《青浦縣續志》，成文出版社有限公司，1975年。

青浦縣

（卷三"建置·壇廟",157）文昌宮,在南門,見《前志》。同光時,屢有修葺。邑無萬壽宮,凡遇慶典朝賀,官紳率行禮於此。大門有樓,榜曰魁星閣。(165) 節孝祠,在學宮西偏,見《前志》。

（卷八"學校上·學宮",389）縣學,咸豐十年亂毀。同治七年、十二年,先後興復。光緒四年,萬仞宮墻大風壞。五年,知縣馮渭重修,均見前志及雜記、補遺。自是無大工役。二十六年,大成殿後檐壞,知縣汪瑞曾重修,並修東西廡、崇聖祠、祭器庫、樂器庫、大成門、欞星門、敬一亭、忠義祠、孝弟祠、學署明倫堂、崇德門,共用錢一千一百千文有奇（邑人吳昌麟、陳光禧董之）。三十二年,大成殿後檐又壞,(390) 教諭陳志堅重修,兼修明倫堂東西牌坊,修整禮器,共用銀一百一十一圓有奇（邑人葉其驥董之）。

（393）學署:教諭在明倫堂後,訓導在明倫堂東,見《前志》。光緒三十三年,訓導缺裁,署改勸學所辦公室（尋革,後教諭署亦歸地方公用）。

同治《上海縣志》

同治《上海縣志》,成文出版社有限公司,1975年。

上海縣

（卷二"建置·衙署",163）儒學教諭署（詳《學校》,舊有訓導署,後分屬南彙,署廢）。

（卷九"學校",627）國家遵儒崇道,學校如林。所在有司,以二仲致祭,廟廷禮樂視王者。《舊志》附之"建置",雖仿《武功志》之例,然茲事甚大,條目亦繁,故《大清一統志》設專門,誠重也。今依其例,考宋元立學之始,與明以來次第興修,及咸豐移建之由,具著於篇,而凡事涉學校者附焉。志"學校"。

縣學,舊在縣署東。初爲鎮學,宋景定中,唐時措市韓氏屋立文昌宮,請於監鎮董楷建古修堂爲諸生肄業所（唐時措、董楷皆有記,今無考）。元至元三十一年,與華亭分縣後,知縣周汝楫改爲縣學,繕葺未竟。元貞元年，浙西廉訪僉事朱思誠行部至縣，使（628）鄉萬戶費拱辰成之。大德中，府判張紀、知縣辛思仁、縣丞范天禎又增拓焉。至大三年，瞿霆發助田，請移建於縣治之西（即今淘沙場陳公、袁公二祠，及果育堂址是）。延祐元年，縣丞王珪遷復舊址。至正十一年，知縣劉輝創教諭廳、講習堂，監縣兀奴罕、縣丞張議復葺殿廡、齋舍，後知縣何緝別建明倫堂、堂前東西二齋，曰育英、曰致道。（629）明洪武六年，同知王文貞修。正統五年，提督御史彭勖、巡按御史蕭啓諭知縣張禎重修。八年，颶風壞，巡按御史鄭顒復（630）修（陸友常、陸大本、金彥英、曹永常捐資有差）。天順二年，知縣李紋重修，後知縣李棨改建講堂，增崇育英、致道二齋。成化二十年，知縣劉琬構尊經閣（在明倫堂後）。宏治七年，知縣董鑰市東南隅地以廣學舍。十二年，知縣郭經築大成殿前月臺。正德十四年，知縣鄭洛書重建大成殿、養賢堂，訓導劉昱樹柏，劉充增造祭器。嘉靖八年，詔天下建敬一亭於學，刻欽製敬一箴及程頤視聽言動箴、范浚心箴（俱勒石尊經閣）。九年，詔天下釐正祀典，改大成殿為先師廟，建啓聖祠於後。十七年，知縣梅凌雲重修。萬曆三年，知縣敖選重修，增建東南隅學廛。九年，教諭徐常吉建三友軒。十二年，知縣顏洪范重修（廣明倫堂、月臺，添教諭署污池）。十九年，知縣楊遇重修（義民朱錦任之）。二十三年，重修（新安任良佑任之）。三十一年，知縣劉一爌闢地作黌門，勒文於壁，曰"宮墻璧水"。三十四年，署知縣（631）毛一鷺修。四十六年，知縣呂浚修，並復學前侵地。崇禎七年，知縣劉潛修啓聖祠、明倫堂。（633）國朝順治三年，詔所在有司以時修葺廟學，知縣孫鵬修殿前儀門。八年，禮部申學政六條於天下學校。九年，御製臥碑文頒勒各學（俱勒石明倫堂）。十一年，教諭高遇修東廡、西（634）齋、三友軒。十五年，署知縣高凌雲、教諭許三奇、訓導吳士彥重修。十八年，知縣涂贊、教諭曹忱、訓導王汝礪修。康熙十年，知縣朱光輝浚泮池，修宮墻八十餘丈，教諭陳迪修尊經閣、名宦、鄉賢祠。十一年，知縣康文長增修。十二年，知縣陳之佐、教諭馬廷桂續修。十六年，重新兩廡先賢先儒位，並修儀門（孫仕范子大經任之）。十九年，知縣任辰旦修。二十二年，知縣史彩修兩廡，重築殿前月臺。二十三年，頒御製學校論（勒石明倫堂）。二十四年，知縣史彩又修，并浚外泮池（張錫懌修啓聖祠）。三十八年，詔製學校祭器。三十九年，御製先師贊，暨四配贊，頒學勒石。四十一年，頒御製訓飭士子文（勒石尊經閣）。四十三年，

（635）頒平定朔漠文，勒石學宮。五十六年修（吳銓任之）。雍正元年，詔改啓聖祠爲崇聖祠。三年，頒文廟禮樂圖籍。四年，移訓導於南彙，以教諭專理縣學。七年，頒平定青海碑文，勒石學宮。十年，巡道王澄慧修。乾隆九年，知縣王世睿修崇聖祠。三十三年，巡道勞宗發、知縣於方柱、張世友重修（朱之淇、之灝建敬一亭，李朝寀新明倫堂）。四十四年，頒平定金川碑文，勒石學宮，又頒釐正文體上諭懸掛學宮。四十六年，大風毀殿脊及西廡、尊經閣檐，巡道盛保署知縣巴哈布重修，并浚內外泮池。五十七年，教諭李時修。嘉慶十三年，巡道鍾琦、知縣蘇昌阿、教諭方浩發重修。道光二年夏，大風毀正殿、兩廡，知縣許乃來、武念祖、教諭（636）翟琭修，并重建奎星閣、學門（朱增沂任之）。十三年，灑掃局成，紳士捐浚內外泮池，并新奎星閣。二十四年，知縣藍蔚雯、教諭湯元澂重修。咸豐三年八月，會匪陷縣城，逆首盤踞學宮。五年元旦，復城，殿閣、堂祠皆毀，紳士稟請官師，乃移建於縣西南右營署故址，別詳於後。

（639）附學中舊迹。

文昌宮、奎星閣，詳"祠祀"。敬一亭（廢）。張公井，詳"古迹"。天光雲影池（今已湮）、蕉石室、酸窩洗心亭、芹洲、止庵、杏壇、盟鷗渚、舞雩橋（並見蔡嵩記，今無考）。射圃、射亭、觀德堂，明洪武中同知王文貞築圃建堂；正統四（640）年，知縣張禎建亭，今俱無考。古修堂、須友亭、養賢堂、致道齋、育英齋，今廢。孝子坊，詳"建置"。教諭署（門曰"樹人堂"，即三友軒。東有土地祠，今移新學）。

新學，在西門內右營署廢基（本前明海防道署基，詳"建置"）。咸豐五年，紳士劉樞、李鍾瀚等請署巡道趙德轍、署知縣孫豐、教諭章安行詳准移建學宮於此（撥善後案內郁松年所捐二萬七千餘緡，以資營造）。前爲欞星門，進爲大成門，又進爲大成殿，後爲崇聖祠。大成門左右爲名宦祠、鄉賢祠。欞星門左右爲興賢坊、育才坊，南爲宮墻壁水。學門在其左，學門之內爲儀門，儀門之內爲明倫堂，堂後爲尊經閣。堂東隔河爲儒學署，學土地祠、灑掃局，庖湢咸具。儀門之左爲忠義孝弟祠，右爲齋房，四周繚以垣（共一百四十六丈）。以五年七月興工，六年七月竣工〔更製神牌及其及□□□□之屬，由邑紳士公捐工費七（641）千緡有奇，共用營基十七畝三分六釐七毫。西北隅、東南隅并東西營房，仍歸營管。添買育才坊西徐月亭地、西南張戟峰地，又泮池南蔣大有地，共十二畝三分三釐三毫，其地稅暫歸官字圖，承糧應在推收案內請豁]。咸豐十年夏，粵寇犯境，以西兵協防屯駐學宮（神牌暫移於關帝廟）。同治三年六月，撤防，損毀大半，巡道丁日昌、署知縣王宗濂倡捐修葺廟廡、各祠及明倫堂、學門等處（紳士捐助有差）。今巡道應寶時撥款重葺，內外一新（並增建紀恩坊一座，紀兩次增廣學額）。五年，巡道應寶時復撥款添備祭器，增置樂舞並擴月臺。

（649）崇聖祠，在大成殿後（明嘉靖九年，於大成殿後立啓聖祠，祀叔梁公。國朝雍正二年，詔封孔子先世王爵，合祀五代，更啓聖祠爲崇聖祠）。（651）名宦祠，在戟門左。（653）鄉賢祠，在戟門右。（657）忠義孝弟祠，在儒學儀門左。（671）總祠，在舊學基節孝祠左。節孝祠，向在縣西淘沙場忠義祠右。（673）聚奎堂，在尊經閣下。土地祠，在明倫堂左，教諭署南，祀本學土地之神。教諭署，在明倫堂左，咸豐七年建，其西偏有問字亭，今毀。（674）灑掃局，在土地祠旁，顏曰"可當齋"（取當灑掃應對進退則可之意）。東偏有廳事三楹，爲灑掃司事齋宿之所（局始於道光十三年，諸生曹晟、張嘉仁等仿昆新聖掃會爲之。春秋辦祭，朔望□香，並於前一日薙草灑掃拂拭，輪派司事。其工費等項，初出公捐，今取資於舊學奎閣對街雲居庵地息，及葛學□捐節孝張奚氏遺產租）。

（卷十"祠祀"，714）文昌宮，初在縣治東。宋景定中，唐時措市韓氏屋立文昌宮，（715）請於監鎮董楷建古修堂爲諸生肄業所。元至元三年，知縣劉輝遷於學宮北。明正統四年，知縣張禎建祠門。成化十年，知縣劉宇遷於學之東南隅。萬曆三年，知縣敖選修。國朝順治十八年，祠廢，教諭曹忱、訓導王汝礪移奉神於尊經閣後，仍之。咸豐五年，毀，學宮既遷，紳士請留基地以建神祠，護道藍蔚雯允之，知縣黃芳築以圍牆。十年，爲駐城兵勇所毀（現將餘地出租，擬充建祠費，未果），權就南園蕊珠宮文昌殿設祀焉。又淘沙場，即元至大間瞿廷發移建學宮，後（716）改申江書院之故址。國朝道光二十九年，里人於此建陳忠湣公祠，諸生陳炳煃就祠西偏封土壘石，於其巔建文昌閣，奉神像，并出家藏石刻行草書厝諸殿壁。

（717）文昌帝君先代祠，向在尊經閣敬一亭。咸豐五年，亭毀，未建，亦就南園後廂祠祀之。奎星閣，在舊學尊經閣東南隅巽方，有神像。雍正十年，巡道王澄慧建。乾隆二十年，毀，巡道盛保重建。（718）嘉慶十三年，巡道鍾琦、知縣蘇昌阿、教諭方浩發同紳士徐鍾杰、姜海重修。道光二年夏，爲颶風所圮，諸生朱增沂重建。一在南園蕊珠宮，道光八年，巡道陳鑾建（今祀於此）。

民國《上海縣續志》

民國《上海縣續志》，成文出版社有限公司，1970年。

上海縣

（卷九"學校上"，619）縣學，自咸豐五年移建。同治五年，訓導應寶時撥款修葺，添備祭器，增置樂舞，開擴月臺（見《前志》），顏東西廡北屋二楹曰"祭器庫"。光緒十八年，灑掃局董王恩溥就大成殿左祭器庫北建屋兩楹，爲辦祭所（奉創辦樂舞之前，巡道應寶時、馮焌光及董事買履上等祀位）。十九年，尊經閣東南角傾，明倫堂後梁壞，崇聖祠、土地祠、教諭署均苦滲漏將頹，巡道聶緝椝修，并重建崇聖祠兩廡（兩廡初僅方形亭二，淺狹不能容拜跪，故擴之，計用庫銀一千四百餘兩）。二十二年，巡道黃祖絡從灑掃局董李曾珂、沈志藩等請，收回東南隅營房基地（當時并擬收回西北隅營房基地，未果），建奎星閣於尊經閣巽方（閣三層，高六丈二尺六寸三分，工作幾一年，重築東南繚垣，並給營房遷費，共用庫銀二千六百餘兩）。二十三年，灑掃局董李曾珂等建（620）崇勉堂於奎星閣隙地，以奉灑掃先董並改建辦祭所，增爲九楹（適寶山縣有上寶公共義渡田，變價歸上邑，以應得之款即用以建築）。二十五年，大風雨，大成門屋脊倒，教諭署門屋壞，欞星門側墻圮，署巡道曾丙熙、余聯沅修。二十七年，土地祠中左兩楹坍毀，可當齋傾欹，巡道袁樹勳分別修築，並繕葺崇聖祠、尊經閣、明倫堂、名宦、鄉賢祠，又於灑掃局與奎星閣之間，臨池沿墻添蓋走廊，中爲方亭，顏曰"澄璧榭"（光緒二十八年，書院董事丈見池河以北連收回東南隅地共計二十一畝七分五釐五毫，池河以南十畝六分二釐四毫，兩共三十二畝三分七釐九毫，以較《前志》所載營基十七畝三分六釐七毫添買十二畝三分三釐三毫，兩共二十九畝七分正，溢出二畝六分七釐九毫，當即收回東南隅地之面積）。三十二年，詔升大祀，應更製神牌，改覆黃瓦，展拓月臺，增備禮樂器具，以費絀未果。

大成殿，同治十三年，德宗景皇帝登極，頒御書"斯文在茲"扁（621）額。光緒三十四年，宣統登極，頒御書"中和位育"扁額。（622）崇聖祠（詳《前志》）。忠義孝弟祠。（623）節孝祠，在縣署東舊學基西偏。（626）名宦祠、鄉賢祠。（627）聚奎堂（詳《前志》）。奎星閣（改建見前）。土地祠。教諭署（詳《前志》）。

（卷十二"祠祀·秩祀"，737）文昌宮，光緒三十二年，定以蕊珠宮爲歲祀之所，而祀先代於湛華堂後楹（因舊學地租，充學務經費，寢留地建祠之議）。（738）奎星閣（在舊學者，圮。今重建於新學東南隅，見"學校"，在蕊珠宮者如故）。

乾隆《華亭縣志》

乾隆《華亭縣志》，成文出版社有限公司，1983 年。

華亭縣

（卷二"建置志·官署"，128）教諭署，在崇德堂東。（135）節孝祠，在米倉橋東。（137）文昌祠，在婁學。

（卷七"學校志"，327）廟學，在縣治西南徐家橋東。明洪武三年，知縣馮榮奉詔立，即徐進義塾也東□□，有禮門、義路二石（328）坊。廟門曰欞星，勒下馬石二於門外。前有石闌，闌外爲泮池，二門曰大成，進爲月臺，臺上爲大成殿，崇祀孔子，以四配十二哲配享，春秋二仲上丁日有司修釋奠禮。東西兩齋，以先賢蘧瑗以下七十八人，先儒公羊高以下四十五人從祀。崇□閣在殿東北（舊名啓聖祠，雍正元年，改今名），崇祀孔子五代，配祀先賢顏無繇及孟孫氏四人，從祀先儒周輔成及朱松五人，承祀官齋肅處在殿東南。欞星門東爲學大門，進爲崇德堂，左爲名宦祠，右爲鄉賢祠，又進爲明倫堂，諸生聽講月課及（329）歲科試送新生入學肄業舍菜畢拜見學師，正月望日、十月朔日，舉鄉飲賓禮皆於此。雍正元年，令州縣各建忠義孝悌祠於學宮，在明倫堂東。國朝順治十二年，教諭王道光修。十三年，析婁縣後，凡修葺兩邑共之。康熙十九年，教諭路序及婁縣教諭項亮臣修。二十五年，知府魯超率知縣南夢班及婁縣知縣廖慶辰修。二十七年，訓導高文炳倡修。五十八年，提督趙珀捐修。雍正十年，知府王喬林率知縣朱元豐及婁縣知縣沈維垣修。乾隆二年，華亭、婁縣紳士捐修。（330）三十一年，知府徐名標率知縣吳家駒及婁縣知縣謝鎮藩修。

萬曆《嘉定縣志》

萬曆《嘉定縣志》，成文出版社有限公司，1983年。

嘉定縣

（卷三"營建考上·學宮"，193）宋嘉定十一年，縣始創。明年，知縣高衍孫擇地於縣治南一里，建孔子廟、化成堂，博文、敦行、主忠、履信四齋。紹定八年，知縣王選重修，改堂曰明倫，齋曰正心、博學、敦行、明德。淳祐八年，知縣林應炎建戟門。九年，塑聖像，建直廬二十八楹。十年，鑿泮池。景定末，知縣常楙（194）以沒官租庀材欲修大成殿，會遷去，不果。咸淳初，知縣史浚卿繼成之。元元貞二年，升爲州學。大德三年，教授楊巽申請繪從祀諸賢像，增置祭器、樂器及田租。至大三年，知州王鐸改建明倫堂。延祐四年，知州任立鑄銅祭器。至治三年，知州周思明修大成樂器。泰定二年，知州趙道泰即殿南杏壇舊址改建明倫堂。明年，至順改元，重建大成殿。至正十二年，知州郭良弼易繪像以塑，別（195）建燕居殿，奉先師繪像，列樹東西二坊，左曰"賓興"、右曰"儒林"。十六年，明倫堂災。十七年，攝州事太尉府分帥張元良改建明倫堂及齋舍於殿東，更名志道、據德、依仁、游藝，沿河左岸甃以石五十餘丈，同知鐵穆爾普華、張經、判官賀撝造龕帳，修大成樂器。國朝洪武二年，復爲縣學，改署學齋東曰進德、西曰修業。六年，知縣文殊奴修大成殿，闢射圃。二十二年，教諭劉愷建神廚、庫房、宰牲所。二十三（196）年，巡按御史張文富建會饌堂及號樓，甃泮池，築石梁三。永樂二十一年，邑人陸樞修大成殿。宣德元年，知縣祖述改會饌堂爲春風堂。三年，邑人王嗣昌修燕居殿。天順四年，知縣龍晉大修大成殿、兩廡，建教諭廨於後，增築學南土山。成化五年，知縣洪冕修明倫堂。八年，知縣白思明修兩廡。十年，知縣吳哲即春風堂址創建尊經閣。十七年，知縣劉翔建學舍於閣之左右，翼以二亭。正德元年，巡按（197）御史饒塘改築土山，購奇峰樹之，環疏爲渠，樹綽楔榜曰"應奎"，復建射圃亭於山之陽。四年，巡按御史李廷梧增築應奎山，雜植檜栢松桂。六年，知縣王應鵬補鑄銅祭器。十一年，巡按御史孫樂於應奎坊左右琢石欄三十餘丈。嘉靖九年，知（198）縣馬練遵新制，改大成殿爲先師廟，輟塑像易爲木主，更大成門曰廟門，以學宮儀門爲敬一亭。十九年，知縣馬麟築輔文山於學宮之左。三十二年，知縣萬思謙重修廟學，即啓聖祠舊址闢訓導廨。四十年，知縣樓如山修先師廟明倫堂。萬曆二年，知縣趙犖廉重修廟學。十二年，（199）知縣朱廷益修先師廟。十三年，修尊經閣。十四年，署縣事通判王典修泮池、石欄、應奎諸坊。十八年，知縣熊密以學前土山爲障，夷其址之十七，浚之爲潭，方廣數百丈，名彙龍。十九年，教諭王廷舉於先師廟西復民間所侵地，闢桃李園，邑人徐學謨函送家藏書籍於學。二十四年，知縣王福徵修先師廟。二十六年，教（200）諭姚履素扁其廨中廳事曰"合語"，建陸居舫、聞籟居，築亭於桃李園曰"衆芳"，明倫堂之右創土地祠。二十七年，知縣韓浚增置祭器。三十一年，大修尊經閣、號樓、碑亭，改建官廨，重甃左石岸二十丈，以形家言，浚西南野奴涇，蜿蜒入彙龍潭，東鑿土山導橫瀝縈回，其下架木梁跨之，增置尊經閣書籍，修明倫堂、東西廡、櫺星門，改榜應奎坊曰"仰止"，教諭王善繼增文廟前（201）石欄十四丈，建省牲所、神厨、神庫，增置尊經閣書籍。

（206）啓聖祠，嘉靖九年，知縣馬練奉詔建於練川書院。十九年，知縣馬麟改建於學門內左（207）偏。三十二年，知縣萬思謙移建於尊經閣後。萬曆三十一年，知縣韓浚重修。（209）名宦祠，在廟門左。（210）鄉賢祠，在廟門右。文昌閣，在儒學青雲橋東。嘉靖二十八年，知縣張守直建。

光緒《南彙縣新志》

光緒《南彙縣新志》，成文出版社有限公司，1970年。

南彙縣

（卷三"建置志·衙署"，258）訓導署，在學宮東。

（卷七"學校志"，615）文廟，在東水關內。雍正五年，知縣欽連建（基地二十畝二分三釐九毫五絲六忽），大成殿、東西兩齋、大成門、泮池（及橋）、櫺星門、宮墻、牌坊二（東曰"溯洙"、西曰"瞻杏"），殿後崇聖祠，殿東明倫堂，儀門、大門。（617）乾隆十三年，知縣胡具體修。二十九年春，知縣張世友、訓導顧淳量重修，增大成殿外石臺階級、石欄，宮牆外牌坊二（東曰"德配天地"、西曰"道冠古今"）。明倫堂東西耳房各一間，儀門左官廳三間，大門一座，重建泮池橋，廣宮牆二十五丈（按：《胡志》欽任建學宮牆外原有牌坊，明倫堂原有大門，至此又言增設。疑均是改，非增。但前制早湮，未可臆度，存疑備考）。四十五年，知縣韓運鴻重修（《胡志》作四十四年，與《秩官志》本歧，茲依《秩官志》正）。五十八年，知縣胡志熊、訓導管松年重修，增櫺星門外石獅，泮池上石欄，殿與祠均翻蓋，加黝垩。道光七年至八年，知縣楊承湛接任德宣捐廉，併募民捐重修，其正殿、兩廡、宮牆、五王殿、明倫堂、文星閣諸大工，係紳董貢生奚曾斌、文生盛（618）國瑞、周國蕃、監生王瓚、貢生丁春曦、文生胡尚堃暨寡婦馬唐氏等分修，事竣後，江蘇巡撫會同兩江總督、江蘇學政題奏，均蒙優獎。咸豐元年，知縣高長紳諭邑紳照舊章重修，其力不能承修者，竝募捐蕆事。十一年冬，粵匪陷邑城，學宮毀，惟學署、書院僅有存者。同治四年三月，知縣徐本立、訓導楊驤詳請重建。五年正月，知縣葉廷眷興工，八年十二月始竣，諸如舊制，其支用畝捐錢四萬二千七百三十三千六百七十五文（蕙南、芸香兩書院、學官署暨先農壇工費皆在內）。凡有司田，按畝一十文隨地丁條銀同徵，四年止。鹽司竈蕩，每額銀一兩捐錢二百文，蘆洲每額銀一兩捐錢五百文。惟劃隸川沙廳境之嵒團額田，止繳錢三百千，屯田不（619）納捐，教門納捐而異其名。

　　（633）崇聖祠，在大成殿後（明嘉靖九年，於大成殿後立啓聖祠，祀叔梁公。國朝雍正二年，詔封孔子先世王爵，合祀五代，更啓聖祠為崇聖祠）。（635）名宦祠，在戟門東。（636）鄉賢祠，在戟門西。（637）忠義孝悌祠，在鄉賢祠右，雍正五年建。乾隆三十八年，知縣成汝舟修。五十六年，諸生黃大昕、監生鮑邦均又修。匪毀後，重建。（638）鄉賢祠，在崇聖祠西側，雍正五年建。舊在縣治西，乾隆三十八年，知縣成汝舟移建。五十六年，節裔吳文郁修。匪毀（639）後重建。（641）訓導署，在明倫堂東，講堂、書齋、內室各三間。雍正五年，隨學宮同建。乾隆二十九年春，知縣張世友、訓導顧惇量重修學宮，併增署中書房一間（顧曰"耐齋"），西面三間，從房三間，厨房二間，書役房五間。道光七年，知縣楊承湛修學宮時，復加增拓。十六年，訓導維士儁捐廉重修，賊擾後，僅存間架。同治五年，知縣徐本立、訓導楊驤於復建學宮時，支歇捐項重修。祭器庫，在正殿西側。同治七年，知縣陳其元捐錢二百千（642）文交學署作復灑掃會公費，學官楊驤以祭器等均尚缺，用時致多假借，爰以此項存鋪生息，陸續置造。俟全齊後，再議舉行灑掃會事。

（卷八"祠祀志"，690）文昌宮，舊在惠南書院左水次。乾隆二十九年，知縣楊宜崙創建，有閣，並祀魁星。嘉慶八年，知縣張昌運度地水東，先於文廟巽方別搆魁星閣。十年，又即書院東廳料移建文昌宮於閣後，嘗設文廟灑掃會於中。遭兵燹，僅存正殿。同治十二年，知縣金福曾捐廉諭董籌款重建，越歲工竣，因費缺，制猶未備。以二月初三神誕日，告祭。春秋祭，諏吉禮節略如關廟。（691）文星閣，初在書院左水次。嘉慶八年，遷建水東（詳具"文昌宮"條下）。道光九年，知縣德宣仍遷水西思樂橋北。寇毀，未建。（697）學土地祠，在學署內，學官春秋致祭。

民國《南彙縣續志》

民國《南彙縣續志》，成文出版社有限公司，1983年。

南彙縣

（卷六"學校志上"，337）光緒五年夏，大風吹塌大成殿偏東一角。七年夏，又塌西南角，知縣顧思賢諭董馬元德、陳爾庚等重修，勸募紳富捐錢二千五百七十千文充用。光緒初，有野獸窟穴於崇聖祠下，以致祠基下陷，屋宇歇斜。十二年，知縣蔣一桂、訓導嚴崇德諭董顧忠建、陶元石、陳世珍等拆卸屋宇，重行蓋造，并將基址填堅，重砌東西駁岸，添石蓋樁。十三年，工竣，共用錢九百七十六千四百文，皆募紳富捐輸。（338）十五年，知縣袁樹勳、訓導嚴崇德諭董顧忠建，陶元石、陳世珍等籌八典月捐續修大成殿，又浚後河，自東北小木橋起，至節孝祠西北角止，長七十餘丈，兼修節孝祠、忠義祠、明倫堂、訓導署、尊經閣、芸香草堂、梅花吟館等，共用錢一千五百九十八千九百三十四文。十六年，知縣袁樹勳詳准典捐項下每年撥錢一百五十千文作為文廟歲修費，又邑人奚姓因案捐銀二千圓，亦充歲修費。大成殿，德宗景皇帝登極，頒御書"斯文在茲"額。光緒三十四年，宣統皇帝登極，頒御書"中和位育"

額。(340) 節孝祠，光緒十九年，董事陳錦柏等建節孝總坊，兼修祠宇，共用典商月捐錢一千三百七十二千一百九十四文。(351) 勸學所，在城內東南隅，即惠南書院、芸香草堂舊舍。(354) 學會，南彙縣教育會在城內，以明倫堂爲會場，勸學所爲辦事處。光緒三十三年十一月成立。

（卷八"祠祀志"，388）文昌宮，光緒間設義塾於內。二十五年，邑紳顧忠宣葺前後屋宇，改設肇興學堂。二十九年，添建樓五幢，平房三間。三十年，邑紳朱祥綵又建樓四幢，平房六間，歲祀如舊制（389）（改革時，被匪毀，僅存遺址）。文星閣，光緒五年，知縣顧思賢、董事馬元德、陳爾賡等就文昌宮魁閣舊基重建，閣三層，以供神像，共用典捐錢六千四百九十二千六百文（按：重建時，有人議營城上，邑紳顧忠建素精堪輿，力言不可，議遂寢）。